HR

HUMAN RESOURCE MANAGEMENT

人力资源管理译丛

领导力（第7版）

Principles of Leadership

(Seventh Edition)

安德鲁·杜布林　著
（Andrew J. DuBrin）

冯云霞　范　锐　译

中国人民大学出版社
·北京·

图书在版编目（CIP）数据

领导力：第7版/安德鲁·杜布林著；冯云霞等译．—北京：中国人民大学出版社，2017.6
（人力资源管理译丛）
ISBN 978-7-300-24020-6

Ⅰ.①领… Ⅱ.①安… ②冯… Ⅲ.①领导学 Ⅳ.①C933

中国版本图书馆CIP数据核字（2017）第021537号

人力资源管理译丛
领导力（第7版）
安德鲁·杜布林 著
冯云霞 范 锐 译
Lingdaoli

出版发行	中国人民大学出版社		
社　　址	北京中关村大街31号	邮政编码	100080
电　　话	010－62511242（总编室）		010－62511770（质管部）
	010－82501766（邮购部）		010－62514148（门市部）
	010－62515195（发行公司）		010－62515275（盗版举报）
网　　址	http://www.crup.com.cn		
经　　销	新华书店		
印　　刷	固安县铭成印刷有限公司		
开　　本	787 mm×1092 mm　1/16	版　　次	2017年6月第1版
印　　张	26.25 插页2	印　　次	2024年9月第5次印刷
字　　数	596 000	定　　价	56.00元

译者序

在当下的中国经济社会中，组织和管理者都面临很多新的挑战和机遇。技术的巨大进步、全球化进程、变革加速、竞争对手众多等因素都迫使各级管理者要充分发挥领导力。笔者从事工商管理教育多年，看到很多立志从事管理工作的年轻人在形势变化、组织转型、职业生涯拓展、个人发展等方面遇到挑战和瓶颈。他们的领导力水平亟须得到培育、优化和提高。《领导力》一书很适合当下处于快速变化中的中国经理人员。通过学习本书，能够全面了解领导力的本质、内涵和基本原则。与此同时，读者只要认真完成本书所提供的练习和测试，一定能够大大提高自我认知能力、人际交往能力、建构愿景能力和团队打造能力等。这对读者学习在不确定中明确方向，在混乱中找到秩序，在发展中找到焦点将有很大好处。

本书共15章，作者按照个体层面、组织层面和环境层面进行安排。这三个层面，很巧合地与中国传统文化中对君子或者优秀领导人的要求一致。在中国，一个优秀的个体终其一生，都要不断修炼自身，以达成“见自己、见他人和见天地”的境界，实现“格物、致知、诚意、正心、修身、齐家、治国、平天下”的人格理想。

本书具有以下几个特点。

1. 时代性。选取的事例和典型领导者都是在当代的商界、政界很活跃的。比如谷歌、脸书等的领导者。很注意信息技术、技术进步等因素对组织和领导力水平的影响。更重要的是，全书视角开阔，总是在全球化情境下讨论问题。

2. 系统性。全书共15章，分别从个体、团队、组织和环境等不同层面介绍领导力的内涵。个体通过学习理论、阅读案例、完成练习等，能够系统而又很聚焦地提升自身领导力。每一章都循循善诱地提供了多样化练习，如领导力自我评估测试、领导力技能开发练习、角色扮演等，帮助读者进行系统修炼和提升。

3. 实用性。书中每一章都有测评题目。这些信息对领导者以及潜在领导者认识自己、认识他人、认识环境有极大的帮助。另外，所提供的案例分析、视频网站以及角色扮演等能够在行动层面、实践层面帮助读者在学习领导力的时候，坚持实践知行合一。书中的“实践与技能开发指南”部分提供的例子特别有利于学习者了解现实，坚定理想。

4. 丰富性。本书的内容多元化，具有丰富性。既有理论，又有实践；有知，更有行。通过描述、引导等多种方法，帮助读者领悟领导力、践行领导力。组织类型中既有营利性的，也有非营利性的；领导行为中，既有优秀卓越的，也有糟糕偏颇的。

5. 体验性和参与性。本书通过大量的案例、角色扮演和自我评估测试，帮助学习者进行领导力方面的练习和内化。其中，自我评估测试就是帮助学习者理解概念、与自身经验进行结合、学会融会贯通的有效方式。本书还提供了有关听取别人对领导技能和绩效的反馈的练习，这些反馈练习能大大提高读者的参与程度。

总之，本书既提供了高屋建瓴的理论体系，又有深入实践的练习和测试。这些不同层次的内容帮助读者从各个方面了解领导力的精髓，它的前世今生，以及它与自身进步成长的关系。

本书的翻译工作凝聚了团队成员的心血。刘晓慧、蔡金峰、李佳虹、武守强、张霞等人参与了本书的校译工作。再次对他们表示深深的谢意，也对他们的奉献、责任表示钦佩！

冯云霞

中国人民大学商学院

目 录

第1章 领导力：理论视角

学习目标

学习完本章并完成各项练习后，你应该能够：

- 理解领导力的含义，区分领导和管理的不同
- 描述领导力如何影响组织绩效
- 识别几种重要的领导角色
- 理解和领导角色有关的主要满足感和挫败感
- 学习从特定视角理解领导力
- 理解如何开发领导力
- 识别成功追随者的特征、行为和态度

安德烈·索加拉特（Andre Sougarett）是一位认真的工程师，也是智利国有企业 EI Teniente 铜矿的经理。一天，一则新闻报道称：智利国内有 33 名矿工被困在一座金矿深处。事发 3 天后，智利总统塞巴斯蒂安·皮涅拉（Sebastian Pinera）召见了索加拉特。总统的命令很明确，由这位 46 岁的工程领导者全面负责这次救援行动。

无论矿工能否生还，索加拉特都要带领他的团队尽快完成救援工作。由于要对矿工的位置进行精确定位，还需要穿透多层火山岩施救，索加拉特必须决定施救的地点和办法。这让索加拉特倍感压力。

一向做事有条不紊的索加拉特遇到了很多难题，感到十分焦虑。有大量的人，包括救援人员、警务工作者、消防队员围在旁边，同时还有许多被困者家属急切地询问被困者的状况。为了开展施救任务，减少混乱，索加拉特的第一个举措是让施救队员暂时离开，等稍后需要的时候再回来。他还要求相关方提供矿区图。

索加拉特的团队起初只有一位风险管理者。在接下来的几周里，团队发展到了 300 人。在索加拉特被赋予职责开展施救工作的同时，还有 7 家公司被要求参与这项任务。在此基础上，索加拉特继续关注着那些他认为很重要的方面。

施救工作的关键部分是建三个通风井。最终计划是先打一口直径 28 英寸的通风井尽早到达被困矿工所在处，这极大缩短了长达几个月营救计划的预期。然后是在钢管里

测试救生舱的可使用性。直到这时索加拉特才松了一口气。他说，“我在最后阶段反而轻松了。”

对于智利此次矿难事件营救过程中出现的奇迹，外界反响热烈。一份商业报告说，“这次成功的救援，让我们看清了从前未曾深刻认识到的东西，一个人类美德的杰出例子——凝聚力，一致的、坚定的行动，计划，执行，关怀。他们用人类的头脑和精神拯救了生命。”[1]

对安德烈·索加拉特的描述涉及本书中的许多领导力主题，如提供指导、专业技术、战胜危机等。

本章首先介绍什么是领导力，什么不是领导力。然后考察领导者如何产生影响力，领导者扮演的多种角色，以及领导者经历了哪些成功、哪些挫败。本章也解释了如何使用本书：如何通过做各种测验和练习，提升领导技能。本章结尾处是关于追随力的讨论——为领导者提供了很好的学习材料。

1.1 领导力的含义

在本书中，你将会了解到许多有效的组织领导者。这些领导者的共同特点是他们有能够鼓舞和激励其他人完成有价值的目标的能力。因此，我们可以将**领导力**（leadership）定义为一种能力，能够激发组织成员的信心并赢得他们的支持，以实现组织目标。[2]

关于组织中的领导力的文章和书籍大概有1 400万种，这些资料可能有各种各样的对领导力的定义。以下是一些关于领导力的有代表性的定义。

- 一个个体影响团队实现共同目标的过程。
- 影响力的不断累积，超越对于指令和命令的机械顺从。
- 一种行动，促使其他人以一个共同方向行动或者反应。
- 一种影响他人的艺术，通过说服或者示范使他人遵循一系列的行为。
- 一种为了保持控制他人和获得权力的努力。
- 激励和协调组织以实现目标的主要动力。[3]
- 一种敢于承担责任的意愿。[4]
- 首先弄清楚该做什么，然后告知员工。而不是首先让员工告诉自己可以做什么，然后只说他们想听到的。[5]

重要的是，领导力不仅是在高层职位上的管理者才应具有的。恰恰相反，组织中的任何一个层级都需要领导力。在一定程度上，那些不在正式的领导职位上的人也可以发挥领导作用。比如，初级会计可以主动向经理反映什么财务状况下，销售需要更加谨慎。研究数据表明，为了获得更好的商业结果，高层（例如首席执行官（CEO）、首席运营官（COO）、首席财务官（CFO））以下的管理者要主动地、大胆地提出不同的发展方向来驱动公司发展。公司变革的动力有的时候是由基层推动的，而不是高层主动策划的。[6]

在新的情境下，领导者的工作出现很多不同的名称。这些都反映了领导职责的扩展和丰富。例如：

- 首席客户官（CCO）——与一线员工密切合作，提高客户反应速度。
- 首席营收官（CRO）——在媒体公司（比如时代华纳）监管企业广告账户。
- 社交媒体总监（DSM）——与一线员工合作，直接在社交媒体网站上做广告和宣传。

有效领导他人是一种宝贵的能力，组织高层能够有效领导尤其重要，因为此位置工作的复杂性需要领导者有丰富的领导技能。这是选择领导者时，只能在特定的一群有声望、可靠的人中选择的一个原因。这也是公司很重视领导力培训与开发的原因，以保证在整个公司范围内，有足够的胜任的领导者来满足新的需求。

1.1.1　伙伴关系和责任共享型领导力

在当代社会，通行的看法是领导力是领导者和成员之间的一种伙伴关系，包括共同承担领导责任。根据彼得·布洛克（Peter Block）的观点，在**伙伴关系**（partnership）中，领导者和成员以责权均衡的方式被连接在一起。布洛克认为伙伴关系不同于亲子关系（在亲子关系中，家长要对子女未来的幸福承担责任）。当权力从领导者向团队成员推演时，权威关系也转变为共享式决策。这个时候，伙伴关系就产生了。[7]有效的伙伴关系需要具备四个条件。

1. 意志交换。在伙伴关系中，每一位员工都有责任界定愿景和价值。通过与不同层级的对话，领导者帮助构建明确的并且被广泛接受的愿景。

2. 反对的权利。认为表达相反观点的人要受惩罚是与伙伴关系对立的。相反，每个人都可能输掉自己的论点，但不会丢掉发言权。

3. 共同负责。在伙伴关系中，每个人都对结果和目前的状况负责。实际上，这意味着每个人都要为组织的成功和失败承担责任。

4. 绝对忠诚。在伙伴关系中，不对其他人说真话是一种背叛行为。当权力分散时，人们更可能说真话，因为更不易感受到威胁。

布洛克关于伙伴关系的设想是一种理想状态。授权和团队建立——本书的两个主题，对伙伴关系的观点提供了支撑。同时，许多研究领导理论的人，或者是实际管理者认为团队中的领导角色很少是对一个人的责任。相反，团队中可能有几个人同时担任领导者，包括正式的和非正式的。领导力也可能发生转移，这取决于当时谁的专业知识是最相关的[8]，比如营销团队中一个拥有利用社交媒体进行产品促销的高级技能的成员。

将领导力看作一种伙伴关系是重要的。因为这有利于积极看待团队中为组织利益着想的成员。

1.1.2　关系领导

当代的领导力研究强调，领导力由领导者和被领导者之间的关系组成。主流的领导力理论研究者肯·布兰查德（Ken Blanchard）说："领导力不是你对员工做什么，而是你与他们一起做事。"[9]他的研究表明，和团队成员关系良好，是大型组织获得成功的三大关键因素之一。詹姆斯·库泽斯（James Kouzes）和巴里·波斯纳

（Barry Posner）做了一项在线调查，让被测者选择未来五年什么是对商业成功最重要的：是社交技能还是网络技能。72%的人选择社交技能，28%的人选择网络技能。由此可以推断人脉比网络科技更加重要。[10] 和人们建立关系非常重要这个主题将在本章多个部分出现。

在当今 Web 2.0 时代，领导者建立人际关系的方式被极大改变，电子化交流变得非常重要。对于领导者来说，通过邮件、公司网站或者公众社交媒体（比如脸书（Facebook）、推特（Twitter））给予赞誉和奖励是常见的做法。思科公司（Cisco Systems）就是一个代表：公司鼓励管理者和团队成员通过博客、视频或者公司创办的社交网络工具交流。[11]

1.1.3 领导与管理

把握领导与管理之间的区别对于理解领导力很重要。我们可以从管理职能标准化的定义得到启发，管理指计划、组织、指导（或领导）、控制。领导是管理者工作的重要组成部分，但是管理者同时还要进行计划、组织和控制。

广义来说，领导处理管理工作中人际关系方面的问题，而计划、组织和控制处理行政方面的问题。领导处理变化、鼓励、激励和影响。表 1-1 展示了一些领导者和管理者之间不同的常见看法。

表 1-1　　领导者与管理者

领导者	管理者
愿景的	理性的
充满激情的	热衷经营的
创造性的	持久的
激励人心的	冷酷的
创造性的	分析性的
富有想象力的	深思熟虑的
尝试性的	权威的
热情洋溢的	冷静并有所保留的
发起者	实施者
像教练、顾问、教师一样行动	像老板一样行动
做正确的事	正确地做事
通过好的想法激励	通过职位命令
知道结果是通过员工实现的	关注结果
关注令人振奋的想法	关注探究

资料来源：Genevieve Capowski，“Anatomy of a Leader：Where Are the Leaders of Tomorrow?” *Management Review*，March 1994，p. 12；David Fagiano，“Managers Versus Leaders：A Corporate Fable，” *Management Review*，November 1997，p. 5；Keki R. Bhote，*The Ultimate Six Sigma*（New York：AMACOM，2002）；“Leaders：Salespeople in Disguise?” *Manager's Edge*，Special Issue，2007，p. 3；Henry Mintzberg，*Managing*（San Francisco：Berrett-Koehler Publishers，2009），pp. 8-9.

根据杰出的领导力专家约翰·科特（John P. Kotter）的看法，管理者必须同时知道如何领导和管理。没有领导和管理，组织将面临衰亡的危险。下面是两者的关键区别。

- 管理产生秩序、一致性和可预测性。

● 领导引起变革和对新产品、新市场、新竞争者、新顾客与新工作程序的适应性。

● 领导不同于管理，领导涉及确立组织愿景并调动人们去实现它。

● 领导产生变革，而且通常是重大变革，比如在启动一项新产品或为老产品打开一个新市场时充当领先者。管理则更像产生某种程度上的可预测性和秩序性。

● 高层领导者更有可能变革组织，而高层管理者只是管理（或者维持）组织。

● 领导者创建一种愿景（一种高远的目标）来指导组织，管理者的主要功能是实施这一愿景。管理者和他的团队选择各种方法去实现领导者构建的目标。[12]

如果把这些观点推向极端，那么领导者是一个激励人心的形象，而管理者则陷入平庸的官僚主义。但是我们必须非常谨慎，不能低估管理的重要性。有效的领导者自身必须是好的管理者或者由有效的管理者所支持。举一个贴切的例子。有一个富有激励性的企业家，过分专注于激励员工和吸引顾客，以致忽视了内部管理。结果成本远远超过收益，比如忽视了员工退休计划、按时缴纳账单和税款等。总之，领导和管理的区别是需要强调的一个方面。有效的领导者也要进行管理，有效的管理者也要实施领导。

麦吉尔大学的亨利·明茨伯格（Henry Mintzberg）教授是管理和战略方面的权威。基于他的观察，他强烈反对夸大领导和管理的区别。他写道："被一个不懂领导的人来管理，你会怎么样？那会让人很沮丧。那么为什么你会想让一个不懂管理的人来领导你呢？那是一种严重的分离；这种'领导者'怎么知道情况怎么样了？"[13]

再举一个例子。看看波士顿的投资公司GMO是如何意识到领导和管理的区别的。这家公司在有效经营到第32年的时候引入了第一位首席执行官，马克·梅耶（Marc Mayer）。他的角色就是负责经营公司（管理），以使其他公司高层有更多的精力去闯过市场险滩（战略领导）。[14]

1.2 领导对组织绩效的影响

关于领导的研究有一个基础性假设，即领导者影响组织绩效。董事会——组织的最高权力层——也有同样的假设。面对重大组织问题最常采取的对策就是更新领导者，以期由新任领导者解决绩效问题。在这里，我们阐述两类看法，一类看法是领导者影响组织绩效，另一类看法与前一种看法相反。

1.2.1 研究论点：领导确实产生影响

认为领导者确实影响组织绩效和士气的观点看上去是合理的。有不少关于这一观点的研究。回顾章首案例中在智利领导施救被困矿工工作的那位工程师。很难想象如果没有有效的领导和管理，施救工作如何顺利完成。这里我们做一些梳理。

以国企和私企205位管理者为样本，杜克大学（Duke University）的领导力和伦理中心（The Center on Leadership & Ethics）做了一项行政领导力调查。其中一个问题是领导行为能否影响绩效。结论表明，领导行为确实能够影响绩效，但是仅仅在能感觉到领导者是负责任的且能鼓舞人心的时候。这些行为包括使员工参与到愿景制定中以及鼓励员工提高他们的目标。改善使员工对整个组织有责任感的环境，也有助于提高组织绩效。[15]

加克·尤克尔（Gary Yukl）是纽约州立大学阿尔巴尼分校（University at Albany）的管理学教授。在他的柔性化领导理论中，也有关于领导者何时有助于组织绩效的见解。该理论认为当中低层领导者对重要决定的影响与其独特性和相关知识高度相关的时候，组织绩效会更好。[16]也就是说，在做决策时，组织领导者的参与能够提高组织绩效——如果这些领导者精于要解决的问题。（这个假设和那些认为应该鼓励所有人都要参与决策制定的领导行为是相悖的。）

玛丽·伯纳（Mary Berner）是读者文摘协会（Reader's Digest Association）的首席执行官。她是柔性化领导理论的支持者。她和她的团队尽最大努力来使曾经闻名遐迩的《读者文摘》（*Reader's Digest*）和协会出版的其他约 100 种杂志起死回生。来自全球组织的中层管理者为编辑、出版和财务决策贡献相关知识。[17]这些贡献将读者文摘协会从破产的边缘解救回来。《读者文摘》杂志在 2009—2011 年差点破产。

在另一项研究中，一组研究员分析了 200 项被 150 家公司应用超过 10 年的管理技术。这项领导影响评估的研究发现，CEO 影响公司的收益率或者股东收益总额的 15%的总变化。所以，CEO 的选择是决定公司是在一个行业坚守还是进入另一行业的关键所在。[18]

一项特许经营行业的分析报告指出了领导力的重要性。报告指出，对特许经营的成功很难确定一个具体的公式，然而，成功的特许经营者强调了热情、领导力和与人共事的能力。（热情和与人共事的能力是领导力的重要组成部分。）该报告中的经销商之一史蒂文·格林鲍姆（Steven J. Greenbaum）是 PostNet 国际特许公司的创始人，该公司提供复印、印刷、包装盒运输服务。格林鲍姆说："领导力是至关重要的。你对公司要有一个愿景，并且把这个愿景传达给公司官员和特许经营者。"[19]

20 多年来，对于管理继任的研究也涉及领导和组织绩效之间的关系，研究结论是支持这个联系的。一系列的测量指标表明公司掌权者和公司绩效有一致性。这些研究采用不同的方法论得出了同样的结论：领导的改变伴随着公司绩效的改变。数据分析表明领导者可能对公司绩效的 15%～45%负有责任。[20]

华盛顿大学（University of Washington）领导力研究中心研究员布鲁斯·阿沃利奥（Bruce J. Avolio）和他的四位同事，对关于领导力影响性的 200 份研究进行了综合分析。研究分析包括那些在实验室和在工作设置中进行的事情。领导力研究的结果有很多，比如下属的满意度和组织绩效的关系。他们的研究发现领导者行为有 66%的概率实现积极结果。[21]

领导者如何影响组织（或单元）绩效是本书的重要主题。例如，发展团队合作和制定正确战略，从而取得好的结果。

1.2.2 研究论点：正式领导行为未必有影响力

与之前的观点相反，反领导力理论认为领导者对组织绩效的作用比情境内的约束因素的作用要小。为了理解这一观点，设想你自己被任命为一个工作小组的管理者，小组成员都是受过很多训练的投资银行家。团队绩效如何，可能要归因于成员的天赋、经济环境以及你的领导。反对领导力重要性的三个主要论据是：领导替代论、领导无关论以及复杂性论。

■ 领导替代论

很多时候，并不需要能干的领导者。不胜任的领导者可以被工作环境中的某些特定因素所平衡。在这种情况下，领导本身对团队绩效和队员满意度的影响很小。根据这种观点，许多组织存在**领导替代品**（substitutes for leadership）。这些替代品在工作环境中能够提供指导和诱因，使领导者的作用几乎成了多余的。[22]参见图 1－1。

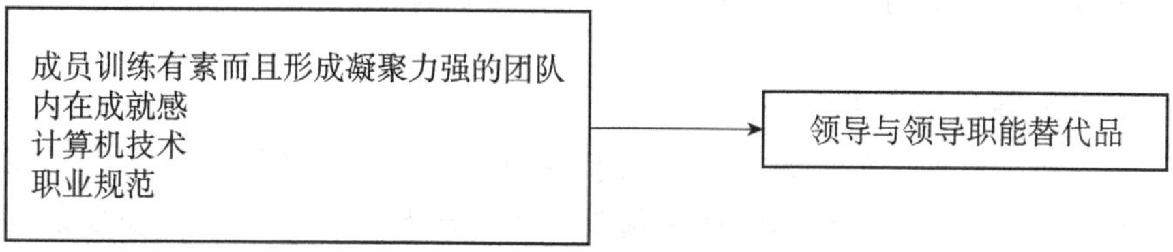

图 1－1　领导替代理论

资料来源：© Cengage learning 2013.

1. 成员训练有素而且有凝聚力。当一个具有高度凝聚力、受过专业训练的团队专注于一个目标，他们完成任务时几乎不需要领导。

2. 内在成就感。那些专注于从事富有自我激励或内在满足感工作的人，只需要很少的领导。部分原因是任务本身吸引了员工的注意力和精力。只要任务顺利进行，员工可能需要程度很低的领导。

3. 计算机技术。现在有些公司使用计算机辅助的监控设备和计算机网络，来取代一些监管者的领导职能。计算机提供了大量且高质量的数据，而且有些工作任务的指令可以输入到信息系统中。（需要指出的是，计算机是用来控制而不是领导员工的。）

4. 职业规范。体现出强烈的职业规范遵从性的员工只需要很少的监督和领导。拥有执业资格的职业会计群体，可能不需要富有远见的领导者来激励他们诚实地工作、审计客户账簿或者建议他们如何避税。

■ 领导无关论

杰弗里·普费弗（Jeffrey Pfeffer）是斯坦福大学（Stanford University）组织行为学教授。他认为领导行为与绝大多数组织成果无关。相反，必须仔细分析组织所处的情境。普费弗认为，不受领导者控制的外部因素对商业成果的影响比领导行为大。[23]近些年来，智能手机的销售已经超过了个人电脑，包括笔记本电脑和台式电脑。其销售的剧增更多的是借助通信技术这一外力，因为它对很多人来说变得如此重要，而非借助电子通信公司的鼓舞人心的领导力。

说到领导无关论，还有一种看法就是高层领导者只对少数资源有单方面的控制权。与此同时，他们还受到各类利益相关者责任义务的限制，如消费者和股东。最后，公司倾向于选择新的与企业价值观契合的组织领导者。因此，领导者行为会与之前的领导者类似。

吉姆·柯林斯（Jim Collins）对公司如何持续以及如何从普通转换到卓越有广泛的研究。他也对领导力的相关性提出质疑。根据他早期的研究，公司领导者是庞大组织力量的奴隶。柯林斯打了一个比方，就像儿童抓住马车上的一对缰绳并想象他们正在驾驶马车。他认为是组织特性起作用，而不是领导者的个性起作用。[24]

另一种领导无关论认为，在现代组织中有效领导意味着在获取想法时的广泛合作，而不是英雄主义的领导者做了所有的创新。根据这种观点，权威和权力共享，人们领导自己，而不是实行少数人的集权化领导。[25]

领导无关论如果更名为领导制约理论将会有更大的实用价值。领导制约理论主张领导者能做的事情是受到制约的，但是仍有很大余地去影响他人。

■ 复杂性理论

复杂性理论与领导无关论的悲观观点相似。复杂性理论认为组织是复杂的系统，无法用通常的自然规律来解释。领导者和管理者很难改变复杂组织系统的进程。同样的观点认为，企业的命运是由领导者和管理者无法控制的外界力量决定的。管理者无法预测哪一种商业策略或者产品组合能够存活。他们所能期待的最佳行为就是拼命冲杀或者创新，以适应外界力量。最终，由于系统不同而非领导和管理不同，所有的企业都会在不同时间衰亡。

另一个挑战了领导者重要性的复杂性理论观点是，组织成员不是需要指导和情感支持的被动的工作者。相反，他们是能够影响合作伙伴并且受其影响的积极的代理人。同样，人们有处理复杂关系的能力，比如无需来自上级的指令就存在适应新技术的需求。[26]

关于领导是否产生影响的一种有用的观点是问一些正确的问题，就像理查德·哈克曼（J. Richard Hackman）和鲁思·韦格曼（Ruth Wageman）界定的那样。我们应该问在哪种情况下领导者产生影响，而不是领导者是否产生影响。[27]危机模型是关于情境的一个例子，在这种情境下，强有力的领导者通常会产生影响，比如使露天工作现场在飓风后重回正轨或者进行产品召回。

1.3 领导角色

认识领导的另一种方式是考察领导者扮演的不同角色。在这里，角色是指一套预期的因工作而引发的活动或行为。[28]领导角色是亨利·明茨伯格等人所研究的管理角色中的一部分。在了解有关领导角色的更多内容前，请先完成领导力自我评估测试 1-1。

领导力自我评估测试 1-1

领导角色准备程度

要求：请标明你在多大程度上同意以下的每一个陈述，使用下列评定方法：1＝非常不同意；2=不同意；3=中立；4=同意；5=非常同意。

1. 我喜欢使别人听我的意见和建议。

1　2　3　4　5

2. 我很明确地在激励其他人。

1　2　3　4　5

3. 向别人提一些激励性意见，帮助他人改进工作感觉很好。

1　2　3　4　5

4. 对我来说，赞扬他人很容易。

1　2　3　4　5

5. 在工作场合，和大多数人相比，我的朋友和追随者更多一些。

1　2　3　4　5

6. 即使我情绪不佳，我也喜欢为别人喝彩。

1　2　3　4　5

7. 我的团队的成绩比我个人的辉煌更重要。

1　2　3　4　5

8. 许多人模仿我的想法。

1　2　3　4　5

9. 对我来说，建立团队精神很重要。

1　2　3　4　5

10. 我很乐于指导其他的团队成员。

1　2　3　4　5

11. 对我来说意识到其他人的成就很重要。

1　2　3　4　5

12. 我很乐于招待公司的访客，即使这会妨碍我个人绩效的获得。

1　2　3　4　5

13. 对我来说，在其他场合代表我的团队是很有乐趣的事。

1　2　3　4　5

14. 我队友的问题也是我的问题。

1　2　3　4　5

15. 我乐意解决冲突。

1　2　3　4　5

16. 我会和组织的其他部门合作，即使我不赞同那个部门成员的立场。

1　2　3　4　5

17. 在工作中我有很多想法。

1　2　3　4　5

18. 只要有机会，我就喜欢与别人谈判。

1　2　3　4　5

19. 当我发言的时候，团队成员总会倾听。

1　2　3　4　5

20. 在生活中，人们经常让我担任活动的负责人。

1　　2　　3　　4　　5

21. 我一直是一个很能说服别人的人。

1　　2　　3　　4　　5

22. 我很乐意想象我的团队有光明的未来。

1　　2　　3　　4　　5

23. 有些人告诉我，我有顾全大局的能力。

1　　2　　3　　4　　5

24. 我乐于听别人哭诉他们的工作。

1　　2　　3　　4　　5

25. 我喜欢与那些来自不同文化的人共事。

1　　2　　3　　4　　5

总分： ________

得分和解释：把你对每个陈述的评分加起来，得到总分。分数解释如下：

- 90～100分：对领导角色高度准备就绪。
- 60～89分：对领导角色中度准备就绪。
- 40～59分：对领导角色缺乏一定准备。
- 39分及以下：对领导角色准备很少。

如果你已经是一个成功的领导者但是测试所得的分数很低，请忽略你的分数。如果你还不是领导者或者不是一位好的领导者，并且你的分数很低，请仔细研究题目。考虑改变你的态度或行为，以便让自己对每个陈述的评分可以达到4～5分。通过对本书的学习，你将能够进一步发掘你的领导潜力。

领导是一项复杂的活动，所以明茨伯格和其他研究者识别出管理的领导职能的十种角色就不奇怪了。

1. 名义领袖。领导者，尤其是高层领导者，利用他们的部分时间参加仪式性活动，或者扮演名义领导者的角色。有四种具体的行为符合名义领袖：

（1）作为组织的正式代表接待顾客或客户。

（2）自己作为组织的正式代表接受外界的采访。

（3）在外界活动时作为组织的正式代表服务。

（4）陪同官方来访者。

2. 发言人。当管理者扮演发言人角色时，需要强调回复各种信函或者质疑，并向管理层的直接组织单位以外的个体和群体做出正式的报告。作为发言人，关于单位的活动、计划、能力和可能性（愿景），管理者要将其通知五类群体：

（1）高层领导者。

（2）客户或顾客。

（3）其他重要的外部机构，如工会。

（4）职业团体。

（5）一般公众。

3. 谈判者。几乎所有的管理者工作描述中都有一部分是为其所需要的资源与他人谈判。四种具体的谈判活动如下：

（1）就资金、设施、设备或其他形式的支持与上级进行谈判。

（2）就员工、设施、设备或其他形式的支持与组织中的其他部门进行谈判。

（3）就服务、时间、交付次数等与供应商和分销商进行谈判。

（4）就补偿和分红与职位候选人进行谈判。

4. 教练与激励者。一个有效的领导者会花时间指导和激励团队成员，并且有时是激励组织中的大部分成员。这些角色包括五种具体行为：

（1）非正式地承认团队成员的成就。

（2）向团队成员提供不良绩效的反馈。

（3）保证团队成员被通知到能够改善其绩效的步骤。

（4）贯彻奖励和惩罚来鼓励和维持好的绩效。

（5）通过诸如个性化、创造愿景、讲有趣的故事和高度理论化来鼓励员工。

5. 团队创造者。领导者角色的一个重要方面是建立一个有效团队。这一角色的活动包括：

（1）确保团队成员的成就得到认同，例如进行书面表扬。

（2）倡导各种有利于团队士气的活动，比如举办派对或者赞助体育团体。

（3）定期召开员工会议，鼓励团队成员谈谈自己的成就、问题和忧虑。

6. 团队实践者。和团队创造者的角色相关的是团队实践者。团队实践者有三种行为方式：

（1）表现出恰当的个人行为。

（2）与组织中其他部门合作。

（3）通过完全支持上级的计划和决定来展示对上级的忠诚。

7. 技术问题解决者。对于主管和中层管理者来说，尤其重要的是帮助团队解决技术问题。完成这一角色包括两类活动：

（1）作为技术专家或者顾问提供服务，比如帮助团队充分利用社交营销以推广公司。

（2）常规性地完成个人任务，比如打销售电话或者修理机器。

8. 企业家。即使不是自我聘用，大型组织中的管理者有一定的提出创新想法或者推动企业经营的责任。这项角色包括三方面的活动：

（1）阅读贸易出版物和专业期刊，时刻了解行业和专业领域中发生的事情。

（2）和顾客或者组织中其他成员交流，不断了解需求变化。

（3）随时把握外部环境，从中了解可以促进本部门绩效的方法，比如访问其他公司，参加专业会议或贸易展览，以及参加一些教育课程。

9. 战略制定者。高层管理者参与制订战略计划，通常由组织中的其他人提供信息。执行战略计划角色使得管理者能够实践战略领导。战略角色与塑造组织或者庞大组织中某个部门的未来有关。具体的活动涉及：

（1）为组织设定愿景和方向，并提供可以追求的创造性想法。

（2）帮助公司处理外部环境。

(3) 帮助设计、制定组织政策。

10. 执行者。在担任执行者角色时，领导者使事情发生，帮助实现计划向行动的转变。这个角色的活动包括：

(1) 将战略转变为行为，比如帮助形成行动计划。

(2) 做出一些改变。

(3) 使人们对确保高效的工作完成有责任感。

管理者领导角色的共同特点是：管理过程中，领导者以某种方式激励或者影响他人。《哈佛商业评论》（*Harvard Business Review*）的一项分析总结道，公司领导者最基本的工作是解放人的精神，激发其主动性、创造性并形成企业家精神。[29]一个重要的启示是，任何层次的管理者都能够运用领导力。比如，通过向团队成员解释如何减少邮件名单中人名的重复，团队负责人就能够对公司效率改革做出贡献。领导力技能开发练习1-1可以帮助提高角色意识。

领导力技能开发练习1-1

自我领导力角色分析

这个练习帮助你通过思考自己现有的技能或者潜在的能力来成功地执行十种领导角色。我们用一些关键提示代表每一种角色。查看每一种角色看看现在自己能否做到，也许还需要更多的准备和体验。对于你认为“现在有能力做”的事情，写下事例。比如，如果“现在有能力做”技术问题处理者，可举例说：在我当副经理时，帮助饭店在非高峰时段获得了更多的收入，我推广了老年人早到者晚餐。

我们未必有机会在岗位上扮演所有这些角色。所以，可以从自身其他的经历中去搜寻与角色相关的经历和经验，如全职工作、兼职工作、志愿者工作、俱乐部工作、委员会工作和运动等。

领导角色	现在有能力做	还需要准备和体验
1. 名义领袖（参与仪式活动；在外代表组织）	□	□
2. 发言人（回复咨询；对外发布组织信息）	□	□
3. 谈判者（为所需的资源和他人达成交易）	□	□
4. 教练与激励者（识别成就；鼓励；给予回馈和意见；鼓励大家）	□	□
5. 团队创造者（创造团队士气；举行会议来鼓励成员谈自己的成就和忧虑）	□	□
6. 团队实践者（表现恰当；与他人合作；忠诚）	□	□
7. 技术问题解决者（帮助团队成员处理技术问题；完成个人任务）	□	□
8. 企业家（检验创新想法并促进企业经营活动；为团队寻找新的领域）	□	□
9. 战略制定者（基于外部环境为他人设定方向）	□	□
10. 执行者（使事情发生，通常有助于将计划变为行动）	□	□

说明：在上述十种角色中，你准备的角色越多，你就越能够做好管理者或更好地执行管理工作。学习领导力也能帮助你执行更多的角色。为了提升技能，选择一种你需要准备和体验的角色。阅读本章的一些信息或其他关于该角色的相关资料，然后有机会时练习该

角色，或者创造机会来练习该角色。比如，假定你有一项有价值的技能，如在社交网站上召集追随者。在接下来的几个星期里，你要教一个初学者学习写作有效的社交邮件。

到目前为止，我们已经介绍了领导力的含义、领导如何影响组织绩效，以及许多由领导职能所开展的活动。你也有机会来探索你对于扮演领导角色的态度和个人应用领导角色的分析。下面我们提供更多关于领导力的个性化信息。

“领导者在行动”专栏中的案例有助于阐明领导角色和领导者有影响力的事实。

◆ 领导者在行动

沛齐公司的CEO马丁·穆齐：做有影响力的人

2010年，当马丁·穆齐（Martin Mucci）被任命为沛齐公司（Paychex）的CEO和董事长时，员工们都很开心。沛齐公司是一家为中小企业提供工资表、人力资源和外包薪酬福利等服务的公司。公司的创始人汤姆·戈利萨诺（Tom Golisano）是一位慈善家，他说：“我们在考察了马丁·穆齐的个性、进取心和激励他人的能力后，才给了他成为公司CEO的机会。”约翰·墨菲（John Morphy）是公司的高级副总裁、首席财务官和财务主管。他说：“马丁花很多时间跟员工在一起并且关心他们，员工都很尊重他。同时，他做决定时一直都基于对公司有利的原则。”

穆齐在一家通信公司的前同事托尔·康斯坦蒂诺（Tor Constantino）说，沛齐公司由穆齐带领一定会成功。“从业务的角度来看他的成功是必然的，”托尔·康斯坦蒂诺说，“他有一个非常好的背景，能够理解客户和员工的优秀能力，并且懂得如何让员工的能力最大化地发挥。对于一流的企业来说，雇用像穆齐这样的一流CEO，只意味着美好的未来。”

接受CEO职务后，穆齐说：“我很开心能够有机会带领沛齐公司创造新业绩。我们有12 000名有奉献精神的员工和经验丰富的领导者，我希望大家携起手来，再续公司的辉煌。”

穆齐说他喜欢参与组织的所有事情，并且在任何事情上都发挥领导力。从2002年开始，穆齐担任沛齐公司的高级副总裁。他说：“董事会成员在寻找长期的商业伙伴关系，以能够稳定地开展商业活动，持续经营。我相信我能够做到这些。我愿意接受这项挑战来继续长期地发展公司。”

穆齐认为沛齐公司将通过更好的销售和更佳的产品质量来提高客户满意度。公司计划通过精确服务和销售增加客户数量，也在积极拓展除工资表外包和人力资源外包以外其他能够参与的市场。穆齐在想可否为小公司提供会计软件和信用卡处理等业务。

谈及CEO角色，穆齐很乐意承担此重任。穆齐指出他已经监督了12 000名员工中的8 000人，对他们印象都不错。

“沛齐公司和公司文化已经有大约40年的历史了，虽然有变化，但是主要方向没有变。你不会打破任何已经成功的东西。我试图在工作中产生一些影响，但那只不过是更大的成功以及帮助业务实现可持续增长。任何有助于公司实现员工成长、流程优化以及产品创新的事，我们都乐于做。”

穆齐是罗切斯特大学（University of Rochester）西蒙商学院（Simon School）毕业的

MBA。在沛齐公司，曾担任副运营总裁。他的其他经历包括一家电话公司的CEO和边境通信公司（Frontier Communication）的电信运营总监等。

［问题］

1. 穆齐打算如何成为有影响的领导者?
2. 穆齐承担了哪些领导角色?
3. 穆齐有何种资格来担任沛齐公司的CEO?

1.4 领导者的满足感与挫折感

领导者这一术语对大多数人来说有着积极的内涵。一般来说，被称作领导者比被称为追随者或者下属要好。（追随者这个词实际上已经在组织中消失，而下属这个词也不受青睐。用来指代一个对上级领导者或管理者进行报告的人的术语是团队成员、群体成员或者合作者。然而，研究人员出于技术目的仍然继续使用下属和追随者这些词语。）但作为一个领导者，例如团队领导、副总裁或者COO并不能总带来个人满足感。一些领导工作比其他的更有乐趣，比如做一个拥有快乐队员的成功团队的领导者。

由于你们当中的大多数正准备成为领导者或者正向领导角色前进，首先考察一下组织中的领导者潜在的满足和挫折是有必要的。

1.4.1 领导者的满足

你可能从正式领导职位获得的满足类型取决于你的特殊领导职位。比如你的薪水、你的团队成员等都会影响你的满意度。领导者经常体验七种来源的满足。

1. 权力和威望感。作为领导者会被自动赋予一些权力。威望也就随之而来，因为许多人对领导者的评价很高。在某些组织中，在称呼高层领导者时都冠以先生、女士、小姐，而底层领导者被直接称姓。虽然大多数领导者鼓励其他人叫他们的名字。

2. 帮助他人成长和发展的机会。领导者直接和下属工作，像导师一样经常教他们工作技能，并倾听他们的个人问题。领导者的一部分工作就是帮助他人成为管理者和领导者。领导者经常感觉自己就是员工的帮助者，就像人力资源管理者或者咨询师一样。Container Store 的创立者基普·廷德尔（Kip Tindell）说，他工作最大的回报之一就是丰富了人们的生活。[30]

3. 高收入。一般来说，领导者比团队成员拥有更高的薪水，并且大型商业公司的高层领导者，年薪几百万美元。少数企业高管在他们被解雇时可以得到1亿美元甚至1.5亿美元的补偿。如果金钱是重要的激励因素或满足因素，那么作为领导者可以得到内在的满足。但在某些情况下，团队领导者的实际收入和其他团队成员的一样多。然而，居于团队中领导者的位置，是踏入高薪领导职位的开始。

4. 尊重和地位。领导者通常受到团队成员的尊重。他比其他没有处于领导位置的人享受更高地位。当被指定为工作之内或之外的位置，地位相继而来。当个体的个人条件与地位相匹配时，他的地位甚至更高。

5. 良好的发展机会。一旦你成为领导者，你的晋升机会就增加了。在许多组织中，拥有领导地位是职业发展至关重要的一步。做普通员工或独立个人贡献者能够拓宽人的职业经历，但是大多数行政提升来源于管理途径。

6. 知晓内情的感觉。做领导者的一个附带好处，就是能够获得更多的内部信息。比如，作为管理者，你被邀出席管理会议。在那些会议中你获得许多不会传达给个人的信息。这种特别的信息可能涉及扩员或者裁员计划。

7. 控制资金和其他资源的机会。领导者经常处于帮助准备部门预算和批准开销的位置。虽然你不能自己花这些钱，但你知道你对财务事务的判断是被信任的，于是满足感随之而来。许多领导者，不管是私企还是公共组织，可以控制数百万美元的年度预算。

1.4.2 领导者的不满与挫败

在组织工作中，大概有十分之一的人被认为是主管、总监或者经理。并不是每一个人都是真正的领导者。虽然他们经历的问题常常起源于他们工作的领导部分。许多个体工作者由于见到领导者承受的挫败而不愿接受领导角色。这些挫败包括下列内容。

1. 太多无报酬的加班。人们通常期望领导者比其他雇员工作更长的时间。这些没有报酬的时间称作非正式加班。组织中的领导者每周大约工作55小时。在工作最紧张时，可能会每周工作80小时。

2. 太多让人头疼的事情。要想列出所有领导者都面临的潜在问题，可能要写几页纸。担任领导者是探索墨菲定律有效性的好方式，“如果事情可能会出错，那它就会出错”。领导者注定要面对大量关于人和事的麻烦。许多人发现领导职位是压力的来源，许多领导者会感到筋疲力尽。

3. 面临执行还是放弃的抉择。许多领导者在选择执行还是放弃时面临巨大的压力。这些压力经常出现在私人股本（收购）公司。股权公司下属的每一家公司的负责人，都被期望通过削减成本、在国际市场提高销量以及偿还债务来为公司盈利。为了更有效地提高运营成果，CEO面临巨大的压力。[31]

4. 权力不足以承担责任。管理者总是抱怨他们承担太多的责任但却只有有限的权力。作为领导者，人们可能期望你做那些业绩很差的团队成员的工作，然而你却没有开除他的权力。或者，人们可能期望你创造出高质量的服务，可你却只有很少的员工并且没有配置人员的权力。

5. 孤独。美国前国务卿科林·鲍威尔（Colin Powell）曾说：“指挥官是孤独的。”你作为领导者的职位越高，孤独感就越强。领导限制了你能够信赖的人的数量。把你对你的某个下属的抱怨向另一个下属诉说是不明智的。同样，把你对一个团队成员的抱怨向另一个团队成员诉说也是不明智的。一些领导职位上的人因为失去了“团队中的一员”的感觉而感到孤独。

6. 太多的人事纠纷。领导者要面对的一个重大挫败是，有大量的人力资源问题需要采取行动。你的领导职位越低，你面临的这种问题就越多。比如，办公室主任要比首席信息官花更多的时间处理员工问题。如果你不喜欢处理人事问题，你就不适合领导或者管理岗位。[32]

7. 太多的组织政治。组织中每个层级的人，从办公助理到董事会主席，都必须了解政治因素。但是，作为个体工作者你可以比领导者更容易地避免政治问题。作为领导者，你必须从三个方向介入政治：向下、平行和向上。政治策略，比如形成联盟或者集团，是领导者角色的必要部分。组织中的另一个麻烦是，有许多人暗地里希望你出局，尤其是当你要改变或者正在改变现状的时候。这些内部的敌人可能会直接攻击你，尝试着把问题转向你的性格或者风格，避免讨论你正要实施的变革。或者你的上级会通过让你陷入与你想要实施的变革有关的大量细节中，从而使你偏离目标。[33]除此之外，那些中伤者可能当面支持你，背地里却诋毁你。

8. 追求相互冲突的目标。领导者面临的一个重要挑战是在许多相互冲突的目标中游移。这个两难境地的主题是，既要授予他人独立行动的自主权，又要使他们为一个共同的目标相互联结，或者为了这个目标齐心协力。[34]许多关于相互冲突的目标的话题将在本书的后面加以讨论。

9. 被认为是不道德的，尤其当你是企业高管时。近年来，许多公司的财务丑闻被公之于众，导致人们对CEO有极端的看法，尤其是认为他们不诚实、不道德和几乎有犯罪行为。即使95%的领导者是诚实的，并且奉贤于委托人，这些领导者仍需要面对被认为不诚实的可能性。

1.5 领导力框架

作为实践和研究课题，领导力一直吸引着人们的兴趣，各种关于领导力的理论和解释早已形成。有些人尝试将大量的领导理论整合为一个综合性的框架。[35]这里介绍的框架主要关注影响领导效能的主要变量。框架的基础假设可以用简单却含义深刻的公式来表示：

$$L=f(l, gm, s)$$

这个公式的含义是，领导过程是领导者（l）、团队成员（gm）（或追随者）以及其他情境变量（s）的函数。阿沃利奥强调，领导力是领导者和被领导者以及复杂环境（设定和外界环境）共同作用的函数。[36]换句话说，领导不仅仅是以抽象的方式存在，而且是涉及一系列的领导者、被领导者和多种外界的环境力量。一个充满魅力、富有愿景的领导者也许正是一个陷入困境的企业走向世界级成功所需要的。但是一群兼职电话销售人员可能需要一位更加直接和专注的领导者，在他们总是被人们武断地拒绝销售电话的时候，有人来帮助他们。

图1-2中的模型展示了这种情境性。根据这个模型，理解领导力的最好方式是检验其主要变量：领导者特质、领导者行为风格、团队成员特质以及内外部环境。在框架的右边，**领导力有效性**（leadership effectiveness）是指在既定的环境中获得所期望的结果，如生产率、质量和满意度。领导力是否有效取决于框架中的四组变量。

领导者特质是指人的内在品质，比如自信和解决问题的能力，它们帮助领导者

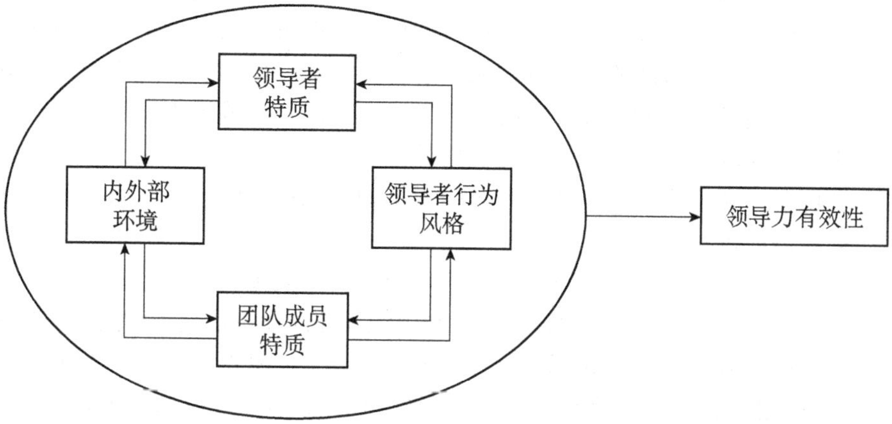

图 1 - 2　理解领导力的框架

资料来源：*Managing Today*! by Stephen P. Robbins，© 1997. Reprinted by permission of Prentice-Hall, Inc. Upper Saddle River，N. J.

在不同情境中进行有效领导。领导者行为风格是指领导者从事的与有效性相关的活动，包括独特的行为方式等。比如，经常指导员工并采取参与式领导的领导者可能在许多情况下都能有效地领导。

团队成员特质是指那些可能影响领导力有效性的成员特质。比如，聪明的和被充分激励的成员可以帮助领导者出色地完成工作。内外部环境也影响领导力有效性。在多元环境中的领导者，需要许多技能来实现有效领导。本书中的所有主题都与这个模型吻合，只是在某些方面吻合得更显著。表 1 - 2 概括了领导力模型中的要素是如何与本书各个章节相联系的。

表 1 - 2　领导力和各章主题

领导力要素	章节安排
领导者特质	第 3 章　领导力：素质和态度 第 4 章　领导力：魅力和变革 第 5 章　领导力：底线和伦理 第 12 章　领导力：沟通和冲突 第 13 章　领导力：创新和创造
领导者行为风格	第 5 章　领导力：底线和伦理 第 6 章　领导力：团队和合作 第 8 章　领导力：行为和风格 第 10 章　领导力：影响力和策略
团队成员特质	第 7 章　领导力：激励和教练 第 9 章　领导力：场景和应对
内外部环境	第 2 章　领导力：全球化和跨文化 第 11 章　领导力：锻造和精进 第 14 章　领导力：战略思维和知识管理 第 15 章　领导力：发展和传承

图 1 - 2 中相互联系的四组箭线反映了它们之间相互影响的关系。其中一些

关系要更紧密。最显著的联系是领导者特质对领导者行为的影响。假如领导者是外向的、热情的并且体贴的，很自然他会是以员工为导向的领导风格。另外一个联系是团队成员特质可能影响领导者行为风格。假如员工是有能力的并且自我充实的，领导者可能选择高度授权的领导方式。对于领导者来说，对这些人授权是相对容易的。最后一个联系是，内外部环境可能在一定程度上影响或者调节领导者特质。在一个鼓励创造力和风险承担的环境中，领导者更可能倾向于创造性问题和风险承担。

这个模型的关键点是领导力是一个多层次现象。领导者和每一个团队成员交流，也和小组交流。同时，领导力在组织和外部环境情境下产生。正如领导理论学者弗朗西斯·雅玛里诺（Francis J. Yammarion）和弗雷德·丹塞罗（Fred Danjsereau）指出的那样：领导力是一个变动过程，它从一个层次（个人层次）转向更高层次（领导者—追随者团队层次）。[37]不仅如此，还会转向组织和社会层面。领导力的多层次现象可以用一个简单的例子说明。

> 团队领导者阿什莉（Ashley）决定辅导团队成员李（Li），在作PPT演讲时更有说服力地表达其观点。阿什莉意识到李很害羞，所以她放慢了辅导的进度。阿什莉也意识到团队很支持她的工作，所以她认为无论李有什么进步，她的团队都会鼓励他。除此之外，阿什莉意识到组织作为一个整体来说是鼓励自信的，所以她感觉辅导李演讲时更加自信是合理的。

1.6　开发领导技能

社会和企业对领导技能的需求非常大。招募高层领导候选人的管理者将领导力看作最重要的特质。初级专业职位候选人也需要有领导力。[38]虽然有领导技能的学生发现这种信息是鼓舞人心的，但是发展领导技能比开发结构化技能（如向电脑中插入一张内存卡）要复杂得多。然而，通过学习本书，你能够开发你的领导力潜能。本书按照以下步骤帮助你提高领导力。

1. 概念知识和行为指导。每一章不仅给出有关领导力的概念性知识，还有“实践与技能开发指南”练习。

2. 通过案例和对领导者行为的概要描述，证明概念性知识。通过了解有效的或无效的领导行为，你能够学到有效领导行为。

3. 体验式学习。本书通过案例、角色扮演和自我评估测试，提供了练习和将所学内容内化的机会。这里强调自我评估测试，因为它有助于内化信息并使你对概念加深理解，做到知行合一和融会贯通。比如，你会读到领导力中自信的重要性，同时要完成相关测试。

4. 听取别人对你的领导技能和绩效的反馈。本书在多处提供了反馈练习。我们也鼓励你在课堂外采用这些方法，来获得有关自身的反馈。

5. 在现实环境中实践。技能开发需要主动练习。特定的技能只有在现实环境中练习很多次，才能够整合到领导者的运作模式中去。学习的基本原则就是通过练习来开发和改善技能。比如，像第7章描述的一样，假设你学习了通过提问题给建议的方法。如果你在现实环境中至少练习6次，那么你很有可能习得了这项辅导他人的重要的新技能。

领导力技能开发练习1-2

系统开发你的领导技能

我的领导力文件夹

这里，我们要求你开始准备一个领导力文件夹。它将成为你的领导能力和经历的私人记录。每一章我们都会为你的文件夹推荐新的入口。同时，我们鼓励你在决定什么内容适合加入你的领导力文件夹时，发挥你的想象力。

我们建议你带着个人使命陈述开始建立你的文件夹，这个陈述能够解释你计划练习的领导力类型。举个例子，“我打算成为一名受人尊重的公司职业人员，一个幸福家庭中的关键一员，并且为我所在的社区做贡献。我想带领许多人开展建设性的活动。”把你的工作简历放进你的文件夹，为你的领导经历贡献一个独有的部分。这些经历可从工作、社区、宗教活动和运动中获得。(参见领导力自我评估测试1-2。)

领导力自我评估测试1-2

审计一下领导经历

要求：本书的读者在领导、管理和监督经历上差异很大。但即使是没有在正式的领导岗位上待过的读者，至少也会品尝过做领导者的滋味。根据下列清单来记录你过去或现在任何可能的领导经历。

- 有正式领导职位，比如副主席、部门领导者、经理、副经理、团队领导者、小组领导者或者机工长。
- 抓住工作中关注某个问题的机会，即使没被委任这个责任。
- 领导一个委员会或工作小组。
- 运动队的队长或副队长。
- 在高中、职业学校或者大学的俱乐部中任职。
- 是校报编辑或者报纸某专栏的编辑，如体育专栏。
- 为课程组织学习小组。
- 组织连续的活动，在人们的家中销售商品，比如雅芳、玫琳凯的化妆品或者特百惠的家居用品。
- 开展多个层次的销售工作，并招募和指导新员工。
- 为学校或者宗教团体组织慈善活动。
- 为朋友或者家人组织假期旅行。
- 负责危机管理，比如帮助别人逃出遭受火灾或水灾的建筑物。
- 担任合唱团或乐队的领导。
- 作为公民组织的领头者，向公司或政府提出要求。
- 组织一群朋友去帮助需要帮助的人，比如行动不便的老人。
- 其他。

说明：你记录了越多的经历，你就有越多的领导体验。在你学习与他人合作并协调他人的努力时，任何形式的领导经历都是有价值的。各个领域的许多CEO正是从快餐店的经理助理开始了他们的领导历程。

1.7 追随者：做团队有效的一员

要成为有效的领导者，需要好的追随者。没有追随者，领导者也就不存在了。正如我们在本书最开始提到的，追随者这个词受到了政治误解，但是领导力研究人员把这个词作为一个中性词。正如哈克曼等所解释的，一种代表了现代领导观的观点是，领导者也是追随者，追随者也有领导力。每一个老板同时也是下属，比如团队领导者要向中层经理汇报。[39]每一个下属也经常扮演领导角色，比如领导一个短期项目——甚或是组织公司的年度假期聚会。另一种关于追随者的观点是，追随者是做事的人；没有这些做事的人，领导者闪光的想法就不可能实现。[40]

我们关于领导力研究的主题大多是针对鼓舞、激励和影响团队成员，使其想完成组织目标。然而，聚焦于以下关于做一个有效的团队成员的三个主要方面也是很有价值的：追随者的类型、有效追随者的个性特征以及领导者和追随者之间的合作。

1.7.1 追随者的类型

领导者的一个主要挑战就是认识到追随者在天赋和动机方面的巨大差异。类似地，一个有效追随者的主要挑战就是理解其成为团队成员的基本方法。芭芭拉·凯乐曼（Barbara Kellerman）提供了一种帮助解释追随者彼此如何不同的类型学。她研究了领导者或群体参与程度的决定性因素，得出了追随者有五种类型，如图1-3所示。在闭合曲线的一端是“不想也不做任何事”，另一端是“热情投入并深度参与”。[41]

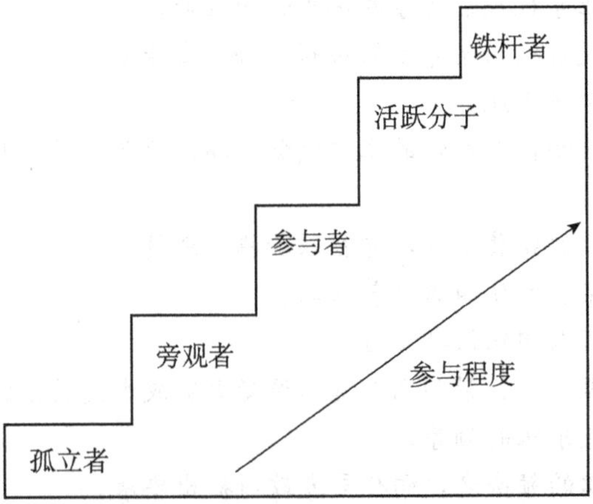

图1-3 追随者依参与程度分类

1. 孤立者是完全分离的，通过不采取会带来变化的行动被动支持现状。他们不关心他们的领导者，不顾整个组织的利益只做他们自己的事。孤立者需要辅导，然而有时解雇他们是唯一的解决办法。

2. 旁观者是搭便车者，当符合他们利益时他们会表现出典型的性格分离。在会议上，旁观者可能更关注茶点和与其相关的信息。旁观者的内在动机很弱，所以领导者必须努力找出激励旁观者的因素。

3. 参与者在将他们自己的时间和金钱进行投资以产生影响方面具有足够的参与度。比如带头学习有助于群体的新技术。参与者有时支持领导者，有时反对领导者。领导者必须谨慎地评论参与者的工作和态度以确定他们的参与是否具有建设性。

4. 活跃分子有很高的参与度，对人和流程的投资很大，并且渴望证实他们的支持或者反对。他们对领导者和组织有强烈的感觉，不管积极的还是消极的，并且按照这种感觉行事。活跃分子可能对实现组织目标充满热情，或者在确信公司在做错误的事情时会去告发（向外部机构报告公司情况）。领导者必须时刻留意活跃分子是支持还是反对公司。

5. 铁杆者参与度最高，他们可能会出于自身原因想要停下来，或者当他们感觉领导者在朝错误的方向前进时，想要取代领导者。铁杆者对于领导者来说可能是资产也可能是债务。顽固分子比活跃分子更有可能做告发者。比如，铁杆者可能自己去测试公司卖的儿童家具中的油漆的含铅量。领导者必须和铁杆者保持联系以确保他们将精力用在为公司服务上。

上述追随者分类有助于大家更好地理解领导者角色面临的挑战。不是团队中的每个人都是有效的并且渴望合作以完成组织目标。

1.7.2　有效追随者的个性特征

罗伯特·凯利（Robert E. Kelley）认为，有效追随者有四个共同的个性特征。[42]

1. 自我管理。做一名好的追随者关键是要自己思考并且在没有密切监督时做好工作。有效的团队成员认为自己与领导者一样有能力。

2. 奉献。有效追随者会做一些本职工作以外的事：产品、部门协调、组织任务、提供想法或者价值。对于忠诚的团队成员，领导者为了实现目标可以促进某些流程。

3. 胜任力和专注。有效追随者构建自身能力，并通过努力发挥其最大影响力。胜任力主要是指对组织有用的精湛技术。效率不高的团队成员很少主动寻求培训和自我发展的机会。

4. 勇气。有效追随者注重培养自身的独立性、批判性思维能力，并为他们认为正确的事情而奋斗。例如，好的追随者可能会质疑公司的政策，如 90 天兑现应付账款，或者招聘特征同高层管理者类似的关键人员。

这几个个性特征很有说明性，因为几乎任何积极的人类品质都对成为有效的团队成员或追随者具有直接或间接的作用。构建有效追随者品质的另一种方法是，展示个人领导者的个性和品质。尽管不能期望领导者去改变团队成员的个性，但是领导者的确可以采取步骤来激发这些品质。如教练、赋权、支持性的沟通和频繁的反馈等干预措施将支持有效的追随力。

1.7.3 领导者和追随者的合作

追随者的一个关键角色就是在完成组织目标时与领导者合作。就像领导理论大师沃伦·本尼斯（Warren Bennis）所说的，后官僚组织（一种在官僚时期产生的组织，比如基于团队的组织）要求领导者和被领导者之间的一种新式联盟。当不是由高层领导者作所有的决定，而是向知识渊博的团队成员征求意见时，领导者和追随者工作得更加紧密。[43]

一种相关的观点是新的领导者和被领导者是密切的联盟。伟大的领导者是由伟大的团队创造的；每一个组织中的成员都需要贡献精力和才能来帮助领导者成功执行领导角色。

小　结

领导力是一种能力，能够激发组织成员的信心并赢得他们的支持，以实现组织目标。领导是管理者的主要工作，但是管理者也进行计划、组织和控制。领导力涉及变革、鼓舞、激励和影响。相对而言，管理更多地涉及维持平衡与现状。领导力经常被认为是领导者和团队成员之间的伙伴关系或合作关系。

许多人把组织绩效归因于领导行为。一些研究结论支持这种被广泛接受的观点。比如，一项研究表明领导行为能够影响绩效，仅当领导者被察觉到是负责任并且鼓舞人心时。其他人认为工作中的特定因素，也称领导替代因素，使得领导者的角色几乎是多余的。这些因素包括：由经过高度训练的员工组成的紧密联系的团队，工作的内在满足感，计算机技术和职业规范。另一种反领导力理论认为领导者与绝大多数组织绩效无关，因为情境更重要，领导者只对有限的资源有单方面的控制。此外，既然选择新领导者时是因为其价值观与公司的价值观相匹配，那么这些价值观更为重要。

复杂性理论认为，领导者和管理者很少能改变复杂的组织系统。是系统而不是领导者决定所有公司的最终消亡。

对领导者所扮演的角色的考察可以使我们更加理解领导职能。领导者的十种角色分别是：名义领袖、发言人、谈判者、教练与激励者、团队创造者、团队实践者、技术问题解决者、企业家、战略制定者以及执行者。这些角色的一个重要启示是，每个层级的管理者都能够运用领导力。

领导职位经常给人带来满足感，因为它提供了权力、威望感、帮助他人的机会、高收入以及控制资源的机会等。有些时候，领导者也有一些挫败感，比如是执行还是放弃、权力不足、不得不处理太多的人事纠纷、太多的组织政治等。领导者也有艰难的任务，既要平衡员工所需的独立性，又要让他们致力于一个共同目标。

本章给出的理解领导力的框架基于这样的观点：领导过程是领导者、团队成员和其他情境变量的函数。根据理解领导力的框架模型，通过考察模型的各个关键因素可以达到对领导力的最佳理解：领导者特质、领导者行为风格、团队成员特质以及内外部环境。领导力的有效性取决于这四个变量。另外一个关于这个模型的观点是领导力是多层次的，涉及个体、团队和组织。社会和文化可能也需要加以考虑。

遵循一般的学习步骤可以使领导技能得到开发。这一步骤涉及获取概念性知识、阅读案例、做体验式练习、获得反馈以及在自然环境中实践。

领导者面临的一个主要挑战是追随者在个性

特征上有很大的不同：参与程度从“不想也不做任何事”到“热情投入并深度参与”。要成为有效的领导者，需要好的追随者。追随者的个性特征包括自我管理、奉献、胜任力和专注以及勇气。追随者的一项关键角色就是在实现组织目标时与领导者合作。后官僚组织要求领导者和被领导者之间有一种新式联盟。

实践与技能开发指南

人们已经收集了关于领导者和领导力的大量信息，形成了许多不同的领导力理论。许多领导力研究结果和理论是令人困惑或自相矛盾的。然而，从这些信息中产生的许多有用的领导力概念和技术，将指导你成为一个更有效的领导者。

在努力提高领导效能时，首先要熟悉本书中介绍的领导方法。然后选择最适合你面临情境的领导方法。比如，如果你领导一个团队，需要回顾所有关于团队领导的信息。一般来说，一个有效的领导者可能需要结合几种领导方法来满足既定环境的需求。比如，一个领导者可能需要结合创造性地解决问题和对下属的情感支持来帮助团队渡过危机。

我们建议的这种折中方式可能比接受“有六种通向成功领导的秘密途径”这种观点更有效。

[讨论题]

1. 环境或社会中的哪些力量使得大家近年来对领导力这个话题极有兴趣？

2. 请举一个例子，说明当你处于一个没有正式领导职位的情境中时，你是如何在工作之中或者工作之外实施领导行为的。请解释你把你从事的活动称为领导的原因。

3. 你的上级如何才能证明自己是一个有效的领导者或者有效的管理者？

4. 请指出一位你认为高效的企业领导者或者体育领导者，并解释为什么你认为他是高效的。

5. 根据一项正式调查，许多在高中时代被选为“最有可能成功的人”在后来的职业生涯中也成为领导者。你如何解释这一结论？

6. 大型企业集团的高层领导者在工作中得到极高的报酬。为什么企业领导者得到了那么多报酬？

7. 如果关于领导力有那么多可用的信息，为什么我们仍发现许多管理者不能得到下属的尊重？

8. 在十种角色中，你认为哪些最适合你目前的职业阶段？请解释原因。

9. 一位25岁的快餐店经理被老板告知她不是一个有效的领导者。她回复说：“一年25 000美元，你让我怎么成为有效的领导者？”你怎么看待她的理由？

10. 什么方式最可能帮助一个有效的追随者成为有效的领导者？

领导力案例A

迈克·托德曼在惠而浦公司引起轰动

金融危机袭来时，残酷的经济现实迫使惠而浦行政领导团队专注于最近起草的扭转业务的战略计划。迈克·托德曼（Michael A. Todman）是惠而浦国际公司的总裁，他回想起当时的主要目标：“先控制能控制的事情。我们已经改变了商业模式。我们必须作出一些艰难的决定。”

高层管理者专注于三件事：在动态的商业环境中寻求成本和需求的匹配；管理现金增加流动性；通过更有效和正确的方式找到目标顾客，使市场份额最大化。据此，公司放弃品牌广告，转移至促销和销售点策略。托德曼说：“我们直接与客户沟通，所以使用数字媒体更多。”

为了强调紧迫性，管理方面加强了内部沟通。快速作出决定并实施是很关键的，同时也需要员工积极投入。所以，董事会成员要每个月开一次会，而非每年六次。管理者和普通员工的会议则花费更多时间。托德曼说：“从理念上来讲，我们的方法很直接。我们对员工实话实说，很诚实，我们明确地告诉员工现在做什么。”

在经济危机期间，托德曼专注于北美市场。他完成了惠而浦对美泰克（Maytag）产品线的收购。托德曼在引入新的模式前，通过关闭成本极高的工厂和培训两家公司的全体员工，专注于改进新的产品线。托德曼监管欧洲、拉丁美洲和亚洲的品牌效率和创新情况，还管理全球信息系统和全球战略行动。

杰夫·费蒂格（Jeff Fettig）是惠而浦公司的CEO和董事长。他说：“托德曼有很多优点。首先他是一个专业化的全球领导者。他知道如何在不同文化、不同人群中进行有效领导。他也很了解我们的运营，包括我们的优势和劣势，我们能做什么和不能做什么，所以他有助于我们制定正确的优先次序和运营规则，从而达到预期结果。”

托德曼在美属维尔京群岛的圣托马斯出生并长大，有绅士风度，不爱生气，并且很坚强。他的同事说他很坚定、投入，并且有极好的风度。一位惠而浦管理者说，托德曼能分析现实中复杂的商业难题并做出正确决定，因此公司能够盈利。

沟通是托德曼青睐的管理方式：分析信息走向，传播公司目标，推动员工更广泛地和更创造性地思考，并将自身看作一个与全球链接的职能单元。通过电话和视频会议管理不同时区的人，需要24小时工作。托德曼每个月在市场上考察两周，拜访团队和顾客。“我只有了解到顾客是如何生活的，才能对其做出及时恰当的反应。”

托德曼毕业于乔治城大学（Georgetown University），学的是企业管理。1993年，他担任伦敦惠而浦的财务总监，后来在欧洲管理客户服务。他通过对接全球市场的战略愿景和有效驱动创新的能力等领导角色来支持惠而浦的财务绩效，托德曼在2010年入选《黑人企业》（*Black Enterprise*）的“年度公司高管”。

［问题］

1. 托德曼以什么方式进行领导？

2. 作为惠而浦总裁，托德曼扮演了哪些领导角色？请至少列出三个。

3. 托德曼在多大程度上做到了战略思考与人员关注之间的平衡？

4. 若托德曼想成为更成功的领导者，你会给托德曼什么建议？

资料来源：Black enterprise by SCOTT Copyright 2010. Reproduced with permission of BLACK ENTERPRISE MAGAZINE.

角色扮演

处理异议

CEO托德曼在美国惠而浦的一家工厂召开员工代表大会，有200位员工参加。会议刚进行了5分钟，一位员工就举起美国国旗，大声说：“托德曼先生，打扰一下，我很反对您和其他一些管理者正在做的一些事情。我们公司海外制造的比例太高，这样我们本土美国人的就业机会就会减少。”请一位学生扮演托德曼，既要考虑员工的担忧又要能够坚持公司既有的战略。请另一位学生扮演这位反对者。

在班上花5分钟左右的时间进行角色扮演活动。老师和其他同学一起参与讨论这位反对者如何让自己的观点更好地被接受以及托德曼在这种情况下应该如何处理争议。

领导力案例B

玛丽·陈（Mary Chen）在一家大型银行房贷部门担任部门经理已有几年的时间。虽然部门不大，但她和高层领导者认为他们的使命很重要。玛丽说：“我们帮助一些信用评级不够的人买房。我们为诚实、努力工作但是由于多种因素没有获得高的信用评级的人发放贷款。所以我们的团队正在为这个世界做好事，尽管只拥有少数抵押品赎回权。”

当利率高于可调整按揭贷款利率时，逾期付款的人数上升至原来的三倍，丧失抵押品赎回权的人数上升至原来的两倍。媒体每天抨击次级贷款者，把经济衰退和股票市场的骤跌归咎于他们。

玛丽监管所在部门的人变得更加困难。就像玛丽说的，“随着次贷危机的恶化，我们部门几乎看不到笑容。员工更频繁地打电话请假。部门内有一半的员工请求去贷款部门，因为贷款部门只给最高评级的顾客贷款。甚至我最棒的员工看起来压力也很大”。

马尔科姆·弗林（Malcolm Flynn）是一位有四年工作经验的贷款专家，他这样评价次级贷款部门的工作：“很糟糕。我们感觉自己被看作贩毒者。人们认为我们很差劲，因为我们把钱借给那些没有还款能力的人。

“当我们在银行外与人聊天时，大都不告诉别人我们的工作是什么。我们每天来工作时都希望工作能更有乐趣，但从来没有。”

当玛丽谈及她在她的团队中所面临的道德问题时，她的上司建议她要做一个“更好的领导者”。她的上司说，一个好的领导者应该能够指导团队成功渡过艰难时期。玛丽思忖道，“这个建议看起来很好，但是我不知道接下来该怎么做”。

［问题］

1. 如何帮助玛丽的部门建立道德信心？你会给她什么建议？

2. 要领导团队走出畏惧，你认为玛丽应该扮演哪些领导角色？

3. 你在多大程度上赞同“一个好的领导者应该能够指导团队成功度过艰难时期”？

角色扮演

振奋团队

让一名学生扮演玛丽的角色，周五上午10点举办一场鼓舞士气的会议。会议提供百吉饼、甜甜圈、新鲜水果和饮料（包括功能饮料）。玛丽的目的在于给成员打气，并帮助他们认识到他们的工作对于社会来说多么重要。由其他几个学生扮演部门成员，他们对自身的工作持不同态度。时长8分钟左右。观察者要注意观察玛丽如何表现得比较成功，以及团队成员如何有效地表达了他们的感受。

注 释

[1] Story created from facts in the following sources: Vivian Sequera, "Veteran Engineer Behind Chile Rescue," The Associated Press, October 16, 2010; Terri A. Scandura, "Leadership Lessons from the Chilean Mine," *The Miami Herald* (www.miamiherald.com), October 25, 2010; Peggy Noonan, "Viva Chile! The Left No Man Behind," *The Wall Street Journal*, October 16–17, 2010, p. A17; Tim Padgett Anthony Espositio, and Aaron Helsen, "5: The Chilean Miners," *Time*, December 27, 2010–January 3, 2011, p. 105.

[2] W. Kan Kim and René A. Maubourgne, "Parables of Leadership," *Harvard Business Review*, July–August 1992, p. 123.

[3] Derived from a literature review in Bernard M. Bass (with Ruth Bass), *The Bass Handbook of Leadership: Theory, Research, and Managerial Applications*, Fourth Edition (New York: The Free Press, 2008), pp. 15–23.

[4] Jeffrey Zaslow, "Joe Montana: Leadership, Says the Legendary Quarterback of Four Super Bowls, Means 'Being Willing to Take the Blame,'" *USA Weekend*, January 30–February 1, 1998, p. 15.

[5] Brian M. Carney, "Of Tax Cuts and Terror," *The Wall Street Journal*, June 30–July 1, 2007, p. A7.

[6] James Kelly and Scott Nadler, "Leading from Below," *The Wall Street Journal*, March 3–4, 2007, p. R4.

[7] Peter Block, *Stewardship: Choosing Service Over Self-Interest* (San Francisco: Berrett-Koehler Publishers, 1993), pp. 27–32.

[8] Tamara L. Friedrich et al., "A Framework for Understanding Collective Leadership: The Selective Utilization of Leader and Team Expertise within Networks," *The Leadership Quarterly*, December 2009, pp. 933–958.
[9] Quoted on page 2 of the February 2006 issue of *Black Enterprise*.
[10] James M. Kouzes and Barry Z. Posner, *The Leadership Challenge*, 3rd ed. (San Francisco: Jossey-Bass, 2002), p. 20.
[11] "Cisco: Making the Change with Web 2.0," *Executive Leadership*, February 2009, p. 1.
[12] John P. Kotter, *A Force for Change: How Leadership Differs from Management* (New York: The Free Press, 1990); "Managing + Leading = True Leadership," *Executive Leadership*, September 2004, p. 8; Edwin A. Locke and Associates, *The Essence of Leadership: The Four Keys to Leading Successfully* (New York: Lexington/Macmillan, 1991), p. 4.
[13] Henry Mintzberg, *Managing* (San Francisco: Berrett-Koehler Publishers, 2009), p. 8.
[14] Diya Gullapalli, "GMO Taps 1st CEO in 32-Year History," *The Wall Street Journal*, Februay 13, 2009, p. C9.
[15] *Duke University Executive Leadership Survey*, Center on Leadership & Ethics, March 2009, pp. 1–17.
[16] Gary Yukl, "How Leaders Influence Organizational Effectiveness," *The Leadership Quarterly*, December 2008, pp. 708–722.
[17] Richard C. Morais, "Impatience," *Forbes*, June 16, 2008, pp. 128–132.
[18] Nitin Nohria, William Joyce, and Bruce Roberson, "What Really Works," *Harvard Business Review*, July 2003, p. 51.
[19] Ellen Shubart, "Success Hinges on Vital Skills Like the Human Factor," *The Wall Street Journal* (Special Advertising Section), March 29, 2007, p. D6.
[20] Robert B. Kaiser, Robert Hogan, and S. Bartholomew Craig, "Leadership and the Fate of Organizations," *American Psychologist*, February-March 2008, p. 103.
[21] Bruce J. Avolio, Rebecca J. Reichard, Sean T. Hannah, Fred O. Walumbwa, and Adrian Chan, "A Meta-Analytic Review of Leadership Impact Research: Experimental and Quasi-Experimental Studies," *The Leadership Quarterly*, October 2009, pp. 764–784.
[22] Jon P. Howell, David E. Bowen, Peter W. Dorfman, Steven Kerr, and Philip Podaskoff, "Substitutes for Leadership: Effective Alternatives to Ineffective Leadership," *Organizational Dynamics*, Summer 1990, p. 23.
[23] Jeffrey Pfeffer, "The Ambiguity of Leadership," *Academy of Management Review*, April 1977, pp. 104–112.
[24] Cited in Jerry Useem, "Conquering Vertical Limits," *Fortune*, February 19, 2001, p. 94.
[25] Thomas H. Hout, "Are Managers Obsolete?" *Harvard Business Review*, March–April 1999, pp. 161–162. (Books in Review)
[26] Mary Uhl-Bien and Russ Marion, editors, *Complexity Leadership: Conceptual Foundations* (Charlotte, N.C.: Information Age, 2008).
[27] J. Richard Hackman and Ruth Wageman, "Asking the Right Questions about Leadership," *American Psychologist*, January 2007, p. 43.
[28] Updated and expanded from Henry Mintzberg, *The Nature of Managerial Work* (New York: Harper & Row, 1973); Kenneth Graham Jr. and William M. Mihal, *The CMD Managerial Job Analysis Inventory* (Rochester, N.Y.: Rochester Institute of Technology, Center for Management Development, 1987), pp. 132–133; Mary Jo Hatch, Monika Kostera, and Andrzej K. Koźmiński, "The Three Faces of Leadership: Manager, Artist, Priest," *Organizational Dynamics*, vol. 35, no. 1, 2006, pp. 49–68; Dave Ulrich, Norm Smallwood, and Kate Sweetman, *The Leadership Code: Five Rules to Lead By* (Boston: Harvard Business Press, 2008).
[29] Christopher A. Bartlett and Sumantra Ghosal, "Changing the Role of Top Management Beyond Systems to People," *Harvard Business Review*, June 2002, pp. 132–133.
[30] Cited in Justin Fox, "Employees First!" *Time*, July 7, 2008, p. 45.
[31] Emily Thornton, "Perform or Perish," *BusinessWeek*, November 5, 2007, p. 40.
[32] Eilene Zimmerman, "Are You Cut Out for Management?" *The New York Times* (nytimes.com) January 16, 2011, p. 2.
[33] Ronald A. Heifetz and Mary Linsky, "A Survival Guide for Leaders," *Harvard Business Review*, June 2002, pp. 65–74.
[34] Thomas A. Stewart, "The Nine Dilemmas Leaders Face," *Fortune*, March 18, 1996, pp. 112–113.
[35] Three examples are Martin M. Chemers, *An Integrative Theory of Leadership* (Mahwah, N. J.: Lawrence Erlbaum Associates, 1997), pp. 151–173; Francis Yammarino, Fred Dansereau, and Christina J. Kennedy, "A Multiple-Level Multidimensional Approach to Leadership: Viewing Leadership through an Elephant's Eye," *Organizational Dynamics*, Winter 2001, pp. 149–162; Bruce J. Avolio, "Promoting More Integrative Strategies for Leadership Theory-Building," *American Psychologist*, January 2007, pp. 5–33.
[36] Avolio, "Promoting More Integrative Strategies," pp. 25, 31.
[37] Francis J. Yammarino and Fred Dansereau, "Multi-Level Nature of and Multi-Level Approaches to Leadership," *The Leadership Quarterly*, April 2008, p. 136.
[38] "12 Common Skills Sought by Employers,"

www.dartmouth.edu, accessed February 18, 2011; Randall S. and Katharine Hansen, "What Do Employers *Really* Want? Top Skills and Values Employers Seek from Job Seekers," *Quintessential Careers* (www.quintcareers), accessed February 18, 2011.

[39] Hackman and Wageman, "Asking the Right Questions," p. 45.

[40] Nancy Lublin, "Let's Hear it for the Little Guys" *Fast Company*, April 2010, p. 33.

[41] Barbara Kellerman, "What Every Leader Needs to Know About Followers," *Harvard Business Review*, December 2007, pp. 84–91.

[42] Robert E. Kelley, "In Praise of Followers," *Harvard Business Review*, November–December 1988, pp. 142–148.

[43] Warren Bennis, "The End of Leadership: Exemplary Leadership Is Impossible Without Full Inclusion, Initiatives, and Cooperation of Followers," *Organizational Dynamics*, Summer 1999, pp. 76–78. (This statement has become increasingly true over time.)

第2章 领导力：全球化和跨文化

学习目标

学习完本章并完成各项练习后，你应该能够：

- 解释多元化领导和管理的潜在伦理和竞争优势
- 描述文化因素包括价值观是如何影响实践中的领导力的
- 解释文化敏感性和文化智商对领导效能的影响
- 解释全球领导技能对领导效能的影响
- 制定提高文化多元化包容性的领导力计划

日本板硝子公司（Nippon Sheet Glass）是一家为汽车和建筑行业提供玻璃的全球供应商，作为一家日本公司，在两年的时间内做出了第二次与众不同的雇佣。克雷格·内勒（Craig Naylor）以前是杜邦公司的高管，现已退休，非日本人，现被聘为日本板硝子公司的总裁兼CEO。他是这家公司聘用的第二任非日本籍CEO。日本板硝子公司的董事长藤本胜司（Katsuji Fujimoto）说："内勒先生具有公司所需要的全球领导者素质，他将领导本公司下一阶段的发展。"

内勒1970年加入英国杜邦公司，此后在这家跨国化学公司稳步发展。他的国际经验很丰富，曾在瑞士、美国、中国等地任职。1987—1991年在日本工作。他在杜邦的最后一个职位是美国电信技术分部的副总裁。

在日本板硝子公司，内勒特别强调全球视角和文化多样性。从一开始，他就要求放弃过于强调国内市场的日本式管理。许多员工并不赞同内勒，因为他们不喜欢英美公司的快速决策方式。相反，日本员工更喜欢取得共识后再作决策。

后来，公司收购了英国的玻璃制造商皮尔金顿（Pilkington PLC），英语成为公司的官方语言。与此同时，内勒组建了一支跨文化、跨地区的工作团队，以对创建战略做出贡献，而不只是实施总部制定的策略。内勒回忆以前在杜邦公司时在日本工作的日子，他发现有时计划的实施缺乏当地的支持。他坚定地认为，在一家全球化的公司，有效的战略需要当地的支持。

内勒认为大部分美国跨国公司的董事会成员更加喜欢多元化的构建，尤其是考虑到董事会成员来自美国以外的国家。

在英语成为这家日本公司的官方语言后，内勒鼓励员工在商业交流中不要再说当地语言，要主动克服语言障碍。他说："你必须把这些东西剔除，因为说英语对日本人而言，很难做到。"即便日本人在努力提高他们的英语能力，但在交流中英国人仍要想办法让日本人明白自己的意思。[1]

这个英国背景的管理者领导日本公司的案例表明，文化因素，例如语言和本土化，对于成功经营公司很重要。在其他国家工作，意味着要和与自己不同的文化群体进行交往。这对于许多高层管理人员而言，正成为一种工作要求。正如之前提到的，近些年来很多制造业公司正在寻找这样一些领导者，他们能够与全球的供应商接洽以及与不同文化背景的人进行协商。比如卡特彼勒公司（Caterpillar），已将生意做到了中国和印度。[2]

此外，公司成功、利润以及增长越来越取决于对国内外的多元化工作团队的管理。根据美国人口普查局（U. S. Census Bureau）提供的资料，到 2042 年，少数族裔将成为美国人口和劳动力中的主要人群。由于自由移民政策，欧洲各国也变得日渐多元化，吸引了大量外国员工。[3]

各种文化群体和地域群体希望领导者和同事在工作场所中以尊重、公平和敏感的态度来对待他们。同时，不同文化来源的人必须学习在一起有效工作，为多元化的顾客服务，并产生一系列创意。[4]

因为对多元化的关注让许多类型的人有机会充分参与到一个组织中，所以"包容性"这个词经常被用来代替"多样性"。不仅劳动力越来越多样化，商务活动也越来越全球化。中小型公司，以及商业巨头，都越来越依靠与他国的贸易往来。而且，大多数的制造业产品所用的零件来自不止一个国家，全球外包已经成为主流趋势。

我们对一国内部以及跨国多元化问题的探讨侧重于领导力视角。关键主题包括多元化管理的伦理和竞争优势、文化因素如何影响领导力、文化敏感性和全球领导技能如何影响领导效能等。本章也描述了可增进对文化多样性的认可的举措。总之，我们认为，在多元化的工作环境中，对多样化人群的领导效能需要文化敏感性和对文化差异的包容性。

2.1　多元化管理的优势

为了使企业组织承担社会责任，并符合伦理规范，企业领导者必须为多元化的劳动力提供就业机会。因此，伦理领袖在制定人力资源决策时，应该以价值判断作为标准，而非个人喜好或偏见。一个拥抱多元化的公司在行为上也要体现出社会责任感。比如，一个公司雇用了五名残疾员工，外界会认为这家企业富有社会责任感。雇用这些人将提供经济福利的责任从国家或私人慈善机构转移至公司的员工。有人认为除非雇用这些人具有成本效益，否则公司就是忽视了股东的责任。

有研究指出，多元化也能为公司带来竞争优势。帕特丽夏·哈里斯（Patricia

Harris）是麦当劳全球首席执行官，负责管理多元化。她指出："当我们明白在少数族裔中能够卖出更多汉堡包时，我们就开始了多元化运营。"[5]当多元化成为公司战略时，很有可能会获得这种优势。根据麻省理工学院（MIT）的托马斯·科汉（Thomas A. Kochan）教授的一项长期研究，只有有了合适的培训，组织文化支持多元化时，多元化才能够提高企业绩效。[6]此外，公司首席执行官应该能够兼收并蓄，善于从不同文化中汲取资源，和来源不同的人建立连接。[7]

有关人口与文化多元化的竞争优势，以下是一些论点。

1. 降低离职率和缺勤成本。随着组织变得更多元化，多元化管理的成本也在增加。如果组织中的少数族裔感觉他们受到组织的公平对待，其离职率和缺勤率就会下降。更有效的多元化管理可以增加多元化团队的工作满意度，因此离职率、缺勤率以及相关的成本会下降。比如，好事达公司（Allstate Corporation）良好的多元化管理举措使得总部和地方分支机构的拉美裔和非洲裔员工的离职率大大降低。[8]

2. 良好的多元化管理能够取得营销优势。一支更具代表性的销售队伍可以促进产品和服务的销售，而且对这样的团队的需要似乎越来越多。多元化的一大营销优势是，销售队伍的多元化与公司客户的多元化相匹配，在吸引客户方面更占优势。根据未来工作协会（Future Work Institute）的调查，美国国内增长最快的领域，将是少数族裔。比如，在非洲移民区域，购买力近年来快速增长。[9]

美国银行（Bank of America）的领导说，银行机构要善于运用多元化和具有包容性的工作队伍，这样有助于银行理解和满足合伙人、顾客、股东等利益相关者的不同需求，从而获得竞争优势。[10]

此外，如果公司多元化的品牌和口碑好，也很容易吸引多元化群体购买服务和产品。好事达保险公司因多元化举措而闻名。这家公司在非洲裔和拉美裔的保险行业，都是市场领导者。好事达的领导者说，倡导多元化是公司的核心价值观。[11]经销商和客户经理队伍的多元化有利于吸引和保有非洲裔和拉美裔的顾客。另一个金融服务公司的例子是 State Farm，它以促进多样性作为其业务战略的一部分。

3. 一家公司如果在多元化管理方面拥有良好声誉，那么其在选人留人上也具有显著优势。实行多元化管理的企业，在女性、少数族裔从业者那里都有很强的吸引力。同样，一家不欢迎不同文化背景员工的企业，必然会缩减其人才库。在招聘时，追求多元化的组织有很大的人才库用来选拔候选人。近年来，不少公司选择女性或者外国人做领导者。当公司雇用多元化从业人员并提供给他们成功所需的工具、资源和机会时，这些公司更有可能使员工的才能得到充分发挥。

4. 劳动力结构的异质性不但给企业带来创造力方面的优势，还有助于提高企业解决问题的能力以及决策质量。如果一个团队的成员构成较为多元化，那么他们在面临困难的时候，往往更容易找到有创造力的解决方案。根据斯科特·佩奇（Scott E. Page）所进行的实验，有多元化观点和启发性（经验法则解决问题）的团队一直是个体组成的群体中表现最好的。[12]但此结论也有其局限性。有时专业技能是绝对必要的，比如理解复杂的税收法规或如何进行视网膜激光手术。

5. 多元化经营有助于推动当地经济发展，帮助企业提升社会责任感。许多大公司从当地供应商、少数族裔供应商和女性供应商那里进行多元化采购。这种大规模的采购有助于当地经济的现金流和就业率的改善。乔伊斯（Joyce）是太平洋燃气和电力公司（PG&E）旧金山分部的多元化部门主任。他说："毫无疑问，我认为，投资于少数族裔拥有的企业对当地经济有正的净效应。"[13]

科学研究在不断完善多元化优势方面的知识。许多学术研究的分析表明，文化多元化对服务行业（例如餐厅和酒店）有积极的影响。相反，在制造业公司，多元化有轻微的消极影响。一种解释认为，在服务行业，由于员工频繁地与顾客接触，其管理在解决比如性别、种族和年龄方面的相关问题的差异上更有效。[14]

根据弗朗西斯·米利肯（Frances J. Milliken）和路易斯·马丁斯（Luis L. Martins）的观点，多元化是一把双刃剑：有时能够增强组织的创造力，但也有可能给组织成员带来挫败感，因为他们很难融入组织。[15]还要关注的是，多元化团队的负责人必须促进成员间的合作；否则，多元化的优势就丧失了。[16]

关于如何利用多元化的潜在优势，为了提高你的意识水平，请完成领导力技能开发练习 2-1，它展示了多元化技能是与领导力相关的另一个重要的人际交往能力。

领导力技能开发练习 2-1

发挥多元化优势

将全班分为约六个人一组，假设小组成员是来自一家中等规模的制造业或者服务业公司的高级管理人员。每个小组的任务是：考虑到社会、伦理和现代情境等方面的因素，你们公司已经拥有一支高度多元化的员工队伍。但是你们公司没有表现出比竞争者更强的竞争力。作为企业的领导者（同样是一支多元化团队），现在你们要商讨如何更好地发挥员工的多元化优势。请在 15 分钟内就上述问题给出具体解决方案。在问题解决后，请团队领导者向其他组报告。

2.2 影响实践中领导力的文化因素

跨文化领导者（multicultural leader）应该具备将拥有不同种族、性别、年龄社会态度和生活方式的员工联合起来并激励他们的能力和态度。要影响、激励和鼓励跨文化的员工，领导者必须意识到显著和细微的文化差异。这种基于文化的差异是普遍的，也是领导者试图管理来自其他文化背景的员工的开始。比如，不少亚洲员工认为在团队面前接受表扬让人很难为情，因为在亚洲文化中，过于关注个体会与他们所期待的团队和谐发生冲突。因此，管理者在明确团队成员的偏好前，可能需要避免在团队面前表扬亚洲团队成员。不过，管理者可能会发现，许多亚洲人喜欢在同事面前受到表扬，尤其是在国外。

这里，我们从两个方面来帮助领导者学习如何在多元文化背景的工作环境中管理：（1）理解文化价值观中关键维度的差异；（2）理解文化价值观对领导风格的影响。

2.2.1 文化价值观中关键维度的差异

考察不同国家的价值观或文化维度是深入理解国家间文化差异的方式之一。图 2-1 中展示的文化维度是基于 GLOBE（全球领导力和组织行为有效性）的一项调查，这项调查基于 62 个不同的社会文化，并且建立在之前的文化维度分析基础上。[17]在这项研究中，也包含其他两个维度，它们对如何与来自其他文化（对时间的态度和工作导向）的人一起工作很有帮助。需要记住的是，这些文化维度属于刻板印象，适用于从特定的文化角度看待有代表性的人群，并不意味着侮辱谁。我们要对个体差异有所觉察，比如很多美国人缺乏魄力，很多法国人愿意一周工作 70 小时。

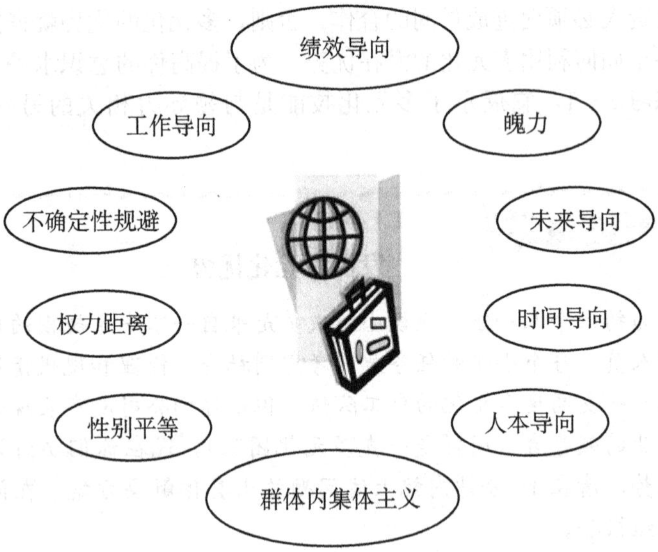

图 2-1 文化价值观维度

1. **绩效导向**（performance orientation）。绩效导向指的是在不同社会情境中，因绩效提高和突出而鼓励（或应该鼓励）和奖赏团队成员的程度。在美国和新加坡，文化鼓励绩效导向，但在俄罗斯和希腊则不然。

2. **魄力**（assertiveness）。魄力是指个体与其他人相处时自信（并且应该自信）、有对抗性和好斗的程度。美国和奥地利在这方面得分很高，瑞典和新西兰则得分很低。在有魄力的文化氛围里，员工在商业中喜欢竞争；在相反的文化氛围里，员工更喜欢和谐、忠诚和团结。

3. **未来导向**（future orientation）。未来导向是指群体从事（且应该从事）面向未来行为的程度。比如延迟享受、计划和做未来投资。在新加坡和瑞士，人们青睐未来导向，在俄罗斯和阿根廷则不然。

4. **时间导向**（time orientation）。时间导向是指不同文化对时间的态度是不同的。有强烈时间导向的人把时间看作稀有资源，并且有可能缺乏耐心。而那些将时间看作一种无穷尽资源的人，则会较有耐心。美国人因强烈的时间观念而闻名。他们经常强调截止日期并且渴望着手做事。相反，亚洲人、墨西哥人或者中东人则较为耐心。

5. **人本导向**（humane orientation）。人本导向是指社会鼓励和奖赏并且应该鼓励和奖赏对待公平、利他和对他人关爱行为的程度。如埃及和马来西亚，人本导向程度高，而法国和德国则不强调这点。

6. **群体内集体主义**（in-group collectivism）。群体内集体主义是指个人在组织和家庭中表达并且应该表达赞美、忠诚以及凝聚力的程度。亚洲、埃及和俄罗斯社会都强调这个。在这些文化中生活的人，都愿意以自己的家庭成员、自己所在的组织为傲。

7. **性别平等**（gender egalitarianism）。性别平等指的是一种文化最小化并且应该最小化性别不平等的程度。在欧洲国家，人们比较注重性别平等，美国和加拿大也是如此。但是，韩国性别平等程度较低，并且人们倾向于男权主义。

8. **权力距离**（power distance）。权力距离是指社会成员期待并且应该期待权力分配不平等的程度。接受权力和权威的人期待由自己的上司来作决定，这些人面对自己的上司更加拘谨。不过，近几年，世界上对有权威的人感到拘谨的员工逐渐减少。社会高度接受权力和权威的国家有泰国、巴西、法国和日本。

9. **不确定性规避**（uncertain avoidance）。不确定性规避是指社会成员依赖（且应该依赖）社会准则、规则和程序来降低未来事件不确定性的程度。规避不确定性的愿望越强烈，人们越可能寻求秩序、一致性和覆盖日常生活的法律。新加坡和瑞士不确定性规避程度强，俄罗斯和希腊不确定规避程度则较弱。

10. **工作导向**（work orientation）。工作导向是员工在相对休闲的工作活动或者其他非工作活动中，希望每周工作的时间或者每年工作的周数。美国的公司职员一般每周工作 55 小时，午饭休息 45 分钟，有两周的假期。美国人比欧洲人具更强的工作导向，但是比亚洲人要低。美国员工年均工作 1 804 小时，挪威员工年均工作 1 407 小时，法国员工年均工作 1 564 小时。七个亚洲国家的员工年均工作 2 200 小时，包括韩国、孟加拉国和中国。[18]

管理者应该如何运用价值观的差异来做一个有效的领导者？首先他们应该意识到员工的社会文化背景和母国的价值观会影响其态度以及行为。假如一位管理者在和一位来自低权力距离国家的员工进行沟通时，总是鼓励其要努力工作才能达到最佳绩效，这位员工未必买账。相反，领导者需要尽量向员工解释，他的出色绩效和个人收益是挂钩的。再比如，一位领导者想要改善产品质量，他应该雇用有集体主义价值观的员工。如果已经雇用了具有严重个人主义倾向的员工，就应该劝说他们表现出集体主义行为。领导力自我评估测试 2－1 能帮助你理解价值观是如何调节（或影响）工作绩效的。

领导力自我评估测试 2－1

文化价值观导向分析

要求：根据以下 10 个价值观维度的表达，圈出最贴合你的立场的数字。比如，你感觉自己是高度以人为本的，则在第 5 题的 7 上画圈。

1. 低绩效导向					高绩效导向	
1	2	3	4	5	6	7
2. 低魄力					高魄力	
1	2	3	4	5	6	7
3. 时间导向弱					时间导向强	
1	2	3	4	5	6	7
4. 低未来导向					高未来导向	
1	2	3	4	5	6	7
5. 低人本导向					高人本导向	
1	2	3	4	5	6	7
6. 群体内个人主义					群体内集体主义	
1	2	3	4	5	6	7
7. 低性别平等					高性别平等	
1	2	3	4	5	6	7
8. 低权力距离					高权力距离	
1	2	3	4	5	6	7
9. 低不确定性规避					高不确定性规避	
1	2	3	4	5	6	7
10. 低工作导向					高工作导向	
1	2	3	4	5	6	7

得分和解释：圈好数字后，用荧光笔、钢笔或者铅笔将你选择的数字连起来。这样你就可以看到自己的文化价值观剖面图。不管连线是否遮住了各个维度的名称，将你的剖面图与班上的其他同学进行比较。若时间允许的话，收集全班同学在十个维度上的分数，计算平均分，获得这个班级文化价值观的剖面图。如果所取的样本足够大，还可以比较东西方文化价值观的差异。

可以试着找出对你领导力发展最有共鸣和最没有共鸣的剖面图。

2.2.2 文化价值观和领导风格

文化价值观对领导者和管理者的行为有影响，对一般员工的行为也有影响。正如霍夫斯泰德所解释的，人际关系受人们所处文化的文化价值观的影响。正因为管理工作与人际关系密不可分，管理和领导过程也受到文化价值观的左右。在不同文化系统中，管理和领导过程各不相同，但是在价值观基础上，这些过程在每一个社会中都表现出强烈的连续性。[19]

领导者在行动

麦当劳所有层级的管理者都必须考虑文化差异

麦当劳是世界上最著名的快餐店之一。它以公司的多元文化而自豪。公司总部和美国公司有超过60%的员工是少数族裔或者女性。大约2/3的员工不在美国。在快餐业，该公司的少数族裔和女性从业人员的数量是最大的。

麦当劳在118个国家设有分店。其食品充分结合当地口味。大多数的海外特许经营店都是由当地人所有的，这有助于改变菜单来适应当地口味。例如：在埃及，麦当劳提供土豆三明治；在日本，麦当劳提供海草汉堡王；在印度，麦当劳不供应牛肉；在德国慕尼黑，麦当劳出售啤酒；在法国，一些麦当劳餐馆供应兔肉。

一线管理者不仅要关注当地顾客的口味，还要对当地员工的文化价值观进行观察。理查德·弗洛里奇（Richard Floresch）是麦当劳的副总裁和人力资源部经理。他说："每一个特定地区的经理在管理中都要注意文化差异。我们对管理者授权，他们对员工管理有高度自主权。比如，在中国，管理者可能急于获得上级的支持。在巴西，管理者可以通过邀请新入职青年员工的父母参加家庭导向的活动，来响应团体的期望。这样父母就可以更了解他们孩子的工作，从而强化家庭价值观。"

弗洛里奇说，麦当劳不会告诉人们如何去管理人，"这属于它的文化规范的一部分"。

[问题]

1. 麦当劳仍然是一家美国公司，为什么海外的本土管理者担心其是否符合当地的文化价值观？

2. 如果麦当劳要大力推崇家庭价值观，那么如何在任一麦当劳餐馆销售啤酒？

资料来源：Story created based on facts and observations reported in the following：Aman Singh，"McDonald's Makes Diversity about the Bottom Line，" *The CSR Blog*（http：//blogs. forbes. com），September 8，2010，pp. 1-3；Janet Wiscombe，"McDonald's Corp." *Workforce Management*，November 2010，pp. 38-40；Patricia Harris，"The McDonald's Diversity Story，" *Guest Insights*（http：//views. washingtonpost. com），November 2009，pp. 1-14；"Americanization or Cultural Diversity，" *Global Envision*（www. globalenvision. org），June 22，2007，pp. 1-5；"Diversity at McDonald's：A Culture of Inclusion and Diversity，"（www. aboutmcdonalds. com）. Accessed May 11，2011.

■ 法国社会的领导行为

在法国，价值观对管理和领导方式的影响随处可见。法国人非常强调等级。一个典型的制造工厂有几个层级的员工：管理者和专业人员是干部；第一层级的监督者是控制者；低层级的工人是非干部人群。在这个社会中，人们很看重地位层级差异，比如高级干部和低级干部。毕业于某些商学院的法国管理者在公司有着很高的地位。

这样的领导力风格表明，法国管理者，尤其是在大公司，是精英层的一部分，倾向于以权力集中的方式进行领导。（但并不是每一位法国管理者都遵循权威式的文化传统，更加现代的管理者层级意识要淡薄一些。）在这种社会，传统的管理方式看重服从和尊重，强调等级制度。[20]

■ 德国社会的领导行为

与文化相关的独特领导风格的另一个例子是对德国管理者的刻板印象。在GLOBE研究中，研究者在德国收集了457位中层管理者的数据，他们分别来自电信业、食品加工业和金融业。德国文化价值观最显著的特点就是强烈的绩效导向。因此德国中层管理者尽量避免不确定性，独断专行，不太考虑他人感受。

一般情况下，德国领导者不大有同情心，但他们很看重私人关系，直接而且坚定。[21]这些调查的另一个解释是，相比之下德国管理者的绩效导向非常强烈以至于他们看上去对人际关系不太感兴趣。但是这并不意味着德国管理者不顾及他人。总体而言，德国企业管理者都期待在短期内获得好的绩效。

■ 马来西亚社会的领导行为

马来西亚管理者的领导方式是教育型的，其他亚洲管理者也具有类似的风格。由于全球采购趋势，马来西亚成为美国和欧洲重要的贸易伙伴。下面关于马来西亚管理者领导风格的结论也是基于 GLOBE 研究项目。[22]在这里，他们强调共同幸福（集体主义）并展示出强烈的尊重权威的倾向。这种文化不喜欢攻击和冲突行为，更喜欢和谐的关系。因此，对于管理者最理想的组织领导方式就是表现同情心，同时要专治而非参与。马来西亚团队成员听从领导者，反过来也被领导者尊重和怜惜。一位马来西亚管理者可能会对员工说："我确实是想这么进行这项工作，但是我更希望你能够快乐工作并且在工作中学会一些有价值的事情。"

■ 美国社会的领导行为

美国面积较大，其不同地域的文化存在差异并因此影响领导行为。比如，美国南部的管理者比较低调并且对关系构建很有兴趣。但在美国北部，领导者则重视高效快速地完成任务。南部的领导者却将这种行为看作粗鲁的、爱出风头的，而且在关系构建上是目光短浅的。乔·霍林斯沃思（Joe Hollingsworth），是田纳西州克林顿市霍林斯沃思公司的 CEO，他说："如果唐纳德·特朗普（Donald Trump）来自南部，他将会说，'你被解雇了，不过祝福你，你已经尽力了'。"[23]这里的重点是南部的骑士精神影响到了他们的领导风格。

在南部，商业领导者显得懒散和缓慢，并因此受到诟病。在空调普及之前，南部的商业节奏更慢。天气炎热得使人们没有心思工作。但是，赛门铁克公司（Symantec Corporation）的前总经理，现任董事长，毕业于佛罗里达农工大学（Florida A&M）的约翰·汤普森（John Thompson）对此却不以为然。他认为获取商业绩效和地域无关。"我在美国南部长大，在世界各地为 IBM 工作了 27 年。我认为管理方式就应该顺应当地的潮流。"[24]

尽管领导方式会随着文化差异而有所不同，但是有些领导行为确实是通用的。比如，给员工提供清晰的指令，员工达到目标后给予恰当的奖励。GLOBE 研究也认为：在所有的文化中，领导者的团队导向、对追随者进行愿景和价值观的沟通、自信，都是高度有效的领导方式。[25]

2.3 文化敏感性与文化智商

一些领导者在领导多元化团队时表现得比其他管理者更有效。第 3、4、8 章讲述了那些能帮助你领导多元化团队的领导者特质和行为。除此之外，文化敏感性、文化智商以及某些特定的全球领导技能对于激励来自不同文化的员工来说是很重要的。尽管它们相辅相成，但这里我们还是要分别介绍文化敏感性和文化智商。全球领导技能包括很多内容，作为一部分单独介绍。

2.3.1 文化敏感性

当领导者或者其他人试图影响外国员工时，必须对两国的文化差异有所警惕。因此，领导者必须乐于学习外国员工的本土文化习俗，并且至少掌握一些当地语言。跨文化领导者必须有耐心、适应性强、灵活以及乐于倾听和学习。这些特质都属于**文化敏感性**（cultural sensitivity）的一部分，就是意识到并乐于理解其他文化背景下的个体行为及行为原因。

具备文化敏感性的个体能够意识到某些细微的文化差异，这有助于他们与当地文化背景的个体建立更好的关系。此外，文化敏感性对于文化间的细微差异是有包容性的。领导力自我评估测试 2-2 能让你了解你对文化差异的包容性。

领导力自我评估测试 2-2

我对文化差异的包容性

要求：指出你在下列环境中感觉舒适的程度：非常不舒服（VU），不舒服（U），中立（N），舒服（C），非常舒服（VC）。

	VU	U	N	C	VC
1. 与男同事以及女同事在一个小组工作	1	2	3	4	5
2. 辅导一个团队或者俱乐部，其成员都和我不同性别	1	2	3	4	5
3. 有一位变性人老板	1	2	3	4	5
4. 有一位不同种族的老板	1	2	3	4	5
5. 有一位异性老板	1	2	3	4	5
6. 如果你是异性恋，回答 6a；为同性恋则回答 6b 6a. 有一位同性恋老板 6b. 有一位性取向正常的老板	1	2	3	4	5
7. 和别人吃饭，他吃的食物，我认为是给宠物吃的	1	2	3	4	5
8. 和别人吃饭，他吃昆虫或者让我感觉很恶心的食物	1	2	3	4	5
9. 和艾滋病患者一起工作	1	2	3	4	5
10. 和曾因交通肇事入狱的人一起工作					

总分：________

得分和解释：

● 40～50 分：就与广泛的人工作来说，你是宽容且灵活的。这种态度能帮助你成为一位有效的跨文化领导者。

● 21～39 分：你对与和你不同的人工作的宽容性一般。如果你学着更加包容差异，你更有可能成为一位有效的跨文化领导者。

● 10～20 分：你可能对与和你非常不同的人一起工作感到困难。因此，你作为跨文化领导者的有效性就被束缚了。如果你拥有更多的跨文化经历，你可能会对差异更加包容。

文化敏感性之所以重要，是因为它帮助个体成为**跨文化员工**（multicultural worker)。跨文化员工确信所有的文化都是一样的好，并且乐于学习其他不同文化。跨文化员工和领导者通常是那些从小就生活在两种以上文化背景中的人（参照领导力自我评估测试12-2，关于跨文化关系的部分)。有跨文化背景的人更有能力使不同文化的人接受自己。

如果要领导来自其他文化的员工，文化敏感性则变得更为重要，因为刻板的文化印象不可能为人们提供和他人打交道的可靠指导。比如，根据刻板印象，美国管理者可能会认为亚洲的员工能够及时接受他的指令，因为亚洲人都很服从权威。但事实上，亚洲员工在接受权威之前，领导者必须要让他心服口服才行。

领导者需要注意到以下五种情况容易带来文化误解并引起麻烦。[26]

第一，语言差异常常使美国员工（绝大多数美国人仅懂一种语言）由于同事们的口音以及有限的英语技能而感到挫败。那些母语非英语的人可能感到不能很好地适应团队。

第二，宗教信仰的差异也是误解的来源之一。在许多文化中，宗教信仰在生活中起到主导作用，这让不少美国人感到难以理解。

第三，工作习惯的文化差异也很大。比如，在不少文化中，员工不喜欢将私人时间用在工作上。办公室礼仪也造成了一些困扰，比如工作之余一起喝咖啡或者喝茶，或者在工作日开始时一起唱歌。

第四，和美国不同，在不少文化中，女性的工作角色有很大不同。在其他许多国家，女性不像美国女性那样独立、有接受教育的权利以及有获得高级职位的机会。不同国家的员工在接受女性领导者时可能会有困难。

第五，个人的外表和行为也因文化的不同而有所不同。许多国家的人在整洁的外表、办公室着装、饮食习惯以及非语言沟通等方面都可能与美国人不同。许多国家的员工还会认为美国员工过于热情、具攻击性或者粗鲁。

个人着装中关键的一项是在其他文化中工作时选择合适的衣着。文化敏感性有助于你了解什么类型的着装是合适的。比如在印度，印度教教徒对精细制作的皮带和牛皮包感到很愤怒，因为生产这些东西需要用牛皮，而牛是印度教的圣物。在亚洲的一些地区，白色代表哀悼。对于专业人士的跨文化指南是：穿暗色的制作考究的商业套装，戴保守的配饰，例如领带和简单的首饰，这些在全球的商务活动中都是可接受的。[27]

代沟是文化差异的另一个表现，它在不同文化中有不同体现。比如，年轻人一般想得到更多的承认和奖励，也喜欢灵活的日程安排。年长者更想让别人依从自己的知识和阅历。

另外，现在还有不少变性人员工，这也需要领导者和管理者有一定的文化敏感性。管理者必须对变性人有包容心，也要对员工和顾客有包容心和灵活性。文化敏感性的一个特殊需要，是开始称呼“他”或“她”，而此人之前是“她”或

“他”。[28]变性人是少数，但也是多元文化劳动力中的一种，他们在就业方面受法律保护。

文化培训能够提高文化敏感性，当然通过仔细学习和观察也能够提高这方面的能力。当和来自不同国家的人打交道时，一条关键原则就是灵活。文化敏感性也能通过提问题来提高，比如让员工在周末工作是否合理。当出现有关绩效的跨文化问题时，领导者/管理者应该问：“我的工作要求我管理你们的绩效。你的工作是满足或者超越绩效标准。我如何帮助你们，才能做到这些？”[29]

2.3.2　文化智商

文化智商（cultural intelligence，CQ）就是文化敏感性的提炼和丰富，即一个外来者以其同胞表达自己的方式解释某个人的让人感觉陌生和模糊的肢体语言的能力。[30]比如，美国人在欧洲参加商业会议，他可能获得一个线索，欧洲人更喜欢在讨论商业目标之前，聊一会儿美国的政治和贸易协议，所以跨国从业人员要在一种活泼但是无派别的环境中讨论政治和贸易协议。文化智商由三个方面组成。

- 认知 CQ（头脑）。这与如何获得相关行为实际线索的能力有关，比如对截止期限的重视。
- 物理 CQ（身体）。你的行为举止在外国环境中必须是合宜的。比如你要学会轻吻一个法国人的脸颊（或被吻）；在日本，则用弯腰鞠躬的方式来打招呼，而不是直接和日本同事握手。
- 情感/动机 CQ（心理）。适应新文化涉及克服困难和障碍。你需要自信并有勇气去尝试新事物，即便你一开始的努力不奏效，你还得继续练习。你可以对自己说：“没事，当我和墨西哥员工站得很近时，他们不喜欢这样，即使他们彼此站得很近。也许我看起来有些不自然，我需要更多练习。”

未来，要获得高层次的文化智商，必须从以上三个方面下功夫，头脑、身体和心理必须要同时顺利地运作。你需要收集事实，改变你的举止和外表来适应这种文化，保持正能量状态来做些改善。

文化智商和情商相似，只是文化智商在区分人的行为方面更进一步。文化智商有几个特点：(1) 由于文化问题产生；(2) 对一些个体来说是独特的；(3) 每个人都有。假设你在德国做 PPT 展示，突然你发现所有的德国人都在质疑你。你自问：“这是德国人的特点吗？这些人有敌意吗？还是我的 PPT 太差了，因而招致了所有人的质疑？”根据一些提示，你知道这些只是表明德国公司的专业人员善于挑战别人，而并不是人身攻击。

2.4　全球领导技能

一般情况下，**全球领导技能**（global leadership skills）是指在不同的国家有效领导的能力。这个定义来自一种观点，即全球领导的本质是影响那些不熟悉领导者，并且来自不同文化背景的员工的能力。[31]这些技能包括已经提到的概念：文化敏感性、跨文化员工以及文化智商。这里我们从几个视角了解一下全球领导技能：

一个具体的模型、国际性管理职位的成功因素以及激励不同文化的员工。

全球领导技能很重要，它不仅能够提升一家公司的声誉，还能够帮助公司获得竞争优势。[32]优秀的全球领导者拥有能够在以下四个方面为企业带来更好的企业绩效的领导方式：（1）收益率和生产率；（2）连续性和效率；（3）承诺和道德；（4）适应性和革新。我们用行为的复杂性来代表实现上述四个评估组织绩效的标准的能力。优秀的全球领导者能够理解来自上述四个方面的复杂问题，并寻得平衡。比如，当公司面对的是成熟市场，加大创新投资比为获取高额利润投资更有必要。

全球领导者必须深入人心，广泛地激发不同文化下的个体的动机，来建立他们的忠诚、信任和团队合作。所有文化中都存在一些共性的需求，比如，多米尼加共和国的人与因纽特人都想成为团体的一员。另一个共同需求的例子是每个人都想做有意义的工作。有意义的工作是另一个共同需求，同时大多数员工想做他们认为相关的工作。人们对有重大意义的工作的理解很不同，有些人认为制药意义重大，而有些人认为生产电子游戏很有意义。

2.4.1 国际性管理职位的成功因素

有一项关于国际性管理职位的成功因素的研究。其结论是有两个特征与成功的国际商业操作相关：对文化差异的敏感性和文化冒险。[33]文化敏感性已经描述过了。冒险方面是指在新文化中抓住机会并实践的意愿。有一位来自亚利桑那州菲尼克斯的墨西哥裔美国人，他在南非的约翰内斯堡做了六个月的志愿者工作，他就是敢于文化冒险的人。同样，根据智睿咨询公司（DDI）的一系列观察，行政行为专家指出，成为全球探索者有助于提高领导效能。全球探索者对陌生的文化有一种热情，当他为商业目的去某个国家后，他会了解这些事情是怎么运作的以及为什么会发生。

根据DDI的观察，成为情境变色龙是相当重要的。就像在文化敏感性中，有效的全球领导者能够适应陌生的角色和环境。管理是荷兰人形容适应能力的术语；荷兰的领导者作为不同国家之间的贸易调节者，因他们的灵活性、适应性和技巧性而获得好的声誉。另一个应对情境的例子强调了斯堪的纳维亚的协商式领导方式，因为大多数斯堪的纳维亚员工青睐低权力距离。[34]

一项研究显示，在拉丁美洲、欧洲和日本，情感智力的不足导致了工作中的失败。[35]在评估一位来自其他文化的个体对你的建议的接受程度时，能够读懂其情感尤其有帮助。

一般来说，对于领导者而言，对模糊性的包容很重要，这在开发全球领导技能时尤为重要。员工工作的每个国家都代表着一种新的工作方式，所以必须以合适的准则进行领导。比如，一位美国公司的领导者参观其韩国分公司。他可能会思考："在韩国，人们高度尊崇权威，同时对道德有很高要求。那么我在提问题时如何把握分寸？他们可能希望我作为领导者回答所有问题。但同时，他们可能想展示他们自己的知识。"在推行相关政策前，美国负责人可以和韩国的管理者交流一下，这样也许效果会好些。[36]

领导跨文化团队时容忍模糊性也是成功因素之一。更显著的跨文化差异之一是不同的员工对于官僚和权威（或者权力距离）有不同的态度。来自某些文化的团队成员面对大多数团队中实行的扁平化结构等级时可能存在问题。如果团队成员服从团队中高地位成员的领导，当绝大多数团队成员属于一种等级文化时，他们的行为就是恰当的。相反，当大多数团队成员属于低权力距离（平等主义）文化时，服从权威的成员可能会有损他们的声望和可靠性。一位跨文化团队的墨西哥管理者遗憾地说：

> 在墨西哥文化中，你总是谦卑的。不管你是否理解某一事物，你都应该用一种提问的方式提出它。你必须出于尊重让它保持开放性。可是在当时的情况下，这种方式起了反作用，因为美国人认为我实际上不知道自己在说什么。当时我真的感觉到他们认为我对自己的答案不是很有把握。[37]

解决这种地位和等级文化问题的潜在领导力就是提前讲清楚这些问题，并且鼓励适合大多数队员的行为。团队的领导者可以多次提及结构是扁平的，所有队员有相同的发言权。因为文化价值观强烈地控制着行为，必须经常重复这一信息。

对于许多国际化员工来说，一项令人困惑的技能问题是熟练掌握第二语言的重要性。该困惑部分是由于英语正在日渐成为商业、技术、工程和科学等领域的世界标准用语。比如，当来自不同国家的欧洲商人聚集在一起召开会议时，他们能用英语交流。然而，当你试图影响一位来自其他文化的个体时，如果你能够顺利地运用他们的语言时，你就更有影响力。对第二语言的掌握也可以提升个人魅力。

虽然所有的电子设备，包括互联网都能够把一种语言翻译成另一种语言，但对于能够掌握外语的美国员工的需求仍在持续增加。菲尼克斯大学近来的一项研究发现，有 42%的雇主预测，在十年内，对精通汉语的员工将有很大的需求。大约 70%的人预测需要西班牙语（阿拉伯语和俄语紧随其后）。这项研究也表明，只有很少的员工认为他们能够掌握西班牙语或者汉语。[38]因此能够发展此项能力的员工有助于提高他的领导资格。

2.4.2　激励和鼓舞其他文化的员工

在第 7 章中，期望理论讨论了如何激励不同文化的员工——弄清哪种奖励对于员工的激励最高。缺乏基本生活必需品的员工，相对于价值 500 美元的奢华钢笔或者手表来说，更愿意收到一辆小型摩托车或者自行车。当需求得到满足时，员工将在一定程度上受到激励和鼓舞。

跨文化训练员南希·塞特尔-墨菲（Nancy Settle-Murphy）提供了另一个例子：来自美国的团队成员渴望得到名气和支持；德国人则喜欢在高度关注细节的情况下出色地完成工作。这表明，德国的专业人员更倾向于工作本身的激励；而美国人更喜欢外在的报酬；来自亚洲文化的团队成员更容易被强调团队和谐的奖励而激励，比如团队奖励。[39]

那么谁是拥有这些全球领导技能的代表——拥有本章节中描述的大多数能力？卡洛斯·戈恩（Carlos Ghosn）拥有，他是日产汽车和雷诺汽车的首席执行官，以

“地球上名气最大的汽车人”而闻名。他乘坐公司提供的可从巴黎飞至东京的喷气式飞机环游世界。卡洛斯花了很多时间考察日产公司在美国的运营。他随身携带两个公文包，一个为雷诺，一个为日产。他对跨越时区和文化习以为常。他出生在巴西，父母是黎巴嫩人，他在巴黎读的大学，会说好几种语言，喜欢享用不同国家的美食。[40]

2.5 实现文化多元化的领导举措

高层管理者必须致力于组织的价值多元化。只有当价值多元化渗透到公司的战略以及公司的生活和文化中时，才能保证此项原则最明确。多元化举措应该是深入的而不是流于表面的。[41]真正的多元化策略应该鼓励所有的员工抛开种族、性别、宗教背景或任何其他的差异，共同为组织贡献他们独特的才能、技能和专业见解。此外，领导者应该带头保证组织中的诸多活动都按照多元化策略的要求执行。表2-1列举了八项实现文化多元化的领导举措，下文会进行讨论。

表2-1　　实现文化多元化的领导举措

1. 让管理者为实现文化多元化负责。
2. 推行少数族裔员工的招聘、留任和指导计划。
3. 组织多元化培训。
4. 组织跨文化培训。
5. 鼓励发展员工关系网络。
6. 避免在员工-组织匹配的招聘中出现群体特征。
7. 为目标人群提供适销对路的产品和服务。
8. 实现组织领导者的多元化。

2.5.1 让管理者为实现文化多元化负责

高效的多元化举措，需要组织中各个层级的领导者都对多元化负起责任。如果管理者能够对多元化情境中的行为和经营负起责任，那么该组织文化所支持的多元化进程就会得到良好的发展。必须将多元化目标放在绩效评估体系中，而且与管理者的收益挂钩，这样多元化的责任才能落地。

好事达公司是一个在文化多元化方面的范例。该公司声明，多元化战略的核心是要对所有员工进行有效的教育和培训。多元化教育项目既重视以人为本，又关注绩效最优。所有的员工，包括管理者，要求在课堂上积极参与包括在线训练等有关多元化的内容。[42]

2.5.2 推行少数族裔员工的招聘、留任和指导计划

建立一支多元化的员工队伍是一项重要的举措。领导者应该针对某些特定的少数族裔个体开展招聘和留任工作。因为招聘有能力的少数族裔和女性员工能使企业获得竞争力，所以需要细致的人力资源计划。

领导和管理方法必须支持招募多元化员工队伍所付出的努力，只有这样才能提

高留任率。为了提高留任率，多元化顾问建议雇主增强文化培训项目，充分认识到员工的潜能和天赋，并使多元化委员会对高层管理者有影响力。[43]一般来说，保有员工也是好的领导和管理技能之一，比如为员工提供挑战性工作、明确的目标、反馈以及实现目标后有价值的奖励。指导是保有少数群体成员的关键举措，也为提高他们的能力提供了帮助。

在组织中获得多元化领导者的一个途径是与猎头公司一起工作，它们已经与来自不同人口群体的成功管理者形成了强有力的网络。国际猎头协会（Association of Executive Search Consultants）建立了一个帮助公司促进员工多元化以及平等就业机会的资源中心。[44]

2.5.3 组织多元化培训

多元化培训（diversity training）已经成为加强组织内部多元化的广泛应用之一。多元化培训的目的在于教育员工如何在工作中与来自不同文化的个体和谐共处。通常这项培训是为了减少在公开场合的种族歧视和性别歧视。各种多元化培训的核心都在于促进员工对于不同于自己的其他个体的理解和包容。近年来，多元化培训强调多元化对商业绩效的影响。[45]本章的开篇部分就介绍了如何提高绩效。

重视差异的培训课程主要关注不同性别或者不同族裔的人反映不同价值观、态度和文化背景的方式。这些课程长短不同，有的几个小时，有的长达几天。有时这些课程是相互冲突的，有时不冲突。

让各个多元化团体建立更为有效的联系的重要方法之一，是让他们了解彼此的想法并感同身受。选出各团体的代表，请他们向大家描述自己对工作环境的感受就是一种培养同理心的办法。领导力技能开发练习 2－2 将引领你参与一个高效的多元化培训练习。介绍多元化培训的一种有效方式就是告诉人们，这是开发人际技能的一部分：和那些与你有别的同事有效联系能够提高你的人际交往效率。

多元化培训的另一个用途是帮助领导者发展团队的同理心：让团队成员花费一定的时间与不同地区的团队成员一起工作。在这个过程中，管理者要学习自如地与多元化团队一起工作。这里介绍一个非常好的方法。罗德·邦德（Rod Bond）是一家食品服务公司的高管，有一次他陪同公司的女同事参加一个名为女性食品服务论坛（Women's Food Service Forum）的会议，他是 1 500 名与会者中唯一的男士。邦德说："我开始感觉到自己很不一样。"再比如，雷神公司（Raytheon）的导弹系统部门曾要求经理们在办公室的轮椅上度过一天。活动的目的是了解残疾员工的关注点。多元化专家认为应该要求高管们参加这些与他们日常工作有关的活动，只有这样他们才能看清多元化是如何相关的。[46]

领导力技能开发练习 2－2

多元化圈子

某些多元化培训管理者用多元化圈子的方法来帮助员工理解多元化并消除之前的误解。这种练习可以在课堂上进行。大概 10 个人为一组，用椅子围成一个圆圈，并在圆圈的中央放一把椅子。选出一名与别人显著不同的志愿者坐到中间的椅子上，作为第一个被大家关注的被试者。因为大多数人在某些方面都存在差异，所以实际上大部分人都要轮流坐到中间的椅子上。

被选中者开始向大家描述他感觉自己在哪方面与大家不同，并且描述他人对这些差异的反应。例如，一个因纽特人讲述了他的同事们不知道是否该邀请他下班后一起去喝啤酒，因为他们不知道他能不能喝酒。这个游戏的另外一个名字是“我如何感觉不同”，因为每一个人都描述了自己在生活中与别人的不同点。

另外一个同样有效的游戏是：请学员轮流到前面向大家描述自己与大家在某方面有什么明显不同。在每一位成员介绍完毕后，大家一起讨论从中观察到了什么，以及对这些现象的解释。

在本次练习中，对于成为更加有效的领导者，在人际关系方面你学到了什么？

在多元化培训领域，当前经常被提及的一点是：培训改变了人们对于某些团体的刻板印象。参与者被告知团体间存在差异，例如文化价值观和应对这些差异的许多技能。比如在跟拉美裔打交道时，尽量使用肢体语言。

多元化培训的管理者在培训中应该相当谨慎，以防过度鼓励员工进行对抗或者表示敌意。有些企业发现，如果培训期间员工讲话过于直率，随后工作中的人际关系就会受到一定程度的影响。对多元化培训的负面反映主要是对政治正确性和白人男性特权的指责。

即使多元化培训对增进跨文化理解和改善跨文化关系是有效的，这种培训也没有促进少数族裔和女性管理者的数量增长。来自830个工作场所的31年的数据表明，当多元化培训是强制性的并且是为了避免歧视诉讼案，女性管理者和少数族裔（包括拉美裔和亚洲裔）管理者的数量减少了。

相对而言，当多元化培训是志愿性的并且是为了实现公司商业战略而实施时，培训与增进管理多元化是相联系的。另一个重要发现是，当关注组织技能时培训效果最佳，比如建立辅导关系以及向女性和少数族裔证明他们有机会成功胜任高级职位。[47]

多元化培训也是一种需要整合到文化中的举措，这种文化支持对组织有影响的培训。用多元化培训工程师罗斯福·托马斯（Roosevelt Thomas）的话说，“我可能拥有了一些技能（多元化培训之后），但是我也知道，若要有效地使用这些技能，必须有支持使用这些技能的文化，从而确保它们能够落到实处。”[48]

2.5.4 组织跨文化培训

许多年来，公司和政府机构让管理者和其他员工为海外任务做准备。通常采用的一种方法是**跨文化培训**（cross-cultural training），这是帮助员工理解其他文化的风俗、传统和信仰的一系列学习体验。文化培训经常包括外语培训。跨文化领导者需要知道，美国、英国、澳大利亚、南非以及其他国家所说的英语是有差异的。比如：

- 英国人说“keen”，而美国人说“enthusiastic”。
- 英国人说“to table (an idea)”，而美国人说“to put (an idea) out for dis-

cussion”。

- 英国人说“to put (an idea) aside”，而美国人说“to table (an idea)”。
- 英国人说“lift”，而美国人说“elevator”。[49]

跨文化培训通常包括第 12 章中关于跨文化趣事的信息类型。在许许多多的趣事中（取决于目标国家），有关于在中国如何使用筷子的（不要把筷子垂直插进饭碗），有关于在芬兰和客户一起蒸桑拿是可以接受的（在那里这是一种很平常的做生意的方式），等等。[50]

亲吻脸颊的艺术是跨文化培训中很有趣也很重要的一个方面。美国人打招呼时喜欢握手，但是在大多数亚洲以外的国家，更接受轻吻他人的脸颊。人们在打招呼时会亲吻同性或者异性；而且，亲吻一个异性商业伙伴是更加恰当而且被期待的。弗兰克·希金斯（Frank Higgins）是一位来自美国雀巢公司的负责两个部门的全球领导者，他发现，“如果我不亲吻墨西哥的女性同事，我就是不礼貌的”。在公司的苏黎世总部，希金斯打招呼时是亲吻三次脸颊。[51]

跨文化培训的另一个发展是培训全球领导者的文化智商。根据本章之前描述的文化智商模型，全球管理者在认知 CQ、物理 CQ 和情感 CQ 或者动机 CQ 方面接受培训。培训十分复杂，领导者被期望能学习许多不同的概念、行为和洞察力。下面是一个文化智商培训方面的例子。[52]

> 一位加拿大管理者试图理解“泰式微笑”。首先，她需要观察微笑本身（比如其他面部或肢体语言，其他邻近的人的意思，初始微笑的来源）各种各样的线索，并且把它们汇集成一个有意义的整体，然后弄懂这位泰国员工真正经历的事情。其次，她必须对这种面部的困惑、挑战或者明显的综合信号有必需的积极性（直接的努力和自信）。最后，她必须选择、产生然后实施正确的行动，以恰当地做出回应。
>
> 如果缺失了这些要素中的任何一个，那么她在应对泰国员工时采取的行为可能就是无效的。一位高智商的管理者需要同时具备这三方面的能力，并且还能协调一致，有效行动。

需要再次强调的是，文化智商是文化敏感性的提炼。始终留意环境中的线索，使得国际化领导者能够在与来自不同文化的群体建立关系时更加深入。

2.5.5 鼓励发展员工关系网络

另一种促进对文化差异的认识的方法是鼓励发展**员工网络或关系密切的群体**（employee network or affinity）。员工网络由整个企业的员工组成，他们有一些共同的特点，比如种族、民族、性别、性取向或者身体健康状况等。群体成员拥有相似的兴趣，并且大多数人将群体看作一个分享信息、有助于自己获得成功的所在。虽然有些人力资源专家担心网络群体可能会导致分裂，但是也有人认为网络群体扮演着积极的角色。

任何时候，好事达都至少有七个员工网络群体在运行。有两个例子是 3AN（好事达亚洲美洲网络）和 ANGLES（好事达同性恋员工和支持者网络）。3AN 的使命陈述是：“3AN 通过专业的开发、网络、文化意识和知识共享发展明天的领导者。”群体愿景陈述是：“影响亚洲美洲好事达的多元化经历，以创造价值支持好事达。”[53]

梅西百货是另一家通过密切关系鼓励多元化的公司，因员工资源群体闻名。群体通过梅西百货内部的不同职能和层级帮助员工建立网络和联结。密切关系群体包括为女性、非洲裔美国人、拉美裔美国人、本土美国人、华裔美国人、残疾人以及同性恋者和变性人建立的密切关系组织。[54]

员工网络群体除了社会角色，有时在组织中也会发挥功能性角色的作用。比如，百事公司的休闲食品部门菲多利的拉美裔美国员工网络（Adelante）。在鳄梨酱口味玉米片产品的开发中，这个群体做出了重大贡献。他们在口味和包装上提供反馈，以保证产品在拉美裔社区的真实性。网络成员的洞察力帮助鳄梨酱口味玉米片成为公司历史上最成功的新产品之一。[55]

关于员工网络群体需要注意的是，他们可能导致员工的分散化而非把其自己整合到全体员工中，若如此就是多元化举措的失败。对超过800家公司的研究发现，网络和密切关系群体可使工作场被分隔开来。[56]

2.5.6 避免在员工—组织匹配的招聘中出现群体特征

在进行人员甄选和招聘的过程中，尤其需要重视员工-组织的匹配关系，即个体和组织是否相容。相容性通常取决于个人与工作相关的核心价值观及其个人特质是否与企业文化中的核心元素相匹配。根据这种观点，一个爱冒险具有冒险倾向的人，一定会在那些冒险性工作以及重视冒险行为的职位实现高的绩效，并且还会有很高的工作满意度。相反，一个教条主义、循规蹈矩的人，就应该到行事缓慢的官僚机构工作。

现在许多企业在甄选和招聘时不惜投入时间和金钱，只为找到能够与企业匹配的员工。这类甄选策略将使公司变得有内聚力并且有较强的组织文化。但这种做法也有风险，如果雇主在招聘过程中过于关注文化匹配，他们就很有可能在不经意间对某些阶层的劳动者形成歧视。招聘管理制度可能过于关注一些与企业文化相符的表面因素，例如应聘者的外表和毕业院校等。选择如此相似的应征者还违背了多元化准则。劳动和就业律师伊莲娜·福克斯（Elaine Fox）指出：“当这种基于文化的甄选是建立在一种不欢迎女性和其他少数族裔的文化上时，问题就大了。”[57]

领导者需要积极主动地预防这些问题。一个巧妙的解决方法是尽量避免使用群体特征（比如种族、性别、民族或者身体条件）来衡量人员—组织的匹配度。另一个解决方案是着眼于个人特质和行为，比如智力或者团队协作的能力。微软的领导者在招聘时特别强调他们需要聪明人，这仅仅是因为聪明的员工最适合他们的公司文化。而聪明是一个个体特点而不是群体特征。

2.5.7 为目标人群提供适销对路的产品和服务

多元化管理通常意味着对产品和服务的修正，以增加它们对不同地区目标顾客的吸引力。日常生活中充斥着大量的例子，包括为了提高对拉美裔群体的吸引力而在西班牙语报纸和网络上刊登广告。在犹太人居住区附近的超市提供大量犹太食品这样一个简单的举措，也是一个直接的商业策略例证。State Farm保险公司是一个强调领导力以伦理为导向的例子。一个咨询委员会每年都会讨论公司如何能更好地满足西班牙裔顾客的需求。得克萨斯州的农村是其中一个目标，因为当地说西班牙语的居民占很大一部分。公司会把英语和西班牙语保险票据一同发送；区域电访中心的顾客服务代理商提供了一个双语机构来接听英语和西班牙语电话。[58]

2.5.8 实现组织领导者的多元化

为了成为跨文化组织，企业还必须实践**领导力多元化**（leadership diversity），也就是说，有一个具有文化异质性的领导者团队。许多全球性公司已经实现了种族渊源上的多元化领导。性别是领导力多元化的另外一个关键领域，许多组织现在都有女性担任高级管理职位。一个真正的具备领导力多元化的组织也会有具有文化异质性的领导者团队，这些领导者包括监督者、中层管理者和团队领导者等。麦当劳和施乐公司是两个著名的公司，它们的C级高管职位包括少数族裔以及女性。麦当劳有一个高管职位是首席多元化官；百事等其他几个大型商业公司也纷纷效仿。

小 结

当代的管理者必须是跨文化的，因为企业的成功、利润和成长都越来越依赖于对一支多元化员工团队的管理。领导者及组织有着伦理和社会责任目标。他们需要为多元化员工队伍提供充足的就业机会。

多元化管理在许多方面为企业带来了竞争优势。因为少数族裔员工的满意度提高了，人员的离职和缺勤成本就会下降。一个具有代表性的员工团队能够促进产品的销售和服务，并且能够为企业赢得多元化经营的良好声誉，从而吸引更多的顾客，并拓展市场。由于有着多元化经营的美誉，企业在招聘和保有有天赋的少数族裔员工时十分有利。多元化管理同样有助于让那些原本可能被忽视的员工发挥潜能。来源丰富的员工构成同样能够使企业在发挥创造力和解决问题上占据优势。由于依赖少数族裔供应商，多元化和包容性在一定程度上有助于当地经济的发展。

为了影响、激励和鼓舞多元化的员工，领导者必须意识到那些明显和细微的文化差异。不同的文化价值观有助于解释人们之间的差异。文化价值观的十个维度如下：（1）绩效导向；（2）魄力；（3）未来导向；（4）时间导向；（5）人本导向；（6）群体内集体主义；（7）性别平等；（8）权力距离（对正式权威的接受）；（9）不确定性规避；（10）工作导向。

文化价值观对领导者及一般员工的行为都有影响。例如，法国的管理者相信他们处在等级系统中。另一种理解文化对领导力的影响的方式是比较跨文化团体的领导风格。马来西亚的管理者偏好的组织领导方式是同时展示出怜悯心和自治权（而非共同参与）。在同一个国家，也存在领导方式的文化差异，比如一个刻板印象是，美国南部的管理者比美国北部的管理者对构建人际关系更感兴趣。

文化敏感性是激励不同文化背景个体的一个重要方面。这种敏感性的一部分是领导者了解当地文化和学习当地语言的意愿的高低。具有文化敏感性的个体能够认识到文化间的细微差异，这有助于他与来自其他文化的个体建立更好的关系。文化间的误解包括以下五个主要方面：（1）语言差异；（2）宗教信仰差异；（3）工作习惯差异；（4）女性角色差异；（5）个体的外表和行为差异。开展业务时，在其他文化环境下，选择恰当的商业着装需要细致的观察。代沟是文化差异的另一个表现。变性人员工数量的增加要求更多的文化敏感性。

文化智商是指一个外来者以其同胞表达自己的方式解释某个人的让人感觉陌生和模糊的肢体语言的能力。文化智商包括三个方面：(1) 认知CQ（头脑）；(2) 物理CQ（身体）；(3) 情感/动机CQ（心理）。

全球领导技能能够帮助公司建立良好的声誉，并且为其带来可观的竞争优势。这种技能的一个模型认为，行为复杂性有助于领导者维持组织的高绩效。国际性管理职位的成功因素涉及对文化差异的敏感性、文化冒险（或成为全球探险者）、情境变色龙（适应陌生环境）、情感智力和对模糊性的包容。掌握第二语言有助于影响其他文化的人。

当重视多元化根植于组织战略，管理高层对多元化的重视承诺就是清晰的。实现文化多元化的具体的领导举措包括：(1) 让管理者为实现文化多元化负责；(2) 推行少数族裔员工的招聘、留任和指导计划；(3) 组织多元化培训；(4) 组织跨文化培训；(5) 鼓励发展员工关系网络；(6) 避免在员工-组织匹配的招聘中出现群体特征；(7) 为目标人群提供适销对路的产品和服务；(8) 实现组织领导者的多元化。

实践与技能开发指南

在形成多元化员工队伍时，一个主要的管理问题是公司领导者要降低那些费大力气招来的员工的离职率。一份调查了490位少数族裔财务专业人员的报告表明，在开始阶段费大力气获得多元化员工的公司，在保有员工方面却没有付出足够的努力。报告的建议包括明晰员工的升职路径和作为绩效评估的一部分对员工发展提出建议。报告指出："这些特别的专业人员被排斥在信息共享和社会网络的非正式体系之外，包括和同事吃午饭或者喝咖啡，被邀一起喝酒以及和管理者的社会交往。"[59]

实施多元化管理需要注意的是，管理者和其他面试者在试图让少数群体感到舒适时，不要过度。马丁（Martin de Campo）是一家行政研究公司的顾问，他说："当面试者努力扮演黑人、拉美人或者亚洲人时，他们显得很虚情假意。"约翰（John Fujii）是一家多元化招聘公司的总裁，他说："让少数族裔候选人感到舒适的最好办法，就是让他们感觉到他们拥有竞争某一职位的同等权利。那才是他们想要的。"[60]

[讨论题]

1. 一些美国消费者反对语音邮箱顾客支持系统中这样的指示，"英语请按1"。管理者如何回应这种反对？

2. 你的一位阿拉伯朋友正在寻找一份中层管理工作。假定许多公司都试图建立一个更加文化多元化的管理者团队，你的朋友应该在工作简历中加入他的一张照片吗？说明你的理由。

3. 当许多商业活动都在互联网上进行时，为什么理解价值观中的跨文化差异很重要？

4. 如果一位商业领导者被同一文化的许多人认为是魅力型领导者，那么在其他文化中，你认为在多大程度上他也会被认为是魅力型领导者？

5. 领导者如何用行动表达自己对多元化的兴趣？

6. 假如一位管理者成为一个更大机构（比如连锁饭店）的领导者，这个部门的大多数员工都在25岁以下。你会建议这位领导者通过文身来与部门的员工建立亲密关系吗？说明你的理由。

7. 许多国际性公司发现在关键管理岗位雇用当地员工有重大帮助。当地人能为公司带来什么优势？

8. 假设一名出色的销售代表在一个认为贿赂官员是不道德的公司工作。该销售代表将要完成一笔重大交易，这个国家把贿赂当作基本的行为。他签订合约的佣金是60 000美元。如果在成交前，官员要求4 000美元的礼物，该销售代表应该怎么做？

9. 假如你是团队领导者，你的一位成员由于自身的文化价值观而具有强烈的工作道德。只是因为这位员工乐意比其他人工作更长时间、付出更多努力，就分配给他更多任务，这合理吗？

10. 为了使自己成为一位跨文化领导者，你这周会做什么？

领导力案例 A

该对路易做些什么？

路易（Louie）是美国五大湖区域强大消声器制动公司（Mighty Muffler Brake）的一个服务中心的经理。这个中心为车辆提供全面的服务，包括安装消声器，更换排气系统和刹车系统，更换机油和润滑油，调整发动机以及进行状态检测。路易所在的服务中心位于高速公路旁，附近有商店和居民区。他的服务中心是最大和最赚钱的店铺之一。

强大消声器制动公司的管理层对路易的服务中心的财务状况很满意，但是也收到了许多关于他与员工和顾客关系的抱怨。艾玛（Emma）是人力资源和顾客服务总监，最近在密切关注寄回公司的客户反馈卡。她发现一些顾客反映路易可能有些不恰当的言论，比如：

“你们在更换我的刹车系统和消除排气系统噪声方面做得不错。但是经理有些侮辱人，他竟然建议我和我的丈夫现在商量买一个新的排气系统。”

“我对你们的维修工作和收费没有任何投诉。不过，你们最好换掉你们的经理。他肯定早就落伍了。我和我的伴侣为我们是同性恋而自豪，所以我们不会试图在公共场合隐藏我们的感情。当你们的经理看到我亲吻我的伙伴的脸颊时，他问我们是不是来自旧金山。”

“当我回来取车时，我必须等两个小时，虽然他们告诉我，我的车会在下午3点修好。我在米黄色的皮座上发现了一些污渍。当我向经理投诉时，他说，‘奶奶，注意您的血压。对于老年人来说太激动不好’。我从来没有被人这样无礼对待过。”

出于对这些抱怨的考虑，艾玛访问了路易的服务中心，并调查他在管理顾客和员工关系上可能出现的问题。艾玛向路易解释说，总公司可能会对门店进行定期访问，来看看员工关系如何，员工如何一起更好地工作。路易说：“和任何你想交谈的人去谈吧。我可能会和店里的男孩或者女孩开玩笑，但是我们的关系都很好。”

在艾玛看来，从她在路易的服务中心店里与员工的非正式谈话可以看出，员工关系大体上是令人满意的，但是她确实发现了一些令人头疼的意见。一位年轻的非洲裔美国人说，当某些事他做得特别好或者路易非常认可他时，路易跟他击掌相庆。而高加索人或者拉美人得到的是握手或者碰拳。

一位女性刹车系统技师说，路易是一位善良的老板，但是他有时候自视高人一等但却没有意识到。她说：“在休息时间，我有时会去休息室，因为那里有一台自动售货机，出售坚果和葡萄干，我特别喜欢这些。有一天我正要进休息室，这时路易让我不要进去。他说有一个地狱天使类型的家伙在里面等着修他的卡车，如果他看到一个女孩在修他的卡车他肯定不乐意。当今世界怎么还有人那么歧视女性？”

艾玛回到总公司后，和CEO以及行政副总裁讨论了这些发现。艾玛说路易对公司的贡献很大，但是需要做些改变。其他的两位管理者同意路易应该变得更加文化多元化，但是他们不想使路易感到太沮丧，因为很容易产生冲突。艾玛总结说：“我需要弄明白该对路易说些什么。”

［问题］

1. 是路易有问题，还是这些提出意见的人太敏感了？

2. 要成为一位真正的跨文化管理者，路易可能需要做什么样的改善？

3. 你建议路易参加什么活动或者项目来提高文化敏感性？

角色扮演

由一位学生扮演艾玛，她决定自己来辅导路易，提升他的文化敏感性，并和他确定第一次辅导课程的时间。由另一位同学扮演路易，他不太明白见面的目的，但他同意见面。在第一次辅导课程中，艾玛提醒路易应该提高文化敏感性。路易在课程中有些抵触。观察者要注意观察艾玛对路易的辅导过程。

领导力案例 B

在法国遭遇的咒骂和再次挫败

一位从事公用电话亭照片打印的美国制造商决定设立“国际联络员”这一职位。他在法国第戎有一家子公司。作为公司总部的代表，联络员每个月大概在第戎待五天时间。联络员作为总公司和第戎分公司之间的媒介，为欧洲的运营和职能提供建议。

埃琳·巴克（Erin Barker）是一位产品开发经理，是新职位的合适人选。埃琳不仅有很强的技术能力，而且有良好的人际交往能力并能说法语。她在高中和大学学习法语，并参加过学校的海外交流项目，在法国待过一个学期。近年来，她还在法国度过两个假期。

埃琳计划用一半的时间来开展新的工作。作为产品开发经理，她的部分职能就是在产品开发部门任命两位专家。埃琳对于新的联络员职位有些拿不定主意，因为它的工作内容很模糊。作为公司总部的代表，第戎的团队应该尊重她的权威。然而，第戎公司真正汇报的对象是 CEO 而不是她。

埃琳第一次去第戎时做了充分的准备。她收集了欧洲商业总部在第戎的相关事实和数据，并学习了两周的法语。她累得口干舌燥，但是内心坚定，周一早上她踏入了第戎的会议室，这是她与法国子公司的第一次会议。

她用法语和子公司的管理团队打招呼：“大家好，很高兴见到大家。我会在这里停留几天。我很想了解你们的运作。而且我很乐于解释总部的运营情况，并回答你们的提问。”

“噢，太好了，你会说法语。”子公司经理吉勒斯·诺洛（Gilles Naulleau）用英语说。埃琳很吃惊，诺洛和其他法国管理者似乎打算说英语。她认为这是一个信号，表明他们并没有严肃对待她的工作。埃琳认为她在第戎的前几天是很仪式性的。她感觉自己更像一个到子公司来的参观者，而不是来指导商业活动的管理人员。当她触及商业话题时，比如销售和产品预测，第戎代表就会匆匆将话题转开。

一个月后，埃琳再次去了第戎并和诺洛以及皮埃尔·舍瓦耶（Pierre Chevalier）见了面，后者是法国子公司的销售经理。她在会议开始时用法语这样说：“我在上次来访时很愉快。我很珍惜了解大家的机会。现在，我想讨论一些和商业有关的项目。”但是，诺洛仍旧只是说一些流于形式的话题，很少用法语进行回答。另一位管理者在她面前与其他人用法语交谈，但是不会谈论严肃的商业问题。

回到总部，埃琳见了 CEO。与第戎管理者着手的正式的业务相比，她的工作进展很慢。CEO 问她是否希望委派其他人负责这项工作。埃琳回答说：“我不是特别想和第戎说再见。请再给我一些时间来证明我自己。”

［问题］

1. 为了让业务活动顺利进行，埃琳再出差去第戎时，应该如何表现？

2. 公司总部应该让其他人代替埃琳来做国际联络员吗？说明你的理由。

3. 关于全球商业关系，你从这个案例中学到了什么？

角色扮演

由一位学生扮演埃琳，再次去第戎。她受邀与管理团队共进晚餐。因为她认为这是表明自己目的的好机会。其他几位学生扮演第戎的管理团队，相对于讨论严肃的商业互动，对于轻松的社会饭局更有兴趣。对于她是否能够传达她角色的重要性，观察者要做好笔记。

领导力技能开发练习 2-3

我的领导力文件夹

要成为一位有效的跨文化领导者，你需要与不同群体一起有效工作，他们可能具有不同人口统计特征的背景或者来自不同于你的文化。描述最近工作中与和你不同的人一起有效工作的经历。如果你没有这种经历，下周开始尝试与那些和你在文化或者人口统计特征不同的成员接触。主修金融的斯蒂芬妮（Stephanie）说：

克莱尔（Claire）是住在我家附近的一位特殊教育教师。虽然是盲人，但她每个工作日都去学校工作。她能通过视觉工具阅读，包括阅读电脑屏幕上的东西。但是书面形式对于她来说很难控制。有一天晚上，我给克莱尔打电话，问她是否能让我的助手帮助她准备她这一年的所得税工作。她同意了，并且收效很好。现在我与一位残疾人一起工作时感觉更加舒服了。而且，在准备复杂的纳税申报表时，我学到了更多的实际经验。

领导力技能开发练习 2-4

工作场所的积极跨文化实践

组成头脑风暴小组，识别至少六条你在工作中观察到的（或者想观察的）积极的跨文化体验。用宽泛的跨文化视角来涵盖许多种类的人口统计学因素，比如轮椅的使用、可视化地位和伦理、种族以及各个年龄群。当你完成头脑风暴后，尝试从这些发现中得出一些结论。把你们小组的结果和班上其他头脑风暴小组比较，这能够帮助你得出结论，因为你将拥有更多的可支配数据。

注 释

[1] Story created from facts and observations reported in the following sources: Mariko Sanchanta, "Cultivating Multiculturalism: At Nippon Sheet Glass, Local Flavor Is Good, Slang Is Bad," *The Wall Street Journal*, June 7, 2010, p. B6; "Nippon Sheet Glass Recognizes Need For Non-Japanese Leader," *News in Depth* (http://business.nikkeibp.co), May 6, 2010, pp. 1–2; "Nippon Sheet Glass Taps Former DuPont Exec as CEO." *Update 1* (http://news.alibaba.com), April 15, 2010, pp. 1–2.

[2] James R. Hagerty, "'Lightning Bolt' Led Caterpillar to Look Outside," *The Wall Street Journal*, December 13, 2010, pp. B1, B5.

[3] Dianna L. Stone, Book Review in *Personnel Psychology*, Spring 2010, pp. 260–261.

[4] Jennifer Schramm, "Acting Affirmatively," *HR Magazine*, September 2003, p. 192.

[5] Patricia Harris, "The McDonald's Diversity Story," *Guest Insights* (http://views.washingtonpost.com), November 25, 2009, p. 1.

[6] Fay Hansen, "Diversity's Business Case Doesn't Add Up," *Workforce*, April 2003, pp. 28–32.

[7] Susan Meisinger, "Diversity: More Than Just Representation," *HR Magazine*, January 2008, p. 8.

[8] Irwin Speizer, "Diversity on the Menu," *Workforce Management*, November 2004, pp. 41–45.

[9] Cited in Annya M. Lott, "Future of Diversity: Cultural Inclusion Is a Business Imperative," *Black Enterprise*, August 2010, p. 75.

[10] Nicole Ibarra, "Some Companies Turn to Their Diverse Workforce to Help with the Bottom Line," *Hispanic Business*, December 2007, p. 56.

[11] "Allstate Diversity," www.allstate.com/diversity.aspx. © 2011 Allstate Insurance Company.

[12] Scott E. Page, "Making the Difference: Applying a Logic of Diversity," *Academy of Management Perspective*, November 2007, p. 9.

[13] Quoted in Frank Nelson, "U.S. Economy Gets a Life from Diversity Best Companies," *Hispanic Business*, September 2010, p. 14.

[14] Aparna Joshi and Hyuntak Roh, "The Role of Context in Work Team Diversity Research: A Meta-Analytic Review, *Academy of Management Journal*, June 2009, p. 619.

[15] Frances J. Milliken and Luis L. Martins, "Searching for Common Threads: Understanding the Multiple Effects of Diversity in Organizational Groups," *Academy of*

Management Review, April 1996, p. 403. See also Daan van Knippenberg, Carsten K. W. De Dreu, and Astrid C. Homan, "Work Group Diversity and Group Performance: An Integrative Model and Research Agenda," *Journal of Applied Psychology*, December 2004, pp. 1008–1022.

[16] Katherine J. Klein and David A. Harrison, "On the Diversity of Diversity: Tidy Logic, Messier Realities," *Academy of Management Perspectives*, November 2007, p. 31.

[17] Mansour Javidan, Peter W. Dorfman, May Sully de Luque, and Robert J. House, "In the Eye of the Beholder: Cross Cultural Lessons in Leadership from Project GLOBE," *Academy of Management Perspectives*, February 2006, pp. 69–70. Similar dimensions were described in Geert Hofstede, *Culture's Consequences: International Differences in Work Related Values* (Beverly Hills, Calif.: Sage Publications, 1980); updated and clarified in Hofstede, "Who Is the Fairest of Them All?" Galit Ailon's Mirror," *Academy of Management Review*, July 2009, pp. 570–571. Dimension 10 is not included in the above research.

[18] Study reported in Bradley S. Klapper, "Report: U.S. Workers Are the Most Productive," Associated Press, September 2, 2007.

[19] Geert Hofstede, "The Universal and the Specific in 21st-Century Global Management," *Organizational Dynamics*, Summer 1999, pp. 35–37.

[20] The observation about bureaucracy is from Javidan, Dorfman, de Luque, and House, "In the Eye of the Beholder," p. 79.

[21] Felix C. Brodbeck, Michael Frese, and Mansour Javidan, "Leadership Made in Germany: Low on Compassion, High on Performance," *Academy of Management Executive*, February 2002, pp. 16–30.

[22] Jeffrey C. Kennedy, "Leadership in Malaysia: Traditional Values, International Outlook," *Academy of Management Executive*, August 2002, pp. 15–26.

[23] Del Jones, "North vs. South: Leaders from Both Sides of the Mason-Dixon Line Have Strong Opinions About the Styles of Their Regionally Different Peers," *USA Today*, July 9, 2004, p. 5B.

[24] Ibid.

[25] Robert J. House, Paul J. Hanges, Mansour Javidan, Peter W. Dorfman, and Vipin Gupta, eds., *Culture, Leadership, and Organizations: The GLOBE Study of 62 Societies* (Thousand Oaks, Calif.: Sage, 2004), p. 7.

[26] Carla Johnson, "Cultural Sensitivity Adds Up to Good Business Sense," *HR Magazine*, November 1995, pp. 83–85.

[27] Christina Binkley, "Where Yellow's a Faux Pas and White Is Death," *The Wall Street Journal*, December 6, 2007, p. D8.

[28] Diane Cadrain, "Accommodating Sex Transformations," *HR Magazine*, October 2009, pp. 59–62.

[29] "Managing Diversity: When Cultures Collide," *Managing People at Work*, sample issue, 2008, p. 7.

[30] P. Christopher Earley and Elaine Mosakowski, "Cultural Intelligence," *Harvard Business Review*, October 2004, pp. 139–146.

[31] Javidan, Dorfman, de Luque, and House, "In the Eye of the Beholder," p. 85.

[32] Joseph A. Petrick, Robert E. Scherer, James D. Bodzinski, John F. Quinn, and M. Fall Ainina, "Global Leadership Skills and Reputational Capital: Intangible Resources for Sustainable Competitive Advantage," *The Academy of Management Executive*, February 1999, pp. 58–69.

[33] Gretchen M. Spreitzer, Morgan W. McCall Jr., and Joan D. Mahoney, "Early Identification of International Executive Potential," *Journal of Applied Psychology*, February 1997, pp. 6–29.

[34] David Tessmann-Keys and Richard S. Wellins, *The CEO's Guide to Preparing Future Global Leaders* (Pittsburgh, Penn.: DDI, 2008), pp. 18–19.

[35] Research cited in Douglas T. Hall, Guorong Zhu, and Amin Yan, "Developing Global Leaders: To Hold On to Them, Let Them Go," *Advances in Global Leadership*, vol. 2, 2001, p. 331.

[36] Javidan, Dorfman, de Luque, and House, "In the Eye of the Beholder," p. 85.

[37] Jeanne Brett, Kristin Behfar, and Mary C. Kern, "Managing Multicultural Teams," *Harvard Business Review*, November 2006, p. 87.

[38] Joe Light, "Help Wanted: Multilingual Employees," *The Wall Street Journal*, January 18, 2011, p. B7.

[39] Cited in Simon Kent, "Go Team, Go!" *PM Network*, November 2007, p. 41.

[40] Paul Ingrassia and John Stoll, "Hottest Car Guy on Earth," *The Wall Street Journal*, January 14, 2006, p. A8; Alex Taylor III, "The World According to Ghosn," *Fortune*, December 11, 2006, p. 116; Sebastian Moffett, "Renault's No. 2 Executive Quits," *The Wall Street Journal*, April 12, 2001, p. B1.

[41] Todd Campbell, "Diversity in Depth," *HR Magazine*, March 2003, p. 152.

[42] "Allstate Insurance Company," *Vault/INROADS Guide to Diversity Internship, Co-op and Entry-Level Programs, 2007 Edition*, pp. 65–66.

[43] Marc Adams, "Building a Rainbow One Stripe at a Time," *HR Magazine*, August 1998, pp. 73–74.

[44] Wendy Harris, "Executive Partners: A Company's Diversity Efforts are Only as Good as Its Search Firm," *Black Enterprise*, October 2008, p. 73.

[45] Rohini Anand and Mary-Frances Winters, "A Retrospective View of Corporate Diversity Training from 1964 to the Present," *Academy of*

Management Learning & Education, September 2008, pp. 356–372.
[46] Phred Dvorak, "Firms Push New Methods to Promote Diversity," *The Wall Street Journal*, December 18, 2006, p. B3.
[47] Research reported in Shankar Vedantam, "Most Diversity Training Ineffective, Study Finds," *Washington Post* (washingtonpost.com), January 22, 2008; Fay Hansen, "Diversity of a Different Color," *Workforce Management*, June 2010, p. 25.
[48] Quoted in C. Douglas Johnson, "It's More Than the Five To Do's: Insights on Diversity Education and Training From Roosevelt Thomas, A Pioneer and Thought Leader in the Field," *Academy of Management Learning & Education*, September 2008, p. 411.
[49] DeeDee Doke, "Perfect Strangers," *HR Magazine*, December 2004, p. 64.
[50] Deborah Steinborn, "Cross-Cultural Training Gains," *The Wall Street Journal*, April 4, 2007, p. B5D.
[51] Christina Binkley, "Americans Learn the Global Art of the Cheek Kiss," *The Wall Street Journal*, March 27, 2008, p. D1.
[52] P. Christopher Earley and Randall S. Peterson, "The Elusive Cultural Chameleon: Cultural Intelligence as a New Approach to Intercultural Training for the Global Manager," *Academy of Management Learning and Education*, March 2004, p. 105.
[53] "Allstate Diversity," (*www.allstate.com/diversity*). Accessed May 16, 2011.
[54] Nelson, "U.S. Economy Gets a Lift," p. 16.
Robert Rodriguez, "Diversity Finds Its Place," *HR Magazine*, August 2006, pp. 56, 58.
[56] Hansen, "Diversity of a Different Color," p. 25.
[57] Lin Grensing-Pophal, "Hiring to Fit Your Corporate Culture," *HR Magazine*, August 1999, p. 52.
[58] Gary D. Fackler, "The Texas Hispanic Touch," *Hispanic Business*, December 2010, pp. 35–36.
[59] Michael Todd, "Report: Companies Should Help Workers Get Comfortable, Stay Awhile," *Hispanic Business*, March 2007, p. 44.
[60] Julie Bennett, "'Corporate Angst' Can Generate Gaffes That Turn Off Coveted Candidates," *The Wall Street Journal*, October 21, 2003, p. D9.

第3章

领导力：素质和态度

学习目标

学习完本章并完成各项练习后，你应该能够：

- 识别那些有助于实现领导效能的一般性性质以及任务相关的特质
- 描述情感智力如何提高领导效能
- 识别提高领导效能的关键动机
- 描述和领导效能相关的认知因素
- 讨论与领导效能相关的遗传和环境问题
- 概括领导力特质取向的优缺点

塔玛拉（Tamara）是维纳斯饮料公司（Venus Beverages）的首席营销官。这家公司是针对一个小市场的生产商，主要致力于生产高比例天然成分、低比例人造成分的软饮料，这使其区别于市场上其他的软饮料生产商。尽管在全国和地方超市的货架上维纳斯的产品并未占据很大的空间，但这家公司已经获得了数量可观的出口订单。销售维纳斯饮料的商店类型主要有：健康食品商店、便利店、地方杂货店和服务站。

在一次员工周会上，首席财务官布雷特（Brett）说："我不想打击大家，但是我们公司正面临财务危机。我估计本季度我们将亏损25万美元，而全年的损失可能达到90万美元。在这种情况下，我们要么裁掉1/3员工，要么迅速提高收入。"

产品开发部经理娜塔莉（Natalie）笑着说："那么，现在大家或许愿意听听我计划了几个月的新产品的消息。是时候推出我们的新款功能型饮料了。正如大家所知道的，它含有咖啡因和酒精，而酒精含量将达到法律规定的上限。在功能型饮料领域，这将迅速地扩大市场。尽管有一些州想要尝试限制这种饮料，但我认为这种反对意见会迅速消退的。"

塔玛拉回应道："布雷特和娜塔莉，我需要你们仔细听。感谢你们为了公司财务盈利做出的思考，但是让我们把视角放得更广一些。我们所有人必须勤奋地工作来维护维纳斯饮料的声望。生产含咖啡因和酒精的饮料是缺乏社会责任感的行为。你们让青少年喝下它们就像是在喝普通软饮料。咖啡因掩盖了摄入酒精后感到兴奋的症状。太多的人死于过量摄入这种功能型饮料，包括致命的酒后驾车。

"我们需要坚守我们的根本，那就是生产有益健康的、有机的软饮料。让我们团结协作共同渡过我们的财务危机。我相信我们一定可以找到一个解决办法。"[1]

上面的例子讨论了一位处于高位的经理，她展现出了一些本章将要讨论的领导特征，尤其是概念性思维能力（顾全大局），以及值得信赖和为人乐观的情绪。

当人们就经理人的领导效能来评估他的时候，他们通常会仔细考察这位经理人的特征和个性，而不是仅仅关注他所取得的成就，这样使得评估工作更全面地看重经理人的素质，比如坚持高标准。许多人直觉上相信个人特质能在很大程度上决定领导效能。

这种以特征为基础的有关领导的观点在过去几十年都很少有人提及，但最近几年却再度出现。史蒂芬·扎卡罗（Stephen J. Zacarro）指出，通过有意义的整合，个人特质能够有助于理解领导行为及其效能。[2]以特征为基础的观点同样承认实际情况常常影响着哪一种特质更需要被强调，比如高科技工作者的领导需要突出解决问题的能力。相反，一位不需要技术员工只需要从事重复工作的员工的领导也许更需要强调热情作为动机。

本章和下一章关注个人特征的问题；第 8 章描述了能提高领导效能的行为和技巧。然而，需要认识到个人特征和领导技能与行为之间的紧密联系。举例来说，创造性的思维能力（一种个人特征）帮助领导者构想出令人激动的观点（领导行为）。

和领导力相关的个性可以分成三大类：个人特征、动机和认知因素。这种对行为的分类方式可以作为有用的指导。然而，它们之间的界限也不是完全固定的。因此，可以给出令人信服的观点，即被归入一类的某一方面的领导力也可以被归入另一类。但是，无论个人特征被怎样分类，它们都指向一个结论，那就是：有效的领导者由正确的团队组成。关于特征观点的研究第一次公开发表是在 19 世纪中期，并且有关研究一直持续到今天。鉴于列出完整的、包含每一项已经被发现的和领导力有关的个人特征的清单可能要长达数百页，本章只讨论主要的和最被认可的与领导效能有关的特征。

3.1 有效领导者的个人特质

通过管理者和人力资源专家的观察，以及几十份调查研究的结果显示，领导者有一些固有的特质。[3]只要领导者的风格能很好地适应实际情况，这些特质就能够在多种场合提高领导效能。举例来说，一位执行官作为一名领导者，也许在几个有着不同组织文化的高科技公司都表现良好。但是，他的智力风格也许使他与生产工人在一起时表现糟糕。领导者的个人特质可以分成两类：一般性个人特质，比如自信和值得信赖，以及任务相关的特质，比如内控力。

3.1.1 一般性个人特质

我们将一般性个人特质定义为那些无论在工作环境之内还是之外都可以被观察到的特质。也就是说，相同的一般性个人特质是与工作和个人生活的成功与满足相联系的。图3-1列示了对成功的领导有帮助的一般性个人特质。

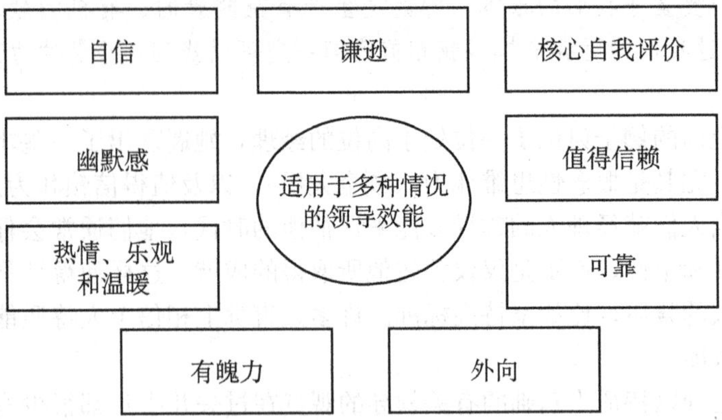

图3-1 高效领导者的一般性个人特质

■ 自信

自信能在多种任务中提升一个人的表现，包括在领导工作中。[4]一位自信心强、有思想、不专横的领导者能将他的信心带给团队中的每一位成员。在面临一个看似不可能的任务期限时，一个充满自信的领导者也许会告诉他的团队，“虽然我们现在人手不够，需要超负荷工作，但是我相信我们一定能够按时完成这个项目。我之前曾面对比这次还要严峻的情况。所以只要我们像一个真正的团队那样去工作，我们一定能渡过难关”。

在所有领导力特质中，自信是研究者第一个界定出来的。现在，作为一项对领导效能有主要贡献的特质，自信已经获得了相当大的关注。[5]此外，要想成为一个充满自信的人，领导者必须能把这种特质传递给他的团队。

自信不仅仅是一种个人特质，在一个人面对各种各样的实际情况时，它也代表了一种行为和人际交往技巧，正如在重压之下依然保持冷静。当一个人在处理危机状况，比如进行一项大型的产品召回工作时，仍能保持沉着冷静，那么我们可以说他是一个充满自信的领导者。而人际交往的技巧则反映在一个人有能力在混乱状况下使他人保持冷静。当谈到一些曾经在军队供职的军官是否合适某些职位时，密歇根大学国际贸易关系专业的主任诺埃尔·蒂奇（Noel Tichy）这样说：“这些军官有着在失火状况下仍能做出判断的经验，这一点使他们真正有价值。”[6]

这里有一个在重压下仍能保持冷静的领导者的著名例子。2009年1月，机长萨伦伯格（Chelsey Sullenberger）驾驶一架遭飞鸟撞击导致双发动机失效的飞机在哈德逊河上成功迫降，机上155人全部获救。许多分析将这次奇迹般的迫降归功于长期的准备和机长在重压下仍能保持冷静的态度。[7]

领导力自我评估测试3-1

你有多自信?

表明你对以下陈述的赞同度。使用1～5分来测度各种选项：非常不同意；不同意；

中立；同意；非常同意。

序号	陈述	非常不同意	不同意	中立	同意	非常同意
1	我常常对别人说“我不确定”。	5	4	3	2	1
2	我曾经犹豫过承担任何领导性的工作。	5	4	3	2	1
3	人们曾经多次要求我成为我所在的某个小组的领导者。	1	2	3	4	5
4	我在生活中的大多数场合都表现良好。	1	2	3	4	5
5	不止一个人评价我在和别人握手时坚定且使人感到愉快。	1	2	3	4	5
6	更多的时候我是一个失败者而不是赢家。	5	4	3	2	1
7	更多的时候我是一个赢家而不是失败者。	1	2	3	4	5
8	在作人生中任何重大的改变时我都很谨慎。	5	4	3	2	1
9	当我不得不学习如何使用一个新的电子产品时，我会感到畏惧。比如智能手机或者录像机。	5	4	3	2	1
10	我会随意地批评别人，即使是他们的发型或是措辞这种小事。	5	4	3	2	1
11	每当我知道马上就要轮到我当着全班或是其他组织做展示的时候，我就感觉极度紧张。	5	4	3	2	1
12	对我来说，当着整个班级或是其他组织发言是一件令人害怕的事情。	5	4	3	2	1
13	有人询问我的意见时，我会欣然说出自己的看法。	1	2	3	4	5
14	即便我独自一人出席社交活动，我也感觉很自在。	1	2	3	4	5
15	我极少只是因为别人不同意而改变自己的观点。	1	2	3	4	5

得分和解释：通过累加你选的数字来计算你的总得分。对于得分的解释如下：

- 65～75分：非常高的自信等级，甚至可能是傲慢的倾向。
- 55～64分：较高且合理的自信等级。
- 35～54分：适中或者说平均的自信水平。
- 15～34分：需要加强自信。

■ 谦逊

除了自信，谦逊，或者说在合适的时机表现出谦虚的态度，也是一个关键的领导特质。谦逊的一部分表现在勇于承认你不是什么都知道也不是什么都能做到，以及敢于向团队成员甚至外界承认你的错误。在完成一项工作之后，领导者会得到一些称赞，但他会把这些归功于他的团队。一个关于把谦逊作为领导者特质的例子来自斯蒂芬·哈里森（Stephen G. Harrison）。斯蒂芬是一家咨询公司的总裁，关于如何定义优秀的领导力，他给出了不同的看法："知道如何理解领导力的人才能表现出或明确地表达出伟大的领导力。领导价值观中的谦逊表现在将他人而不是你自己放在引人注意的中心。优秀的领导力来自一些完全出人意料之处。它是低调，是勤奋，是奉献，是无私。"[8]

吉姆·柯林斯主持了一项关于什么能使公司持续发展并且能极大提升业务表现的调查。该调查表明谦逊很重要。他使用"第五级领导者"（Level 5 Leader）一词来描述最有执行力的领导者。第五级领导者能够谦逊和坚定地去完成他们的目标。[9]

■ 核心自我评价

自信有助于提高领导效能，也是审视自我的一种方法。大量的研究表明另外四项相关的自我认知因素同样有助于提升领导效能。**核心自我评价能力**（core self-evaluations）是一项广义的个人特质。它包含最基本的自我评估：自尊、内控力、整体的自我效能和情绪的稳定性四个部分。这四项特质密切相关。自尊使个体产生积极的自我定位；内控力是指一个人是否能对发生在其身上的事件担负起责任，之后的章节会有讨论；整体的自我效能大体上和在不同场合都表现出自信是同步的；情绪的稳定性意味着能控制自己的情绪，而不是神经质的，能保持心理健康。

自我评价积极的领导人更有可能果敢地作决定，并且拥有决策的主动权。例如一个有自信的领导人，能在重压下保持镇定，并相信他能在某种程度上控制外部环境。[10]

■ 值得信赖

有证据和观点不断地表明值得信赖和（或者）诚信对提高领导效能有帮助。[11]高效的领导者或者经理人应该能说到做到，展现出行为和语言的一致性。在本书中，**信任**（trust）被定义为一个人对他人的目标和动力的信心，真正相信他人的话。[12]领导者必须是值得信赖的，同时也必须相信他的团队成员。如果很多人都不相信高层的商业和政治领导者，那么获得和维持信任就是一个巨大的挑战了。以下有一些能够增强信任的方法，它们值得将来想要成为领导者的人关注，并被付诸实施[13]：

- 保持你的行为和目标的一致性。多多练习你的演说并且多举例子。让其他人了解你的意图，并且收集他们的反馈信息以了解你是否做到了这一点。
- 当你的组织或者组织性的单位遇到了问题时，转入一种问题解决的模式而不是寻找罪魁祸首并责备他。
- 尊重机密。哪怕一次不小心泄露机密信息也会导致被泄密者永久失去对你的信任。
- 保持高度的诚信。通过做那些你认为符合道德而不是追求政治结果的事情来建立声望。
- 说一些别人可以核实的真相。当你不必为了之前说过的一个谎言而不断修补你的故事时，保持一致性就变得非常容易了。一个相关的合适的例子是团队里的成员会看着他们的管理者是否会像当初许诺的那样更新会议室里的家具。

- 承认错误。掩盖错误会快速地毁掉信任，尤其是当所有人都知道你犯了错的时候。
- 收获信任带来的好处。信任需要被看作一种能带来收益的东西。

领导者需要花很长的时间来建立起信任，却会因不值得信任的举动引起的一个小事故一下子毁了它。通常情况下，领导者被允许犯某些范围内的诚实的错误；相反，不诚实的错误会快速毁掉领导效能。

当一位领导者被认为是值得信赖的，整个组织都能从中获利。库尔特·德克斯（Kurt T. Dirks）和唐纳德·费林（Donald L. Ferrin）进行了一项关于领导力中的信任的调查，研究了过去40年的数据，并对这项研究的结果和意义进行了检验。这次检验涉及106项实验和27 103个个体。元分析强调了管理层的领导更倚重在和团队成员的日常交流中建立起来的信任。是否信任一位领导者更多地和团队中成员多样化的工作态度有关。一些和信任度有着高度的确定相关性的因素如下[14]：

- 工作满意度（$r=0.51$）。
- 组织忠诚度（$r=0.49$）。
- 离职意向（$r=0.40$）（如果你信任你的领导者，你就不太可能有离职倾向）。
- 对领导者给出的信息的信任度（$r=0.35$）。
- 对决定的承诺（$r=0.24$）。
- 对领导者的满意度（$r=0.73$）。
- LMX（指和领导者的有利交换）（$r=0.69$）。

信任感与工作表现的相关度在统计上是显著的但是相关性比较低（$r=0.16$）。其中一个可能的理由是出于害怕被裁或者上黑名单的恐惧，人们在面对不信任的领导者时也会表现良好。

值得信赖或者能赢得信赖对领导效能来说是至关重要的，一些公司会运用这些因素来评估他们的领导者和经理人。对于一个正在寻求投资人的企业家来说，被认为是值得信赖的也是非常重要的事。一项研究调查了英国28个企业风投的案例，发现了一些细节关系到你是否能被潜在的借款方和投资人所信赖。这种细节体现在保证所传递的信息的可靠性，比如确保网页的精良和专业性，或是向潜在投资者发送会议的后续笔记。这项研究同样发现成功的创业者擅长为自己塑造一个指向稳定而可靠的象征性形象。类似的形象包括在一个高档的场所组织会议，或者是在企业的网站上展示顾客的表扬信。[15]

领导力自我评估测试3-2提供了一个检测你自己的可信赖度的机会。

领导力自我评估测试3-2

值得信赖的领导者的行为与态度

说明：这里列出了那些被团队成员或是同事信任的领导者所展现出来的行为和态度。在你读过每一种特质之后，在右侧的选项栏里确认你是否拥有了这些行为和态度，或者这些描述是否符合你现在的状态。

	具备	不具备
1. 告诉他人去做某件事情，并且一直跟进直到任务完成。	☐	☐
2. 被他人描述为是值得信赖的。	☐	☐
3. 擅长保守秘密和机密信息。	☐	☐
4. 总是说真话。	☐	☐
5. 尽量不去迎合他人。	☐	☐
6. 被他人描述为“说到做到”。	☐	☐
7. 通过言行一致向他人传递连贯的信息。	☐	☐
8. 以身作则。	☐	☐
9. 不虚伪。如果告诉他人某件事是不对的，那么自己也不会去做那件事。	☐	☐
10. 乐意接受他人对自己行为的评价。	☐	☐
11. 与他人交谈时保持目光接触。	☐	☐
12. 当为自己作解释时，显得放松而自信。	☐	☐
13. 给予个性化的赞美而不是仅仅对大多数人说一句“你看上去很棒”。	☐	☐
14. 不自己滥用公款而要求他人勤俭节约。	☐	☐
15. 不会为了获得与他人的合作而用不能作出决定来威胁他人。	☐	☐
16. 通过与他人合作来作出创造性的决定。	☐	☐
17. 与组织中各层级的人员交流信息。	☐	☐
18. 愿意与他人共享财务信息。	☐	☐
19. 倾听大家的意见，并按照绝大多数人的意见行事。	☐	☐
20. 大体上按可以预期的方式行动。	☐	☐

得分和解释：以上的陈述大部分属于自我反省，所以没有特别的打分方法。以上陈述与你个人的匹配程度越高，你就越值得信赖——当然前提假设是你如实回答。如果有位非常了解你的人代替你回答以上的问题，将有助于提高自我测试的有效性。近年来许多商业领导都存在不诚实的行为，测试题中的部分行为态度所反映的能力和意愿会对你的事业产生巨大的影响。值得信赖是你职业生涯中一项宝贵的财富。

■ 可靠

值得信赖中包括的另一项品质是**可靠性**（authenticity）——在你自己的个性、价值观和信念方面保持坦诚，当然同时也要拥有正直的品格。比尔·乔治（Bill George）是哈佛商学院的一名教授，曾经担任美敦力公司（Medtronic）的董事长和首席执行官。他进一步拓展了关于可靠领导力的概念。在他的定义里，“可靠的领导者意味着对实现自己目标的热忱，能够坚持践行自己的价值观，用自己的情感和理智来进行领导工作。他们能建立长期而有意义的关系，并且拥有未来达到目的的自我修养。他们知道自己是谁”。[16]要成为一个可靠的领导者，并且能证明自己的可靠性，你应该做你自己而不是做一个其他什么人的复制品。他人对你的领导力的反应，多数是因为你的坦诚而不是欺骗。可靠的领导者可以在不欺骗的情况下对不同的人展示出不同的价值观和个性。举例来说，固特异服务中心的一位公司层经理在访问服务部门时也许会比在访问金融分析师时表现出更多的幽默感。

你最容易在以下几类人中找到可靠的领导者：中层经理、小企业所有者和从事某些运动项目的教练。（观察发现这些人通常不是强烈的权力指向型的名誉追求者。）但是，乔治给出了一个关于丹尼尔·瓦塞拉（Daniel Vasella）的例子。丹尼尔·瓦塞拉是诺华制药公司的前首席执行官和董事，2010年任董事长。在他的领导下，诺华制药被打造成一家国际性的健康管理公司，通过研发新型的救命药来帮助世人。诺华制药的文化基石是同情心、能力和竞争。

乔治和几位同事进行了关于领导力开发的强化研究，邀请了125位企业领导者谈谈他们如何成为可靠的领导者并一直维持下去。可靠的领导者主要依靠回忆自己的经历并从中学习。他们通常也会深刻地反省自己来寻找他们真正相信的东西，比如他们是否真的在乎他们的员工是否满意。研究者总结说，做一个可靠的领导者是创造长期和积极的商业结果的唯一途径。[17]

可靠的领导者同时也可以从和组员的日常交流中获得回报。在中国两家电信公司实施的一项调查发现，那些被管理者认为具备真正的领导行为的员工往往更可能成为具有组织性的公民，并且会更加投入他们的工作。[18]（组织公民行为是指愿意做一些超出员工的工作规定的事情，但又不期望得到任何回报。）

■ 外向性

外向性也被认为对提高领导效能有帮助，因为它能帮助领导者在大多数场合展现出合群、开朗和积极乐观的品质。同时，外向性更有可能树立起一个领导者的形象并有助于他参与集体活动。一项包含73项调查的涉及11 705个项目的元分析发现，外向性是与领导效能和领导力相关的、最具持续性的个性因素。[19]此外，外向性也是一种与领导力类型持续且强烈相关的个人特质，而不会带来主要的变化（转换的类型）。[20]

外向性几乎是一种内生的个人特质，尽管人多数人可以通过不断尝试更友好地对待他人，如通过微笑和提问，从而慢慢变得比以前更外向。比如问别人，“你今天过得怎么样?”

尽管逻辑上认为外向性和领导力相关，但是许多高效的领导者是懒散甚至内向的。迈克尔·戴尔（Michael Dell）是戴尔公司的著名创始人，他是一个性格保守的人，有时甚至被描述成拥有一种相对来说没什么新意的个性。（迈克尔·戴尔已经开始尝试一点一点变得更外向。）

■ 有魄力

让别人知道你的立场能提高领导效能，同时也能让你变得或者是看起来更外向。**有魄力**（assertiveness）指的是能够直率地表达你的要求、观点、感受和态度。果断能够帮助领导者完成多项任务并达到目的。这包括面对团队成员和他们所犯的错误、要求更出色的表现，设定更高的期望，以及在更高水平的管理上制定出合理的要求。一家公司的移动电话服务部门的主管这样展示她的魄力，她对员工说：“我们的核心服务在整个产业中是最差的，我们亟须提升我们的服务水平。”一个有魄力的人应当是一个相当机敏的人，而不是咄咄逼人和令人讨厌的人。

男性领导者表现出的高度决断性有时也会带来潜在的问题，那就是这种个性可能导致冲动的财务决定。一项研究发现，年轻的（45岁以下）男性首席执行官倾向于表现出冲动、不可预测的秉性，最终损害股东利益。他们更有可能撤回一次投标，进行不友好的协商，以及利用要约收购并购其他公司。举个例子，年轻的男性首席执行官更倾向于拒绝报价，即便拒绝这个出价对他们自己也没有好处。研究人员总结说，这种好斗的天性是由于年轻男性的雄性激素水平更高。[21]

■ 热情、乐观和温暖

在几乎所有的领导状况下，领导者都被希望展现出热情的特质。团队成员对于热情的反映更积极，部分原因是热情也许被看成了一项对于积极表现的回报。热情同时也是一个理想的领导者特质，因为它能帮助领导者建立起与团队成员的良好关系。一个领导者可以同时用语言（“做得好”“我很欣赏”）和非语言方式（竖大拇指或者击掌）来表达他的热情。

彭安杰（Ajay Banga）是万事达卡的首席执行官，他是一个充满热情的总经理的典型例证。2009年，在以总裁和常务总经理身份进入公司后不久，他就成为公司的“啦啦队队长”，并以此建立起声望，凭着在走廊热情的拥抱和常常竖起的大拇指撼动了公司的低调文化。[22]

热情通常以乐观的形式出现，它帮助整个团队维持一种积极乐观的氛围，即使面对困难也满怀能达成目标的希望。所以热情的领导者可以帮助团队达到预期的成就。不过，乐观的领导者也存在潜在的消极面。他也许不会针对那些达不到预期的项目做意外的计划来处理这样的情况。[23]以一个过度乐观的信息技术部门的经理为例，他也许不会考虑到一次地震可以毁掉公司所有的数据。

做一个温暖的人，因为温暖也是热情的一部分，同样能从几条途径对领导效能做出贡献。首先，温暖能帮助你建立和团队成员之间的友好关系。其次，温暖是魅力的重要组成部分。再次，温暖是一种能帮助向团队成员提供情感支持的特质。提供类似支持是领导力的一个重要表现。最后，科根·佩奇（Kogan Page）说过，“温暖会伴随着势力范围一起到来。冷漠无情的人是不可能成为优秀的领导者的，因为他们总是拒人于千里之外”。[24]

■ 幽默感

如果幽默是一种特质或者行为，有效地运用幽默对塑造一个领导者形象来说很重要。幽默能增加一个领导者的可接近性和人际取向。欢笑和幽默在工作场合承担了缓解紧张，消除无趣和避免敌对的作用，因为幽默有助于领导者调和紧张的氛围以及减少冲突，帮助领导者在团队中发挥权力的作用。幽默是喜剧演员和组织领导者的共同选择。通过自我影响，领导者可以在不侮辱或是忽视任何人的情况下表明某种观点。如果想用不是批评的方式指出一个团队成员太技术化，领导者可以这样说，“等一下，我需要你的帮助。请你用即便是我也能理解的名词解释一下这个新产品是如何运作的”。

专门被领导者使用的幽默已经成为一项相当严肃的研究科目。这里有几条基于这种研究得出的建议。[25]

● 拥有较高地位的人开一个比自己等级更高而不是等级更低的人的玩笑，这在引人发笑上会做得更加成功。（地位较高的人能引发更多笑声的可能理由是地位较低的人想要取悦他们。）

● 自己主动提高幽默感（自我提升）可以增加领导者的魅力，帮助他从上级那里获得力量。

● 弄巧成拙（极端低调）的幽默与获得权力负相关，并可能导致人们认为领导者太顽皮，不够严肃。

● 带有攻击性的幽默感有时会被用于欺骗和蔑视他人，或者引起其他方面的轻视。这些都会导致消极的结果，比如压力和组员之间的相互敌对。（这些对读者来说可能并不陌生。）

领导力技能开发练习 3-1 为你提供了机会来有效地运用幽默感。

领导力技能开发练习 3-1

工作中的幽默感

每个场景都需要 6 个人参与。

场景 1：公司破产。一个人扮演公司首席执行官的角色，负责商业贷款问题，并在公司财务问题上为其他公司提供建议。他召开了一次紧急团队会议，用来说明根据美国破产法第 11 章，公司需要宣布破产，因为公司已经不能支付账单和偿还贷款了。这位首席执行官尝试利用幽默感来缓解沉闷的气氛。其他 5 个人扮演公司员工，需要有效地运用幽默感来回应首席执行官的讲话。

场景 2：风车厂厂长。一个人扮演一家制造工厂的厂长，该厂生产风车，来帮助其他公司或者团体减少使用会向大气排放污染物的能源。这位厂长召开了一次会议来宣布一些不太好的消息：工厂因为向大气排放太多有毒废气，已经被环境保护机构传讯，必须立即采取改进措施。他必须使用一些幽默的说明性语言来缓解大家紧张和担忧的情绪。其他 5 个人扮演风车厂的各部门主管，同样需要有效地运用幽默感来回应厂长的讲话。

3.1.2 任务相关的个人特质

一些高效领导者的个人特质与任务完成密切相关。与任务相关的特质在图 3-2 中列出。

■ 对工作和人的激情

高效领导者的一大显著特性是对工作的激情，以及某种程度上对那些能够帮助他们完成工作的人的激情。激情超出了热情，并且常常表现为强烈要求实现公司目标的野心。许多领导者从早上 6 点开始工作，晚上 7 点才回家。晚餐后，又在家继续工作两小时以上。手提电脑和手机等信息技术设备，让人们即使在高尔夫球场或者与家人一起野餐时仍能与办公室保持联系，满足了他们保持工作激情的要求。当然，对于工作怀有过度激情的负面影响是可能会使人沉迷于工作，从而妨碍他们享受工作的乐趣。

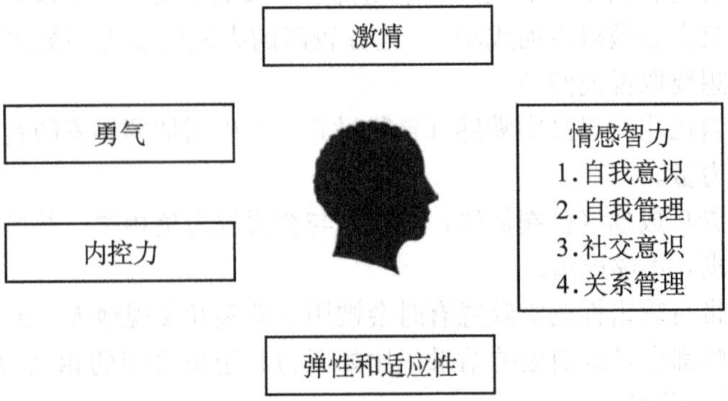

图 3-2 与任务相关的个人特质

对工作的激情这一特质在创业型的领导者身上尤为明显，无论多大规模、何种类型的企业都如此。以一家修理汽车发动机的公司为例，其业务对门外汉而言是比较陌生的。然而，这种类型企业的领导者愿意花上好几个小时讲述如何拆换旧发动机，并介绍那些愿意做这份工作的优秀员工。

玛莎·斯图尔特（Martha Stewart）称得上是创造更好生活方面的重量级人物。众所周知，她对其企业的激情更使她成为一位极为成功的执行官。一位曾经长时间观察斯图尔特的商业执行官这样评价她，"几乎所有认识玛莎的人都知道玛莎-斯图尔特生活全媒体（Martha Stewart Living Omnimedia），这是她生活目标所在。要是没有了事业，她肯定就活不下去了"。[26]

一个企业家注入对事业的激情的方法之一，是讲一个有创造性的故事。这个故事应该能激发人们去理解你的产品如何使这个世界变得更美好。星巴克的创始人兼董事长霍华德·舒尔茨（Howard Schultz）为我们提供了一个例子。[27]

> 舒尔茨的故事开始于1961年，那个时候他的父亲在工作时伤了脚踝，不得不离开工作，失去了收入、保险金和其他所有能用来养活家人的经济来源。这种家庭的窘境带来了改变。舒尔茨发奋要成立一家公司，这家公司能保证其雇员享受尊敬、自尊和稳定的收入。

■ 情感智力

情感、动机和个性等多方面因素都影响着个人效能，领导技能被归在情感智力这一复杂标签之下。**情感智力**（emotional intelligence）指一种了解他人的感受、理解他人、调节情感从而改进生活质量的能力。这种智力通常用于人与人之间的交往和情感交流。本章（比如热情）和本书（比如政治技能）的许多话题都与情感智力相关。

基于对十几家公司的研究，丹尼尔·戈尔曼（Daniel Goleman）发现最高效的领导者都有一个重要的相似点：他们都有很高的情感智力。认知能力（或者一般精神能力）和技术能力被看作管理职务中获得成功的关键因素。然而，据戈尔曼看来，一个人如果缺乏高水平的情感智力，即使接受过极好的训练，拥有超越常人的分析能力，能提出许多创造性的建议，他也不会是一个好的领导者。他的分析还显示，在高层管理职位上，技术能力的差别并不是很重要，情感智力反而会发挥更重要的作用。（当然需要记住的是，如果缺乏良好的技术能力和必要的商业知识，大多数高层经理也不会在他们的职位上获得多大的进步。）此外，把高级领导职位上的星级员工和普通员工工作比较时，情感智力上的差别比认知能力上的差别更为显著。[28]

以下描述了构成情感智力的四个关键方面，同时简要说明了每个因素如何与领导效能相联系。关于情感智力的组成部分的说法有几个不同的版本，这里展示的版本与领导力和人际技能密切相关。在情感智力方面得分高的领导者被描述成更能够产生人际共鸣。[29]

1. 自我意识。了解自己的情感是情感智力中最重要的能力。高水平的自我意识能让人知道自己的长处和极限，从而正确地评估自己。有同理心的领导者运用自我意识精确地衡量自己的情感，并且本能地理解自己的情感如何影响到他人。（高效的领导者寻求有关自身行为是否很好地被他人接受的反馈。拥有良好自我意识的领导者能够清楚地认识到自己是否受欢迎，是否向他人施加了适当的压力。）

2. 自我管理。这是一种控制个人情感的能力，通常伴随着诚实和正直，通过一种易于接受的方法出现。恰到好处的自我管理能够防止一个人在没能按计划实施行动时发脾气。共鸣型领导不会让他们偶尔的坏心情毁了一整天。如果他们不能克服这种情绪，他们会让工作伙伴知道他们的问题所在以及这种情况会持续多久。（一个具有高水平自我管理能力的领导者不会因为一次意见的不统一就突然决定解散整个团队。）

3. 社交意识。这包括对他人有同理心以及在直觉上认识到组织的问题。社交意识型领导者不仅通过表露喜好来感知他人的情绪，还能准确地衡量办公室的政治力量。（有社交意识或者同理心的团队领导者能够判断出团队成员对所承担的任务是否有足够的热情。对工会组织的需求富有同理心的执行官能够成功地开展与工会的谈判，从而避免罢工带来的损失。）

4. 关系管理。这包括能够清晰且令人信服地与人交流的沟通技能、解决纷争和建立强大的个人关系网的个人技能。共鸣型领导者运用关系管理技巧，通过善意和幽默的方式来传递他们的热情以及解决纷争。（拥有良好关系管理能力的领导者不会自断退路，反而会不断扩大他们的关系网络，以便在需要的时候得到必要的支持。拥有良好关系管理技能的领导者更有可能被猎头选中去开拓他们新的职业机会。）

需要认识到的是，情感智力与领导者而不是其他管理职位有关。最近，有两项针对学习组织行为学课程的学生的研究。在研究进行中学生被按项目划分为几个小组，来测试情感智力如何对紧急状况下的领导力产生影响。通过对情感智力多方面的测量，研究发现理解情感的能力是与领导力最直接相关的因素。[30]换句话说，那些能很好地理解他人情感的被试者更有可能被认为具有领导天赋。

如果领导者缺乏情感智力，尽管他们可能拥有很高的认知能力，但仍然不能充分地发挥他们的潜能。我们几乎每天都能在书面文件或者报纸标题上瞥见某某组织的领导者因为缺乏情感智力而被解雇。通常情况下，商业领导人是那些拥有超高的声望和执行力的人，比如前惠普公司总裁马克·赫德（Mark V. Hurd）。赫德是拥有高效执行力和超高执行技巧的代表人物，他能够完美地实现成本最小化和利润最大化。

赫德对压缩成本有着强烈的偏好，当然，这一点并不表现在他个人与惠普承包商朱迪·费希尔（Jodie Fisher）之间的花销上。2007—2009 年，这位承包商的任务是为公司里凡是有赫德出席的高级管理层会议活动提供服务。在这方面的开销的特别之处同时也导致了赫德因为滥用公款被迫辞职。这个问题大约涉及 20 000 美元的费用，而赫德也将弥补公司的这部分损失。此外，调查还发现费希尔有时甚至不做任何工作就能获得报酬。费希尔本人作为一名女演员和真人秀选手，向赫德提出了性骚扰的指控，但是最后通过公司方面的协商撤销了这项指控。此外，费希尔也通过与赫德本人的私下协商解决了这个问题。

赫德的离职金大约有 4 500 万美元，随后他很快就被甲骨文公司聘为总裁。许多股东都对此抱怨不已，认为赫德拿到了过于丰厚的离职金，这远高于公司里那些其他处于同等地位的人，“违反了商业合同里的惠普公司的准则”[31]。

在赫德的例子中，与情感智力有主要关系的一点在于，赫德让自己对一个承包商的个人感情干扰了自己，从而违反了公司的准则。公司准则规定，每作一个决定之前，都需要考虑这个决定在新闻媒体上理解起来会是什么样的。尽管赫德有很高的认知能力，但是他对自己情感的放任使得他处于公众的指责之中。

本书中提到的许多领导者都拥有较高的情感智力。这里举两个关于在工作中如何充分利用情感智力的例子。[32]

● 你所在的公司正面临合并。尽职调查过程表明每件事都令人满意。但你的直觉却告诉你某些地方出了问题。不要忽视你的直觉，用这种感觉激励你去收集更多有关公司的信息。

● 在你正准备一次展示的时候，你的胃突然很不舒服。你有些焦躁不安，因为你感觉自己准备得可能不太好。情感智力对此的反应应该是不断挖掘细节并且对你的展示做几次排练，直到你的感觉被一种好的预期和自信心所取代，你的胃也不再难受。

关于情感智力和领导力的研究，最近也关注了领导者本人的心情对其行为表现的重要影响。丹尼尔·戈尔曼、理查德·博亚齐斯（Richard Boyatzis）和安妮·麦基（Annie McKee）认为，领导者的心情和由此表现出来的行为深刻影响着他的绩效水平。对此的一个解释是心情具有传染性，性格暴躁粗鲁的领导者会创造出一种由绩效不良者（那些表现低于他们应该发挥出来的潜能的人）构成的组织环境。相反，能够鼓舞人心的领导者鼓励追随者去克服更大的挑战。这种心情最终会影响到企业是获利还是受损。因此，领导者必须培养与心情相关的情感智力。同时培养幽默感也是有帮助的，因为轻松愉快的心情会快速扩散。[33]

情感的传染力对领导力来说是一个非常有意义的因素，一项关于原则和教师的研究进一步为此提供了证据。（情感的传染力指的是情感在个体之间自动而无意识地传播。）一项特别的实验发现，那些在工作中表现出积极影响（情感上）的被试者，在下一年流失率会低一些。这意味着，那些常常在工作中表现出积极情感的领导者，其团队成员较少辞职。[34]

这项关于情感智力的研究结果进一步补充了对领导力的理解，因为情感智力强调了领导者有效运用情感的重要性。然而，其他一些情感智力的支持者在理解情感智力在领导效能的重要性这一点上更加深入。我们尤其不能忽视一般的精神能力（认知能力）对成为一个有效的领导者的贡献。一项最近的综合研究结果显示，在几项因素（包括其他的个人特质、认知能力和职能性技能）中，情感智力是唯一影响领导者完成力的因素。[35]

■ 弹性和适应性

领导者要能够适应变化。因此，领导者必须拥有足够的弹性来适应技术进步、裁员、全球性的外包趋势、客户需求变化和工作团队的改变。**弹性**（flexibility）或是根据不同场合灵活调整的能力，长期以来一直被看作一项重要的领导特质。拥有灵活调整能力的领导者能够调整自己适应环境变化的需求，就像防抱死制动系统能够不断调整汽车本身来适应不同的路况。如果缺乏弹性这一个人特质，一个人可能只能在极少数情况下才能成为有效的领导者。一个典型例子是制造行业，环境的适应性对其来说非常重要。因为这个领域的高级管理层需要同时领导传统制造工人和高级技术专家。

■ 内控力

拥有**内控力**（internal locus of control）的人被认为是事件背后的主要发动者。因此，内控力有助于帮助领导者承担管理的职能，因为领导者坚信他们有掌管事务的天赋。内控力与自信心密切相关。当一个人意识到他能够控制住局面并且表现出色的时候，强大的内控力有助于提升自信心。

团队成员非常欢迎有内控力的监控型领导者。其中的一个理由是人们认为"内控型"的人比"外控型"的人拥有更强大的力量，因为他们能够承担责任。拥有内控力的领导者会强调他能扭转不利局面，这种不利局面打个比方来说，就好像"9·11"事件时许多激励型经理人位于世贸大厦的办公室都被摧毁了。2008—2009年（并且一直持续到2010年）的金融危机时期，许多企业领导者向他们的雇员承诺他们已经制定出了能帮助公司渡过危机的计划。

领导力技能开发练习3-2提供了一个增强内控力的机会。从外控型到内控型的转变还需要做大量更深入的工作。

领导力技能开发练习 3-2

培养内控力

一个人的内控力常常根植于他经过多年发展培养出来的思维方式。但是，你还是可以通过分析过去的成功和失败经历，找出自己的行为对这些事情的结果产生了哪些影响，从而以此为起点来增强你的内控力。通过反复分析影响事情发展和结果的外在和内在要素，你可以学会如何掌控自己生活中的时间。下面列举的事例就是一个好的开端。

1. 在一个你取得了胜利或是有出色表现的运动会上。

哪些在你控制中的因素使你取得胜利或是表现出色？

______

______

______

哪些不在你控制中的因素使你取得胜利或是表现出色？

______

______

______

2. 在一门你取得了不太好的成绩的课上。

哪些在你控制中的因素导致你成绩不佳？

______

______

______

哪些不在你控制中的因素导致你成绩不佳？

______

______

______

3. 你所在的工作团队表现不佳。

哪些在你控制中的因素导致你们表现不佳？

______

______

______

哪些不在你控制中的因素导致你们表现不佳？

______

______

______

在准备完你的个人分析后，你可能会发现在小组中讨论你的观察结果很有帮助。要关注人们在分析的各种情况下如何受益于更强大的内控力。

■ 勇气

领导者需要足够的勇气来面对挑战、承担风险以及主动出击。勇气来源于内心深处，正如法语中的心脏一词“coeur”所暗示的。领导者必须直面责任，同时承担损失声誉的风险。领导者需要勇气来提出一个新的任务，因为一旦任务失败，领导者也会被同时认定为失败。在史蒂夫·乔布斯（苹果公司前总裁，后来担任董事长）最初成立苹果商店的时候，很多人都批评他和他的管理团队，因为这些批评者认为它根本不能盈利，但是苹果商店迅速成功了，并且获得了长时间的成功，证明了乔布斯和他的团队的判断是正确的。人们越是相信领导者拥有的权力是引发问题的原因，当结果不好时，人们对领导者的批评就会更多。

在凯思琳·里尔登（Kathleen Reardon）看来，在商业行为中，勇气也意味着一种特殊的计算风险承担的能力，它随着经验的累积而增长。参与智力博弈的一个必要前提就是制定有节制的计划。[36]举例来说，如果苹果商店失败了，之前所购置的物资可以转卖给其他零售商，由此减少可能带来的损失。

3.2　领导力动机

有效的领导者常常被按照他们的动机和需求的不同来分类。总的来说，领导者常有一种强烈的意愿去获得一份能够对他人负责并且控制他人的职位。图 3-3 列举了四项特别的领导力动机和需求。这几项动机都可以被看作与任务相关。

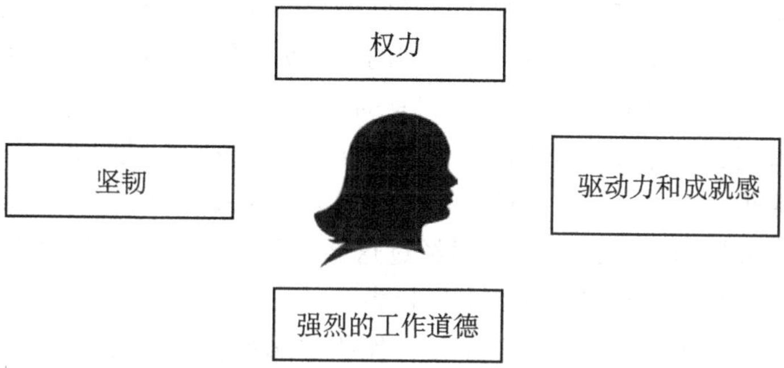

图 3-3　领导力动机

3.2.1　权力

有效的领导者对控制资源有很强的需求。拥有高权力动机的领导者具有三个显著的特征：(1) 他们凭借精力和决策来施展权力；(2) 他们花费很多的时间来思考如何改变他人的行为和想法；(3) 他们关心身边的人的个人立场。[37]权力动机非常重要，因为它意味着领导者对影响他人感兴趣。没有权力，就很难影响他人。权力本身无关好坏，它可以被掌控者用来追求个人利益（个人权力动机），也可以用来帮助他人（社会权力动机）。[38]

■ 个人权力动机

拥有个人权力动机的领导者之所以追求权力，大多是为了获得他们自身的利益。他们制造权力陷阱，例如地位的象征、奢华和金钱。近年来，一些领导者购买机动船，或是参加高速赛艇比赛。当被问及对此的看法时，一位企业的领导者回答，“这很好玩，但是入会费要交 35 万美元”。一些领导者有很强的个人权力动机，尤其喜欢指使别人。他们这种对支配的渴望会培养出那些善于讨好奉承和充当好好先生的顺从型下属。

那些拥有个人权力动机的领导者还有一大特性，就是他们从不关心是否人人都喜欢他们，因为他们认识到一旦你获得了权力，你也同时必然树立了敌人。用著名的大学足球教练斯蒂夫·斯珀里尔（Steve Spurrier）的话来说：“如果人们非常喜欢你，那么可能的一大原因是他们都已经打败了你。”[39]

■ 社会权力动机

拥有社会权力动机的领导者会运用权力来实现组织的目标或是愿景。在本书中，“社会化”一词指的是领导者主要运用权力来帮助他人。这样的结果就是，领导者更倾向于提供有效的领导力。和拥有个人权力动机的领导者相比，拥有社会权力动机的领导者在情感上更为成熟，对权力的运用更多是为了整个组织的利益，很少通过施加权力来控制他人。拥有社会权力动机的领导者表现出较少的自我防御，并且更加愿意接受专家的意见。最终，他们会有更长远的眼光。[40]

当然，重要的一点是不要在具有个人权力动机和社会权力动机的领导者之间划分死板的界限。关于到底是为自己好还是为别人好之间的界限的划分通常来自主观的判断。能说明这一点的一个贴切的例子来自思科系统公司的董事和总裁约翰·钱伯斯（John T. Chambers），他拥有的这家公司的发展一直以来都与互联网自身的发展情况密切相关，因为这家公司为互联网开发和安装设备。如果你觉得互联网对世界来说是一个积极的发明，那么你就会认为钱伯斯是一个社会权力动机型的领导者。与此同时，思科系统公司经过这么多年的发展，为社会提供了上万个工作职位，尽管最近几年有些许的下降趋势。

关于钱伯斯的另一种看法是，他欣赏那种有影响力和知名的企业家。几年前，他曾经开发了一种组织架构，这种架构由许多从事不同产品和市场工作的委员会组成。几位观察者认为钱伯斯的以委员会为基础的方法能有效地帮助他巩固权力。通过在委员会之间分散权力能够有效地稀释权力，防止一个经理获得太多的控制权。[41]这种分析认为钱伯斯在集中权力，因此他又可以被归类为个人权力驱动型领导者。

3.2.2 驱动力和成就感

众所周知，领导者常常为实现工作目标而付出艰苦的努力。**驱动力**（drive）指的是倾向于投入充沛的精力去实现目标，并且能一直保持这种旺盛的精力。驱动力也包括**成就动机**（achievement motivation）——通过完成任务获得快乐。企业家和公司高管通常都有很强的成就感动机。这样的人会坚持不懈地去完成以下这些事项。

1. 为了获得成功而付出努力，无论成功还是失败，都能为之负责。
2. 能够承受在他们能力范围内的适当的风险。
3. 接受关于他们绩效方面表现的反馈意见。
4. 引入新奇的、革命性的、有创造力的解决方案。
5. 计划并制定目标。[42]

我们有时会听见一种说法，说许多领导者是很懒的，因为他们将所有困难的工作都委派给了下属去做。实际上，大多数领导者有许多分析性的工作需要自己来完成，因此尽管已经负责任地委派了工作，他们还是需要很努力地工作。

3.2.3 坚韧

对于组织领导者的领导力动机的另一项观察是判断他们是否具备很好的克服困难的韧性。坚韧对于组织的领导者来说非常重要，因为无论是实施一项新任务还是完成一项商业任务，比如收购一家别的公司，都需要花费很长的时间。弹性是坚韧的一部分，因为一个坚韧的人也可能在经过了不断的努力之后，仍然由于遭遇挫折而回到原地。

处方药批发商斯图尔特·拉尔（Stewart Rahr）是一家私人公司致睿（Kinray）的前所有者。他把他的成功归于自己克服被拒绝和不断尝试的能力。在回忆起自己的早年经历时，拉尔这样说："我记得科恩制药（Cohen's Pharmacy）的查理·科恩（Charlie Cohen）曾对我说，'我们什么也不需要'，并且一次次挂断我的电话。"拉尔的坚持最后为他带来了订单，虽然只是几瓶阿司匹林。今天，他的公司向7个国家的2 000位独立制药商提供药品、绷带、矫形鞋等产品。尽管行业内存在巨大的竞争压力，致睿公司还是发展良好。2010年，竞争对手康德乐（Cardinal Health）以13亿美元收购了致睿公司，同时聘任拉尔为他们的顾问。拉尔在其个人生活中也拥有坚韧的品质，因为他是患黑色素瘤的幸存者。[43]

领导力自我评估测试 3-3

个人坚韧度测试

说明：用"基本同意"或者"基本不同意"来确定以下陈述与你自身情况的符合程度。在做此类问卷调查时，经常出现的情况是对某一特殊陈述的回答要基于特定的场合。尽管这种情况是正常的，但还是应尽最大可能判断你对这些陈述到底是基本同意还是基本不同意。

	基本同意	基本不同意	得分（见"计分方法"）
1. 赢意味着一切。	□	□	______
2. 如果我白天在工作单位或是学校度过了糟糕的一天，那么这很可能会毁了我的夜晚。	□	□	______
3. 只要我不断尝试，最终我会有一个好的突破。	□	□	______
4. 相对于大多数人来说，我患了流感或是感冒需要更长的时间才能痊愈。	□	□	______
5. 要不是我经历过几次糟糕的情况，我的职业生涯一定比现在更好。	□	□	______
6. 即使失败也没什么好丢脸的。	□	□	______
7. 总的来说我是一个自信的人。	□	□	______
8. 即使是最后一个做完也比压根不参与竞争好。	□	□	______
9. 我喜欢迎接挑战，即使取胜的概率很小。	□	□	______
10. 如果我有两次逆转机会，我就不会担心连败。	□	□	______
11. 我是个令人讨厌的失败者。	□	□	______
12. 要使我气馁是一件很难的事情。	□	□	______
13. 每遇到一次"不"，就意味着我离"是"又近了一步。	□	□	______
14. 我认为我不能忍受被炒鱿鱼或者被列入公司裁员名单所带来的羞辱。	□	□	______
15. 偶尔做一次失败者也能让我觉得享受。	□	□	______

计分方法：当你的回答与下列答案一致时，就为自己记上1分。如果你的回答与下列答案不一致，那么不得分。累计15道题的分数作为你的总得分。

1. 基本不同意	2. 基本不同意	3. 基本同意
4. 基本不同意	5. 基本不同意	6. 基本同意
7. 基本同意	8. 基本同意	9. 基本同意
10. 基本同意	11. 基本不同意	12. 基本同意
13. 基本同意	14. 基本不同意	15. 基本同意

得分和解释：你在个人坚韧度测试中的得分给了你一个衡量自己在遇到挫折时能在多大程度上反弹的指标。你得到的分数越高，你在面对失望、逆境和沮丧时所表现出的坚韧度就越大。以下对不同得分的分类会帮助你确定自己的坚韧度等级。

- 13分以上为非常坚韧：你拥有显著有效地从挫折中恢复的能力，或者说你是一个十分坚韧的人。你的坚韧品质可以在挫折到来时帮助你去帮助其他人。
- 4～12分为中等水平的坚韧：和大多数人一样，你可能可以处理好某些挫折，但对其他一些逆境就无能为力了。
- 0～3分为不坚韧：你是那种在处理困境方面有困难的人。你需要努力去学习如何应对困境，同时保持积极乐观的心态，这些都有助于你发展成为领导者。

3.3 认知因素和领导力

除了个性因素以外，智力因素对一个领导者的成功来说也非常重要。激励他人，带来建设性的改变，以及富有创意地解决问题，都要求领导者在内心快速地作出反应。对智力而言的另一项要求是需要领导者能从大量的常规信息中找出重要的信息，并且把最重要的那些记下来。解决问题的能力和智力方面的技巧被统称为**认知因素**（cognitive factors）。“认知”一词在这里指的是收集知识过程中所经历的智力过程及所运用的智力能力。我们对认知能力的讨论集中于与之相关的五个认知因素，如图3-4所示。对认知的描述对于区分传统的智力与情感智力具有关键作用。

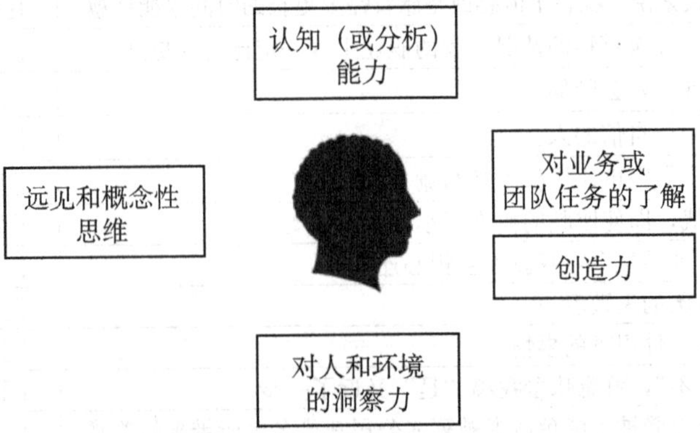

图3-4 认知因素和领导力

3.3.1 认知（或分析）能力

无论是对于哪个领域的领导者来说，善于解决问题都是一项基础性的特质。以企业领导者为例，他们需要知道怎样去分析公司的财务状况，如何使用先进的软件，怎样管理公司的财产目录，还要懂得国家间的相关贸易法则。一项跨度达100年的研究发现，领导者的确能在智力测试中取得比大多数人高的分数，包括智商（指对许多人进行同类的知识测试得到的分数）测试。一项基于151个研究的元分析发现，在许多不同的场合，领导者的知识水平和工作表现之间存在积极关联。当这位领导者在作决定时承担主要角色，并且不会表现得压力过大，这种相关关系会更显著。

研究人员还发现，当领导者的智力水平并未远高于团队成员的时候，智力对领导效能的贡献度更大。[44]不仅这种说法是正确的，另一项综合性研究也发现，领导者的形象地位与出色的智力有关。[45]这再一次说明，团队成员希望他们的领导者在智力上比整个团队的平均水平要高一点，即使不是高得很多。

当认知能力和实践能力被结合起来运用时，它对领导力就显得更重要了。在这里，**实践能力**（practical intelligence）指的是运用从经验中积累的知识解决日常生活中的问题，从而适应和改造环境的能力。实践能力有时也指一种生存能力。[46]举例来说，一个具备良好的实践能力的领导者应该知道，如果在某一天，公司的大多数员工都在为因为强雷电而导致家中停电这种事情而烦恼，这显然不是一个向大家传达公司愿景的好时机。

在上千个关于拥有高认知能力的领导者的例子中，宝拉·香农（Paula Shannon）是其中一个。她是莱博智科技公司（Lionbridge Technologies）的销售总监、高级副总裁和总经理。这家全球性公司为其他公司提供100多种语言的翻译服务。在大学的时候，香农主修西班牙语、德语和俄语，同时学习计算机科学。在进入莱博智科技公司工作之前，她曾在另一家语言类科技公司工作。[47]

3.3.2 对业务或团队任务的了解

智力与掌握业务知识和团队正在执行的关键任务密切相关。一位有效的领导者必须在某些特定的领域拥有专业的技术优势，尤其是在领导一群专业人士的时候。当领导者对团队成员所从事的工作一无所知，或是他的专业技术能力不被团队成员认可的时候，领导者就很难和团队成员建立起一种友好的关系。

关于业务知识如何提高领导效能这一点，有一个具有代表性的例子。2011年，邓肯·麦考诺顿（Dunean MacNaughton）成为沃尔玛的首席营销官。在担任这一职务以前，他在营销方面也担任过几个领导职位。他对业务知识的掌握体现在他制定的销售增长计划上：

> 我们需要有效地利用活动走道，就是走道中用于摆放特价商品，或是进行特别促销的区域，从而提高促销力度，努力为顾客的购物过程带来更多愉悦性体验。所以总的来说，我们每天都要有好的低价产品出售。[48]

掌握必要的业务知识已经日益被视为执行层领导力的重要特性。无论是哪一层级的领导者都被期望能在如何实现组织使命方面提出有益的见解。加里·普鲁特（Gary Pruitt）认为，如今是建设型CEO的时代，他们需要决定是否需要改造组织内部、缩减规模、扩大规模或是在公司内部成立新的部门。“在这样一个时代，CEO们需要亲力亲为，对于每一个项目都要高度投入并且掌握足够的知识。”[49]

在制定战略、构建团队使命和评估外部环境的时候，对于业务和团队任务的了解就显得更重要了。本书的第14章会对战略制定进行更深入的讨论。

3.3.3 创造力

在面对复杂的问题时，许多有效的领导者都能够得出富有想象力且原创性的想法，这使他们显得颇具创造力。创造力是一个连续性的维度，有些领导者会比其他人更富于创造性。创造力维度的另一端是那些一直在思考革新产品和服务的业务领导者。苹果公司的斯蒂芬·乔布斯就是一个例证，他为他的公司贡献了许多具有创造性的产品灵感，比如继iPhone和iPad之后，继续支持iPod的开发。即使是在他休病假或是下班回家的时候，他都全身心地投入到产品开发和公司战略制定上。

处于创造性维度中间位置的是对业务难题提出有想象力而非突破性对策的领导者。而处于创造性维度低端位置的则是那些能够激励团队成员对组织性问题找到标准化解决方案的领导者。在现代组织环境中，创造力对领导者扮演的角色来说非常重要。有关如何开发创造性问题解决能力的内容在本书第13章有专门的介绍。

3.3.4 对人和环境的洞察力

领导者的另一项重要认知特质是**洞察力**（insight），一种需要靠细致的直觉和常识去进行深入理解的能力。直觉通常是一个思维过程，用于提供对问题的理解。洞察力帮助人们快速地作出决定。优利系统公司（Unisys）的前董事、经理和首席执行官劳伦斯·韦恩巴赫（Lawrence Weinbach）这样说：“如果我们想成为领导者，在作决定时，我们需要在75%的程度上依赖于事实，而如果你把这个比例提高到95%，那么你就只能做一名追随者了。”[50]亚马逊公司的杰夫·贝佐斯（Jeff Bezos）也相信，越重要的决定，比如是否要进入某个领域发展，越需要运用洞察力和直觉。

对人和包括人在内的环境的洞察力对管理层面的领导者来说是一项必要的特质，因为这能帮助他们将自己和他人的天赋最大化地利用起来。举个例子，就是能让他们在关键任务中明智地选择任职者。洞察力还能帮助领导者在训练和开发团队成员这一点上做得更好，因为具备洞察力的领导者可以对成员的优势和劣势作出准确的评估。具备洞察力的另一大好处是它让领导者能够根据环境的不同相应地调整自己的领导方法。例如在危机情况下，团队成员更喜欢有指导和决策能力的领导者。优秀的领导技能是能在不同的文化背景下解读人，从而基于文化差异进行沟通。近年来，在全球性外包的驱使下，美国的制造商也已经开始雇用人事主管来帮助他们寻找具备此类技能的领导者。[51]

你可以记录下你对人或者商业环境的预测和估计的准确性，从而对你的洞察力水平进行评估。比如尽可能地对你新的工作伙伴或者经理进行评估，记录下你的观察结果，几个月后根据这个人的真实表现来检验你的评估是否准确。这种反馈性的练习可以帮助你提升自己的洞察力。

3.3.5 远见和概念性思维

领导者需要具备远见来发展公司愿景和制定公司战略。**远见**（farsightedness）指的是对长期任务的实施和对政策的理解能力。有远见的领导者会意识到今天雇用一个有才华的员工会给公司带来长期的竞争优势。而短视的观点则是主张雇用不那么有天赋的员工来满足当下招聘的需要。有远见的领导者或是经理人对短期的需求并不是很关注，相反，他们会找到一个解决办法，比如在找到合适的人选前先雇用一个临时工。

概念性思维是指全面思考并使远见成为可能的能力。概念性思维者通常也是一个系统思考者，因为他能理解外部环境是如何影响一个组织的，以及组织内的各个不同部分之间如何相互影响。优秀的概念性思维者知道组织内部各个部分对组织的贡献，知道公司如何才能与外部世界接轨。

百事公司的CEO英德拉·努伊（Indra Nooyi）相信，今天，对每一个CEO来说，最重要的技能就是具有战略敏锐性（意思是概念性思维和远见）。她指出，25年前，当她被选中负责百事公司在欧洲的业务时，公司当时的CEO罗杰·恩里克（Roger Enrico）说："我要把你调回来。"努伊问为什么，恩里克回答："我可以另外找一个运营主管来管理利润中心，但我找不到一个人来帮我一起重新将百事公司概念化。你拥有一项供给短缺的技能。"[52]

在下面的"领导者在行动"专栏中，你有机会接触到一位著名的高科技管理者，并向她学习她的个人特质。

谈了这么多领导力特质，做一做领导力技能开发练习3-3，有助于你将以上内容个人化。

◆ 领导者在行动

著名的雅虎公司前CEO卡罗尔·巴茨

卡罗尔·巴茨（Carol Bartz）是一位高科技主管，凭借积极乐观的精神、坦率的性格和旺盛的精力取得了为人称道的成就。被任命为雅虎公司的CEO之后不久，她就成功拿下了她职业生涯里的最大一笔订单。她放弃了对雅虎搜索业务的控制权以交换微软十年期的利润分享。（必应搜索引擎使雅虎搜索功能更加强大。）这笔生意遭到了股东和业内评论者的批评，但是巴茨相信，从长远来看，和微软的这笔生意会让雅虎得到应得的利润，因为目前已经出现了很多转向搜索引擎的广告。

巴茨在威斯康星大学计算机科学专业获理学学士学位，并由此开始了她在信息技术领域的职业生涯。在早期职业生涯中，她曾在3M公司与数字设备公司（Digital Equipment Corp）担任销售职位；在进入雅虎工作之前的管理经验来自在太阳微系统公司（Sun Microsystems）担任全球运营副总裁；在欧特克公司（Autodesk）担任CEO。

巴茨称雅虎公司最大的资产是它直达30个国家的6亿人口，在他们的电脑或者智能手机屏幕上投放广告的能力。她有强烈的销售导向。一位认识巴茨多年的执行官说："她擅长发现人们会买什么，他们为什么会买这个产品，以及如何使他们付更多的钱。"

巴茨同意到雅虎任CEO的一个原因是，在2006年从欧特克退休之后，她开始怀念那种日复一日的激动甚至有点压力的管理生活。她特别享受在危机中工作。

在职业生涯中，巴茨曾经历并克服许许多多的个人困境。在担任欧特克CEO的第二天，她发现自己患了乳腺癌。她做了乳房切除手术，4周之后结束就医。她甚至在医院的病床上处理公司事务。加入雅虎之后不久，她又做了左膝关节置换手术。

巴茨因为她质朴的语言而受到人们的尊敬。在雅虎工作时，她告诉雇员，如果谁泄露了公司的信息，她绝对不会轻饶他。在谈到提供反馈意见时，她曾说，她相信关于小狗的理论："如果小狗在地毯上撒尿，你不会等到六个月后的绩效评估时才告诉这只小狗它做错了事。"

在对史蒂夫·乔布斯努力发布苹果设备的高质量广告做出评论时，巴茨说："对于那些漂亮的iPad你最后要做的事情就是看看那则关于俄罗斯新娘和牙齿美白者的广告。"她对乔布斯的评论可能不太友好，但是她对苹果公司严格控制出现在它的设备上的信息这一点非常敬佩。她说苹果公司这种允许何种广告和文字出现在它的设备上的行为是一种"没人喜欢的控制"，但这种控制也没有到不能忍受的程度。

巴茨偶尔会写一些邮件来鼓励雅虎的员工。以下是节选自这类邮件的一小段：

> 的确有许多人在写一些关于我们的东西。其中一些是令人难以置信的故事，但我不会让这些东西使我分心，而且你们也同样不应该受它们影响。因为对我来说，真正令人不可思议的故事是我们一直在建设一个更好的雅虎！——而正是你们所有人使之成为现实。

在巴茨致力于提高雅虎的经营绩效的时候，她采用的方法并不能讨雅虎董事会成员的欢心。她的方法从长远看也许有效，但在雅虎董事会成员的眼里，实在是见效太慢了。2011年9月她被解雇了。

[问题]

1. 在这则故事中，哪些地方说明巴茨拥有很高的认知技能？
2. 在这个过程中，巴茨表现出了哪些个人特质？
3. 假设在你工作的领域她有一个职位在招贤纳士，你会乐于直接向她报告吗？

资料来源：A variety of sources provided facts and observations to create this story，including the following："Carol Bartz，" *Forbes*，September 7，2009，pp. 84-88；Jon Fortt，"Yahoo's Taskmaster，" *Fortune*，April 27，2009，pp. 80-84；Sarah Lacy，"And Now a Folksy Update from Carol Bartz，" "Massive Outage Relegated to 'PS'，" *TechCrunch*（http：//techcrunch. com），October 15，2010，pp. 1-2；Joann S. Lublin，"Some CEOs Face Big Repair Jobs in 2011，" *The Wall Street Journal*，January 4，2011，p. B6；Amir Efrati and Jessica E. Vascellaro，"No 'Fairy Dust' for Yahoo Turnaround，" *The Wall Street Journal*，September 16，2010，p. B1；Scott Morrison，"Yahoo Chief Defends Her Site，Strategy，" *The Wall Street Journal*，June 25，2010，p. B7.

领导力技能开发练习 3-3

对于领导力特质的团队反馈意见

把全班分成7个人一组的若干团队，每个团队中间坐一位志愿者。其他团队成员面向坐在中间的人，说出认为他或者她有哪些领导力特质、个性或是动机。如果反馈者对自己的观察结果有几句解释的话会更好。举个例子，提到他很自信的时候，可以举例进一步说明，“我注意到你很自信地告诉全班你在事业上取得的成就”。小组接下来转向第二个人，其余以此类推。（我们在这里假设在做这个练习之前你有机会观察你的同学。）

如此每位成员都获得了来自团队里其他成员对其领导力特质和个性的积极反馈。在所有成员都轮流获得反馈之后，在小组里讨论这次练习的意义所在。

3.4 遗传和环境因素对领导力的影响

遗传和环境，何者对领导效能的贡献更多？领导者是天生的还是可以通过后天培养的？你是否具有成为领导者的恰当素质？面对人们思考的这些问题，关于领导力的研究变得更模糊了。最理智的回答是有效的领导者所需要的特质、动机和个性由遗传和环境的组合引发。领导者既是天生的，也可以通过后天养成。个人特质和智力特质以特定遗传倾向和天资为基础，但需要在恰当机会被开发出来。认知能力就是一个很好的例子。我们通过遗传获得基本的能力，这种能力决定了我们智力的“功率”到底有多大。然而人们同样也需要恰当的机会来发展他们的认知能力，通过足够明智的表现来获得领导职位。

伊夫林·威廉斯（Evelyn Williams）在斯坦福大学教授“领导力发展”课程，她做了一个比喻：“我认为领导力是自然和环境因素的组合。就像一些音乐家在演奏乐器上有与生俱来的天赋，一些人同样拥有与生俱来的领导力。但无论天赋如何，人们一样可以通过后天的学习成为优秀的音乐家——以及优秀的领导者。”[53]

最近的研究支持了基因在决定领导力潜能中所发挥的决定性作用这一结论。通过加利福尼亚人格量表（一种比较流行的人格测试）的测量，一项研究发现，47%的由不同的人带大的双胞胎具有同样水平的领导力潜能。[54]

关于精力的身体因素同样阐明了遗传和后天培养的问题。有些人天生就拥有强健的身体，这使他们比其他人更加精力充沛。但是除非这些体力被恰当地运用，否则这对成为一个高效领导者并没有什么帮助。

情感智力的研究强调了领导力是遗传和后天学习组合的产物这一观点。大脑的最外层区域被称作“新皮层”，主管分析性思考和技术能力，这些都与认知或传统能力有关。大脑的最内层区域掌管情绪，例如被客户批评时所感受到的愤怒。情感智力来自掌管感觉、冲动和驱动力的大脑边缘系统的神经递质。

因此，一个人的基因影响了与领导力相关的情感智力。但是，经验对情感智力来说也很重要，因为它会随着年龄而增长。[55]经过实践人们会更加善于管理人际关系。一位负责业务转型的经理人说：“我曾经重组了5家不同的公司，并且从中学会了如何在不以根本上破坏士气的前提下完成任务。”

最后要说的一点是，有些领导力特质会比其他特质更难挖掘和开发，对工作和人的激情就是其中一项。乔纳森·伯恩斯（Jonathan Byrnes）是麻省理工学院的一名顾问和高级讲师，他说过，你需要找到能被发展成领导者的合适人选。“你永远不可能教一个迫不及待地想回家的人培养出对工作的激情。”[56]

3.5 特质方法的优点和缺点

特质方法的一个引人注目的论点在于，有令人信服的证据表明领导者具有一些非领导者不具备的个人特质。根据在本章中提及的此类研究观点，柯克帕特里克（Kirkpatrick）和洛克（Locke）总结道：“成功的领导者不一定都是天才、伟人或无所不知的预言家。但是他们确实需要‘恰当的素质’，而这些素质并非人人都有。”[57]现在强调的情感智力、魅力和道德行为明确了特质方法的重要性。

理解有效领导者的特质对选拔领导者有重要的指导作用。如果我们相信诚实、正直、创造力和想象力对领导力的重要性，那么我们就会关注具有这些特质的领导者。特质方法的另一个重要优势在于它可以帮助人们为领导责任和随之而来的其他问题做好准备。一个人可能寻求有助于其发展重要特质的经历，这些特质包括自信、解决问题的能力和决断力。

特质方法的局限性在于它无法告诉我们哪些特质在哪些环境中有确定的需求。我们也不知道什么程度的特质、个性和动机才恰到好处。比如，有些领导者因为自己过度膨胀的野心和贪婪而陷入了道德和法律的困境。此外，对特质理论的过度关注会产生对领导者个人魅力的过分崇拜，导致关键的领导力特质不太突出的人在寻求领导职位的过程中受挫。

特质方法的另一个微妙局限性在于，它会使一些人觉得要发挥特质方法的有效性，必须在每一项领导者特质上都有出色的表现。但在现实中，大多数有效的领导者在某些特质上表现突出，而在另外一些特质上表现得很差。

对于特质方法的折中看法是，某些特质、动机和个性对领导效能的提高可能有帮助，但是并不确保有效。领导情境经常会影响哪些特质才是最重要的。[58]同时，不同的情境又需要不同的特质组合。设想你是一家餐厅的经理，你的员工都是一些没有任何工作经验的年轻人。你必须要强调温暖、热情、弹性和适应性等品质，同时少强调一些认知技能和权力动机。

小 结

基于特质的领导力观点认为在许多情境中，某些特定的个人特征和技能有助于提高领导效能。有效领导者的一般个人特质包括：（1）自信；（2）谦逊；（3）核心自我评价；（4）值得信赖；（5）可靠；（6）外向；（7）有魄力；（8）热情、乐观和温暖；（9）幽默感。

有效领导者的部分个人特质与任务的完成密切相关，包括：（1）对工作和人的激情；（2）情感智力；（3）弹性和适应性；（4）内控力；（5）勇气。情感智力由四种特质组成：自我意识、自我管理、社交意识和关系管理。

和领导效能有关的某些动机和需求也与任务的完成有很大的关系。它们包括权力动机、驱动力和成就感动机、坚韧等。

认知因素对领导者的成功同样重要。它包括认知（或分析）能力以及对业务或团队任务的了解（或技术能力）等。实践能力对认知能力有帮助。创造力对领导者来说是另一项重要的认知技能，但是有效的领导者在他们的创造性贡献上大相径庭。对人和环境的洞察力，包括对商业机会做出高效的判断也有助于提高领导效能。远见和概念性思维帮助领导者理解行动和政策的长期效果，以采取全局性的视角。

关于领导者到底是天生的还是后天培养的这个问题，理性的回答是有效领导者所需的特质、动机和个性是遗传和环境的组合的产物。

鉴于领导者和非领导者之间的差异，有效领导者和低效领导者之间的差异，许多研究都支持领导力的特质方法。但是，特质方法并没有告诉我们哪些特质在哪些情况下最重要，或是在某种情况下需要何种程度的特质。同样，不同情形需要不同的特质组合。

实践与技能开发指南

鉴于情感智力对领导成功的重要性，许多组织对管理人员开展了有关情感智力的培训。提高情感智力的一大途径就是参加相关培训。但是，如同其他形式的培训，情感智力的培训也需要与持续的实践练习相配合。提升情感智力更现实的行动起点是从四个组成部分的某个方面入手，比如社交意识中的同理心方面。

首先，从了解你的人那里获得尽可能多的反馈。询问他们是否认为你理解了他们的情感反应，以及理解的程度。询问一个来自不同文化领域或是一个有严重交往障碍的人同样的问题也是很有帮助的。（与一个和自己反差很大的人交流需要更高的移情水平。）

如果你有公司外部或是内部的客户，也向他们询问觉得你在理解他们时表现如何。

如果你发现了任何一个领域的缺憾，平静地加以对待。例如，也许你被认为很难花时间去理解和自己的看法差别较大的观点。努力尝试去理解其他人的观点。设想你坚信金钱是每一个务实的人最看重的动力。告诉每一个持不同观点的人，并认真倾听直到你理解他们的视角。

几个月之后，获取更多关于的你移情能力的反馈。如果你正在进步，继续努力实践。接下来，在情感智力的其他方面重复这些步骤。通过一系列的练习，你会培养出其他有价值的人际关系技巧。

另外一个提升情感智力的方法是加强注意力，意思是多注意你的想法和行为。仔细回想你对他人的反应和你正在思考的事情。通过冥想，特别关注每一个时刻。举例来说，你也许正在参加一个非常严肃的会议，但是你忽然想到一个很诙谐的场面，忍不住都要说出来了。这个时候，通过加强注意力，你也许就会作出推迟你的冲动想法的决定，直到在一个不那么严肃的场合把它说出来。[59]

运用特质理论来达成特定场合下你的特定目标的一个建设性方法是，通过思考如何进行特质组合能够在现在的状况下达到最佳的产出。找出最佳的特质组合并重视它往往比只重视某一项特质有用得多。例如，你也许正在领导一个团队，为了提高产出，团队急需一个创意，这让你很担忧。此时你也许会强调认知技能，果断地表达你的意见，同时表现出对于团队成功的可能性的热情。

［讨论题］

1. 在选举公务员的时候，选民在多大程度上相信领导力特质理论？

2. 设想一位大学生在毕业时缺乏对自己专业的热情，他若想成为一个富有激情的领导者，应该做些什么？

3. 解释一下在何种特定的领导场合下，表现得非常自信并不一定是优势。

4. 你正在向一名经理作报告，他要怎样做才能表现出较高水平的情感智力？

5. 描述一位你认识的或者是在电视上见过的缺乏热情的领导者。缺乏热情会在团队成员中产生什么样的后果？

6. 什么样的行为表现会让你觉得一个领导者缺乏真诚？

7. 你认为你发展得最好的一项领导力特质、

动机和个性是什么？你为什么会这样想？

8. 举一个你观察过的领导者的例子，这个领导者拥有很高的认知能力，但是缺乏实践能力。

9. 你认为教授“领导力”这门课程的教师所表现出来的最杰出的领导力特质、动机或个性是什么？给出你的理由。

10. 许多人不同意领导力的特质方法，但是在雇用一个人担任领导职位的时候仍然会进行面试。为什么进行此类面试与他们对特质方法的态度不一致？

领导力案例 A

店长吉米·巴杰少尉

吉米·巴杰（Jimmy Badger）在高中三年级的时候，决定申请海军服务处培训计划的奖学金项目。奖学金费用涵盖学费、书本费、实验费和最低生活开销，能申请到这一奖学金意味着你非常优秀。海军服务处培训计划项目致力于培养领导力，包括社会服务活动，对吉米来说这是这个项目的一个加分项。还有一个理由是他认为自己即将接受的这种正规教育对他将来无论选择从事什么职业都是有帮助的。此外，吉米认为能为国家服务六年也是一个极好的想法。用他的话来说就是，“如果我们国家确实需要海军，那么我愿意出自己的一份力”。

吉米还发现了一个吸引人的地方，那就是在他大学毕业后，只要他自愿为军队服务五年，他将被任命为海军服务处的少尉。在完美地完成了州立大学的四年课程后，吉米成为海军少尉。在海军践行他五年志愿服务期间，吉米非常享受他与普通士兵、和他一样等级的军官以及比他经验更丰富的上级一起工作的经历。吉米尤其喜欢成为一名领导者并且承担许多责任。他说：“一个在潜水艇里发生的微小错误就可能给上百人带来灾难性的后果。”

吉米的上级非常认可他的工作，并且一直给予他杰出表现的评价（适当的报告）。上级希望他在一个地方继续改进，那就是有时候，吉米对自己提出的要求的完成预期有些高得不切实际。一位上级官员曾经告诉他：“吉米少尉，这里不是你祖父拥有的海军部队，你需要对你的士兵们多些耐心。”

吉米在海军服役即将结束的时候，开始寻找下一份工作，他发现很多公司都非常愿意雇用退伍的士官。其中，最有吸引力的是担任经理职位，或者参加管理训练项目以快速适应管理职位。在经过了一个概要的职业搜寻后，吉米接受了一家知名的家装连锁企业的管理培训生职位。

从培训项目的一开始，吉米就知道自己作了一个非常正确的职业选择。他非常相信自己在海军的经历和他之前所接受的教育以及打过的几份零工，对成为一名成功的销售经理来说都是非常有帮助的。一开始，吉米以一名销售伙伴的身份工作了3个月，这是为了从入门级的水平来学习商业知识。接下来，他被任命为一家商店的机械部门的经理，并做了9个月。

吉米迈向领导职位的大跨步发生在他被任命为坐落于科罗拉多丹佛市的一家中等规模连锁店的门店经理时。在第一次和部门经理以及其他关键员工开会时，吉米说：“我非常高兴能担任这家店的主管。我接下来会询问各位关于如何使我们这家店成为整个公司中表现最出色的单位的建议。这种和我的交流沟通将是常态。我的黑莓手机将每周7天每天24小时开机，随时倾听各位的建议，同时也让大家知道我在我们店里发现的各种问题。”

在成为门店经理的几个月里，吉米给店里的所有员工都发了一封电子邮件，包括部门主管在内。这封电邮的部分内容如下：

“昨天晚上，我在巡视过程中，注意到了停车场里的几点不足之处，希望以后不要再出现：几辆购物车散乱地停放在停车场里，而不是在它们应存放的地点；地上还有些垃圾；商场外面有两位我们的职员在吸烟。

以上这些都是我不能忍受的。希望你们用实际行动告诉我你们准备如何解决这些问题。”

在吉米工作了一年之际，人力资源部门用公司的内网进行了年度士气和工作满意度调查。参与者被承诺任何反馈都是匿名的。因此，调查结果可以被认为是完全公正的。几则关于门店经理吉米·巴杰的评价内容如下：

- 我们的经理活力十足而且好胜心强。他一直在学习关于家装生意的知识，但我相信他的高标准严要求一定会在不远的将来帮到我们。
- 我听说吉米曾是一名潜水艇士官。能不能有好心人劝劝吉米让他不要事事操心？一个商场职员犯下的小错误不会让我们倒闭的。
- 我们的吉米·巴杰是一个很好的领导者。但他也需要知道我们雇用的商场职员中也有一些粗鲁的人，仅仅一次的教训并不能使他们改掉自己的毛病。
- 我很喜欢我们的门店经理。但我觉得他好像认为我们的船就要沉了，而他必须要在救援任务中取得成功。

[问题]

1. 案例的叙述反映了吉米·巴杰的哪些领导力特质？
2. 证明你的结论。
3. 吉米应该在何种程度上修正他的领导方法？
4. 你认为家装企业雇用前军官担任管理培训职位的好处有哪些？

角色扮演

对吉米·巴杰的业绩评估

今天，区域经理萝拉·桑切斯（Lola Sanchez）要对门店经理吉米·巴杰进行业绩评估。由一名学生扮演萝拉，她对这次评估并不十分期待。她对吉米的业绩感到很满意，但是她认为吉米在推行的行为中表现的高标准和遵守商场规章制度方面做得太过了。萝拉担心吉米对于行为表现的高标准也许会带来某些并不期望的结果。由另一名学生扮演吉米，他因为自己一直推行的行为表现的高标准而期待得到一份杰出的业绩评估结果。整个表演大概持续8分钟，观察者要在角色扮演结束后对演员的表现提供反馈意见。

领导力案例B

艾米·塔奇斯通希望能改进俱乐部

艾米·塔奇斯通（Amy Touchstone）今年27岁，这几天她感觉非常好，因为她最近刚被提拔为东区体育俱乐部（East End Athletic Club）的运营总监。两年前，她在俱乐部里担任管理员和接待员，负责管理健身器材、10个室内网球场、6个壁球场、1个篮球场和许多健身项目，包括按摩。

塔奇斯通负责一个由10人组成的团队，其中3人为全职，另外7人为兼职。她的主要职责是确保俱乐部的运动项目和营销市场的顺利运行。开票处和保管人员也需要向塔奇斯通报告。

当塔奇斯通问她的老板，也就是俱乐部的经理，作为运营总监她需要完成哪些任务的时候，老板告诉她，“从我们所占的份额来看，东区市场并没有到达所需的高效、整齐和敏锐，所以你需要改进它”。塔奇斯通喜欢这些笼统的指令，但是她认为自己需要想出一些特别的点子来达到改进的目的。

塔奇斯通复习了自己在市场营销课程上学到的内容，决定从俱乐部前台的顾客意见箱里找找顾客的反馈意见。艾米整理了近三个月的顾客建议。其中与提升俱乐部质量有关的主要建议如下：

- 男士的衣帽间环境非常糟糕，一些客人把毛巾直接扔在地板上。这些人根本不尊重俱乐部。
- 一些员工对顾客比较冷淡。有时当需要他们关注我们的时候他们却在闲聊。当我们给俱乐部打电话时，等待时间往往过长。

● 有一些在这里工作的人表现得好像是他们发慈悲才让我们使用这里的器械。

● 别什么都对我们收费，比如在我们已经付了足够的月费时，就不要对使用网球场收费了。

艾米检讨了那些在顾客意见箱里收集到的负面评价，并且和一个她认识了多年的健身教练乔（Joe）一起针对这些问题进行了讨论。乔说："不用为这一大堆的投诉烦恼。只有那些爱发牢骚找麻烦的人才会往意见箱里扔东西。"

艾米想，"乔说得也许有一些道理，但是那些建议看上去还是相当重要的。明天我应该为提升俱乐部质量采取一些行动。我需要想一个好办法来接近那些员工"。

[问题]

1. 为了解决东区体育俱乐部的质量提升问题，塔奇斯通应该着重强调哪些领导者的个人特质？

2. 为了解决俱乐部的质量提升问题，塔奇斯通应该主要扮演哪种领导角色（回顾一下第1章的内容）？

3. 为了实现塔奇斯通提升运营效果的领导责任，你对她下一步的工作有什么好的建议？

角色扮演

由一个学生扮演艾米，她正在主持一个员工会议。其他几个学生扮演这些员工，相比艾米，他们对她所谓的也许能带来改进的解决方案没什么兴趣。在解释为什么需要改变时，艾米努力想要表现出恰到好处的自信心和魄力。艾米希望成为一个有效的领导者，但又不会伤害组员的感情。整个表演过程大约持续10分钟。教室里的其他人将针对体育俱乐部员工会议的有效性提供反馈意见。

领导力技能开发练习 3-4

我的领导力文件夹

为了增加你的领导力文件夹内容，首先选择本章提及的五个你认为自己已经展现出来的特质、动机和个性。解释一下为什么你认为自己已经拥有它们了。以下是一个例子：

> 对于人和环境的洞察力：作为一名餐厅经理，我的工作是协助雇用一名助理经理与我一起分担餐厅运营的责任。我推荐了我的朋友劳拉来应聘这一职位，尽管她以前从未在餐厅工作过。我注意到她是一个很有效率的人，并且擅长与人交往。劳拉被雇用了，并且在实际工作中证明了自己是一个出色的助理经理。我认为我对她的判断是正确的。

接下来，选择几个你认为在加强自己的领导力中还需要培养的领导力特质、动机和个性。解释一下为什么你认为自己需要发展它们，以及怎样才能获得它们。以下是一个例子。

> 对于工作和人的热情：一直以来，我对任何领域的工作和事业都没有特别的热情，所以对我来说成为一名领导者也没什么好让人激动的。我计划更多地涉猎自己领域内的知识，然后和这个领域的几位成功人士聊聊，找找在这个领域内有什么工作可以让我投入进去。

领导力技能开发练习 3-5

分析一位知名领导者的特质、动机和个性

选择一两位知名的领导者作为话题来进行讨论。这里的"知名"指的是班级里的大多数人都观察过的某个人，不论是亲自接触还是通过媒体了解到，包括互联网、报纸或是YouTube。在课堂上花一些时间来决定选择哪位或是哪些领导者进行分析。最好包括：（a）你所在大学的校长；

（b）你们国家的元首；（c）一位著名的美国橄榄球教练。

下一步就是让学生运用本章的内容讨论这些领导者的特质、动机和个性。看看你们能否在这些领导者最强和最弱的个人属性上达成一致。

注　释

[1] A few observations in this story are from Donna Rawady, "Effective Leaders Need a Bird's Eye View," *Democrat and Chronicle Business* (Rochester, New York), July 27, 2010, p. 5B.

[2] Stephen J. Zaccaro, "Trait Based Perspectives of Leadership," *American Psychologist*, January 2007, p. 6.

[3] Timothy A. Judge, Ronald F. Picccolo, and Tomek Kosalka, "The Bright and Dark Sides of Leader Traits: A Review and Theoretical Extension of the Leader Trait Paradigm," *Leadership Quarterly*, December 2009, pp. 855–875; Zaccaro, "Trait Based Perspectives," p. 11.

[4] George P. Hollenbeck and Douglas T. Hall, "Self-Confidence and Leader Performance," *Organizational Dynamics*, no. 3, 2004, p. 254.

[5] Bernard M. Bass (with Ruth Bass), *The Bass Handbook of Leadership: Theory, Research, and Managerial Applications*, 4th ed. (New York: The Free Press, 2008), p. 189.

[6] Quoted in Brian O'Keefe, "Battle-Tested: How a Decade of War Has Created a New Generation of Elite Business Leaders," *Fortune*, March 22, 2010, p. 112.

[7] "Sully's Landing: More Than Good Luck," *Executive Leadership*, March 2009, pp. 1–2.

[8] Stephen G. Harrison, "Leadership and Hope Go Hand in Hand," *Executive Leadership*, June 2002, p. 8.

[9] Jim Collins, "Level 5 Leadership: The Triumph of Humility and Fierce Resolve," *Harvard Business Review*, January 2001, p. 70.

[10] Judge, Picccolo, and Kosalka, "The Bright and Dark Sides of Leader Traits," p. 866.

[11] Gareth R. Jones and Jennifer M. George, "The Experience and Evolution of Trust: Implications for Cooperation and Teamwork," *Academy of Management Review*, July 1998, pp. 531–546.

[12] Roy J. Lewicki, Daniel McAllister, and Robert J. Bies, "Trust and Distrust: New Relationships and Realities," *Academy of Management Review*, July 1998, p. 439.

[13] Thomas A. Stewart, "Whom Can You Trust? It's Not So Easy to Tell," *Fortune*, June 12, 2000, p. 334; "4 Keys to Building Trust Quickly," *Manager's Edge*, March 2005, p. 4.

[14] Kurt T. Kirks and Donald L. Ferrin, "Trust in Leadership: Meta-Analytic Findings and Implications for Research and Practice," *Journal of Applied Psychology*, August 2002, pp. 611–628.

[15] Quy Huy and Christoph Zott, "Trust Me: For Entrepreneurs Looking to Gain Credibility, It's Often the Little Things That Count," *The Wall Street Journal*, November 30, 2009, p. R8.

[16] Bill George, Peter Sims, Andrew N. McClean, and Diana Mayer, "Discovering Your Authentic Leadership," *Harvard Business Review*, February 2007, p. 130.

[17] Ibid., pp. 129–138.

[18] Fred O. Walumbwa, Peng Wang, Hui Wang, John Schaubroeck, and Bruce J. Avolio, "Psychological Processes Linking Authentic Leadership to Follower Behaviors," *Leadership Quarterly*, October 2010, pp. 901–914.

[19] Timothy A. Judge, Joyce E. Bono, Remus Ilies, and Megan W. Gerhardt, "Personality and Leadership: A Qualitative and Quantitative Review," *Journal of Applied Psychology*, August 2002, pp. 765–780.

[20] Researched reported in Judge, Picccolo, and Kosalka, "The Bright and Dark Sides of Leader

[21] Maurice Levi, Kai Li, and Feng Zhang, "Deal or No Deal: Hormones and Completion of Mergers and Acquisitions," *Journal of Management Science*, September 2010, pp. 1–36.

[22] Robin Sidel, "Banga to Be MasterCard's Protector," *The Wall Street Journal*, May 29–30, 2010, p. B1.

[23] Jared Sandberg, "The Office Pessimists May Not Be Lovable, But Are Often Right," *The Wall Street Journal*, November 27, 2007, p. B1.

[24] Quoted in "Leadership Concepts," *Executive Strategies*, July 9, 1991, p. 1.

[25] Eric J. Romeo and Kevin W. Cruthirds, "The Use of Humor in the Workplace," *Academy of Management Perspectives*, May 2006, 60, pp. 63–64.

[26] Rick Weaver, "Five Essential Leadership Traits: The Story of Martha Stewart from Kmart to Macy's," *Ezine Articles* (http://ezinearticles.com), accessed January 2, 2001.

[27] "Starbucks: More Than a Caffeine High," *Executive Leadership*, August 2006, p. 4.

[28] Daniel Goleman, "What Makes a Leader?" *Harvard Business Review*, November–December 1998, p. 94.

[29] Daniel Goleman, Richard Boyatzis, and Annie McKee, "Primal Leadership: The Hidden Driver of Great Performance," *Harvard Business Review*, December 2001, pp. 42–51.

[30] Stéphane Côté, Paulo N. Lopes, Peter Salovey, and Christopher T. H. Miners, "Emotional Intelligence and Leadership Emergence in Small Groups," *Leadership Quarterly*, June 2010, pp. 496–508.
[31] Joe Nocera, "Real Reason for Ousting H. P.'s Chief," *The New York Times* (www.nytimes.com), August 13, 2010, pp. 1–5; Ben Worthen and Joann S. Lublin, "Mark Hurd Neglected to Follow H-P Code," *The Wall Street Journal*, August 9, 2010, pp. B1, B5; James B. Stewart, "Hewlett-Packard Still Can't Handle the Truth," *The Wall Street Journal*, August 11, 2010, p. C4.
[32] Lynette M. Loomis, "Use Emotions to Guide Thinking, Enhance Results," Rochester, New York, *Democrat and Chronicle*, October 21, 2007, p. 2E.
[33] Goleman, Boyatzis, and McKee, "Primal Leadership," pp. 42–51.
[34] Stefanie K. Johnson, "I Second That Emotion: Effects of Emotional Contagion and Affect at Work on Leader and Follower Outcomes," *Leadership Quarterly*, February 2008, pp. 1–19.
[35] John Antonakis, Neal M. Ashkanasy, and Marie T. Dasborough, "Does Leadership Need Emotional Intelligence?" *Leadership Quarterly*, April 2009, pp. 247–261; Frank Walter, Michael S. Cole, and Ronald H. Humphrey, "Emotional Intelligence: Sine Qua Non of Leadership or Folderol?" *Academy of Management Perspectives*, February 2011, pp. 45–59.
[36] Kathleen K. Reardon, "Courage as a Skill," *Harvard Business Review*, January 2007, p. 63.
[37] David C. McClelland and Richard Boyatzis, "Leadership Motive Pattern and Long-Term Success in Management," *Journal of Applied Psychology*, December 1982, p. 727.
[38] Locke and Associates, *The Essence of Leadership: The Four Keys to Leading Successfully* (New York, 1992), p. 22.
[39] Quoted in Jeffrey Pfeffer, "The Courage to Rise Above," *Business 2.0*, May 2006, p. 86.
[40] Locke and Associates, *The Essence of Leadership*, p. 22.
[41] Peter Burrows, "Cisco's Extreme Ambitions," *Business Week*, November 30, 2009, pp. 026–027.
[42] John B. Miner, Normal R. Smith, and Jeffrey S. Bracker, "Role of Entrepreneurial Task Motivation in the Growth of Technologically Innovative Firms," *Journal of Applied Psychology*, August 1989, p. 554.
[43] Matthew Rand, "Medicine Man," *Forbes*, November 27, 2006, p. 152; Evelyn M. Rusli, "Stewart Rahr's Second Act," *DealBook* (http://dealbook.nytimes.com), November 19, 2010.
[44] Timothy A. Judge, Amy E. Colbert, and Remus Ilies, "Intelligence and Leadership: A Quantitative Review and Test of Theoretical Propositions," *Journal of Applied Psychology*, June 2004, pp. 542–552.
[45] Bass, *The Bass Handbook of Leadership*, p. 84.
[46] Robert J. Sternberg, "The WICS Approach to Leadership: Stories of Leadership and the Structures and Processes that Support Them," *The Leadership Quarterly*, June 2008, pp. 360–371.
[47] Amy Palanjian, "A Knack for Languages Evolves into a Career," *The Wall Street Journal*, April 28, 2009, p. D4.
[48] Chuck Bartels, "Wal-Mart Names Chief Merchandising Officer," The Associated Press, January 28, 2011.
[49] Quoted in Carol Hymowitz, "Leaders Must Produce Bold New Blueprints in Era of Architect CEO," *The Wall Street Journal*, April 17, 2006, p. B1.
[50] From Jeffrey E. Garten, *The Mind of the C.E.O.* (Cambridge, Mass.: Perseus Publishing, 2001), as quoted in "Random Wisdom," *Executive Leadership*, April 4, 2002, p. 1.
[51] James R. Hagerty, "'Lightning Bolt' Led Caterpillar to Look Outside," *The Wall Street Journal*, December 13, 2010, p. B5.
[52] Jessica Shambora and Beth Kowitt, "The Queen of Pop," *Fortune*, September 28, 2009, p. 108.
[53] "How Stanford Is Grooming Next Business Leaders," *The Wall Street Journal*, May 29, 2007, p. B6.
[54] Research reported in Scott Shane, *Born Entrepreneurs. Born Leaders* (London: Oxford University Press, 2010).
[55] Goleman, "What Makes a Leader?" p. 97.
[56] Quoted in "Practice Makes Perfect for Leaders, Too," *HR Magazine*, December 2005, p. 14.
[57] Kirkpatrick and Locke, "Leadership: Do Traits Matter?" p. 59.
[58] Zacarro, "Trait-Based Perspectives," p. 14.
[59] "Buff Up Your Emotional Intelligence," *Executive Leadership*, February 2009, p. 2.

第4章 领导力：魅力和变革

学习目标

学习完本章并完成各项练习后，你应该能够：

- 描述魅力型领导者的主要特质和行为
- 解释魅力型领导的愿景构成
- 解释魅力型领导者的沟通风格
- 制定你发展自身魅力的行动计划
- 解释变革型领导的本质
- 从表现和行为上辨识魅力型和变革型领导的影响
- 从科学和道德的角度了解魅力型领导因何得到关注

当Patriarch Partners公司的董事长兼CEO琳恩·蒂尔顿（Lynn Tilton）大步迈进会议室时，之前从未见过她的企业主管和财务分析师都感到非常惊讶。这次会议的主要目的是讨论对一家亏损的制造企业的收购案。蒂尔顿通常穿一双细高跟鞋，戴华丽的钻石项链，身着黑色皮质连体裤，并对案子发表一番生动的见解。

53岁的蒂尔顿拥有价值80亿美元的私募公司Patriarch Partners，本科毕业于耶鲁大学美国研究专业，是哥伦比亚大学财政金融方向的MBA。她的私募公司的主营业务是投资于那些濒临亏损的企业并与这些公司合作，帮助它们渡过难关、再创繁荣。蒂尔顿称，Patriarch Partners至今已经拯救了250 000个工作岗位和250家公司。她解释说，她和她的员工正在为有困难的企业研究制定有创意的金融解决方案，同时也在重塑企业价值方面提供帮助。《福布斯》杂志在2011年的一份报告里谈到，无论是蒂尔顿还是Patriarch Partners，都很难真实评估其价值，因为需要考虑那些复杂的金融工具，比如基于亏损企业债务的“结构性金融工具”。

蒂尔顿过着奢华的生活，她乘坐直升机飞往位于纽约的办公室。她在佛罗里达州、亚利桑那州和夏威夷都有房产，在意大利有一栋别墅；她办公室里的装饰品包括朋友赠送的鞭子和手铐、一幅她横卧在黑色梅赛德斯轿车上的画像等。

在华丽的外表下，蒂尔顿是一位经验丰富的投资者和制造业专家，是美国最富有的白手起家的女商人之一。她和她的公司对74家公司有完全所有权或控股权。这些公司的总就业人数加起来达到120 000人。她坚持认为，美国的未来是建立在强大的制造业基础之上的。

蒂尔顿看上去像一个摇滚乐歌手，所以几乎每次巡视工厂时，她都让第一次见到她的人大吃一惊。但是，依靠她质朴的幽默感、善良的天性和对制造业的深入了解，她迅速赢得了这些人的尊重和支持。[1]

琳恩·蒂尔顿的言谈举止展示了魅力型和变革型领导者的几个要素。他们野心勃勃，有时让人觉得非常浮夸。研究魅力型和变革型领导是对特质理论的拓展，也是理解领导力的重要途径之一。魅力之所以非常重要，原因之一是它使得领导者更便利地扮演自己的角色。在杰克·韦尔奇（Jack Welch）和苏茜·韦尔奇（Suzy Welch）看来，富有魅力使得领导者的角色变得更加简单。当今全球经济竞争日益激烈，相比过去，领导者更需要强化他们的个人能力。与单纯依靠推理和逻辑相比，魅力能更快地帮助人们完成更长远的目标和理解为什么变革是必要的。[2]

在本章，我们学习魅力型领导的定义和影响、魅力型领导者的特质，以及这样的领导者如何形成愿景，个体如何发展魅力。我们也会描述与之密切相关甚至有些重叠的主题：变革型领导。最后，我们介绍魅力型领导的负面影响。

4.1 魅力的含义

如同领导力本身，魅力也有各种各样的定义。但是，这些定义中存在足够的一致性，使得魅力成为理解和实践领导力的有效概念。魅力是一个希腊词汇，表示“神所赐予的礼物”。在对领导力的研究中，**魅力**（charisma）是一种特殊的领导特质，具有这种特质的领导者的目标、力量和杰出的魄力使得他们成为与众不同的人物。[3]在一般的情况下，魅力一词通常意味着拥有迷人和多彩的个性，比如棒球明星卡梅罗·安东尼（Carmelo Anthony）、足球明星米亚·哈姆（Mia Hamm）所展现的那样。

对于魅力的不同定义反映了相同的主题。魅力是积极且引人注目的品质，拥有魅力的人能使得其他许多人愿意被他领导。有很多人值得我们关注，但只有极少的领导者能被他们所有的下属认为是富有魅力的。一个恰当的例子是已故的史蒂夫·乔布斯。在关于魅力的讨论中，他的名字常被提及。几年前，他被《时代》杂志提名为娱乐圈的年度人物。杂志还给予他这样的称赞：“他是一位真正的梦想家，他一直致力于领导科学技术的革命。年复一年，苹果公司创造的必需品改变了我们的生活。乔布斯和苹果公司不断引领我们走向美好的科技未来。”[4]两年之后，《时代》杂志将乔布斯评为“时代CEO”，因为他战胜了死亡（暂时克服了胰腺癌），并且改变了世界。[5]

相反，一位新闻记者和小说家评价乔布斯为“一个出色但易怒的人，因过度自我和强烈的控制欲而闻名”。他还被大家认为是一个固执而傲慢的人。[6]类似的行为很难使他被看作一个能鼓舞人心的领导者。

魅力基于知觉，因此团队成员对于领导者的特质和他们所取得的成绩的归因是构成魅力型领导的一个重要因素。根据归因理论，如果人们意识到领导者具有某种特质，比如有愿景，领导者就更有可能被认为是有魅力的。魅力的归因很重要，因为它们会导致其他的行为结果，比如对领导者的承诺、自我奉献和高绩效。

一项关于魅力和归因的研究发现，个体所从属的社会关系会影响他们的归因结果。研究对象是警察和商业入门课程的学生，警察评价他们组织中的一个主管的魅力；而学生评价他们的教授的魅力。研究发现，社会成员关系在一定程度上影响研究的参与者所感受到的领导者或是教授的魅力程度，在社会关系中属于朋友关系的人对于魅力的直觉是最相近的。[7]你是何种情况呢？你对于你的教授的魅力的印象是不是受到你所在社会关系圈里其他成员的观点的影响？

4.1.1 魅力：领导者与团队成员、其他利益相关者的关系

像所有领导一样，魅力型领导的关键维度是它包含领导者和被领导者的互动关系。此外，接受领导的人必须将魅力特质归因于领导者。约翰·加德纳（John Gardner）认为将魅力应用于领导者和下属的关系时，领导者应该在鼓舞人心和沟通能力这方面拥有非凡的天赋。同时，下属的回应应当是敬畏、尊重、投入和情感依附。[8]已故的沃尔玛的创始人山姆·沃尔顿（Sam Walton）与他的许多员工都有这种类型的关系。沃尔顿热心的下属们都认为他是一位富有鼓动性、可以将自己的职业生涯相托付的经理人。

魅力型领导者可以通过有意识的印象管理来培养与团队成员的关系。换句话说，他们一步步地创造了一种受人喜爱的、成功的印象。魅力型领导者知道下属的知觉决定了他们的魅力。[9]印象管理似乎暗示着这些领导者都是富有技巧的人物，他们善于将自己充满魅力的一面展示给世界，但是真正有魅力的领导者的行为和态度远超过印象管理的表面功夫，比如穿着时尚或是口才出众。比如，一个真正富有魅力的领导者会非常努力地工作来给所有的团队成员创造出一种积极的视觉形象。

魅力型和变革型领导者的一个显著特点是他们的影响力不仅在他们直接工作的团队里和汇报关系中发挥作用，更能超出这些领域发挥影响。例如，一些顾客愿意从一家公司购买产品，一些供应商想要同这家公司合作，这些都仅仅是因为这个公司的领导者极富魅力。[10]钟彬娴（Andrem Jung）就是一个好例子，她是雅芳的首席时尚专家。在看过商业杂志上关于钟彬娴的故事或是电视节目对她的采访之后，许多顾客都愿意试试雅芳的产品。

极富魅力的领导者影响外部利益相关者的另一个方法是让他成为组织的象征。如果领导者满足了利益相关者（或是追随者）的需求，比如希望识别出一个有力量的角色，使得利益相关者在与组织的交流中享有优先权。设想一个小女孩希望看到一个成功的母亲的角色，并且认为钟彬娴非常酷。她也许会在之后成为雅芳的忠实顾客。再比如一个陷入困境的汽车零部件公司也许会很崇拜琳恩·蒂尔顿的个人品质，以至于他自己也很想成为 Patriarch Partners 的一分子。

魅力型领导只在某些特定的情况下才可行。这要求下属的信念必须与领导者的信念一致，并且能够毫无疑义地认可领导者存在的必要性。团队成员必须愿意服从

领导者，并且他们必须在情感上专注于魅力型领导者的使命和他们自己的个人目标。最后，下属也必须非常愿意认同领导者。[11]

4.1.2 魅力的影响

当魅力的影响力被逐渐认识之后，魅力研究变得越来越重要。比如，是否成为一个有魅力的领导者就能提高生产率，降低事故率，以及增加工作满意度？魅力的大部分影响都基于魅力型领导者在团队成员之间带来的正面的影响（感情）。一组研究人员针对消防员和他们的领导者进行了一项调查，以研究魅力的情感成分如何影响下属的情绪和愉悦感。

这项关于消防员的研究延续了一项关于大学生的初级实验，其意图是研究领导者的情感如何影响下属的行为，调查涉及216名消防员和48名官员。研究者通过问卷调查来测量愉悦感，包括积极的影响和消极的影响（不愉悦）。领导者的魅力通过一个类似于本章后面介绍的调查问卷来衡量。结果显示，在一个有魅力的领导者手下工作的消防员比那些相比之下在欠缺魅力的领导者手下工作的消防员更快乐。富有魅力的领导者传达积极的情感，给积极情感状态下的消防员强化了正面激励，往往也减轻了有负面情绪的消防员的消极影响。

研究由此得出的结论是，魅力型领导者在情感上感化下属的方法之一是提升自己的积极影响，并且更快乐的领导者更能将他们的积极情绪传递给团队成员。[12]

理解魅力的影响力的另一个途径是理解高层领导者有时也会因为没有足够的魅力去完成重要的目标，从而失去他们珍视的权力和职位。佐伊·克鲁兹（Zoe Cruz）就是一个例子，佐伊是摩根士丹利投资公司的前主席和继承者。对于那些几年前在抵押贷款危机中陷入困境遭受损失的部分投资银行，佐伊很有远见，这表现在她在那次危机后成功避免了损失。但是她也因为她的领导风格遭到了许多同事的批评，他们认为她缺乏魅力，而且待人不随和。佐伊也许是摩根士丹利内部政治斗争的受害者。[13]但是，如果你和她非常相像，你不太可能成为一个政治受害者。

上述信息对一个鼓舞人心的魅力型领导者非常有用。运用魅力和积极的情感来使员工变得更快乐是非常有价值的事情。随着压力的降低，产出会增加，结果是减少时间损失。同样，缺乏魅力有时会使保住一个高层领导职位变得困难。

4.2 魅力型领导者的类型

魅力一词在日常生活中经常用到，这说明它是一个简单易懂的概念。然而，如之前所说，魅力有不同的含义和维度。魅力型领导者可以分为五种：社会型魅力领导者、私人型魅力领导者、工作型魅力领导者、个人型魅力领导者和超凡魅力领导者。[14]

出于不同的动机，一些魅力型领导者把他们的权力用于帮助他人。社会型魅力领导者是指领导者为了他人的福利而限制权力的滥用。这类领导者还会试图在自己和下属之间发展有价值的一致性。社会型魅力领导者规划并致力于实现满足团队成员需要的目标，并且为他们提供才智方面的激励。社会型魅力领导者的追随者都是自律的、被授权的并且负责任的。一项关于一个保健组织的研究证明，一个被认为是社会型魅力的领导者不太可能陷入工作场所的异常之中（比如撒谎、偷盗和欺骗），部分原因是社会型魅力者对团队成员有积极的正面价值。[15]

社会型魅力领导者对于下属的影响提供了对于这种类型魅力的领导者的更多看法。在社会关系中，追随者对于他们是谁有着清晰的认识，并且有清晰的价值观。魅力关系给了他们一个机会来表达他们作为一个框架里的成员的重要价值，比如想一起工作保护地球。在一个社会化的关系里，追随者获得的方向感和自我表达不是来源于对领导者的认同而是领导者表达的信息。[16]在这种情况下，社会型魅力领导者传递的信息也许是，“我们想要盈利，但我们同时也想要创建一个可持续的环境”。

魅力型领导者的第二种类型是私人型魅力领导者。这些个体不会限制他们对于权力的使用，会以此满足自己的兴趣。私人型魅力领导者将自己私人的目标强加在下属的身上，并且只有在促进他们的个人目标时才会考虑和支持团队成员。私人型魅力领导者的追随者往往是服从并且依赖领导者的，他们更多认识到的是领导者本身而不是领导者传递的信息，因此可能会用一种缺乏职业道德的方式追随他们的领导者，比如批准一笔私人户主的贷款，而这笔贷款很可能会导致很高的止赎率。

魅力型领导者的另外一个类型是工作型魅力领导者。对于这种类型的领导者而言，魅力型领导者是职位带来的财富而非其个人品质。比如，作为宝洁公司的首席执行官也许很风光，但是一旦离开办公室，这种光彩就会立即褪色。凭借占据一个显赫的职位，工作型魅力领导者获得了很高的地位。

与工作型魅力领导者相反，个人型魅力领导者凭借他人对他们的信任而获得很高的尊重。个人型魅力领导者无论职位高低都可以发挥影响力，因为他具有恰当的特质、个性和行为。美国前国务卿科柯林·鲍威尔（Colin H. Powell）在许多人眼中都是一个个人型魅力领导者。在从军队退役之后，鲍威尔收到了很多公司董事会抛出的橄榄枝，也一直受各界邀请进行演讲。他最终选择了在乔治·布什的政府担任国务卿。结果，在布什的第一任期中，他成为一名在世界舞台上有影响力的人物。

另外一种从历史观点讲很重要的魅力型领导者就是超凡魅力领导者。最初，魅力型领导者是一个理论概念：超凡魅力领导者是被赋予超凡魅力天赋的人。早在1924年，马克斯·韦伯（Max Weber）把魅力型领导者定义为神秘的、自恋的并且具有个人吸引力的救世主，他能够及时出现并带领人们渡过难关。对很多人而言，乔·蒙塔纳（Joe Montana）是位出色的橄榄球运动员，他也具有热情和富有吸引力的个性。退役后他开始经商，成立了乔·蒙塔纳食谱公司（Joe Montana's Recipes），并且凭借个人威望获得了成功。

无论是在政治还是娱乐领域，著名的魅力型领导者都可以在组织生活中被发现。这些魅力型领导者也许同时是以上几种魅力型领导者的组合体，比如同时是社会型和个人型。卡莉·菲奥莉娜（Carly Fiorina）是惠普的前CEO，还曾经是美国参议院的候选人，许多人都认为她是著名魅力型领导者的代表人物。她常常被指责过分看重个人名声而不是关注惠普的内部运营。之后你将会读到关于梅乐迪·霍布森（Mellody Hobson）的故事，她是一位极富魅力的财务执行官，当她出现在一档电视节目中之后，有许多人开始打听她公司的共同基金。

4.3 魅力型领导者的特征

魅力型领导者的杰出特征就是他们极富魅力，并借此吸引、激励和领导他人。他们还有其他一些出众的特征。因为魅力是变革型领导的一个关键成分，所以这些特质同样适用于变革型领导者。**变革型领导者**（transformational leader）是促成组织中的积极的、重大的变革的个体，然而很多魅力型领导者并不是变革型的，尽管他们鼓舞人们，但不能促成主要的组织变革。观察魅力型领导者的特征时[17]，你会发现其中很多特征对于领导者而言是很常见的。

首先，魅力型领导者是幻想家，因为他们展示了一幅关于组织的未来和如何实现这个未来的激动人心的画卷。愿景不仅是预言，它描述了整个组织或者某个部门未来的理想。本章的下一部分将更多谈及领导中的愿景，包括关于如何形成一个愿景的指导方法。本书的第14章在讨论商业战略的领导方面时，也会包括阐述愿景的信息。

魅力型领导者通常具有精湛的沟通技巧。为了激励人们，魅力型领导者会使用华美的语言和精彩的比喻（关于魅力型领导者的更多的沟通技巧见本章的后半部分）。另外一种魅力型领导者的关键特征是能让他人产生信任的能力。下属对于魅力型领导者的正直性的强烈信念，使得他们甘愿以自己的职业生涯为代价去实现领导者的愿景。魅力型领导者能够使团队成员感受到自己的能力，帮助团队成员感受到自己的能力的方法之一就是让他们在相对简单的项目上获得成功，随后领导者再表扬团队成员并且分派他们更困难的工作。

魅力型领导者在社会环境下通常是非常机敏的，这主要基于他们理解他人情感的能力（部分是情感智力）。与体察情感相关的是与人沟通的能力，正如这句老生常谈，“我能体会你的痛苦”。举例来说，在经济严重衰退期，一家公司的领导者也许会这样说：“我知道你们中的很多人都担心失业，我们是在一起工作的团队，让我们一起对抗裁员。”

此外，精力充沛和行动导向也是魅力型领导者的特征。如同企业家一样，大部分魅力型领导者都精力充沛，并且能扮演按时完成任务楷模的角色。情感表露和温暖人心也值得注意，魅力型领导者的一个关键特征就是他们公开表达情感的能力。一位银行副总认为他身上的大部分魅力特征都可以简单归纳为：“我会首先表达正面的情感。我表扬人们，我拥抱他们，如果有必要我会欢呼。我也表达我的负面情绪，但是程度要稍微轻一些。”非语言的情感表露，诸如温暖的手势和经常性的与团队成员的身体接触（与性无关），也是魅力型领导者的主要特征。

路易斯·曼努埃尔·拉米雷斯（Luis Manuel Ramirez）是魅力型商业总裁的一个例子，作为通用电气公司工业解决方案部门的执行官，他将行动导向、情感表达以及温暖人心结合在一起。据一位观察者说，他“发出的能量就像通用电气新出的WATT电动汽车充电器一样。他的双手永远在动，有的时候在空中飞舞，有的时候则会轻触会谈者的手腕”。

面对多样化的全球性环境，拉米雷斯也展现出他的魅力，包括情感表达能力。

正如拉米雷斯解释的：

> 当人们在中东地区看见我，他们会认为我就是中东人。在印度看见我，他们就认为我是印度人。在欧洲，我就是土生土长的南部西班牙人。人们看到的我不是典型的英裔美国人，他们会问我从哪里来，这就是一次破冰。[18]

情感表达是成为一个魅力者的重要组成部分，你可以做一下领导力自我评估测试 4-1。它会帮助你思考发展魅力的实践方法。

领导力自我评估测试 4-1

情感表达量表

说明：请评估下列陈述在多大程度上能代表你的情况，并将对应的数字圈起来。

	非常不准确	不准确	不知道	准确	非常准确
1. 在看电影的时候，我会因为喜悦或赞赏而大声叫出来。	1	2	3	4	5
2. 在团体会议中，我有时会用“好”“棒极了”等语言来表达对他人表述的赞赏之意。	1	2	3	4	5
3. 在团体会议中，我有时会用“绝对不行”“太可怕了”等语言来表达对他人表述的不赞赏之意。	1	2	3	4	5
4. 在参加会议时，经常有人对我说“你看上去太闷了”。	5	4	3	2	1
5. 在参加社交聚会时，经常有人对我说“你看上去太闷了”。	5	4	3	2	1
6. 参加社交聚会和商业会议时，经常有人问我“你是不是要睡着了？”	5	4	3	2	1
7. 当有人帮了我一个忙时，我会不断地致谢。	1	2	3	4	5
8. 在婚礼、毕业典礼和订婚仪式上，我很容易流泪。	1	2	3	4	5
9. 读到或者看到重大新闻时，例如坠机，我经常会流泪。	1	2	3	4	5
10. 当我年轻时，我曾参与了过多的打斗和喊叫的游戏。	1	2	3	4	5
11. 我害怕不得不向同事表达我的愤怒。	5	4	3	2	1
12. 我曾不止一次当着许多朋友的面哭喊。	1	2	3	4	5
13. 其他人评价我是一个很友善的人。	1	2	3	4	5
14. 其他人评价我很冷酷，与人疏远。	5	4	3	2	1
15. 在观看体育比赛时，我很兴奋，一般第二天嗓子都是哑的。	1	2	3	4	5
16. 对我而言，向其他人表达爱意很困难。	5	4	3	2	1
17. 即使我独处时，也会因为喜悦或者愤怒而发出声来。	1	2	3	4	5
18. 很多人夸赞过我的微笑。	1	2	3	4	5
19. 了解我的人能够从我的表情中读懂我的感受。	1	2	3	4	5
20. 不止一次有人告诉我，“我不知道怎样了解你”。	5	4	3	2	1

得分和解释：把你圈出的数字加起来，下面的解释将会帮助你了解自己在成为魅力型领导者方面的情感水平。

- 90～100 分：你的情绪水平会为你的魅力水平制造麻烦，很多人会把你的行为理解为情绪失控。

● 70～89 分：你的情绪水平对于一个魅力型领导者而言是非常恰当的，你会有情绪化的表现，但是你的情绪化表现不会给你带来麻烦。

● 20～69 分：你的情感水平相对于你的魅力而言太弱了。为了更有魅力，你必须努力学习表达你的情感。

如果你认为你在魅力的情绪化表露方面很难做到，那么努力去开发与魅力相关的其他行为或者特质。例如，努力提高愿景水平和承担风险的能力。

魅力型领导者的另一个特征是浪漫和冒险。魅力型领导者喜欢冒险，没有风险的时候他们会感到空虚。吉姆·巴克斯代尔（Jim Barksdale）是一个网上创业公司的投资人，同时也曾任美国网景公司的 CEO。他说，对于失败的恐惧会提高你的心率。就像巨大的机会一样，魅力型的人渴望完成其他人之前从未完成过的任务。承担风险增加了一个人的魅力，因为其他人会欣赏这种勇气。除了爱好风险，魅力型领导者还会运用非常规的战略来获得成功。魅力型领导者通过构建不同寻常的战略来激励他人，实现重要的目标。已故的安妮塔·罗迪克（Annita Roddick）是全球连锁的美容品牌美体小铺（The Body Shop）的创始人，她同样通过不同寻常的方式实现了自己的目标：她环游世界，深入到当地的村庄，寻找天然的美容产品，并且保证这些产品的生产过程不会伤害环境和动物。

魅力型领导者通常都有自我激励型人格。他们常常会自我鼓励并且让他人知道他们有多么重要。理查德·布兰森（Richard Branson）是维珍集团富有传奇色彩的董事长，他依靠自我激励的方法建立起他的帝国——一个有 200 多家使用维珍商标的公司的集团。他的壮举包括乘热气球飞越大西洋和太平洋以及从纽约城的一幢大厦的一侧沿着绳索滑下等。在他的私人小岛维珍岛上，他通过电子邮件处理业务。

魅力型领导者的另一个特征就是喜欢挑战和寻求刺激。他们通过提问题测试你的勇气和自信，比如“你的雇员真的需要你吗?”

要成为有魅力的人，也可以将上述所有方面加以综合。用有意义并且积极的方式戏剧性地、与众不同地表现自我，是富有魅力者的主要特征。戏剧性和与众不同源于精力充沛、自我激励、浪漫地对待风险和情感表露等因素的综合。领导力学者沃伦·本尼斯（Warren G. Bennis）指出，那些伟大的领袖，尤其是那些公共视野领域的领导者，都是极好的演员。有效的领导者通过向人们展示其形象来鼓舞他们的精神。[19]之前提到的理查德·布兰森，是世界上一位极富戏剧性和与众不同的执行官之一，他会穿着一件 T 恤出现在他所支持的歌手威利·尼尔森（Willie Nelson）的演唱会上，同时也会突然出现在各种各样的市场，包括商业航班、手机、苏打水、伏特加酒和太空旅游等市场。[20]

4.4 魅力型领导和愿景

愿景（vision）是领导和管理领域的一个重要术语，它是指设想与众不同且更高的目标，以及达到此目标的方法和能力。愿景是一个崇高的、长远的目标。一个有效的领导者被认为是有愿景的，而无效的领导者要么缺乏愿景，要么愿景不清晰。成为梦想家不是简单的事情，神经系统学方面的研究建议愿景型领导者要用与众不同的方式来运用他们的大脑。

皮埃尔·巴尔塔扎（Pierre Balthazard）在亚利桑那州大学实施了一项研究，要求参与者思考关于未来的问题，其大脑的活动通过EEG（脑电图）被记录下来。一个关键的发现是，就参与者是否考虑到愿景还是非愿景而言，他们的大脑活动水平有着显著的差异。基于面试时的观察，将商业、学术或是政治领袖分类为“梦想家”，在与视觉过程和组织信息有关的大脑领域，梦想家展示出更高的大脑活动水平。例如，愿景型领导者在大脑的后顶叶部分展现出更高的活动水平，后顶叶是与视觉过程和程序记忆有关的部分。[21]

许多人认为愿景和使命一词可以互换使用，但是管理学家认为它们是不同的。组织变革专家彼得·圣吉（Peter M. Senge）认为，使命是目标，是要做到的。而愿景是一幅我们想要创造的未来的蓝图。[22]一家公司向顾客或者小企业出租私人仓库的空间，它的使命可能是，“为负责任的人们拓展生活和工作的空间”。而这家公司的愿景也许是，“在未来十年创造一个更舒适、空间更大的世界”。

尽管很多时候愿景陈述很难激励下属，但高层管理的主要任务就是创造愿景。在吉姆·柯林斯看来，在综合了以下三个元素之后，愿景陈述会更加激励人心。

1. 一个不仅仅是赚钱的理由。
2. 永恒的、不变的核心价值观。
3. 完成目标的野心。

接下来，必须建立机制动员大家围绕愿景采取行动。[23]以谷歌为例，工程师们有“20%的时间”可以自由地去做他们喜欢的项目。[24]这项政策支撑了谷歌成为世界级创新者的愿景。愿景也需要考虑到重要的战略实施。尽管有观点认为领导者负责创造愿景而经理负责实现它，但实施愿景（或是说保证愿景能被执行）是领导者角色的一个重要部分。

愿景陈述与整个组织息息相关，但负责某个部门的领导者或是经理人可能拥有自己的愿景。劳拉·伊普森（Laura Ipsen）就是一个例子，她是Smart Grid Cisco公司的资深副总裁和总经理。她的伟大理想（愿景）是创建21世纪的能源生态系统——并且在智能电网市场做领头羊。这个市场的预估价值达千亿美元。[25]

愿景变得如此流行，以至于很多公司把它们印在钱包大小的塑料卡片上、钥匙圈和咖啡杯上。一些知名企业的愿景如下。

谷歌：让人们能够随时获得自己需要的各种信息。

微软：让全世界的人们都能认识到自己的潜力。

美国铝业：在美国铝业，我们的愿景就是成为我们的客户、股东、社区和人们心目中世界上最好的公司。我们将身体力行我们的价值观，提供最好的产品。

黑石集团：成为全球杰出的私募公司。

雅诗兰黛：给我们接触的每一位客户提供最好的服务。

卡夫食品：帮助全世界的人民吃得更好、生活得更好。

尽管很多愿景看上去可以在15分钟内阐述清楚，但管理者们需要投入大量的时间来准备它们，并且要经常使用各种渠道的数据。对于创造愿景而言，有必要从下列各种渠道获得尽可能多的信息。[26]

- 对于所在领域的发展、所服务的市场、所在地区的居民和下属的偏好有着良好的直觉。
- 愿景设计师（预测未来的专业人士）的工作，因为它与你的工作相联系。
- 关于何种行为可以取悦服务对象的团体讨论。
- 凭借年度报告、管理书籍和商业杂志来发现由他人阐明的愿景。
- 公开或私下与团队成员和朋友们讨论，了解他们的想法和对未来的预期。
- 部门愿景必须与组织愿景相匹配。

领导力技能开发练习4-1帮助你练习愿景表述。牢记一位愿景陈述评论者说过的话，通常情况下，将愿景和幻想区分开来是很困难的。

领导力技能开发练习4-1

构建一个愿景

和你的小组成员一起，担任一个需要振兴的组织或者部门的高层管理团队角色。你们的振兴策略是为组织创造一个愿景。使用文中所描述的发展愿景的方法，用不超过25个字来表述愿景。迅速就该组织或部门的性质达成一致，或者选择下列组织中的一个：

- 电动汽车制造商；
- 付费在线音乐的经销商；
- 垃圾处理公司；
- 家装和五金连锁店；
- 最低售价25 000美元的钟表的制造商。

4.5 魅力型领导者的沟通风格

魅力型和变革型领导者用华美的、富有想象力和表现力的方式交流他们的愿景、目标和命令。除此以外，他们和团队成员坦诚沟通，并且创建出舒适的沟通氛围。为了设定一个反映下属兴趣的日程，魅力型领导者经常征求下属对某些重要问题的观点。他们提倡与团队成员的双向沟通，并借此不断提升自信。[27]这里我们阐述与魅力型领导者的沟通风格相关联的三个方面：通过鼓励来管理，通过故事来管理和社交网络的拓展使用。

4.5.1 通过鼓励来管理

根据杰伊·康格（Jay A. Conger）的观点，凭借命令来管理的时代正在被通过鼓励来管理所取代。鼓舞他人的一个重要途径就是清晰地表达一个高度情感化的信息。例如，一位CEO向她的高层管理团队解释：“如果我们继续像之前这样做下去，我们将在 12 个月内破产。”康格观察到了鼓励型领导者的两个主要的修辞技巧：使用隐喻和类比，以及根据听众的不同选择恰当的语言。[28]

■ 使用隐喻和类比

类比或者隐喻的运用与智力、想象力和评估能力有关。极富魅力的玫琳凯·艾施（Mary Kay Ash）（已故）是玫琳凯化妆品公司的创始人。在她的职业生涯中，她常常使用隐喻。为了鼓舞她的同事获得更好的绩效，她经常说："你们看，蜜蜂应该是不会飞行的，它们的身体相对于它们的翅膀而言太重了。但是大黄蜂并不知道这些，所以它们飞得非常棒。”玫琳凯·艾施使用这种方式解释大黄蜂隐喻的信息："妇女们来到我们这儿并不知道她们可以飞行。最终，凭借帮助和鼓励，她们发现了自己的翅膀——于是她们的确飞得非常棒。”[29]

■ 根据听众选择恰当的语言

隐喻和类比是鼓舞性的，但是有效的领导者也必须选择适合不同受众的语言。选择恰当的语言是极富挑战性的，因为下属们在口语习惯上的风格差异非常大。例如，某天一位 CEO 要试图鼓舞华尔街的一群财务分析员，而第二天他必须去为基层员工打气，让他们不管薪水增加多少都要继续努力工作。

管理者使用通俗语言的能力有助于创造吸引力。人们期望高管使用严肃的语言风格，但当他出乎意料地使用装配工人的日常用语时，这本身就会创造一个特别积极的回应。

4.5.2 通过故事来管理

魅力型和变革型领导者的沟通风格的另一个显著特点是，他们广泛地使用难忘的故事来传递信息。**通过故事来管理**（management by storytelling）是指通过讲述迷人的故事来鼓舞和教导团队成员的技术，这种技术是建立公司强大文化的主要方式。讲故事在组织变革中同样能起作用。斯蒂芬·丹宁（Stephen Denning）是世界银行的前任管理者，他解释了讲故事是如何帮助他说服银行领导者接受把知识作为一个关键战略的建议：

> 1995 年 6 月，赞比亚某小镇上的一名健康工人登录了疾病控制和预防中心的网站，并得到了关于如何治疗疟疾问题的答案。赞比亚是世界上最贫困的国家之一，并且这个小镇距离首都有 600 公里。但是至少对我们而言，最令人震惊的一点是，尽管世界银行知道解决贫困的办法，但它不在那里。设想如果它在那里的话，它会是一个怎样的组织。

这个简单的故事鼓舞了世界银行的员工和经理们，让他们去设想一个不同的未来，最终成为一个知识管理领域的世界领导者。[30]（对此我们并没有直接的证据，但是它证明了丹宁是富有魅力的。）

把讲故事作为领导者的一个工具已经被提升到了一个非常高的地位，一些公司甚至会雇用专门的故事顾问来帮助他们的管理者发展这门艺术。讲故事被认为是非常有用的工具，它能帮助人们接受改变，因为一个好故事能吸引人们的注意。

在开始开发通过故事来管理的技能之前，请完成领导力技能开发练习 4-2。

领导力技能开发练习 4-2

善于讲故事的魅力型领导

说明：召集一个问题解决团队来开发一个具有鼓舞性的故事，故事的内容必须是真实的，或者可能发生在现在或以前的某个雇主身上。举个例子，一家大型跨国银行的 CEO 在度假时发现了旗下的 ATM 机不好用了。他马上走进一家支行来讨论这个问题，思考针对这个问题该怎么做。

和教室里的其他成员分享你的故事，并且讨论一下此次练习对领导力的开发是否有帮助。

4.5.3 社交网络的拓展使用

为了更便利地进行人际交流，魅力型领导者拓展了社交网络——包括面对面交流和通过社交网站。网络中的成员往往与和他们有一些关系的领导者进行基本的交流。大多数经理和专业人员也依赖社交网络，而魅力型领导者尤其意识到了这与达成他们的目标之间的关系。

面对面网络 魅力型领导者知道和下属当面交谈来建立有效联系的重要性，因此他们更倾向于投入时间到以下活动中：和组员共进午餐，探访组员的办公室或小隔间，和下属在停车场或食堂闲谈，路过休息室和他们聊几分钟，以及尽可能地参加公司的集会。

意识到内部网络对公司人员之间的关系和实现目标的重要性之后，一些大公司建立了正式的网络小组，例如在世界范围内拥有 40 000 多名活跃会员的通用电气职业女性协会。通用电气公司对于领导力、进步和拓展职业生涯机会的关注帮助公司达到了新高度——由女性职员创造的贸易额达到了公司收入总额的 20%。通用电气公司以外的女性也会应邀参与一些重要的社交活动，使得女职员同时加强了与本公司同事以及外部公司同行之间的联系。此外，作为潜在的重要客户，应邀而来的外部职员可能联系公司女职员，加强彼此间的工作关系从而提升销售额。[31]

社交网站 魅力型领导者对公共社交网站（脸书（Facebook），推特（Twitter）和领英（LinkedIn））和公司定制社交网站的使用有特殊的理解。一般而言，这些社交网站的用处局限于发布状态报告，显示到期日，提出问题，或者琐碎的个人信息。而魅力型领导者则会使用社交网站发布各种消息来启发和激励小组成员，并提高他们对自身和组织的满意度。下面是一些彰显领导魅力的消息。

- 我很欣赏你在今天早会上提出的节约成本的建议，这个建议具有很好的成本效益。
- 恭喜你获得了专业行政助理证书，公司需要更多你这样的专业人士。
- 我非常遗憾你 15 岁的猫去世了。然而在这段漫长的时光里，你获得了它所有的爱和友谊。（魅力型领导者会经常表示出同理心和情感上的共鸣。）

领导者们在YouTube或Hulu上发布有魅力的消息同样与通过社交网站交流有关。目前来讲，使用这些流行视频网站的行为相对比较少见，所以一旦使用便会产生引人注目的效果。苏黎世金融服务集团董事长詹姆斯·斯基罗（James Schiro）经常通过YouTube发布时长1～1.5分钟的视频，以方便所有的职员浏览。斯基罗说，这些视频的时长足以“明确表达我们的战略，告诉职员们进行到了哪一步，我希望他们做些什么，还有我听到的有关组织的好消息和坏消息”。[32]

尽管社交网站对展示个人魅力起到了积极作用，但是领导者们还是需要提防发布敏感信息，例如新产品或新服务的想法，或是公司可能面临的法律问题。

下面的内容描述了一位重视与广大受众交流的魅力型领导者。

◆ 领导者在行动

梅乐迪·霍布森（Mellody Hobson）的官方职位是Ariel资本管理有限责任公司的董事长，该公司是一家大型共同基金公司，位于芝加哥。霍布森作为董事长的基本职责就是协助管理公司，包括计划公司未来的发展战略。她于1991年拿到了普林斯顿大学国际关系和公共政策专业的学士学位后加入公司。

霍布森因她作为公司亲善大使所做的努力而闻名，同时她也是公司的思想领袖。她鼓励美国黑人社区的成员投资于共同基金。霍布森已经成为受国民认可的金融知识和金融教育权威。一份杂志引用了她的一段话：“我的梦想是看到黑人老奶奶在退休后能够穿着泳衣在海边舒适地休息，那片海滩对她们来说并不是遥不可及的。”

她经常为《早安美国》（一档早间新闻节目）提供经济支持，同时她还发表了大量的演讲。霍布森和她圈子内的人拥有专业而紧密的联系，这些人包括杰出的商人、政治家、演员和体育界名人。

霍布森为了建立和上述人的联系付出了大量的时间和精力。正因为这些人的存在，她才能在来自不同行业、不同肤色和不同阶层的人之间左右逢源，游刃有余。她圈子里的名人包括Ariel的创始人小约翰·罗杰斯（John Rogers Jr.），《早安美国》的记者黛安娜·索耶（Diane Sawyer）、雅诗兰黛的首席执行官威廉·兰黛（Willam Lauder）和美国总统巴拉克·奥巴马（Barack Obama）。

在2008年经济危机期间，霍布森努力传达给她的属下一个重要的教训：不要惊慌，而要像那些与其他人持相反意见的典型投资者一样，采取长期的方法面对危机。她告诉投资者，这些重要的教训可以从劳伦斯·冈萨雷斯（Laurence Gonzales）写的《深度生存》（*Deep Survival*）里学到，“当你为你的生活而奋斗时，你不能把计划看得太重，要有随时准备放弃的意愿和决心”。与之同样重要的是，“僵化死板而不知变通的人是危险的”。Ariel用乌龟作为公司的商标，象征着耐心和积少成多。同时霍布森还用大量的乌龟照片和小雕塑装饰自己的办公室。

有时霍布森的公众形象需要她打扮得非常时髦，包括各种闪亮的珠宝和鲜艳的高跟鞋。她的脸上总是洋溢着温暖的微笑，看上去总是那么乐观、开心，身体也很健康。

[问题]

1. 本例中有哪些证据说明了霍布森是个富有魅力的人？
2. 有哪些证据说明了霍布森很有远见？

3. 霍布森作为名人可能在哪些方面与她在 Ariel 的管理职责相冲突?

资料来源：This story was created based on facts included in Jennifer Reingold，“The Unsinkable Mellody Hobson，” *Fortune*，October 27，2008，pp. 148-157；Mellody Hobson，“I Will Survive，” *Black Enterprise*，April 2009，p. 26；“Mellody Hobson：Business Star，” www. npr. org，March 22，2007；“Mellody Hobson，” *Gale Contemporary Black Biography* as reprinted in *Answers. com*（www. answers. com/topic/mellody-hobson），accessed February 28，2011.

4.6 魅力的培养

人们可以通过培养一些特质和品格，或者学习魅力型领导者的行为来提升自己的魅力。本章之前描述的几种魅力型人格可供学习和参考。大多数人可以加强他们的沟通技巧，变得越来越善于表达自己的情感，愿意承担更多的风险，更有自我宣传的倾向。在本节中，我们会分析几种可以通过实践和自我训练来培养的魅力型领导行为。

魅力培养技巧

■ 为他人创造愿景

能够为他人创造愿景是被认为有魅力的一个主要因素。愿景吸引并且能振奋他人。为了形成一个愿景，需要使用在本章前半部分中所提到的一些原则。有愿景的个体的视野能够超越眼前的现实，而创造出一个关于组织或部门能够达成的景象。愿景可以缩小现实与理想之间的差距，会超越当前的一些实际状况。

由领导者阐明的有效愿景的另一个特征是它维系了下属的目标和梦想。[33] 例如，一个为电动汽车制造燃料电池的团队的领导者，可能听到团队成员谈论他们的初衷是帮助减少大气污染。这个梦想可以转化为类似于“期望拯救我们的地球”或者“减缓全球变暖速度”的愿景。

■ 热情、乐观并且精力充沛

魅力型人士的一个主要行为模式是他们将热情、乐观和精力充沛融为一体。如果没有这三个高水平的特征，个体很难被其他人视为有魅力。魅力型人士的一个非凡品质就是他们在所有工作日甚至更多的时间内都能维持高水平的热情、乐观和精力。提升你的精力水平可以帮助你承担比平时更多的工作，下面是一些可行的建议：

1. 晚上有充足的睡眠，白天如果可能的话小憩 15 分钟。如果你要参加一个晚会并且你想在晚会上光芒四射，那么在晚会前冲个澡并且小睡一会儿。

2. 每天至少要做 10 分钟运动，包括走路。不允许有任何借口，如太忙或者太累，或是天气不允许。

3. 换一份健康的、能增加精力的食谱。

4. 不断精简你要做的事情，这样在你心里不会有未完成的任务来耗费你的精力。

行动取向将有助于保持热情、乐观和充沛的精力。“让我们来完成它”是魅力型个体的战斗口号。行动取向也意味着魅力型个体不会被决策前的大量琐事和细枝末节所困扰。

■ 明智地坚持

与魅力者充沛的精力水平密切相关的特点是，他们几乎从来不接受“不”的态度。我在这里强调“几乎”这个词，是因为出众的领导者或个体也知道何时减少他们的损失。如果一个观点或者产品不行，明智的魅力者会接受损失并转向其他更加可行的地方。

■ 记住人们的名字

魅力型领导者的一致行为，如同其他成功人士一样，就是记住那些他们不经常接触的人的名字。（对不起，记住那些日常工作中的同事的名字并不表明任何魅力型特质。）魅力型领导者对于同事的个人兴趣促使他们能够记住很多人的名字。

记住别人名字的一个好方法是真正去关心这个人。如果做不到，记住一个名字的最好方法就是仔细地听这个名字，马上重复它，并且研究一下这个人的脸。很多理论系统和技巧都可以用来帮助记忆姓名，诸如在人名和某个视觉印象之间建立联系。例如，如果你遇到了一名叫 Betsy Applewhite 的妇女，可以形象化地将她想象成手持一个苹果的人（或者一台白色的个人电脑）。最好的人名记忆方法是仔细倾听人名，立即重复，并且研究此人的面孔。

■ 与他人同步发展

一个真正有魅力的人的微妙的、也是被定义了的方面是能将自己与他人很好地联系起来。心理学家弗兰克·伯尼利（Frank Bernieri）研究了人们向他人传递的物理信号，由此总结出和他人在生理上的同步是魅力表现的一部分。如果一个人和你是同步的，你会更倾向于认为他是有魅力的。与人保持同步的一个适用方法是调整你的姿势，使得和他保持一致。另一个人是站得笔直的，那你也站直；当他表现出懒散的样子，那么你也照做。魅力型的人几乎会在潜意识里完成这种姿势调整，或者至少不用多想就能做出来。拥有高超技巧的魅力型人士通过他们的呼吸、姿态和节奏就能使听众陷入与他们的同步之中，使他们就好像“与说话人的呼吸和摇摆都一致”。[34]

■ 发展个人品牌，有令人印象深刻的外表

职业生涯提升的最新趋势是建立个人品牌。了解你自己的多项优势组成是发展你的**个人品牌**（personal brand）（或者说一个叫“你”的品牌）的关键所在。你展示在互联网上的身份，包括社交网站比如脸书，也是你个人品牌的一部分。你的个人品牌使你变得独特，因此可以将你和竞争对手区别开来。[35]也许你的品牌不像耐克或是劳力士那样知名，但是它也会有助于发展你的威望。你的个人品牌也能吸引

人们来认可你的领导力。

你的个人品牌的另一个组成部分是你的形象。通过塑造一个优雅的外表，可以在有魅力的印象方面获得加分。一些人可以通过外形出众来得到一些小小的收获。拉尔夫·劳伦（Ralph Lauren）是美国历史上最成功的时装设计师，他通过自己完美的外表来强化自己的魅力从而成为魅力型领导者。在时装产业中，拉尔夫·劳伦似的外表对于个人形象以及建立一个品牌印象都很重要。

然而，在大多数案例中，外表的影响力也依赖于现实环境。如果精致的服装和良好的外貌就能使一个人成为魅力型领导者，那么那些高档百货公司的精美商店里的顾客都应该是魅力型领导者。因此，当你试图通过外表增强你的个人魅力时，分析你的工作环境以评估何种类型的外表会令人印象深刻，这是非常有必要的。拉尔夫·劳伦若是穿着他雅致的西装，在袖口处搭配别致的袖扣，西服上衣口袋里插着一块精致的手帕，就会在硅谷公司中树立起一个负面的形象。他仔细设计的外表反而会减损他的魅力（当然劳伦可以通过穿着他的马球运动系列的服饰来增加他的魅力）。

虽然有这些忠告，但你还是可以做很多事情来增强你的外表。近年来，大批涌现出来的形象顾问帮助商业人士在外表上获得提升，这能帮助他们影响别人以及获得雇用。这些顾问提供的服务包括帮助你添置衣柜中的衣物、为你的新发型提供建议，或是改变你懒散的形象。[36]

■ 坦率

魅力型个人，尤其是有效的领导者，都能非常坦率地对待他人。虽然不是感觉迟钝，但魅力型人士通常能清楚地对一个情境进行评估，无论这个评估是正面的还是负面的。魅力型领导者会采取直接而非间接的方式进行谈话，因此人们会很清楚他的立场。他们不会这样问一名工人："你今天下午是不是很忙？"而是问："今天下午我需要你的帮助，你有空吗？"

思科系统公司的约翰·钱伯斯证明了许多有魅力的领导者的坦率。尽管他对自己的公司十分自豪，但他还是向大众承认，他看见了在不远的将来收入缓慢下滑的趋势。[37]尽管投资者也许会认为钱伯斯的坦率会影响思科系统公司的股价，但这种坦率却增强了他作为CEO的形象。

■ 展示强势的态度

成为一个魅力型人士的优先路径是先成为一个积极、热心并且有人情味的人，然而一些人通过粗暴和肮脏的方法来赢得他们的魅力。强势的态度会给你带来一些忠诚的支持者，但它也会给你带来很多恶意的诋毁者。强势的态度对于那些自身想变得刻薄和具有攻击性的人来说是非常有吸引力的。

4.7 变革型领导

变革型领导关注领导者要做成的事情，也关注领导者的个人特质以及领导者与团队成员之间的关系。正如之前所提到的，变革型领导者通过动员群体成员超越自己的利益而朝着群体、组织和社会的利益迈进，来实现重大的、正面的变革。变革型领导者的核心是开发和转换人员[38]，结果是使组织实现变革。而与此相反，交易型领导者关注的是比较常规的交易，这种交易强调为达到标准而奖励团队成员（有条件的强化）。由伯纳德·巴斯（Bernard M. Bass）完成的众多实验研究显示，变革型与交易型领导的差异在众多的组织和文化下都可以观察到。[39]

领导力自我评估测试 4－2 展示了下属眼中变革型领导是如何被衡量的。

领导力自我评估测试 4－2

二级变革型领导量表

说明： 请结合一段你为现在或曾经的上司或导师工作的具体经历，判断下列说法是否正确或相对正确。

独立工作变革型领导分量表

1. 鼓励我为自己设定一个很高的目标。
2. 在交流中流露出对我良好表现的期望。
3. 对我拥有的实现预期目标的能力表现出充足的信心。
4. 对我表示完全的信任。
5. 鼓励我不要辜负自己的潜力。
6. 帮助我提升自己的能力。
7. 开发并培养我完成任务的能力。
8. 为我提供发展的经验。
9. 给我有助于培养能力的反馈。
10. 指导并帮助我提高工作表现。
11. 使我从多个不同角度看待问题。
12. 让我试着从新的方向入手解决老问题。
13. 让我试着更加创新地完成工作。
14. 鼓励我独立思考。
15. 当我完成目标时称赞我。
16. 当我做得不错时给我积极的反馈。
17. 当我做得非常好时给我特别的赞誉。
18. 认可我在工作中的进步。

小组工作变革型领导分量表

1. 鼓励小组成员以小组为荣。
2. 让我们以能加入这个小组而自豪。
3. 对小组提出积极的评价。
4. 鼓励他人把小组利益放在个人利益之上。
5. 强调小组的独特性。
6. 明确地表达小组未来令人瞩目的愿景。
7. 对小组的未来表示乐观。

8. 热情地参与小组的目标任务。
9. 对小组工作的最终目标有明确的认识。
10. 培养组员之间的合作。
11. 鼓励组员成为善于团队合作的人。
12. 在组员之间培养团队精神。
13. 使整个小组为了共同的目标而一起努力。
14. 为了团队的利益解决组员之间的摩擦。

得分和解释： 变革型领导量表是一种显示下属对上级反应的研究工具。量表中选项的总得分越高，说明上级越接近于变革型领导。

资料来源：Adapted from Xiao-Hua (Frank) Wang and Jane M. Howell, "Exploring the Dual Effects of Transformational Leadership on Followers," *Journal of Applied Psychology*, November 2010, p. 1144.

变革型领导者究竟是什么样的人？这里有一个例子。安德鲁·斯特恩（Andrew L. Stern），作为服务业雇员国际工会（SEIU）的主席，在2010年结束了自己的任期。在他14年的任期里，SEIU成为成长最快的劳工组织，规模增长了2倍，现有220万名成员。工会最初是通过组织以前未加入工会的服务业工人获得发展的。哈雷·赛肯（Harley Shaiken）是加州伯克利大学的劳动学教授，他评价斯特恩时说："他改变了整个工作阶层——从清洁工到家庭健康护理工作者再到驻家护士——深入到中层社会职业中，帮助他们加入工会以及商讨合同的签订事宜。"

斯特恩从大量工会工作者中脱颖而出，因为他是一名常春藤联盟大学的毕业生，而其他和他做一样工作的人基本都是来自工厂的初级工作者。斯特恩意识到在他从事工会工作的初期，劳联-产联（AFL-CIO）的成员数量在减少，年龄也在不断增高。斯特恩努力奋斗以把服务业工作者组织起来，以此对抗工会运动的衰退趋势。[40]

4.7.1 如何实现变革

领导者经常遇到需要将组织业绩从低绩效向可接受的绩效转换的问题，或者从可接受的绩效向高绩效转换的需求。而在另外一些时候，领导者被期望能将公司带出困境，起死回生。为了完成这些崇高的愿望，变革型领导者试图革新组织文化或者亚文化。为了将我们的讨论特别集中在领导者的角色上，我们着眼于变革发生的几个途径。[41]（参见图4-1。）

1. 提高人们的认识。变革型领导者使团队成员意识到特定奖励的重要性和价值，以及如何去获得此奖励。领导者向员工指出，公司成为业界第一是员工将会得到的荣耀。与此同时，领导者会指出与此成功相伴随的物质奖励。

2. 帮助人们超越个人私利。变革型领导者帮助团队成员看到团队和组织的更大利益。某银行的一位执行副总裁告诉她的下属，"我知道你们中的大部分人不喜欢自己所做的支持性工作。然而，如果我们雇用足够的人手让你们的工作变得更加舒适，我们就会损失很多金钱。之后政府可能会要求我们被一家更大的银行接管。谁也不知道到那时会削减多少管理职位。"

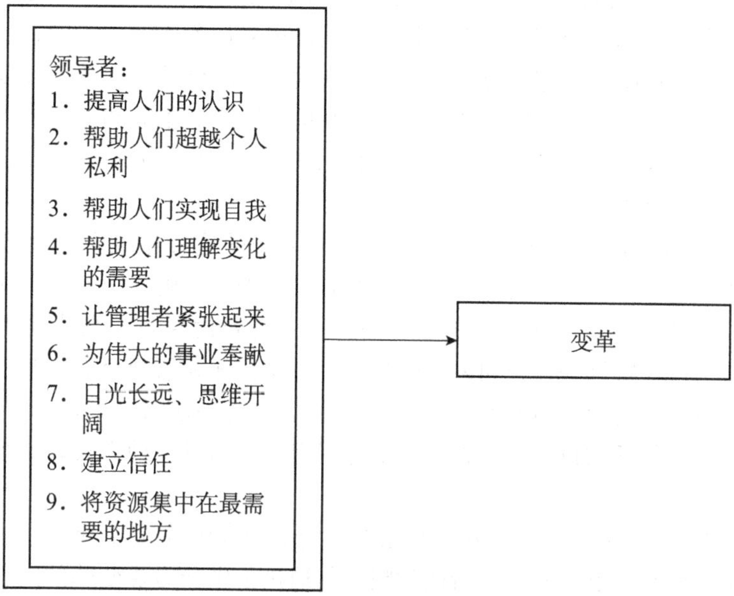

图4-1　如何实现变革

3. 帮助人们实现自我。变革型领导者帮助人们超越微小的满足感而追求自我实现。领导者会这样解释："我知道确保让每一个休假日都属于你们自己是很重要的，但是如果我们放弃这个假日，我们也许能赢得合同使我们成为全行业羡慕的对象。"（成为全行业的羡慕对象满足了自我实现的需要。）

4. 帮助人们理解变化的需要。变革型领导者必须帮助团队成员在情感和生理上理解变化的需要。问题是变化本身包含混乱和不适，而有效的变革型领导者能认识到这种抵抗变革的情感并且公开地处理这个问题。组织变革也很像人生的转变，在新的局面开始之前，先前的结局必须要平稳地过渡，必须把人们从他们的过去中解脱出来。

处理大多数员工的情绪冲突显然是一项艰巨的任务。成功的领导者所采用的方法是进行群体讨论，通过群体讨论，管理者与员工自由地探讨他们对于变革的感受。这种方法在公司裁员的时候非常有效。许多幸存者会对自己仍在公司而其他有能力的同事丢掉工作感到内疚。毫无疑问，开展这类会议要求管理者具备一定的倾听能力。

变革型领导者格雷戈·布伦尼曼（Greg Brenneman）曾领导过许多著名的消费品公司，如美国大陆航空公司（Continental Airlines）、汉堡王（Burger King）和奎兹诺斯连锁快餐店（Quiznos）。他的变革战略的主要部分就是语言传播。每周五，奎兹诺斯的特许经营者都会收到一封语音邮件，通常来自布伦尼曼本人，提醒他们企业的新变化并指出需要做出的变革。[42]

5. 让管理者紧张起来。为了创造变革，领导者要将管理者召集起来，向他们灌输变革的紧迫感。管理者必须参与到高层领导者提出的必要也是可实现的愿景中来。为了向一个变化中的组织灌输这个愿景，变革型领导者必须利用各种可能的机会。

6. 为伟大的事业奉献。彼得·克斯坦鲍姆（Peter Koestenbaum）指出，事业是能令个人和组织变得伟大的机会。通过传播这种伟大的态度，领导者可以净化人性并且强化团队。伟大意味着为诸如利润和高股价的经营效果以及无瑕的商业道德而奋斗。领导者对于道德的强调会逐渐培育客户对服务和品质的渴望，并且养成所有者意识和投入感。[43]（当然，为伟大的事业奉献对于所有领导者都是有效的，不只是针对魅力型领导者。）

7. 目光长远、思维开阔。变革型领导者的这种思维会激励很多团队成员也这样做。除非很多人都有开阔的思维并着眼未来，否则组织无法实现变革。

8. 建立信任。实现公司变革的另一个有效途径是，在劳动者和团队成员之间建立信任，特别是在公司复兴的过程中，不信任和猜疑会大行其道。几年前执行官卡洛斯·戈恩（Carlos Ghosn）发现建立信任是他对日产汽车转型的一个核心基点。建立信任的目的是让整个组织透明起来，通过这种方式，每个人都能了解其他人在做什么。[44]

9. 将资源集中在最需要的地方。变革型大师或领导者没办法一次性关注到组织中的所有问题。实际可行的战略就是通过集中最需要变革的问题领域的资源，从而集中有限的资金、人员和设备，获得最具潜力的回报。举例来说，20 世纪 90 年代中期，当警长比尔· 布拉顿（Bill Bratton）在备受非议的纽约警察局工作时，他集中了缉毒队所有的资源，因为大多数犯罪案件都与毒品有关。在布拉顿担任纽约警察局局长期间，恶性犯罪案件减少了 33%，谋杀案下降了 50%。[45]

4.7.2 变革型领导者的特征

变革型领导者拥有其他有效领导者——尤其是魅力型领导者的个人特征。除此以外，大量研究显示，有九项品质能有效帮助领导者促进变革的发生。[46]以下将讨论这九项品质。

首先，变革型领导者都是有魅力的人。提高他们个人魅力的两个关键人格因素是宜人性和外向性，两者结合起来增强了他们的人际关系。其中，外向性最具影响力。[47]变革型领导者的魅力中还包括他们的乐观和对他人观点的开放态度。

除非他们是残酷压榨式的变革型领导者，一般的变革型领导者都会得到团队成员的尊敬、信赖和忠诚。原因之一是那些变革型领导风格的经理在情感智力方面倾向于得到更高的分数，这归因于变革型领导者善于识别情感。[48]

魅力型和变革型领导者都会创立愿景。在陈述愿景的过程中，他们传达了一套规范和驱动员工的价值观体系。类似的愿景家有纽约交通委员会的珍妮特·萨迪克-卡恩（Janette Sadik-Kahn）。在任职早期，她提出了在时代广场设立 2.5 英亩* 步行广场的设想，而时代广场是整个美国最拥挤的地方。珍妮特·萨迪克-卡恩这样说：“这个殖民时期的人行道横穿纽约并且创造了超过 200 年的拥堵。她大胆的举动引起了全美的市长和交通官员的注意。”[49]

尽管变革型领导者非常关注组织的生存，但他们也同样也会花时间鼓励雇员的

---

* 1 英亩=4 046.86 平方米。——译者注

个人发展。随着团队成员的发展，他们的绩效也会提升。变革型领导者也支持领导力原则，比如向团队成员传达积极的反馈和对个体成就的认可。这些支持性领导同样对团队成员的发展有帮助。

如同大部分有效管理者和领导者一样，变革型领导者通过让团队成员参与决策实现授权。授权是发展团队成员的关键步骤。创新性思维则是另一个重要特质，也能帮助变革型领导者达成他们的目标，诸如找到迅速提高收益并降低成本的方法。变革型领导者鼓励他们的员工发展创新性思维，同时为他们提供富有挑战性的工作。如同其他有效的领导者和管理者一样，他们也通过树立榜样的方式实现领导。例如，在费用削减时期，变革型领导者也许会乘坐商务舱并且在公司自助餐厅就餐，而非为自己专门提供精美食物。

一项调查研究了132位经理和407位员工，结果显示在道德推理测试中获得更高分数的是变革型领导者而不是业务型领导者。[50]与上述研究中提到的变革型领导者相反，那些专门致力于解救陷入危机的公司的领导者在道德推理测试中并没有得到很高的分数，这类行为包括关闭工厂设施、解雇员工以及取消与供应商的合同。

不是每个被划分为变革型领导者的人都具备前面描述的九个特征。例如，一些变革型领导者待人无礼，完全不平易近人。此外，明确一位领导者是否可以被准确地定义为变革型领导者也不是一件容易的事情。有时相比于领导者的个人品质，环境为变革贡献更多。某室内网球俱乐部的主管因为成功地将一家濒临破产而且会员稀少的俱乐部转变为现在的样子而受到称赞。他说："这不是我的功劳，而是因为我们的两个竞争对手关门了，我们吸纳了他们的许多会员。"

4.7.3 变革型和魅力型领导对绩效和行为的影响

尽管当前的讨论主要涉及变革型领导，但我们也可以人为地区分它和魅力型领导对于绩效的影响。正如我们前面讨论过的，一个重要的原因就是魅力型领导是变革型领导的一部分。人们对于变革型领导者的总体印象是，处在最佳状态时，他能调动下属更好地思考。变革型领导者会迎合下属的观点和价值观，从而强化下属对认真制定的愿景的义务。下属受到激励从不同的角度去思考问题，团队成员变得越来越有责任心，因为他们受到了激励，并且他们参与到更有建设性的活动中，比如组织公民行为——或者即使在没有奖励承诺的情况下依然愿意帮忙。[51]变革型领导者手下的员工在工作日里可能表现出更积极的情绪。[52]

现在我们来看一些关于在工作场合下魅力型和变革型领导的影响的实证研究。我们回顾所有对于变革型领导的影响的分析，再看两项特殊的研究。这里总结的研究结论对于理解变革型领导者如何影响行为同样有帮助。

■ 变革型领导的整体有效性

蒂莫西·贾奇（Timothy A. Judge）和罗纳德·皮科洛（Ronald F. Piccolo）回顾了87项研究来检查变革型领导对各种不同绩效计量的影响。学者们还评估了业务型领导的影响和自由放任型领导的绩效。自由放任型领导也是一种领导风格，允许团队成员自由去做他们想做的事情，并且不会做出任何方向限定。这三种领导方法的测量都是基于下属的感知，并采用调查问卷的形式来进行。

变革型领导同以下六个标准有较高的相关性：（1）下属的工作满意度；（2）下属的领导满意度；（3）下属的动力；（4）领导者的工作绩效；（5）团队或组织的绩效；（6）额定的领导者效率。有趣的是，业务型领导也体现在产生积极的结果方面，而自由放任的领导力就与消极的结果相关。与之前的研究不同，业务型领导力和变革型领导力展现出了一种高度的正相关关系。（通常情况下，业务型领导力和变革型领导力是负相关的，因为变革型领导力被认为不能使团队完成常规的工作。）变革型领导力与自由放任的领导力是负相关的[53]，最有可能的解释是变革型领导者通常会很积极地参与团队成员的活动。

■ 团队绩效水平

变革型和魅力型领导对工作团队也有积极的影响作用。一项研究调查了一家大银行的分支机构中的218个金融服务团队，以此研究变革型领导行为和组织绩效之间的关系。一名分支的主管被视为是变革型的，从监管评价团队对有效性的衡量来看，他间接提高了团队绩效。以下三个句子描述了变革型领导："以激动人心的方式热情地谈论未来。""不会退而求其次。""把员工作为一个人来关心。"

就像团队成员评价的一样，研究论证了变革型领导帮助团队使其感到更有力量。团队的力量是成员对团队在不同场合下和不同任务中表现出出色能力的信念；团队力量反过来也会提升团队绩效。[54]

■ 组织层面的绩效水平

一组研究人员研究了变革型CEO对中小企业绩效的影响力。研究没有选择大型组织的原因是大型公司一般比较复杂，难以衡量CEO的个性对公司业绩的影响。变革型领导力由一组类似于之前出现在领导力自我评估测试4-2中的测试来衡量。研究的有效样本包括了158家公司的CEO和431个顶级管理团队的成员。（他们需要完成关于他们的CEO的变革型领导的调查。）公司的绩效用销售增长率和CEO评价的绩效来衡量。

CEO中的变革型领导与客观和主观衡量的公司绩效都是正相关的。研究人员认为，他们的发现证明了在公司层面变革型领导的重要性。[55]这种性质的研究更像是那种证明锻炼能提高身体健康水平的研究：我们都知道它是对的，但是有了实证就更令人信服。

4.8 对魅力型领导的关注

至此，关于魅力和魅力型领导者的概念所展示的都是乐观的一面。为了保证公平性和科学的完整性，负面的观点也必须揭示。魅力型领导这个话题受到了两个主要观点的挑战：概念的有效性以及魅力型领导者的过错。

4.8.1 对于魅力型领导的有效性的挑战

一些领导力研究人员质疑魅力能否准确地定义和测量。对于魅力的研究和对于高品质的研究类似：当你看见它的时候你知道它，但是实际上很难加以定义。此外，即使一个领导者已经被看作魅力型领导者，他仍然会有很多批评者。根据**领导双极性**（leadership polarity）的概念，领导者通常既受到很多人尊敬同时也有很多人不喜欢他。玛莎·斯图尔特是一个领导双极性的典型例子，她的许多崇拜者都痴迷于她的人格和造诣。然而也有许多批评者厌恶她（也许是出于嫉妒），并在她因内部交易诉讼入狱后满心欢喜。

关于魅力概念的另一个问题是，对于领导者的有效性而言，它并不是不可或缺的。沃伦·本尼斯（Warren Bennis）和伯特·纳努斯（Burt Nanus）猜想，也许不是魅力成就了有效的领导者，而是反过来：作为他们成功后的光环之一，那些出众的领导者被他们的下属看作有魅力的人（被知觉为魅力者）。[56]

一项研究调查了主要的美国公司的18位CEO和770位顶级管理团队成员，研究同样支持上述观点。主要的发现是，良好的组织绩效与下属将CEO评价为有魅力者有关。相反，被评价为有魅力的CEO与公司未来的绩效并没有关系。[57]结论是，如果你成功地达成了你的目标，这将增加你的魅力。

4.8.2 魅力型领导的阴暗面

一些人相信魅力型领导可以用于邪恶的目的。这个论点在先前关于私人型魅力者的介绍中提到过。45年前，罗伯特·塔克（Robert Tucker）提出了魅力的阴暗面，尤其是对于政治领导者而言：

> 迷惑那些轻信者的不可思议的信息（并且通常是由有技巧的号召者给出）宣称，事情不仅要变得更好还要变得更完美。在做出乌托邦式的许诺方面，魅力型领导者是专家。尽善尽美是他们的最终目的，因此最令人厌恶的行径通常也可以被容忍作为达到目的的必要手段。[58]

有些魅力型领导者被观察到缺乏职业道德，并且把他们的组织带向违法或者不道德的境地。因为魅力型领导者拥有权力，人们愿意追随他走向一条位于法律边缘的路。也许历史上最广为人知的金融诈骗案是由伯纳德·麦道夫（Bernard M. Madoff）犯下的，投资者损失了500亿美元，大约只有10%的钱在数年后被追回。麦道夫的职业生涯包括纳斯达克主席、受人欢迎的股票交易员，他备受喜爱并且被许多人认为是温暖且有魅力的。他能欺骗人们部分就是基于他受人们喜爱和信任的能力。

人性专家罗伯特·霍根（Robert Hogan）说，魅力型领导者的潜在问题就是他们中的一些人非常自恋（自我崇拜成瘾）。这些领导者拥有魅力的属性，他们独断、有吸引力并且有权力，但是他们常常做不好一个领导者，因为他们从不承认自己的错误。魅力需要与谦逊结合才能完全发挥效果。[59]

董事会最近在寻找一种CEO，他不能过分有魅力，还要关注商业运营。只有在这种情况下，魅力的阴暗面才能被最小化。需要认识到的是，真正的魅力型和变革型领导者会高度关注人的利益，能获得杰出的组织绩效。

小 结

魅力是领导者的一项特殊品质，这使得他们具有非同寻常的目标、力量和魄力。这也是一个人积极的且引人注目的品质，使得其他人愿意接受他的领导。魅力型领导涉及的一个重要因素是团队成员对于领导者的特质以及他们所取得的成绩的归因。个体所从属的社会关系通常会影响个人对于魅力的归因。由于这些归因的存在，团队成员和领导者之间的关系变得非常重要。魅力型领导者经常通过印象管理来培养与团队成员的关系。

大多数魅力的影响基于魅力型领导者带给团队成员的积极影响。一项关于消防员的研究发现，富有魅力的领导者会给他们带来愉悦感。在高层管理职位上的人，被评价为没有足够的魅力会使其失败。

魅力型领导者可以划分为五种类型：社会型魅力领导者、私人型魅力领导者（利己主义者）、工作型魅力领导者、个人型魅力领导者（出众特征）和超凡魅力领导者。魅力型领导者拥有能够将自身与非魅力型领导者相区分的特征。魅力型领导者有愿景、专业的沟通技能、产生信心的能力，也能让团队成员感受到自己的能力。他们机敏，精力充沛，且以行动为导向。他们善于表露情感、关怀他人，是浪漫型的风险承担者。他们采取非常规的战略，拥有自我激励型人格，并且强调与众不同。

愿景的想法与魅力密切相关，因为魅力型领导者用愿景来鼓舞他人，并且用愿景吸引和振奋他人。在大脑的特定区域，愿景家显示出不同的大脑活动水平。与使命相比，愿景是更加未来导向的。在形成愿景的过程中，通过各种渠道收集信息是很有必要的，包括个人直觉、愿景设计师和团队成员等渠道。

魅力型和变革型领导者采用华美的、富有想象力的、有表现力的方式交流他们的愿景、目标和指示。沟通的有效性凭借鼓舞来使管理成为可能。一种鼓舞他人的沟通技巧是借助隐喻、类比和有组织的故事，另一种是依照受众的不同选择恰当的语言。魅力型和变革型领导者也广泛地使用难忘的故事来传递信息。社交网络也可用来展现领导者的魅力。

通过发展一些魅力型人士所具有的特征、个性和行为，个体可以增强其魅力。包括：为他人创造愿景；热情、乐观并且精力充沛；明智地坚持；记住人们的名字；与他人不同步发展；发展个人品牌，有令人印象深刻的外表；坦率；展现强势的态度。

为了实现变革，变革型领导者试图革新组织文化或者亚文化。变革的途径包括：提高人们对于特定奖励重要性的认识，以及促使团队成员为群体、组织和社会的利益而放弃个人利益。变革型领导者帮助人们实现自我，理解变化的需要，并且让管理者紧张起来。变革型领导者也会为伟大的事业做出奉献，目光长远，思想开阔，建立信任，将资源集中在最需要的地方。

变革型领导者具有和其他有效领导者一样的特征。除此之外，他们具有魅力，创造愿景，鼓励员工自我发展，并且提供支持性领导。同样，他们也强调授权、创造性思维和榜样式领导。变革型领导者很可能因为道德推理而变强。

变革型领导者能激励下属在更高的水平上思考，并做出更多建设性的行为。变革型领导和下属的工作满意度、下属的领导满意度、下属的动力、领导者的工作绩效、团队或组织的绩效以及等级领导的有效性这些标准成正相关关系。业务型领导力能在较小的程度上获得相同的成果，而自由放任的领导力和类似的标准成负相关关系。变革型和魅力型领导对工作团队有积极的影响。一项研究显示，变革型领导者与中小企业的绩效有关。

魅力型和变革型领导的一个问题是概念不够清晰，许多非魅力型领导者也是有效的。另一个问题是某些魅力型领导者缺乏职业道德并且会让人误入歧途，这表明有魅力并不一定对组织有帮助。真正的魅力型和变革型领导者会高度关注人的利益，能够获得杰出的组织绩效。

实践与技能开发指南

以下关于人际交流技巧的建议，能够帮助个人以充满魅力的方式行事。

1. 把你遇到的每一个人当做最重要的人来对待。例如，在公司会议上，与你遇到的每一个人握手。

2. 增强握手的效果。在不弄痛对方的前提下坚定地摇动手臂，并通过眼神交流观察与你握手的人的情绪变化。如果这样做让你觉得很麻烦，你可以突出你的关心。用积极的方式和与你握手的人互动。

3. 给予诚挚的赞美。大部分人都擅长奉承，尤其在看似可信的情况下。尝试只在你真诚地相信其行为、思想和态度值得赞扬的情况下做出赞美。有时你可能会发现你需要挖掘一些值得赞扬的事物，这对于你的一生而言是一项有效的投资。

4. 经常感激他人，尤其是你自己团队的成员。感谢他人永远不嫌多，这会增加你的魅力。

5. 经常微笑，即使你并不快乐。温暖的微笑暗示你是一位自信、有同情心的人，会提高他人对你魅力的感知。微笑通常意味着“我喜欢你，我信任你，我们在一起我很快乐”。

6. 在你的世界里保持一种孩子般的吸引力。对于他人的思想、行动、计划、梦想和物质目标表现出热情和兴趣。你对他人的热情也会赢得他人对你的热情。

7. 比他人更有活力。比他人更有活力的人常常更有魅力，他们笑得更多，语速更快，表达更清晰，并且更多地使用他们的肢体。[60]

8. 视角广阔。如果你想要成为魅力型和变革型领导者，你必须培养多样的、全面的愿景，总的来说，就是要视角广阔。每天，我们都很容易被一些小问题给困住，比如油价高或者手机快没电了。这类问题需要关注但是一旦它们使我们对其全神贯注，就会阻碍我们的视角和魅力思考。

［讨论题］

1. 找一位你认为富有魅力的商界、政界、教育界或是体育界的领导者。解释你这样判断的依据。

2. 那些频频微笑并冲观众挥手的运动员或是其他人通常被认为是富有魅力的。在这里，魅力一词是否用错或运用得不完美？

3. 描述一下写电子邮件时如何打造有魅力的印象。

4. 解释为什么魅力型领导者的存在会增加团队成员的工作满意度。

5. 那些有魅力的领导者通常是无能的，他们只是因为创造了一个好的印象而被放在了关键的职位。你对此有何看法？

6. 你认为穿着昂贵且时尚会在多大程度上真正提升一个组织领导者的魅力水平？

7. 如果一个变革型领导者应该是智慧且有愿景的，那为什么他还要强调授权在领导中的作用？

8. 提供一个体育教练作为变革型领导者的案例，并证明你的观点。

9. 你认为一个真正的变革型领导者应该为了帮助提升公司利润而裁掉上千名员工吗？

10. 什么样的机会也许能使一个一流的管理者或是团队领导者成为一个变革型领导者？

领导力案例 A

蒂姆上网展示自己的领导魅力

蒂姆（Tim）是某汽车配件供应商的销售经理，服务对象包括小型汽车厂商、加油站、修理店、超市和小型零售商。蒂姆手下包括15个外部销售代表，以及5个负责网络和电话销售的内部销售专家。

汽车配件行业的竞争非常激烈，大多数竞争对手都提供同质的零部件和服务。因此人性化的服务和客户体验在销售收益的博弈中变得尤为重要。提供良好的服务是最基本的，譬如及时下订单补充销量好的配件并且按时交付。同时蒂姆也相信鼓舞销售团队对于获得竞争优势至关重要，他写道："如果我鼓励我的销售代表，他们会与更多的客户建立更好的关系。如果我鼓励他们卖得更多更好，他们可能会让客户从我们这里订购更多的配件。"

蒂姆作出如下推论：他对销售团队的鼓励起到了很好的效果，但是仍然有发展空间。他会在合适的时候私下和团队成员会面，和他们通电话，经常给他们发短信和语音信息。不过，蒂姆认为他可以做得更好："我的上司和很多朋友都评价我是个富有魅力的人，如果我更好地利用社交网络来鼓励我的员工，也许我可以变得更有魅力。"

蒂姆决定从下个月开始在所有员工，包括内部销售专家的脸书、推特和领英网页上发布鼓舞他们的消息。蒂姆还会同时在自己的个人网页上发布同样的信息。蒂姆用于显示他个人魅力同时鼓舞员工的一些消息如下：

- 我们最大的敌人是我们自己。
- 如果你仍在呼吸，也许这还不是糟糕的一天。
- 我想唤醒你们每个人强大的内心。
- 你不做，谁来做？
- 微笑着面对每一次失败，这说明你离成功又近了一步。
- 付出越多，幸运女神就会越多地眷顾你。

蒂姆收到的回复比他预期的要少，但还是有一些销售代表感谢他积极的想法。

［问题］

1. 你认为蒂姆发的信息在展示魅力方面起到了怎样的效果？

2. 你认为蒂姆发的信息在鼓舞销售代表以卖出更多的汽车配件方面起到了怎样的效果？

3. 你对蒂姆通过社交网络表达个人魅力有什么建议吗？

领导力案例 B

垂柳池塘的复兴之时

希瑟·奥萨卡（Heather Osaka）已经在医院管理领域工作了十年，工作单位包括一个健康维护组织和一家私人疗养院。然而她从未担任过首席执行官一职。一天下午，她收到了从事主管人员招聘工作的老同学杰克·沃福德（Jack Wofford）的短信——"回来吧，对你来说也许这是个不错的机会。"

希瑟很快回到杰克那里，他在短信中提到的机会是担任垂柳池塘（Willow Pord）的主管，垂柳池塘是一家中等规模的"辅助生活"疗养院，位于希瑟现在居住的城市。"辅助生活"是指帮助那些没有能力照顾自己，但并不需要疗养院等级看护的老人。杰克向希瑟坦白，垂柳池塘正陷于困境，前任主管已经被解雇，然而疗养院仍然要按照国家法律维持运作。

目前把垂柳池塘推上风口浪尖的问题和一个有犯罪记录的男人有关，他潜进了垂柳池塘的一个小公寓，对一位女性住户进行了性骚扰。入侵者穿上了标有"垂柳池塘之友"的志愿者工作服，轻松混入了居住区，没有受到任何阻拦。

在接受这个职位之前，希瑟和建立了数个老年公寓的垂柳池塘所有者谈了一次。她咨询了很多管理员，同时在得到允许的情况下探访了四个垂柳池塘的住户。所有者和希瑟都同意将如下事项列为最高优先级处理：

- 住户和他们的家人抱怨食物不足、质量太差。
- 许多住户受到工作人员冷酷的对待，当他们提出像缝纽扣或是提供菜单以外的食品这类特殊要求时经常被呵斥"闭嘴"。
- 工作人员的失误远远高于行业平均水平，许多年轻职员把护理职业当成最后的选择。许多有经验的护工为了更高的薪水和更好的环境离开了垂柳池塘。
- 设施内的环境卫生勉强达到国家标准，大楼的外墙年久失修，破败不堪。
- 设备和家具老化破旧，很多电视机的图像显示模糊。
- 垂柳池塘不提供宽带上网接口，房间和公寓内有电脑的住户很难上网。
- 医生和注册护士服务不像大多数疗养院那么可靠。
- 垂柳池塘的运营已经连续三年亏损。

上任的第一天，希瑟对自己说："这简直是一份女超人的工作，或者至少得是个能化腐朽为神奇的大师。我该从哪里开始呢？"

［问题］

1. 为什么这个案例放在关于魅力型和变革型领导的章节里？

2. 在使垂柳池塘恢复声誉的过程中，希瑟应该强调变革型领导的哪些方面？

3. 为什么对希瑟来说垂柳池塘这份工作是一个极好的就业机会？

角色扮演

上任第二天，希瑟召开了一次工作人员会议，目的是向大家解释她会和工作人员一起改进垂柳池塘的运作。她打算提到本案例中规划好的必要重大改变事项。一个学生扮演希瑟，其他四个学生扮演与会人员，其中的两人喃喃自语："新官上任三把火呀，我们以前听到过类似改革的必要性。"

领导力技能开发练习 4-3

我的领导力文件夹

这周内你展现出了多少魅力，或者多少有魅力的行为？回想在一两周之内所有你和他人交流的场景。回顾前文和"实践与技能开发"专栏中描述的魅力型领导者拥有的品质，思考你做了哪些可能有魅力的行为。例如：你对某人露出热情的微笑了吗？你对一个很久未联系的人招手并且叫出他的名字了吗？你帮助你的团队、社团或是小组认真地考虑它们的未来了吗？作为这个练习的一部分，在接下来的一周记录下你有魅力的行为，对任何展示魅力的机会保持敏感。

领导力技能开发练习 4-4

社交网络上鼓舞人心信息的练习

这个练习的目的在于在社交网站上找到一些激励人们的信息。例如：在你的推特好友中寻找至少两条类似上面案例中蒂姆发布的鼓舞人心的信息。反思这些信息对你的影响。这些信息让你对发送者的魅力产生了什么看法？把你的结果和一两个同学作比较。

注 释

[1] This story is created from several facts in Jessica Pressler, "Private Equity CEO Lynn Tilton Whips Men, and Companies Into Shape, *Daily Intel* (http://nymag.com/daily/intel), January 11, 2011; Robert Frank, "Tilton Flaunts Her Style at Patriarch," *The Wall Street Journal*, January 8–9, 2011, pp. B1, B17; Forbes Staffers, "Femme Fatale: The Very Unconventional Story of Lynn Tilton," *Forbes*, May 9, 2011, p. 68; "Lynn Tilton, "CEO and Principal," *Patriarch Partners* (www.patriarchpartners.com/our_team), January 11, 2011.

[2] Jack and Suzy Welch, "It's Not about Empty Suits," *Businessweek*, October 16, 2006, p. 032.

[3] Jay A. Conger and Rabindra N. Kanungo, *Charismatic Leadership in Organizations* (Thousand Oaks, Calif: Sage, 1998).

[4] Comment by Hugh Hefner, founder and editor-in-chief of Playboy Enterprises, included in advertisement in *The Wall Street Journal*, December 13, 2007, p. C8.

[5] Stephanie N. Mehta, "Why Him?" *Fortune*, November 23, 2009, pp. 89–90.

[6] Daniel Lyons, "Digital Tools: Big Brother," *Forbes*, October 1, 2007, 51; Mehta, "Why Him?" p. 90.

[7] Juan-Carlos Pastor, James R. Meindl, and Margarit C. Mayo, "A Network Effects Model of

Charisma Attributions," *Academy of Management Journal*, April 2002, pp. 410–420.

[8] Cited in Jay A. Conger, *The Charismatic Leader: Beyond the Mystique of Exceptional Leadership* (San Francisco: Jossey-Bass, 1989).

[9] William L. Gardner and Bruce J. Avolio, "The Charismatic Relationship: A Dramaturgical Perspective," *Academy of Management Review*, January 1998, pp. 32–58.

[10] Angelo Fanelli and Vilmos F. Misangyi, "Bringing Out Charisma: CEO Charisma and External Stakeholders," *Academy of Management Review*, October 2006, p. 1053.

[11] Eugene Schmuckler, book review in *Personnel Psychology*, Winter 1989, p. 881.

[12] Amir Erez, Vilmost Misangyi, Diane E, Johnson, Marcie A. LePine, and Kent C. Halverson, "Stirring the Hearts of Followers: Charismatic Leadership as the Transferal of Affect," *Journal of Applied Psychology*, May 2008, pp. 602–613.

[13] Randall Smith and Ann Davis, "In Bloodletting on Street, Cruz Is Latest Casualty," *The Wall Street Journal*, November 30, 2007, p. C1.

[14] Conger, Kanungo, and Associates, *Charismatic Leadership*; Bernard M. Bass with Ruth Bass, *The Bass Handbook of Leadership: Theory, Research, & Managerial Applications*, 4th ed. (New York: The Free Press, 1990), pp. 578–580.

[15] Michael E. Brown and Linda K. Treviño, "Socialized Charismatic Leadership, Values Congruence, and Deviance in Work Groups," *Journal of Applied Psychology*, July 2006, pp. 954–962; Brown and Treviño, "Leader-Follower Values Congruence: Are Socialized Charismatics Better Able to Achieve It?" *Journal of Applied Psychology*, March 2009, pp. 478–490.

[16] Jane M. Howell and Boas Shamir, "The Role of Followers in the Charismatic Leadership Process: Relationships and Their Consequences," *Academy of Management Review*, January 2005, p. 100.

[17] Mark Greer, "The Science of Savoir Faire," *Monitor on Psychology*, January 2005, pp. 28–39; Jane M. Howell and Bruce Avolio, "The Ethics of Charismatic Leadership: Submission or Liberation?" *The Academy of Management Executive*, May 1992, pp. 43–52.

[18] This quote and the preceding quote are from Stephen Barlas, "New Horizons for Growth at GE," *Hispanic Business*, January/February 2011, p. 25.

[19] Warren Bennis, "Acting the Part of a Leader," *Businessweek*, September 19, 2009, p. 080.

[20] Brad Stone, "Up in the Air: Will Richard Branson's Virgin America Fly?" *Bloomberg Business Week*, January 3-January 9, 2011, pp. 66–67.

[21] Research reported in "This Is Your Brain on the Job," *The Wall Street Journal*, September 20, 2007, pp. B1, B6.

[22] Cited in "Vision and Mission: Know the Difference," *Executive Leadership*, February 2006, p. 1.

[23] Jim Collins, "Aligning Action and Values," Leader to Leader Institute, http://leadertoleader.org, as reported in "Actions: Louder Than Vision Statements," *Executive Leadership*, May 2004, p. 8.

[24] Ed Frauenheim, "On the Clock but Off on Their Own Pet Project: Programs Set to Gain Wider Acceptance," *Workforce Management*, April 24, 2006, p. 40.

[25] "Who's Next: Laura Ipsen: SVP and GM, Smart Grid Cisco," *Fast Company*, December 2010, January 2011, p. 39.

[26] A couple of the ideas in the list are from "Nailing Down Your Vision: 8 Steps," *Executive Leadership*, September 2007, p. 2.

[27] Howell and Avolio, "The Ethics of Charismatic Leadership," p. 46.

[28] Jay A. Conger, "Inspiring Others: The Language of Leadership," *The Academy of Management Executive*, February 1991, p. 39.

[29] Ibid.

[30] Stephen Denning, "Stories in the Workplace," *HR Magazine*, September 2008, pp. 130–131.

[31] Diane Brady and Jena McGregor, "What Works in Women's Networks," *Businessweek*, June 18, 2007, pp. 58–60.

[32] Adam Bryant, "The C.E.O., Now Appearing on YouTube," *The New York Times* (www.nytimes.com), May 10, 2009.

[33] Dennis A. Romig, *Side by Side Leadership: Achieving Outstanding Results Together* (Marietta, Ga.: Bard Press, 2001), p. 157.

[34] Research cited in Greer, "The Science of Savoir Faire," p. 30.

[35] Judy Martin, "Aligning Your Passion with Your Personal Brand," *San Francisco Examiner* (www.examiner.com), March 7, 2009.

[36] Suzanne Hoppough, "Image Doctor," *Forbes*, February 26, 2007, p. 60.

[37] Rolfe Winkler, "Cisco: The Too-Human Network," *The Wall Street Journal*, February 11, 2011, p. C8.

[38] Marshall Sashkin and Molly G. Sashkin, *Leadership That Matters: The Critical Factors for Making a Difference in People's Lives and Organizations' Success* (San Francisco: Berrett-Koehler, 2003).

[39] Bernard M. Bass, "Does the Transactional-Transformational Leadership Paradigm Transcend National Boundaries?" *American Psychologist*, February 1997, p. 130.

[40] Holly Rosenkrantz, "What Andy Sterns Leaves Behind," *Bloomberg Business Week*, April 25, 2010, p. 23.

[41] John J. Hater and Bernard M. Bass, "Superiors' Evaluations and Subordinates' Perceptions of Transformational and Transactional Leadership," *Journal of Applied Psychology*, November 1988, p. 65; Noel M. Tichy and Mary Anne Devanna, *The Transformational Leader* (New

York: Wiley, 1990).

[42] "Quiznos' Turnaround King," *Executive Leadership*, November 2008, p. 4.

[43] Peter Koestenbaum, *Leadership: The Inner Side of Greatness* (San Francisco: Jossey-Bass, 1991).

[44] Carlos Ghosn, "First Person: Saving the Business Without Losing the Company," *Harvard Business Review*, January 2002, p. 40.

[45] W. Chan Kim and Renée Mauborgne, "Tipping Point Leadership," *Harvard Business Review*, April 2003, pp. 65–66; Susan Berfield. "Bill Bratton, Globocop," *Bloomberg Business Week*, April 12, 2010, p. 50.

[46] Literature reviewed in Sally A. Carless, Alexander J. Wearing, and Leon Mann, "A Short Measure of Transformational Leadership," *Journal of Business and Psychology*, Spring 2000, pp. 389–405; Joyce E. Bono and Timothy A. Judge, "Personality and Transformational and Transactional Leadership: A Meta-Analysis," *Journal of Applied Psychology*, October 2004, pp. 901–910; Taly Dvir, Dov Eden, Burce J. Avolio, and Boas Shamir, "Impact of Transformational Leadershipon Follower Development and Performance: A Field Experiment," *Academy of Management Journal*, August 2002, pp. 735–744; Bass, *Bass's Handbook of Leadership*, pp. 633–636.

[47] Timothy A. Judge and Joyce E. Bono, "Five-Factor Model of Personality and Transformational Leadership," *Journal of Applied Psychology*, October 2000, pp. 751–765; Bono and Judge, "Personality and Transformational and Transactional Leadership," pp. 901–910.

[48] Robert S. Rubin, David C. Munz, and William H. Bommer, "Leading from Within: The Effects of Emotional Recognition and Personality on Transformational Leadership Behavior," *Academy of Management Journal*, October 2005, pp. 845–856.

[49] Susan Adams, "Take Back the Streets," *Forbes*, October 5, 2009, pp. 34–36.

[50] Nick Turner et al., "Transformational Leadership and Moral Reasoning," *Journal of Applied Psychology*, April 2002, pp. 304–311.

[51] Ronald F. Piccolo and Jason A. Colquitt, "Transformational Leadership and Job Behaviors: The Mediating Role of Core Job Characteristics," *Academy of Management Journal*, April 2006, p. 327.

[52] Joyce E. Bono, Hannah Jackson Foldes, Gregory Vinson, and John P. Muros, "Workplace Emotions: The Role of Supervision and Leadership," *Journal of Applied Psychology*, September 2007, pp. 1357–1367.

[53] Timothy A. Judge and Ronald F. Piccolo, "Transformational and Transactional Leadership: A Meta-Analytic Test of Their Relative Validity," *Journal of Applied Psychology*, October 2004, pp. 755–768.

[54] John Schaubroeck, Simon S. K. Lam, and Sandra E. Cha, "Embracing Transformational Leadership: Team Values and the Impact of Leader Behavior on Team Performance," *Journal of Applied Psychology*, July 2007, pp. 1020–1030.

[55] Yan Ling, Zeki Simsek, Michael H. Lubatkin, and John Veiga, "The Impact of Transformational CEO on the Performance of Small- to Medium-Sized Firms: Does Organizational Context Matter?" *Journal of Applied Psychology*, July 2008, pp. 923–934.

[56] Warren G. Bennis and Burt Nanus, *Leaders: Strategies for Taking Charge* (New York: Harper & Row, 1985), p. 223.

[57] Bradley R. Agle, Nandu J. Nagarajan, Jeffrey A. Sonnefeld, and Dhinu Srinivasan, "Does CEO Charisma Matter? An Empirical Analysis of the Relationships Among Organizational Performance, Environmental Uncertainty, and Top Management Team Perceptions of CEO Charisma," *Academy of Management Journal*, February 2006, pp. 161–174.

[58] Robert C. Tucker, "The Theory of Charismatic Leadership," *Daedalus*, Summer 1968, pp. 731–756.

[59] Quoted in Greer, "The Science of Savoir Faire," p. 30.

[60] The first six items on the list are from Roger Dawson, *Secrets of Power Persuasion: Everything You'll Need to Get Anything You'll Ever Want* (Upper Saddle River, N.J.: Prentice Hall, 1992), pp. 179–194; the seventh item is from James M. Kouzes and Barry Z. Posner, *The Leadership Challenge*, 3rd ed. (San Francisco: Jossey-Bass, 2002), p. 158.

第5章 领导力：底线和伦理

学习目标

学习完本章并完成各项练习后，你应该能够：

- 阐明伦理与道德型领导的关键原则
- 运用指导原则制定合乎道德的决策
- 提供关于商业领导者的不道德行为的典型案例
- 了解领导者如何培育一个具有道德感和社会责任感的组织
- 解释商业伦理与组织绩效之间的联系

朱迪·陈（Judy Chen）是一家生产儿童服装的公司的主管。她曾面临利润率下降带来的进退两难的困境。棉花和劳动力成本的上升使得生产服装的成本上升。许多其他成衣公司的主管也因为产品成本的上升而苦恼，因为在过去20年里，生产成本一直很稳定甚至有下降趋势。陈和其他在公司中处于同样职位的人所面临的问题是有预算意识的消费者拒绝接受更高的价格。

陈也很清楚其他公司所使用的用来降低生产一件服装的成本的解构方法。这种方法包括减少服装中织物和纽扣的数量。在一条售价34美元的长裤的生产中，公司会通过去掉纽扣、裤袋或是用一个按扣取代金属扣和杆形卡环的方式节省50美分。

有一天，陈正在讨论一个成本节约步骤的实施，它能使他们最热销的两种儿童裤“卡其王子”和“卡其公主”的生产成本节约大约1美元。一位解构顾问建议去掉裤袋，理由是“不会有父母或是孩子注意到这个差别”。陈注意到，这项特殊的成本节约举措能在每条裤子上节省大约40美分，然而她决定不这么做。用她的话来说，“首先，我自己的孩子，我的外甥和外甥女，以及我邻居的孩子们都喜欢这种小小的裤袋。就在几天前，我在口袋里找到了两块小石头，还有一个小树枝和一枚硬币。然后我做了一个公众知情测试，同时问自己，如果有一条推特信息说‘朱迪·陈通过取消裤袋为公司生产每条儿童裤节省了40美分’，我会有什么感受。我们一定会找到其他方法来削减生产成本。”[1]

在本章，我们将从几个方面来考察领导伦理与社会责任感问题：伦理与道德型领导的原则，道德决策的指导方针，违背道德的行为实例，领导者如何建立一个具有道德和社会责任感的文化的例子，以及商业伦理和组织绩效之间的联系。

5.1 伦理与道德型领导的原则与实践

人们已经将足够的注意力集中在各个层次的领导者应该如何去做上，这促成了一些伦理与道德型领导原则的出现。由于有关描述领导者的理想行为的术语被过于随意地使用，因此我们认为定义这些术语在商业团体中的一般性含义是有帮助的。**伦理**（ethics）是对道德约束力的研究，或是将正确与错误加以区分的研究。伦理也可以被看作一个复数名词，意思是群体或机构所接受的行为准则[2]，在这种情况下它就和**道德**（morals）有几乎一样的含义了。道德是个体对于正确或是错误的判断，它受到个人价值观的影响。价值观与伦理密切相关，因为伦理是将价值观转变为行动的载体。如果一位领导者看重公平，他就会根据团队成员的表现而不是根据自己与其关系如何对他们做出评价。此外，一位道德型的领导者在做事时会实践良好的伦理。

埃德温·洛克（Edwin H. Locke）是一位目标理论学家，他认为伦理是领导力的核心，因为理性的领导目标就是综合考虑各方面的利益，以使得每个人都能受益，且整个组织也能呈现欣欣向荣的状态。[3]伦理的原则就是如果每个人都受益了，每个人就都被道德地对待了。

在本节中，我们会列举出一组表现出伦理和道德的行为，所有这些行为都围绕着一个中心话题，那就是领导者应该做正确的事情，让大多数明事理的人都能感受到。我们还将给出简要的释义，来说明领导者的伦理与道德行为为何会出现如此巨大的差异。在研究这些原则之前，不妨做做领导力自我评估测试 5-1，思考一下与你的工作相关的伦理与道德。

领导力自我评估测试 5-1

说明： 圈出合适的数字，指出每个陈述在多大程度上描述了你当前的态度和行为，以及在群体情境下你的行为表现如何。每个选项的含义是：1＝一点也不符合；2＝有一点符合；3＝非常符合；4＝完全符合。

1. 为了达成交易，一点小小的贿赂是完全合理的。	1	2	3	4
2. 作为一个经理，我把自己下属有创意的想法占为己有是没什么问题的。	1	2	3	4
3. 为了促成一笔大合同的签订，为客户提供性服务也是正确的。	1	2	3	4
4. 我很乐意用录像监控摄像机来观察我不在办公室的时候我的下属都在做什么。	1	2	3	4
5. 在你花费的总数上夸大10%通常情况下是合理的。	1	2	3	4
6. 诚实的家伙们总是最后一个完成任务。	1	2	3	4
7. 如果我被炒了，我就会通过带走商业机密的做法来报复我的上司。	1	2	3	4

8. 如果一个人可能成为我的竞争对手，那么我就不会雇他。	1	2	3	4
9. 在政府购买产品或服务时，多收点钱也没什么，因为大多数公司都已经缴了足够多的税了。	1	2	3	4
10. 在商业情况都相等的情况下，我会给同种族的人更高的绩效评价。	1	2	3	4
11. 我会故意给我自己不喜欢的下属更低一些的绩效评价。	1	2	3	4
12. 我常在小组或是团队中表露我的喜好。	1	2	3	4
13. 为了让上级管理者满意，我会在产出数据上造假。	1	2	3	4
14. 当我正在写一份重要的报告时，我不会花时间来帮助一个在那个时候需要指导的团队成员。	1	2	3	4
15. 我会故意夸大一个下属的错误，可能只是因为他没有表现得很自信。	1	2	3	4
16. 如果团队中的哪位成员让我难堪了，我会想方设法报复他。	1	2	3	4
17. 我很少表扬一个员工，但会为了他做的一些事情而想方设法去批评他。	1	2	3	4
18. 如果一个下属想要让我去做一些我不想做的事情，我会借口上级领导不让我做。	1	2	3	4
19. 我觉得让团队成员为我跑跑腿没什么不对的，比如帮我修车或是为我购物。	1	2	3	4
20. 我会忽视员工在遇到问题时向我请求帮助的需要，因为只有这样我才能在网上有更多属于我自己的时间。	1	2	3	4

得分和解释：将全部20个题目的选择项相加。在对你的分数作出解释前，要注意到，人们往往会在自己的道德行为评价上有一些夸大的成分，所以你的得分可能有一些偏差。

- 20～25分：你的自我形象就是一个道德水准非常高并且值得信赖的领导者，或者可能成为一个这样的领导者，假设你的回答都是准确的，那这就意味着你的高度道德感会有助于你成为一名领导者。
- 26～45分：你的形象是一个拥有中等道德水平的领导者或是潜在领导者。你还需要一些时间来使自己的行为处事变得更加符合道德标准。
- 46～80分：你的个人形象是一个高度不道德的领导者或潜在领导者。如果你的分数准确反映了你的行为，你就会（或者将会）被评价为高度不道德和不正直，这可能会毁掉你的职业生涯。你应该认真地学习伦理。

5.1.1 四种道德领导行为

■ 诚实、值得信赖、正直

关于诈骗和丑闻的报道近年来使得许多组织将道德行为放在了很重要的位置，而问题在于道德问题会同时毁了领导者和整个组织的信誉。[4]不管让人值得信任对一个领导者来说是多么重要，还是有证据显示现在商业领导者的可信任度正在下降。在一项正在进行的关于领导者的态度和观点的研究中，道德资源中心调查了2 852家各种类型的工厂。观察到的不道德行为包括：对员工撒谎（19%），陷入利益冲突（16%），对外部利益相关者撒谎（12%），以及作出违反健康和安全的行为（11%）。[5]

道德型的领导者是诚实并且值得信赖的，因而也是正直的。根据伦理研究学者托马斯·贝克尔（Thomas E. Becker）的观点，这种品质超越了诚实与责任心。**正直**（integrity）是指忠于合理的原则，它意味着遵循自己所倡导的方式来行动，不为情绪或社会压力所左右。[6]例如，正直的领导者会认为员工应该被公平地对待，削减成本的压力不会促使他在与员工达成的有关补偿工作变动的承诺上食言。另一个例子是，倡导文化多元化的领导者会为自己创建一个跨文化的团队。

■ 关注所有利益相关者

伦理与道德型的领导者会尽力公平地对待那些受自己决策影响的各方利益相关者，否则就可能在决策下达之后造成受益者和受损者。普遍的观点认为，使股东的财富最大化是CEO的首要责任，而这与关注所有利益相关者的原则是相冲突的。一组管理学学者的观察发现，“我们以往认为公司是同时具有经济作用和社会作用两种职能的机构——就是那种被设计用来平衡各方利益相关者利益的组织，而不是仅仅关注股东一方的狭隘利益”。[7]关注股东财富最大化的领导者会尝试通过以下手段来削减成本和增加利润：（1）解雇有价值的员工来降低工资成本；（2）强调利润来打动投资者；（3）对顾客要价过高；（4）减少员工的养老金和健康福利。尽管这些举措都是规范的，但是这仍损害了利益相关者的权利。

吉姆·古德奈特（Jim Goodnight）是SAS软件公司的CEO，作为一名商业领导者，他认为员工满意度与提高产出和利润之间有很大的关系。他解释说：“因为我们长期以来很看重以员工为导向的方法，我们多年盈利的经验显示了长期的利益远比短期的成本重要。大多数公司不知道如何在它们的年度报告中展示这种回报。”[8]

另一种可靠的领导者是把他们自己的角色看作对他们所有的股东都负有道德责任。其他人的福利优先于自己的福利（作为服务型的领导者）。可靠的领导者对他们个人的成长以及其他利益相关者的成长都有高度的使命感。[9]

■ 建立共同体

考虑所有利益相关者的需要所带来的一个结果是，领导者会帮助人们达成共同的目标。领导力研究者彼得·诺思豪斯（Peter Northouse）解释说，领导者需要考虑他们自己以及追随者的意图并且找到对于所有人都一致的目标。[10]当很多人朝着相同的建设性目标一起工作的时候，他们就建立了一个共同体。与很多人一起帮助贫困的上学儿童的商业领导者就是共同体建立者的理想榜样。

《全球公约》（Global Compact）是联合国的一个自发公约，目的是确保商业实践活动符合人权、劳工和环境标准，寻求建立一个国际范围的共同体，共同目标是所有劳动者都被平等对待。来自130个国家的超过8 700家公司以及其他利益相关者已经加入。这个公约已经成为世界上最大的志愿公司公民团体。《全球公约》的目标是让公司在其政策中制定关于人权的明确陈述。[11]

■ 尊重个人

尊重个人是伦理与道德型领导的原则之一，它与道德的其他方面并行不悖。如果你讲真话，你就会对别人的诚实保持足够的尊重。如果你遵守诺言，你同样表现出了对别人的尊重。如果你公正地对待他人，你也是在表示尊重。[12]对个人表现出尊重还意味着你意识到每个人都有其内在价值，并且应该受到礼貌与善意的对待。一位办公室的主管问一名进入办公室的门卫："我们这个部门能够做些什么让你的工作更轻松一点？"通过这种方式，他在部门成员面前表现出了对个人的尊重。

5.1.2 影响道德差异的因素

有很多因素会导致领导者在伦理与道德上的差异。第一个就是领导者的贪婪程度。很多人会寻求个人回报的最大化，即使对他人造成损害也在所不惜。美联储前主席艾伦·格林斯潘（Alan Greenspan）就过度贪婪问题公开发表过评论。他认为，在20世纪90年代末，一场传染性的贪婪污染了整个商业社会，接连发生的对收入进行暗箱操作或者运用欺诈性的财务手段的事件导致股票价格大幅上升。[13]从2008年开始进入惊人衰退的股票市场呈现出一些相似的因素。表5-1展示了一个企业经理人报酬的样本，这可能是贪婪信号的一个解释。不是自己拿很多的钱，而是把大部分钱与员工和股东分享，并且为消费者提供一个比较低的价格又如何？这个辩论是关于供给和需求的法则，有能力的CEO的供给是有限的。即便是每年超过1亿美元的补偿金，你也需要付给有天赋的执行官一大笔钱来保持竞争力。

表5-1　　企业经理人的报酬：不寻常样本

经理人及其所在公司	最近的年薪、津贴和股权（美元）
小劳伦斯·卡尔普（Lawrence Culp Jr.），Dahaner公司	141 000 000
劳伦斯·埃利森（Lawrence J. Ellison），甲骨文公司	114 000 000
奥布里·麦克伦登（Aubrey K. McClendon），切萨皮克能源公司	114 000 000
雷·伊拉尼（Ray R. Irani），美国西方石油公司	103 000 000
戴维·诺瓦克（David C. Novak），百胜集团	76 000 000
劳伦斯·埃利森（Lawrence Ellison），甲骨文公司	68 600 000

资料来源：Table constructed from data presented in Scott Decarlo, "What the Boss Makes," *Forbes.com*, April 28. 2010；Joann S. Lublin, "CEO Pay in 2010 Jumped 11%," *The Wall Street Journal*, May 9, 2011, p. B1.

蒂莫西·弗林（Timothy Flynn）是全球性会计公司毕马威的主席，他给出了几个关于人们为什么会选错路的理由。其中一个理由，也是导致道德差异的第二个因素，是合理化，它引导人们关注行动的意图而不是行动本身。举例来说，人们也许会说他们正在做的某件事是错误的（例如过分夸大利润），但这是为了帮助一个客户；或者说，提高股票价格是为了帮助投资者。第三个因素是暗示性许可——"没有人告诉我要停下来，所以这样做一定是允许的"。[14]例如，经理也许会继续只把自己的朋友或是亲戚放在关键职位上，因为没有人让他停止这么做。

影响领导者伦理和道德的第四个关键因素是领导者个人的道德发展水平。一些领导者的道德发展水平很高，而另一些则在道德方面受到挑战——这通常是在儿童时期的早期就发展起来的。人们一般会逐步经历道德推理的三个发展阶段。在前规范水平阶段，人们主要关心得到外部奖励并避免受到惩罚。处在这个发展水平的领导者可能会通过伪造收入报告来达到获得大量奖金的目的。在规范水平阶段，人们学会以周围的人或社会规范所定义的对好的行为的期望来行事。这个水平的领导者可能看上去有足够良好的道德水平，比如能公平地加薪并鼓励大家在共同的道路上努力并做出贡献。在后规范水平阶段，人们的行为被一组内化的普遍性原则所引导，这些原则甚至可能超越某个社会的法律。处在道德行为后规范水平的领导者会关心大多数人，为他们做最好的事情，不论这种行为是否会为他带来赞誉或财富。[15]第 8 章所描述的服务型领导者就是处于这一道德发展高级阶段的领导者。

第五个影响商业领导者道德差异的因素是他们中的许多人形成了一种职权意识。在一些心理学家和公司主管专家看来，一些 CEO 丧失了现实感，觉得自己有权拿走甚至是偷走任何他们能得到的东西。举例来说，康拉德・布莱克（Conrad Black）是霍林格国际公司（Hollinger International）的 CEO，他觉得自己有权让公司为自己雇用的仆人买单。此外，许多执行官觉得自己有权得到额外的报酬。[16]平均来说，大公司 CEO 的薪水一般是收入最低的雇员的薪水的 263 倍。[17]

第六个因素是环境，特别是组织文化。如果组织的高层领导者去冒鲁莽的、不太合法的风险，公司上下其他的领导者可能也会出现相似的行为。近年来，许多投资银行拿着投资者的钱发放暗含破产风险的次级抵押贷款也许反映了一种侵略性文化。财务执行官被推向了利润的最大化，有时并没有考虑到投资者的利益。[18]

人的个性是影响道德差异的第七个因素。一个人的品格越高尚，他的行为越有可能表现出伦理和道德。例如，诚实且合作的领导者的行为会比不诚实且不合作的领导者的行为更符合伦理。领导力自我评估测试 5－2 探究了美国空军认为是由好的个性带来的特殊行为。

领导力自我评估测试 5－2

空军个性特征检查表

说明：以下列举和定义的是美国空军想要看到的它的领导者的个性特征的排名。对于每一项特征，以高（H）、平均（A）和低（L）记录下你的立场。检查表本身会存在自我调查带来的偏差，所以要特别注意做到客观。如果适用，请举出你是如何展现出或是没有展现出个性的例子。

因素	描述	我的立场		
		H	A	L
正直	一贯坚持道德或伦理的原则和标准。当面对多样化的选择时，依然是坚持选择做正确事情的人。	□	□	□
诚实	一贯坚持诚信待人。	□	□	□
忠诚	支持并忠诚于其组织、上级、工作伙伴和下属。	□	□	□
无私	天生能考虑到他人的利益，并且愿意为了他人和组织牺牲个人的利益。	□	□	□
同情	关心他人的苦难和福利，并且能为他人提供帮助或是表达同情。	□	□	□
能力	对所有指派的任务都擅长并且效率高。	□	□	□
尊重	展示对他人的尊重、关心和欣赏。	□	□	□
公平	公正、无偏见、礼貌地对待每一个人。	□	□	□

续前表

因素	描述	我的立场		
		H	A	L
责任和自我约束	能够用理性和有逻辑的方式来作决定并完成分派的任务。可以在没有监督的情况下完成分派的任务。	□	□	□
果断	有能力通过及时的方式作出符合逻辑且有效的决定。在考虑过适合于决定的资料后，迅速作出好的决策。	□	□	□
精神欣赏	对于不同背景和文化的个体保持精神上的多样性，并且尊重所有个体在他们的信仰中与别人不同的权利。	□	□	□
合作	愿意为了一个共同的结果或目标与他人一起工作或行动。	□	□	□

解释：对于每一项个性特征，你标出的“高”越多，其他人就越有可能认为你拥有好的个性。这张表也许提供了一些领导力开发的线索。例如，如果你在正直和合作方面被评价为很低，你就不太可能有能力去影响他人。

备注：尽管能力和果断不是通常定义下的个性特征，但是有能力和果断对于拥有好的个性也很有帮助。

资料来源：U. S. Air Force，as reprinted in Cassie B. Barlow，Mark Jordan，and William H. Hendrix，“Character Assessment：An Examination of Leadership Levels，” *Journal of Business and Psychology*，Summer 2003，568.

动机的盲目性是一个与不道德的领导行为相关的因素，或者说只看到我们想看到的而忽视了矛盾的信息，可能导致利益冲突，比如让一个由 CEO 支付薪水的薪酬顾问来给该 CEO 自己的财务报酬提出意见。尽管这个顾问努力想要保持诚实，但是想要取悦 CEO 的愿望促使他推荐了一个非常慷慨的报酬，使得支付给 CEO 的薪水过高。另一个关于动机的盲目性的例子是当一个经理雇用一个新人时，也许不会注意到这个新雇员的不道德行为，因为这种不道德行为将反映出选择该雇员是错误的。[19]

5.1.3 领导者的伦理心智

认知和教育心理学家霍华德·加德纳（Howard Gardner）认为领导者要保持道德水准必须培养**伦理心智**（ethical mind），或者培养能够帮助个体追求好工作的观念，而这些工作一般来说对他们的同事、公司和社会有着重大意义。[20]伦理心智的培养需要从信仰开始，即相信坚持道德的指南针对于组织的健康运营非常必要。早年生活的影响是一个好的开始，比如教育你不要在考试中作弊或是不要在写论文的时候抄袭。接下来，领导者必须陈述他的道德信仰并且坚持实践。（本章提及的道德信仰都是相关的，比如认为必须关注每一位利益相关者。）领导者必须做严格的自我测试来确保坚持自己的价值观，比如检查自己是否在提拔人的过程中把一个人的优点而不是自己的偏袒心理放在首位。花时间去反思自己的信仰可以帮助领导者保持对道德行为的关注。请导师来评价你的行为是否合乎道德是一个非常实际的检查方法。最后，保持道德感。领导者必须快速对他人非常不道德的行为做出反应，例如如何面对使用公司商务机作家庭旅行的员工。

什么样的领导者具有伦理心智呢？你很可能发现他们中的大多数都是勤奋工作的中层管理者。著名的拥有伦理心智的商业领导者沃伦·巴菲特（Warren Buffett）是一位投资奇才，并一直是全球最富有的人之一。他对自己公司和所投资的公司 Berkshire Hathaway 持有高度的道德标准。巴菲特定期给他的公司发备忘录，要求其保持道德感。此外，他还常说“其他人都在这样做”这种借口是不可接受的。[21]

5.2 评价决策道德性的指导方针

一些指导原则，或者说伦理审查办法，已经被开发出来以帮助领导者或是其他有影响力的人来判断特定的行为是道德的还是不道德的。本特利学院（Bentley College）的商业伦理中心（Center for Business Ethics）开发了六个问题来评价具体决策的道德性[22]：

- 它是正确的吗？这个问题来自伦理学中的道义论，即关于对错一定有能被人们所普遍接受的指导性原则，比如“你不应该偷盗”。
- 它是公平的吗？这个问题来自公正道义论，即特定的行为本质上是公正或是不公正的。比如，解雇一名高绩效的员工以便安置一个能力较差的自己配偶的亲戚，这就是不公平的。
- 谁受到了伤害？这个问题来自功利主义的观点，即应尝试为大多数人做好事。
- 如果你的决策或是行为细节在媒体上或是通过电子邮件被公之于众，你是否会感到不舒服？这个问题来自披露的普遍主义原则。
- 你会告诉你的孩子、兄弟或者年幼的亲戚应该做些什么吗？这个问题来自可逆性道义原则，它通过置换决策者的位置来评价决策的道德性。
- 你觉得它怎么样？这个问题来自人的直觉和常识。比如，打着在互联网上进行产品调查的旗号进行销售会让明白人感觉很糟糕。

伦理问题要求通过指导方针来运行，这一点通常来说是很微妙的而绝非华丽的，也会出现决策最终落入灰色地带的情况。有一个例子是次贷危机期间，投资银行高盛集团中的一个交易小组在金融交易中的行为。这个团队利用高风险房屋贷款支持证券贬值从而获取一年近 40 亿美元的利润。（这次操作被称为卖空。）与此同时，次级贷款以很快的速度集中起来，都被卖给了高盛集团的客户。因此，公司通过期望这些卖给他们自己客户的投资品迅速贬值跌价来大笔挣钱。这里关乎伦理的问题就是，为什么高盛集团在其交易员明知这些投资会受损的情况下仍然继续向客户卖出抵押债券？[23]同样，高盛的经纪人是否本应该告诉客户掌握内情的人知道这些被卖出的投资注定会迅速跌价？当一位房地产经纪人打赌说这一带的房子一定会贬值时，你会愿意从他手里买一套这样的房子吗？

领导者通常需要通过道德测验来做出预期的决策。领导力技能开发练习 5-1 提供了一个机会来思考一家提供企业软件开发和服务的公司的道德决策问题。

领导力技能开发练习 5-1

这份合同有多重要?

有一家公司的业务是开发企业用的软件和提供信息技术服务，公司上下正在努力以达成一笔与波斯湾附近的某国政府机构的生意。这笔交易应该能在最初的两年里带来大约200万美元的收益，同时在接下来的年份里带来价值50万美元的服务合同。在过去的几年里，公司生意并不太好，急需新的订单。波斯湾地区的销售代表在一天早上打电话来传达了一个重要的消息。她说那家政府机构愿意在未来的几天里签合同并支付第一笔100万美元的合同款。这位代表之后解释了交易的前提："我需要给那个政府机构的主管带去装着10万美元的运动背包。他希望这些钱的面额为100美元、50美元和20美元。这位机构主管声称这些钱将用于给无家可归的孩子提供住所和食物。"

公司领导者们必须马上做出是否同意这项合同条件的决策。通过评估道德型决策的指导原则，以小组为单位做出预期的决策。一定要作出一个决策！

5.3 一组不道德的领导行为样本

本章以及前面的章节涉及了一些关于不道德行为的论述。这里给出一组过去和现在一直存在的不道德的领导行为。普遍的看法是，大约95%的企业领导者都是道德的，只有5%是坏家伙（大多是高级执行官），而他们吸引了所有人的目光。虽然只有5%的企业领导者是不道德的，但是他们的影响力却是巨大的。不道德的行为已经使一些公司破产，导致数千名工人失业，降低了人们对股票投资的信任度，并且使很多有才华的年轻人对企业生涯望而却步。

表5-2列举了一组做法被曝光的企业领导者所表现出的不道德的、卑劣的，甚至是违法的行为。此外，还有上千种其他的不道德行为没有被曝光，比如企业的所有者在企业中安置自己的家人、朋友或是情人，尽管这些人的工作对公司的价值很有限，但他们仍然可以得到与此不相匹配的高工资。

表5-2　企业领导者不道德行为的实例

此处所列的这些样本行为不仅包括那些最终被起诉的行为，也包括那些只是带来尴尬和负面新闻的行为。

领导者及其所在公司	所犯错误及其后果
伯纳德·麦道夫，伯纳德·麦道夫投资证券公司前CEO以及前纳斯达克主席	被认定在一段时间内欺诈投资者500亿美元。主要是向投资者出售虚假投资，侵吞大部分钱财，以及把早期投资者的钱支付给新加入的投资者。让世界范围内的经纪人和其他联系人向他推荐下线。因为证券欺诈、全球性的洗钱活动、邮件欺诈和汇款欺诈被判监禁150年。在定罪期间，他承认自己很抱歉。
安捷洛·莫兹洛（Angelo R. Mozilo），美国国家金融服务公司（现在是美国银行的一部分）的前CEO	作为一名CEO，他在向高风险客户发放贷款问题上扮演举足轻重的角色，但还是把有问题的抵押贷款证券包装成安全系数很高的证券卖出。他被指控明知许多借款人根本不可能还款但还是借给了他们，然而他支付了6 750万美元罚款来摆平民事欺诈和内部交易问题，并没有被起诉。之后，在一起好事达保险公司的案件中作为被告，被指控太过宽松的保险标准导致了基于住宅抵押贷款的证券市场的崩溃。

续前表

领导者及其所在公司	所犯错误及其后果
玛莎·斯图尔特，玛莎·斯图尔特生活全媒体的主席和CEO	被指控共谋和妨碍司法公正，以及故意在与艾克隆股份（ImClone）的交易中作虚假陈述。2004年被定罪，在监狱中度过了5个月，并在家中带着电子脚环被监禁5个月。斯图尔特在服完刑后又回到了她的公司和电视节目中。称自己充分利用了在监狱中的时光，收获了友谊以及反省的机会。
派翠西亚·邓恩（Patricia Dunn），惠普公司的非执行主席	被董事会其他成员揭发向媒体泄露敏感信息，有9份关于惠普的报告也受到指控。被指控花费超过325 000美元伪装新闻记者和董事会成员以获得通话记录，并且使用虚假邮箱地址以及在董事会成员的电脑上安装间谍软件。邓恩辞去了她在惠普的职位，并于2007年受到加州的刑事指控。
保罗·迪瓦恩（Paul Shinn Devine），苹果公司全球供应经理	2010年被联邦陪审团指控从苹果在亚洲的供应商那里接受了超过100万美元的回扣。迪瓦恩被指控的罪行包括汇款欺诈、洗钱和非法的现金交易。苹果公司也指称迪瓦恩涉及一项民事诉讼，公司声称对不诚实的行为零容忍。
丹尼斯·科兹洛夫斯基（Dennis Kozlowski），泰科国际有限公司（Tyco International LTD）的前CEO	从公司借了大笔的钱没有归还；逃避支付艺术品销售税；盈利增长作假。在2004年被送进监狱，被判服刑8～25年，并支付7 000万美元的赔偿金。联邦陪审团之后裁决没收科兹洛夫斯基1995—2002年所获得的所有报酬。

资料来源：The facts in the table have been widely circulated in the media. Representative sources for the facts include the following："As If a Credit Tsunami Weren't Enough：The Case of Accused Ponzi Schemer Bernard L. Madoff，" January 19，2009，p. 61；David Benoit，"Allstate Sues Countrywide，" *The Wall Street Journal*，December 29，2010，p. C2；"High Profiles in Hot Water，" *The Wall Street Journal*，June 28，2002，p. B1；James S. Granelli，Kim Christensen and Jim Puzzanghera，"HP Spied on More Than Phone Calls，" www.latimes.com/business，September 21，2006；Barbara Kiviat，"The One that Got Away，" *Time*，September 4，2006，pp. 38-39；Yukari Iwatani Kane，"For Apple Suppliers，Pressure to Win，" *The Wall Street Journal*，August 16，2010，p. B3；"Executives on Trial，" *The Wall Street Journal*，May 26，2006，p. A9；Chad Bray，"Judge Orders Ex-Tyco CEO to Forfeit Compensation，" *The Wall Street Journal*，December 3，2010，p. B3.

5.4 领导力、社会责任与创建有道德的组织文化

企业社会责任的概念在继续发展。最近，它被解释为一种过程，在这个过程中组织中的经理人思考和讨论与利益相关者的关系，以及他们如何工作才能获得普遍的利益。为了分析公司的企业社会责任，理解公司在与他人的关系中怎么想、怎么说、怎么做是很有必要的。[24]根据伦理专家爱德华·弗里曼（Edward Freeman）教授的看法，企业社会责任已经不再是一个附加品，而是需要融入企业的核心目标。[25]当企业的社会责任结合了股东和利益相关者的价值观时，它就被看作一个好的商业战略。[26]

社会责任感与“你应该做的”相符，也能让领导者对社会做出更积极贡献。相反，“你不应该做的”是在表5-2中描述的那些不道德行为。[27]我们这里关注的是那些做了可以加强领导者社会责任感的行为，以及创建一个组织文化所鼓励的道德行为，如图5-1中列举的。

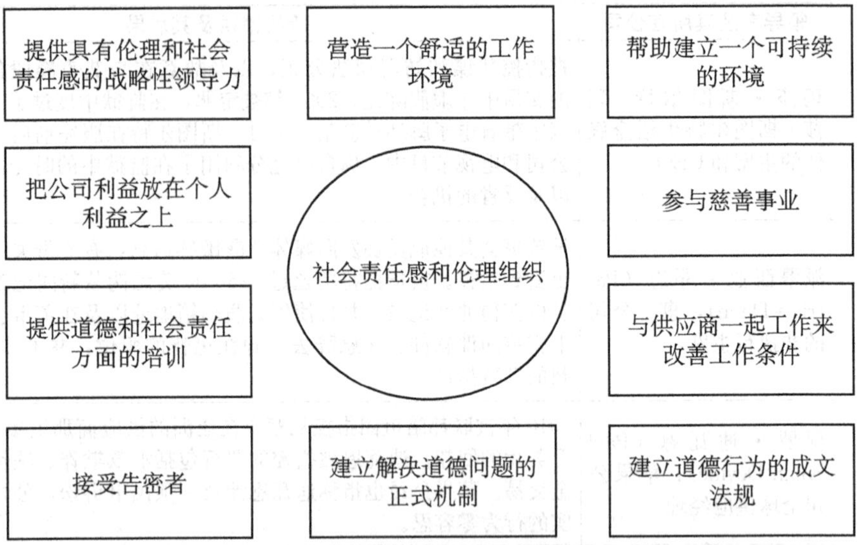

图 5-1　获得社会责任感和伦理组织的举措

5.4.1　提供具有伦理和社会责任感的战略性领导力

获得社会责任感和伦理组织的最有效方法是朝着这个方向提供战略性的领导力。通过这种方法，高层经理可以成为道德型领导者：他们的政策和行动为组织设立了伦理和道德的基调。如果高度的道德感获得了优先权，所有等级的员工都会更加愿意表现得很道德。2008 年，一项关于银行业所面临问题的分析发现领导者缺乏道德感是问题的一个成因。克里斯蒂娜·雷克斯罗德（Christina Rexrode）是银行业的一员，她这样写道：

> 尽管整个行业面临国会颁布的全面新规则和管制，但合法并不意味着道德。在一些银行的部门中，人们对有问题的行为——比如次级抵押贷款——睁一只眼闭一只眼，尽管它们在技术上是合法的。[28]

具有伦理和社会责任感的战略性领导力包括以身作则。如果整个公司的员工都相信道德行为是正确的而不道德行为意味着出局，那么道德行为就会取胜。被奖励的道德行为会持续。琳达·催维诺（Linda Klebe Treviño）和迈克尔·布朗（Michael E. Brown）观察到，道德行为可以通过晋升和补偿来奖励，对象可以是那些表现好的以及在经理、同事和客户面前树立起正直形象的人。此外，表现出不道德行为的员工不应该被奖励，甚至也许应该受到惩罚。[29]一位销售经理为了使之前一个月的业绩好看，向下个月“借”了 5 天时间来使一个月有 35 天，那么他在这 5 天里卖出的东西就不应该得到奖励。

5.4.2　营造一个舒适的工作环境

能直接影响人们幸福感的主要社会责任就是营造一个舒适、愉快并且能激发人们智力的工作环境。因为很多人将大约 1/3 的时间都投入到工作中，所以一个令人愉快的工作环境会使他们的生活变得丰富多彩。罗伯特·利弗林（Robert Levering）和米尔顿·莫斯科维茨（Milton Moskowitz）是“理想工作场所机构”（Great Place to Work® Institute）的一员，他们在与《财富》杂志的合作中提出成为“最佳雇主”的想法。雇主提名自己，总分数的2/3是基于随机选择的雇员在理想工作场所信任量表中做出的回答，这是一个测量组织文化的工具。“理想工作场所机构”的员工对于机构文化核查表的评价决定了剩余的分数。这种制度的焦点在于员工的满意度，而那些有幸成为“100家最佳雇主”的通常也都是盈利企业。这些公司值得称道的举措包括灵活的工作时间、固定的日间托儿所、收取干洗衣物等物业服务、为同性伴侣准备的家庭福利以及全额带薪假期等。以下是三家得到最高评价的公司[30]：

> SAS公司，北卡罗来纳州卡里：这是一家商业分析软件和服务公司，连续两年位居最佳雇主的榜首，上榜时间长达14年。最引人注目的特别待遇包括：日间的医疗保健，向员工子女开放的暑期夏令营，洗车服务和室内清洁服务，沙龙和工作场所的健身房。公司的哲学是：“对待员工要像他们能成就一番大事业一样，那么他们就真的能成就一番大事业。”
>
> 谷歌，加利福尼亚州山景城：这家公司的名称已经成为意味着硅谷标准的一个代名词。它的特别待遇包括：免费美食，一个水疗游泳池，以及免费的日间医疗服务。此外，工程师有权将20%的时间花在自己独立的项目上。如果员工看到另一员工表现好，公司会拿出175美元让他们当场互相奖励。超过2/3的“谷歌人”都用这笔钱来奖励同事。每位雇员最近都被加薪10%。谷歌的雇佣标准非常严格，非常强调才华，有良好的团队合作技巧，以及多元化的兴趣爱好。薪水方面的数据并没有公开，但是许多谷歌的雇员都通过行使合法的股票期权而变得富有。90%的雇员得到了股票期权。
>
> 韦格曼食品，纽约州罗切斯特市：这家公司拥有71家零售连锁店，它的基本信念是“员工第一，顾客第二”。韦格曼家族相信当员工都很快乐的时候，顾客也会很快乐。这家私营零售连锁店每天都能从顾客那里收到上千封信件，这些顾客觉得韦格曼的连锁店就像他们的邻居一样。在最近一年里，11 000名韦格曼的雇员加入到持续8周每天吃5种水果和蔬菜并行走万步的挑战中来。

让公司成为最佳工作场所的雇员项目要求关注员工的利益。但是，这些公司的领导者同样强调工作激励。

5.4.3 帮助建立一个可持续的环境

富有社会责任感的领导者通过一系列的行动影响其他人维持和保护外部环境，这些行动已经超过了强制的环境控制，比如管理有毒废弃物。帮助建立可持续的环境有上百种方式，例如把包装做得小一点，更广泛地使用荧光灯照明，以及在可行的情况下使用太阳能板和风力涡轮机能源来取代燃烧矿物燃料。此外，许多公司赞助团队建设活动，在这些活动中参与者建设操场并在逐渐老化的社区里翻新老房子。相比盖一栋新的建筑，维护一栋老房子可消耗更少的能源，同时也能增加环境的美感。

一种相对来说较新的领导定位已在一些公司里建立起来，有着类似首席可持续官的名号。在可口可乐公司，首席可持续官比·佩雷斯（Bea Perez）的主要角色是致力于可持续方面的问题，比如包装、回收、大气保护和社区问题。[31]

积极参与建立可持续环境的三个代表性领导力案例如下：

● 一些轮胎公司，包括普利司通公司和米其林公司，正在生产滚动阻力更小的轮胎，或是要求一个轮胎必须能克服移动中的车辆的力量。当轮胎有更小的滚动阻力时，汽车就会消耗更少的燃料，尽管也有一些人认为这样的轮胎用不长，而且可能在湿滑的路面需要更长的刹车距离。[32]

● 联合包裹服务公司（UPS）在最近几年里已经将它的国内送货船队燃料效率提升了10%。为了将效率再提高10%，公司增加了更多使用可替代燃料的交通工具。UPS现在拥有纯电动交通工具、混合动力汽车、使用压缩天然气为动力的车辆，以及使用液化天然气的车辆。[33]

● Restore Products公司的清洁产品与其他环境友好型的竞争者相比，更加绿色环保。消费者可以带着空瓶去22家合作商店中的任意一个填充瓶子。电脑会读出条形码，混合一种新的产品，装满瓶子，并且打印优惠券。[34]

无论以上列举的三个案例中的公司是为了被评价为环境友好型的公司而在作秀还是确实如此，环境最终都受益了。领导者保护环境的另一个方法是直接参与回收事务。电子回收尤其重要，因为电子产品是全世界发展最快的固体废弃物，而且含有类似汞和铬的毒素。在这一领域较有规模的企业是加利福尼亚州的ERI公司。ERI的首席执行官约翰·谢尔盖（John S. Shegerian）正在一步步实施一项对社会有帮助的计划：200位全职或兼职员工中的1/3是“第二次机会”项目的一部分，这个项目主要包括那些有前科的人和曾经的瘾君子。[35]这个项目对社会有帮助的一点在于，这些人一旦找到了工作，就可能不会再次犯罪或是吸毒。领导力技能开发练习5-2为你提供了一次环境审计实践的机会。

领导力技能开发练习5-2

进行一次环境审计

某人为了创建环境友好型的工作场所，需要利用积极性来抓住一次变革的机会，因此需要加强领导力练习。将整个班级分成大约5个小组，每个小组中的一个人被指定为组长。你也许不得不走出教室去做这个工作，因为你的作业是做工作场所的环境审计，这也许会包括非营利设施，比如教堂、学校或是运动设施。如果这次审计是利用上课时间做的，那就评估学校的一部分，比如一间教室、一个运动设施或是食堂。你的任务是从能源利用的有效性和工作场所的健康程度的角度来进行一次环境审计。用1～10打分，累计以下因素的评分：

1. 就房屋保温、荧光灯照明的使用、制热和制冷以及太阳能板的使用等因素来说，这个工作地的能源利用效率如何？

2. 就污染物和防止物理事故来说，环境的安全性如何？

3. 就防止视觉和声音污染来说，环境的美感如何？

将你的发现和建议总结在一张纸上，向班级同学甚至是该工作场所的经理展示你的发现。同学们会就你的发现是否真正从生态立场保护了地球来进行评价。

5.4.4 参与慈善事业

担负社会责任的标准组织领导途径就是为慈善组织和各种事业捐赠资金。大多数慈善组织都非常依赖企业的支持。学院、大学和职业学校也会从企业捐款中受益，许多起带头作用的慈善家会一生都一直捐钱而不是捐建一幢教学楼。最引人注目的例子是微软公司的比尔·盖茨和梅琳达·盖茨，他们成立了自己的基金会，用于一些基本的全球性目的，包括减少极端贫困，对抗艾滋病，以及为儿童接种对抗疾病的疫苗。金融家沃伦·巴菲特也是基金会的一个主管。在美国，慈善事业的重点更多地放在教育和信息技术上。2010 年，基金会得到了一笔 245 亿美元的捐赠。此外，在 2006 年，巴菲特已经把捐款翻了倍。比尔·盖茨甚至发起了一项对资本主义的修正，认为穷人应该得到更多的好处。盖茨说他很困惑，因为技术的进步、医疗保健以及教育都趋向于帮助富人而忽视了穷人。[36]

许多企业赞助人希望他们的慈善投资会使终端消费者受益，能展现出可衡量的结果，而不是淹没在官方文章和日常开支上。新型的慈善家研究每一项慈善事业，因为他将会获得潜在的商业投资，在社会影响力方面寻求最大化的回报。这些慈善家也许会寻求最新数据，比如有多少儿童被教授了阅读能力，或者新发生的艾滋病案例降低了多少个百分点。

我们通常认为慈善家都是大公司的总裁或是白手起家的亿万富翁。事实上，许多受到较少关注或是不那么富有的领导者也是慈善家。一个代表性的例子是本尼·福勒（Bennie Fouler），他是福特汽车公司全球质量集团的副总裁。他成立了 Powerstroke 运动俱乐部，俱乐部的任务是通过勤奋的工作、纪律、教育和积极关系来帮助青年人发展积极的个性和价值观。福勒在俱乐部每周花 10 小时教授篮球等。Powerstroke 通过每年举行两次资金筹集活动，减少费用开支以及赞助那些付不起费用的孩子，来支撑俱乐部的运营。[37]

成为慈善家的另一个方法是让公司从生理、精神和情感上去帮助需要帮助的人。“领导者在行动”专栏展示了这个方法。

领导者在行动

Lowes 的门店经理海蒂·马休斯帮助建立更美好的世界

“我一直觉得能帮助别人实现梦想是一件绝对光荣的事。”亚利桑那州的家居装饰公司 Lowes 的门店经理海蒂·马休斯（Hattie Matthews）这样说。四年前，马休斯曾经是一名修饰木工和有执照的建筑师（从五岁起，她就通过家族的建筑事业开始学习这门技术），也是“女性住房建设项目”的志愿指导员。这个项目是住房救济组织的一个分支，培养女性参与住房建设所必需的技能。Lowes 公司与一个慈善组织的合作是一个开端。从那以后，公司参与了凤凰城、底特律和本顿港的 20 栋房屋的建设。

马休斯常在每周女性建筑诊所中教授基本的建筑知识，来帮助女性克服在工作现场感受到的威胁。她相信女性在诊所中学到的东西不仅对在住房建设工地上完成任务有帮助，也对她们处理生活中遇到的挑战有帮助。比如，一位单亲妈妈想要学习建筑知识来修缮她的房子。当学习项目结束的时候，这位年轻的妈妈难掩自己的感激之情，对着马休斯热泪盈眶。她从没想到自己有能力完成类似建造一栋房子这样的任务。"你难以想象这给一些人的生活带来的影响。"马休斯这样说。

2009年，有六位妈妈将加入住房建设的第二届年度全国女性建筑周，这是一个全美性的庆典，有超过6 000名女性志愿者。马休斯仍然对这个仅仅是从一块石板开始的项目在七年之后改变了人们的生活而惊讶。她解释说："当你加入我们的项目时，你总能得到比你付出的更多的东西，人们都为此惊讶。"

[问题]

1. 海蒂·马休斯通过何种方式表现出了社会责任感？
2. Lowes 的管理通过何种方式表现出了社会责任感？
3. 马休斯通过哪种或哪些方法锻炼了自己的领导力？

资料来源：Black enterprise by SCOTT Copyright 2009. Reproduced with permission of BLACK ENTERPRISE MAGAZINE.

5.4.5 与供应商一起工作来改善工作条件

公司领导者练习培养社会责任感的好方法是与供应商一起工作，来改善物理和精神的工作环境。不要拒绝与经营血汗工厂的供应商打交道，管理者应该与供应商一起工作来改善工厂的工作环境。帮助供应商改善工作环境的原因是供应商的雇员通常都是急需薪水的人，对那些面临极端贫困或是靠微薄工资来维持生活的人来说，任何工作都好过没有工作。帮助供应商改善工作环境已经被概念化为公司用于进行积极的社会变革的工具——也是另一种用来证明企业社会责任的方法。[38]

Gap公司在改善供应商的工作环境中起到了主要的积极作用。公司领导者提出了一份报告，承认在全球范围内为Gap公司生产服装的3 000家工厂中的大多数工作环境远不能令人满意。在这些违反工作环境的案例中，10%～20%的中国工厂使用心理强迫或是言语虐待的方式。非洲撒哈拉以南地区超过50%的工厂在使用机器时没有适当的安全设备。Gap公司的代表现在花更多的时间来培训和帮助这些工厂，为它们建立起发展项目和符合工作环境的条款。Gap公司的早期倡议已经发展成道德倡议，这一倡议的目的是提高为Gap公司生产服装的工人的生活水平。[39]

5.4.6 建立道德行为的成文法规

许多组织使用成文的行为条例作为道德的和富有社会责任感的行为的指导原则。这类指导原则变得越来越重要，因为自我管理团队中的工人和过去相比受到了更少的监督。无论在哪个行业，大多数条例都关注一些非常小的问题。帕特丽夏·布里丁斯（Patricia Breedings）是田纳西州康维特医疗中心（Covenant Health）的一名诚信守约官，他这样说："他们强调利益、赠品和想法的冲突，这就和小摊贩之间的关系一样。他们在某人身上用'顾客'一词，在另一人身上用'病人'这一词，但它们都是关于做对事情。"[40]

禁止政府或企业官员腐败的条例正越来越多地被纳入道德条例，目的是对抗潜在的主要问题。例如，在2011年，美国的监管者指控IBM在亚洲地区长达10年的腐败行为，声称他们的雇员在韩国移交了装满现金的购物袋。IBM同意支付1 000万美元来摆平民事诉讼，在这起诉讼中，IBM下属子公司超过100位员工参与了腐败事件。[41]（这个案例非常引人注目，因为IBM在道德和社会责任方面一直有着非常积极的形象。）

《萨班斯-奥克斯利法案》因为2000年期间的一系列金融丑闻而出台，法案要求上市企业公开它们是否已经接受了针对高级财务官的伦理守则。在一些公司，比如波音公司，任何层级的员工都被要求签署行为条例。当公司中的正式和非正式领导者引用条例时，成文的行为条例更能影响人们的行为。此外，遵守条例的行为必须受到奖励，而违反条例的行为必须受到惩罚。

5.4.7 建立解决道德问题的正式机制

许多大型的雇主拥有多种多样的伦理项目。大型组织常常建立道德委员会来帮助确保行动符合道德标准并富有社会责任感。高层领导者加入这种正式的机制能为这些机制增加影响力。委员会成员包括高层管理代表以及整个组织内的其他经理，来自人力资源部门的伦理和社会责任专家也会加入。委员会制定伦理和社会责任政策，还会进行针对公司活动的道德审计。此外，委员会成员还会审核一些关于道德问题的投诉。

美国联邦政府有个被称为"五角大楼行为标准办公室"的部门，目标是处理道德问题。最有效的武器是"道德错误案例百科全书"，这是一份由五角大楼律师史蒂芬·爱泼斯坦（Stephen Epstein）在网上公开的政府内部道德问题清单。主要的案例历史披露了一些骗术和令人震惊的不公正判决，这使得许多不同政府部门的公务员退出了他们的职业生涯。其中一个例子是一位军官被发现为他自己和他女朋友的女儿进行虚假商业活动。爱泼斯坦在头条以"一个一起在监狱中度过时光的快乐家庭"为题报道了此事件。[42]

大型组织内的不道德行为会被公之于众，会导致巨大的尴尬，被起诉人的职业生涯也会受挫。

5.4.8 接受告密者

这里的**告密者**（whistleblower）指的是一位向公司里有能力采取行动的单位揭露组织错误行为的雇员。在安然公司，正是一位这样的告密者开始了对公司金融丑闻的曝光过程，比如揭露掩盖损失的行为。莎朗·沃特金斯（Sherron Watkins）是一位副总裁，她写了一封匿名信来揭发腐败、不诚实的财务报告：安然公司为两个没有资产的企业预设了利润，并将匿名信发给了公司的总裁。

告密者通常会直接去联邦政府部门报告他们认为自己的上司做出的欺诈或是不

道德行为。迄今为止最大的一起案件是 Tenet 保健公司涉案金额达 9.2 亿美元的事件，Tenet 是全美第二大医疗连锁企业。根据六位告密者的揭发，公诉人起诉 Tenet 公司在医疗支付上向政府多收了 8.06 亿美元，还向医生支付了 4 900 万美元的回扣以便这些医生向患者介绍医疗保健组织。[43]《多德-弗兰克法案》在 2010 年 7 月通过，也许将来会挖出更大的案件。

告密者通常会受到他们希望提出改进的公司的排斥和羞辱。例如，他们也许在未来不会被提拔或是在绩效评估中得分更低。同样，许多告密者会被炒鱿鱼或是降职，即便有了其告密意见备受瞩目且日后证明属实也是如此下场。[44]《萨班斯-奥克斯利法案》包括一些对告密者的保护条例，那些揭露公司相关会计丑闻、内部会计控制和审计的雇员，都会得到复职，并补发工资和诉讼费。超过一半的告密者的请愿都被忽视了。

哈里·马科波洛斯（Harry Markopolos）是一位来自波士顿的衍生品分析师，他曾怀疑伯纳德·麦道夫的投资事业涉嫌诈骗，这是一个告密者被忽视的典型案例。通过直觉和分析性探查，马科波洛斯证明了麦道夫不能获得他所宣称的回报。马科波洛斯向证券交易委员会提出这一点，但是他的请愿没有被认真对待，并且这件事情就这样被丢在一旁。[45]由于告密者的请愿通常都会被搁置，各层次的领导者为合法的告密行为创造一个好的环境就显得非常重要。领导者需要能分辨出麻烦制造者和真正的告密者的区别。

做一个告密者需要表现出一些领导力，从某种意义上说是发挥主动性带来改变。但是，因此而受挫的组织领导者有可能认为这种改变是没有帮助的。

5.4.9 提供道德和社会责任方面的培训

道德培训的形式包括公司领导层提供的伦理和社会责任感方面的信息、大学的伦理课程，以及伦理方面的培训。这些训练项目加强了这样一种观点，那就是有道德的和富有社会责任感的行为既在道德上是正确的，又对生意有好处。本章的大多数内容反映了这些项目中的信息交流类型。当组织文化鼓励道德行为时，道德和社会责任方面的训练最能发挥有效性。

卡特彼勒是建筑和采矿设备的生产商，代表了针对道德培训的现代方法的个例。在年度培训中，其所有 95 000 名员工需要思考并回答通过网络或是书面展示给他们的一系列问题。所设计的剧本鼓励员工考虑在特定情形下的最佳行为方式。场景包括向一位工厂楼层的清洁员现在使用的清洁剂中添加了一种其他雇员使用的清洁剂。其中一个选项是“由环境健康和安全组织进行检查来确保这种混合液是安全的”。[46]

为了培养未来的道德型领导者，一些商业学校开始雇用一些曾经的白领罪犯向 MBA 学员讲述关于企业犯罪的案件，目的是直接震慑这些学员。如小沃尔特·帕夫洛（Walter A. Pavlo Jr.），他参与了 MCI 600 万美元的洗钱计划，之后在联邦监狱服刑两年。正如你可能会怀疑的，付钱给这些曾经的罪犯来讲述他们的犯罪经历是存在争议的。[47]

领导力技能开发练习 5－3 为你提供了参与一项小型道德培训的机会。

领导力技能开发练习 5－3

怎样裁员能减少开支

你的角色是一家大公司的中层领导者，由于公司要缩小规模，你需要列出一份裁员名单。CEO 说她希望你列出 50 位被裁掉的员工，为公司省下的钱越多越好，但是你也要关注那些产出较高的员工。随着你和你的团队开始仔细研究员工的薪水，你注意到年纪越大的员工通常能得到越高的薪水，因为他们多年来一直在加薪。基于绩效评估的结果，在这些薪水很高的员工中，有表现杰出的、一般的和低于平均水平的。你同样注意到一些年轻的雇员不一定表现突出，但工资也相对较低。

你的工作是制定一个标准以便能选出 50 名被裁掉的员工，同时要考虑到财务和道德因素。你想要实践道德和社会责任型领导，但是你也希望这次裁员能为公司省下更多钱，这能让你的 CEO 感到满意。

5.4.10　把公司利益放在个人利益之上

有许多违反道德的事件都源自经理把自己的个人利益置于公司和其他员工的利益之上。比如高级经理投票给自己以得到无耻的补偿金。乔纳森·蒂什（Jonathan M. Tish）是 Loews 酒店的主席和 CEO，他说在今天这个互相依赖的世界里，成功需要"我们"型领导，或是能够为追寻更好的结果把目光放得比个人利益更长远而建立伙伴关系的人。领导者应该联合起来而不是各自为政，合作而不是竞争，并且相信同时做好并做得更好是有可能的。建立伙伴关系的一个要求就是公正。每个人都必须能从伙伴关系中受益。[48]

根据管理学教授克雷格·皮尔斯（Craig L. Pearce）、查尔斯·曼兹（Charles C. Manz）和小亨利·西姆斯（Henry P. Sims Jr.）的研究和理论，当领导力被分享之后，执行官就不那么容易有腐败行为（并且因此能把公司的利益放在首位）。研究人员解释说，权力会带来腐败，绝对的权力更是会带来特别有害的影响。权力分享可以带来检查和平衡的有力系统，可以减少一些商业执行官的不道德和犯罪的行为。[49]然而，实际情况是犯了罪的商业领导者，例如伯纳德·麦道夫，有可能是因为得到了其他几位执行官的合作与帮助（因此进行了共享领导）才制造了巨大的骗局。

领导力技能开发练习 5－3 为你提供了处理伦理和社会责任问题的机会。

5.5　道德和社会责任感行为与组织绩效

高度的道德和社会责任感与良好的财务业绩之间存在关联。关于企业社会绩效和利润关系的模型强调了供给和需求的重要性。模型表明，当社会责任投资的需求增加的时候，主张价值最大化的经理即使是在现金流减少的情况下，也会从自身利益中找到它并进行投资。同样，尽管需要花钱，当这些投资机会的需求远超过供给的时候，公司的市场价值也会提高。例如，为了提高贫困儿童的文化程度而进行的投资项目也许会得到回报，因为对于这类投资有着巨大的需求。[50]但是，用来帮助保护亚利桑那沙漠里的爬行动物的投资也许不会得到丰厚的回报，因为对这类投资的需求比较低。

社会责任感与利润之间的关系同样能够在两个方面发挥作用。利润更好的公司能够更好地为社会责任方面的举措进行投资，而且这些举措能够带来更多的利润。桑德拉·沃多克（Sandra A. Waddock）和萨缪尔·格雷夫斯（Samuel B. Graves）分析了企业社会绩效和企业财务绩效之间的关系，研究涉及469家公司，这些公司涵盖13种产业，整个研究耗时两年。研究使用多个不同的指标对社会绩效和财务绩效进行测量。社会绩效的例子如帮助恢复一个贫困社区的经济发展。

研究者发现，财务成功带来了足够的资金用于公司改进社会绩效。该研究同样发现，良好的公司社会绩效也能对改善财务绩效产生影响，这里的财务绩效通过资产回报和销售回报加以测量。沃多克和格雷夫斯认为，社会绩效与财务绩效之间的关系可能是一个**良性的循环**（virtuous circle），即公司的社会绩效和公司的财务绩效互相支持、彼此强化。[51]

伦理资源中心（Ethics Resource Center）的一项研究表明，在比较有道德的环境中工作的雇员会有更好的动力。研究总结说，对雇员来说，能对比他们自己能力范畴更大的事情做出贡献的机会和因此得到认可是能让人表现更优秀的动力。[52]通过这个方法，公司领导解释了为什么工作比个人能力范畴更大是很有帮助的，比如一位水泥生产商向雇员们解释水泥对建造基础设施来说是非常重要的，因为这个设施能满足许多人的需求。

道德感同样有助于避免因不道德行为而需要支付的巨额罚款，包括由于歧视而受到的起诉，以及因为不恰当的财务报告而引起的诉讼。之前提到的IBM需要支付罚款的事例说明了不道德的潜在成本。被指控不道德和行为违法会使得在消费者和客户心中的形象一落千丈，同时也会很难吸引新的消费者和客户。

简而言之，一位成功树立起高度道德水平和社会责任形象的领导者能够为公司赚取并省下许多钱，尽管有时候表现出社会责任感需要对利润产生一些影响。一家名为“地球妈妈天使宝贝”（Earth Mama Angel Baby）的小公司使用可再生材料来包装其有机的、不加防腐剂的乳液和洗发水以及其他一些商品，专门销售给生产前后的女性及婴儿。其老板梅林达·奥尔森（Melinda Olsen）说，她的想法需要靠高价来实现，有机成分的成本使得她的企业毛利与竞争对手相比低了13%。[53]尽管如此，作为一名领导者，她仍把自己的理想看得比利润最大化更有价值。

小 结

伦理与道德型领导的原则全部围绕着一个中心话题，那就是领导者应该做正确的事情，就像大多数理性的人所感受到的那样。四种道德型领导行为如下：(1) 诚实、值得信赖、正直；(2) 关注所有利益相关者；(3) 建立共同体；(4) 尊重个人。

影响道德差异的因素主要可以归结为七个：(1) 领导者的贪婪程度；(2) 合理化；(3) 对参与不道德行为的暗示性许可；(4) 领导者个人的道德发展水平；(5) 职权意识；(6) 环境；(7) 人的个性。为了保持道德感，一个领导者必须培养出关注好行为的道德观念。

在对一个不清楚是否道德的问题做出决策之前，领导者或是管理者应该为下列问题寻求答案：它是正确的吗？它是公平的吗？哪些人因此受到了损害？不道德行为会导致公司破产，导致上千名员工被解雇，降低人们对投资股票的信任度，并且使很多有才华的年轻人对职业生涯望而却步。

能让领导者变得有道德的另外一个途径是在公司中或是一个单位中起带头作用，朝着做好事努力，朝着有社会责任感努力，朝着创建有道德的组织文化努力。可能的获得社会责任感和伦理组织的举措包括：（1）提供具有伦理和社会责任感的战略性领导力；（2）营造一个舒适的工作环境；（3）帮助建立可持续的环境；（4）参与慈善事业；（5）与供应商一起工作来改善工作条件；（6）建立道德行为的成文法规；（7）建立解决道德问题的正式机制；（8）接受告密者；（9）提供道德和社会责任方面的培训；（10）把公司利益放在个人利益之上。

根据相关研究证据和观点，高度的道德和社会责任感有时与良好的财务绩效有关。有较高需求的原因更有可能是得到财务回报。很多盈利的公司设立有专门的资金用于投资一些好的社会项目。道德感能帮助避免因不道德的行为而带来的巨额罚款。此外，有道德的组织可以吸引更多的雇员。富有社会责任感的行为是划算的，但是，承担社会责任有时会降低利润率，尽管领导者的理想也很重要。

实践与技能开发指南

发展领导生涯的稳固基础是建立个人的道德准则。道德准则决定了什么行为是对的什么行为是错的，什么是好的什么是坏的，这些都基于价值观。价值观来源于文化修养、宗教教义、同伴影响和行业标准。职业道德准则可以帮助领导者解决一些问题，比如贿赂、诽谤，以及对工作伙伴的性骚扰。

对不道德行为的解释强调了人与人之间关系的力量。假设两个人彼此之间有非常密切的关系——他们也许已经一起工作了很长时间或者认识很长时间了。结果是他们有可能在工作中对另一方表现出道德行为。相反，如果两个个体之间存在的联系很弱，任何一方都很有可能对另一方很差。在工作环境中，所涉及的人可能是你的工作伙伴、你的联系人或是你的内部或外部客户。[54]你作为一名领导者，为了提高道德行为发生的频率，需要与他人建立紧密的联系。

[讨论题]

1. 如果连声誉很好的公司例如IBM和苹果都被指控通过行贿的方式来获得订单，为什么你应该担心道德感的问题？

2. 那些被指控有不道德行为的企业总裁中的大多数都学习过伦理或是参加过企业道德类的课程培训。你认为是哪里出错了呢？

3. 假设你得到了一个内部消息，你的老板正在考虑宣告破产，而同时你发现你的一个家族成员打算花20 000美元来买你老板公司的股票。劝阻你的家人不要进行这项投资在何种程度上是不道德的？

4. 为了确信雇员没有在社交网络上做出关于竞争的令人厌恶的行径，公司领导者应该扮演怎样的角色？

5. 消费者怎样运用互联网来帮助控制企业领导者的不道德行为？

6. 许多零售客户在哪些方面表现得相当不道德？

7. 一位企业领导者获得了1亿美元或是更高的年薪，从道德角度来说，你对此怎么看？

8. 生产会导致心脏疾病和过度肥胖的高热量食物的公司的领导者会被认为是缺乏社会责任感吗？

9. 一项研究发现，美国每年大约有2 600个死亡案例、33万个受伤案例和150万个财产损失案例是因为人们在开车时使用手机而导致的。那么出于社会责任义务，手机生产商和手机服务提供商应该做些什么来解决这个问题？

10. 解释一下你是否愿意接受较少的加薪或是奖金？比如10%或更少，以便让你的老板能把钱投资于解决社会责任方面的问题，比如为无家可归者提供住所或是让贫困的孩子上网。

领导力案例 A

极端的酿酒工艺

因为在 13 个州被禁止售卖，也不能装在 6 瓶装的手提纸板箱里，Samuel Adams 啤酒的生产商更新了其两年一次推出新版的啤酒“乌托邦”，它是市场上酒精含量最高的啤酒，按体积算含 25.5%的酒精，售价 150 美元，白兰地颜色的乌托邦目前还在限量发售，许多酿酒师利用科学技术来提高其效能并加强口感。

“只是想努力挑战极限。”吉姆·科赫（Jim Koch）说。他是波士顿啤酒公司（Boston Beer Co.）的创始人和所有者，生产了 Samuel Adams。“我推动的这件事情超出了这 13 个州的法律预期，它们在数十年前通过这些法律的时候根本没有想到会这样。”

从 20 世纪 90 年代开始，像波士顿啤酒公司和 Dogfish Head 这样的工艺酿酒商已经开始生产许多这样的极端啤酒，它们挑战了传统啤酒的概念，这些传统啤酒受到数十年前出台的陈旧法律的束缚。

保罗·葛萨（Paul Gatza）是科罗拉多州博尔德的酿酒师协会（Brewers Association）会长，他说新型酵母的研究让酿酒师们用新型技术来进行试验，挑战了以体积计算的含 14%酒精的啤酒传统。“结果就是，这些新型的啤酒，比如乌托邦，综合了甜度、更高的酒精含量以及更多的材料。”葛萨说。

一些州开始改进它们的法律，允许新兴的工艺酿酒市场发展。比如，亚拉巴马州和西弗吉尼亚州最近通过了新的法律，允许啤酒中有更高的酒精含量。艾奥瓦州和密西西比州的立法者正在考虑推行相似的法规。葛萨说消费者同样是这些变革的推动者，这也导致了波士顿啤酒公司和 Dogfish Head 之间的啤酒大战。

1993 年，科赫通过发明 Triple Bock 开了一家新的酒吧，Triple Bock 是一种按体积算含 18%的酒精的饮料。21 世纪初，Dogfish Head 准备把它们的啤酒做到含 22%的酒精。但是最新的乌托邦清楚地让科赫和 Dogfish Head 看到了更厉害的啤酒，Dogfish Head 的创始人兼总裁山姆·卡拉卓尼（Sam Calagione）这样说。

“因为乌托邦，我不得不认输了。”卡拉卓尼说，“我认为我们不能在短时间内酿造出比它更厉害的啤酒。”

［问题］

1. 思考一下：普通的啤酒按体积计算只含 5%的酒精，那么生产含 25.5%酒精的啤酒有什么伦理方面的问题？

2. 很少有消费者愿意为一瓶啤酒支付 150 美元，对波士顿啤酒公司的总裁来说，为高酒精含量的啤酒进行宣传有多大程度的社会责任感呢？

3. 假如你此刻是营销员，哪一类人会有兴趣购买乌托邦呢？

角色扮演

由一位学生扮演波士顿啤酒公司的一位中层经理。这位中层经理今天要和公司的 CEO 吉姆·科赫开一个会。中层经理想要让科赫思考一下波士顿啤酒生产乌托邦这一产品时涉及的伦理和社会责任问题。科赫则更关心为公司赢得关注，并且相信公司是很有道德和社会责任感的。其他观察者也很重要，他们要判断中层经理和科赫有没有抓住有关伦理和社会责任问题的重点。

领导力案例 B

让我们一起变得更环保

莫尼卡（Monica）是一家有上千名员工的地方连锁医院和诊所的 CEO。由于保险公司急于与相对成本较低的供应商建立伙伴关系以及人口的老龄化，医疗设施也在不断发展。莫尼卡最近一直在思考的是医疗设备在推动环境可持续发展方面并未像生产企业那样咄咄逼人。用她的话来说，“医疗设备应该比现在更加环保。虽然我们现在不会把用过的绷带扔进河里，但我们其实还可以做得更多。我认为需要让我们的领导者和常规的客户更多地思考绿色环保这一问题”。

在接下来的一周里，莫尼卡与她的行政助理希拉里（Hillary）一起工作，列出了一份他们医院和诊所的经理、监管者和雇员的建议清单，这些人都有可能帮助建立一个更加绿色的环境。莫尼卡坚信只有集体行动才能创建起一个可持续的环境，这意味着所有的雇员都有助于使医疗设备变得更加环保。她随后用工作邮箱给每位员工发了一封邮件，倡议大家共同建立一个更加绿色的环境。莫尼卡同样解释说，医院已经设立了一笔中央预算，用于帮助支持一些绿色项目。她帮助医院和诊所为创建可持续环境做出贡献的意见包含25条建议，其中的6条如下：

- 在天冷的时候工作场所的空调温度不要设得太高，热的时候不要设得太低，以此节约能源。
- 鼓励病人节约使用毛巾，因为洗毛巾要消耗大量能源。
- 鼓励医院和诊所的来访者不要为了找到一个靠近医疗设备的停车点而开车在停车场里绕来绕去浪费燃料。病人和家属因为不想走路而向空气中排放了大量二氧化碳。
- 鼓励员工在任何方便的地方使用公共交通工具。
- 使用马克杯而不是塑料杯，设立专门的垃圾桶来回收铝制易拉罐和塑料瓶。
- 将“打印前先想想”的标语张贴在办公室打印机和复印机的旁边。同时也在你邮件的签名下面写上鼓励人们如非绝对必要不要打印邮件的话。

在给她的大量分散的回复邮件中，最多的一种答复是，“谢谢。如果我们都按照你说的来做，我们将很快成为全国最绿色的健康医疗连锁”。此外，还有“好主意，但是我们的员工现在已经超负荷工作了，我很怀疑我们还能不能在这样的环境下工作”。

[问题]

1. 在莫尼卡发邮件鼓励大家维持环境的可持续发展这件事上，你对其领导效能怎么看？

2. 莫尼卡还可以运用什么领导力技能来帮助促进医院和诊所的可持续发展？

3. 通过陈述愿景来涵盖莫尼卡朝可持续发展所做的努力，以此来帮助莫尼卡。

角色扮演

成立一个小组来扮演由莫尼卡领导的这家医院和诊所的监管者。你们的这个团队决定来一场头脑风暴，想出一些能帮助医院为发展可持续环境作出贡献的点子。花15分钟召开小组头脑风暴会议。把6条有用的建议列成清单，将清单提交给莫尼卡来证明你们的团队想要朝着绿色环保的方向培养领导力。

领导力技能开发练习5-4

我的领导力文件夹

根据本章节录入你的领导力日志的内容，请回想你最近遇到的任何能给你机会实践道德或社会责任的行为场景。这种场景可能是已经发生了的与职业有关，或是与同学交往有关，或是与某种类型的客户有关的场景。描述这些场景及你当时是如何应对的。想想你从自己身上学到了什么。下面是一个例子。

> 我在考虑购买一个高级软件来管理和编辑我电脑里的照片。我需要的这个软件要花费几百美元。一天，我在浏览邮件时看到了一则广告以50美元的价格提供我需要的软件。首先，我想到的是这真能省下一大笔钱。之后我想到了道德问题，我开始意识到卖这个软件的人很可能侵犯了别人的版权。如果我从这个人那里买了软件，我就是支持盗版软件的人。此外，买这种偷来的东西也许是犯罪。我从这次事件中学到了在每一天的生活中，我们都有很多机会来实践好的或是坏的伦理。我希望我自己成为有道德的领导者，

因此做有道德的事情对我来说是有帮助的。另外，通过成为有道德的人，我也许避免了购买有病毒的软件，而那样做可能严重损坏我的电脑。

领导力技能开发练习 5-5

公司让雇员回收电子产品的政策

假设你在公司里处在一个领导职位上。你和其他几位经理正在思考关于自然环境的问题，因为各种丢弃的电子产品，环境变得很糟糕，这些电子产品包括个人电脑、笔记本电脑、智能手机和电视机。你知道有合适的途径可以丢弃或是回收这些商品，但是这些途径通常都被大家忽视了。你的公司是有环保意识的生产商，想要摆脱这些电子设备对环境的损害。但是你觉得，在安全地丢弃家中用过的电子产品方面，员工们还做得不够好。

自己独立或者和其他同学一起制定一个公司政策，让员工们在丢弃不再用的电子设备方面表现得更有社会责任感。要认识到公司对于员工的个人生活行为只具有有限的直接控制力。建议的指导原则是制定一项100字左右的公司政策。

注 释

[1] A couple of facts about the clothing industry in this story are from Chris Burritt, "Why 'Less Is More' Rules Fashion," *Bloomberg Business Week*, May 30–June 5, 2011, pp. 18–19.

[2] James G. Clawson, *Level Three Leadership: Getting Below the Surface*, 2nd ed. (Upper Saddle River, N.J.: Prentice Hall, 2002), p. 54.

[3] Cited in Joanne B. Ciulla, ed., *Ethics: The Heart of Leadership*, 2nd ed. (Westport, CT.: Praeger, 2004), p. 119.

[4] Karianne Kalshoven, Deanne N. Den Hartog, and Annebel H. B. De Hoogh, "Ethical Leadership at Work Questionnaire (ELW): Development and Validation of a Multidimensional Measure," *Leadership Quarterly*, February 2001, p. 51.

[5] *National Business Ethics Survey*, Ethics Resource Center, Arlington, VA, 2009 survey (www.ethics.org).

[6] Thomas E. Becker, "Integrity in Organizations: Beyond Honesty and Conscientiousness," *Academy of Management Review*, January 1998, pp. 154–161.

[7] Robert Simons, Henry Mintzberg, and Kunal Basu, "Memo to CEOs Re Five Half-Truths of Business," *Fast Company*, June 2002, p. 118.

[8] Tricia Bisoux, "Corporate Counter Culture," *BizEd*, November/December 2004, p. 18.

[9] Douglas R. May, Adrian Y. L. Chan, Timothy D. Hodges, and Bruce J. Avolio, "Developing the Moral Component of Authentic Leadership," *Organizational Dynamics*, no. 3, 2003, p. 248.

[10] Peter G. Northouse, *Leadership: Theory and Practice*, 2nd ed. (Thousand Oaks, Calif.: Sage, 2001), p. 263.

[11] Pete Engardio, "Global Compact Strengthens Efforts to Promote Human Rights in Business," www.unglobalcompact.org, December 10, 2007; "Overview of the UN Global Compact." www.unglobalcompact.org., November 23, 2010.

[12] Clawson, *Level Three Leadership*, p. 57.

[13] "Fed Chief Points to Cautious Recovery," Gannett News Service, July 17, 2002.

[14] "KPMG's Timothy Flynn: Restoring Credibility and Not Looking Back," *Knowledge @ Wharton*, December 12, 2007, p. 1.

[15] Lawrence Kohlberg, *Essays on Moral Development* (New York: Harper & Row, 1984).

[16] Susan Chandler, "Why Do Rich CEOs Steal? Entitlement," Knight Ridder News Service, September 19, 2004.

[17] "Trends in CEO Pay," www.aflcio.org/corporatewatch, 2011.

[18] Aaron Lucchetti and Monica Langley, "Perform-or-Die Culture Leaves Thin Talent Pool for Top Wall Street Jobs," *The Wall Street Journal*, November 5, 2007, p. A1.

[19] Max H. Bazerman and Ann E. Tenbrunsel, "Ethical Breakdowns," *Harvard Business Review*, April 2011, pp. 61–62.

[20] "The Ethical Mind: A Conversation with Psychologist Howard Gardner," *Harvard Business Review*, March 2007, pp. 51–56.

[21] Timberly Ross, "Buffet Warns Execs to Avoid Temptation," The Associated Press, October 10, 2006.

[22] James L. Bowditch and Anthony F. Buono, *A Primer on Organizational Behavior*, 5th ed. (New York: Wiley, 2001), p. 4.
[23] Kate Kelly, "How Goldman Won Big on Mortgage Meltdown," *The Wall Street Journal*, December 14, 2007, pp. A1, A18.
[24] Kunal Basu and Guido Palazzo, "Corporate Responsibility: A Process Model of Sensemaking," *Academy of Management Review*, January 2008, p. 124.
[25] R. Edward Freeman, "From the Boardroom to the Classroom: An Ethics Revolution," *The Wall Street Journal*, December 10, 2007, p. A15.
[26] Christine Arena, "'Corporate Social Responsibility': A Wobbly Concept," *The Christian Science Monitor* (CSMonitor.com), October 22, 2010, p. 2.
[27] Richard L. Schmalensee, "The 'Thou Shalt' School of Business," *The Wall Street Journal*, December 30, 2003, p. B4.
[28] Christina Rexrode, "Ringing Silence on Topic of Ethics, Banking," *The Charlotte Observer*, December 25, 2010.
[29] Linda Klebe Treviño and Michael E. Brown, "Managing to Be Ethical: Debunking Five Business Ethics Myths," *Academy of Management Executive*, May 2004, p. 79.
[30] Milton Moskowitz, Robert Levering & Christopher Tkaczyk, "100 Best Companies to Work For," *Fortune*, February 7, 2011, pp. 91–98; Robert Levering and Milton Moskowitz, "The 2008 List," *Fortune*, February 4, 2008, p. 75.
[31] The Colvin Interview, "Linda Fisher: Chief Sustainability Officer, DuPont," *Fortune*, November 23, 2009, pp. 45–46; Jeremiah McWilliams, "Coca-Cola Names Bea Perez Chief Sustainability Officer" *The Atlanta Journal-Constitution* (www.ajc.com), May 19, 2011, p. 1.
[32] Stephen Power, "Green Push Hits Tire Makers," *The Wall Street Journal*, December 11, 2007, p. A18.
[33] Geoff Colvin, "The UPS Green Dream," *Fortune*, December 27, 2010, pp. 49–50.
[34] Stacy Perman, "Save the World, Inc." *Businessweek SmallBiz*, April/May 2009, p. 54.
[35] Erika Brown, "Rehab, Reuse, Recycle," *Forbes*, April 21, 2008, pp. 71, 72.
[36] For details, see www.gatesfoundation.org.
[37] Brittany Hutson, "A Passion for Giving," *Black Enterprise*, May 2009, p. 70.
[38] Robert J. Bies, Jean M. Bartunek, Timothy L. Fort, and Mayer N. Zald, "Corporations as Social Change Agents: Individual, Interpersonal, Institutional, and Environmental Dynamics," *Academy of Management Review*, July 2007, pp. 788–793.
[39] Amy Merrick, "Gap Offers Unusual Look at Factory Conditions," *The Wall Street Journal*, May 12, 2004, pp. A1, A12; "Tara and Stacey Meet Gap," *Ethical Trading Initiative* (www.ethicaltrade.org), June 5, 2009.
[40] Quoted in Joanne Lozar Glenn, "Making Sense of Ethics," *Business Education Forum*, October 2004, p. 10.
[41] Jessica Holzer and Shayndi Raice, "IBM Settles Bribery Charges," *The Wall Street Journal*, March 19–20, 2011, p. B1.
[42] Jonathan Karp, "At the Pentagon, An 'Encyclopedia of Ethical Failure,'" *The Wall Street Journal*, May 14, 2007, p. A15.
[43] Lara Lakes Jordan, "Whistle-Blowers Identified $1.3 in Fraud over Year," The Associated Press, November 22, 2006.
[44] "A Tip for Whistleblowers: Don't," *Mother Jones*, June 2007, reprinted in *The Wall Street Journal*, May 31, 2007, p. B6.
[45] Harry Markopolos, *No One Would Listen* (New York: Wiley, 2010).
[46] Jean Thilmany, "Supporting Ethical Employees," *HR Magazine*, September 2007, p. 108.
[47] Jane Porter, "Using Ex-Cons to Scare MBAs Straight," *Business Week*, May 5, 2008, p. 058.
[48] Jonathan M. Tisch, "From 'Me' Leadership to 'We' Leadership," *The Wall Street Journal*, October 26, 2004, p. B2.
[49] Craig L. Pearse, Charles C. Manz, and Henry P. Sims Jr., "The Roles of Vertical and Shared Leadership in the Enactment of Executive Corruption: Implications for Research and Practice," *Leadership Quarterly*, June 2008, pp. 353–359.
[50] Alison Mackey, Tyson B. Mackey, and Jay B. Barney, "Corporate Social Responsibility and Firm Performance: Investor Preferences and Corporate Strategies," *Academy of Management Review*, July 2007, p. 833.
[51] Sandra A. Waddock and Samuel B. Graves, "The Corporate Social Performance–Financial Performance Link," *Strategic Management Journal*, Spring 1997, pp. 303–319.
[52] "Employees Who Work in an Ethical Environment Are More Inclined to Go the Extra Mile for the Boss," *Ethics Resource Center* (www.ethics.org), July 8, 2010.
[53] Anne Field, "Mission Possible," *Businessweek SmallBiz*, December 2007–January 2008, pp. 41–42.
[54] Daniel J. Brass, Kenneth D. Butterfield, and Bruce C. Skaggs, "Relationships and Unethical Behavior: A Social Network Perspective," *Academy of Management Review*, January 1998, pp. 14–31.

第6章 领导力：团队和合作

学习目标

学习完本章并完成各项练习后，你应该能够：

- 理解在以团队为基础的组织中，领导者应扮演的角色
- 描述能促进团队合作的领导者行为
- 解释户外拓展训练对于开发团队领导力的潜在贡献
- 描述领导者-成员交换模型对于理解领导力的贡献

达瑞尔（Darryl）是负责向社区和企业销售风力涡轮机（大型风车）的销售小组的经理。售出一台风力涡轮机是一项漫长而复杂的工作，要求由至少5个人组成的小组的合作和细致的团队工作。今天，达瑞尔正在对凯特（Kate）进行面试。凯特来应聘造价工程师一职。她已经成功通过了电话面试。如果她能通过今天的面试，她将进入下一步——由团队中的几位成员同时进行面试。这时，达瑞尔正试图评估凯特是否已经具备了优秀的团队工作技能。

达瑞尔：我发现你在大学里的表现非常优异。你的学习在多大程度上需要与他人合作？

凯特：至少有10门课程要求小组和团队合作，尤其是我的商学课程。在其中一节课上，我们小组扮演商业顾问的角色，帮助当地一家瓷器店扩大它的生意。

达瑞尔：你喜欢这样的经历吗？

凯特：非常喜欢。我们小组实际上真的帮助那家瓷器店提高了销售额。我们小组真是太棒了。

达瑞尔：听上去很不错，但是我注意到你也参加了大学的网球小组。这是一个真正的团队运动吗？

凯特：网球的确不像曲棍球或是足球那样是团队运动，但是我们的教练很强调团队合作。我们通过一起练习帮助彼此提高。

达瑞尔：你还有什么团队工作方面的经历吗？

凯特：大约有4年的业余时间，我在一家高档餐厅工作。这家餐厅的所有人非常相

信一家餐厅的成功依靠每个人的共同努力，以及大家的互相帮助。如果我们都能提供优质的服务，我们就会有更多的顾客和小费。我们每个月能从餐厅的总销售额中获得一笔小额奖励。服务员们像团队一样工作真是一个很棒的主意。

风力涡轮机销售经理的案例说明了商业企业重视建设更好的团队工作的重要性。这种战略的一部分是雇用那些具有团队精神导向的员工。培养团队工作对扮演领导力角色来说是一件非常重要的事情，团队建设被认为是区分成功和不成功的领导者的主要指标。[1]更进一步，领导者如果被评价为是团队工作的建设者，通常是非常受欢迎的，比如苹果公司新的CEO库克，他具有和公司里各种不同风格的经理人都能顺利一起工作的能力，这使他被推选为接替乔布斯的继任CEO。

理解团队这一概念的一个难点在于，团队和团队合作的概念经常被混淆因而被滥用。对一些人而言，**团队**（team）仅仅是群体的一个代名词。在本书中，团队指的是这样一种工作群体，如果想要使其中的每位成员都体验到最佳的成功和成就感，这个群体就必须依赖于合作。[2]**团队合作**（teamwork）指的是，在理解和忠于组织目标的基础上，与其他成员一起完成工作。

所有的团队都是群体，但并非所有的群体都是团队。让·卡兹巴赫（Jon R. Katzenbach）和道格拉斯·史密斯（Douglas K. Smith）基于对工作场所的大规模研究，对团队和群体的概念进行了明确的区分。[3]共同的承诺是团队的特征，而在群体中这种承诺则不一定有这么强烈。团队的成果是从合作中得来的，而群体成员的工作有时则较为独立。群体的成员拥有一位强有力的领导者，而团队则分享领导角色。

尽管群体和团队之间的差异是真实存在的，但是仍然很难杜绝将群体和团队这两个概念混用的情况。例如，一个消费者服务团队，即使团队工作的表现很糟糕，它仍然是一个团队。

本章的核心在于描述可以促进团队合作的特定的领导行为。我们也会介绍一种广泛用于团队开发的方法——户外拓展训练。另外，我们对一种领导力理论进行了总结，这种理论可以为我们在了解怎样在一个工作群体中产生团队合作方面提供启示。

为了评估任何一个你熟悉的工作团体或是小组在作为一个团队时表现如何，做一下领导力自我评估测试6-1。这个测试将会帮助你认识到影响团队有效性的重要维度。

领导力自我评估测试6-1

团队合作诊断表

说明：这份诊断表提供了诊断团队合作的指导信息。请根据你在工作中或是工作之余领导一个团队的任何经历来回答问题。指出你的团队是否具备如下特征。

	通常是	通常不是
1. 有每个成员都知道并且理解的明确目标。	______	______
2. 清楚建立的角色和责任。	______	______

续前表

	通常是	通常不是
3. 成员彼此之间合作良好，没有出现因为强烈的自我意识和个性导致的问题。	______	______
4. 有清晰记录下来的行为和基本规则的指导。	______	______
5. 在达成一致之后，每位成员都会去支持它。	______	______
6. 能够意识到是团队一起达到了成功。	______	______
7. 在信任的氛围中开放地交流。	______	______
8. 对必要的技能不断地学习和培训。	______	______
9. 团队成员是灵活的、思想开放的、可靠的。	______	______
10. 包容和支持更高水平的管理。	______	______
11. 每个团队成员都为自己的工作感到骄傲。	______	______
12. 奖励同时和个体与团队的表现相关。	______	______
13. 团队成员主动为其他成员提供后援和支持，不需要团队领导者的安排。	______	______
14. 通过类似电子邮件信息、短信和社交媒体进行频繁的信息共享。	______	______
15. 与团队其他成员一起进行社交活动，比如在茶歇、午餐和其他工作的间隙时间。	______	______

得分和解释：回答“通常是”的题目越多，说明目前团队合作的状况越好。团队成员可以就这些题目的回答进行讨论，从而提高团队合作和群体的效率。对于上述描述的负面回答则说明你需要在群体中采取一些行动，来改善团队合作。

6.1 领导者在基于团队的组织中的角色

尽管对一个以团队为基础的组织来说，一项重要目标是使团队成员参与到领导和管理活动中，但是领导者仍然扮演着重要角色。领导者的工作并没有消失，而是需要领导者学习新的领导方式。组织需要那些对团队工作过程的知识有充分了解的领导者，从而帮助处理团队中人际方面的要求。例如，提供反馈和解决冲突对于一个团队结构来说是至关重要的。通常情况下，领导者会同时负责2～3个团队。他会帮助团队成员保持团结，解决因为个性和工作方式的不同所带来的问题。如果缺乏有效的领导者，团队就会偏离正确方向，或是做得过头或是无所作为，从而迷失了团队对于使命的憧憬，并受到人际冲突的阻碍。在一个群体的早期，高效领导者尤为重要，因为需要他们帮助团队发挥其潜能。一名领导者在一个基于团队的组织中所扮演的角色包括以下方面：

- 建立信任以及鼓励团队合作。
- 指导团队成员和群体成员达到更高的绩效水平。
- 促进和支持团队的决策。
- 开发团队的能力。
- 营造团队的一致性氛围。
- 参与和影响变革。

- 鼓励团队向更高的绩效水平努力。
- 授予权力或方法，使群体成员能够完成他们的工作。
- 鼓励团队成员消除没有价值的工作。[4]

这些角色中的许多在本书中已有所提及，而另外一些，比如指导，将会在后面的内容里加以描述。总体而言，所有这些角色都有助于有效领导的实现。例如，授予权力的角色是以授权为中心的。而恰当地激励团队成员也会促进或有助于工作的完成。第11章所描述的授权过程是授予权力的重要部分。那些被授权的群体成员能够完成他们的工作。下一部分所描述的是领导者促进团队合作的行为和态度，也可以理解为领导者在基于团队的组织中的角色的一部分。

我们再次强调，在一个以团队为基础的组织中，领导者的一个重要角色通常是带领团队中那些不直接向他报告的人。[5]因此，本章介绍的很多团队工作发展技巧对完成工作来说都是非常重要的。

当领导者不是团队的成员之一时，他就被定义为外部型领导者。一项研究调查了三类不同的自我管理团队的产业工作场所，来帮助理解外部型领导者的角色。（一个自我管理团队是相当自主的。）研究发现，在一般的工作环境下，当领导者过分活跃地参与团队训练和意义解释时，成员对领导的满意度就会下降。意义解释指的是识别重要的环境活动，并且向团队提供对这些活动的解释。一个例子就是发现天然气价格上涨，然后向设备维护团队解释这种价格的上涨会如何影响他们的工作。当团队面临破坏性状况时，比如一份和以往不同的超负荷的繁重工作，或是技术领域的一次剧变，领导者的教练和对意义的解释就会增加对领导的满意度。[6]

6.2 能促进团队合作的领导者行为

促进团队合作非常值得领导者的关注，因为团队合作是一个团队成功的主要因素。基于一项对130项印度海外作业的研究，两名研究人员发现，真正决定成败的因素，不是知识简单地从一个地点向另一个地点转移。成功的主要因素是对于团队工作的管理，或是帮助国内和国外员工有效地将他们的工作协调起来。参与管理协调的项目组与他们那些不太成功的同行相比，绩效水平几乎高出了4倍。[7]

有时，仅仅是领导者富于激励性的人格特质就可以促进团队合作。荷兰的商科学生通过一项实验发现，被认为富有魅力且公平的领导者更能促进团队成员之间的合作。[8]然而那些鼓励型的领导者和魅力稍欠的领导者也可以通过特定的行为和态度来鼓励团队合作。表6-1列出了能提高团队合作的行为。为了方便起见，这些行为被分为两类：领导者可以利用自身资源的行为（非正式方法）和通常需要依靠组织结构和政策的行为（正式方法）。

表6-1　促进团队合作的领导者行为

领导者可以利用自身资源的行为	通常需要依靠组织结构和政策的行为
1. 确定团队使命和任务	1. 设计利于沟通的物理结构
2. 建立信任的氛围	2. 强调群体的认知和奖励
3. 建立团队合作的标准，包括情感智力方面	3. 建立仪式和典礼

续前表

领导者可以利用自身资源的行为	通常需要依靠组织结构和政策的行为
4. 强调为表现出色而自豪	4. 实践透明化管理
5. 充当团队合作中的榜样，包括权力分享	5. 选择团队取向的成员
6. 采用一致的领导风格	6. 采取利于团队合作的技术
7. 进行督促，制定绩效标准，提供方向	7. 将团队中来自国内和国外的成员进行协同
8. 鼓励和其他团队的竞争	
9. 鼓励使用专业术语	
10. 最小化微观管理	
11. 为虚拟团队实践电子化领导	

6.2.1 领导者可以利用自身资源的行为

■ 确定团队使命和任务

培养团队合作的起点是明确团队的使命。对于一个清晰使命的承诺被界定为高效团队的一种关键行为。向群体描述使命可以回答这样的问题："我们为什么这么做？""我们在努力做到什么？"为了回答这些问题，使命陈述必须包含一个具体的目标、计划以及理念基调。使命陈述中所包含的任何目标都必须与组织的目标一致。如果一个团队想要减少其供应商数量，这也必须是组织意图的一部分。这里有两个团队使命的例子：

● 规划和实施新的生产方式，从而提高我们的绩效水平，并增强我们的竞争优势。

● 提高我们的网站开发能力，通过领先于一般技术水平的网站开发，为整个组织的决策者提供帮助。

在团队建立之初或是之后的任何时间内，领导者都可以对使命进行详细的说明。为一个长期存在的团队确立使命可以给团队注入新的生机。在明确地叙述使命的过程中，对于使命的承诺改善了团队合作。为了建立一个清晰表达的使命所必需的对话，应营造一种团队成员可以表达他们的感受、想法和意见的氛围。如同其他许多提升团队合作的方式一样，建立使命需要参与型领导者。

为了帮助完成任务，领导者对团队任务进行定义，或是和团队成员一起来定义这些任务是非常有帮助的。之后，团队成员可以识别出每位成员负责的子任务。[9]例如，一家牙科诊所也许想要知道为什么这么多的患者不再继续进行治疗。一位团队成员也许被指定去完成联系之前的患者的任务，而另一个团队成员被指定的任务也许是去了解现在的病患是否在牙科诊所的治疗中遇到了一些问题。

■ 建立信任的氛围

如果团队成员之间不互相信任，或是不信任他们的领导者，这个团队就很难一起合作完成工作。信任是合作的核心。如果一个团队中的成员都不互相信任，他们就不会相互依靠，从而也不会像一个团队一样一起工作。[10]对领导者来说，建立起一个信任的环境的出发点是变得可靠，同时表现出第3章中所描述的各种能让人产生信赖感的行为。鼓励关于问题的开放式交流和信息分享是帮助领导者提升信任氛围的两个方法。对团队面临的问题保持开放的态度，并且能直率地表达观点的领导者通常被定义为是坦率的。

■ 建立团队合作的标准，包括情感智力方面

培养团队合作的一条主要策略就是在群体成员中培养这样一种态度，即让大家认为在一起有效率地工作是管理者所期望的标准。当一个公司存在强烈的个体主义文化时，建立起一种团队合作的规范对于领导者来说就会很困难。总部位于芬兰的诺基亚公司是一家电信公司，公司的组织文化展示了一种典型的团队合作类型。合作文化的一部分可以追溯到芬兰人的人格特质，对于诺基亚的雇员来说，一起工作并消除观点上的差异是很自然的事情。诺基亚对应聘者的人品和技术资格同样看重。公司领导者致力于寻找那些拥有对团队工作有帮助、能创造诺基亚精神的个性的雇员。[11]

■ 合作理论

作为团队合作建设的战略，**合作理论**（cooperation theory）认为应该关注的重点是合作而非竞争。[12]那些已经习惯与其他人就常识、薪水提升以及资源竞争的个体，现在必须学会合作。尽管存在进行文化转型的挑战，领导者仍然可以通过下面一些做法在建立团队合作的规范方面取得进展。

- 鼓励团队成员像对待客户那样对待他人，从而鼓励合作性的行为和利益。
- 通常情况下，用口头或是文字的方式，明确阐述对于团队合作的期望。
- 通过频繁使用支持团队合作的词语和句子来传达团队合作的规范。强调诸如团队成员或是队友一类的词语，淡化诸如下属和雇员一类的词语，从而促进团队合作规范的落实。
- 和团队成员一起工作，建立起每个人都同意的一套实施准则。这些准则可以包括“绝不放弃任何一个队员”“绝不羞辱任何人”“达成一致”。

由有影响力的团队成员正式对团队合作进行陈述，有助于强化团队合作的规范。一位团队成员也许可以通过对工作伙伴这样说来扮演一个领导者的角色：“我很高兴这个项目是团队努力的结果。我知道这正是我们的长处所在。”

■ 团队情感智力

领导者在促进团队工作中的角色可以描述为帮助团队培养情感智力。领导者通过建立让团队成员之间互相信任的标准来为团队的情感智力做出贡献。对成员来说，在他们的使命陈述中有团队同一性的意识也是非常重要的。团队有效性，或是有信心完成团队任务的感觉，也对情绪智力有帮助。确保团队有恰当的技能也能加强这种有效性。有三种状况——互相信任、团队同一性以及团队有效性——都是团队合作的基础。

领导者同样可以通过向团队或是在一对一的会面中表达情感来提升团队的情感智力。之后，领导者讨论一下这些情感如何影响团队的工作。[13]例如，团队成员也

许可以讨论一下他们认为自己感知到的对组织的重要性。一个维护团队认为他们自己完全不被欣赏，除非一台关键的设备出了问题，这种不被欣赏的感觉反过来也会影响他们的士气。团队的领导者帮助团队培养出一种关于他们对生产率的贡献的内部公共关系运动。

另一个关于情绪解决的例子是，鼓励团队成员在他们觉得团队合作无效率或是低效率时大声地说出来。表达积极情绪可以成为一种情绪的兴奋剂。

■ 强调为表现出色而自豪

除了团队合作，建立团队精神的一种标准方式就是帮助群体认识到他们为什么要为自己的成就而感到骄傲。大多数团队在某些任务上表现得非常好。领导者应该帮助认识到这些任务和特性，并将其提升为团队的主要力量。以一个航运部门为例，它可能拥有该地区最好的准时航运记录。再如一家索赔处理部门可能是整个保险公司中额外支出最少的。

为了尝试建立一个出色的团队，完成领导力技能开发练习 6-1。

领导力技能开发练习 6-1

无家可归者的避难所

这个练习需要大约 35 分钟，它可以在课上或是课下进行。将班级按 6 个人一组进行分组。每个团队的任务是进行规划设计，为无家可归者建立一个临时避难所。例如，你所设计修建的寓所可能是一栋带有电力和室内水管的两居室村舍。在分配任务的时候，阐明即将为无家可归者修建的避难所的计划。考虑通过给每位成员安排特定的角色来对工作进行分割。尝试简略回答下面的问题：(1) 你将怎样为你的冒险获得资金？(2) 你会帮助哪些无家可归者？(3) 你的避难所会建在哪里？(4) 由谁来承担真正的建设工程？

当你完成这些计划之后，评估你的小组的团队合作质量。从本章中查找你可能需要的技巧并加以应用，从而使你的团队合作更加有效。

你在这个练习中所使用的团队合作技巧可以用于工作中的大多数团队合作任务。请仔细留意，虽然有些类型的团队需要通才型成员，但是将任务进行划分仍然是集体合作的一项基本原则。

■ 充当团队合作中的榜样，包括权力分享

对于领导者而言，促进团队合作的一条有效途径就是充当团队活动的积极榜样。为团队合作充当榜样的一种方法是公开那些有关群体工作的想法和态度的重要信息，这样团队成员就会加以跟随。自我公开能促进理解和关心的分享，因而可以促进团队合作。[14] 自我公开是领导者透明化的一个元素。

和团队成员的广泛沟通也可以成为团队合作的榜样，因为这可以说明团队发展的机制，这种沟通通常是一种非正式沟通。当与团队成员沟通时，团队领导者可以强调自己也是团队的一分子。例如，他可能会说："记住最后的期限。我们必须在周四之前通过电子邮件提交我们的计划。"而一种较低的团队成员取向的表述则可

能是："记住最后的期限。我需要你们在周四之前通过电子邮件提交计划。"[15]

另一个成为团队中的榜样的方法是和团队成员分享权力，因为一个好的团队成员会避免起到负面影响以及在所有事情上做决定。如果每位成员都有机会来执行权力，他会觉得自己为团队做出了很大的贡献。彼得·普罗诺沃斯特（Peter Pronovost）是约翰·霍普金斯医院（Johns Hopkins Hospital）的一个麻醉师和重症护理专家。他相信，通过在医生和其他医护人员的权力分享之下，医院会成为一个对病患来说更安全的地方。普罗诺沃斯特相信，护士应有权挑战医生。医护组的成员需要像飞行人员一样工作，互相分享权力，使医疗事故降到最低限度。[16]

想要成为团队中的模范领袖，你需要有一名团队成员的态度。领导力自我评估测试6-2帮助你测量这种态度。

领导力自我评估测试6-2

团队成员的态度

说明：描述你对以下一系列陈述的赞同程度，用这些词来度量：非常不同意（DS）；不同意（D）；中立（N）；同意（A）；非常同意（AS）。

	DS	D	N	A	AS
1. 我自己一个人工作的时候状态最好。	5	4	3	2	1
2. 我在小时候就加入了俱乐部和团队。	1	2	3	4	5
3. 团队一起完成工作要耗费太多的时间。	5	4	3	2	1
4. 我很享受团队成员之间的友谊。	1	2	3	4	5
5. 我情愿自己一个人做生意而不是成为一个人公司的一员。	5	4	3	2	1
6. 在关键任务上，信任团队中的其他成员是很困难的。	5	4	3	2	1
7. 鼓励其他人对我来说很自然。	1	2	3	4	5
8. 有可能的话，我喜欢在一个团队里与团队成员互相交换意见。	1	2	3	4	5
9. 与团队中的其他人分享责任是很有趣的事情。	1	2	3	4	5
10. 一个团队可以完成的事情远比同样的人数但是单独工作完成的任务多。	1	2	3	4	5
11. 我经常通过社交媒体平台同我工作小组中其他成员开玩笑。	5	4	3	2	1
12. 我会通过社交媒体平台对一个值得称赞的团队成员表达赞美。	1	2	3	4	5
				总分：	________

得分和解释：加总你圈出的所有得分。

- 46～60分：你对成为团队的一员和与其他成员一起工作抱有非常积极的态度。
- 35～46分：你对成为团队的一员和与其他成员一起工作抱有适度赞同的态度。
- 15～34分：相比于成为团队的一员，你更喜欢一个人工作。为了在公司中更有效地工作与加强团队合作，你也许需要对和他人一起合作工作抱有更积极的态度。

采用一致的领导风格

当领导者采用一致性的决策方式时，团队合作的效率就会提高。为重要决策提供信息会使群体成员感觉他们是有价值的团队成员。一致性决策还可以带来群体之间的思想交换，群体成员在此可以支持和完善他人的意见。这样的结果是，团队加深了他们针对一个问题进行合作的感觉。X世代（那些出生于1965—1980年的人）的管理者和Y世代（那些出生于1981—2002年的人）的管理者更喜欢采取一致性的领导风格。当然，一般是比Y世代更年长一些的人身居领导性职位。部分原因是这些管理者中的许多人都参加过与领导力相关的课程。邦尼（Bonnie）是一位独立的人力资源专家，他对现在仍然在位的X世代的管理者进行了分析，这些分析同样可以运用在Y世代的管理者身上。

> 在我看来，他们是非常有前途的一代。尤其是作为管理者，他们给员工带来了很多东西。X世代的人更加灵活，善于合作，创造和谐，而且更为成熟。他们也可以从事多任务工作。X世代的管理者非常注重团队取向，而且他们绝对希望团队中的每个人都得到好评。[17]

争取一致的努力并不意味着压制所有的冲突以求得人们的赞同。对问题产生意见分歧是正常的，如果团队中成员的声音能够被倾听，他们就会更加认同一致性决策。当声音被听到了，就意味着一些权力被分享了。关于话题冲突的一个例子是，某家汽车公司的市场团队可能会争论关于给经销商的折扣从长远来看是否会改善销售状况。

■ 进行督促、制定绩效标准、提供方向

团队成员需要相信团队拥有紧迫的、具有建设性的目标。团队成员也需要一系列对于期望的明确表述。目标的阐述越紧迫，越相关，团队就越有可能发挥其潜能。一个客户服务团队被告知，如果不能在提供给客户的服务上作出重大改进，公司就不可能有更长远的发展。在这一信息的激励下，这个团队成功应对了挑战。

为了进行督促，领导者可以挑战群体常规，这将是有所帮助的。当领导者向团队提供有效的事实和信息，鼓励团队成员一同合作对常规进行改变时，就可以使团队合作水平得到提高。新的信息可以促使团队重新定义并丰富他们对于当前所面临的挑战的理解。结果是，团队成员可以更好地关注共同意图，建立更清晰的目标，并在一起更顺畅地工作。[18]

■ 鼓励和其他团队的竞争

鼓励团队合作的一种众所周知的方法是鼓励群体共同应对一个外在的事实或是假想出来的威胁。当竞争发生在组织外部时，为了竞争而一起奋斗就显得更有意义。而如果这个敌人出现在内部，那么团队的士气就可能会遭到损害，甚至危及整个组织，这就出现了“我们-他们”的问题。当鼓励和其他团队竞争时，领导者需要鼓励公平竞争，而不能强化那些使用不道德的商业手段来进行的竞争，比如向对方做出虚假的报价。与其他组织进行道德竞争的一个例子是，黑莓手机制造商的一个产品开发团队与苹果公司竞争，生产一款平板电脑来挑战iPad。

■ 鼓励使用专业术语

李·波尔曼（Lee G. Bolman）和特伦斯·迪尔（Terrence E. Deal）通过分析

认为，群体中符号化和仪式化的模式对于团队合作有重大贡献。在这种模式中，特殊化语言是一个重要的部分，这种语言可以促进和谐与承诺。本质上，这种特殊化的语言就是一个群体中的专业术语。专业术语在群体成员和其他外部成员之间划分了界限。同时它也强化了独特的价值观和信仰，因此有助于合作性的文化。专业术语的使用也使得团队成员之间可以更轻松地交流，减小了误会发生的概率。[19]在团体中使用专业术语的一个例子发生在微软公司，他们将一个富有才华的人定义为拥有“带宽”，而将一个严肃的人定义为“硬核”。

■ 最小化微观管理

对于领导者而言，鼓励团队合作的一种战略角度是将**微观管理**（micromanagement）最小化，即不宜对群体成员的各方面行为都进行严密的监控（正如第 8 章中提到的与领导行为有关的讨论）。作为一名优秀的团队领导者，管理者必须向群体成员提供足够的机会去管理他们自己的行为。避免微观管理是进行雇员授权的核心部分，因为获得授权的员工被给予了管理他们自己行为的充分的自由空间。领导者不介入意见的发表和修正，从而能帮助团队成员实现自我发展，同时，对于专业成长的感觉通常能转化为员工间发展起来的更强大的团队精神。

一个微观管理者也有可能被称为一个“控制怪物”，因为他想要获得非常多的控制权。米基·德雷克斯勒（Mickey Drexler）是 Gap 公司的前 CEO，J. Crew 公司现任 CEO。他承认自己就是一个“控制怪物”。当他参与经营管理的每一个细小环节甚至是最底层的选择时，他的工作满意度是最高的。他同样会以个人名义回复顾客的邮件和电话。德雷克斯勒是一位公认的经营天才，同时也是 J. Crew 公司的 CEO 和部分所有人，所以他的微观管理是可以被容忍的。在团队的层面，一个微观管理者也许会被更多地认为是一个令人讨厌的人。[20]

通过一些意外，领导者可能会发现在避免微观管理、不提供指导与团队成员可能需要的责任之间的适当界限，在这种情况下两者可以作为一个整体很好地运作。咨询师布鲁斯·图尔根（Bruce Tulgan）说：“当我们问员工他们想从上级领导者那里得到些什么时，他们提到的第一件事情从来没有变过，无非就是更多的训练，更多的指导，更清晰的目标，更具建设性的批评和更多的对成就的认可。”[21]言外之意是，一个不太注重微观管理的经理人更有可能做出这些建设性的举动。

■ 为虚拟团队实践电子化领导

通信技术的出现给团队领导带来了深刻的影响，尤其是当团队成员不在同一个工作场所工作的时候。

如果在西雅图的团队领导者詹妮弗（Jennifer）向在孟买的团队成员苏琳达（Surinda）发送了一封简短的祝贺信，那么她就在实践电子化领导。詹妮弗和苏琳达都是虚拟团队的一分子：他们和对方一起工作，尽管他们没有共用实体设施。**电子化领导**（e-leadership）也是领导的一种形式，通常出现在通过信息技术协调的工作内容中。这种领导从个体向网络关系转化，因为互联网使更多人的联系更加便捷。[22]因此，电子化领导可能包含一个领导者通过互联网联络人们完成的任何活动。在这里，我们的关注点是电子化领导如何有助于团队合作，尤其是对虚拟团队来说。

当团队成员在地理上相互分隔的时候，领导者和团队成员的交流可以通过信息技术来实现，包括为了完成任务而必需的信息传播。在最后做出决定之前，参与型领导者也许会建立一个聊天室来征求来自不同国家的虚拟团队成员的意见。领导者也许还会通过电子投票来获得对复杂问题的一致意见，同时让团队成员通过内部网站或是社交网站来分享他们的反馈意见。

当一项任务被完美地完成之后，领导者可以通过发送祝贺邮件信息来增强团队精神（以及团队合作效率）。简而言之，电子化领导者通过电子手段来和团队成员保持联系，从而提高团队合作效率。

基于观察、采访和调查的数据，两项深入研究发现了虚拟团队领导者的有效领导力实践行为。这些实践的目的是克服管理虚拟团队时的特殊挑战，比如当团队需要关注和方向引导时，无法和他们见面。研究者的结论还包括其他几项研究，主要是针对团队合作的，下文就将列举这些研究。[23]

1. 建立一个虚拟团队时，可行的话招募一些志愿者。通过维基百科和 Linux 的实验发现，当虚拟团队中有拥有有用技能的志愿者时，团队会变得更好。志愿者团队的精英形象有助于团队精神的建设。此外，作为志愿者，他们互相认识对虚拟团队来说很有帮助。在这种情况下，就已经存在友情的成分了。

2. 确保任务对团队和公司来说都是有意义的。理想情况下，团队任务应该能引起每位成员和团队整体的价值观的共鸣。为一个相关任务工作的团队成员更有可能富有团队和合作精神。这里的一个例子发生在美国铝业公司，他们想要提高全球初级产品部门的知识传递和创新。对技术团队里的大多数成员来说，知识共享和创新是非常有价值的，因为这些雇员求知欲强且好学。公司创建了一个全球性的虚拟团队网站，由外部运作，贯穿整个传统部门线。

虚拟团队被证实能大量增加产出以及节省数百万美元的运营费用。被分派到小组中去的人被要求完成超出他们常规责任范畴的任务。为了解决这种超负荷工作的问题，会指派给他们专业的技术性挑战任务来引起他们的兴趣。重要的是，虚拟团队的成员在选择完成什么任务的时候有一定的选择余地。[24]

3. 在使用通信技术时，建立并维持信任的氛围。和虚拟团队一起工作的一个障碍在于，决定什么信息可以交流以及和谁交流。在一些例子里，也许会建立一套规则来禁止成员向外部传递消极的信息。保证所有在不同时区的成员都被平等地打扰也很有帮助，比如在对方时间的下午 3 点开会。会议时间应该是可调的，这样在某个时区的成员就不会因此受到困扰。

4. 确保团队中的多样性被理解、欣赏，并产生杠杆作用。团队中的多样性可能有很多形式，比如经历、技能和兴趣。为了保证多样性被理解和欣赏，领导者在初建团队的时候就应该设立一个专业目录。这个目录包括每位成员的照片，细化到关于其接受过的培训、经历和完成的工作。团队成员的技能矩阵可以为了同一个目的服务。

5. 保持频繁的交流，包括虚拟会议。大多数团队领导者在研究中都反映，即使是任务已经分配给所有成员，全员参与的语音会议仍然是一个团队生命的根源所在。虚拟会议可以保证成员的参与，明确工作，并且互相联结。在会议的最开始，团队成员从个人的角度再次联系一下其他成员是很有帮助的。彼此交换自己的故事有助于提高团队凝聚力。

除了语音会议以外，其他形式的交流也可以发挥促进团队合作的作用。在诺基亚公司，受欢迎的交流工具是短信，而在其他公司，电子邮件或是语音邮件更有效率。越来越多的公司开始使用内部社交网络来鼓励团队成员之间更频繁的分享和交流。最重要的是，交流应该是频繁且快速的。

虚拟团队间保持近距离接触的一个例子是潘通色彩公司（Pantone Color Institute）的团队，他们在全球范围内预测哪种颜色对消费者来说会更流行。当团队成员穿梭于各个国家进行国际旅行的时候，他们通过电话、邮件或是个人会议进行频繁的联系，分享和交流他们的发现。团队领导者里特莱斯·伊斯曼（Leatrice Eiseman）说："预测就是趋势方向的结合。它是关于我在多少地方看见了同一种颜色——如果它在产品和图形中流行起来了，而不仅仅是在路上。"[25]

6. 通过信息技术来监控团队过程。关于监控的一个例子是通过检查看看团队中谁经常使用团队的在线知识库而谁用得少。领导者可以通过检查，看看是否有一些成员没有在做他们被分配的任务，然后就可以对表现不佳的成员提出批评。这种方法也许能提高团队工作效率，因为懒汉会拖整个小组的后腿。

7. 确保对于团队及其成员的外部监督。虚拟团队成员也许至少会有两位上司（虚拟团队领导者和现场领导者），因此，对虚拟团队的工作进行外部报告是很重要的。一个电子测试行业的虚拟团队被要求向指导委员会报告团队的成果。这与团队合作的联系是得到奖励和认可有助于团队精神的建设。

8. 确保能从参与虚拟团队得到个体利益。即使每位成员都是好的团队参与者，他们也需要通过个人利益来感受团队精神。方法之一是得到虚拟的奖励纪念，比如得到送给每位团队成员的礼物，之后还有一个虚拟的派对。（不需要指派司机，因为派对在每位团队成员的家里举行！）团队成员同样可以通过鼓励团队成员工作场所的执行官来表达对团队成员的感谢。为个人成长提供机会，比如小型专家讲座，这也会很有帮助。

9. 维持一个高度接触的环境，每年开一到两次面对面的会议。据焦点咨询公司（OnPoint Consulting）的总裁理查德·乐普辛格（Richard Lepsinger）的观察，电子技术并不能取代人际交流。开虚拟会议时，人们缺乏注意力。这是一个需要关注的警示信号。每年举行一到两次面对面会议的虚拟团队比那些跳过了这种会议的团队表现得更好。[26]即使是使用最先进的视频会议设备或是Skype也不如同事间面对面交流的感觉。

10. 意识到并奖励表现出色的个人和团队。和其他类型的团队一样，给虚拟团队的奖励应该与个体和团队的目标相结合，并且他们应该经常受到奖励。

你会发现这10条关于领导虚拟团队的建议同时包括领导者自身可以采取的行动，以及对公司技术的应用。

6.2.2 需要依靠组织结构和政策的行为

■ 设计有利于沟通的物理结构

当团队成员被安排在一起而且比较接近，并且能够持续便利地进行交流的时候，团队和谐及团队成员之间进一步的合作就可以得到提升。相反，那些把大部分时间花在私人办公室或者小书房里的人则不太可能参加互动。频繁的接触通常可以带来有益的友情和归属感。实现物理亲近的一条有效策略是建立共享的物理设施，比如一间会议室、研究型图书馆或是咖啡吧。这些地方需要和大楼中的其他地方布置得不一样，同时需要添加一些便利设施，比如咖啡壶、微波炉和冰箱。团队成员可以利用这些地方来补充体力，并进行群体间的互动。

由于认识到这些共享的物理设施对于提升团队合作的贡献，当今许多组织都在工作场所中设置了更多的开放性办公空间，取消了私人办公室。许多人对于这种在现代办公室里缺乏私密性的状态表达了不满。然而，到目前为止，还没有收到任何有关由于无法在工作中进行安静思考而导致的生产力丧失和士气问题的反映。

■ 强调群体的认知和奖励

对群体的成就给予奖励可以强化团队合作，因为人们得到奖励是由于他们集体合作的成果。同样，大多数在组织内完成的工作需要合作，因此团队奖励应当是公平合理的。伴随奖励的认同应该强调团队对于组织的价值，而不是个人的。认同可以使团队对他们的贡献和进展感到骄傲，会提升团队的认同感。下面是一些团队认同的例子：

- 一面团队活动的展示墙，展示成就证书、日程和各种通知。
- 在一些物件，比如T恤衫、运动帽、咖啡杯、夹克衫、钥匙环和印在名片上的团队标志。
- 为一些里程碑性的工作举行庆祝活动，比如第一次活动、开支的节省以及创下安全纪录等。
- 把设备漆成团队的代表色。
- 举行一些体育比赛，比如棒球、排球、保龄球等。
- 团队月奖，给予团队成员或整个团队来自组织的礼物。

有一点需要警告的是，以团队为基础的工薪计划会给员工的薪酬带来风险，员工可能会对这种转换感到不安。

■ 建立仪式和典礼

另一条提高团队合作的途径是建立仪式和典礼。[27]仪式和典礼可以提供强化价值观、激发活力的机会，并使员工之间以及员工同组织之间的联系更加紧密。当群体取得一项里程碑意义的成就的时候，例如在一项重大合同的投标中获胜，就可以举行一场团队晚宴。另一种更为正规的仪式是送团队去度假村休养，从而进一步培养他们的使命感，强化他们的目标，并建立起友谊。当团队在休养过程中通过一起工作关系变得更加紧密、更加社会化的时候——即使只有一天——团队合作也会得到强化。

■ 实践透明化管理

为了让公司更像一个团队一样去工作，目前的一个越来越流行的方法是和大多数雇员分享公司的财务和战略信息。在透明化管理中，每位雇员都得到训练、授权和激励，去理解和追求公司的商业目标。通过这种方式，员工变成了企业合作者，并且感觉他们是同一个团队的成员。

在彻底的透明化管理中，员工不但分享战略和财务信息，还会分担责任。公司还需要给予结果，即分担风险或奖励，因此员工更有可能像一个团队那样劲往一处使，这样才能保证公司取得成功。[28]这种主张的目的是建立一种信息传达良好、合伙人导向、高绩效水平的公司。为了保证向员工提供充分的信息，公司领导者可以组织圆桌会议，就公司的财务信息进行讨论。另一种常规散播信息的方式是通过电子邮件来通报公司的财务进程。

■ 选择团队取向的成员

创建团队合作的一种具有巨大影响力的方法是选择那些对团队合作感兴趣并且具有这方面能力的成员。（选择团队导向性成员通常是公司的一项政策，但它同时也是管理者可以自己采取的一个行动。）首先要进行自我选择。对于团队领导者而言，最好首先选择那些主动要求成为团队一员的员工。一个人以前在团队活动中的记录也有助于判断这个人是不是一名有效的团队合作者（正如本章开篇案例中建议的）。许多管理者相信，那些现在或是以往参加过团体体育活动的人，在工作中更有可能成为优秀的团队合作者。

有时，雇员会被指派进一个团队，而不是由团队领导者或是团队成员选择进入，因此选择团队导向型成员就不太可行。选择团队导向型成员的关键标准是具有团队经历，作为团队一员的卓越成就和较好的个人特质，比如随和与外向。

托德·卡里瑟尔（Todd Carlisle）是谷歌的人事经理，他在为公司选择新雇员的时候，总是优先考虑团队工作偏好和技能。卡里瑟尔的标准之一仅仅是候选人看上去是不是可爱："你需要在面试之后与他们共进午餐。雇用一位能和他人相处良好的领导者是很重要的，因此要问问他们在团队里的工作经历。他们吹嘘自己能让所有人相信自己是正确的或是爱抢功劳等表现都是警示。"[29]

■ 采取利于团队合作的技术

员工在使用那些能促进合作的信息技术时，通常是指群件，会合作得更好。例如，频繁交换电子邮件信息和即时信息的简单行为就可以促进合作。电子化的头脑风暴是群件的另外一个例子。虚拟团队通过他们本身对信息技术的依赖来加强团队合作。

先进的视频会议设备使得团队工作更加便利化，因为在地理上分割开来的员工可以参与虚拟会议，像面对面会议一样有效地交换意见。一个例子是思科系统公司对 TelePresence 的广泛依赖，TelePresence 是一种先进的会议系统，可安装在个人的办公室、客户的办公室和公司总裁的家里。会议可以自发地举行，并且团队决策可以在不需要长途旅行的情况下快速制定。[30]

社交网络也许被认为是能加强团队工作的影响最深远的技术，因为如此之多的雇员可以互相交换信息，因而合作也更加广泛。同时，当团队中的一员可以快速地看到其他成员交换的信息，合作精神就建立起来了。甚至是交换笑话和兴趣，YouTube 和 Hulu 视频或许也能提高团队精神。

戴维·艾瑟特（David Eisert）是印第安纳大学凯里商学院新兴技术系的副主任。他说："当你在互联网上召集起一群人的时候，分享信息和开放式交流就是知识传播的来源。"[31]当知识的传播带来更多合作的时候，团队合作就加强了。仅仅是扫一眼发布的信息然后什么也不做对团队合作来说没有任何作用。

下面的"领导者在行动"专栏说明了领导者如何使用社交网络来开发团队工作。

◆ 领导者在行动

凯文·卡普兰通过内部社交网络建立起团队合作

在图森市 Long Realty 公司的办公室里，亚历桑纳（Arizona）急需找到一个安全的地方来讨论在房地产泡沫破裂之后的几年里房地产市场的复杂性。一些机构开始在脸书上交换信息，任何人都可以读到他们的评论，包括顾客和银行家。

凯文·卡普兰（Kevin Kaplan）是 Long Realty 市场和技术部门的前总裁，他说，在脸书上举行这样的会议并不合适。Long Realty 发布了一个革命性的机构与机构之间的社交网络平台，名叫 Long Connects。这保证了其他机构可以和 Long Realty 的员工在一个安全的在线环境下交流。这是 Long Realty 采用的另一条帮助引导他们的房地产工作更加智能和有效，从而提供高水平服务的方法。

近年来，房地产机构开始使用社交媒体来实现市场目标。通过照片和视频分享使得产品清单更具吸引力，许多机构已经通过这一方式吸引了更多的买家。一个例子是关于一栋与众不同的待出售的房子的故事。房地产销售老手也会使用专业的网站来磨炼他们的销售技巧。尽管使用社交网络来促进团队合作对房地产公司来说是最近才发生的变化。

Long Realty 是首批实施这种内部社交网络的房地产公司之一。这对他们的机构来说是一种全新的互相影响、电子化工作和完成任务的方式之一。通过实施这种新的在线机构社区，Long Realty 建立起了一套技术标准来帮助深化协作与机构之间的团队合作。

机构可以通过互联网相互联系，更有效地分享信息，从而促进买家和卖家的匹配。由于紧跟最新的行业发展状况，最新的市场和技术走向，以及最好的商业实践，Long Realty 的代理人同样可以使用新的平台来从彼此身上和公司那里学习。

罗塞·柯柏林恩（Rosey Koberlein）是 Long Reality 的 CEO。他说："Long Connects 使用 2.0 技术来加强我们房地产团队的专业性，随着他们的知识和产出水平的提高，可为客户尽可能地提供最好的服务。"

"Long Connects 使用有效的社交媒体技术，设置了一套安全的内部环境来与我们的销售助理、核心服务团队和雇员联系。"卡普兰说。这些特色让房地产专才们通过网络论坛、媒体库、微博和社交团队相互联系。Long Reality 已经向着整合社交媒体并将其运用于每天的商业实践中迈出了一大步。

Long Connects 使得 Long Realty 的代理人在发展他们的专业联系、更新他们的房地产技能以及在一个可能帮助重塑房地产行业未来的稳健的商业模式下发展他们的业务成为可能。

［问题］

1. Long Connects 的内部社交网络如何便利了团队合作？

2. 和传统的类似打电话和一起吃午餐相比，为什么 Long Connects 更能加强代理人之间的合作？

3. 卡普兰在践行哪种类型的领导？

资料来源：Debbie Goodman-Butler，"Long Realty Launches New Social Media Platform to Help Agents Connect，" *www.thesmarterwaytosell.com/LongConnects.asp*，© 2001-2011 Long Realty Company. A HomeServices of America Inc. company；Susan Ladika，"Socially Evolved，" *Workforce Management*，September 2010，pp. 18-19；Lauren Beale，"More Real Estate Agents Turning to Social Media，" *Los Angeles Times*，June 16，2011（http：//articles.latimes.com/2011）；Erica Swallow，"How Real Estate Pros are Using Social Media for Real Results，" *http：//mashable.com*，June 28，2010，pp. 1-2.

■ 将团队中来自国内和国外的成员进行协同

正如领导力的其他方面一样，多元文化关怀也能加强团队合作。与来自你公司的其他人，或是一位来自公司总部所在国家的代表一起工作，都可以加强团队合作。也许拥有一位来自母公司的代表，同时尊重本地人才，也能创建一种合作的文化。同样，将文化差异相融合对一些雇员来说是很有吸引力的，也许还能让他们对组成一个团队更有兴趣。

有一个案例是关于 AIG 再保险业务野外作业的高级副总裁杰西卡·伊萨克斯（Jessica C. Isaacs）的。她说："每次进入一个新的国家的市场，我们不是大量输送国外的人才过去，而是雇用更多的本地人才。我表现最好的团队是那些拥有很多本地人才并混合少量国外人才的团队。这种平衡可以优化每个人的技能设置，并发现很多新的机会。"[32]

6.3 户外拓展训练与团队开发

关于战略和策略的认知信息对于改进团队合作具有潜在的价值。阅读这些信息的人可以选择性地应用这些概念，观察之后的结果，然后优化方法。而另一种培养团队合作的方法则是参与到实验性的活动中去（下面将会就这一问题进行讨论）。

一种非常流行的培养团队合作和领导技能的实验性方法是进行户外拓展训练，它同时也指代外出的活动。野外训练和户外拓展训练关系密切，除非条件十分恶劣——比如明尼苏达州最北部的冰冻苔原地区。有些形式的户外拓展训练可以在城市的公园里，或在整修或是建造的房子里进行。

无论是户外还是野外训练，都是通过"动"来学习的形式。参与者通过面对生理挑战并超越他们自身的局限而获得领导和团队合作的技能。各种培训小组的户外拓展训练的目标在很大程度上都是一致的。Big Rock Creek 训练营提供团队建设和领导力培训，他们列举了如下一些具体且有代表性的目标：

- 发现你的优势和不足。
- 测试你的极限（远远超乎你的想象）。
- 像一个团队一样一起工作。
- 获得乐趣。
- 直面你是谁、你是一个怎样的人等问题。

6.3.1 户外和外出培训的特点

项目的参与者被安置于一个特定的户外环境之中。它们必须依赖那些他们没有意识到的自己以及他人所拥有的技能，从而完成任务。这里所强调的不仅仅是团队合作的培养，也包括对领导能力的信心。有时，可以在行动之前先对领导力、自信和团队合作进行讲解。团队建设活动的构成清单正在不断壮大，现在已经包括在内的有走钢丝、作为一个团队进行烹饪、彩蛋射击和拾荒式搜索。一群有需要的人一起建立或是修复一栋房子也是很流行的，在本章后面的案例里会有提及。另一个新奇的方式是让参与者和马厩里的马一起工作，以刺激领导者和雇员的角色（和马一起玩）。在这些团队建设活动中，被蒙住眼睛的人爬上马，完全信赖自己的工作伙伴来引导他们通过一段障碍。[33]

Outward Bound 是一项最知名、最大型的户外拓展训练项目。该项目在 20 多个州的野外地区提供 500 多种课程。这些课程通常需要 3 天至 4 周的时间。在全球范围内，Outward Bound 在五大洲经营着 48 所学校。Outward Bound 的职业发展培训尤其适合领导者，因为它强调团队合作、领导和冒险。野外就是教室，而教练会分析每项户外活动和工作之间的关系。这些课程包括狗拉雪橇、滑雪和冬令营、沙漠穿越、独木舟探险、航海、海上皮艇、登阿尔卑斯山、山地穿越与马术及自行车越野。

绳索活动是一类典型的户外拓展训练。参与者被绑在穿在绳子上的安全滑轮上，然后爬上一架梯子，并跳到另一处。有时绳子是系在两棵树之间的。另一种活动被称为“信任跌倒”，在这一活动中每个人都要面朝后站在平台上，然后向后倒，同伴则伸出胳膊接住向后倒者。这种信任跌倒也可以在平地上进行。本书的许多读者已经参与过信任跌倒了。领导力技能开发练习 6-2 和领导力技能开发练习 6-3 展示了户外拓展训练的代表性项目。

领导力技能开发练习 6-2

报纸的避难所

这个练习的目的是在探索交流技能、进行合作、计划和发现乐趣的过程中进行针对团队作用的观察。将整个班级分为 7～10 人的多个小组。需要的材料有报纸和胶带。

想象你们被困在沙漠或是孤岛上。你们的任务是建造一个不需要支撑还能让整个团队避免暴晒的建筑结构。（如果天气和时间允许的话这项活动可以在户外进行。）你们有 15 分钟的时间来计划你们要建起什么样的结构，之后有 20 分钟的时间来实现你们的计划，但是在建造过程中，不允许互相交流。

在活动完成之后，回答下列关于团队过程的问题：

1. 在此过程中做了些什么？有什么阻碍了进程？
2. 计划是如何产生的？
3. 每个人都积极地参与了吗？
4. 在建造过程中不能互相交流是什么感觉？
5. 你们像一个团队一样去工作了吗？你是如何做出这个判断的？
6. 在练习中，你从自己和团队成员身上学到了什么？

资料来源：Adapted from the Leadership Center at Washington State University.

领导力技能开发练习 6-3

相信我

信任团队成员的一部分是信任他们可以保证你的人身安全。下面描述的信任培养已经运用于许多团队建设的训练之中。过程如下：

第一步：每位小组成员用一块大手帕轮流蒙上眼睛。

第二步：其余的团队成员选择一种形式摆放5～8把椅子。对于每一位蒙上眼睛的队员，安排的方式应该有所不同。

第三步：在一位团队成员给出的适当信号的指引下，蒙住眼睛的人开始往前走。其他队员则给出指示，使得这位被蒙住眼睛的队员可以绕过每把椅子而不会撞上。

第四步：蒙上眼睛的队员走完全程时，马上回答以下问题：(1) 在这个练习中被蒙上眼睛之后，你的感觉如何？(2) 你为什么信任或是不信任你的队员？(3) 被蒙上眼睛后，你需要从你的队员那里得到什么？

第五步：当每位队员都轮流走过一次之后，在你的团队中进行以下讨论：(1) 这个练习对于开发团队内的信任的影响。(2) 从这个练习中你学到了哪些有关团队合作的东西。

户外拓展训练通过帮助参与者检查他们在工作中和其他人一起完成工作的过程来促进团队合作。参与者在练习中锻炼了他们的沟通技能，例如在一项顺着绳索从悬崖下降的活动中，参与者需要依靠他人详细说明才能安全地下降。同时他们还必须学习更加信任别人，因为生存是需要依靠信赖的。

对于运用户外拓展训练来进行团队建设的最广泛引用的例子是希捷科技公司(Seagate Technology) 每年都进行户外拓展训练，希捷科技是硬盘驱动器的领导制造商。来自世界各地的200名员工在新西兰的皇后镇度过一周的时间。活动包括徒步旅行、皮划艇、探险竞赛和打破界限，目的都是建立起一个更加紧密合作和团队导向的公司。(探险竞赛是在一个不熟悉的地方跑步和骑车，比如在一个冰川底部。) 在这些活动中，参与者会频繁地向彼此大喊，“你太令人惊讶了!”户外团队培训的基本原理是，当人们被安置在一个不熟悉的环境里的时候，尤其是在疲惫的情况下，他们更喜欢寻求帮助，并像一个团队一样去工作。[34]

6.3.2 评估户外拓展训练对于团队开发的作用

许多户外拓展训练的培训者和参与者都坚定地相信，他们可以从户外拓展训练中得到实质性收益。其中最重要的包括自信、发现潜在的优势以及学习更好地与他人一起工作。户外拓展训练的坚定支持者相信，那些不赞赏这些培训的人只是因为不了解。许多培训主管都对户外拓展训练持积极态度。他们相信，当工作团队经历了一次户外拓展训练后，回到办公室时会变得更加合作。例如，Acting Centered Training公司的总裁罗恩·罗伯茨（Ron Roberts）指出，彩蛋射击也许对工作没什么帮助，但是它有一个很有力的影响。获得胜利要求团队合作，包括有用的交流。罗伯茨说："如果不能像一个团队一样工作，他们就会受挫并经历失败。并不是对每个人而言都如此。但是这里有交流、团队合作、领导力和战略计划。"[35]

尽管如此，仍然有许多人对户外拓展训练持怀疑态度。虽然户外拓展训练的培训者声称几乎不会发生事故，但是对于健康和生命的威胁仍然存在，腹股沟受伤也时常发生（为了尽可能减少伤亡，参与者通常需要进行医学检查）。另一种顾虑是，在户外拓展训练中学到的团队合作可能无法同样应用于工作环境。管理学专家尼克基于他的研究总结到，对整个团队的长期利益来说，几乎看不到什么显著的证据，但是有证据说明个体的态度和团队工作技能在经过此类培训之后迅速提高了。[36]

关于户外拓展训练的一个主要关注点在于一些参与者或是潜在的参与者对它很排斥。不是每一个雇员都喜欢玩游戏、爬山，或是在非工作时间和其他工作伙伴一起烹饪。他们喜欢在一种更自然更放松的环境下进行团队建设，比如一起做志愿者工作或是在工作场所度过一天家庭日。[37]

促使从户外到办公室转变的方式之一是进行报告并召开追踪会议。报告会可以在户外拓展训练结束的时候召开。参与者回顾他们学到的东西，并讨论怎样把他们学到的东西运用于工作中。然后可以定期召开跟踪研讨会议，讨论在应用户外拓展训练中得到的启示。

6.4 领导者-成员交换模型与团队合作

对于团队开发的研究和理论远远滞后于有关领导力其他方面的研究和理论。乔治·格莱恩（George Graen）和他的同事一起创建的领导者-成员交换理论，可以帮助我们解释为什么同一单位中的一个子群体是一个有凝聚力的团队的一部分，而另外一个群体则被排除在外。[38]本书中已经几次提及的理论解决了领导者和团队成员之间的关系问题。但是，同样的理论也告诉了我们许多关于团队工作的问题。

领导者-成员交换模型（leader-member exchange model）假设领导者与群体成员之间建立了特定的工作关系。员工的一个子集，即那些圈内人，被给予了额外的奖励、责任和信任，从而换得他们的信任和绩效。圈内人成为正式领导者所管理的团队能够顺利运行的一部分；相反，圈外的员工则会受到更像普通领导者—成员关系那样的待遇。圈外成员通常体会不到良好的团队合作。

图6-1描绘了领导者-成员交换模型的主要概念。这里我们把领导者-成员交换的许多方面视为是与团队合作密切相关的。领导者-成员交换也可用于研究其他许多同工作场所行为相关的内容，已经发表的关于领导者-成员交换的研究也在进一步拓展。

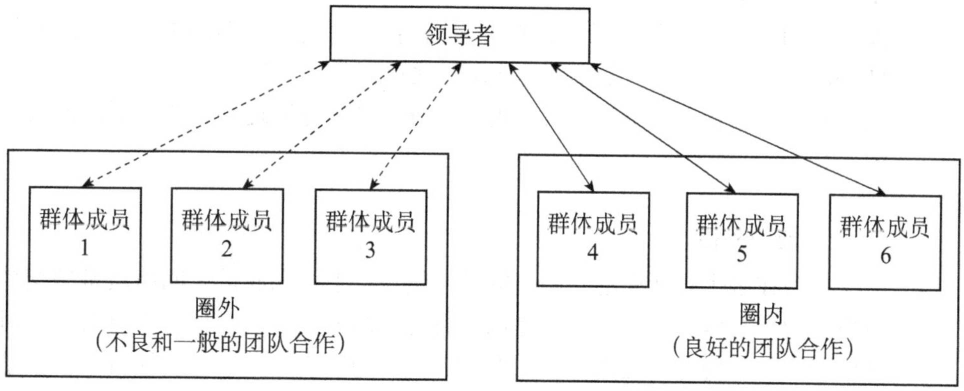

图6-1 领导者-成员交换模型

资料来源：From Gregory Moorhead and Ricky W. Griffin, *Organizational Behavior*: *Managing People and Organizations*, 4th ed., 314. Copyright © 1995 by Houghton Mifflin Company. Reprinted by permission of Houghton Mifflin Company.

6.4.1 不同关系，不同质量

领导者通常不会采用相同的领导风格来对待整个小组的成员。相反，他们对待成员的方式各有不同。根据模型，存在于领导者和每个团队成员个体之间的联系（关系）往往在质量上是不同的。在理论上，它是一个从低质量到高质量的连续体。对于位于连续体上半部分的群体成员来说，领导者和他们有着良好的关系；而对于位于连续体下半部分的个体，领导者与他们的关系往往不太好。每对这种关系，或者称为二元体，必须根据群体成员是不是领导者的“自己人”或“圈外人”来进行判定。领导者和员工之间彼此喜欢是决定他们之间关系质量的主要因素。[39]

一个关于领导者-成员交换模型的值得关注的点是，有证据显示领导者和团队成员也许会对交换产生完全不同的看法。[40]例如，领导者也许认为这种交换是积极的，然而下属也许会认为交换是中性甚至消极的。由于这种观念差异的存在，领导者需要仔细思考和某些下属之间的关系的质量。

■ 圈内成员和圈外成员的待遇

圈内成员被邀请参与重要的决策，被赋予额外的责任，并且能了解到令人感兴趣的新闻。而圈外成员则按照他们在雇佣合同里签订的要求来管理。他们得到的温暖、激励或是鼓励较少。和圈外成员相比，圈内成员倾向于获得更高水平的绩效表现、认可和满意度。更进一步地，圈外成员更有可能离职。一项在零售业进行的研究发现，当领导者-成员交换质量较高的时候，团队成员对公司目标更有认同感。[41]反过来，这种认同感会促进团队合作，因为员工们集合在一起来追求着共同的目标。

■ 领导者和成员之间的相互作用

圈内与圈外的身份也同样涉及相互作用或是交换因素。领导者给予圈内成员更多的资源，而圈内成员就会反过来更努力地工作以取悦领导者，以贡献者的角度成为一个好的团队成员。有两项研究提供了更多关于上司和团队成员之间的积极交换的结果的特殊信息。在医疗设备行业，积极的交换包括团队成员参与提高良好的公民行为，以及圈内成员在实践他们的职责时付出更多努力的例子。[42]结果，领导者会觉得给予组内成员更多的资源是很有道理的，比如更多的薪水和更多的预算。

■ 角色外行为

一项在多个行业中进行的研究同样发现，上司和雇员之间高质量的交换对让雇员更多地参与角色外行为，或是以没有想到的方式参与合作等很有帮助。对于雇员利他行为的监督测评是用来衡量有帮助的行为的，比如一个会计帮助一个销售代表准备一份销售预测。研究人员总结说，通过发展团队成员之间高质量的关系，上司就可以鼓励团队成员，让他们参与对自己和其他同事有利的帮助性活动。[43]

■ 安全绩效

另一项积极的领导者-成员交换的贡献是，它们导致了好的安全绩效，这是在许多工作环境下团队合作的重要方面。研究人员对一个生产工厂的 64 组团队领导者进行了研究。研究的一个主要发现是积极的领导者-成员交换和更多的与安全有关的交流有联系。这种强化的交流带来了更多对安全的重视，以及工作中更少的事故。[44]

■ 变革的影响

另一个关于积极的领导者-成员交换的结果是，它们也许会使领导者产生变化。一项研究调查了来自各个行业的 283 个个体，结果显示，变革时，那些重视和上司高质量的关系的员工会受到冲击。在解决问题或是进行变革时，下属看问题的角度会变化。[45]变革也影响团队工作，员工受到激励后，会进行合作来完成任务。

■ 领导者形象

当团队成员认为领导者有高大的形象时，领导者就更容易组建高质量的对团队工作有帮助的关系。一项关于 184 名银行职员和 42 名经理的研究发现，被认为和他们的老板拥有高质量关系的领导者和那些与网络成员有紧密联系的领导者被认为有相对好的形象。结果就是，领导者更乐于与下属间有更高质量的交换。[46]

6.4.2 第一印象

领导者对于群体成员能力的第一印象，对将该群体成员置于圈内还是圈外起着重要的作用。另一个关键的因素在于领导者和成员之间的氛围是积极的还是消极的。我们可以假设，群体成员会有效地利用影响以及各种政治策略来提升自己成为圈内成员的概率。

一项实证研究似乎证实了第一印象所造成的差异。研究者收集了对于领导者—成员二元关系的六个方面的评价。结果显示，最初领导者对于成员的预期和成员对于领导者的预期是2周和6周后领导者-成员交换的良好预测因子。成员对于领导者的预期还可以准确预测成员所评价的6周后领导者-成员交换的质量。对于这些结果的一个重要解释就是：领导者-成员交换是在关系的最初几天形成的。[47]正如一条格言所说："你只有一个机会建立第一印象。"

综上，领导者-成员交换模型为团队发展提供了部分解释。圈内成员可以一起和谐地工作并接受领导，是因为他们具有优越感。而圈外成员也许不会减少团队合作，但是肯定不会做出积极的贡献。

小 结

领导者需要营造团队合作，因为对于诸如群体问题的解决和取得高质量等重要目标，这是必需的。团队合作是指在理解和忠于组织目标的基础上，与其他成员一起完成工作。

领导者在以团队为基础的组织中仍然扮演着重要的角色，比如在团队进程中充当专家、推动者，建立信任和鼓励团队合作，以及向群体成员授权使他们完成工作。激励者的角色的核心是授权。当团队面临分歧时，自我管理团队的外部型领导者发挥着关键的作用。

很多领导行为可以促进团队合作。领导者可以利用自身资源的行为包括：（1）确定团队使命和任务；（2）建立信任的氛围；（3）建立团队合作的标准，包括情感智力方面；（4）强调为表现出色而自豪；（5）充当团队合作中的榜样，包括权力分享；（6）采用一致的领导风格；（7）进行督促，制定绩效标准，提供方向；（8）鼓励和其他团队的竞争；（9）鼓励使用专业术语；（10）最小化微观管理；（11）为虚拟团队实践电子化领导。

那些需要依靠组织结构或政策的促进团队合作的行为包括：（1）设计利于沟通的物理结构；（2）强调群体的认知和奖励；（3）建立仪式和典礼；（4）实践透明化管理；（5）选择团队取向的成员；（6）采取利于团队合作的技术；（7）将团队中来自国内和国外的成员进行协同。

作为一种流行的建立团队合作与领导技能的实践方法，户外（或外出）拓展训练的核心在于自信的培养。户外拓展训练通过帮助参与者体验那些需要合作来完成的事情的过程来提升团队合作。Outward Bound的职业发展培训尤其适合组织中的领导者。对户外拓展训练对发展团队合作与领导技能的有效性众说纷纭。人们担心那些在户外学到的技能无法带回到工作场所。

领导者-成员交换模型帮助解释了为什么工作单位中一个子群体可以是和谐团队的一部分，而另外一个群体则被排除在外。根据这个模型，领导者同下属之间发展出了特定的工作关系。结果，分出了圈内和圈外两个群体。圈内成员倾向于更好地工作，具有更高的满意度，并展示出更多的团队合作。领导者对于团队成员能力的第一印象在区分成员属于圈内人还是圈外人时起着重要作用。

实践与技能开发指南

当试图促进团队工作时，领导者通常会思考如何训练团队成员让他们成为更有效率的团队的一员。然而，一些研究建议，当团队领导者将团队作为一个整体去训练的时候将更能加强团队合作。[48]比如，团队领导者也许会当面或是通过内部网络来和团队开会，并且说，“我注意到你们没有给彼此提供足够多的建设性反馈。在一个有效的团队里，成员总是能从彼此身上学习”。

通过办公室的设计来改善团队合作已经得到越来越多的关注。得克萨斯职业培训联盟（Texas Professional Training Associate）解释了你（领导者/管理者）应怎样定制你的工作空间，从而促进团队合作。

1. 创建公共区域。拥有宽敞的空间，从办公室的任何地方都可以到达，用于团队正式或是非正式会议。把团队会议所需要的设备——转椅、白板都放置好，即使不开会的时候也放在那里。这样的安排保证了雇员可以进行更多的合作，单层空间的设计鼓励有创造性的相互影响和团队工作。

2. 把你自己置于中心。与其把你的办公室放置在一个角落，不如尝试把你放在中央。这样你就能更贴近日常的工作，与你的团队也更加亲近。

3. 建立多用途的房间。那些角落里的房间可以用来作为配置良好的工作室或是图书室，当团队成员——无论个体还是小组——感觉到离开他们的座位会更有生产力时，可加以使用。

4. 安置“活动发电机”。活泼的活动需要依赖“发电机”来驱动，并把人们带到一起。在你的办公室里，这样的发电机可能是咖啡壶、邮箱或前台。将这些区域转化为团队成员可以聚在一起并且舒适而有效地进行交流的地方。[49]

[讨论题]

1. 选择一位特别有魅力和远见的团队成员有哪些潜在的不足？

2. 在团队成员并非你真正的下属的时候，你如何做一个团队的领导者？

3. 在企业或非营利组织中，团队合作需要高层加入吗？

4. 想象你自己是一个团队领导者，一群人邀请你和他们在下班后去酒吧喝一杯。从加强团队工作的立场，解释是否参与这个团队会带来效率。

5. 在一个基于团队的组织中，有没有独立思考、作决定和创造型的领导者存在？解释一下。

6. 在美国文化中，什么能加强或是阻碍成为一个好的团队领导者？

7. 作为一个团队领导者，你需要和团队中的其他人着装风格一样吗？或者你应该穿得更好一些？解释一下你的理由。

8. 依你所见，团队运动的建立对于在工作场所中成为一位良好的团队合作者具有怎样的价值？

9. 为什么类似一起烹饪等团队建设活动能在工作中增强团队合作？

10. 行政技能可以怎样帮助一个人避免领导者-成员交换模型的不良影响？

领导力案例 A

全球保险标记团队

卡尔文（Calvin）是一家国际性保险公司的灾害险主管。他自己在纽约有一个很大的部门，但他同时也是位于全球各地的10个不同代表的团队领导。每位团队成员在各地的办公室里负责鼓励销售代表们销售灾害保险，这些灾害包括洪水、飓风、地震和恐怖袭击。

卡尔文说：“我戴着两顶重要的帽子。一顶是我自己在灾害保险领域的专业团队的领导者的帽子；另一顶是负责让全世界的团队成员提高灾害险销售量的团队领导者和产品经理的帽子。后面这顶帽子之所以不好戴，是因为这些团队成员并不直接向我报告。让情况变得更麻烦的是，实际卖出保险的销售员也不会真的向我团队里的成员汇报。”

当被问及灾害保险团队是如何运作的时候，卡尔文回答：“不如我想要的那么好。我需要不断追着我的团队成员跑，来提醒他们自己在公司覆盖的灾害保险方面的责任。希拉里（Hillary）是我在英国地区的团队领导者，她告诉我，我需要在欧洲引发一场地震来让客户对灾害险更感兴趣。她同时告诉我准备引发一场洪水是第二个可能的选择。”

“我面临的另一个问题，”卡尔文说，“是我没有看见很多团队成员之间整合的努力。我的确看到了几封发给团队成员的邮件，来讨论一些普遍关注的问题，但是我没有看见更多协调性的努力。

“我们在今年的早些时候举行了一次视频会议，尝试让每一个在海外的人都加入进来。但问题是我们不可能保证全员参加，因为大家位于完全不同的时区，所以很难找到一个合适的会议时间。我们还闹了一些笑话，在澳大利亚的汤姆（Tom）说他的妻子还因此认为他是去酒吧，而不是所谓的参加一场在后半夜举行的会议。

“另外一个我需要克服的困难是，在与灾害保险有关的重要商业人士之间，还存在一些跨文化差异。苏菲（Sophie）是我们在哥伦比亚的团队成员，她告诉我南美国家的执行官不像美国人那样对潜在的灾难感到担心。结果就是，对她来说，像团队里的其他成员一样被要求卖掉很多的灾害险是很困难的。”

“我今年最大的议事项目之一，”卡尔文总结说，“是让我的灾害险团队将他们的努力更好地协调起来。”

［问题］

1. 想一下卡尔文可能会遇到的团队合作方面的问题。

2. 在卡尔文的全球灾害保险团队里，你推荐他采取什么样的步骤来加强团队合作？

3. 卡尔文会做些什么来为他的全球团队提供更强大的领导力？

角色扮演

由一个学生扮演正在举行全球视频会议以鼓励在销售灾害险方面开展更好的团队合作的卡尔文，另外4～5个同学扮演全球团队成员的角色，他们中的一些人认为在他们所在的国家灾难险不会卖得很好。

领导力案例 B

Tymco 的家庭修建日

15年前，玛丽亚·柯提兹（Maria Cortez）是一名自由作家，为多家公司撰写技术手册。这些手册涉及各种产品，包括家用设备、报警系统、割草机和拖拉机。很快，柯提兹的自由作家活动超出了她的能力水平，因此她开始把工作转包给另一个自由作家，之后又是一个，之后又有一个。两年后，柯提兹成立了Tymco公司，公司发展得非常稳定。公司现在提供技术手册、培训和开发，以及翻译等服务。

Tymco现在雇用了75名全职员工，同时还有45名在业务繁忙和专业服务领域帮助公司的自由作家。例如，一位自由作家将软件翻译成日文。另外一位自由作家专为数码相机和数码摄像机准备使用说明书。

柯提兹最近开始考虑一个问题，她认为企业领导者和公司中的其他关键人员未能像一个团队一样很好地工作。她对人事方面的培训专家蒂姆·阿特金斯（Time Atkins）说：“我们都为名叫Tymco的公司服务，但是我们就像一个个独立单元和自由作家一样在运作。我注意到我们的团队成员甚至很难一起吃顿午饭。我曾经安排过几次小组晚餐，我们都吃得很好，但是团队精神却没有建立起来。

“我在想如果我们能有更好的团队合作，我们的团队成员就可以互相帮助。我们也许能在交叉销售方面做得更好。我给你举个例子。一个在技术手册团队的成员也许有一份为一个设备准备手册的任务。他应该马上意识到Tymco有其他的团队可以为这份手册提供翻译服务。许多为美国配销的手册是用英语、西班牙语和法语写的。”

阿特金斯说：“你看，我急于为很多公司提供能帮助工作运转的团队发展服务。这是很简单的。我们首先指定一下你认为应该被加进最需要被发展成一个团队的小组的成员。你选择一个工作日来进行团队建设活动。任务是一起去修缮一个需要修复的老房子。废弃的房子不算在内。我们需要一个住着人的房子。和社区里的教会一起工作，这样就比较容易找到合适的房子和需要帮助的人家。

“大约在开展团队建设的一周前，一个巧手的人和我一起去看一下那栋房子，想想我们需要完成哪些工作。之后我们就可以买颜料、屋顶纸板、木头和其他需要的材料，还要买梯子、画笔和工具。我们的团队在早上 7 点到达那栋需要修复的房子。

“在开展团队建设的那天，团队整体一起到达工地并开始修复工作。通常需要两天时间。如果我们在周五开始工作，那么周六就可以完成。通过这种方法，团队将会有一天的时间休息，成员可以把这一天花在自己的事情上。”

珂提兹对阿特金斯的想法非常感兴趣，她同意在 5 月 19 日（周五）进行团队建设。她建议把那一天叫做 Tymco 的家庭修建日。柯提兹列出了一个有 10 位关键成员在内的清单，包括她自己，他们一起参加这项团队建设活动。

周五早上，五辆汽车和卡车到达了指定的房子，车上有柯提兹和 Tymco 的员工、梯子、工具和家用建筑材料。琼斯（Jones）是技术手册的管理者，对团队成员说：“在我们清除干净房子和走廊里的碎片之前，谁也不许离开。让我们开始干吧。垃圾车已经在路上了。”

“集合一群人，并且做你想做的，”技术档案部门的主管拉尔·波尔迪尔（Larry Boudreall）这样说。“如果我们不先修补屋顶，其他什么都做不了。我需要两个热情且不恐高的人来帮助我。”两个成员同意和他一起工作，而剩下的 7 个成员包括柯提兹在内，组成了负责清理的团队。

“我来做木工，”来自翻译服务部门的玛丽（Mary）说，“让我们拿起锤子、锯子、钉子和螺丝，首先开始修补这个破旧的门廊吧。我希望大家准备好明天下午粉刷房子。”

“做你想做的，玛丽，”技术培训团队的领导者戴尔·詹金斯（Dale Jenkins）说，“我擅长房屋管道工程，这里的厕所和水池比泰坦尼克号的漏水情况还要严重。我需要有技术的人来帮助我。有谁来做志愿者吗？”

柯提兹说：“当你的团队在清理碎片和修复的时候，我会去为大家买食物作为零食和午餐，晚上我来订比萨。”

“这是我今天听到的最明智的主意。”波尔迪尔这样评论。

Tymco 的团队建设参与者在那天下午 5 点一起吃了晚餐，并在 8 点回了家，第二天早上 7 点返回。在星期六下午 1 点的时候，粉刷工作开始了，团队中的 10 个人都参与进来。到了晚上 7 点半，那栋房子就粉刷完了。这两天一直和邻居住在一起的房主一家人也回来为他们加油，感动得流下了喜悦的泪水。

Tymco 的团队成员都露出了笑容，互相击掌并拥抱。“我们现在都可以带着我们作为一个团队完成了一项很重要的任务的感觉回家了。当我们在周一早上再次回到办公室的时候，我们都知道，尽管还有一些撞伤和淤青，我们仍能像一个团队一样一起工作。”

“说得太好了，玛丽，”来自技术手册小组的伊安·格雷厄姆（Ian Graham）说。“我不太确定更换一个老旧屋顶上的屋顶板是否可以让我成为一个更好的团队成员。”

[问题]

1. 在这个案例中展示了哪些证据，说明 Tymco 里来自不同部门的成员可以变得相互更加熟悉？

2. 柯提兹下一步应该做些什么来增强家庭修建日给团队发展带来的成果？

3. 在这个案例中，什么证据显示了家庭修建日对团队精神建设有促进作用？

4. 格雷厄姆关于更换屋顶板对成为一个更好的团队成员没有显著影响的评论有合理性吗？

角色扮演

团队建设任务报告

一名学生扮演柯提兹的角色，她决定在家庭修建日之后的第四天举行一次任务报告会。她希望帮助 Tymco 的团队成员反思一下这些天里在关于团队建设工作上得到的有价值的内容。其他几位同学扮演Tymco团队成员里参与这次会议的角色。至少一个学生扮演对在家庭修建日里团队建设的价值表示质疑的角色。观察者将提供关于柯提兹在开展任务报告会议时的效率问题的反馈，包括对她的领导技能的反馈。

领导力技能开发练习 6-4

我的领导力文件夹

现在你已经学习了一篮子关于增强团队合作的想法，你可以实施这些想法来提高你的技能水平。在下面的时间里，你要参与团队活动，尝试加强团队里的合作。使用至少两个推荐的能提高团队合作的想法。在你第一次尝试加强团队合作的时候，在你的日志上记下来。这里有一个例子。

我是我们大学西班牙裔商业俱乐部(Hispanic Business Club)的主席。在最近的几次会议中，成员的出席率很低，俱乐部似乎没有发展的方向。因此，在我们的上一次会议中，我建议我们在全体会议上投票来建立一个任务陈述。我解释说，如果我们知道我们的目标是什么，也许我们就能更好地合作。我们现在仍然在为这个任务努力，但是一直以来都是为了增强西班牙裔商业领导者的影响和威望。我同样建议我们做一件印有让我们自豪的标志的T恤衫。这个主意听上去很戏剧化，但是整个团队都同意通过新的T恤衫来进行团队建设。

领导力技能开发练习 6-5

信任跌倒

也许最广为应用的一种团队建设活动就是信任跌倒了，许多读者对此可能已经很熟悉。无论任何，每次使用这个练习都可以得到崭新并且信息丰富的结果。让班级自愿结合成团队。在每个团队中，请志愿者站在椅子上，然后向后倒向队友的臂弯中。如果不想像从椅子上跌倒那么可怕，就直接站在地上向后倒去。那些无论出于生理还是精神原因而不愿意向后倒下或者参与接住他人的队员，可以无条件退出。但是他们可以作为观察者。在完成信任跌倒练习之后，团队领导者收集关于如下问题的回答，然后和班级的其他成员分享答案。

1. 这个练习是怎样培养团队合作的？
2. 这个练习是怎样培养领导技能的？
3. 参与者可以从中学到有关他们自己的哪些内容？

注 释

[1] Edwin A. Locke and Associates, *The Essence of Leadership: The Four Keys to Leading Successfully* (New York: Lexington/Macmillan, 1991), p. 94.

[2] W. Dyer, *Team Building: Issues and Alternatives* (Reading, Mass.: Addison-Wesley, 1977), as cited in Lynn R. Offerman and Rebecca K. Spiros, "The Science and Practice of Team Development: Improving the Link," *Academy of Management Journal*, April 2001, p. 380.

[3] Jon R. Katzenbach and Douglas K. Smith, "The Discipline of Teams," *Harvard Business Review*, March–April 1993, p. 112.

[4] Shari Caudron, "Teamwork Takes Work," *Personnel Journal*, February 1994, p. 45; Andrew J. DuBrin, *The Reengineering Survival Guide: Managing and Succeeding in the Changing Workplace* (Mason, OH.: Thomson Executive Press, 1996), pp. 129–144.

[5] Alan Murray, *The Wall Street Journal Essential Guide to Management* (New York: Harper Business, 2010), p. 89.

[6] Frederick P. Morgeson, "The External Leadership of Self-Managing Teams: Intervening in the Context of Novel and

Disruptive Events," *Journal of Applied Psychology*, May 2005, pp. 497–508.

[7] Kannan Srikanth and Phanish Puranam, "Advice for Outsourcers: Think Bigger," *The Wall Street Journal*, January 25, 2010, p. R7.

[8] David De Cremer and Daan van Knippenberg, "How Do Leaders Promote Cooperation? The Effects of Charisma and Procedural Fairness," *Journal of Applied Psychology*, October 2002, pp. 858–866.

[9] "Clarify Team Roles to Ensure Success," *Manager's Edge*, August 2005, p. 6.

[10] James M. Kouzes and Barry Z. Posner, *The Leadership Challenge*, 3rd ed. (San Francisco: Jossey-Bass, 2002), p. 244.

[11] John Blau, "At Nokia Temperament Is a Core Competence, *Research Technology Management*, July/August 2003, p. 6; Stephen Baker, "Nokia: Can CEO Ollila Keep the Cellular Superstar Flying High?" *Businessweek*, August 10, 1998, p. 056.

[12] Dean Tjosvold and Mary M. Tjosvold, *The Emerging Leader: Ways to a Stronger Team* (New York: Lexington Books, 1993); "Improve Teamwork with a 'Code of Conduct,'" *Manager's Edge*, February 2005, p. 1.

[13] Vanessa Urch Druskat and Steven B. Wolff, "Building the Emotional Intelligence of Groups," *Harvard Business Review*, March 2001, pp. 80–90.

[14] Paul S. George, "Teamwork Without Tears," *Personnel Journal*, November 1987, p. 129.

[15] Clive Goodworth, "Some Thoughts on Creating a Team," in Michel Syrett and Clare Hogg, eds., *Frontiers of Leadership* (Oxford, England: Blackwell Publishers, 1992), p. 472.

[16] Peter Pronovost and Eric Vohr, *Safe Patients, Smart Hospitals* (New York: Hudson Street Press, 2010).

[17] Quoted in Nancy Hatch Woodward, "The Coming of the X Managers," *HR Magazine*, March 1999, pp. 75, 76. Updated at LinkedIn, April 12, 2011.

[18] Katzenbach and Smith, "The Discipline of Teams," pp. 118–119.

[19] Lee G. Bolman and Terrence E. Deal, "What Makes a Team Work?" *Organizational Dynamics*, Autumn 1992, p. 6.

[20] John Brodie, "King of Cool," *Fortune*, September 1, 2008, p. 52; Tina Gaudoin, "Mickey Drexler: Retail Therapist," *The Wall Street Journal* (http://magazine.wsj.com), June 10, 2010, p. 3.

[21] Anne Fisher, "In Praise of Micromanaging," *Fortune*, August 23, 2004, p. 40.

[22] Bruce J. Avolio and Surinder S. Kahai, "Adding 'E' to E-Leadership: How It May Impact Your Leadership," *Organizational Dynamics*, vol. 31, no. 4, 2003, p. 325.

[23] Arvind Malhotra, Ann Majchzak, and Benson Rosen, "Leading Virtual Teams," *Academy of Management Perspectives*, February 2007, pp. 60–70; study reported in Lynda Gratton, "Working Together ... When Apart," *The Wall Street Journal*, June 16–17, 2007, p. R4; Bill Leonard, "Managing Virtual Teams," *HR Magazine*, June 2011, pp. 38–42.

[24] John Cordery, Christine Soo, Bradley Kirkman, Benson Rosen, and John Mathieu, "Leading Parallel Global Virtual Teams: Lessons from Alcoa," *Organizational Dynamics*, July–September 2009, pp. 204–216.

[25] "Teamwork: The Color Committee Gets to Work," *Fortune*, October 26, 2009, p. 37.

[26] Richard Lepsinger, "Virtual Team Failure: Six Common Missteps that Threaten Your Team's Success," *Communication Briefings*, February 2011, p. 6.

[27] Bolman and Deal, "What Makes a Team Work?" pp. 41–42.

[28] Thomas J. McCoy, *Creating an "Open Book" Organization...Where Employees Think and Act Like Business Partners* (New York: AMACOM, 1999); John Case, "HR Learns How to Open the Books," *HR Magazine*, May 1998, pp. 71–76.

[29] Jennifer Wang, "Unbeatable," *Entrepreneur*, February 2011, p. 16.

[30] John Chambers, "Cisco Sees the Future," *Harvard Business Review*, November 2008, p. 55.

[31] Quoted in Todd Henemann, "Firms Making Friends with Social Media," *Workforce Management*, April 2010, p. 4.

[32] Quoted in Sonia Alleyne, "Rallying the Troops," *Black Enterprise*, February 2011, p. 75.

[33] Joyce Gannon, "Horses Help People Learn to Work Better with Others," *Pittsburgh Post-Gazette*, June 4, 2004.

[34] Jeffrey M. O'Brien, "Team Building in Paradise," *Fortune*, May 26, 2008, pp. 112–116. Quoted in Jeffrey M. O'Brien, "Team Building in Paradise," *Fortune*, May 26, 2008, pp. 112–116.

[36] Cited in Michael P. Regan, "Radical Steps to Help Build Teamwork," Associated Press, February 20, 2004.

[37] "Avoid 'Cringe Factor' in Team Building," *Manager's Edge*, May 2009, p. 8.

[38] George Graen and J. E. Cashman, "A Role-Making Model of Leadership in Formal Organizations: A Developmental Approach," in J. G. Hunt and L. L. Larson, eds., *Leadership Frontiers* (Kent, O.: Kent State University Press, 1975), pp. 143–165; Robert P. Vecchio, "Leader–Member Exchange, Objective Performance, Employment Duration, and Supervisor Ratings: Testing for Moderation and Mediation," *Journal of Business and Psychology*, Spring 1998, p. 328.

[39] Elaine M. Engle and Robert G. Lord, "Implicit Theories, Self-Schemas, and Leader–Member Exchange," *Academy of Management Journal*, August 1997, pp. 988–1010.

[40] Xiaohua (Tracy) Zhou and Chester A. Schriesheim, "Supervisor-Subordinate Convergence in Descriptions of Leader-Member Exchange (LMX) Quality: Review and Testable Propositions," *The Leadership Quarterly*, December 2009, pp. 920–932.
[41] Howard J. Klein and Jay S. Kim, "A Field Study of the Influences of Situational Constraints, Leader–Member Exchange, and Goal Commitment on Performance," *Academy of Management Journal*, February 1998, pp. 88–95.
[42] Randall P. Settoon, Nathan Bennett, and Robert C. Liden, "Social Exchange in Organizations: Perceived Organizational Support, Leader–Member Exchange, and Employee Reciprocity," *Journal of Applied Psychology*, June 1995, pp. 219–227.
[43] Pamela Tierney and Talya N. Bauer, "A Longitudinal Assessment of LMX on Extra-Role Behavior," *Academy of Management Best Papers Proceedings*, 1996, pp. 298–302.
[44] David A. Hofman and Frederick P. Morgeson, "Safety-Related Behavior as a Social Exchange: The Role of Perceived Organizational Support and Leader–Member Exchange," *Journal of Applied Psychology*, April 1999, pp. 286–296.
[45] Ronald F. Piccolo and Jason A. Colquitt, "Transformational Leadership and Job Behaviors: The Mediating Role of Core Job Characteristics," *Academy of Management Journal*, April 2006, pp. 327–340.
[46] Vijaya Venkataramani, Stephen G. Green, and Deidra J. Schleicher, "Well-Connected Leaders: The Impact of Leaders' Social Network Ties on LMX and Members' Work Attitudes," *Journal of Applied Psychology*, November 2010, pp. 1071–1084.
[47] Robert C. Liden, Sandy J. Wayne, and Deal Stilwell, "A Longitudinal Study on the Early Development of Leader–Member Exchanges," *Journal of Applied Psychology*, August 1993, pp. 662–674.
[48] Ruth Wageman, Colin M. Fisher, and J. Richard Hackman, "Leading Teams When the Time is Right: Finding the Best Moments to Act," *Organizational Dynamics*, July–September 2009, p. 193.
[49] "Promote Teamwork by Rearranging the Office," *people@work*, sample issue, 1999, published by Texas Professional Training Associates, Inc.; Diana Louise Carter, "Global Crossing Fuses Staff," Rochester, New York, *Democrat and Chronicle*, January 18, 2008, pp. 6D, 5D.

第7章 领导力：激励和教练

学习目标

学习完本章并完成各项练习后，你应该能够：

- 解释领导者在员工投入度方面的作用
- 辨识和描述与期望理论有关的领导技能
- 描述目标理论
- 描述领导者如何通过嘉奖激励他人
- 描述领导者如何通过社会公平理论激励他人
- 理解教练技术的特征以及如何练习教练技术和技巧
- 描述管理型教练如何帮助提高领导技能

从2011年开始，史蒂夫·鲍尔默（Steve Ballmer）就担任微软公司的CEO，是排在微软公司创始人比尔·盖茨之后的二号人物，且在微软工作多年。1973年，鲍尔默和他的未来老板盖茨在哈佛大学上学的时候相识，两个人的关系非常默契。鲍尔默是一个外向的人，担任好几个学生社团领导者的角色，而盖茨则相对内向。盖茨辍学后便在微软全职工作。鲍尔默继续在哈佛求学，以在应用数学和经济学方面取得学位。

毕业后，鲍尔默在宝洁公司开始了他的职业生涯。1980年，他被大学时代的伙伴盖茨招募进微软公司。人们常常认为鲍尔默是开拓市场和销售战略方面的能手，使微软在软件市场领域占据主导地位。许多观察家认为：微软的影响力正在下滑，但是由于它的许多软件产品仍然占据领先的市场份额，所以微软仍能保持较高的利润。

鲍尔默是一位异常聪明的战略思想家，他更因对微软公司及其产品、员工的一往情深而被人们认可。鲍尔默热情奔放，善于表达。1991年，他在日本召开的公司会议上持续高喊“Windows，Windows，Windows”，因声带用力过度不得不做了手术。近些年，他充满情感的演说视频都可以在YouTube上找到。在一段演说里，他在表演一段原生态独舞的过程中差点摔倒。他的高喊和咆哮也被录在YouTube的视频里，被命名为“变得疯狂”和“我爱这个公司”。

在微软的25周年庆典上，鲍尔默从一个巨型庆典蛋糕中蹦出来，给在场所有人带来了惊喜。在几天之后的开发者大会上，大汗淋漓的鲍尔默在困惑的观众面前大喊了约14次“开发者”（这段视频也能在YouTube上找到）。

鲍尔默被《财富》杂志描述为“一个像钢活塞那样坚持不懈的销售先锋”。鲍尔默认为，自己极致的热情在激励微软销售人员和技术人员方面已经成为一个关键的力量。一些人视鲍尔默为微软关键的激励者和教练。对微软来说，他的热情富有感染力。然而，有些人也批评他的励志风格，认为他表现过度。[1]

这个关于知名公司高管人员的故事描述了一位励志型领导者如何帮助推动组织向前发展。一些人也许会认为，这些大汗淋漓、四处疯狂蹦蹦跳跳的举动有些做作，但是这种技巧的确对CEO所关心的业绩提升有影响。有效领导者是杰出的激励者和教练。他们通过之前描述过的许多方法影响他人。此外，他们经常使用特殊的激励和训练技巧。这些技巧都是非常重要的，因为不是所有领导者仅凭正式的授权、个人魅力和励志型领导就可以影响他人。面对面的、日复一日的激励技巧也很重要。良好的培训技能是企业管理的基础性功能，因为激励员工是培训他们的重要组成部分之一。在培训员工期间，领导者往往会尝试激励那些培训中的员工。

在本章，我们从不同的视角探索激励和培训技巧。第一，我们通过解释领导者在员工投入中所扮演的角色对激励进行概述。之后，我们检验领导者如何运用期望理论、嘉奖、目标设定和公平理论来激励团队成员。第二，我们描述培训，包括对特殊教练技能和管理型教练的角色描述。本书的大多数读者已经学习过激励，因此这里我们介绍如何成功运用一些流行的激励理论，而不是重复介绍那些已经学习过的理论，比如强化理论或马斯洛需求层次理论。

在阅读关于员工激励的方法之前，请你做一下领导力自我评估测试7-1，它能帮助你理解激励的含义。

领导力自我评估测试7-1

我用来激励他人的方法

说明：在你尝试去激励他人的时候，描述一下你会不会经常如下所述的那样去行动或思考。分类：特别不经常（VI）；不经常（I）；有时（S）；经常（F）；非常普遍（VF）。

	VI	I	S	F	VF
1. 我会询问他在某种情况下希望实现什么目标。	1	2	3	4	5
2. 我尝试去发现是否一个人有能力做到我所需要的。	1	2	3	4	5
3. 当一个人工作不努力时，通常意味着他是一个懒惰的人。	5	4	3	2	1
4. 我会向我想要激励的人进行准确的解释。	1	2	3	4	5
5. 我喜欢提前给一个人奖励，这样他就会受到激励。	5	4	3	2	1
6. 当一个人为我完成任务时，我会提供很多反馈。	1	2	3	4	5
7. 激励一个员工唯一明智的方法是在工作被很好地完成之后奖励给他很多钱。	5	4	3	2	1
8. 我确信某个人会感觉到被公平对待了。	1	2	3	4	5

续前表

	VI	I	S	F	VF
9. 我认为如果我能解释我自己是多么努力地工作，那么也能让另一个人像我一样努力地去工作。	5	4	3	2	1
10. 为了完成我需要做的事情，我会向他人灌输忧虑。	5	4	3	2	1
11. 虽然我精确指明他人需要完成的任务，但还是会给别人选择最好方法的余地。	1	2	3	4	5
12. 我会对那些帮助我完成工作的人大加赞赏。	1	2	3	4	5
13. 工作做得好是应该的。因此我很少表扬别人。	5	4	3	2	1
14. 我会很明确地让别人知道，在某项任务上他们做的和所期望的存在多大差距。	1	2	3	4	5
15. 为了公平起见，不论大家表现得如何，我尽力给予相同的奖励。	5	4	3	2	1
16. 当某个人为我很好地完成了工作之后，我会迅速地称赞他的表现。	1	2	3	4	5
17. 在给某个人奖励之前，我会尝试去找比较适合那个人的东西。	1	2	3	4	5
18. 我的原则是，不会为了某人做了应该做的事情而感谢他。	5	4	3	2	1
19. 如果人们不知道如何完成一项工作，激励就会受到影响。	1	2	3	4	5
20. 如果工作本身安排妥当，工作本身就具有内在激励性。	1	2	3	4	5
				总分：	________

得分和解释： 加总你所圈出的数字得到你的总分。

- 90～100 分：你已经掌握了在工作场所内关于激励他人的高超知识和技能。在现有基础上继续加强。
- 50～89 分：你已经掌握了关于激励他人的平均知识和技能。通过更多的学习和经验，你就能培养出高超的激励技能。
- 20～49 分：为了能在工作场合有效地激励他人，你需要特别学习激励理论和技巧。

7.1 领导力和员工投入

领导者运用激励和教练技术的一个普遍目标是让员工投入他们的工作，并且能因为组织工作而感到兴奋。**投入度**（engagement）是员工对老板承诺的一个当下流行的热门词汇。根据盖洛普公司的调研科学家吉姆·哈特（Jim Harter）的研究，投入度——或是缺乏投入度——已经极其重要地影响企业组织实现它们的目标。[2] 投入度反映出员工愿意和公司在一起奋斗，甘愿做职责以外的事情。在当今这个时代，获得员工忠诚度是非常重要的，因为多项研究已经发现：大多数美国员工没有全身心投入到本职工作中去。[3] 他们做公司要求去做的事情，但不会因为要变得优秀而投入更多的精力和体力。

有定量的证据证明了员工投入度的影响。一项涉及大约 32 400 个公司的盖洛普调查发现，与员工投入度位于后 1/4 的公司相比，员工投入度位于前 1/4 的公司生产力高出 18%，利润率提高 16%，事故率降低 29%。[4] 员工投入度是通过调查问卷来测量的。

领导力、激励、教练技术和投入度之间的关键联系是，领导者需要使用激励和教练技术帮助员工提高投入度。能说明教练技术的价值的一个例子是一项关于1 000名雇员的调查，调查显示那些能给员工积极反馈的领导者可以促进员工投入度。进一步来说，即使给出的大多数反馈是负面的，也比不给评价或忽视员工好得多。下面展示了几组数据：

- 相信主管关注自己的优点的员工中，61%是高投入的（有37%的员工属于这个类型）。
- 相信主管关注自己的缺点的员工中，45%是投入的（有11%的员工属于这个类型）。
- 相信主管忽视自己的员工中，2%是投入的（有25%的员工属于这个类型）。[5]

再用更广泛的视角来看看领导者在强化激励中的作用。亚特兰大的人力资源顾问琼·休斯敦（Jean Houston）说，管理者通过将他们的雇员看作有情感的人，对他们进行激励人心的谈话，建立信任，持续跟踪员工在干什么，从而实现激励员工投入的目的。休斯敦同样鼓励管理者学习和使用类似交流、认可、指导和关心的软技能，因为软技能可以产生有效的影响。[6]（这是本章和本书大力推荐的。）

根据Blessing White公司最近的调查，20%的受访者将职业生涯的提升视为投入度的关键驱动力。因此，领导者用来提高员工投入度的一项特殊技巧就是发起关于职业生涯的讨论。[7]

7.2 期望理论和激励技巧

期望理论是领导者学习如何系统性地解释激励理论的实用理论，理由有两个：第一，这个理论综合性强：它包含和整合了其他激励理论的特点，包括目标理论和行为修正理论。第二，期望理论为领导者提供了触发、维持团队成员建设性、持续努力奋斗的指导原则。尽管目前关于期望理论的研究还不多，但它仍然是解读工作激励的一个可靠方法。

激励的**期望理论**（expectancy theory）的基本前提是，人们愿意付出努力的程度取决于他们希望得到的回报有多少。此外，更广泛地说，理论涉及解决认知和过程问题。期望理论是认知性的，因为它强调被激励者的思考、判断和愿望。它同样是一个过程理论，因为它尝试解释激励是如何发生的。

这个理论实际上是一组基于人们的合理的、经济的视角的理论组合。[8]在任何既定的场景下，人们都想要最大化收益，最小化损失。这个理论假设人们在众多选项中选择，选择一个他们认为最容易实现的机会路径。进一步说，他们选择的方案看上去是个人收益最大化的。假定有一个选择任务，人们会选择他们认为自己最能掌控并且最有利于自己的任务。

7.2.1 期望理论的基本要素

期望理论包括三个基本要素：效价、工具性评价和期望。由于这三个组成因素，这个理论通常称作 VIE 理论。图 7－1 展示了期望理论的一个基础版本。为了确保人员激励，所有三个要素都必须出现。为了实现激励作用，人们必须考量回报的价值，思考他们能够做出的表现，并且保证他们的表现得到合理的回报。

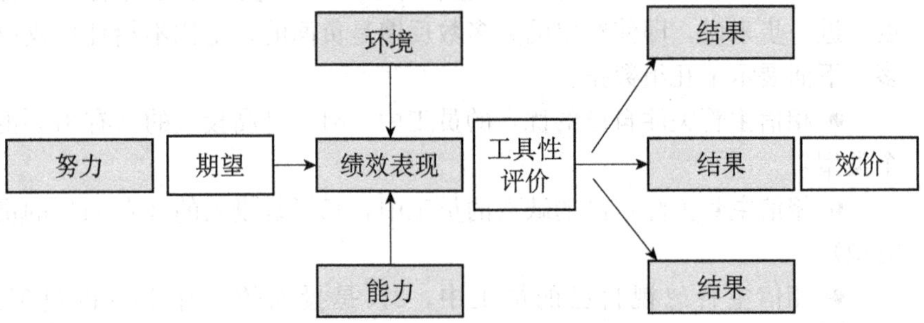

图 7－1　激励的期望理论

■ 效价

一个结果的价值或吸引力称为**效价**（valence）。正如图 7－1 所示，每个工作情形都有多种结果。**结果**（outcome）是绩效表现产生的任何东西，比如奖赏。每个结果都有自己的效价。一种结果能够导致其他结果，也就是二级结果。一个人获得突出的绩效评价（第一级结果）就有资格获得晋升（第二级结果）。二级结果也有效价。如果一个人努力工作，那么所有效价的总和一定是正的。如果所有效价的总和是负的，那么这个人应该努力避免这种结果。

在此提及的期望理论中，效价的范围在－100～＋100 之间（用－1～＋1 量表来设定效价的通常做法并不能公正地体现偏好差异）。一个＋100 的效价意味着某人强烈地希望得到某个结果。一个－100 的效价表明某人有强烈的意愿避免某个结果，比如被解雇或者被宣告破产。零效价意味着某人对某个结果不感兴趣，因此领导者对这个人的激励是无效的。

同时运用正负效价的例子告诉公司 CEO，如果公司不作改变，这个公司将前途渺茫；如果适时改变，公司将会焕发勃勃生机。

■ 工具性评价

工具性评价（instrumentality）是指对一个人的绩效是否可能导致某种结果的评估（工具性评价也被称为绩效对结果的期望，因为它指的是人们对于以某种特定方式表现的结果的期望）。当人们投入到特定的行为中去时，他们行动的意图在于实现想要的结果或报酬。工具性评价的范围在 0～1 之间，其中 0 表示没有机会实现想要的报酬，1 是相信肯定能获得报酬。例如，一个小时工可能会说：“我明确地知道如果我加班了，我就能得到加班费。”

■ 期望

期望（expectancy）是指对一个人的努力是否会得到正确的任务绩效的可能性的评估（这个概念也被称为努力对绩效的期望）。在付出努力完成任务之前，人们会问自己的一个重要问题是："如果我全面开展这项工作，我肯定会恰当地完成这项工作吗?"期望的范围在0～1之间，其中0表示根本没有希望能够正确地完成任务，1表示绝对相信自己能够正确地完成任务。因此，期望影响一个人是否会努力赢得奖赏。自信的人较之不自信的人有更高的期望。良好的培训能够增强一个人对于其自身能够完成任务的主观意识。

提高期望对于激励的重要性，与在工作激励中强调**自我效能**（self-efficacy）的贡献是异曲同工、不谋而合的。自我效能是指相信自己有完成一项具体任务的能力。如果你对完成任务有较高的自我效能，那么你的动机就会很强烈；反之，较低的自我效能导致较弱的动机。一些人参加跳伞运动的动机就很弱，因为他们不确定自己在以每小时192千米的速度自由落体时能拉开伞索。

简而言之，如果你对某项任务的技能充满信心，你就会行动起来去完成这项任务。这是要传授员工技能、增强员工信心，使他们全力以赴的原因之一。

我们需要解释一下期望理论中一个显而易见的矛盾。有些人会忙于从事低期望的行动，比如尝试发明一种成功的新产品，或是成为一家大公司的CEO。补偿因素就是与实现这些成就有关的第二级结果产生的巨大效价。从发明一种成功的新产品或者成为一个CEO中获得的回报是如此之大，以至于人们愿意去努力尝试。

■ 简要地看一下证据

将期望理论运用到工作激励之中，是40年（1964—2004年）研究的主题。两位研究者进行了77项关于元分析的研究：这些研究验证期望理论是如何与工作场所的标准（比如绩效和努力）相联系的。虽然结果并不一致，但是他们得到的一个总体结论是期望理论的三个要素与工作标准正相关。例如，工作绩效与效价、工具性评价、期望和整个VIE模型存在正相关。整个VIE模型特别指效价、工具性评价和期望三个值的乘积。另一个发现是，花在工作上的努力与效价、工具性评价、期望、整个VIE模型以及绩效正相关。[9]这个正相关有助于证实领导者和管理者关注于激励员工是有理论依据的：人们工作越努力，工作绩效就会越好。

7.2.2 与期望理论有关的领导技能和行为

对于领导者和管理者来说，期望理论在激励他人方面有很多意义。[10]其中一些意义来自其他激励理论，它们通常与优秀管理实践相契合。在你解读每一重意义时，思考你如何把这种技能或行为运用到一项领导任务中去。

1. 决定为了实现组织目标需要获得哪种层次和哪种类型的绩效。当人们清晰地了解到需要完成的任务是什么，激励人们的工作就最有成效。同时，领导期望的绩效水平有可能实现。例如，由于一种特定的产品或服务的市场已经饱和，销售配额就可能设置得过高。这一点领导者需要加以注意。

2. 通过激励人们实现绩效目标。如果团队成员认为他们被要求完成的任务极其困难，那么大多数人都会情绪低落。通常来说，一项任务必须是通过激励员工易于完成的。

3. 培训和鼓励人。领导者应当给团队成员必要的培训和鼓励，以确保他们能够完成既定的任务。一些看起来驱动力匮乏的团队成员仅仅是缺乏恰当的技能和自信。

4. 明确奖赏和绩效之间的联系。应该让团队成员相信，如果他们按照标准完成任务，他们会获得之前承诺的奖赏。

5. 确保奖赏是有吸引力的。有些奖赏无法激励人，其原因是虽然奖赏的类型是恰当的，但数量不够。承诺一次大的提薪会有激励作用，但1%的提薪对于大多数员工来说就没有多少激励作用。

6. 分析什么原因阻碍了奖赏有效性的发挥。领导者给出的奖赏和工作团队中其他影响之间的冲突，会要求领导者更改奖赏。例如，如果工作团队更喜欢现状，那么鼓励创新思维就可能需要一个大的奖赏。

7. 解释第二层结果的含义和意义。对员工来说，理解特定结果的价值，比如获得一个正向的绩效评价，则会受益匪浅（比如，获得加薪、更高级别的任务或升职）。

8. 理解效价的个体差异。为了有效地激励团队成员，领导者必须能区别个体差异或奖赏偏好。需要注意的是给员工提供奖赏，该奖赏使他们获得高效价。某个员工可能看重高风险性的工作；另一个员工则看重常规的、稳定的任务，这样的任务具有较高的效价。在效价上也存在跨文化差异。例如，很多（但不是全部）亚洲员工不喜欢在团队面前受到单独嘉奖。根据他们的文化价值观，在团队面前受到单独奖赏是不体谅和尴尬的。另外一个例子是，对美国人和意大利人来说，商店礼品券对美国人效价更大，而意大利人则更偏好一个小而时尚的精品店。领导力技能开发练习7-1涉及了评估效价的挑战性。

领导力技能开发练习 7-1

评估效价以运用期望理论

说明：运用期望理论的一个主要挑战是评估什么效价与可能的结果相关。一个领导者或管理者也必须了解在一个给定的工作情境中可能的奖赏和惩罚。下面列出了一组可能的结果，在空白处填写－100～＋100范围内的数值，以示奖赏还是惩罚。与6个人左右的团队一起工作，评价每个人所有的项目。

可能的结果	评价（－100～＋100）
1. 晋升为副总裁	______
2. 一级晋升	______
3. 绩效评价高于平均水平	______
4. 绩效评价达到最高水平	______
5. 8 000美元的奖金	______
6. 4 000美元的奖金	______
7. 150美元的礼品券	______
8. 本月员工勋章	______
9. 通过电子邮件表扬或在社交网站上表扬，以及在档案中记录表扬	______
10. 在高级餐馆与老板共进午餐	______

续前表

可能的结果	评价 (－100～＋100)
11. 在公司的咖啡馆与老板共进午餐	________
12. 挑战新的任务	________
13. 允许为自己累积飞行里程	________
14. 允许为自己购买最新的平板电脑	________
15. 为自己配置最新的智能手机	________
16. 有景色良好的私人办公角	________
17. 配备一个全职的行政助手	________
18. 记录差的绩效	________
19. 被解雇	________
20. 被解雇并记录在行业黑名单中	________
21. 降职一级	________
22. 降职到入门级别的职位	________
23. 在他人面前受批评	________
24. 无薪停职	________
25. 被调职到不理想的地方	________

在完成评价之后，讨论以下问题：

1. 哪一个可能的结果得到了最不同的评价？

2. 哪一个可能的结果得到了最相似的评价？

另一种分析方法是计算每个结果的所有效价均值和标准差。每个班级成员可以把自己的效价评价与整个班级的标准相比较。为了增加数据，每个学生可以从班级外的受雇人群中取回两套评价。

为了在工作中运用这种技术，可以修正上述表格以符合你所在的环境。向小组成员解释你正在尝试进行的更好的奖赏和规范，而你需要大家的评价。小组成员的评价可以为员工会议提供丰富的讨论资料。

9. 识别出员工什么时候处于一个积极的心情以及高的效价水平、工具性评价和期望之中，这些有可能带来较好的绩效表现。一项在大学生中进行的实验表明，参与者的心情越积极，相比于那些心情一般的人来说，绩效表现就越好，更能坚持，更努力，并且有更高的激励水平。积极的影响使得奖励看上去更吸引人（更高的效价）。好心情同样可以加强绩效和产出之间的联系（工具性评价），以及努力和绩效之间的关系（期望）。[11]值得注意的一点是，这个实验中情绪的提升来自一包糖果。管理者可能需要更持续的方法来提升积极的影响。有能力让员工保持好心情是情感智力的高级运用。

7.3 目标理论

目标设定是一个基本过程，它直接或间接地构成所有主要工作激励理论的一部分。目标设定作为一种提高和保持绩效的方法，得到了领导者和管理者的普遍接受。例如，一个愿景就是一个真正崇高的目标。为了激励员工，冰激凌连锁店 Cold Stone Creamery 的创始人道格·迪西（Doug Ducey）构建了这样的愿景，“世界将会以最棒的冰激凌体验来认识我们”。他相信，是这个愿景帮助他的公司在 5 年时间里从 74 家店发展到 1 000 家店。[12]

目标理论的核心内容是，那些肩负具体的挑战性目标的个体，比那些被分配了简单、不具体、“尽量做到最好”的目标或是根本没有目标的个体在绩效上表现得更好。然而，与此同时，个体必须有足够的能力接受目标，获得与任务相关的反馈。[13]我们对于目标理论的总体看法详细阐述了这一基本内容。

7.3.1 目标理论的基本内容

目标理论（或目标设定理论）的默认前提是行为被价值观和目标所规范。**目标**（goal）是一个人努力获得的东西。我们的价值观使得我们想要以一种符合价值观的方式来行动。例如，如果一个领导者看重诚实，他会确立一个目标，只雇用诚实的人。于是，这个领导者会采用各种可参考的检查和诚实测试。埃德温·洛克（Edwin A. Locke）和加里·拉瑟姆（Gary P. Latham）曾经把几百个关于目标的研究囊括到一个目标设定和任务绩效的理论中。[14]图 7－2 总结了目标理论中规律性的基础内容以及描述这些常见规律的信息。一个领导者在通过目标设定激励人们时应当牢记这一点。

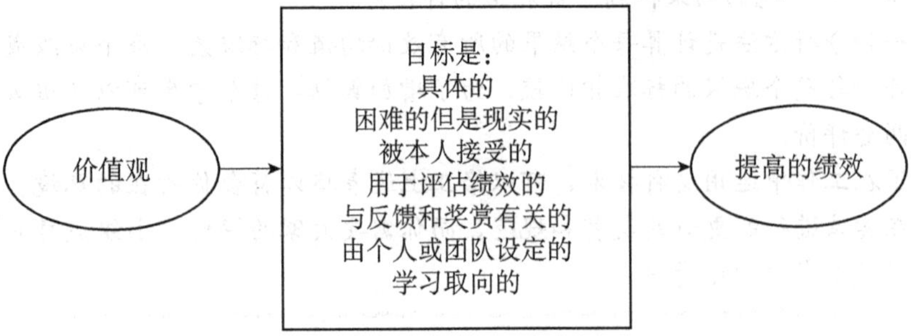

图 7－2 目标理论

首先，记住具体的目标比模糊的目标更容易获得高绩效。告诉一个人“尽量做到最好”是一个模糊的目标。一个具体的目标如“今年夏天，使我们管理培训项目中新员工的数目增加到 15 人”。另一个关键点是绩效通常直接随着目标难度比例的增加而增加。目标越困难，绩效越高。但一个重要的例外是过于困难的目标会降低绩效。实现目标的难度过大会导致挫折，挫折反过来引起低绩效（可以用期望理论的关系来解释）。

研究发现，有效的目标应该是现实的，但是也有一个引人注目的例外，那就是完成高水平的复杂任务。有效的领导者常常通过设置远大的或者英雄式的新目标来鼓舞团队。例如，制造照片打印机的团队的管理者也许会这样解释：高质量的打印机能帮助人们珍藏他们的记忆。[15]这里有两条关于建立远大目标的建议：

- 制定一个大的和全面的目标：对你的团队而言，是理想，是成就感。
- 将目标分解成一些更小的目标，比如为团队雇用两个拔尖的人。把每一步

（或子目标）当作一个设计好的使你能够达到目标的过程。[16]同样的方法也可形容为“短跑冲刺而不是马拉松”。

为了使设定的目标能够提升团队绩效，必须让团队成员接受该目标。如果一个团队成员拒绝一个目标，他将无法把该目标融入计划内。这就是为什么与团队成员讨论目标而不是把目标强加给他们的理由，这样对实现组织目标是有益的。然而，新的研究表明，目标承诺的重要性可能被高估了。看来目标能够提高绩效，无论参与这些研究的人们是否对目标有承诺。[17]尽管近来有这些发现，仍有很多管理者和领导者认为员工对目标的承诺是极其重要的。

参与目标设定对于工作绩效的水平没有大的影响，除非参与目标设定能够提高目标接受度。然而领导者应当认识到，参与是有价值的，因为它能使得人们对目标设定过程有更高的满意度。当将目标用于绩效评价时，目标会更为有效。当人们知道他们的绩效将根据实现目标的程度进行评估时，目标的影响就增强了。

要牢记一个关键原则：目标应当与反馈和奖赏联系起来。因达成目标而奖励员工是最广为接受的管理原则。另一个目标设定原则是团队目标设定与个人目标设定同样重要。让员工以一个团队的形式实现具体的团队目标，而不是仅仅去实现个人目标，更能够增加生产力。进一步说，相容的团队目标与个人目标的结合比单独的个人目标或是团队目标都更为有效。

最后一个目标设定的原则是，学习目标取向比绩效目标取向更能够提高绩效。有着学习（或是掌握）目标取向的人会通过提高获得新技能和适应新环境来发展职业素养。相反，有着绩效目标取向的人会通过寻求有利评价和避免负面评价来证实和确认自己的职业素养。为了证明这两种取向的差异，有研究者进行了一项关于药品供应销售代表的研究，结果表明，学习目标取向和销售绩效之间为正相关关系，绩效目标取向与销售绩效无关。[18]

7.3.2 目标实现的重要性及问题

关于运用目标来激励绩效的一个主要关注点是，领导者以及其他员工会使用不道德和冲突性的捷径来达成他们的目标。比如，一个CEO也许会大幅削减研究和开发方面的投资，并且炒掉许多有价值的员工，以达成每股收益之类的利润目标。同样，一些管理者也被发现参与了不道德行为，比如以未完工的产品充数来达到销售目标。[19]因此，非常有必要指出：为了在避免出现功能障碍的基础上实施目标设定，需要对道德行为实行特殊的关注，以此实现目标的达成。

运用财务激励来达成目标通常会刺激不道德行为。宾夕法尼亚大学沃顿商学院进行的一项分析表明，在最近的历史上，过度依赖财务指标导致了一些臭名昭著的财务丑闻。[20]值得注意的是，正是华尔街的财务丑闻引发了金融危机。为了获得大笔的佣金，许多投资银行向投资者销售的不良证券——比如那些基于次级房贷的证券——包含着投资者没有预期到的风险（大型投资银行和证券公司高盛经常因为这类不道德行为被起诉）。然而，我们仍要强调，财务激励本身不是坏事。没有监管用于获得财务奖励的方法才是主要问题。

对目标过于强调也会带来一些问题，比如员工过分关注于实现目标而忽视了紧急状况和新机会的出现。例如，一名招聘经理忽视了从一个更好的视角进行面试，因为他必须在公司网站上处理一定数量的求职申请。

一群研究者提炼出了过度依赖于目标的潜在陷阱，并用以下“警告标签”幽默地进行表述。[21]

> **警告**
>
> 目标也许会因为狭隘的关注而在组织中引起系统性的问题，如增加风险、不道德行为、抑制学习、减少合作以及减少内生激励。
>
> 在你的组织中运用目标时请保持慎重。

目标设定被领导者和管理者广泛采用，但是他们通常不会仔细考虑目标设定理论。领导力技能开发练习7-2可以帮助你学习如何设定目标。

领导力技能开发练习 7-2

目标理论的应用

把一个5～6人的小组设想为一个任务团队，你们的任务是制定和实施建议，让你们的公司变得更具环境可持续性（更加绿色）。公司主要生产运动服装和鞋子，比如运动鞋、泳装和足球服装。一位团队成员扮演工作小组的领导者。领导者必须帮助团队设定目标，目标最好是激励性的，符合目标理论的原则。

今天会议的目标是建立4个目标，这些目标能让公司变得更加绿色，同时不会产生太多的成本。在每个小组都建立起他们的目标之后，向其他班级成员展示。听过其他组的目标的学生要提供建设性的反馈。

练习设定有效的目标是有益的，因为领导者和管理者常常需要设定目标。当目标至少符合某些目标理论的主要内容时，生产率提高的可能性就增大了。

7.4 运用嘉奖和自豪感来激励他人

通过给予嘉奖和表扬来激励他人，是正强化的一个直接运用，也就是通过给予奖励来强化正确的行为。然而，嘉奖是一种潜在的强激励因子，值得特别关注。同时，通过嘉奖的方式来奖赏和激励员工是企业和非营利组织的一项标准实践措施。例如，用一个雕刻有公司标识的水晶花瓶来奖励高绩效员工，或者授予他们“本月之星”称号。接下来要讨论的自豪感也和嘉奖有关。那些对工作感到自豪的员工希望因为自己的良好表现而被认可。

嘉奖是一种强激励因子，因为渴望被嘉奖是一个正常人的需求。为了知晓对嘉奖的需要的程度，请做一做领导力自我评估测试7-2。同时，嘉奖也是有效的，因为大多数员工感觉没有得到足够的嘉奖。迪安娜·贝克（Deanna Baker）是Intelispend Prepaid Solutions公司职业发展和人力资源副主席，她说："提高员工投入度的最好方法之一就是通过创新性的奖励和嘉奖程序。"[22]但是，管理者不需要一套正式的公司程序来进行嘉奖。

领导力自我评估测试7-2

我有多渴望被赞赏？

说明：对下面的陈述按照给出的数值范围做出选择：非常不同意（DS）、不同意（D）、中立（N）、同意（A）和非常同意（AS）。

	DS	D	N	A	AS
1. 我保留（或是会保留）我曾经得到的奖牌、奖章或奖品，将它们陈列在我的家中。	1	2	3	4	5
2. 每次有人称赞我努力的时候，我都会有一种温暖的感觉。	1	2	3	4	5
3. 当有人告诉我"干得好"的时候，我一天都会很开心。	1	2	3	4	5
4. 当我称赞某人时，我非常希望对方反过来也称赞我。	1	2	3	4	5
5. 在我工作做得好的时候，相比于得到100美元的奖励，我更希望评上"月度之星"。	1	2	3	4	5
6. 如果我有一个资源能向慈善组织捐一大笔钱，我绝对不会匿名捐献。	1	2	3	4	5
7. 回顾我的童年，我极其喜欢因为自己的良好表现而从老师那里得到一颗金星或其他类似的认可。	1	2	3	4	5
8. 相比于成为世界上最有钱的人，我更希望成为《时代》杂志的年度人物。	1	2	3	4	5
9. 我喜欢看见我的名字出现在报纸或者电子媒体上。	1	2	3	4	5
10. 我没有得到我应得的所有尊重。	1	2	3	4	5
11. 我会定期看看我的名字在互联网搜索中出现了多少次（比如谷歌或是必应）。	1	2	3	4	5

总分：＿＿＿＿＿＿

得分和解释：加总圈出的分数得到你的总分。

- 50～55分：你对嘉奖的需求已经超过了平均水平，因此嘉奖对你来说是一个强刺激。由于出色的表现，你的工作得到了嘉奖，你感觉自己是最快乐的。
- 30～49分：你对嘉奖的需求处于一个平均水平，而且你也不需要因工作出色而得到持续认可。
- 11～29分：你对嘉奖的需求低于平均水平，而且你喜欢用自己良好的表现说话。当你得到嘉奖的时候，你希望这个嘉奖是针对你所做的事情而不是泛泛而论。在和大多数技术型的人一起工作的时候，你会感觉良好。

几项时间跨度超过55年的研究表明，员工喜欢因为工作做得好而受到表扬，如同他们喜欢定期发薪水一样。比如，一项研究发现，66%的雇员将嘉奖看作重要的激励。[23]当然，这一发现不能解释为表扬足以替代薪水。员工喜欢把薪水看作一种资格，而把嘉奖看作一种礼物。[24]员工，包括你的同事，想知道他们的工作结果对某些人来说是有用的。

7.4.1 满足他人对嘉奖的需求

为了满足他人的嘉奖需求，需要识别有用的行为并通过口头、书面或者物质奖励认可这种行为。下面两个例子描述了如何用嘉奖维持理想状态的行为（这是有关激励的关键一环）。

● 作为一个团队领导者，你收到一封来自客户的热情洋溢的信，信中表扬了你的组员凯特（Kate），说她帮助客户解决了问题。你把这封信塑封起来，并把它作为礼物交给凯特。（你所强化的行为是良好的客户服务。）

● 你们部门的成员杰森（Jason）是机械工程师。在国家工程师周的一次部门午餐会上，你站起来说："在国家工程师周的庆功宴上，我要敬杰森一杯。如果没有他协助办公楼的建造，我今天就不会坐在这个办公楼里。"（这里，你强化的唯一行为是对杰森的良好祝愿，因此你激励的方法是总体上的，而不是具体的。）

嘉奖包括表扬作为激励因子的一个突出优点是，它是无成本的或者低成本的，但又是有力的。奖励专家鲍伯·尼尔森（Bob Nelson）提醒我们，尽管金钱对员工来说很重要，但周到的嘉奖也可以刺激他们以提升他们的绩效表现。[25]因此，嘉奖与金钱奖励相比有着更大的回报。下面是几条关于运用嘉奖和表扬来进行激励的建议。

1. 为了将激励的影响最大化，嘉奖应该与合作价值相联系，并且应该能帮助员工达成他们的个人目标。设想有一个安全警卫，他有着保持环境整洁的热情。这个警卫被授予"安全及能源节约巡视员"的新头衔并被广泛认可。这个头衔有两个方面的含义：一方面是这个警卫本人对节能的热情，另一方面是他出于公司利益对公司大门的禁闭和关闭不常用的灯。[26]

2. 告知小组和组织中的其他人关于有价值行为的判断，比如通过在员工大会上的宣贯或是在公司内部网络上发布公告。同样，与特定行为相关的表扬通常比一般性的表扬更有效。员工也许会渴求表扬，但是他们更想知道他们因为什么特定行为而被表扬，比如，"你对我们波兰工厂切削齿轮的销售预测非常准确。祝贺你"。

3. 不要通过和他人的竞争性比较来表扬员工。表扬一个值得表扬的员工，但是不要暗示另一个员工不值得表扬，比如："做得好，何赛（José）。我希望小组中的其他人像何赛一样努力。"[27]

4. 考虑个人对于表扬的偏好。有效地使用嘉奖的一个挑战之处在于，不是每个人都会对同样形式的嘉奖作出同样的反应。一个例子是，高技术型的人不喜欢一般性的表扬，如"做得好"或者"好样的，宝贝"。相反，他们喜欢一种对他们工作贡献的轻松的、实事求是的描述。一项研究发现，一个人越认为自己是技术导向的，就越喜欢特定的和任务导向的嘉奖。[28]科研中心的员工为你的台式机查杀了病毒，他们更喜欢得到这样的称赞，"感谢您帮助我查杀病毒并重装了我的电脑使其正常运行"。这类评价还能变得更好，比如"太棒了，你简直就是一个世界级的病毒专家"。

7.4.2 满足员工自豪感的需求

给予员工自豪感是有效的激励措施，即对一个工作出色的员工给予嘉奖，以满足该员工的期望，使其产生自豪感。使员工对其所完成的工作产生自豪感的外界因素是其更偏向于内在的（本质的）激励，而非外在的（非本质的）激励，比如得到一件礼物。因此，尽管员工同时得到不同的嘉奖，但是给员工一个嘉奖以使其产生自豪感，是一个强有力的内在激励因素。

想象一下，你是公司的一位服务经理的助手，为个人客户定制房车（休闲娱乐出行交通工具）来满足他们的要求。你的经理要求你准备一份 PPT 展示，反映一年中多数时间生活在房车里的人们的定制化发展趋势。你向高管人员进行了展示，团队都为你鼓掌喝彩，并且高管人员一一和你握手致谢。此后，你收到几封祝贺的电子邮件。你经历的这种感情嘉奖可能就会使你产生自豪感。你被激励着继续保持良好的工作状态。

员工也可以形成与嘉奖象征物相关的自豪感。比如，一个员工可能因为为公司在运输成本上节省了几千美元而得到一台落地钟作为奖励。这台落地钟对这位员工的价值可能是成为成就感的象征物而不仅仅是一件家居用品。自豪感来源于完成一项有价值的活动（帮公司节省了成本），而不仅仅是被奖励一台落地钟。

根据顾问让·卡岑巴赫（Jon R. Katzenbach）的看法，管理者和领导者可以有步骤地通过自豪感激励员工。管理者的一个关键策略是他们如何运用自豪感而不是金钱来激励员工。对员工来说，每天工作产生的自豪感比完成一个重大目标产生的自豪感更重要。管理者应该同样对待庆祝完成主要目标和实现主要目标的每一个步骤（或是实现小目标）。自豪感建设者们随时随地地识别员工较小的成就，并巧妙地运用激励手段使员工产生自豪感。[29]

7.5 公平理论和社会比较

之前描述过的期望理论强调人们的理性和思考。类似地，其他理论也关注：员工会与特定参照人群相比，他们是否被公平对待了。根据**公平理论**（equity theory），员工的满意度和动力来自和其他同事相比，自己是否被公平对待了。理论指出，员工对工作结果和工作投入有其固有的内在看法。

雇用的结果包括报酬、福利、地位、赞许、内部工作因素和其他任何来源于工作且被雇员认为有用的要素。投入包括那些员工认为自己在工作上的投资或为工作投入的任何有价值的要素。这些投入包括工作任职资格、技能、教育水平、努力、对公司的信任、同事间的支持和合作行为。

公平理论的核心是员工将他们的投入和产出（进行社会比较）与工作场所的其他人进行比较。[30]如果员工认为他们得到了和投入匹配的公平的结果，他们总体上就会感到很满意并且受到激励。当员工认为被公平对待了，他们就更愿意努力工作。相反，当员工认为，相比于他们从组织中得到的，他们付出的太多而收获的太少，就会产生紧迫感、不满意和没有动力等情绪。员工用来参照的对象是与他们相关的。比如，一个行业的销售代表将会和同一行业中他所了解的销售代表相比较。

这里有两种比较。人们会计算自己的投入与所得，同样也会评估其他人在相同付出的情况下得到了什么样的结果。当某人认为自己的结果/投入比率和其他人相等时，就是公平的。反之，就是不公平的。人们基于公平理论作出的比较与基于期望理论作出的比较是相似的——这种判断有效与否是基于人们的主观感受。不公平可以是任意方向和任意大小的。通常用以下方式表示公平率：

个体的产出/个体的投入　相比于　他人的产出/他人的投入

根据公平理论，最高水平的激励出现在当一个人相比于其他人有一样的投入产出比率的时候。当人们认为不公平的时候，他们很可能会倾向于采取以下三种行为的一个或多个，这些对老板来说都会导致负面的产出。

1. 改变结果。认为没有被公平对待的人也许会要求更高的薪水或是奖金、更多提拔机会或是休假时间。一些人甚至会从公司偷走他们认为自己应得的钱。一些人也许会尝试说服管理者少给别人一点。

2. 改变投入。一个认为被不公平对待的人也许会减少投入到工作上的努力或是时间。一个觉得没有得到足够报酬的人也许会表现出类似假装生病请病假等不利于自己的行为来做自己的生意。一种更极端的情况可能是煽动其他人也减少自己的投入，但这样他们可能挣到更少的钱。

3. 离开现状。比如感觉没有被公平对待的人也许会干脆辞职。然后这个人会自由地在别处追求公平。

对领导者和管理者来说，一个关于公平理论和期望理论的实际应用是，不要给所有人同样的提薪。这样做的问题是那些认为自己投入最多的员工往往觉得他们被不公平地对待了。在这种情况下，根据韦尔奇夫妇的观点，“顶级的员工不可避免地要离开”。[31]

公平理论对尝试激励下属的领导者来说有几个方面的暗示。第一，无论一个提高生产率和降低成本项目设计得如何，必须向员工提供公平的薪水。此外，员工的负面观点也许会导致在管理上完成目标的投入减少。第二，领导者需要努力去理解下属的想法，就他们向公司付出的和从公司得到的而言，他们认为怎样才是公平的。比如，和一位指定的员工进行讨论，也许就会发现员工觉得就自己的教育、培训和经验而言，自己没有被好好利用。给员工指派一个新的、有挑战性的任务也许给员工带来更高的激励作用。

另一个强化激励的方法是把员工放在一个更高水平报酬的职位，这样他就会感觉到被更公平地对待了（当然，领导者在控制报酬和职位上也存在约束）。

领导力技能开发练习 7-3 将会帮助你内化公平理论。

领导力技能开发练习 7-3

公平理论的运用

这项技能开发练习的目的是让你自己练习运用公平理论，这样你就可以在之后用这个理论来激励他人了。练习的重点是运用两个比率定位价值。

1. 个体的产出/个体的投入。

回想你现在或是过去拥有的一份职位。首先，列出你从这个职位得到的或即将得到的所有产出结果。文中的信息将会给你一些提示。列举出类似薪水、奖金、与同事的友谊、假期及学到的知识等因素。接下来，列出你所有的投入，比如教育、之前的培训、投入教育的钱与合作行为。

2. 他人的产出/他人的投入。

为了获得计算这个比率所需的数据，你需要做一些调查。也许你可以给以前或是现在的同事发一封邮件。为了找出其他人在做这份工作时得到了什么，你也许需要咨询 www.salary.com 或是类似的网站。找出你是否被公平对待的结论。

接下来，反思一下你对公平的评估如何影响你过去或现在的动力。问问其他同学关于这项练习的结果。基于你的分析，公平理论是否给领导者运用激励理论提供了一些保证?

7.6 教练技术和激励

有效的领导者都是好的教练，而好的教练都是有效的激励者。对于那些很少与组织成员面对面接触的领导者而言，比如金融交易代理人、CEO 和董事长，教练技术的要求更模糊一些。然而，所有层次的领导者都需要有一个教练身份。百胜公司的董事长戴维·诺瓦克（David Novak）更多地把自己看作一个教练和啦啦队队长而不是老板。他的部分教练身份包括仔细地听取员工的想法。[32]

教练是一种使他人有能力去采取行动、加强他们力量的方法。教练就是花时间与受训者建立个人关系，以给予人们足够的关心。组织也从教练中受益，因为很多员工因为受到教练辅导而提高了生产力。教练也被看作鼓舞（或是激励）员工的关键手段。詹姆斯·哈特（James Harter），盖洛普的国际管理实践首席科学家指出，大多数投入型的员工会为那些持续投入时间帮助他们获得成功的管理者工作。[33]

7.6.1 教练技术的关键特征

工作场所的教练技术也许通常被解释为管理的艺术。因为教练关系是很特殊的，受训者被更好地激励去实现对组织有利的目标。教练是两个人之间的相互作用，通常是管理者和雇员。相互作用的目的是帮助雇员从工作中学习，以利于自己的职业发展。[34]两个人的相互作用也影响教练的结果。比如，一些领导者能够成功地教练某些人，而无法教练其他人。

教练需要关系双方承担相当的人际风险和信任。教练可能给予受训人错误的建议，或者受训人可能拒绝教练的鼓励。想想当一名篮球选手为纠正错误的投篮动作寻求教练指导时的风险，经过教练指导的结果是选手可能投得更差，双方都感到尴尬。类似地，一个组织的领导者教练团队的成员，其结果可能与其初衷相反——比如，造成销售比以往更差的结果。

创新领导力中心（Center for Creative Leadership）的研究发现，管理者常常简单地将教练理解为告诉别人去做什么。有效的教练关注个体的成长和发展而不是直接告诉对方在特定的情况下应该怎么做。为了帮助下属成长和发展，作为教练的领导者应该为下属提供资源，让他们自己做出决定。受训者应该挑战自己去寻找解决方案，并且提供结果的反馈。[35]

假设一个管理者希望降低大楼建设的事故发生率。领导者也许应该指出新的办法能帮助减少事故，而不是直接做出关于如何达成这一目标的报告。在这个过程中，直接报告也许会发现管理者之前不知道的解决办法。

教练的一个关键优势是，它产生新的可能行为，并促进业绩突破。一个副总裁可能对一个级别较低的管理者说："你考虑过让你的人更多地投入到目标设定中去吗？如果你这么做了，你可能看到更高的承诺和更加彻底的行动。"中层管理者更多地让管理者参与目标设定，于是绩效提升了。这个情景下的教练技术获得了实质性的结果。

最好的一点是，教练提供具体的贡献，包括更高的激励水平。一个有效的教练保有热情，并且不断地给予赞扬和认可。优秀的教练还能促进个人发展，使团队成员受到鼓励去相互培训，相互支援。好的教练还能提高团队绩效。有效的教练使得团队成员意识到彼此的优势技能，以及这些优势技能如何能够促进团队目标的实现。[36]

7.6.2 教练技术的误区

理解领导力的教练作用的另一个方法是考察某些常见的对教练的错误看法，正如伊安·坎宁安（Ian Cunningham）和琳达·霍诺德（Linda Honold）所研究的那样。[37]一个错误的观点是，教练只用于一对一的工作中。实际上，小组或者其他团队成员也能接受教练。作为一个团队的领导者，你可能会向团队提出意见，比如"你们为什么匆匆带过一个这么重要的问题？"一个主要的错误看法是，教练主要是提供新的知识和技能。事实上人们经常在潜在的习惯上而不是知识和技能上需要更多的帮助。一个好的例子是教练某人关于工作习惯和时间管理的内容。你能够向个人提供很多有用的知识和技术，然而，如果某人是一个拖延者，这个人必须先克服拖延的习惯，之后时间管理技能才能对他有帮助。

另一个思维定式是关于一个重要的伦理问题：如果教练不只给予知识和技能上的指导，那么他们就可能陷入心理治疗的麻烦。反对的论调是教练应当只是遵循有效家长的模式。这包括倾听他人，努力理解他人真正关心的东西，并且提供支持和鼓励。另一种特别顽固的思维定式是，教练应该是所教练领域的专家。利用运动来类比，一个好教练并不一定是或者曾经是一个杰出的运动员。教练的一个重要作用是问一些中肯的问题和倾听。提问和倾听能够帮助其他人设定学习目标。

一个可理解的思维定式是，教练必须是面对面的。这种面对面的方法能促进教练。然而，当时间和距离形成障碍时，电话、邮件和文本信息是有用的替代物。例如，一个员工可能在出差时向他的管理者发送一封邮件，内容如下："客户说如果我在这次安装中出错，他将不再和我们做生意。您有什么建议？"

下面的"领导者在行动"专栏说明了有效的教练技术如何对组织做出贡献。

◆ 领导者在行动

亲切的交流者塔米

塔米（Tammy）是Quality Components公司的行政副总裁，该公司是一家自动化生产系统的制造商和分销商。公司的主要产品是汽车散热器泄漏测试设备等特殊机器。在塔米为公司工作了25年的纪念午宴上，她被邀请简要地谈谈自己的收获。她的回答如下：

“我们的CEO布拉德（Brad）让我告诉你们，我在Quality Components工作的25年里最自豪的收获是什么。我在公司的职位10年都没有变过，但是对我来说没有关系。我非常清楚，处于我这个职位的公司领导者应该更关心公司雇员的发展而不是获得提升。我们有时忘记了一个管理者是一位老师和教练，同时也是一个商人。

“我最自豪的，毋庸置疑，是和我的员工一起度过了这么长时间，给了他们我能提供的指导以及鼓励。我在公司最快乐的日子是当我给了某人建议之后，他因为这些建议工作效率更高了。”

塔米坐下来的时候，办公室主任特瑞（Terry）站起来说，“塔米一语中的，她帮助过我们中的很多人。我记得刚加入公司的几年里，我对于自己能否在公司取得成功感到紧张不安。塔米不仅教导我，当我犯错时，她还给予我建设性的反馈。她帮助我增强了自信。所以我敬塔米一杯，她是一个优秀的教练，也是一位优秀的领导者。”

[问题]

1. 这个小故事描述了哪些关于教练下属的重要性？

2. 在讲到被提拔和做一个好的教练之间可能的冲突时，塔米暗示了什么？

资料来源：The facts for this story were collected in Fairfax，Virginia，April 2011，from a source who chooses to remain anonymous.

7.7 教练技能和技巧

领导者和管理者有各种教练能力。获取教练能力的一种方法是学习基本的原理和建议，然后加以实践。另一种方法是参加有关教练的培训课程，包括塑造（通过模仿来学习）和角色扮演。我们调查了许多关于教练的建议，所有这些建议都能用于教练一个团队或是一个小组，甚至是一名员工。领导者教练一个团队的典型场景是在和大多数小组成员举行的会议上。如果有技巧地执行这些建议，将增加通过教练实现提高绩效的可能性。

1. 与团队成员沟通清晰的期望。为了使人们表现出色并且不断地学习与成长，他们需要清晰地知道对他们的期望是什么。对于一个职位的期望是将来判断绩效的标准，因此这是教练执教的一个基点。如果期望一个团队成员每月提供三条关于改进生产运营的新建议，而当出现平均每月只有一条建议的情况时，就需要教练了。

2. 建立关系。有效的教练与团队成员建立私人关系，并且为提高他们的人际技能而努力。[38]与团队成员建立和谐的关系，能够促进培训中的教练关系。有建议表明，主动倾听和给予情绪支持是建立关系的一部分。

3. 在需要改进的方面给予反馈。为了教练一个团队成员实现更高的绩效水平，领导者应指出需要改进的具体行为、态度或者技能是什么。一个有效的教练可能会说，“我已经读了你提交的扩大生产的建议书。这很好，但是它没有达到你通常的创意水平。我们的竞争者已经在采用你提到的产品。你是否考虑过……”在给予具体反馈方面，另一个重要因素是避免泛泛而谈和夸张，比如，“你从来没有提出关于产品的好点子”或是“你是我遇到过的最没有想象力的产品开发专家”。为了给出更好的反馈，领导者或管理者应当直接和经常地去观察绩效和行为，比如观察一个主管处理一个安全问题。

为了让反馈过程不那么吓人，在你开始教练别人之前获得许可是有帮助的，暗示一下你的目标，并且解释一下你的积极意图。例如，“杰克（Jack），我们来分享一下我的想法好吗？就几分钟”（许可）；“我想和你谈谈你刚才做的关于风险投资家的展示”（目的）；“我喜欢你的创意，但是我有几个你在下次展示上可能会用到的点子”（积极的意图）。[39]当教练解释了哪种行为需要减少而哪种行为需要增加之后，反馈也变得没有那么吓人了。这种方法是结合赞扬和批评的变化，避免了让受训者难堪。你也许会说：“谭雅（Tanya），我需要你更加重视质量而不是速度。”

当教练以一个问题开始的时候，反馈也会变得没有那么吓人，比如“你认为你做得怎么样？”这个问题帮助受训者将自己和问题联系起来，并且帮助他感觉到被关注而不是被排斥。[40]

教练应该帮助那种对批评高度敏感的人吗？把批评转化成积极的建议是有帮助的，可以避免吓到受训者。用“你可以通过再检查一遍事实来提高你的精确度”替换“在你刚才的报告中有几处事实错得离谱”。[41]

4. 积极倾听。倾听在任何教练活动中都是最重要的部分。一个积极的倾听者要努力同时抓住事实和情感。观察团队成员的非语言沟通是积极倾听的另一个方面。领导者也必须有耐心，但不是犹豫地对待自己与团队成员之间任何不一致的反驳观点。在每个教练活动开始时，一个提问有助于为积极倾听做准备，问题也将激发员工的思维，框定讨论的内容。例如，“我们如何利用已购买类似产品客户的新的数据资料来帮助我们的员工创造更多的销量？”

成为一个优秀的倾听者的一部分就是鼓励受训人谈谈自身绩效表现。开放式的问题有利于会谈的进展。例如，“关于你昨天处理与市场团队的冲突的方式，你有什么感受？”一个关于同一内容的封闭式问题如下：“你认为是否可以用一种更好的方式来处理昨天与市场团队的冲突？”

5. 帮助去除障碍。为了以最大的能力开展工作，员工可能需要有人帮助他们排除障碍，比如混乱的规则和规定、严格的预算等。于是，组织单位中的领导者所扮演的一个重要角色是障碍清除机。领导者或管理者在获得高层管理者的赞同、从另一笔预算中拿到钱、促成一个购买订单或者批准雇用一个临时工以协助工作等方面，常常比团队成员更有优势。但是，如果教练过快地帮助团队成员排除障碍，团队成员也许就无法培养出足够的自己解决问题的能力。

6. 给予情绪支持和表达同理心。领导者通过有益的帮助和建设性的方式，向表现不佳的团队成员提供足够的情绪支持。一次教练活动不应当是一次审讯。给予情绪支持的一个有效方法是利用积极的而不是消极的激励因子。例如，领导者可以说："我喜欢你昨天做的一些事情，然而我有一些可能会使你获得更高绩效的建议。"

表达同理心是给予情绪支持的有效办法。用一些话来表示你理解团队成员所面对的挑战，比如，"我能理解，现在员工的减少使得你处在很大的时间压力之下"。你表现出真情实意的关注，会有助于营造和谐氛围，有助于共同努力解决问题。

7. 反映问题背后的内容或真正含义。反映含义的一个有效方法是简练地概述和总结团队成员所说的内容。一个不符合标准的绩效表现者也许会说："我落后这么多的原因，在于我们公司可怕的官僚管理制度。我们正好需要完成客户满意度调查表。而我还有50封邮件没有看。"你可能回答说："你落后那么多是因为你有那么多表格和信息需要处理。"这个团队成员可能会这样说："这就是我的意思。我很高兴您理解我的问题。"（注意：领导者也在给团队成员一个机会来表达这个人问题背后的情绪感受。）

8. 给出一些温和的建议和指导。提供太多的指导会阻碍双向沟通，而适当的建议能够提高绩效。同样，受训人通常期望得到中肯的建议。管理者应当帮助员工回答"对于这个问题我能做什么"等问题。以问题或者假定陈述的方式给出建议经常是有效的。一个例子是，"问题的根本原因是不是计划不到位呢?"一个直接的陈述如下，"问题的根本原因显然是计划不足"，但这种直接陈述的方式常常使人产生怨恨和抵触。通过一问一答的形式，受训人很可能觉得应该更多地投入到改进工作中去。

给出温和的改进指导，其中一个方法是利用"可以"这个词，而不是"应该"这个词。说"你应当做这个"意味着这个人目前做错了，这会激发抵触情绪。说"你可以做这个"则留给这个人一种选择；这个人可以接受或者拒绝你的建议，衡量其结果。[42]（你"可以"接受这条建议以成为一个更好的教练!）

9. 允许以想要获得的绩效和行为为模板。一项有效的教练技术是向团队成员示范需要改进的行为的案例。假定一个管理者向客户说一些违背事实的话，比如错误地说明产品达到零缺陷的标准。在教练他时，管理者的老板可能让这名管理者观看她是如何在一个相似的情景中应对客户的。这名管理者的老板可能给客户打电话说："您曾问我，我们是否已经对我们的激光打印机采用零缺陷标准。我们正在尽我们的努力生产无缺陷的产品。然而，至今我们还没有一个正式的零缺陷项目。我们会修理任何缺陷，不需要您支付任何成本。"

10. 获取变革承诺。团队成员可能无法实现更高的绩效，除非领导者获得来自团队成员的承诺，执行经过提议问题的解决方案。一个有经验的管理者对员工何时需要提高绩效有一种直觉。缺乏变革承诺的两大诱因是：（1）过度赞同变革的需求；（2）没有情感地同意变革。

11. 称赞好的结果。运动场上和工作场所中有效的教练都是啦啦队队长。他们对好的结果大力赞扬以给予鼓励和正强化。一些有效领导者在他们的员工或团队获得杰出成果时会欢呼，其他人则只是赞赏性地鼓掌。

领导力自我评估测试7-3将帮助你思考成要为一个有效教练应在哪些方面进行提高。如果你已经是一个有效教练，可以找找更进一步的方法。领导力技能开发练习7-4为你提供了一个实践教练的机会。

领导力自我评估测试 7-3

有效教练的特征

说明： 下面是有关有效教练的特质、态度和行为特点的一份清单。在你需要发展的每一个特质、态度和行为边上做记号（例如，你是否需要变得更有耐心）。在一张纸上，设计一个行动计划以改善每一个你需要发展的特质、态度和行为。一个提高耐心的行动计划的例子如下："我会要求人们当我表现得过于没有耐心的时候告诉我。我还会努力发展对缺乏耐心的自我控制力。"

特质、态度和行为	
1. 同理心（换位思考）	□
2. 倾听技能	□
3. 对人的洞察力	□
4. 擅长外交和机敏	□
5. 对人耐心	□
6. 关注人的福利	□
7. 对人防范意识较弱	□
8. 自信且有情绪安全感	□
9. 对团队成员缺少竞争意识	□
10. 对人热情	□
11. 对帮助他人成长感到满意	□
12. 对团队成员的发展感兴趣	□
13. 对团队成员有高期望	□
14. 给予可信反馈的能力	□
15. 对人们的潜能感兴趣	□
16. 诚实和正直（或值得信赖）	□
17. 友好	□
18. 培养信任和尊重	□

资料来源：Items 11-15 gathered from information in William D. Hitt, *The Leader-Manager: Guidelines for Action* (Columbus, OH.: Battelle Press, 1988), pp. 183-186.

领导力技能开发练习 7-4

为提高绩效而教练

克莱顿（Clayton）是一家金融服务公司的分支办公室的财务顾问（股票经纪人）。克莱顿的经理马琳（Marlene）看到克莱顿在公司提供的一项新的黄金共同基金业务的销售方面的份额下降了25%。马琳在她的办公室安排了一次下午会议来尝试帮助克莱顿提升份额。她告诉克莱顿："我想和你谈谈你在新的黄金共同基金业务上的销售表现，看看我能帮什么忙。"克莱顿很担心这次会议其实是一次纪律会议。

让一位同学扮演马琳，另一位扮演克莱顿。马琳尝试运用推荐的教练技巧。其他同学负责观察并在之后提出建设性的反馈。

这项练习是一个重要的技能练习，因为有很多面对面领导力教练都会遇到与团队成员一起解决绩效问题的情况。如果每位雇员都是杰出而独立的员工，我们就不怎么需要管理者和领导者了。

7.8 管理教练和领导效能

目前流行的一种教练形式是管理者请专业教练来帮助他们成为更有效的领导者，对他们的职业生涯给予指导。**管理教练**（executive coaching）是“在一名教练和一名从事管理工作的客户之间正式签订的一对一的发展过程合同，合同内容是帮助客户实现与职业发展和/或是商业绩效相关的目的”。[43]

过去，管理心理学家主要作为外部教练被雇用，帮助管理者成为更有效的领导者。现在，各种不同背景的人成为管理教练、职业生涯教练和生活教练。许多管理教练本身也曾经是管理者。

7.8.1 管理型教练提供的特定形式的指导

管理型教练通过各种方法帮助管理者成为更有效的领导者。一项涉及140位领导管理型教练的调查显示，使用教练的三个主要理由是：(1) 发展高级的潜能或是推动变革（48%）；(2) 作为意见提供者（26%）；(3) 指出偏离正确方向或是失败的行为（12%）。[44]雇用教练的其他理由接下来会进行描述。但是，这并不意味着仅凭一个教练就能提供所有这些服务，或者一个管理者需要所有这些服务。

● 帮助企业明星实现极致的业绩，类似于运动教练和杰出的运动员。加强绩效表现的一个方法是帮助领导者挖掘个人潜力及优势，这些潜力及优势是本人具有但尚未挖掘出来的。例如，帮助领导者开发其本身具有但尚未表现出来的创造力和想象力。[45]

● 对领导者身上有可能妨碍其有效性的缺点提供咨询，比如过分敌意和缺乏耐心。教练也会通过面试征求同事和下属的意见，然后将这些反馈提炼并呈交给领导者。一个客户描述了教练的评论是如何为他提供了关键时机的提醒，“那时，我的教练直接鼓励我，要我更加大胆，让自己更像一个团队成员的管理者。我思考了一会儿，发现他的建议正是我所需要的。时机刚刚好”。[46]

● 起到咨询师的作用。当领导者面对一个复杂的决策，如战略、运营或人力资源问题，作为一个与管理密切相关的咨询师，提出挑战性问题是对教练能力的考验，比如问问领导者为什么需要推行某项特定的战略。[47]

● 对于自我提升和形象改善提供具体建议，包括对外表和习惯的建议。

● 帮助领导者更好地保持工作和家庭生活之间的平衡，从而能更加集中精力做好领导的工作。

● 作为一个受信任的知己，教练讨论那些领导者觉得与其他人讨论可能会感到不舒服的问题。如谈论领导者处在其位置上的不安全感。

● 提出关于职业生涯管理的意见，比如发展一条职业生涯路径。

● 加强领导者的战略决策能力。帮助领导者对问题进行更广泛的思考，帮助领导者理解自己的行动会对组织系统产生什么影响。教练也许会指出领导者决策中的盲点，比如，忽视他的决定对下属员工的影响，这是众多问题中的一个。

- 帮助领导者选择直接报告的对象。这包括寻找候选人和领导者之间的兼容性，还有其他条件等。[48]

注意，教练起着一个行为建议者的作用，而不是明确地帮助领导者完成工作的功能性细节，比如如何开发一个新产品或者如何设计一个组织。

管理型教练常常由领导者/管理者的雇主来雇用。雇用教练的目的是加速明星职员的发展或是帮助领导者解决软技能问题。比如，一家咨询公司的直接报告中提及的经理被定义为"除草机"，因此一个管理教练被雇用来帮助领导者发展更多的情感智力。领导者马上了解到，员工认为领导者的声音和身体语言具有攻击性。教练帮助她使她的工作方法更加柔和，与其他人更和谐地一起工作。[49]

个人教练精益求精的境界，是教练与管理者客户个人及其同事一起工作。教练会向团队成员寻求反馈，同时让他们帮助管理者提高管理能力。例如，教练可能告诉团队成员，要在管理者发怒或者提出非理性的要求时，主张他们自己的权利。教练还会与受训人的上司或是同事一起工作。教练马歇尔·戈德史密斯（Marshall Goldsmith）说："我作为一个教练的成功率大大地提高了，因为我意识到了人们变得更好不是我的作用，变得更好的根源是这个人与其周围人的关系变好了。这才是我工作成功的要诀。"[50]

7.8.2 管理教练的贡献及问题

管理教练通常可以实现上面具体列出的一些目标。但是，管理教练对于领导者也有一些潜在的障碍。一个主要的问题是一个教练可能给出起反作用的建议，因为这个教练对特定的工作环境并不理解。教练告诉一家信息技术公司的管理者，他应当在作决策时更为坚决，较少依赖一致意见。这个建议就是起反作用的，因为公司的文化强调意见一致的决策。进一步来说，许多将自己看作管理教练的人，也许并没有专业资格或是没有足够的关于商业方面的知识。[51]

一个伦理问题是许多教练深入关注私人的和情绪的问题，而这些问题应当留给心理健康专家。心理治疗师史蒂芬·博格拉斯（Steven Berglas）主张，当管理型教练忽视他们不理解的心理问题时，可能会使一个糟糕的情境变得更差。[52]领导者会因为一个深层次的问题导致绩效不佳，比如对他人的敌意等。而教练给出的使领导者绩效变好的建议，却是肤浅的，不足以解决问题。（当管理教练在自身没有相应的经验和资质的情况下却提供商业建议时，就会产生违背伦理的问题。）另一个潜在的伦理问题是领导者/管理者可能过于依赖教练，在做任何决策时都要和教练商量。[53]

小　结

有效领导者是杰出的激励者和教练，而现代领导者和管理者的角色都强调教练。领导者运用激励和教练技巧的广泛目的是让员工参与他们的工作并且为组织工作感到兴奋。投入度反映了员工愿意与公司一起奋斗，并做一些超出职责范围的事情。领导者使用激励和教练技术帮助保持员工的投入度。

期望理论对于发展激励技能是很有帮助的，因为它是一个复杂的、建立在其他激励理论解释基础上的理论。

期望理论包括三个基本要素：效价、工具性评价和期望。一个结果的价值或吸引力被称为效价。每一工作情形都有多种结果，每种结果有其不同的效价。期望理论中的效价是绩效结果的价值或吸引力程度。每一项目工作任务都有多个绩效结果。每一个绩效结果都有自己的效价。在本书提及的期望理论中，效价变化的范围在－100～＋100。零效价表示对员工没有作用，因此也没有激励。非常高的效价有助于解释为什么一些人会坚持努力，尽管获得回报的概率很低。工具性评价是指对一个人的绩效是否可能导致某种结果的评估。（结果是可能来自绩效的任何回馈，比如一个奖赏。）期望是指对一个人的努力是否会得到正确的任务绩效的可能性的评估。

期望理论对于领导者有暗示和指导作用，包括以下方面：（1）决定必要的绩效层次；（2）使得绩效目标可实现；（3）培训和鼓励人；（4）明确奖赏和绩效之间的联系；（5）确保奖赏是有吸引力的；（6）分析是什么原因阻碍了奖赏有效性的发挥；（7）解释第二层结果的含义和意义；（8）理解效价的个体差异；（9）识别员工什么时候处于一个积极的心情以及高的效价水平、工具性评价和期望之中，这些有可能带来较好的绩效表现。

目标设定是一个基本过程，它直接或间接地构成所有主要工作激励理论的一部分。目标理论包括下述内容：（1）具体的、困难的目标产生高绩效（而非凡的目标可能鼓舞人）；（2）目标必须被团队成员接受；（3）当目标与反馈和奖赏有联系时会更加有效；（4）个体和团队目标的结合是非常有效的；（5）学习目标取向比绩效目标取向更有效。

关于使用目标激励的一个主要关注点是，领导者和其他员工可能会采取不道德和冲突性的捷径来实现他们的目标。

通过给予他人认可和嘉奖来激励他们，可以被看作正强化的一种直接应用。通过认可活动来奖赏和激励员工是标准实践。嘉奖是一种强激励因子，因为它是大多数人渴求的东西，而且员工总是感觉他们并没有得到足够的认可。为了满足认可需求，确定有用的行为，可通过口头的、书面的或者物质的奖赏来认可这种行为。为了最大化激励的影响，嘉奖必须和企业价值与个人目标相联系。嘉奖或者表扬是没有成本或低成本的但有力的激励因素。

给员工一个机会来感受自豪感已成为有力的内在激励，同时员工也可以得到嘉奖。为了通过自豪感来进行激励，管理者最好定位在自豪感上而不是金钱上，并且让员工为他们每日所完成的任务而感到自豪。

公平理论也可以用于员工激励。这个理论的核心是雇员将自己的投入/产出与同一工作环境中的其他人相比较。当雇员相信自己被公平对待了，他们就更愿意努力工作。之后，领导者应该尝试去了解下属的想法，就他们为公司付出的和从公司得到的而言，他们是否认为自己被公平对待了。

教练的一个主要目的是在团队情境下获得热情和高绩效。教练的几个特点使得它与领导力有着密切关联。教练是一个双向过程，这表明要成为一个伟大的教练需要有一个有才能的团队。有效的教练关注人们的成长和发展而不是告诉他们在一个给定场合下如何处理具体事务。

教练的作用可通过识别一些常见的误解来加以理解：（1）教练只应用于一对一的工作；（2）教练主要是关于提供新知识和技能的；（3）教练很容易陷入心理治疗的麻烦；（4）教练需要在他们教练的领域及内容方面是专家；（5）教练必须面对面进行。

提高教练技巧的建议如下：（1）与团队成员沟通清晰的期望；（2）建立关系；（3）在需要改进的方面给予反馈；（4）积极倾听；（5）帮助去除障碍；（6）给予情绪支持和表达同理心；（7）反映问题背后的内容或真正含义；（8）给出一些温和的建议和指导；（9）允许对想要获得的绩效和行为进行改善；（10）获取变革承诺；（11）称赞好的结果。

管理者常常要求管理教练帮助他们成为更有效的领导者。这些教练提供各种服务，包括帮助获得极致的绩效、咨询缺点、帮助平衡工作和生活、帮助领导者发现没有显现出来的潜质，以及提出职业建议等。管理教练通常情况下可以实现以上目标，但是也存在一些潜在的问题：管理教练可能给出起反作用的建议；可能没有相应的资质和能力处理心理健康问题；领导者可能变得过于依赖教练。

实践与技能开发指南

需要反复强调的一点是：在双方没有从道德层面达成一致目标的时候，目标设定作为一种激励策略可以起到相反的作用。例如，一个卡车车队的经理被要求削减10%的成本，这个经理的不道德行为可能是通过延迟更换轮胎或刹车片来实现降低成本的目标。

既然嘉奖是一种相对低成本且高效的激励因素，领导者/管理者应当牢记各种可行的嘉奖方式。除了考虑到下面列出的这些，还要发挥你的想象力考虑其他的嘉奖方式。为了使嘉奖技术很好地起作用，应当通过深思熟虑使嘉奖对个人或团队有高效价。

- 赞扬，比如“你帮助我们完成了任务”，或是“我们的客户很喜欢你为他们做的”。
- 鼓励把工作做好。
- 与老板的友谊。
- 拍拍后背或是握握手。
- 当众表示称赞，比如通过公司内部网或是社交网站（公司外部或是公开的）。
- 有管理者出席的表扬会。
- 团队服装、帽子、T恤或是杯子。
- 给个人的感谢信（手写信件、电子邮件或是短信）。
- 通过邮件发布来自客户的表扬信。
- 月度员工奖。
- 在员工档案中记录特别的荣耀。
- 在公司认可活动中得到的礼物，比如手表、时钟或是别针。

如果每一次嘉奖都能采取不同的形式，也许会有意想不到的效果。对一份完成得好的工作，员工也许在第一周得到一封温暖的邮件，在下一周得到一个认证礼物，也许在未来被评为月度优秀员工。

[讨论题]

1. 为什么人们认为激励是领导者工作中最重要的部分？
2. 描述一位领导者采取的提高员工投入度的两个行为。
3. 确定你担任领导职位时所期望的几种结果。你在这些结果上分配多少效价？
4. 一个魅力型领导者发挥的影响如何能够与期望理论相联系？
5. 达美乐公司的领导者可能会以什么样的崇高事业为例来激励门店经理？如果是伊莱克斯的涡轮分销员工呢？（伊莱克斯最著名的产品是真空吸尘器。）
6. 通过何种方法频繁地对员工予以嘉奖，可以使领导者被认为是有魅力的？
7. 为了达到嘉奖的目的，许多公司分发印有公司标识的手表、时钟和运动衫。你认为这种形式的嘉奖效果如何？
8. 领导者/管理者如何察觉团队成员的投入/产出比，并且能够将其运用到公平理论中？
9. 领导者如何使用教练技术来帮助提高团队成员的道德行为？
10. 请一名管理者或是教练描述其本人在工作中运用教练技术的数量。准备好把你的发现带到课堂上来。

领导力案例 A

贾斯汀尝试嘉奖

贾斯汀（Justin）是一家经营汤和三明治的大型商店的特许经销商。他在同一个地区拥有12家店，投资了200万美元。他对这些店的投资中有一半来自继承的遗产，而这些投资让贾斯汀成为一名经销商；另一半的钱是借款。因此贾斯汀压力很大，因为要从这些店铺里获得足够多的利润来偿还债务并维持生存。

贾斯汀总结说，他需要增加15%的收入，这样才能有足够的净利润来维持一个舒适的生活。他相信，自己的业务流程非常好，能够获利，并且公司给了他足够的在特许经营市场和广告方面的支持。贾斯汀也认为他的经理正在开展有效的运营。但他还是很担心，这些经理没有竭尽全力提高客户满意度，也没有鼓励订餐员努力工作引起客户关注。比如，当贾斯汀拜访一家门店的时候，订餐员的微笑不够，也没有反复地询问"您还需要点别的什么东西吗?"

贾斯汀决定不通过向门店经理询问如何激励他们的员工来实现微观管理，而是和他的经理们讨论一下他所希望的事情——通过更好地激励订餐员和收银员来获得更高的利润。他告诉12家门店的经理，他会给予提高门店收入的经理相应的奖励和嘉奖。在咨询过这些经理之后，贾斯汀提出了在12个月内收入提高15%的目标。

在和12位门店经理进行目标设定讨论之后的两周，贾斯汀宣布他将嘉奖和奖励完成15%目标或更高目标的人，奖励主要采取以下形式中的两种。

- 一个挂在墙上的牌子，写着"年度优秀门店经理"。
- 该经理可以得到一个健身俱乐部的双人一年会员资格。
- 相当于2%年薪的奖金。
- 选择一台iPad或是iPod。
- 经理和其家人在游乐园或主题乐园的一日游。

贾斯汀等着从经理们那里得到关于奖励计划的反馈。他收到了几封邮件认可了他的计划，但是看上去并没有什么热情。贾斯汀想，"我猜测经理们没有理解在完成一个困难的财务目标之后被嘉奖的感觉有多么好。我想当他们得到嘉奖的时候，我就会看到他们更高涨的热情了"。

[问题]

1. 你对贾斯汀想要获得激励效果的嘉奖计划有什么意见?

2. 贾斯汀还能给门店经理提供哪些其他形式的嘉奖?

3. 如果嘉奖计划是直接针对订餐员和收银员的，效果会不会好一点? 解释一下你的理由。

角色扮演

一位学生扮演贾斯汀，对嘉奖计划充满热情，想要理解为什么门店经理的反应冷淡。贾斯汀决定和经理开一次面对面的会议，找出他提议的嘉奖计划出了什么问题。另一个学生扮演一位门店经理，认为嘉奖计划就是浪费时间。毕竟，这个经理认为，对他们来说更好的是金钱的奖励。但是这个门店经理还想和贾斯汀保持良好的关系。

观察者需要看看贾斯汀如何表达他的热情，他有没有认真聆听门店经理的想法。观察者同样需要看看门店经理如何传达本人的观点，以及是否机敏。

领导力案例B

教练莎莉

莎莉（Sally）是一家郊区银行支行的抵押部门经理。她手下有6名员工，包括3名抵押顾问。尽管顾问在银行从事全职工作，他们被认为只是做收取佣金的转包中间人——没有底薪和福利。这种报酬设计的结果是这些抵押顾问有很大的压力去向银行客户出售房屋抵押贷款。在一笔房屋抵押贷款通过之前，抵押顾问的薪酬为零。

托尼（Tony）是一名28岁的抵押顾问，需要向莎莉汇报工作，谈谈他最近贷款急剧下滑的问题。莎莉也迫切地要会见托尼，因为她作为抵押部门的经理，承受着完成更多贷款任务目标的压力。他们会面的部分记录如下。

托尼：莎莉，我来找你帮忙。这几个月，我没法售出足够的房屋贷款来维持生活。我们夫妻有两个孩子，我们不能只靠她的薪水生活。公司能有什么办法为我发一些底薪吗？或者我可以提前支取几个月的薪水吗？我过去一直表现得不错。

莎莉：成熟一点，托尼。在你接受这份工作的时候，你就知道它没有底薪，银行也不会允许提前预支薪水。我理解你的难处，但是我们不能改变银行的规则。我们银行也不是家长。

托尼：你知道外面的竞争多么残酷吗？我们区域的房屋销售下降了20%。在银行，我手里没有足够的客源进行房贷销售。此外，我们的准入协议让我不得不结束了好几桩交易。

莎莉：清醒一点，托尼。抵押行业最近改变了很多。我们不能再增加任何高风险的贷款了。这很难将它们卖给其他单位。

托尼：好的，那么你建议我怎样增加更多能通过申请的贷款呢？

莎莉：全力以赴。你是专业的。抓住你面前的贷款客户。加强说服力。表现出热情。要么把事情做好，要么离开这里。

托尼：我正在努力。我想要业务发展奖励，如同银行想要发展房屋贷款一样。

莎莉：你要全身心投入工作，为我带回销售业绩而不是借口。

托尼：我想我和银行是在一条船上的。我以后再和你谈，莎莉。

[问题]

1. 在莎莉教练托尼的过程中，你有什么好的建议提给莎莉？

2. 你有什么好的建议给托尼，让他从教练中收获更多？

3. 作为教练，莎莉做的最积极的事情是什么？

4. 作为教练，莎莉做的最消极的事情是什么？

角色扮演

一名学生扮演莎莉，看上去是无情的，但是也许扮演者可以表现得能更加激励人心。另一名学生扮演托尼，他对自己的绩效表现很失望，但是想要做得更好。观察者要认真观察教练会议能否让托尼振作精神，并指导他如何提高业绩。角色扮演时间大约为8分钟。

领导力技能开发练习 7-5

我的领导力文件夹

激励人们的最古老的也是最有力的方法之一是称赞他们的努力，正如本章中所谈到的。像其他任何个人技能一样，有效地给予嘉奖也需要训练。在下一周，找三个人并给他们嘉奖，观察他们对你的嘉奖的反应。比如，如果一个服务生为你提供了很好的服务，在餐后解释一下你有多么满意并留下比平均水平更高的小费。如果你的发型师同样做得很好，类似地，给予嘉奖和小费。或者碰到一个给你帮忙的人，给其嘉奖，但是不要给小费。观察这些人的反应——包括他们的面部表情和语言。更重要的是，这些与你打过交道的人，下次还会不会投入地为你服务。

和其他部分的你的领导力文件夹一样，记录下发生在你身上的事情，以及你从中学到了什么技能。

领导力技能开发练习 7-6

关于激励的意见书

写一份关于领导者/管理者是否应该花时间激励员工的意见书。领导者需要花时间激励下属的主要论点是除非有外部力量提供一些激励，否则部分人的天性是不会努力工作的。反对领导者花时间激励下属的主要论点是，人们本来就应该努力工作，尤其是因为他们得到了经济补偿。

注 释

[1] Story created based on facts from a variety of the following sources: Gary Rivlin, "The Problem with Microsoft," *Fortune*, April 11, 2001, pp. 45–52; Peter Burrows, "Microsoft Defends Its Empire," *Business Week*, July 6, 2009, pp. 028–033; "Ballmer, Steve," *Novelguide.com* (1999 by Gale Research (accessed April 1, 2001); Jeff Atwood, "Steve Ballmer: Sweatiest Billionaire Ever," *Coding Horror* (www.codinghorror.com), July 27, 2005, pp. 1–5.

[2] Cited in Gary Kranz, "Employees Want Feedback, Even if It's Negative," *Workforce Management*, February 2010, p. 11.

[3] Ed Frauenheim, "Downturn Puts New Emphasis on Engagement," *Workforce Management*, July 20, 2009, p. 8.

[4] Ed Frauenheim, "Commitment Issues," *Workforce Management*, November 16, 2009, p. 20.

[5] Garry Kranz, "Employees Want Feedback—Even If It's Negative," *Workforce Management*, February 2010, pp. 10–11.

[6] Cited in Laura Raines, "Re-engaging Workers Is a Big Hurdle for HR," *AJC* (www.ajc.com/jobs), March 17, 2011, p. 2.

[7] Survey cited in "Special Report: Employee Engagement," *Workforce Management*, July 2011, p. 26.

[8] Thad Green, *Motivation Management: Fueling Performance by Discovering What People Believe About Themselves and Their Organizations* (Palo Alto, CA: Davies-Black Publishing, 2000). An original version of expectancy theory applied to work motivation is Victor H. Vroom, *Work and Motivation* (New York: Wiley, 1964).

[9] Wendelien Van Eerde and Hank Thierry, "Vroom's Expectancy Models and Work-Related Criteria: A Meta-Analysis," *Journal of Applied Psychology*, October 1996, pp. 548–556.

[10] David A. Nadler and Edward E. Lawler III, "Motivation: A Diagnostic Approach," in Richard Hackman, Edward E. Lawler III, and Lyman W. Porter, eds., *Perspectives on Behavior in Organizations*, 2nd ed. (New York: McGraw-Hill, 1983), pp. 67–78; James A. F. Stoner and R. Edward Freeman, *Management*, 4th ed. (Upper Saddle River, N.J.: Prentice Hall, 1989), p. 448.

[11] Amir Erez and Alice M. Isen, "The Influence of Positive Affect on the Components of Expectancy Motivation," *Journal of Applied Psychology*, December 2002, pp. 1055–1067.

[12] "The Secret to Meeting Your Goals," *Manager's Edge*, Special Issue, 2008, p. 3.

[13] Literature reviewed in Gerard H. Seitjts, Gary P. Latham, Kevin Tasa, and Bradon W. Latham, "Goal Setting and Goal Orientation: An Integration of 'Two Different Yet Related Literatures,'" *Academy of Management Journal*, April 2004, pp. 227–228.

[14] Edwin A. Locke and Gary P. Latham, *A Theory of Goal Setting and Task Performance* (Upper Saddle River, N.J.: Prentice Hall, 1990); Latham, *Work Motivation: History, Theory, Research, and Practice* (Thousand Oaks, CA: Sage, 2007).

[15] "Motivate Staff with Noble Cause," *Manager's Edge*, June 2005, p. 1.

[16] Cited in "Set Outrageous Goals," *Executive Leadership*, June 2001, p. 7.

[17] John J. Donavan and David J. Radosevich, "The Moderating Role of Goal Commitment on the Goal Difficulty–Performance Relationship: A Meta-Analytic Review and Critical Reanalysis," *Journal of Applied Psychology*, April 1998, pp. 308–315.

[18] Don VandeWalle, Steven P. Brown, William L. Cron, and John W. Slocum Jr., "The Influence of Goal Orientation and Self-Regulation Tactics on Sales Performance: A Longitudinal Field Test," *Journal of Applied Psychology*, April 1999, pp. 249–259.

[19] Maurcie E. Schweitzer, Lisa Ordoñez, and Bambi Douma, "Goal Setting as a Moderator of Unethical Behavior," *The Academy of Management Journal*, June 2004, p. 430.

[20] The Problem with Financial Incentives—And What to Do About It," *Knowledge @Wharton* (http://knowledge.wharton.upenn.edu), March 30, 2011, pp. 1–4.

[21] Lisa D. Ordóñez, Maurice E. Schweitzer, Adam D. Galinksy, and Max H. Bazerman, "Goals Gone Wild: The Systematic Side Effects of Overprescribing Goal Setting," *Academy of Management Perspective*, February 2009, p. 14.

[22] Quoted in Julie Bos, "Beating the Burnout: Six Top Strategies for Effective Employee Rewards and Recognition," *Workforce Management*, October 2010, p. 40.

[23] Study cited in Adrian Gostick and Chester Elton, *The Carrot Principle: How the Best Managers Use Recognition to Engage Their People, Retain Talent, and Accelerate Performance* (New York: The Free Press, 2007).

[24] Jennifer Laabs, "Satisfy Them with More Than Money," *Workforce*, November 1998, p. 43.

[25] Leslie Gross Klaff, "Getting Happy with the Rewards King," *Workforce*, April 2003, p. 47.

[26] Gostick and Elton, *The Carrot Principle*.

[27] "Raise Workplace Morale without Spending a Dime," *Communication Briefings*, April 2010, p. 5.

[28] Andrew J. DuBrin, "Self-Perceived Technical Orientation and Attitudes Toward Being Flattered," *Psychological Reports*, 96, 2005,

pp. 852–854.
[29] Cited in John A. Byrne, "How to Lead Now," *Fast Company*, August 2003, p. 66.
[30] J. Stacy Adams, "Toward an Understanding of Inequality," *Journal of Abnormal and Social Psychology*, 67, 1963, pp. 422–436; M. R. Carrell and J. E. Dettrick, "Equity Theory: The Recent Literature, Methodological Considerations, and New Directions," *Academy of Management Review*, April 1978, pp. 202–210.
[31] Jack and Suzy Welch, "Give Till It Doesn't Hurt," *Businessweek*, February 11, 2008, p. 092.
[32] David Novak with John Boswell, *The Education of an Accidental CEO* (New York: Crown Business, 2007).
[33] Cited in Carol Hymowitz, "Managers Lose Talent When They Neglect to Coach Their Staffs," *The Wall Street Journal*, March 19, 2007, p. B1.
[34] James M. Hunt and Joseph R. Weintraub, *The Coaching Manager: Developing Top Talent in Business* (Thousand Oaks, CA.: Sage, 2002).
[35] Douglas Riddle, "Prepping Tomorrow's Leaders Today," *Leading Effectively*, www.ccl.org, September 2006.
[36] Robert D. Evered and James E. Selman, "Coaching and the Art of Management," *Organizational Dynamics*, Autumn 1989, p. 15.
[37] Ian Cunningham and Linda Honold, "Everyone Can Be a Coach," *HR Magazine*, June 1998, pp. 63–66.
[38] "Coaching—One Solution to a Tight Training Budget," *HRfocus*, August 2002, p. 7.
[39] "Request Permission to Coach," *Manager's Edge*, June 2003, p. 5.
[40] Karen Wright, "A Chic Critique," *Psychology Today*, March/April 2011, p. 59.
[41] "Tips of the Month," *Communication Briefings*, October 2010, p. 1.
[42] "Fast Tips for Savvy Managers," *Executive Strategies*, April 1998, p. 1.
[43] Anna Marie Valerio and Robert J. Lee, *Executive Coaching: A Guide for the HR Professional* (San Francisco: Pfeiffer, 2005).
[44] Diane Coutu and Carol Kauffman, "What Can Coaches Do for You?" *Harvard Business Review*, January 2009, p. 92.
[45] Douglas P. Shuit, "Huddling with the Coach," *Workforce Management*, February 2005, pp. 53–57.
[46] Erik De Haan, Colin Bertie, Andrew Say, and Charlotte Sills, "Clients' Critical Moments of Coaching: Toward a 'Client Model' of Executive Coaching," *Academy of Management Learning & Education*, December 2011, p. 612.
[47] Diane Brady, "The Unknown Guru," *Bloomberg Business Week*, November 29–December 5, 2010, p. 86.
[48] This last item is from Joann S. Lublin, "Now, Add One More to the Hiring Process: The Boss's Coach," *The Wall Street Journal*, April 3, 2007, p. B1.
[49] Amy Joyce, "Career Coaches Nurture Executives," *Washington Post* syndicated story, August 16, 2004.
[50] Interview by Bob Rosner, "'Team Players' Expect Real Choices," *Workforce*, May 2001, p. 63.
[51] Stratford Sherman and Alyssa Freas, "The Wild West of Executive Coaching," *Harvard Business Review*, November 2004, pp. 86–88; Brady, "The Unknown Guru," *Bloomberg Business Week*, November 29, 2010, p. 84.
[52] Steve Berglas, "The Very Real Dangers of Executive Coaching," *Harvard Business Review*, June 2002, pp. 86–92.
[53] Michael Maccoby, "The Dangers of Dependence on Coaches," *Harvard Business Review*, January 2009, p. 95.

第8章 领导力：行为和风格

学习目标

学习完本章并完成各项练习后，你应该能够：

- 解释关怀和定规型的关键领导力维度
- 了解至少五种任务导向的领导态度和行为
- 了解至少五种关系导向的领导态度和行为
- 了解领导者如何使用 360 度反馈法来改善绩效
- 了解权威型和参与型领导风格
- 了解创业型领导风格和领导风格中的性别差异
- 确定如何选择最合适的领导风格

“维多利亚的秘密”是一家女式内衣零售商，在美国和全球范围内有 1 000 多家连锁店，年营业额达 50 亿美元。洛里·格里利（Lori Greeley）目前担任该公司的首席执行官，她的家族成员都具有很好的生意头脑。她的祖父曾经是一家当地储木场的场主，她的父亲不想继续祖父的事业，转而投身于挖掘工程和建筑业。于是祖父的储木场成了格里利童年时代的游乐场，那些标有她父亲名字的卡车标志着她的家族在社会上的地位。“大多数时候我都能看见家族的名字在阳光下闪耀，”她注意到，“这在潜意识里支持着我，不断追求我的梦想。”

格里利作为毕业生代表（通常为学习成绩最好的学生）在高中毕业典礼上致辞，她入选巴克内尔大学曲棍球队并获得了全额奖学金，之后于 1982 年毕业于心理学专业。后来，她进入零售业领域发展。“我开始理解为什么我会喜欢零售业——你每天都可以拿到一份报告单。”她说，“你或者成功地完成你的销售计划，或者失败。如果你是一个喜欢冒险的人，干这行的感觉有点像下赌注。”在另外两个零售公司工作了一段时间之后，经验丰富的格里利于 1989 年被“维多利亚的秘密”录用。

作为首席执行官，格里利说她曾经尝试动员别人创造一种鼓励冒险的工作环境。在会议中，她在与会者中寻找她称之为“思想泡”的东西——他们头脑中有想法但是没有表达出来的迹象。她鼓励与会者敢于直言，“做一个好的倾听者是非常重要的”，她提到，“人们更喜欢有人听取他们的想法，而并非要别人采用它们”。

格里利讲了一个关于某次完全失败的新产品发布的故事。该产品是一件由100%有机棉纤维制成的女式内衣，用的棉花通过公平交易从一些非洲女性农民手中购得。公司选择和这些女性农民合作，希望这些产品能被那些具有社会意识的消费者接受，但是产品价格被证实定得过高。“和她们合作的计划本可以终止”，格里利说，但是一个负责这个项目的职员想继续和这些农民合作，于是公司创新了生产方法，在所有棉短裤的生产线中的产品含有少量的有机棉。“现在大多数棉短裤中都含有这些女性农民的劳动成果了”，格里利说，“此举虽然增加了一些生产成本，但是我们并没有把成本转嫁给客户，也没有以此作为噱头向客户推销。”

格里利的职业建议是遵从你内心的选择，从事你喜欢做的职业。“做你擅长的事情”。[1]

这个关于零售业首席执行官成功经历的故事阐明了领导行为是如何影响领导效能的。这些行为包括欢迎反馈、承担风险和仔细听取员工的意见。本章描述了多种能够帮助管理人员起到领导作用的关键行为和态度。同时也描述了一些和领导风格密切相关的话题。

本章和其他章节包含大量关于领导效能的引用。**有效的领导者**（effective leader）的工作性定义是指能够帮助小组成员实现高生产能力的领导者，包括优秀的产品质量、高顾客满意度和高职员工作满意度。领导效能的典型测量法通常包括两个关键标准。

第一个标准和客观数据有关，比如涉及销售、生产、安全，团队取得的专利数量，节约成本，保持预算内支出。同时，工作满意度和营业额指标也可用于测试领导效能。第二个标准是通过他人的判断来反映领导效能，例如在一个工厂中管理者对主管评级，或者董事会对首席执行官评级。贯穿全书的大多数研究囊括了在研究设计中对领导效能的测量。

8.1 关怀和定规结构的经典维度

20世纪50年代，俄亥俄州立大学进行的一系列研究确定了1 800种关于领导行为的具体实例，之后被减少为调查问卷中关于领导职能的150个单项。[2]这些领导职能也被称为领导行为的维度。这项研究奠定了后来大多数领导行为、态度和风格研究的基础。研究员请团队成员以完成调查问卷的方式描述他们的领导者，同时领导者也被要求给自己的领导力维度评级。有两个领导力维度占了领导行为85%的比重——关怀和定规。

关怀（consideration）是领导者营造工作环境和氛围的能力大小，这种工作氛围包括精神支持、热情、友谊和信任。领导者可通过以下途径来营造这种工作环境：对团队成员友善亲切，为成员谋求个人福利，保证成员知晓新的工作进度以及帮成员一些小忙。

那些在关怀维度上得分很高的领导者都是典型的待人友善、信任他人、德高望重的领导者，并且他们和团队成员的关系都很好。而在关怀维度上得分较低的领导者基本都是大权独揽，对待团队成员也没有丝毫人情味可言。问卷中三个测试关怀维度的选项如下：

1. 帮团队成员一些私人的小忙。
2. 平等地对待团队中的每一个成员。
3. 做些小事使成员觉得在这个团队里工作很愉快。

后文将描述的关系导向的行为是关怀维度的一个特定方面。关怀维度的另一个重要事例是和团队成员建立联系。DineEquity 公司的董事长茱莉亚·斯图尔特（Julia Stewart）认为擅长和他人建立联系是她必要的领导职能之一。在她为 Applebee's（现为 DineEquity 的一个部门）工作的那些日子里，她每天抽出约 5 分钟同 9 个直接由她管理的经理联系，谈论上周末去了哪里吃饭之类的社会话题（即使话题和公司无关）。茱莉亚·斯图尔特说，领导者必须付出足够的时间去聊天。“我很担心那些在 80%～90%的时间中随时都处于危机模式的老板们。我每天上班后总会花几分钟时间和员工们聊天，这让我更加了解如何调动员工的积极性。”[3]

亲切地与他人交谈是一种有助于提高关怀程度的领导力风格元素，因为在谈话过程中，当领导者不试图支配讨论内容时，员工们会感到被尊重。马克·柏兰德（Marc Bolland）是英国一家零售公司的首席执行官，他最近担任英国著名商店马莎（Marks & Spencer）的主管。他拥有被大家公认的游刃有余的谈话技巧，其中就包括和他人谈话时保持温和的语气和愿意听取同事建议的习惯。[4]

定规结构（initiating structure）的含义是通过参加一系列的活动梳理和规定团队成员之间的关系，这些活动包括分配具体的任务、说明计划执行步骤、安排工作计划和阐明对团队成员的期许。领导者帮助团队成员建立切实可行目标的行为可定义为参与定规结构的建立。其他的相关概念包括强调团队工作能力、任务导向和工作动力。定规结构的具体方面包括任务相关的领导行为和态度，此内容会在之后详细描述。

那些在定规结构维度上得分很高的领导者对他们自身和团队成员之间的关系有透彻的理解和定义，同时心中对每个成员应该承担的角色有清晰的预期。这些领导者也会努力建立清晰的沟通渠道和完成任务的各种方式。三个自我测试定规结构的选项如下：

1. 在工作团队中试验你自己的新想法。
2. 强调会议的截止日期。
3. 务必确保团队成员发挥最大的能力。

举个强调定规结构的正面例子。雅虎公司的首席执行官卡罗尔·巴茨对自己的定位是“操作员”，同时她也对构建公司的组织结构非常积极。[5]

根据强调关怀和定规结构的程度，可以把领导者分成几大类。如图 8-1 所示，这两个维度并不是互相排斥的。一个好的领导者可以在两个维度上同时获得高分或低分。譬如，一个有效的领导者可以提高团队工作能力，同时在强调良好的人际关系上投入相当的精力。图 8-1 是一个四单元网格，这是描述几种领导风格方法的关键组成部分。我们会在后文和第 9 章介绍这个主题。

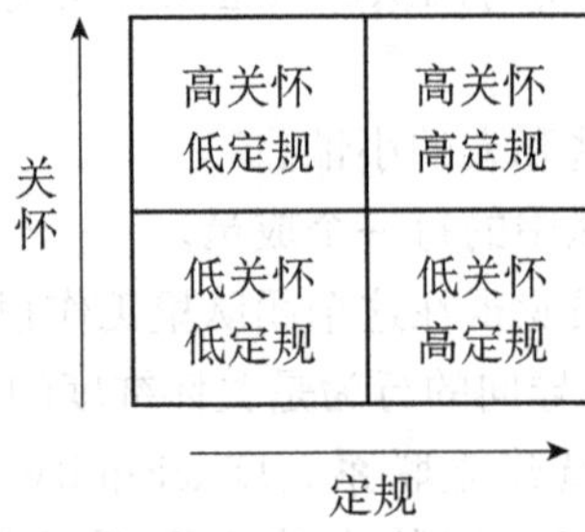

图 8-1 关怀和定规结构的组合

一项关于关怀和定规结构有效性的研究显示，这些经典维度确实有助于理解领导力的概念，因为它们都和领导力的效果有关。根据一项汇总分析的结果：关怀维度与团队成员的工作满意度、对领导者的满意度、工作动力和领导效能有着非常紧密的联系。定规结构和工作绩效、团队绩效和组织绩效联系紧密。然而，定规结构也和满意度、绩效有一定关联。[6]这些研究结果是鼓舞人心的，因为它们强调了这个开创性研究的重要性。

8.2 任务导向型的态度和行为

对任务导向型和关系导向型的分类依据是一个对于理解领导态度、行为和实践都很有用的框架。本节识别并描述了表 8-1 中概括的有效领导者对于任务导向的行为和态度。任务导向是指领导力中的行为、态度或技巧的重点更多地放在眼前的任务而不是人际关系上。

表 8-1　　任务导向型的领导态度和行为

1. 对现状的适应性。	5. 承担风险和执行计划。
2. 制定方针。	6. 手把手地指导和反馈。
3. 高绩效标准。	7. 提出难题的能力。
4. 关注团队成员的长处。	8. 组织团队合作。

1. 对现状的适应性。有效的领导者会针对现状进行调整，适应性反映了应对偶发事件时的行为准则：根据特定的现状选择应对策略。一个领导者在所带领团队成员心理上不怎么成熟的时候，会认为有必要悉心地指导他的成员。相反，如果团队成员都很成熟、独立，领导者就会放松监管。适应性强的领导者也会根据形势需要选择最适合的组织结构，例如，在团队会议和委员会之间做出选择。

2. 制定方针。因为领导的主要职能是随着外部环境的变化而求变，领导者必须针对这种变化制定相应的方针。制定方针是愿景和战略的组成部分。战略是实现愿景的可行方法。前美国通用电气公司总经理、商业作家拉里·博西迪（Larry Bossidy）认为，作为公司的领导者应该尽到以下职责：明确地向团队传达公司要向哪里去，为什么向那里去，愿景和目标实现后公司会得到哪些利益。[7]

3. 高绩效标准。有效的领导者会始终保持对团队成员的高绩效标准要求，美国通用电气公司首席执行官伊梅尔特说：“长期以来，以真诚友善的方式要求高绩效标准已经成为公司的一个习惯。"[8]高绩效标准也可以表现为挑战他人思维的形式。通用汽车公司首席执行官丹尼尔·阿克森（Daniel Akerson）以在会议中逼迫执行官证明他们计划的可行性和首创精神而闻名。此外，当有人跟他说某些事情很复杂时，他不会让步，而是回复"这些事情不应该如此复杂，应加以简化"。[9]

当绩效标准提高之后，由于人们有不辜负上级对他们期望的倾向，所以生产率也会随之上升。这种现象称为**皮格马利翁效应**（Pygmalion effect），这种效应的作用方式十分微妙，几乎是无意识地发生作用。当管理型领导者相信某个团队成员会成功的时候，该领导者会在无意识的情况下显露出这个想法。相反，当领导者认为某个成员会失败的时候，那个成员反而不会让领导者失望。领导者对团队成员成功的期许或失败的判断是成员实现自我价值的预兆，因为认知对成败有很大的影响。

4. 关注团队成员的长处。一条关于有效领导和有效管理的定理是：充分发挥团队成员的长处，而不是埋头处理需要改进的地方。有效的领导者在帮助成员提升自我的同时，也会充分利用他们的长处。某个团队成员可能具有完美的人际交流技巧，但是在专业技术上表现很差。在帮助他提高专业技术的同时，最好把他安排到强调人际关系的岗位。马库斯·白金汉（Marcus Buckingham）强调："估测每个人的独特技能和行为模式节约了大量的时间，因为团队成员对超出他们的能力和兴趣范围的工作不会专心致志地投入。领导者甚至可能会编写一本针对每个员工独特性的工作说明书。"[10]假设你是一家电话服务中心的经理，某位工作人员很擅长安抚愤怒的客户。其他职员就会把态度狂躁的客户转接到他那里，因为他能够很好地打消客户的怒气。

5. 承担风险和执行计划。为了带来建设性变革，领导者必须承担一定的风险并且愿意执行风险决策。拉里·博西迪对于执行力的重要性有如下观点："我是个急性子的人，我会在事情解决之后得到更多的满足感，而不是把时间花在思考或设计原型上。许多人认为对领导者来说，关注工作细节是自降身份的行为。这个观点是错误的。关注工作细节是领导者最重要的职责。"[11]

沃尔玛首席执行官迈克·杜克（Mike Duke）运营公司的方式与博西迪的观点如出一辙。杜克的行为模式是先迅速研究问题所在，然后采取行动解决问题。他曾担任沃尔玛国际部主管一职，上任后的首批行动之一就是关闭了长期拖累公司的德国分部。[12]

6. 手把手地指导和反馈。前文提到技术能力和专业知识是两个重要的领导力特征，这两个技能使领导者能亲手向团队成员演示如何完成重要工作。提供上述指导的领导者既能帮助团队完成重要的任务，同时也可使团队成员学到这些重要的工作技巧。然而，过多地帮助团队成员是领导者不善放权和过度管理的征兆，过少地帮助团队成员或不给成员指引方向又会导致过于粗放的管理。亨利·明茨伯格观察到，由于领导者不甚了解业务运营，他们制定的策略可能会步入歧途。[13]

为了提高实践中的管理技能，约150名Loews酒店的管理者必须每年花一天时间在位于美国和加拿大的18个酒店中从事最基层的工作。他们在临时部门里分享对员工的印象并且征求能简化工作的想法。管理者亲身体验之后，提出很多建议，如在客房服务车上要装把手，服务员可以更方便地推车。[14]

经常给予员工绩效反馈和指导的关系十分紧密。领导者很难在不提供恰当的绩效反馈的情况下影响团队成员的工作。绩效反馈向团队成员说明了他们工作的进展如何，如果有偏差的话可以及时做出相应的调整。绩效反馈也能加强这一点，即促进团队成员继续表现出值得嘉奖的工作状态。完成领导力技能开发练习 8-1 可以更好地培养提供反馈的技巧。

领导力技能开发练习 8-1 之后的“领导者在行动”专栏说明了一家跨国车辆制造商的首席执行官是如何参与业务运营细节的。

领导力技能开发练习 8-1

反馈技能

在小型团队完成像回答或讨论问题这样的任务之后，举行一个绩效反馈会议。同时，以讨论问题、解决问题时的观察为基础向成员提供反馈。团队成员之间都要根据他人的工作进度和表现互相提供反馈。注意这一步必须遵循自愿原则，因为此种反馈方式可能使某些成员感到心里不舒服或烦躁。没有收到反馈的学生可以扮演观察者的角色，稍后介绍他们在完成本练习的过程中观察到了什么。为了更好地让学生受益，收到反馈的学生必须积极地听取意见。关于反馈和积极倾听的内容可参考第 7 章中关于教练技能的部分。

所有人围成一个圈可以更便于完成练习。以某个学生为起点，每个学生都要提供对那个学生的反馈，按顺时针方向依次进行。所有学生都说完后，该学生要回应大家提出的意见。然后这个学生左边的一个学生接受大家的反馈，以此类推。

在所有人都接受了大家的反馈后，举行一个综合讨论会，讨论至少以下三个关键问题：

1. 反馈起到了哪些作用？
2. 积极反馈和消极反馈造成了哪些相对效应？
3. 哪些团队成员在提供反馈方面做得比其他人更好？

◆ 领导者在行动

菲亚特和克莱斯勒的首席执行官马尔乔内

塞尔乔·马尔乔内（Sergio Marchionne）从 2004 年开始担任菲亚特公司（位于意大利都灵的汽车生产厂家）的首席执行官，从 2009 年开始担任克莱斯勒集团董事长。他的办公室里摆着一张很大的桌子，上面摆放着菲亚特和克莱斯勒制造的各类轿车、卡车等的模型。

马尔乔内的专业是法律和会计学，但近年来，他转型成了汽车方面的专家。他拥有意大利和加拿大的双重国籍。马尔乔内的商业偶像是乔布斯。因为乔布斯把苹果公司从一个挣扎在生存边缘的电脑公司成功地转变为一个出色的电子消费产品的世界级公司。

马尔乔内早先在克莱斯勒工作时，将公司从制造高耗油量的大型汽车转型到生产节能型汽车。不过有一个例外，在马尔乔内的带领下，克莱斯勒提高了一款外形粗犷的运动型多功能车（SUV）切诺基的产量并拓宽了市场。作为转型具体执行者中的一员，马尔乔内在 2010 年宣布了一项新的产品策略，旨在调整菲亚特公司的合同以达到美国标准，并且通过克莱斯勒的经销商销售汽车。

马尔乔内早年在克莱斯勒转型时说过，他很想每天和工程师还有经理们一起工作。“他向我们显示了事事亲自参与的决心。”一名曾与克莱斯勒资深执行官合作的人如此说道。马尔乔内积极地参与组织设计事务，他在整合菲亚特和克莱斯勒的业务运营中投入了大量的时间以提高业务运营能力和节约成本。

某天有人告知马尔乔内，道奇某款车的门把手有一处小裂缝，如果有水进入可能破坏车内的电子设备。马尔乔内给工程师们分派了任务，要求他们不眠不休地工作直到解决问题。在不久后的一场会议上，马尔乔内的手机收到了一条消息：问题的症结找到了，两处塑料零件之间的连接部件没有完全黏合。这时马尔乔内才松了一口气，他如此解释他的担忧："……关于这些我们正在处理并导致我们处于危险境地的问题，我们本可以在十年前就把它们掩藏起来。但是你如果真的想经营好公司，你必须把这些问题解决掉。"

尽管马尔乔内非常喜欢关注公司运营中的细节，但是他并不认为自己是一个过度管理的人。他写道："作为首席执行官，我的职责不是作出关于生意往来的决定，而是制定弹性的目标并且帮助经理完成它们。"同时，马尔乔内告诉手下的职员他正在建立一种文化，他希望每个人都能成为这种文化的引领者。

[问题]

1. 根据本故事提供的信息，你认为马尔乔内的管理特点是什么？

2. 你认为对于一个管理两家大公司的首席执行官来说，在一个门把手水密性的问题上投入如此多的精力是否值得？

3. 马尔乔内拥有意大利和加拿大双重国籍，同时是两家汽车公司的首席执行官，他能在哪些方面帮助菲亚特和克莱斯勒？

资料来源：This case is created based on facts found in Jeff Bennett, "Chrysler Narrows Loss, Sees Profit," *The Wall Street Journal*, *The Wall Street Journal*, February 1, 2011, p. B4; March 2, 2011, pp. 1-4; Peter Gumbel, "The Turnaround Artista," Time, June 29, 2009, pp. 42-43; Neal E. Boudette, "Fiat CEO Sets New Tone at Chrysler," *The Wall Street Journal*, June 19, 2009, p. B1; Paul Ingrassia, "The Weekend Interview with Sergio Marchionne: Resurrecting Chrysler," *The Wall Street Journal*, July 3-4, 2010, p. A9.

7. 提出难题的能力。通常情况下，领导者变得更加有效的途径是提出难题而不是提供答案。**难题**（tough question）使个人或团队停下来思考他们做或不做某些事的原因。（难题也可以看作正确的问题。）用这种方法，团队成员不得不思考他们工作的效果如何。他们可能会自我反省："为什么我没有想到可以那样做呢？这看上去显而易见啊。"提出问题是很重要的，因为在很多情况下，团队成员都能解决组织面临的难题。

艾伦·穆拉利（Alan R. Mulally）初任福特汽车公司首席执行官时，有下属汇报说每卖出一辆福克斯紧凑型车，公司就会亏损约3 000美元。他问对方"为什么你没有想出盈利的办法呢？"听了一些理由之后穆拉利毫不留情地再次发问："我要知道为什么没人想出在生产这种车的同时获利的方法，如果是投放市场不对，是否能把市场转向密歇根或者印度？"[15]

8. 组织团队合作。处在任务导向和关系导向之间的一种领导行为是对员工互相合作的需求。任务导向的关注点在于顺畅的信息交流，然而关系导向的关注点在于团队成员之间的互相合作。人们经常运用Web 2.0技术促进合作。Corporate Executive Board作为一家提供咨询服务的公司，给想要更多合作的领导者推荐了以下三个步骤。

第一，选取高价值的目标产业，例如在挑选协同技术之前加快新产品的开发。

第二，确定合作热点。和员工们多聊聊，了解他们的交流模式和工作流程。（可能需要专家来帮助绘制工作流程，这些工作流程包括谁和谁打交道。此内容在第12章中有详细介绍。）

第三，选取能改进或加速现有工作流程的技术。例如，公司内部事务的专用搜索引擎会起到很好的效果。大多数领导者需要与信息技术顾问共事来寻求最有可能提高合作关系的技术。[16]

学习了多种任务导向态度和行为的组成部分之后，完成领导力自我评估测试8-1。这可以更好地加深你对领导者和管理者工作任务的敏感度。

领导力自我评估测试8-1

任务导向型的态度和行为

说明：标明你是否同意下列陈述。选取任一当你作为领导者时的场景，例如体育运动、社区活动或学校活动。如果没有经历过类似的事件，想象在该场景下你会怎么做。

	基本同意	基本反对
1. 我密切关注生产率指标并且对团队成员转述其内容。	□	□
2. 我经常给团队成员发电子邮件或短信，告知他们关于工作步骤的信息。	□	□
3. 我详尽地说明了我们团队需要达到的质量目标。	□	□
4. 我保持清晰的绩效标准。	□	□
5. 在我主持开会时，与会者能得到一份清楚的议程。	□	□
6. 我只有在团队工作成果达到或超出生产率目标时才会觉得工作顺利。	□	□
7. 员工们不应该在工作时间上网或收发电子邮件和短信，除非此类活动确实能够提高生产率。	□	□
8. 我直率地批评那些工作未达到目标的情况。	□	□
9. 我会花至少5%的工作时间来作出我自己的计划或帮助团队成员制订他们的计划。	□	□
10. 我会花大量时间独立解决技术和业务上的问题，或者帮助团队成员解决问题。	□	□

解释：如果你对8个或更多的陈述表示“基本同意”，那么你有较强的任务导向。如果你对4个或更多的陈述表示“基本反对”，你的任务导向行为和态度有待提高。

技能开发：任务导向是非常重要的，因为它能够直接加快完成目标和达到生产率标准的进度。然而，任务导向必须在较强的人员导向和人际交往技巧之间找到平衡来达到效率最大化。

8.3 关系导向型的态度和行为

领导力涉及对人的影响，所以接下来我们要学习更多涉及有效领导的态度和行为，并且做一些关于处理人际关系的练习。兰迪·科米萨（Randy Komisar）帮助筹建了起始阶段的技术公司。有人问他是如何做到自信并且高效地管理员工的，他回答说："我依靠的是人际关系，而不是职位给我带来的权力。我认为与他人建立关系并且启发他们才是我领导力的关键之处。这就是我对管理者转型成领导者秘诀的看法。"[17]

表 8-2 列出了七种将要讨论的关系导向的态度和行为。（本书的其他部分描述了领导力的人际交往技巧方面。）

表 8-2　　关系导向型的态度和行为

1. 团结下属。	5. 给予精神上的支持和鼓励。
2. 对员工的想法保持开放的态度。	6. 提升原则和价值观。
3. 创造灵感和可见性。	7. 做一个服务型领导者。
4. 满足更高层次的需求。	

1. 团结下属。让人们为同一目标奋斗并且顺利地互相合作是一个重要的人际关系挑战。为了让人们齐心协力，领导者必须和他们有充分的沟通。目标人群中可能有许多不同的利益相关者，包括管理者、领导者、高层、同事和在其他部门工作的员工，还有供应商、政府官员和客户等。必须对那些有能力完成愿景和目标的人、那些可能会阻碍工作的人做出合理的调配。[18]在这之后，组织成员才能为了更高的目标而齐心协力。团结下属同时也包含使团队工作顺利开展。

Ratner 公司是美国最大的家族式美发连锁沙龙企业，其下属连锁店包括著名的 Hair Cuttery。该公司的创始人兼首席执行官丹尼斯·拉特纳（Dennis Ratner）的领导策略着重关注领导者团结员工的能力。拉特纳说，他希望公司里的员工都能理解他们工作的价值，互相分担责任，在工作的同时感到快乐。[19]

2. 对员工的想法保持开放的态度。在关系导向的领导中，重要的是**管理开放**（management openness），或者采取一系列领导行为，来专门提升下属直抒己见的积极性。[20]这样做了以后，下属会感觉到领导者对其意见感兴趣，愿意听取并且认真对待他们的想法。对员工的想法保持开放性是关怀维度的一部分，同时也是参与型领导的核心。

3. 创造启发性和可见性。正如之前的魅力型和变革型领导部分所说，启发他人是一种必要的领导实践。启发他人通常涉及迎合他人的喜好和价值观，譬如某雪地摩托公司的老板这样鼓励员工：他让员工们认为，正是由于他们的努力工作，才让冬天对那些生活在严寒中的人来说更加愉悦。

人们的接触和联系促进了启发性，可见性和可用性则是启发性的另一部分。作为 IBM 的首席执行官，彭明盛（Sam Palmisano）在众多方法中采取了可见性来鼓舞员工。他经常面对面和公司各级员工交流。他能和几乎任何见面的人聊天，这也使得他在下属和客户眼中变得十分亲切。[21]

4. 满足更高层次的需求。有效的领导者会通过满足更高层次的需求来激励和启发员工，例如成就需要、个人成长、归属感、赞许、自尊和生活由自己掌控的感觉。许多组织中的领导者表达了这样一种意识：需求满足对建立与员工良好人际关系具有重要作用。一种满足员工高层次需求的稳健的方法是帮助他们在专业技能上有所提升。现任波音公司董事长兼首席执行官，詹姆斯·迈克纳尼（W. James Mc-

Nerney）说他在上任之后首先会帮助员工提高工作效率，并借此在三个主要公司的执行官职位上都取得了成功。迈克纳尼认为只有那些乐于并勇于改变自己，努力工作，乐于团队合作的优秀员工才有很大的成长空间。用他的话说："我所做的事是寻找发掘员工内心的意愿和想法。因为尽管大多数人都拥有这种潜质，但是他们经常陷于官僚主义的环境中从而被打击得畏首畏尾。"[22]

5. 给予精神上的支持和鼓励。对团队成员的支持型行为通常会增强领导效能。支持型的领导者会经常鼓励和赞扬团队，同时也会对与工作无关的事务（例如员工家庭成员中有身体欠佳的情况）表现出关怀和友善。记住，鼓励意味着为员工打气，同时增强员工的胆识。[23]在工作中鼓励员工的方法之一就是允许他们参与决策的制定。情绪上的支持通常情况下能提高员工的士气，有时也能提高生产力。从长远来看，情绪支持和鼓励可以提高一个人的自尊。一个能对下属感同身受、待人热情的领导者会自然而然地给予下属情感上的支持。

在线视频广告团队 YuMe 的首席执行官迈克尔·马修（Michael Mathieu）认为，他之所以会选择从事这份工作，有一部分原因在于他愿意鼓励员工的个性。他说他的员工可以毫无顾忌地和他谈论任何事情，他们的观点从来不会被批评愚蠢。[24]

6. 提升原则和价值观。作为高层领导者，很重要的一部分职责是帮助提升员工的原则和价值观，这有助于提高个人和组织的幸福感。这种提升可以归类于关系导向，因为它直接涉及人们的情绪和行为，并不直接与任务关联。斯蒂芬·科维（Stephen Covey）的许多鼓舞士气的观点被广泛引用，他认为一个组织的使命必须建立在公益事业的基础上。[25]那些愿意从事公益事业的领导者相信正确的原则和价值观能够使员工在职场上有更好的表现。为了鼓励管理者和所有职员在更高的道德水平上完成工作，许多公司都以书面形式写出了公司的价值观。这些价值观会出现在员工手册上、公司内部局域网上或者公司网页上。

正确的价值观取决于领导者的核心理念。Medtronic 公司前董事长兼首席执行官，现哈佛商学院教授比尔·乔治（Bill George）以他关于真诚领导力的想法启发了许多管理者。这些领导者在组织结构中始终把客户和员工的福利放在利益相关者之上。真诚领导力还有一个关键的作用，就是帮助员工在工作和家庭生活之间保持平衡。[26]乔治在他的书《真北》（*True North*）中写到，真诚的领导者用他们的心和头脑带领团队，调动整个团队工作的热情。例如，星巴克的创始人霍华德·舒尔茨（Howard Schultz），他的梦想是创办一家能让他父亲为之自豪的企业。雅芳杰出的领导者钟彬娴带着"帮助女性自给自足"的想法加入了公司。总的来说，真诚的领导者即使在压力之下也能做到正确对待自己的价值观。此外，他们始终牢记员工更多地追求的是工作的意义和重要性，而不仅仅是工资。[27]

另一个经常能帮助企业的价值观是对员工福利的强烈关注。一个著名的例子是快餐连锁公司 In-N-Out 汉堡的首席执行官里奇·斯奈德（Rich Snyder）的领导风格。员工工资和待遇都相对较高，完成了工作目标的管理者可以享受公费豪华假期。因此 In-N-Out 汉堡以业内最低的员工流失率而自豪。[28]

道德型领导从理解每个人自己独特的价值观开始。领导力技能开发练习 8-2

提供了一个让你仔细考虑与你工作相关的价值观的机会，这样你就可以为他人提供更好的道德型领导了。

领导力技能开发练习 8-2

阐明你的人际工作价值观

说明：为了培养有效的价值观领导力，首先你有必要理解自己与他人相处的价值观。按照你的观点，为下列价值观的重要性从1～15打分。最重要的价值观排名第1，为1分，最不重要的价值观排名第15，为15分。如果你有更多与人际关系有关的重要价值观，请写在“其他”旁边的空白处。

______顾及他人的尊严
______保证他人兴趣盎然地工作
______赢得他人的信任
______赢得他人的尊重
______用团队良好的绩效状态给他人留下深刻的印象
______给予他人额外的奖励
______鼓励团队中包括我在内的每个人持续地学习
______对自己和他人的言行负责
______帮助他人成长和发展
______激励他人实现高生产率和上乘质量
______建立自己诚实守信的声誉
______经常和同事通过社交网站联系
______有助于提高同事的工作满意度
______避免让任何同事产生对工作的强烈不满
______其他

1. 和旁边的人比较并讨论对这些价值观的评分。
2. 在导师的帮助下，分别统计全班同学对这些价值观所给出的平均分。比较你的评分和班级平均分的异同。
3. 再回顾你自己的评分，你的评分会让你吃惊吗？
4. 班级平均分有没有让同学们吃惊？在你看来，哪两个价值观应该分别得到最高或最低的评分？

清晰地阐明你对领导力的价值观比练习有用得多。许多领导者都蒙受公司破产的耻辱，因为既定的公司价值观对员工、利益相关者、外部投资者来说，令人无法接受；与法律体系也背道而驰。例如，某个首席执行官的价值观是“建立自己诚实守信的声誉”，那么他绝不会一边从公司借款4亿美元，一边以最低工资标准给几千个员工发薪水。

7. 做一个服务型领导者。你对帮助他人的渴望是另一个重要的工作价值观。**服务型领导者**（servant leader）会帮助下属实现组织工作目标，而不是仅仅完成自己的目标。罗伯特·格林利夫（Robert K. Greenleaf）提出了这个基于服务型领导的想法，他认为领导力源自对服务的承诺。[29]服务他人，包括员工、客户和社区在内的人是服务型领导最基本的动力。此外，真正的领导力是从帮助他人的强烈的意愿中显露出来的。因此，服务型领导者同时也是道德型领导者。服务型领导能使团队成员变得更聪明，更健康，更自主。下面列举了服务型领导的关键方面。[30]

● 把服务他人放在个人利益之上。服务型领导者更关心帮助他人而不是追求权力、威望、物质奖励或是地位。他们试图追求高尚的行为，即使没有奖励也一样。服务型领导者会意识到他人的诉求并期望满足他们。（你现在回想一下：期望满足他人需求是一项基本的关系导向行为。）

● 在行动之前听取他人的想法以表达对他们的信心。服务型领导者承诺通过倾听来了解团队成员的担心、需求和问题。这些领导者仔细地倾听并思考怎样才能帮助他人完成目标，而不是把自己的意志强加于人。在倾听并理解他人之后，才能得出最好的做法。例如，某服务型领导者得知团队更在意团队精神、和谐的氛围，而不是努力得到整个公司的认可。这个领导者就会更关注建立团队合作精神，而不是想方设法提高团队的可见性。

● 通过诚实守信博得他人的信任。做一个诚实守信的人是服务型领导者行为的基础。待人诚实正直，放弃控制欲，关注他人的幸福，是服务型领导者的着力点。对服务型领导者来说，通常并不需要刻意努力成为他人眼中可以信赖的人，因为他们的品行本来就很端正。为了支持这个说法，一项调查证明大多数员工希望上司是一个可信的人，而不是像朋友那么随意。[31]

● 关注那些可行的工作。即使最理想的服务型领导者也不可能仅靠自己一个人完成所有的工作。因此，他们只能先听取团队成员的问题，再集中注意力解决其中的少数几个。因此，服务型领导者必须系统性地略过某些问题。某个工会官员会仔细听取所有人的担忧和抱怨，然后针对其中最紧迫的事项开展工作。

● 帮助他人。服务型领导者寻求各种能帮助他人的机会。超市店长会在繁忙时段帮助员工打包顾客买的商品，或者在飓风过境之后帮忙清理大厅地面的垃圾。

● 治愈情绪问题。服务型领导者对团队成员的个人担忧很敏感，譬如某个员工为照料他残疾的双亲而烦恼。服务型领导风格在服装零售公司优衣库非常流行。某个区域经理虽然很想回家陪自己的家人，但是他会告诉门店经理他会留下照顾商店，这样门店经理就可以回家看孩子的棒球比赛了。这种做法的潜在意义在于让经理们优先考虑帮助别人。[32]

除了在逻辑上符合实际以外，一项在182名员工中开展的研究表明了服务型领导力对组织员工行为、工作绩效和避免跳槽有积极的作用。[33]一项对肯尼亚的七家跨国公司的研究表明，服务型领导建立了积极向上的公司氛围，从而促使员工成为优秀的组织员工。[34]

领导力技能开发练习8-3提供了一个练习关系导向和任务导向行为的实践机会，将两者结合起来看，有时指的是领导的具体细节。

领导力技能开发练习8-3

关系导向型和任务导向型的态度和行为的实际应用

本练习需要大约六个能忍受残酷的户外环境的角色扮演者。练习设定在北极圈内的一个石油钻井基地，人们发现了地球深处的石油储藏，能源公司正在开展开采工作。今天，气温是华氏零下40度。面对恶劣的环境，五个队员身体不适，都在疑惑：今天早上到底该怎么进行钻井工作呢？领导者的工作是帮助小组完成挖掘工作。

领导者A试图用关系导向的态度和行为与小组交流。他会采取几种前文提到的行为方法，另外五名角色扮演者要回应他的领导方式。角色扮演持续约10分钟。

之后，领导者B会尝试用任务导向的态度和行为继续与小组交流，同样会采取几种前文提到的做法。另外五名角色扮演者要回应他的领导方式。角色扮演持续约10分钟。

未参加此练习的学生负责观察领导者和小组成员的反应，并对以下内容给出反馈：

(1) 领导态度和行为执行得如何？

(2) 这些态度和行为对完成钻探工作有多大的帮助？

8.4 360度反馈法：领导力微调方法

在大多数大型组织中，领导者不仅为团队成员提供反馈，自己也会收到关于自身态度和行为的反馈。此反馈是在所有和领导者接触过的人中经过系统抽样得出的。尤其是**360度反馈法**（360-degree feedback），这是一个针对上级表现的正式评估，评估结果基于那些和领导者共事或在其手下工作过的员工，有时也包括客户和供应商。此种反馈也可称为多源反馈或者多评估者反馈。因为调查对象人数不多但涉及方方面面，所以此过程一般称为360度调查。多源输入成为一种评估领导效能的方式。360度调查的形式通常会根据不同公司的需求而变化，但是约有25%的公司使用现成的标准形式。

该领域的专家们认为360度反馈法更适用于培养管理者或领导者，而不是为了达成像绩效评估和薪资管理这样的管理目的。用于培养管理者和领导者时，360度反馈法应该更多地强调定性评价而不是定量评价。[35] 例如，被告知“你在开会时没有和我保持眼神交流”的作用大于收到“使他人感到舒适”一栏中的低分。领导者收到反馈后会在人力资源部的专家或外部顾问的帮助下进行解读。

调查得到的数据可以用来帮助领导者微调他们的态度和行为。譬如，如果所有的调查者对某领导者在“对他人同理心”一项中都给出了很低的评分，这会提醒领导者立即提高自身同理心的能力，例如阅读一些相关的书籍、参加一些研讨会或者在和他人产生思想上的冲突时多考虑别人的感受。

图8-2是一个360度反馈表示例，它显示了领导者的自我认知和团队认知之间的差距。当产生这种差距时，应聘请经过专业训练的顾问或商业教练的参与。当意识到自己在人际交流技巧维度和团队其他成员的反馈有巨大矛盾时，某些人就会情绪崩溃。某个中层经理在参与360度反馈之前一直以她很高的受欢迎度而自豪。然而，反馈的结果却显示她是一个令人生畏的、怀有敌意的和控制狂式的人。她在拿到反馈结果之后勃然大怒，之后陷入沮丧。专业顾问有时能帮助人们从积极的角度看待批评性的反馈，并让他们从中受益。

被测者：杰里米·布莱克斯通（Jeremy Blackstone） 评分（10分为最高）

态度或行为	自我评级	平均团队评级	差距
1. 提供适当的结构和指导	9	6.5	−2.5
2. 提供适当有帮助的反馈	9	6.5	−2.5
3. 体谅人们的感情	10	6.2	−3.8
4. 设定团队的工作方针	8	5.9	−2.1
5. 设定较高的绩效标准	7	9.0	+2.0
6. 当团队成员需要帮助时教导他们	10	6.3	−3.7
7. 团结整个团队的力量一起工作	9	5.1	−3.9
8. 启发团队成员	10	2.8	−7.2
9. 在必要时提供精神支持	8	3.7	−4.3
10. 是一个战略思想家	9	8.5	−0.5

注：差距为负值说明对行为或态度的自我评价比团队的评价高，差距为正值说明团队评价比自我评价更高。

图8-2 360度反馈表

为获得最佳效果，360度调查反映出的行为和态度都是组织最重视的。注意，评估反映了领导职能的重要方面。下列是一些关于更好地使用360度调查的建议。[36]

- 关注企业目标和策略。反馈结果应该让领导者和管理者知晓帮助组织达成目标的技能。
- 保证反馈维度反映了领导职能的重要方面。
- 通过相互之间的给予和接收反馈，培训员工。提出建设性的反馈意见需要教练指导、训练和练习。
- 设计一个基于反馈的行动方案来提升每个领导者。例如，在人际交流技巧上得分较低的领导者可以加强情商方面的训练。
- 保证每个被测的管理者都拿到了完整的反馈结果，这样他们能够以个人能力的发展而不是管理控制为方针。

360度反馈法有一个潜在的缺点：匿名评估。就像有人会在社交网站上大肆发表令人厌恶的评论一样，一个想法偏激的下属对管理者的评价会失之偏颇，甚至在360度反馈表上写下无礼的评论。在这种情况下，对领导者的评价是毫无意义的。

8.5 领导风格

领导者的态度和行为的组合导致领导者在和成员接触时产生了一定的规律性和可预见性。**领导风格**（leadership style）是描绘领导者特征的、一种相对稳定的行为模式。领导风格的学习是理解领导力态度和行为的延伸。大多数对领导风格的分类都是基于关怀和定规结构维度的。像“他是十足的指挥＋控制型”和“她是一个被大家承认的领导者”这类的评论变得司空见惯。

下面，我们介绍参与型领导风格、专制型领导风格、领导方格图、创业型领导风格、领导风格中的性别差异和如何选择最优领导风格。第9章通过介绍几种权变领导理论继续研究领导风格。

8.5.1　参与型领导

让团队成员参与决策、和他们一起工作已经是现代组织广泛应用的一种领导方式。**参与型领导者**（participative leaders）会和团队成员一起做出决策。共同领导、合作领导和团队领导都指的是参与型领导。参与型领导根据领导者的行为可分为三个子类型：咨询式领导、一致性领导和民主式领导。

咨询式领导者（consultative leaders）会在做出决策之前和团队成员协商，但他们自己会保留最终的决定权。**一致性领导者**（consensus leaders）为大家保持相同的意见而努力。他们鼓励团队经过讨论得出能反映大多数人意见的结论，这样所有的成员都会支持这个决定。所有成员都做出自己的贡献并对可能的结果负责。直到所有人都参与讨论并且表示愿意支持后，领导者才会最终做出决策。**民主式领导者**（democratic leaders）会把最终决定权交给团队。领导者仅仅起到集思广益和组织投票的作用。

参与型领导风格主要基于管理开放的程度，因为领导者是从团队成员那里接受关于管理运营的建议。因为在技术进步、组织分权的同时，一线职员变得更加独立，肩负更多的责任，所以领导者鼓励下级提出自己的想法是十分重要的。这些职员更接近市场，更了解商品使用的过程，更清楚人力资源的各种问题。长期在一线工作的经验使得他们的建议能帮助领导者更好地改进市场策略和留住员工。

参与型领导风格包含团队合作的方法。参与型领导的主要行为包括教练团队成员、协商需求、与他人合作。通常情况下，团队中懂得最多关于工作知识的成员会逐渐承担起领导者的角色。一项研究显示，只由一个领导者带领的团队往往表现不佳，而每个成员分享领导角色的团队则业绩表现不俗。[37]

参与型领导风格很适合管理那些有能力并且渴求承担责任的人。这些人希望参与决策，并对管理提出自己的意见。参与型领导在新上任的管理者和专家手中能发挥更好的效果，因为大多数商学院和专业项目的毕业生都希望亲自参与决策。

巴西设备供应商Semco公司的首席执行官里卡多·塞姆勒（Ricardo Semler）充分利用了参与型领导和管理方法，使公司盈利并实现了持续增长。和3 000名员工的投票权一样，他也只有一份投票权。在和一位教育家共事一段时间后，塞姆勒采取了以下几个根本措施。

- 更多地听取关于公司餐厅的意见，他请职员们帮忙改善并且逐渐把工作交给职员负责。
- 他授权给职员让他们自定薪资标准。他请了一位分析师对公司中所有的职位制定基准工资、平均工资水平，并在此基础上加薪10%使得公司更具竞争力，最后把工资标准向所有职员公开。[38]

然而，参与型领导风格也有一些缺点。例如，往往导致过多费时的团队会议和工作。同时，一致性领导和民主式领导不能给员工指出清晰的工作方向，管理过于粗放。在参与型领导者过于极端的情况下，团队成员会被请教各种不重要的问题，而这些问题可以单独通过管理手段解决。另一个问题就是很多管理者仍然认为让团队参与决策会削弱管理者的权力。

如果继续加大民主式领导的程度，就会导致极端的粗放管理，也就是“自由放任型领导风格”。一项有 4 500 名挪威职员参与的研究显示：在自由放任型领导者管理下的员工会对自己的定位产生模糊感，从而导致他们在评估领导者表现时猜测领导者属意的选项，并且揣测哪个是最优的选项。[39]

参与型领导，尤其是一致性领导，在召开各种会议讨论决策上耗费了太多的时间。谷歌公司的三名最高执行官几年来一直共同参与决策，直到 2011 年简化管理结构，原因之一就是为了加快决策的速度。[40]

8.5.2 专制型领导

和参与型领导者相反，**专制型领导者**（autocratic leaders）掌握了大多数权力。专制型领导者在决策时充满自信，假定团队成员都会保持顺从，从不过度关心他们对决策的态度。专制型领导者可以看成是任务导向的，因为他们非常关注任务完成的情况。典型的专制型领导行为包括给员工下达命令，维护自己的权力，在团队中做出榜样等。

然而在某些组织文化中，专制型领导的存在是很有必要的。2010 年，通用汽车公司的经营状况亟须改善。以对待问题果敢坚定而闻名的前海军军官阿克曼（Ackerman）一年前曾经担任该公司的财务主管。同时作为私人股权投资经理，他曾经通过迅速地完成既定目标带领公司走出了困境。作为新任首席执行官，像其他有效的专制型领导者一样，他迅速采取了一系列举措，同时向一些可靠的顾问寻求帮助。[41]因此“专制”并不完全代表领导者的行事风格冲动而固执。

领导力技能开发练习部分包含了解你自己现有和潜在的领导风格。请完成领导力自我评估测试 8-2。

领导力自我评估测试 8-2

你会/你想成为什么风格的领导者？

说明：判断以下陈述是否符合你的实际，记住你在下列描述的场景或态度中做了什么，或会做什么。T 代表基本正确，F 代表基本错误。请写在横线上。每个 T 计 1 分，每个 F 计 0 分。

1. ______我更愿意独自完成高强度的任务而不是交给其他团队成员。
2. ______我更喜欢作为管理者的分析方面的工作而不是直接和团队成员一起工作。
3. ______我管理团队的方式是几乎每天要告知员工任何可能影响他们工作的信息。
4. ______把同一个问题交给团队中的两个成员，然后选择哪个解决方法更好。
5. ______我喜欢每天收到几次下属工作进度的报告，即使只是一条短信或一个电话。
6. ______我在做出决策之前会找机会听取团队的意见，即使是很简单的问题。
7. ______如果有几个成员拿出证据来证明我的决定是错的，我会改变我的决定。
8. ______团队中有不同意见的情况是值得提倡的。
9. ______我认为把时间投入树立团队精神的各种活动是值得的，例如在周六修缮贫困家庭的住房。
10. ______如果我的团队需要增加新成员，我希望新成员由整个团队面试。

11. ______一个有效的团队领导者通过电子邮件或其他数字媒体来完成98%以上的和成员的交流。

12. ______团队成员能比管理者想出更多的好点子。

13. ______如果我的团队要组织一场聚会，我会挨个询问每个成员他们喜欢的食物。

14. ______我从来没有见过博物馆或者公园里有委员会的塑像，所以如果你想要获得认可，为什么需要委员会来做出决策呢?

15. ______我非常不喜欢有团队成员在某件事上挑战我的权威。

16. ______我经常向团队成员解释解决问题的方法。

17. ______如果我离开办公室一周，部门仍然可以正常运转。

18. ______向成员委派重要的工作对我来说非常困难。

19. ______当团队成员带着问题来找我时，我会立刻帮他们想一个初步的解决方案。

20. ______当团队成员带着问题来找我时，我会问他“到目前为止你想出了多少解决方案?”

得分和解释：下面是一个参与型领导者给出的答案。

1. 基本错误
2. 基本错误
3. 基本正确
4. 基本错误
5. 基本错误
6. 基本正确
7. 基本正确
8. 基本正确
9. 基本正确
10. 基本正确
11. 基本错误
12. 基本正确
13. 基本正确
14. 基本错误
15. 基本错误
16. 基本错误
17. 基本正确
18. 基本错误
19. 基本错误
20. 基本正确

如果你的得分在15分或以上，你很可能是（或会成为）一个参与型领导者。如果你的得分低于5分，你很可能是（或会成为）一个专制型领导者。

技能开发：这项测试也对技能开发有一定的帮助。回顾这20个陈述，寻找对参与型领导的建议。例如，陈述20建议你鼓励团队成员依靠他们自己解决问题。如果你的目标是成为一个专制型领导者，这个陈述可以作为指导方针。而陈述19显示了一个专制型领导者在为成员解决问题时第一个关注的重点。

8.5.3 领导方格图

一个用于分类各种领导风格的经典方法说明了实现有效领导的最好方法是把关系导向和任务导向结合。**领导方格图**（Leadership Grid™）是一个体现领导者对工作的关心程度和对员工的关心程度的框架。[42]

横坐标表示为对工作的关心程度。对工作的关心包括业绩、底线、绩效、盈利和生产任务。纵坐标表示对人的关心程度。对人的关心包括团队成员和同事。这两种关心都是领导态度或关于领导的思维方法。每种关心（或维度）的变化程度用1～9的某个数字表示。某个领导者对其中一项维度的关注不影响对另一个维度的关注。图8-3显示了方格图包含七种领导风格。如果你之前熟悉方格图的结构，你会发现每种风格的名称在此版本中都有了变化。

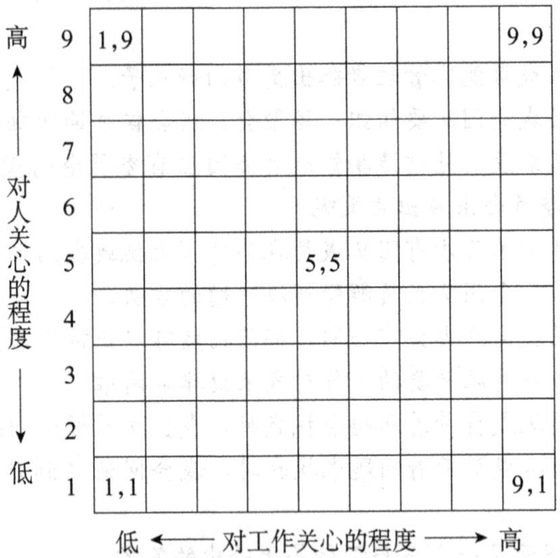

七种管理风格方格图

9，1 控制型（指导 & 支配）

- 我更喜欢通过工作成果和下达命令来控制团队。我遵循保持高生产力的原则，决不允许任何偏离。

1，9 随和型（屈服 & 顺从）

- 我支持有益于建立和维持和谐团队气氛的工作。我通过关注积极和愉快的方面的工作来激发热情。

5，5 中庸型（平衡 & 妥协）

- 我认可通俗的、避免不必要风险的工作。我和他人一起讨论我的想法，这样可以保证他们能一直接受我。

1，1 贫乏型（逃避 & 回避）

- 为了避免卷入麻烦，我不会主动承担责任。如果被逼无奈，我会选择支撑型职位和更加消极的职位。

PAT 家长作风型（规定 & 指导）

- 我通过引导自己和他人的积极性领导团队，表扬和感谢团队提供的帮助。同时我会阻止他人挑战我的想法。

机会主义型（开发 & 操作）

- 我会劝说他人支持能给我带来私人利益的工作。如果他们也能从中获利就能获得更多的支持。我依靠任何能带来利益的途径。

9，9 合理型（贡献 & 指派）

- 我邀请团队参与讨论，以承诺的方式启动团队工作。我会了解所有事实和意见来选择公认的最佳解决方案。

图 8-3 领导方格图

管理方格图（或领导方格图）是一个很简单的框架，它艺术地定义了七种基本的领导风格，描绘了工作场所的各种行为和导致的各种关系。方格图中的七种风格基于怎样在变化的层面上证明对工作和对人的两种关心。

资料来源：

方格图的发明者们在9，9合理型方式（对工作和人都极为关心）上产生了异议。根据他们的研究，健全的管理方式取得了一定的成效。此举提高了绩效和士气，降低了缺勤率和人员流失率。9，9型方式建立在信任和尊重的基础上，两者的结合可以起到良好的效果。

举个例子，美国银行全球财富和投资管理部门的董事长莎莉·克劳奇克（Sallie Krawcheek）就是一个合格的9，9型领导者。她也许是华尔街最有权力的女人，她的团队是美国银行里表现最好的团队之一（工作重点）。同时，莎莉保持着亲切的待人方式（员工重点）。她之前在花旗银行任职时，有些客户购买了基于次级贷款的有价证券。在证券价值暴跌后，她努力为那些客户争取赔偿。当美林证券公司并入美国银行时，她努力通过个人访谈来说服经纪人。[43]

8.5.4 创业型领导

许多创业者都使用一种相似的源于他们个性和环境的领导风格。尽管创业者的定义和风格有多种，总的来说创业者发现并且运营着一种创新型的商业运作模式。然而，并不是包括特许经营者在内的所有的企业主都是创业型领导者。创业者给人的印象是一个任务导向的和充满魅力的人。创业者会不遗余力地鞭策自己和他人努力向前，但同时他们的个性也在启发其他人。

创业型领导风格经常包含以下段落描述的行为。[44]然而，官方并不同意创业型个性的存在。

1. 强烈的成就驱动力和冒险精神。创业者和大多数领导者相比都有更加强烈的成就动力（参见第3章）。成立商业公司是一个能满足成就感和冒险精神的极好的工具。为了完成他们认为需要完成的事情，创业者们愿意加班，每天工作12小时，每周工作7天更是家常便饭。因为他们在合适的时候做出要承担风险的决定，他们中的许多人并没有察觉到他们正在冒险，就像许多走钢丝的人对自己的身体有绝对的控制力一样。领导力自我评估测试8-3可以让你思考自己的冒险倾向。

领导力自我评估测试8-3

你承担风险的倾向是什么?

说明：评价以下陈述反映你态度和行为的程度。在这个量表中，有5项选择：非常错误、错误、适中、正确、非常正确。

	非常错误	错误	适中	正确	非常正确
1. 如果我有机会，我会在假期乘直升机去大峡谷兜风。	1	2	3	4	5
2. 我会在债券和存款上投入更多的资金，而不是买股票。	5	4	3	2	1
3. 我想建立属于我自己的公司，开创属于我的事业。	1	2	3	4	5
4. 我愿意有更多相亲的机会。	1	2	3	4	5
5. 我对年轻人的职业意见是找一份急需新人的稳定工作。	5	4	3	2	1
6. 我很想搬去另一个没有家人和朋友居住的城市。	1	2	3	4	5
7. 在过去的几年里，我独立学习了一项新的运动、一种舞蹈或一种语言。	1	2	3	4	5

续前表

	非常错误	错误	适中	正确	非常正确
8. 我更喜欢得到至少是我目前90%的固定薪酬。	5	4	3	2	1
9. 我的电话号码和家庭住址可以公布在社交网站上。	1	2	3	4	5
10. 驾驶自己的单引擎飞机在海上飞行的创意很吸引我。	1	2	3	4	5
				总分：	______

得分和解释：把你选择的所有分数相加。

- 56～60分：你是一个非常鲁莽的冒险者。你极可能在开始行动之前对风险不做仔细评估。
- 48～55分：你大概是个明智而乐于冒险的人，这加强了你的领导力和吸引力。
- 15～47分：你有避免任何冒险行为的倾向，你的保守主义会降低成为创业型领导者的概率。

冒险对领导力来说是很重要的，因为魅力型领导者和创业型领导者都以冒险精神而著称。另外，如果你内心反对冒险，要想具有变革精神（一项重要的领导职能）是很困难的。

2. 极高的热情和创造力。创业者大都很热情。部分原因在于他们对成就具有极高的兴奋度。正如《创业者》（*Entrepreneur*）杂志中所指出的，“创业者具有五级星的爆炸性格”。创业者的热情使他们变得很有说服力，因此他们经常被认为十分具有魅力。一些创业者会非常情绪化以至于让人感到古怪。

创业者的热情经常会发展为激情。美体小铺的创始人安娜·罗迪克（Anna Roddick）坚持认为：“要想成功，你必须以足够的热情坚信某件事，这样它就会变成现实。”一项对创业者激情的理论分析表明，激情需要被投入到以下三个角色中。第一个是发明者的角色，善于发现机会。例如对某产品或服务的需求。第二个是建立者的角色，利用相关的管理技巧和领导责任创建一家企业。第三个是开发者的角色，发展和开拓公司打入全球市场。[45]

3. 当机会来临时迅速采取行动的倾向。创业者以善于抓住机会而著称。当生意即将来临时，他们会加倍努力推动一切相关事务促成交易。

4. 经常处于匆忙和不耐烦的状态中。创业者做事通常很匆忙。他们在参加一场会议的同时，已经开始考虑下一场会议了。他们惊人的工作速度常常让周围的人深感不安。创业者偏爱简单的着装风格以节约时间，并且不允许在两个预约之间留有太长的空闲时间。

5. 有韧性和远见。创业者其实都是有远见的人。和其他类型的有效领导者一样，他们能看到其他人看不到的机会。他们尤其具有发现问题和解决问题的能力。CNN公司的泰德·特纳（Ted Turner）是一个在洞察企业愿景方面传奇式的代表人物。特纳注意到了人们愈益希望有一个能随时查看所有新闻频道的途经。CNN不仅在商业上取得了成功，而且彻底改革了全世界看新闻的方式。在愿景目标确立之后，创业者会坚持不懈地加以实施，甚至每周工作80小时。

对许多创业者来说，发展他们的公司需要很好的韧性。马克·扎克伯格（Mark Zuckerberg）就是独一无二的先锋人物。在20多岁时，扎克伯格就是一名闻名遐迩的创业者了。他在经济大萧条时期把大量的资金和时间投入脸书。他说："2009年对我们来说，只是完善网站和发展用户而已。"[46]

6. 讨厌等级制度和官僚主义。创业者从性格上来说并不适应官僚等级。许多成功的创业者受限于官僚体制，变得十分沮丧。创业者的领导风格暗示着他们在管理员工的时候并不重视规则和制度。

7. 偏爱与外部的客户做生意。创业者不适合官僚主义的原因之一是他们把精力放在产品、服务和客户，而不是员工上。一些创业者对客户和债权人十分亲切，但是对公司员工却很粗暴无礼。对许多创业者来说有一个盲点：他们不能理解为什么他们的员工对工作、对客户没有激情。因此，他们对待那些在他们眼中不是公司骨干的员工非常粗暴。

8. 着眼未来。创业者对于未来计划和商业机会有着未雨绸缪的嗅觉，甚至能在现在的业务顺利进行之前就有所察觉。"我下一笔生意会和谁做"是真正创业者的咒语。甚至在当前业务活动积累了大笔财富之后，创业型领导者仍会考虑未来的机会。举个例子，理查德·布兰森白手创立了约250家公司，组建了庞大的商业帝国，但他仍在寻找机会建立或兼并下一家公司。

创业型人格在极端情况下能导致药物成瘾行为。领导力技能开发练习8-4有助于培育创业型领导技能。

领导力技能开发练习 8-4

创业型领导

创业者这个角色的重要意义在于说服他人信服你的有价值的观点，这样他们会对你的公司进行投资或资金放贷。两个学生扮演拥有一种新产品或服务，想要创建一家公司的创业者。（两个扮演者分别选择产品和服务。）约五名其他学生扮演风险投资人或银行家的角色，听取这两个创业者的介绍，决定是否投资或放贷。创业者要表达出新产品所带来的兴奋和承诺，同时也会介绍一个优秀的商业计划。（快速浏览第12章提到的与有说服力的沟通相关的材料）。其他学生对这两个创业者展示的创业型领导风格的情况做出评价。

8.5.5 领导风格中的性别差异

关于男性和女性是否具有不同领导风格的争论一直在持续。几名研究员和观察员认为关于女性具有某些特质和行为使得她们更适合关系导向的领导风格。因此，女性领导者经常展示出一种合作的、授权的领导风格来培养手下的团队成员。从相同的角度来看，男性倾向于命令和控制，以及军事化的领导风格。女性领导者会认为参与型管理更加自然，而男性领导者不这么想，因为女性似乎觉得在与他人互动的过程中更加舒适。此外，有人主张女性拥有与生俱来的对他人的敏感性，这给了她们较强的优势而男性却较弱——鼓励团队成员参与决策。这里我们简单地看一些关于领导风格中是否存在性别差异的证据和推理。

在许多研究人员眼中，性别指的是男性和女性之间的差异。举个例子，女性管理者比男性同事更倾向于做一个倾听者。性别差异指的是男性和女性扮演的不同角色。但两性差异指的是实际差异（客观的差异），譬如男性的平均身高高于女性。然而，性别和两性这两个词在日常生活和学术论文中仍然可以互换使用。

■ 关于在领导风格中两性差异的争论

工作场所性别问题专家朱迪·罗森纳（Judy Rosener）总结到，男性和女性确实有着相反的领导风格倾向。基于自我报告，她发现男性领导者更有命令和控制的风格。相反，女性倾向变革型领导风格，极度依赖人际交流技巧。[47]作为领导者，女性更强调关怀、强化与职员的感情。同时她们也比男性领导者更会称赞团队成员。当某个职员没能达到女性领导者的期望，她们会通过找一些值得称赞的地方来暂缓批评。[48]

男性和女性在生物学和心理学上的根本区别已被用作证明男性和女性领导风格不同的证据。脑部研究员鲁本·戈尔（Ruben Gur）发现了其中一系列的差异。他们发现女性对情绪暗示和语言上的细微差别比男性更加敏感。因此女性领导者更适合回应团队成员的感受，理解他们陈述背后真正的意思。[49]

领导风格也可以反映交流中的性别差异。女性比男性更可能使用口语交际来建立关系和给予精神支持。[50]男性更加关注传播信息和展示能力。因此，女性更可能选择关系导向的领导风格。

■ 关于在领导风格中性别差异的争论

基于文献综述，让·格兰特（Jan Grant）总结道，男性领导者和女性领导者之间显然有一些个性或行为上的差异。同时，当女性领导者获得晋升的时候，她们对管理上取得成功的男性领导者模型的识别就变得很重要。因此她们甚至会排斥一些早先认可的女性化的管理特质。[51]

关于男性领导者和女性领导者的刻板程度很难下定论。即使男性和女性在领导风格上的差异的确存在，但还是要从正确的角度看待差异。男性和女性领导者在领导风格方面都会和各自的性别不同。许多男性领导者是关系导向，而许多女性领导者更喜欢命令和控制（极端的任务导向）。很多女性认为女性领导者可能比男性领导者更容易怀有敌意，更加记仇。

零售商 TJX Cos 公司的董事长卡罗尔·梅罗维茨（Carol Meyrowitz）对于领导风格中的性别差异提出了如下有说服力的观点："良好的领导和绩效并不仅仅与一件事有关，而是和许多因素及场合相关联。"[52]

也许获取领导力最好的方法是同时利用男性和女性的正向特质。为了在全球市场上竞争，公司需要多元化的、男女搭配的领导团队。女性管理者如果认识不到男性和女性领导风格互相配合的必要性，很容易在工作中陷入困惑。爱丽丝·伊戈利（Alice H. Eagly）和琳达·卡里（Linda L. Carli）写道，女性领导者经常努力培养一种适当而有效的领导风格，这种风格统一了女性共同偏爱的品质和许多人认为成功需要获取的上乘品质。[53]

8.5.6 选择最优领导风格

一个关于本章和下一章讨论的领导风格的潜在主题是“不存在最好的或最有效的领导风格”。一项由 3 000 名管理者参与的研究揭示了最成功的领导者并不只依靠一种风格。相反，他们在一周内使用几种不同的风格，在一些情况下专制，而在另一些情况下民主。[54]另一个考虑是使用领导行为发生地的民族文化。对大多数德国职员来说，一种有效的领导风格是高绩效（任务）导向和适度的同情（关心）。[55]然而北欧的职员对民主式领导风格评价最高。

组织文化也会影响哪一种领导风格具有可接受性和有效性。友好而合作的文化背景需要更多一致的领导风格。相反，在竞争激烈的文化背景下，直接和专制的领导风格会更加高效。

本书有几处提到了领导者-成员交换理论。这个理论的一个关键点在于领导者和每个团队成员都建立不同质量的联系。[56]和成员建立高质量的关系的部分原因是可以让领导者改变自身的领导风格来适应每个下属的需求。举个例子，兰迪（Randy）可能需要更多的指导，而苏珊娜（Suzanne）想要的是更加独立的工作环境。

40 年前，先驱研究员拉尔夫·斯托格迪尔（Ralph Stogdill）做出了一个关于选择领导风格的论断，这个论断到现在仍然适用：“最有效的领导者显示出自己的多才多艺和灵活性，这能让他们调整行为去适应他们所面对的变化而矛盾的要求。”[57]

在结束本章之前，请做关于灵活性的领导力技能开发练习 8－5。

领导力技能开发练习 8－5

相反的领导风格

一名学生扮演一家金融服务公司的新员工。这家公司出售人寿保险和其他投资产品。这个员工已经完成六周的培训，目前已正式上岗。四周过去了，他没有做成一笔业务。他的上司打算今天和他见面讨论一下这个问题。另一名学生扮演任务导向的领导者。两名学生扮演一起参与一个评审会议的人。

在角色扮演开始之前花几分钟时间思考，如果你在现实生活中遇到了同样的事情，你会采取怎样的行动。感受一下那个沮丧的员工或任务导向的领导者的心情。一个优秀的角色扮演者同时也是一个编剧和演员。

另两名学生重复一遍同样的情节。不同的是，这次是个关系导向的领导者。然后另外两对学生轮流表演出任务导向和关系导向的领导者。这个角色扮演的另一种变化是让一名学生同时扮演任务导向和关系导向的上司。其他同学观察并对两种领导风格的有效性做出反馈。

小　结

有效的领导需要正确的行为、技能和态度支持，就像经典的俄亥俄州立大学的研究结果一样。

领导行为的两个主要维度是关怀和定规结构。关怀是领导者营造工作环境和氛围的能力大小，这种工作氛围包括精神支持、热情、友谊和信任。与他人建立联系是当前关怀的一个方面。定规结构的含义是通过如分配具体的任务，说明计划执行步骤等一系列活动梳理和规定团队成员之间的关系。关怀和定规结构都与工作满意度和绩效之类的重要的领导结果相关。

任务导向型的有效领导者具有下列态度和行为：(1) 对现状的适应性；(2) 制定方针；(3) 高绩效标准；(4) 关注团队成员的长处；(5) 承担风险和执行计划；(6) 手把手地指导和反馈；(7) 提出难题的能力；(8) 组织团队合作。

关系导向型的有效领导者具有下列态度和行为：(1) 团结下属；(2) 对员工的想法保持开放的态度；(3) 创造灵感和可见性；(4) 满足更高层次的需求；(5) 给予精神上的支持和鼓励；(6) 提升原则和价值观；(7) 做一个服务型领导者。

服务型领导者通过帮助下属完成工作目标，而不是完成领导者自己的目标来帮助他们。服务型领导包括把服务他人放在个人利益之上，听取他人的想法，通过诚实守信赢得他人的信任，关注那些可行的工作，帮助他人，治愈情绪问题。

许多领导者以360度反馈的形式收到了大量关于行为和态度的反馈，这些反馈来自下属和同事。这些反馈在满足以下条件后非常有用：关注企业目标和策略；保证反馈维度反映领导职能的重要方面；在提出和收到反馈方面受过培训；改进行动方案；管理者收到完整的反馈结果。匿名评估是360度反馈的一个不足。

理解领导风格是理解领导态度和行为的延伸。参与型领导让团队成员参与决策。参与型领导风格可以细分为三个子类型：咨询式领导、一致性领导和民主式领导。参与型风格很适合管理那些有能力并且渴求承担责任的人。然而这一过程可能要花费大量的时间，有些管理者认为参与型风格是对他们权力的威胁。专制型领导者把大多数的权力掌握在自己手中。领导方格图根据对工作的关心程度和对人的关心程度划分了各种领导风格。

另一种重要的领导风格是创业型领导。创业型领导源于领导者的个性和自我创业的环境。它包括强烈的成就驱动力和冒险精神；极高的热情（包括激情）和创造力；当机会来临时迅速采取行动的倾向；经常处于匆忙和不耐烦的状态中；有韧性和远见；讨厌等级制度和官僚主义；偏爱和外部的客户做生意；着眼于未来。

男女两性在领导风格中存在差异。女性倾向于关系导向的领导风格，然而男性倾向于命令和控制导向的领导风格。一些人认为在领导风格中的男女性别差异是不一致和不显著的。

与寻找最好的领导风格相比，建议管理者们判断形势之后再选择合适的领导风格。有效的领导者必须有能力调整风格来适应环境。

实践与技能开发指南

在选择领导风格方面，要考虑的主要问题是：你可能需要调整自己的风格去适应各种场合。譬如，某一时刻你的团队成员可能需要详细的指导，而其他时间他们需要独立的工作空间（本章的有关理论对此作了解释）。

大多数领导风格的分类都基于指令（任务导向）维度和非指令（关系导向）维度。当决定哪种风格更好时，要考虑以下问题：

1. 你的组织结构和工作性质是什么？你也许需要决策。举个例子，某些类型的工作需要严格的控制，譬如处理专利资料。

2. 哪种风格最适合你？你的个性、价值观和信仰会影响你承担责任的能力。

3. 哪种风格适合你的上司和组织文化？譬如，如果你在一个任务导向的老板面前表现得倾向于关系导向，你的上司会认为你能力太弱。在一个倡导毅力、竞争激烈的文化背景中，你最好选择任务导向的领导风格。

4. 工作单位有很高的潜在冲突吗？任务导向的领导风格会引起与特立独行、意志坚决的员工之间的冲突。关系导向的领导风格允许更多的自由讨论，可以降低冲突的可能性。[58]

[讨论题]

1. 良好的认知技能如何帮助领导者在定规结构方面做得更加有效？

2. 举一个例子，说明你的上司对你表现出高关怀行为。你对上司的行为是如何回应的？

3. 为什么在授权和分享的领导时代，制定方针仍然是一个重要的领导行为？

4. 为什么有效的领导者应该向团队成员提供情绪支持，即使成员都是成熟的成年人？

5. 哪种领导者类型是与服务型领导者相反的？

6. 管理者是如何使用电子邮件和文本短信实施任务导向和关系导向的行为的？

7. 想象你自己在感兴趣的领域担任领导职务，你被团队成员形容为手把手地带员工的领导者，你的感受是怎样的？

8. 你如何描述他们的领导风格：你最喜欢的管理者、运动教练、电视剧中扮演老板的角色？

9. 为什么一致性领导风格被广泛推荐应用于管理 35 岁以下的职员？

10. 本章提及了一些人对领导者关注细枝末节的评论。是什么原因使他们做出那样的评论？

领导力案例 A

弗兰克不会接受“我们不行”这个回答

弗兰克（Frank）是一家小公司的业务发展部经理，该公司为联邦、州和地方政府提供业务流程的优化方案。公司的组织结构包括四名项目经理，每人负责两个项目和招商工作。直到去年为止，公司还能拿到足够的合同来实现盈利。今年一些大型政府合同到期了，而且没有续期。结果公司可能损失大笔资金，也许会裁员 1/3。

弗兰克对此非常担忧，他和四名项目经理召开了一个会议，讨论如何实现更多的销售量。会议开始后几分钟，弗兰克对他的四个下属说：“没有时间再找借口了，我们需要价值至少 100 万美元的合同维持公司。我已经整整一年没有从你们那里听到任何关于新合同的消息了。现在我们迫切需要新的生意。”

项目经理詹妮弗（Jennifer）这样回复：“弗兰克，我和其他经理都了解了你的想法。但是政府现在削减了开支，政府没有预算了，不可能从政府机关那里得到新合同。”

另一个项目经理奥利佛（Oliver）回复：“弗兰克，我同意你的意见。政府机关已经没有资金了，不可能再从它们那里取得合同了。你和我们一样清楚，除了国防建设以外，所有政府机关分配到的政府资金都下降了。你得制定一个新的方针来取得新合同。你那儿有没有私人企业的合同？我们也许可以跟进一下。”

弗兰克失望地摇了摇头，然后说：“我听够了你们的借口。我知道你们在努力，但是你们需要更加努力才行。我不在乎你们中谁能做到，但是我在六个月之内需要一份新合同让我签署。

“我会竭尽所能去找新的商家，但我不是替你们做工作的。如果有任何进展的话回来告诉我。”

[问题]

1. 根据以上事实，你如何描述弗兰克的领导风格？

2. 弗兰克展示了哪些领导行为和态度？

3. 弗兰克可能会采取哪些其他方法让项目经理们开发新业务？

角色扮演

一名学生扮演弗兰克，想用有效的领导方法鼓励项目经理带来新的客户。对于领导者来说，他知道这是个困难的任务。四名其他学生扮演项目经理的角色，对弗兰克的领导动机做出反应。其他班级成员针对弗兰克的领导方法提供反馈。

领导力案例 B

马戈的管理方式太粗放了吗?

马戈（Margo）是一家金融服务公司市政债券部的主管。手下有四名经理，每人负责一块业务，分别是零售销售、集团销售、客户服务和内部管理。

公司副董事长兼分部主管劳拉·戈登（Laura Gordon）听说该团队领导无方，她决定调查一下。劳拉为此组织了一场晚餐会。在会上，她向马戈询问了一些团队领导方法的事情。马戈是这么回答的：

“我手下的四名经理都是负责任的人。我奉行例外管理。除非我知道工作出现了问题，否则我不会随便干预经理们的工作。别忘了，作为市政债券小组的主管，我得和那些主要客户见面，同时还要和你还有其他高级执行官开会。

“我每个星期都会组织一次会议进行公司要求的年度绩效评估。”

劳拉感谢马戈能参加这次晚餐会，并告诉她这次会议仅仅是为了交换意见。在征得马戈的同意后，劳拉决定拜访市政债券部门，与四名经理进行非正式交流。

当问到关于马戈的领导时，第一名经理说，他给马戈取了个外号，叫“宏观者”，因为马戈实行的是粗放式管理，几乎不和团队联系。她有的时候甚至完全不关心工作的进展。这名经理说：“我最近问马戈有没有联系人能帮我联系一家医院的养老基金经理。马戈回复我，说我的工作就是得自己发展关系网络。”

第二名经理说她很喜欢和马戈一起工作，因为他是个不怎么过问工作的好人。“我不需要上司提醒我实现我的目标或者按时完成工作。我需要的仅仅是一点点鼓励的微笑。”

第三名经理说：“我认为马戈在几年之后会成为一个对我来说很伟大的管理者。但是现在我不这么认为。马戈是个很有天赋的人，我能从她那里学到很多。然而她参与客户和高层管理的次数多于管理我们的次数。我是这个领域的新人，所以我更期望指导型的管理者。”

第四名经理说：“我记得和马戈开了几次会，但我不太记得她。你说她是我的上司？我不在乎我的评论，因为我下个月就去另一家同业公司工作了。”

［问题］

1. 在金融服务公司，马戈是否在她的管辖范围内选择了正确的领导风格？

2. 你能对马戈提出哪些建议使她成为更加有效的领导者？

3. 如果你是劳拉，你会提出哪些建议，帮助马戈成为一个更加有效的领导者？

4. 解释你是否认为劳拉通过询问马戈的下属，了解到了马戈的领导风格。

角色扮演

让一名学生扮演马戈，与一位遇到工作难题的经理进行一次面对面的交谈。让另一位学生扮演这个经理。这个经理现在要销售一款较新的金融产品——指数年金。他遇到了困难。这种年金会返还给购买者与选中的股市指数相一致的股息。但是，这种类型的投资受到诟病，人们很难弄懂其中的原理，而且还可能存在可疑的伦理问题。结果销售代表在销售这个产品的时候遇到了不小的困难。马戈摆出了她一贯的粗放式管理态度，这个经理显得很沮丧。班级成员需要观察以下要点并提供反馈：(a) 马戈的粗放式管理有什么特点？(b) 这个经理就遇到的问题，是如何向马戈汇报的？

领导力技能开发练习 8-6

我的领导力文件夹

为了进一步丰富你的领导力文件夹，请说出四种本周学到的任务导向的领导行为或关系导向的领导行为。你的清单可以包含任意两组行为的组合。同时，简要记下你练习这些行为得到的结果。下面是一个例子：

“周四晚上，我应用了制定方针并且起到了作用。在营销课上，我们有小组作业，每个小组有 5 个人。我们的任务是分析职员的自助服务在超市和家居装饰商店起到的作用。小组的工作起先遇到了障碍，因为网上搜索的结果大都是家得宝（Home Depot）等类似公司的广告。我建议我们每人去一家超市或家居用品商店，直接观察使用自动收银机的顾客。我还提议我们可以询问工作人员一些关于监督自助服务的问题。同学很喜欢我的想法，课题获得了很大的成功。我们补充了一些关于直接在该领域研究的书面文章。我给小组指明了正确的方向。”

领导力技能开发练习 8-7

创业型领导风格

以小组为单位，写一篇关于创业型领导者的文章。首先，就你们准备写哪个创业者达成一致，杂志、报纸或者网上有大量关于这方面的信息。准备约 400 字的文章描写这个创业者的特质和行为。回顾本章中创业型领导的部分，收集各类想法。譬如“极高的热情和创造力”。同时，看看你们是否能描写一些没有在文中出现的特质和行为。记住，创业者是基于创新思想发现并发展了一个产业的人，例如脸书公司的扎克伯格。

注 释

[1] Excerpted from “From Soup to Negligee: Success According to Victoria’s Secret’s Lori Greeley and Campbell Soup’s Denise Morrison,” *Knowledge@Wharton* (http://knowledge.wharton.upenn.edu), March 02, 2011, pp. 1–5.

[2] Ralph M. Stogdill and Alvin E. Coons, eds., *Leader Behavior: Its Description and Measurement* (Columbus, OH.: The Ohio State University Bureau of Business Research, 1957); Carroll L. Shartle, *Executive Performance and Leadership* (Upper Saddle River, N.J.: Prentice Hall, 1956).

[3] Margaret Littman, “Best Bosses Tell All,” *Working Woman*, October 2000, p. 50; Jeff Bailey, “Reinventing Applebee’s,” *Forbes.com*, December 2, 2009, pp. 1–3.

[4] Cecilie Robwedder, “Marks & Spencer Plucks New CEO from Rival,” *The Wall Street Journal*, November 19, 2009, p. B12.

[5] “The World’s Most Powerful Women,” *Forbes*, September 7, 2009, pp. 84–88.

[6] Timothy A. Judge, Ronald F. Piccolo, and Remus Ilies, “The Forgotten Ones? The Validity of Consideration and Initiating Structure in Leadership Research,” *Journal of Applied Psychology*, February 2004, pp. 36–51.

[7] Larry Bossidy, “What Your Leader Expects of You, and What You Should Expect in Return,” *Harvard Business Review*, April 2007, p. 64.

[8] Geoffrey Colvin, “What Makes GE Great?” *Fortune*, March 6, 2006, p. 96.

[9] Sharon Terlep and Joann S. Lublin, “New GM CEO: Brash, Blunt, and Demanding,” *The Wall Street Journal*, August 16, 2010, p. B2.

[10] Marcus Buckingham, “What Great Managers Do,” *Harvard Business Review*, March 2005, pp. 70–79.

[11] Desa Philadelphia, “Q&A: Larry Bossidy on Execution.” *Time Global Business*, July 2002, p. B5.

[12] Brian O’Keefe, “Meet the CEO of the Biggest Company on Earth,” *Fortune*, September 27, 2010, pp. 83, 84.

[13] Henry Mintzberg, *Managing* (San Francisco: Berrett-Koehler, 2009), p. 88.

[14] Joann S. Lublin, “Top Brass Try Life in the Trenches,” *The Wall Street Journal*, June 25, 2007, p. B1.

[15] Quoted in David Kiley, “The New Heat on Ford,” *BusinessWeek*, June 4, 2007, p. 035.

[16] Mitch Betts, “Hot Job: Corporate Anthropologist to Boost Collaboration,” *Computerworld*, October 25, 2010 (www.computerworld.com).

[17] “A CEO on the Go: Randy Komisar on the Art of Snap Leadership,” *Executive Strategies*, July 2000, p. 3.

[18] John P. Kotter, “What Leaders Really Do,” *Harvard Business Review*, May–June 1990, pp. 105–106.

[19] Nancy Dahlberg, “Hair Cuttery Founder: ‘Just a Regular Guy’ with a Big Vision,” *The Miami Herald* (www.miamiherald.com), February 23, 2001, pp. 1–3.

[20] James R. Detert and Ethan R. Burris,

"Leadership Behavior and Employee Voice: Is the Door Really Open?" *Academy of Management Journal*, August 2007, p. 871.

[21] David Kirkpatrick, "Inside Sam's $100 Billion Growth Machine," *Fortune*, June 14, 2004, p. 88.

[22] Geoffrey Colvin, "How One CEO Learned to Fly," *Fortune*, October 30, 2006, p. 98.

[23] "Carrot and Stick Failing? Try Encouragement," *Executive Leadership*, July 2007, p. 4.

[24] Cited in Adam Bryant, "Want the Job? Tell Him the Meaning of Life," *The New York Times* (www.nytimes.com), June 18, 2010, p. 3.

[25] "Covey Proposes Principle-Based Leadership," *Management Review*, September 1995, p. 21.

[26] Bill George, *Authentic Leadership* (San Francisco: Jossey-Bass, 2003).

[27] Erin White, "'Authentic' Ways of Leading," *The Wall Street Journal*, December 3, 2007, p. B3.

[28] Stacy Perlman, "The Secret Sauce at In-N-Out Burger," (Book Excerpt), *Businessweek*, April 20, 2009, pp. 068–069.

[29] Robert K. Greenleaf, *The Power of Servant Leadership* (San Francisco: Berrett-Koehler, 1998).

[30] Based on Robert K. Greenleaf, *Servant Leadership: A Journey into the Nature of Legitimate Power and Greatness* (Mahwah, N.J.: Paulist Press, 1997); Robert C. Liden, Sandy J. Wayne, Hao Zhao, and David Henderson, "Servant Leadership: Development of a Multidimensional Measure and Multi-Level Assessment," *The Leadership Quarterly*, April 2008, pp. 161–177.

[31] "Be a Leader, Not a Pal," *Manager's Edge*, March 2007, p. 3.

[32] "The Essence of Servant Leadership," *Manager's Edge*, January 2004, p. 3.

[33] Liden et al., "Servant Leadership: Development of a Multidimensional Measure," p. 172.

[34] Fred O. Walumbwa, Chad A. Hartnell, and Adegoke Oke, "Servant Leadership, Procedural Justice Climate, Service Climate, Employee Attitudes, and Organizational Citizenship Behavior," *Journal of Applied Psychology*, May 2010, pp. 517–529.

[35] D. Scott DeRue, Jennifer D. Nahrgang, Ned Wellman, and Stephen E. Humphrey, "Trait and Behavioral Theories of Leadership: An Integration and Meta-Analytic Test of Their Relative Validity," *Personnel Psychology*, Number 1, 2011, pp. 7–52.

[36] Bruce Pfau and Ira Kay, "Does 360-Degree Feedback Negatively Affect Company Performance?" *HR Magazine*, June 2002, pp. 58–59; Richard Lepsinger and Anntoinette D. Lucia, *The Art and Science of 360 Degree Feedback*, 2nd ed. (San Francisco: Pfeiffer, 2009).

[37] Craig L. Pearse, "The Future of Leadership: Combining Vertical and Shared Leadership to Transform Knowledge Work," *Academy of Management Executive*, February 2004, pp. 47–57.

[38] "Ricardo Semler's Huge Leap of Faith," *Executive Leadership*, April 2006, p. 6.

[39] Anders Skogstad et al., "The Destructiveness of Laissez-faire Leadership Behavior," *Journal of Occupational Health Psychology*, no. 1, 2007, pp. 80–92.

[40] Cited in Martin Peers, "Google Turns the Page on Schmidt," *The Wall Street Journal*, January 21, 2011, p. C10.

[41] "GM Boss-to-Be Has Hard-Nosed Reputation," *Detroit Free Press*, August 14, 2010.

[42] Robert R. Blake and Anne Adams McCanse, *Leadership Dilemmas—Grid Solutions* (Houston, TX: Gulf Publishing, 1991); http://www.gridinternational .com/gridtheory.html, 2007.

[43] "Sallie Krawcheck: Bring on the Indies," *Investment News* (www.investmentnews.com) March 4, 2011, pp. 1–7; Dan Fitzpatrick, "B of A Sees Sharp Cut in Merrill Exits," *The Wall Street Journal*, January 15, 2010, p. C3.

[44] J. Robert Baum and Edwin A. Locke, "The Relationship of Entrepreneurial Traits, Skill, and Motivation to Subsequent Venture Growth," *Journal of Applied Psychology*, August 2004, pp. 587–598; Gayle Sato Stodder, "Goodbye Mom and Pop: The Neighborhood's Not Big Enough for Today's Entrepreneur. Only the World Will Do," *Entrepreneur*, May 1999, pp. 145–151.

[45] Melissa S. Cardon, Joakim Wincent, Jagdip Singh, and Mateja Dronovsek, "The Nature and Experience of Entrepreneurial Passion," *Academy of Management Review*, July 2009, pp. 511–532. The Roddick quote is also from this source, p. 511.

[46] Quoted in "The World's 50 Most Innovative Companies," *Fast Company*, March 2010, p. 67.

[47] Judy Rosener, "Ways Women Lead," *Harvard Business Review*, November–December 1990, pp. 119–125.

[48] Debra Phillips, "The Gender Gap," *Entrepreneur*, May 1995, pp. 110, 111.

[49] Research reported in Michael Schrage, "Why Can't a Woman Be More Like a Man?" *Fortune*, August 16, 1999, p. 184.

[50] Much of the research on this topic is summarized in Mary Crawford, *Talking Difference: On Gender and Language* (London: Sage, 1995).

[51] Jan Grant, "Women Managers: What Can They Offer Organizations?" *Organizational Dynamics*, Winter 1988, pp. 56–63.

[52] Quoted in Del Jones, "Female CEOs Taking Charge Firmly," *USA Today*, December 31, 2009.

[53] Alice H. Eagly and Linda L. Carli, "Women and the Labyrinth of Leadership," *Harvard Business*

Review, September 2007, p. 66.
[54] Daniel Goleman, "Leadership That Gets Results," *Harvard Business Review*, March–April 2000, pp. 78–90.
[55] Felix Brodbeck, Michael Frese, and Mansour Havidan, "Leadership Made in Germany: Low on Compassion, High on Performance," *Academy of Management Executive*, February 2002, pp. 16–30.
[56] David J. Henderson, Robert C. Liden, Brian C. Glibkowski, and Anjali Chaudhry, "LMX Differentiation: A Multilevel Review and Examination of its Antecedents and Outcomes," *Leadership Quarterly*, August 2009, pp. 517–534.
[57] Ralph M. Stogdill, "Historical Trends in Leadership Theory and Research," *Journal of Contemporary Business*, Autumn 1974, p. 7.
[58] "Directive Management or Not?" *Working SMART*, December 1992, p. 3.

第9章 领导力：场景和应对

学习目标

学习完本章并完成各项练习后，你应该能够：

- 描述情境如何影响领导目标的选择
- 概述领导效能的权变理论
- 解释领导效能的路径-目标理论
- 解释情境领导Ⅱ（SLⅡ）
- 在特定情境中，使用常规决策模型选择最合适的决策风格
- 解释危机情境中领导的基础是什么
- 解释询证领导如何丰富权变理论和情境领导

鲍勃（Bobb）是底特律公立学校的危机财务经理。上任两年后，他仍然纠结于如何化解危机这个议题。相比于他刚上任时，整个地区似乎陷入了更深的危机。鲍勃希望严格削减赤字的方案能够解决问题。他相信他制定的预算削减计划能够使学校不陷入高达5亿美元的赤字中。

2010年，鲍勃的任期进入第二年，密歇根州州长詹妮弗·格兰霍姆（Jennifer Gronholm）认为他有勇有谋。詹妮弗·格兰霍姆说鲍勃的零容忍计划正是底特律公立学校所需要的。“在和州长詹妮弗·格兰霍姆讨论后，我很高兴地说，我加入底特律了，”鲍勃说道，“这时我想起了奶奶以前常说的话：一旦开始，就要善始善终。”

鲍勃说，解决财务问题只是他所做大量工作中的一部分。“随着时间一天天过去，我们更加明白所面对的不仅是财务危机，更是学术危机。我们还面对阅读危机。事实越来越清楚明了，就像早前对财政赤字的陈述，我们对于很多危机都有了新的见解，而这些危机必须在工作完成之前解决。

我们面对成年人和孩子共同的参与危机，在某些情况下还面临抚养危机。我们仍在探索以解决长期以来导致安全危机的问题。”[1]

这个关于受危机困扰的学校危机财务经理的故事提出了一个日益重要的领导任务：如何领导人们渡过危机。这种领导力在本章节的主题中是一个特殊的案例——

根据情境调整领导方式。权变理论和情境领导为在危机下应采取哪种领导方式添加了更多具体指导，延伸了对领导风格的研究探索。

本章中，我们先概述了领导力的情境视角。接着，我们总结了四个经典的领导权变理论：费德勒权变理论，路径-目标理论，情境领导模型和常规决策模型。我们也解释了一个更加现代的理论——领导者-成员关系交换理论，是如何为更好地理解权变理论做出贡献的。另外，我们描述了危机领导，因为领导人们渡过危机已经成为近几年频繁出现的挑战。最后，我们描述了询证领导和管理是如何为权变理论做出贡献的。

9.1 情境因素对有效领导行为的影响

情境能影响一个领导者刻意塑造的领导行为和风格。**领导力权变方法**（contingency approach to leadership）的核心在于，当领导者根据情境外力（包括下属的角色特点）调整自己的行为时，他们的领导是最有效的。内部和外部环境都对领导效能有着巨大的影响。例如，劳动力质量和竞争环境能够影响领导者强调的行为。一位经理在监管有能力的员工时很可能会应用一致性领导方式，而在面对激烈的竞争环境时，管理者可能会联合下属探索实践新愿景、新目标。

在应用情境领导时一个很实用的视角就是，管理者一定要足够灵活，以避免重蹈覆辙而倾向于旧观点，这些旧观点不再适合当前的环境。[2]在特定的情况下，固执地坚持旧观点会导致领导无效。有效的领导者适应变化的环境。例如，在某些时候为员工提供丰厚的福利可能并不会起到很好的激励作用。事实上，很多雇主都在削减福利待遇例如健康保险，虽然这些福利在吸引和留住员工方面很有帮助。

本书多次提到，选择最有效的领导方式时，领导者需要考虑组织文化中的主要情境变量来达到理想效果。在一个倡导合作、情感友好的组织文化里，命令支配型的领导风格很可能会无效。如果一位高层领导者想要实现的目标与组织文化冲突，领导者很有可能试图改变这种文化。

弗鲁姆（Victor H. Vroom）等已经就情境在领导力中的作用得出了三点结论，这些结论支持第1章图1-2中展示的领导力模型。这些结论有力支持了领导力包含激励他人、团结一致、为实现共同目标而努力奋斗这一观点。[3]

1. 组织有效性受领导者所不能控制的情境因素的影响。领导者可能有能力影响时局，然而一些情境因素是领导者所无法控制的。很有前景的、独立的咖啡店店主十年来成功带领员工把事业搞得有声有色。然而突然之间，街对面新开了一家星巴克，这严重影响了她经营事业获得成功的能力。她可能很聪慧地准备了应急方案，提供星巴克无法与之相比的服务，然而经营这份事业仍然困难重重。

2. 情境塑造领导者的行为。权变理论学家相信，情境因素的力量是领导者自身性格塑造行为力量的三倍。因此，外界环境因素对领导行为的影响是潜移默化的。面对星巴克的竞争，上述咖啡店店主很可能现在表现得更有危机意识，给员工更加明确的指示，变得没有从前那样热情和友好。她在一般情况下的热情度也可能会随之降低。

3. 情境影响领导行为的后果。关于管理和领导的畅销书往往假设特定的几种领导行为在每种情境下都适用。然而，情境理论学家强烈反对这种观点。相反的是，一种特定的领导行为可能会在不同的情境下产生不同的结果。授权这种领导行为就阐述了这种观点。可能授权对于咖啡店店主很适用，因为她有一群勤奋的员工想保住自己的工作，也希望老板的咖啡馆生意长久。然而，对不称职、职业道德较差的员工授权很有可能适得其反，因为这样的员工很可能不愿承担更多的责任。

明茨伯格的研究表明，组织结构是一个关键的情境变量，影响着哪一种领导方式更加有效。比如在创业型组织中，关键领导者投入大量的精力研究公司的发展前景；在生产型组织或者说传统官僚结构的组织中，领导者往往要花精力做管理控制工作。[4]

在这一章中，可能在领导力中出现的情境因素都将会提到，这些因素在领导他人时应予以注意。对领导者来说，注意这些因素的一个好方法就是对于环境中发生的每件事都要留心。如果留心，你会对周围发生的事情都很敏感。压力研究者卡巴金（Jon Kobat-Zinn）认为：人们应该学会以一种没有偏见的方式，留心领导情境中发生的一切。[5]

9.2 费德勒领导效能的权变理论

费德勒（Fred E. Fiedler）在40多年前就提出了基于广泛调研和研究的权变理论模型，它阐述了最好的领导风格是由领导者工作所处的情境决定的。[6]在这里我们考察领导风格和情境是如何衡量的，解释理论的总体发现，并且提出领导者如何营造对他们更有利的环境。

9.2.1 衡量领导风格：最难共事者量表

费德勒的理论将管理者的领导风格分成关系驱动型和任务驱动型。因而，领导风格基于领导者是关系导向还是任务导向划分。根据费德勒的观点，领导风格是行为中相对持久的一方面，因而不容易改变。领导者通常被视为具有稳定的任务导向或关系导向程度。费德勒解释道，一旦领导者明白了自己特定的领导风格，就应该在与之相匹配的情境下工作。同样，组织也应该帮助领导者将领导风格与领导情境相匹配。

最难共事者量表衡量的是对与最不喜欢的同事一起工作的喜好程度。用相对积极的词汇形容最难共事者的领导者倾向于关系导向型。相反，如果领导者用消极的方式描述最难共事者，那么他倾向于任务导向型。最难共事者的评定打分基于18组形容词，例如：

愉快	8	7	6	5	4	3	2	1	不愉快
紧张	1	2	3	4	5	6	7	8	放松

在领导力自我评估测试8-1展示的领导力自我测评中，衡量领导风格是用一种更加直接具体的方法。最难共事者方法的基本观点是，如果对于难以共事的人有一种积极热情的态度，那么你很有可能是关系导向型。相反，如果对难以共事的人采取冷漠的态度，那么你很有可能是任务导向型。这里传达的信息是，关系导向型

领导者具有和性格各异的人共事的能力。

9.2.2　衡量领导情境的总体结论

费德勒权变理论将情境分为高度、中度和低度控制。领导者控制程度越高，情境就对领导者越有利。控制程度的分类由三个维度情境的程度评级决定：（1）领导者-成员关系衡量团队和领导者是否融洽；（2）任务结构衡量过程、目标和工作评估是否清晰明了；（3）职位权力衡量领导者的权限：雇用、解聘、培训和加薪。

对于情境适宜度，领导者-成员关系的作用和任务结构、职位权力的作用之和一样大。因此领导者在与下属关系良好的情境下控制程度最高。

9.2.3　总体研究成果

费德勒权变理论的重要观点在图 9-1 中进行了总结和简化。理论的原型更为复杂。领导效能取决于领导者与他们所处情境的匹配程度。因此一位领导者应该被安排在一个适合他、符合他领导风格的情境中。如果不能做到这一点，那么可以通过改变一个或多个情境变量来与领导者的领导风格相适应。

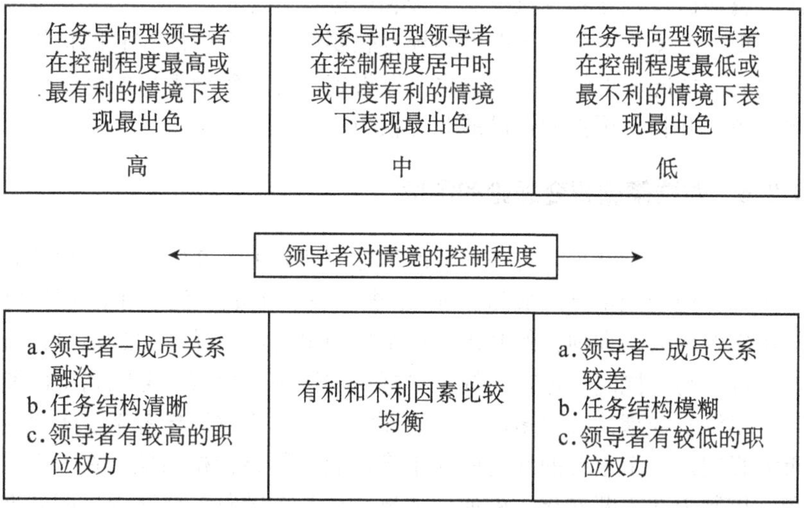

图 9-1　费德勒权变理论成果总结

这个理论指出，任务导向型领导者在高控制和低控制情境下表现最佳。关系导向型领导者在中度控制情境下表现最佳。很多研究表明，关系导向型领导者在 3/8 的情境中要比任务导向型领导者表现更突出，而在另外 5/8 的情境中恰恰相反。正如图 9-2 中所示，这八个情境是由三个情境变量分类到两种情况中产生的（例如，好或坏，高或低，强或弱）。

任务导向型领导者在有利于施加控制的情境下表现得更好，因为他们不需要关心任务本身。反之，他们可以致力于维护关系。在中度控制情境下，关系导向型领导者能够实现更高的团队生产力，因为他能够维护关系而不必过度管理。在控制程度很低的情境下，任务导向型领导者能够分析并带领大家走出困境，而关系导向型领导者更倾向于给予团队精神支持或者通过召开会议推进目标。

情境顺序	1	2	3	4	5	6	7	8
领导者-成员关系	好	好	好	好	差	差	差	差
任务结构	高	高	低	低	高	高	低	低
职位权力	强	弱	强	弱	强	弱	强	弱

图9-2 费德勒权变理论的八个不同情境

9.2.4 让情境因素对领导者更有利

权变理论的一个实际应用是领导者应该改变情境来与他们的领导风格相适应，从而提高有效管理的可能性。想象一群任务导向型领导者决定他们需要施加更多的控制来提高生产力。为了提高情境控制程度，他们可以采取以下措施：

- 改善领导者和成员之间的关系，主要方法有：给予团队成员个人福利，和他们一同用餐，倾听他们的顾虑，聊一些趣事，做一个贴心的领导者。
- 提高任务的结构化，采取与定规结构相关的行为：表达期望，明确期限，展现可接受的成果样本，提供书面指导。
- 向高层要求更加正式的权威，施加更多职位上的权力。比如，领导者可能会让下属知道：领导者有权决定奖金和职位晋升与否。

现在想象一个关系导向型领导者想要创造一个中度控制的情境，这样在满足团队利益的情况下他的个人利益也可以得到满足。领导者可能会给团队分配低结构化的任务，并且不再强调自己的职位权力。

9.2.5 对费德勒权变理论的评价

费德勒的主要贡献之一是他的理论促使其他人在领导力的权变特性上进行了更多研究。他的理论已经成为工业/组织心理学中最广泛引用的理论之一，一度被广泛用作领导力培训项目的基础。这个模型也警示领导者通过估量情境来施加控制的重要性。与此同时，他首先提出更好地理解领导力需要考虑到特性和情境。[7]

尽管权变理论有很多优点，然而它对于大多数领导者来说太过复杂，难以产生重大影响。一个主要的问题就在于将情境与领导者相匹配。在大多数情境中，领导者的控制力在不断变化。例如，如果一个关系导向型领导者试图营造更有利的可以施加控制的情境，仍然会怀疑：他能否改善一个不那么有利的环境，或者尝试让情境变得比较有利？

9.3 领导效能的路径-目标理论

领导效能的**路径-目标理论**（path-goal theory）由罗伯特·豪斯（Robert House）提出，解释了领导者在特定情境中如何才能提高生产力和提升员工士气。总体来说，领导者试图为一个团队成员说明达到目标的途径从而使团队成员在实现个人价值上接受正确的指引。与此同时，成员的工作满意度和工作绩效也会得到提升。[8]正如期望理论一样，路径-目标理论也是源出多门，有好几个版本。图9-3总结了路径-目标理论最重要的特性。

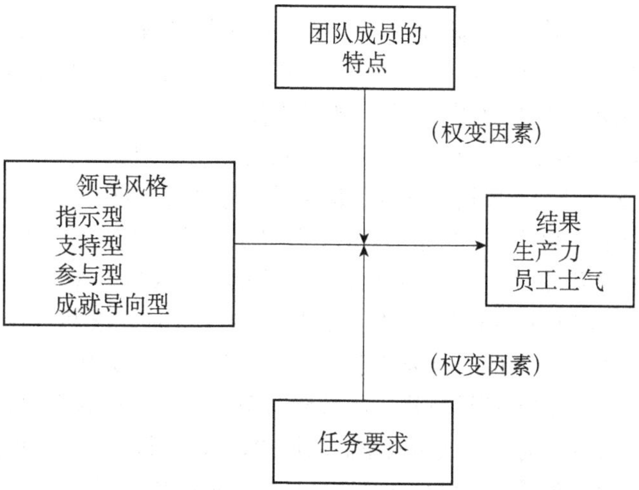

图 9-3 领导路径-目标理论

说明：为了实现提高生产力及提升员工士气的输出结果，管理者可以从四种领导风格中选择一种，选择时要注意两个因素：一是情境特点变量，即团队成员的特点；二是任务要求。

这个理论十分复杂，在研究更多细节之前了解一下总体概览有助于更好地理解它。路径-目标理论的主要观点是，管理者在选择领导风格时应该考虑团队成员的特点和任务要求。更进一步，在任务结构化较低的情境中，采用定规结构更加有效，但是在任务结构化较高的情境中，定规结构则可能失效。背后的逻辑是，在第一种情况下，下属欢迎定规结构，因为定规结构能够厘清他们原本不清晰的任务结构。领导者不仅要提供监督管理，更要提供指导。在高度结构化的任务情境中，更多的定规结构是没有必要的，因为过度的监管与高度结构化相冲突。[9]

在豪斯的路径-目标理论的更新版本中，他提出了一个元命题，对大量与此相关的研究和理论进行了一次总结。理解这个元命题有助于更好地理解这个理论：要想成为有效的领导者，人们应当致力于更多地支持下属的环境行为。领导者应当弥补不足、提高下属满意度以及团队绩效。[10]例如，如果我们的咖啡店店主发现其中一位员工害怕星巴克的竞争会使他失业，她应该鼓励员工并告知咖啡店未来发展规划的细节。

路径-目标理论的两个关键方面需要讨论：一是将领导风格与特定情境匹配；二是领导者为提高工作绩效和员工满意度所采取的措施。

9.3.1 将领导风格与特定情境匹配

路径-目标理论强调领导者应该在四种领导风格中选择以在特定的情境中得到最优结果。两个重要的权变因素是下属的类型和他们所要完成的任务（一个关键的环境因素）。下属的类型取决于他们认为能够控制环境的程度和能够完成指定任务的程度。

环境权变因素是指在员工控制能力范围之外但影响满意度和任务完成进度的因素。环境中的权变因素主要有三类：（1）团队成员任务；（2）组织中的权力系统；

（3）工作小组。

为了应用路径-目标理论，领导者必须首先衡量环境中的相关变量。接着，他将从以下四种领导风格中选择一种最能与权变因素相适应的风格。

1. 指示型领导风格：指示型领导者（与任务导向型相似）强调正式的活动，例如计划、组织和控制。当任务不清晰时，指示型领导风格能够提高士气。

2. 支持型领导风格：支持型领导者（与关系导向型相似）关心团队成员的福利，营造精神上的激励。支持型领导者在团队成员执行不满意、压力大和令人沮丧的任务时，能够提升员工士气。对自己信心不足的团队成员更喜欢支持型领导风格。

3. 参与型领导风格：参与型领导者在决策时征求并且认真考虑团队成员的意见。支持型领导者最适合为从事不重复工作、充满动力的团队成员提升士气。

4. 成就导向型领导风格：成就导向型领导者往往树立很有挑战性的目标，推动工作的进展并且对团队成员有很高的期望，这些团队成员也期望承担更多的责任。这样的领导风格最适合成就导向型团队成员和那些从事不确定并且不重复工作的成员。

领导者有时可以成功将多种风格相结合，尽管这种可能性没有在路径-目标理论中提出来。例如在危机中（比如产品召回时），市场部经理需要指示型领导风格来帮助团队快速行动。在主要应急措施实施之后，领导者意识到员工压力很大，很有可能转变为支持型领导风格。

9.3.2 领导者为提高工作业绩和员工满意度所采取的措施

为了实现领导风格与具体情境的最佳匹配，路径-目标理论为领导者提出了建议。这些建议大多与动机和满意度有关，包括以下几点：

1. 识别并且激活领导者可以控制的团队成员的需求。

2. 为了实现工作目标，增加团队成员的薪酬。领导者可以对高绩效员工给予特殊嘉奖。

3. 通过教练技术和方向指导，为员工获取个人奖励提供更加便利的途径。例如，管理者可以帮助团队成员入选更高级别的项目。

4. 帮助团队成员更加明确他们的期望：努力工作，取得高绩效，进而获得奖励。领导者可以说："之前我们已经通过培训知道了如何实施 ISO 9000（质量标准）程序。现在，能成功实施这些标准的员工将会得到加薪。"

5. 减少实现目标过程中令人沮丧的障碍。例如，领导者可以雇用一位临时工来帮助团队成员整理文书和邮件。

6. 如果团队员工表现突出的话，实施能够提高个人满意度的方法。这很重要，因为它反映了领导者的权变行为。

7. 注意不要对员工可以做好的事情给予过多指导。

8. 为了达到高绩效和高满意度，领导者必须在任务不清晰的时候明确定规结构，依据情况给予奖励。为了达到这些目标，领导者必须向团队成员阐明实现组织目标的强烈意愿。[11]

作为一名领导者，你可以通过应用这八种提高绩效的方式从路径-目标理论中获益。尽管近年来对路径-目标理论的研究兴趣逐渐消失，这个理论的基本原则仍十分准确。任何综合性的领导理论都会包括这样的观点：领导者的行为对团队成员的动机和满意度有着深远的影响。[12]路径-目标理论有着潜在的诸多贡献，但是它存在太多的细微偏差，可操作性较为复杂，所以并没有吸引管理者的兴趣。

9.4　情境领导Ⅱ（SLⅡ）

之前描述的两种领导权变方法综合考虑了任务结构、领导者的权力和下属的特质。权变领导的另一种解释把重点放在团队成员的特质上。**情境领导Ⅱ**（situational leadershipⅡ，SLⅡ）由布兰查德（Blanchard）和他的同事们提出，解释了在特定任务中如何将领导风格和团队成员的能力相匹配。[13]这里描述的SLⅡ理论模型是传统的布兰查德情境领导理论（SLT）的新版本。例如，你在能够熟练完成任务时比执行新任务时需要的指导更少。情境领导模型对一线领导者，例如主管和团队领导者来说尤为实用。

SLⅡ是为了促进管理者和团队成员之间为绩效提升和职业发展而增加谈话的频率和质量而设计的，从而提高竞争力，推动员工行动，降低优秀员工的离职率。领导者需要学会使用领导风格与情境需求相匹配或适应的技巧。

在进一步探究情境领导模型之前，先进行领导力自我评估测试9-1中的自我测试。它会提醒你在选择最有效的领导风格时注意将团队成员的特质作为关键权变因素，进而采取相应的特定行为。

领导力自我评估测试9-1

衡量你的情境视角

说明：请使用下列等级指出你对下列陈述的同意程度：DS＝非常不同意；D＝不同意；N＝中立；A＝同意；AS＝非常同意。

	DS	D	N	A	AS
1. 在你对员工有较高期望之前应当认真培训他们。					
2. 受教育程度高的员工不需要小的、每天的目标。					
3. 自信和高智商的员工需要较少的监督和指导。					
4. 焦虑的员工需要更多的安慰。					
5. 大多数员工的学习步调一致，因此管理者可以给每个员工相同分量的指导。					
6. 鼓舞士气的讲话对所有层级的员工都很有吸引力。					
7. 在危机中管理者需要提供明确的指示。					
8. 作为一名管理者，我会用最少的时间来监督最有能力的员工。					
9. 监督情商不成熟的员工最有效的方式是给予他们更多自由。					
10. 最好不要用太多精力去监督没有热情的员工。					
11. 有效的领导者向团队成员分配相同类型和数量的工作。					
12. 如果注意到一位团队成员表现出没有安全感、焦虑，我会给他特别的指导和引导。					
13. 许多有能力的员工相对来说不需要领导者监督。					
14. 一位员工的年龄经常影响到领导他的最佳方式。					
15. 一位员工的文化背景通常不会对领导他的方式产生影响。					

得分和解释：

1. DS=1，D=2，N=3，A=4，AS=5
2. DS=1，D=2，N=3，A=4，AS=5
3. DS=1，D=2，N=3，A=4，AS=5
4. DS=1，D=2，N=3，A=4，AS=5
5. DS=5，D=4，N=3，A=2，AS=1
6. DS=5，D=4，N=3，A=2，AS=1
7. DS=1，D=2，N=3，A=4，AS=5
8. DS=1，D=2，N=3，A=4，AS=5
9. DS=5，D=4，N=3，A=2，AS=1
10. DS=5，D=4，N=3，A=2，AS=1
11. DS=5，D=4，N=3，A=2，AS=1
12. DS=1，D=2，N=3，A=4，AS=5
13. DS=1，D=2，N=3，A=4，AS=5
14. DS=1，D=2，N=3，A=4，AS=5
15. DS=5，D=4，N=3，A=2，AS=1

46～75 分：你有（或将有）很强的领导者或管理者的情境视角。

31～45 分：你有（或将有）中等的领导者或管理者的情境视角。

15～30 分：你几乎没有（或将没有）领导者或管理者的情境视角。

技能开发：对于绝大多数领导和管理任务来说，塑造情境视角需要付出努力。如果分数比你想要的低，可以通过问自己这样的问题来塑造对于情境的观察力："作为一名领导者/管理者，在情境中最影响效能的关键因素是什么？"在情境中应当同时研究人和任务。

9.4.1 SLⅡ的基础

SLⅡ源自传统的情境模型。其主要前提是，有效领导的基础是在一个既定的任务中管理领导者和下属的关系。SLⅡ的主要概念在图 9-4 中作了描述。根据 SLⅡ模型，为了完成既定的任务，有效的领导者调整自己的行为与下属的岗位责任、能力素质匹配并发挥到极致。例如，团队成员 A 可能被指派去出租公司租期到年底的几间空闲办公场地，有可能她很擅长这项工作，也有可能她会认为这是一件苦差事，不如卖办公场所那么有技术性。下属的工作热情和能力素养的匹配共同决定了他的发展层级。

D1：热情的入门者：入门者可能拥有较低的技能、较高的热情。

D2：脚踏实地的学习者：员工已经习得一些技能，但是在经历一些挫折后情绪低落。在这个阶段，员工热情度较低。

D3：有能力但谨慎的执行者：他们持续提升技能，但是对任务的热情不时发生变化。

D4：自我信赖的成功者：他们具有最高级别的工作热情和能力素养。

有效领导取决于两种独立的行为：支持和指示。（在本章及第 8 章，我们已经

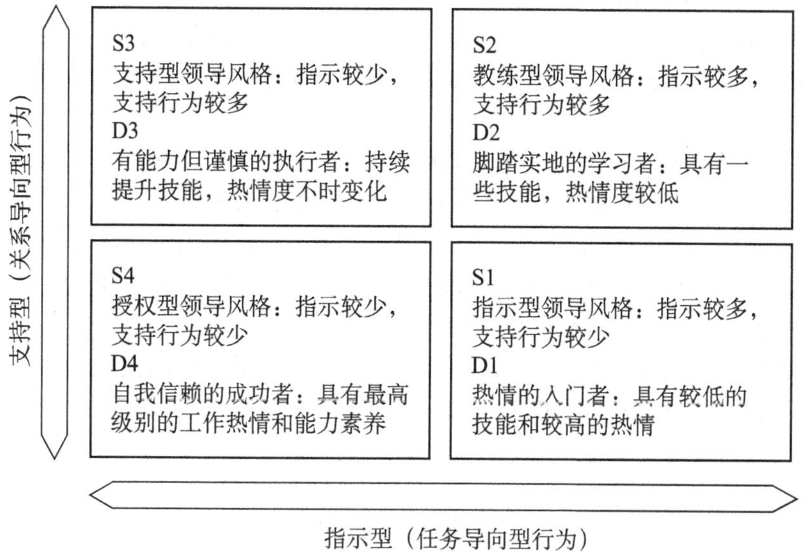

图 9－4 SLⅡ

学习了很多有关二分法的问题。）支持是指关系行为，例如领导者的倾听、嘉奖、交流和鼓励。指示是指与任务相关的行为，例如领导者给予引导和控制。

正如图 9－4 中所描述的，四项基本风格是：

S1 指示型领导风格：指示较多，支持行为较少。

S2 教练型领导风格：指示较多，支持行为较多。

S3 支持型领导风格：指示较少，支持行为较多。

S4 授权型领导风格：指示较少，支持行为较少。

为了在既定的任务中实现最优结果，领导者必须将个人领导风格与成员的发展阶段相匹配。图 9－4 中的每个象限就是领导风格和员工发展阶段的最佳匹配。

SLⅡ的关键点在于没有任何一种领导风格是最好的：一个有效的领导者在既定的任务中根据下属的发展阶段采取相应的领导风格。S1 至 S4 四种领导风格对应着 D1 至 D4 四种下属发展阶段。热情的入门者（D1）需要指示型领导风格（S1）；脚踏实地的学习者（D2）需要教练型领导风格（S2）；有能力但谨慎的执行者（D3）需要支持型领导风格（S3）；自我信赖的成就者（D4）需要授权型领导风格（S4）。

9.4.2 对 SLⅡ的评价

情境领导意味着领导行为与团队成员要保持一致：能力较强的员工与能力较弱的员工相比，需要更少的具体指导。这个模型也很有实用性，因为它建立在其他（非传统非抽象）强调任务行为和关系行为的领导理论基础之上。因此，它被证明在基础领导力培训中具有实际意义。至少 300 万管理者已经参与情境领导培训，包括这个模型的多个层级，因此我们可以认为情境领导对管理者和公司的重要性不言而喻。SLⅡ模型也符合常识，因此在直观上很有吸引力。在选择合适的领导风格之前，根据这个理论模型，先通过梳理、确定团队成员每个人所处的发展阶段，之后再作决定，你一定会受益匪浅。

使用SLⅡ模型的一个挑战是：领导者必须时时关注团队成员在既定时间内所承担的具体任务，然后选择与之相适应的正确的领导风格。由于任务变化很快，而且团队成员在一天内通常要执行多个任务，因此领导者可能要注意转换成合适的领导风格。

SLⅡ将分类和指导描述得如此精确，以至于给人们一种不会有错误的印象。然而在实际中，领导情境并不像四分法所描述的那样容易分类。而且，处理办法只会在某些时候有效。例如，很多主管对脚踏实地的学员使用了教练型领导风格却没有取得很好的结果。这里的主要问题是确实存在少数高任务导向、高关系导向相匹配，但没有取得理想成果的领导情境。

领导力技能开发练习9-1为你提供了应用SLⅡ模型的案例。这个练习同样适用于其他权变理论和情境模型。

领导力技能开发练习 9-1

应用SLⅡ模型

你现在扮演一位团队领导者，你的团队负责提升一个电器商城的消费者服务满意度。在执行这项任务时，你决定应用SLⅡ模型。今天，你将要和三位团队成员逐一谈话来评估他们在消费者服务提升方面所处的能力阶段。你想要评估这三位成员的能力及工作热情。（将会测评这三位团队成员的工作意愿。）在五分钟的简短面试后，你需要宣布针对每个人使用哪种领导风格。没有参与角色扮演的其他班级成员将就你评估团队成员工作意愿的过程给出反馈。

9.5 常规决策模型

另一个权变观点是，领导者必须选择一种能够在决策中积极吸引团队参与的领导风格。因为领导者与团队成员的许多互动行为都涉及决策问题，这种视角意义重大。这种**常规决策模型**（normative decision model）将领导视为一个决策过程，在此过程中，领导者检验情境中的特定因素来决定哪一种决策方式是最有效的。这里我们展示这个模型的最新版本，这个版本是基于对100 000个管理者的调查，在弗鲁姆和他的同事30多年的研究基础上演化而来的。[14]虽然模型是不断变化的，但是都包括将决策风格和情境因素相匹配的基础观点。

9.5.1 决策风格

常规决策模型（以前称为领导参与模型）定义了五种决策风格，每一种风格反映了团队成员不同的参与程度。

1. 决定。领导者自己做出决策后向团队宣布。领导者有可能利用自己的专业知识从团队或有解决这些问题能力的人那里收集信息。

2. 咨询（个人）。领导者将问题单独展示给团队成员，收集他们的建议，然后做出决策。

3. 咨询（团队）。领导者在会议上将问题展示给团队成员，收集他们的建议，然后做出决策。

4. 促进。领导者提出问题，并作为一名促进者加以推进。领导者定义需要解决的问题，明确决策边界。领导者想实现真正意义上的意见统一，避免因地位权力而使自己的观点占上风。

5. 授权。领导者允许团队在一定的授权范围之内做出决定。除了明确要求，领导者不会直接干预团队的工作，而会在幕后提供资源和激励。

9.5.2 权变因素和模型应用

领导者根据有助于选出最合适决策风格的七个变量或者权变因素来诊断所处的情境。根据这些变量，领导者或管理者在五种决策风格中做出选择。这个模型有两个变量：一个是时间的急迫性，另一个是提升团队成员决策能力的重要性。当团队成员能力提升成为优先任务时，领导者或管理者在决策中更加依赖团队成员，即使决策过程十分耗时。

图9-5描绘了选择决策风格的时间驱动模型。在矩阵的最上方，列出了情境因素或问题变量。下面具体解释这些因素，以将这个模型转变成为一个权变方法。决策风格的选择取决于这些因素，它们分别是：

决策重要性：决策对于项目或组织成功的重要性（重要性与决策质量有关）。

承诺重要性：团队成员的承诺对于决策的重要性（承诺与决策接受度有关）。

领导者专业技能：领导者的知识或专业技能与所要解决问题的关系。

承诺可能性：团队致力于做出决策的可能性与领导者独自做出决策的可能性。

团队支持：在所要解决的问题上，团队支持组织目标的程度。

团队专业技能：在所要解决的问题上，团队成员的知识或专业技能。

团队能力：团队成员共同协作解决问题的能力。

要想仔细思考并准确确定这七个权变因素是十分有挑战性的。领导者可能必须依靠直觉，并且不自以为是，例如相信自己具备某些专业知识但实际上并不具备。

为应用这个模型，想象你是一个医药公司的部门经理。你需要做出这样一个决策：是否要在全球外包护膝的生产。护膝产业正在蒸蒸日上，因为有众多的人在运动中扭伤或伤到膝部。然而竞争愈演愈烈，生产成本必须降低。这个团队的问题是："我们可以将护膝的生产外包给马来西亚的一家药品公司吗？"这家公司在生产其他医疗产品（例如拐杖和义肢）方面具有良好的声誉。决策步骤如下：

1. 从图9-5的问题陈述开始。矩阵最上方是七个权变因素，每一个在问题中可能存在（H代表高），也可能不存在（L代表低）。记住，在矩阵中不可越界。

2. 确信这个决策很有意义，或者对项目的成功有着很大影响，选择H。

3. 向右移动，回答第二个问题：关于承诺的重要性。像生产护膝这样复杂的活动，你一定会选择团队中的关键成员，所以选择H。

4. 再次向右移动，回答有关领导者专业技能的问题。你没有很多关于在全球外包医疗产品的相关经验，所以选择L。

	决策重要性	承诺重要性	领导者专业技能	承诺可能性	团队支持	团队专业技能	团队能力	
问题陈述	H	H	H	H	—	—	—	决定
				L	H	H	H	授权
							L	咨询（团队）
						L	—	
					L	—	—	
			L	H	H	H	H	促进
							L	咨询（个人）
						L	—	
					L	—	—	
				L	H	H	H	促进
							L	咨询（团队）
						L	—	
					L	—	—	
		L	H	—	—	—	—	决定
			L	—	H	H	H	促进
							L	咨询（个人）
						L	—	
					L	—	—	
	L	H	—	H	—	—	—	决定
				L	—	—	H	授权
							L	促进
		L	—	—	—	—	—	决定

图 9-5　选择决策风格的时间驱动模型

说明：矩阵图就像一个漏斗。心里想着要解决的问题，从最左边开始。每个列标题表示一个情境因素，它可能在问题中存在，也可能不存在。对每个情境因素，通过标明 H 或 L 仅对需要的情境因素做出判断，直到获得推荐的决策风格。

资料来源：Victor H. Vroom's Time-Driven Model，reproduced from *A Model of Leadership Style*. Copyright 1998. Reprinted by permission of the author.

5. 再次向右移动，不要越界，回答承诺可能性的问题。你发现团队不太可能对医疗产品外包的问题决策做出承诺，因此可能只能靠自己做出决策，所以选择 L。

6. 再次向右移动，不要越界，回答有关团队支持的问题。你认为团队支持通过将护膝生产外包降低成本的组织目标，所以选择 H。

7. 再次向右移动，不要越界，回答有关团队专业技能的问题。你认为团队能从护膝生产外包中获得专业技能，所以选择 H。

8. 再次向右移动到矩阵结束的地方，回答团队是否有能力一起工作的问题。你知道团队善于以小组的力量解决问题，所以选择 H。

9. 向右移动一点点，你会看到标有“促进”的方框。所以应使用第四种决策风格。你需要在是否将护膝生产外包给马来西亚的决策中扮演一位促进者的角色。

使用图 9-5 中的模型进行多次决策练习，你会发现它会变得越发容易。完成整个矩阵，你会得到五种推荐决策风格中的一种。有时一个最终的决定基于两个因素（例如 L，L），有时基于三个因素（例如 L，H，H），有时基于四个因素（例如 H，H，H，H）甚至七个因素（例如 H，H，L，L，H，H，H）。

不同的人对情境因素的不同判断会导致推荐不同的决策风格。领导者需要足够的准确信息来回答七个问题中的任意一个。领导力技能开发练习 9-2 展示了弗鲁姆创建的一个情境以给你提供另一个应用模型的机会。

常规决策模型为管理者和领导者提供了有价值的帮助，协助他们在决策情境中做出选择。据发现，包括这个模型以前的版本，遵循程序的管理者都很有可能提高决策的效能。并且，持续使用这个模型（包括以前的版本）进行决策的管理者更有可能被认为是有效的。[15]

领导力技能开发练习 9-2

应用时间驱动模型

这个练习可以由个人或团队完成。

银行监管人员刚刚离开，他声称你的不动产贷款业务将会被停止，这是雪上加霜。同这个地区的其他银行一样，你所在的银行面临着倒闭的可能。随着财务问题的出现，一些高管已经跳槽，但幸运的是，你找到了能够替代他们的三名有能力的年轻管理者。他们互相不认识，但每一位都是参加过总行培训项目，并在银行主要职位上轮训过的优秀人才。

你在行业中的丰富经验给出了一个必然结论——有两个方法去解决这个问题：一是除了最关键的成本，降低所有相关成本支出；二是向其他银行出售资产。这个决策必须尽快完成，因为贷款组合的质量恶化将会降低资产总量，从而导致银行被迫倒闭。

战略对你来说已经很清晰，但是很多细节仍待商榷。你认为你知道需要什么样的信息以让银行朝着繁荣的方向前进。你很幸运有三位年轻的高管帮助你。尽管他们没有共事的经验，但每一位都致力于挽救银行。像你一样，他们知道必须做什么和怎么做。

资料来源：Victor H. Vroom's Time-Driven Model, reproduced from *A Model of Leadership Style*. Copyright 1998. Reprinted by permission of the author.

9.6　领导者-成员交换理论和权变理论

权变方法的另一种视角由领导者-成员交换理论提出。领导者或者调整自己的风格适应团队成员，或者与团队成员保持不同质量的关系。数以百计的研究都在实证领导者-成员交换理论，领导力自我评估测试 9-2 就是许多调查问卷中的一个，用来衡量领导者和团队成员之间的关系质量。这里我们列出领导者-成员交换理论研究中关于领导权变理论的几个结论：

1. 领导者倾向于给自己团队成员比其他团队成员更优秀的绩效等级，尽管他们的绩效表现是一样的。这个发现反映了领导者对他喜欢的团队成员更加友善的观点。

2. 领导者并不是和每个团队成员都有完全不同的关系，他可能同样对待团队中的一些成员。例如，领导者可能对八人小组中的三个人表现出同样的关心和信任。[16]

3. 在更大的团队中，领导者-成员关系交换会有更多的差异。因此，较大团队的领导者更有可能对众多团队成员应用有差异的风格，例如对一些团队成员表现出更多的权威。

4. 管理者更有可能对具有高质量交换关系的下属扮演服务型领导者的角色。[17]因此，这些团队成员更有可能认为领导者站在他们一边。

5. 领导者更有可能向具有高质量交换关系（或良好关系）的下属授权，因为他们更信赖这些成员。研究显示，如果领导者试图与大部分成员建立高质量的交换关系，同时给他们授权，那么组织将会获得更好的结果。[18]

"领导者在行动"专栏描述了一位适应不同情境，包括帮助组织渡过危机的关键领导者。

领导力自我评估测试 9-2

领导者-成员交换关系质量

说明：根据你对现在或者以前主管的了解，指出你同意还是不同意以下陈述。同意的选择 T，不同意的选择 F。

	T	F
1. 我个人很喜欢主管。	□	□
2. 我尊重主管的知识和工作能力。	□	□
3. 如果犯了错误，主管会在组织中的其他人面前维护我。	□	□
4. 我很敬佩主管在工作方面的知识。	□	□
5. 主管是那种人们都喜欢与他成为朋友的人。	□	□
6. 和主管一起工作很有趣。	□	□
7. 我不介意为主管做最困难的工作。	□	□
8. 我很钦佩主管的专业技能。	□	□
9. 如果我被其他人"攻击"，主管会维护我。	□	□
10. 我愿意付出更多的努力，甚至超过正常要求来实现主管定下的目标。	□	□
11. 主管在上级面前维护我，尽管在有关任务中我没有完备的知识。	□	□
12. 我为主管所做的工作超出了工作职责。	□	□

得分和解释：以上陈述你同意的越多，就有越高的领导者-成员交换关系质量。同意九个或以上意味着你具有很高质量的领导者-成员交换关系。同意三个或三个以下意味着你具有较低质量的领导者-成员交换关系。同意四到八个陈述意味着你具有中等质量的领导者-成员交换关系。

资料来源：Robert Eisenberger et al.，"Leader-Member Exchange and Affective Organizational Commitment：The Contribution of Supervisor's Organizational Embodiment，" *Journal of Applied Psychology*，November 2010，p. 1091.

◆ 领导者在行动

穆拉利是福特汽车公司的CEO，由于重振福特公司甚至美国制造业往日荣耀的成就，他成为世界上最受人尊敬的商业领导者之一。穆拉利在两个不同的领域都扮演关键角色。作为20世纪90年代波音公司的总裁，他对公司进行了改革，包括向使用数码技术转变。他也帮助公司渡过了“9·11”恐怖袭击事件之后航空行业的巨大挫折。

穆拉利2006年被福特公司聘为CEO，以帮助公司扭转颓势。那时的福特公司濒临破产。穆拉利的第一记重拳是将福特公司的资产作为担保贷款230亿美元。这笔贷款的目的是给公司提供足够的现金支持，直到公司扭亏为盈。这笔巨额贷款使公司避免了破产和政府援助，商誉得到了提升，被福特商标吸引的消费者越来越多。几年后，穆拉利以较低的代价偿还了100亿美元的负债。2010年，福特公司重新回到平稳盈利的状态。

作为福特公司复兴计划的一部分，穆拉利不得不采取一些激进的手段。他辞退了公司近乎一半的员工；留在公司的员工也要降低薪酬和福利。这个“挽狂澜于既倒，扶大厦于将倾”的计划的另一关键部分是成立集生产、市场和研发于一体的福特全球总部。“一个福特”的标签更加稳固。与创造“一个福特”相关的还有出售那些不使用福特名字的豪华品牌——路虎、捷豹和沃尔沃。为了简化生产，福特不再生产Mercury系列车型。在增长方面，穆拉利主导保持福特Taurus系列车型的生产。

穆拉利解决问题的方法是分析大量数据，然后将数据简化并做出清晰的计划。他将整个福特公司的战略展示在一张半纸上，包括产品和运营计划。这个战略包含四个目标或者预期行为：（1）功能丰富，技术卓越；（2）拥有合作精神；（3）做福特价值观的典范；（4）注重结果。每个目标都得到了详细解释，例如，（1）下面的一个子目标就是“了解业务并保持对消费者的热情”。

穆拉利不允许会议上有任何分心的行为，例如私下谈话或者使用手机。提到会议时他说：“如果有人开始讲话或者他们没有做到彼此尊重，那么会议必须停止。”

尽管拥有良好的举止，他有时也会变得很有侵略性，尤其是为了刺激其他人思考的时候。在执行提振计划时，穆拉利一边看着福特公司的损益表，一边对他的团队说：“你们知道的，去年你们损失了140亿美元。现在一切进行得如何？”

[问题]

1. 穆拉利能够适应情境吗？依据是什么？
2. 穆拉利带领福特走出了哪些危机？
3. 作为领导者，穆拉利应用了哪些认知技能？

资料来源：The story about Alan Mulally is created from various facts in Alex Taylor Ⅲ, “2010's Top People in Business,” *Fortune*, December 6, 2010, p. 136; Keith Naughton, “The Happiest Man in Detroit,” *Bloomberg Business Week*, February 7-February 13, 2011, pp. 66-71; David Kiley, “Ford's Savior?” *Business Week*, March 16, 2009, pp. 030-034; Alex Taylor Ⅲ, “Fixing Up Ford,” *Fortune*, pp. 44-51; Steve Ballmer, “Alan Mulally,” *Time*, May 11, 2009, p. 74; Bill Saporito, “How to Make Cars and Make Money Too,” *Time*, August 8, 2010, pp. 36-39.

9.7 危机中的领导

组织面临的潜在危机包括：营业收入的急剧下降；濒临破产；办公场所的凶杀案；高管的丑闻或者犯罪行为；自然灾害，例如龙卷风、洪水或者地震；核辐射危机；爆炸或者其他恐怖袭击。带领员工帮助公司渡过危机可以视作权变领导，因为情境要求领导者强调某些特定的行为、态度和特性。**危机领导**（crisis leadership）是指这样一个领导过程：带领团队成员渡过突如其来、未经预测、非常消极、令人沮丧的危机。这里我们描述有关成功带领组织或组织单元渡过危机的八种领导特性和行为。

■ 果断决策

危机领导广为接受的原则就是领导者应当采取果断措施挽狂澜于既倒，扶大厦于将倾。危机越严重，领导者可咨询的时间就越少。危机应对计划制定好以后，应该让团队成员立即了然于胸，知道走出危机的具体措施。2001年9月11日，恐怖分子袭击了世界贸易中心，基础设施毁坏严重。一些领导者立即宣布，他们的公司将于第二天迅速迁至附近的备用地点。沟通应对计划可以帮助减少公司和员工即将面对的不确定性。在应对危机时，能够采取高度可预见性行动的领导者被称作有能力的、胜任的领导者。[19]

在危机中果断决策可避免优柔寡断或明哲保身。危机领导的第一步是稳定局势，赢得时间。[20]假设五名关键高管同时离开公司加入了竞争者，但目前只有一个空缺是可以填补的。为了解决这个危机，CEO可能会从猎头公司雇用四名管理者或专家。接下来是培养后备人才，以替补那些将来有可能离开的管理者。

假设组织对危机负有责任，果断应对危机还包括广泛沟通解决导致危机的问题的计划。2010年，强生的消费者健康护理中心召回了一系列非处方药，这对一家药品生产公司来说是可怕的灾难。强生高管威尔顿（William Weldon）向员工解释了所召回药品、进行调查以解决公司生产问题的计划。[21]宣布这些计划使员工透过当前的危机看到了公司未来的希望。

果断决策的另一要诀是消除对失败的恐惧，这些恐惧可以阻碍公司为渡过危机采取行动。《高度领导力》的作者华纳（Chris Warner）和斯米尼克（Don Schmincke）告诫领导者，恐惧是战略的终极杀手。“它阻止员工做出可行的决策，阻碍改革者改变现状，阻碍领导者采取行动。”[22]福特公司穆拉利重新启用Taurus系列车型的决策就是一个消除恐惧的有力实证。福特决策层以前因为Taurus系列车型收入的降低而终止了它，但是穆拉利认为这个系列车型曾经的流行可以使其再次焕发青春。

■ 带着同理心领导员工

对团队成员的忧虑、焦躁和失望表示同情是危机领导的一项关键人际交往技能。这种极富同理心的领导能使组织恢复活力，采取某些行动缓解他人的伤痛，激励他人共同行动起来，实现上下同欲。同理心领导包含两类相关的行为。第一类是营造一种感动员工的环境，员工能够自由交流，例如一个讨论危机或灾难的会议。第二类也是营造一种环境，让目睹或经历灾难的员工找到缓解自己和他人痛苦的方法。领导者可以建立一个特殊基金来帮助那些家人遭受灾难的员工，或者为遭受伤痛的员工提供心理咨询。

对于领导者来说，另一种表现同理心的方式是在要求他人为渡过危机做出牺牲之前，自己先做出牺牲以作表率。[23]当组织面临财务危机时，很多领导者在减少他人的薪水之前主动为自己减薪。一个极端的方法是陷入危机的公司 CEO 要求董事会成员年薪只拿一美元，直到公司再次盈利。（批评者指出，只拿一美元年薪的高管通常会得到公司慷慨给予的更多的股票期权。）

■ 恢复日常工作状态

对于灾难过后的大多数员工，例如地震或恐怖袭击后，暂时的工作绩效和生产力下降几乎是不可避免的，即便公司没有受到直接影响。

尽管看起来冷漠无情，不合常理，领导者还是应该强调绩效降低只是暂时的。帮助人们渡过危机的最有效方法就是鼓励他们恢复日常工作状态。在重新专注于工作之前，让他们宣泄有关危机的情绪尤为重要。一旦他们宣泄了情绪，回到日常工作就能帮助他们重回现实并且找回生活的目的。纽约州精神健康办公室创伤研究主管马歇尔（Randall Marshall）在“9·11”事件之后说：“对于这种局势的一种健康回应是，回归到日常中去。”[24]

■ 避免严阵以待的思想

带领团队渡过危机的一种错误方式是极力为自己辩护，否认自己的错误。同样错误的方式是严阵以待或者拖延。有些领导者会采取一种防御的姿态，而不是在危机中与其他利益相关者合作。一个案例就是 2009 年美国内政部长肯·萨拉查（Ken Salazar）处理英国石油公司墨西哥湾燃油泄漏事件。出现这一问题的部分原因在于矿产管理服务中心和英国石油公司之间太过于友好，可能导致没有按照规程对石油钻孔进行检查。萨拉查并没有否认矿产管理服务中心存在问题，但迅速以一个新名字重组政府部门：海洋能源管理管制执行局。这个机构更加严格地执行符合道德的标准，从而在监管石油钻井设备和施工过程中表现得更加独立。[25]

■ 保持乐观

危机中总会有悲观主义者，因此乐观的领导者能够激励团队成员渡过难关。有效的领导者会推行能够为员工绘制一个更加美好的未来的行动计划。芭芭拉·贝克·克拉克（Barbara Baker Clark）认为，领导者在危机中的角色就是鼓励人们充满希望。她说：

> 我的意思不是要领导者纵然最终的防线将被突破或者有人将在战火中丧生还要摆出一副愚蠢的笑容。我的意思是不要沉浸在悲观当中。信不信由你，保持乐观对你的员工很重要。这样做会减少焦虑并使每个人充满动力。这就是领导的力量。[26]

■ 通过灾难应对计划避免危机

危机领导的理想形式是通过灾难应对计划避免危机。对于自然灾难来说，计划的重要部分就是预测灾难来临时你将要去哪里，将如何与员工沟通，可能在哪里建立临时办公场地。联系几个备用供应商以防他们也被自然灾害影响，这一点也很重要。小公司的雇主也应该与其他公司联系，以在危机到来时互相援助。提前安排支持小组，例如心理创伤咨询师，也是灾难应对计划的重要部分。更重要的是，让员工知道公司的灾难应对计划已经准备好，也是有效领导行为的一部分，因为这减轻了员工的焦虑不安。而且，领导者可能会宣布公司已经购买了灾难保险。

墨西哥湾深海石油泄漏事件有一部分需要归因于灾难应对计划不足。前英国石油公司高管托尼·海沃德（Tony Hayward）说，公司很有可能在灾难之前没有做好足够的计划。他指出："我们有能力立刻应对灾难，而不是只在灾难来临时研究对策。"显然，英国石油公司并没有为处理长期的深海钻井事务做好最充分的准备。[27]

■ **保持稳定**

有效的领导者都是稳定的执行者，即使是在工作重压和充满不确定性的情况下。在危机中保持冷静有利于发挥领导效能，因为这能帮助团队员工更好地处理情况。领导者保持冷静时，团队成员就会确信事情正在有条不紊地展开。稳定也能帮助管理人员在压力之下表现得冷静自如和相对专业。一个代表案例就是普信（T. Rowe Price）的首席执行官詹姆斯·肯尼迪（James Kennedy）。在2008年金融危机中，即使雷曼兄弟破产了，他也一直鼓舞员工和投资者的信心。肯尼迪保持冷静的头脑，包括给自己的私生活留出时间。另外，肯尼迪先发制人地压缩成本，帮助普信公司得以抵御金融危机的风暴。[28]

■ **做变革型领导者**

在重大持久的危机中，变革型领导者可能最合适。他们总是能够领导组织渡过危机。变革型领导者很有可能使危机中的组织迅速应对，从长远上提升组织的绩效。百胜餐饮（包括肯德基、塔可钟、必胜客和Long John Silver）的CEO诺瓦克就经历了诸多危机，其中一例就是餐厅中的害虫侵袭事件被电视广播和YouTube广泛传播。他认为，诚实、一致和持续沟通是帮助渡过危机的关键因素，转型通常需要六到九个月。[29]

变革型领导者能够帮助组织应对危机的另一种方法是在危机来临之前建立互信的氛围。[30]如果员工和股东相信领导者，他们就会在危机中更认真地对待领导者的指引。沃尔玛和麦当劳的领导者在卡特里娜飓风到来之后都在留住员工方面做了非常出色的工作。高管和店长一同努力联系员工，向他们保证在一切恢复正常后他们仍然可以保留工作。总体上讲，墨西哥湾的员工们都相信这两家公司的领导力。

9.8 询证领导在权变和情境方法的作用

对领导者来说，应用权变领导的前沿方法就是寻找最有效处理特定情境的有研究基础的有关证据。在行动之前，领导者会问："研究文献所告诉的我在情境中最可能有效的行为是什么？"**询证领导或管理**（evidence-based leadership or management）是一种基于组织实践中的最佳例证来解释领导原则的方法。[31]通常最好的例证都是经验主义和最新的，不过有时旧的理论仍然适用。例如，至少一个世纪以前人们就知道当管理者在过多下属时，协调下属的工作就变得很困难。询证领导的另一个可选择路径是过度依赖常识，使用其他公司的实践经验，无论它们是否适合特定的情境。本书提供的许多理论和建议将会帮助管理者练习询证领导。

下面就是一个询证领导的例子：研究表明，授权在这样的团队更有可能成功：团队成员的文化价值观支持管理者或领导者共享权力；反之，当团队成员期待领导者保留大部分权力时，授权则不大可能成功。（在第2章中可以找到证据。）在这个例子中，原则（当文化价值观相容时授权最有效）被转换成企业实践（当员工的文化价值观与授权兼容时，使用授权激励和满足员工）。

使用源自管理者经验的询证领导的一个例子是时常对员工优秀的工作表示感谢。[32]这种感谢可以通过口头或者书面表达，要体现在某人完成的具体工作上，例如："你利用社会媒体为我们寻找合适候选人的行为得到了很好的结果。非常感谢你的专业知识。"

询证领导和管理还没有广泛应用，但是认真对待领导和管理的学习将会使管理者和组织依照更有效的例证朝越来越好的行为和决策方向发展。这个结果更可能是更精确的权变领导。

小 结

权变理论和情境领导建立在对领导风格的研究基础上，增加了对在哪种情境下使用哪种领导风格更加具体的指导。当使他们的行为依据情境因素（包括团队成员特性）变化而变化时，领导者是最有效的。组织效能被不受其控制的情境因素影响。情境塑造领导行为，也影响领导行为的结果。

费德勒的权变理论指出，最好的领导风格是由领导者工作所处的情境决定的。在他的理论中，领导风格是通过最难共事者量表测得的。如果对最难共事者保持积极态度，那么你就是关系导向型。如果态度消极，那么你就是任务导向型。情境控制，或者说有利性，是由领导者-成员关系、任务结构和职位权力的结合来衡量的。

费德勒理论的关键观点就是在高控制或低控制情境下，任务导向型领导风格更加有效。在中等控制情境下，关系导向型领导风格更加有效。领导者可以通过改变领导者-员工关系、任务结构和职位权力来提高情境控制程度。

领导效能的路径-目标理论解释了领导者在特定情境中如何才能提高生产力和提升员工士气。这个理论的主要观点就是管理者应该考虑团队成员特点和任务要求来选择领导风格。当团队面对不确定的任务时，领导者提供定规思维最有效。有效的领导者解释达到目标的路径，帮助团队成员沿着这些路径前进，并且移除实现目标的障碍。领导者必须选择一种领导风格，以匹配两种权变因素——下属的类型和工作任务。路径-目标理论中的四种领导风格分别是指示型、支持型、参与型和成就导向型。

情境领导Ⅱ由布兰查德提出，解释了在特定任务中如何将领导风格与团队成员的能力相匹配。下属工作热情和能力的结合决定了四个发展层级：热情的入门者、脚踏实地的学习者、有能力但谨慎的执行者和自我信赖的成功者。这个理论模型根据领导者投入的支持和指示程度将领导风格进行了分类。以下四种领导风格是任务和关系行为的不同组合：指示型、教练型、支持型、授权型。最合适的领导风格应与下属能力所处的阶段相匹配。例如，热情的入门者需要一个指示型领导者。

常规决策模型将领导视为一个决策过程。领导者在情境中找出特定的权变因素来决定在时间驱动或发展情境中哪种决策风格最有效。这个模型定义了五种决策风格：两种个人风格和三种团队风格。通过回答矩阵中的七个诊断问题，领导者跟随路径回答问题就能找到推荐的决策风格。

领导者-成员交换理论为权变领导提供了更深入的见解。这一理论影响这些方面：绩效评定、团队成员接受服务型领导者的指导和一定程度的授权等。

领导他人渡过危机也可以看作一种权变领导，因为领导者必须将风格与所处的情境相适应。在危机中领导者应当：(a) 果断决策；(b) 带着同理心领导员工；(c) 恢复日常工作状态；(d) 避免严阵以待的思想；(e) 保持乐观；(f) 通过灾难应对计划避免危机；(g) 保持稳定；(h) 做变革型领导者。

对一个领导者来说，应用权变领导的前沿方法就是寻找最有效处理特定情境的有研究基础的有关证据。这个方法意味着使用询证领导和管理。

实践与技能开发指南

1. 对于一个团队或小组领导者来说，一个主要的权变因素就是天分和个人动机。尽管有天分或者有动力的员工可能不需要密切地监视，他们仍然需要鼓励和认同来保持高绩效。否则，领导者对他们的绩效表现影响就很小，难以留住团队和小组中的人才。

2. 将四种因素视为捷径来决定一个决策是不是最好的，实际上也应用了参与型领导。对承诺的需求越强烈，团队参与就越重要。当有创造力的解决方法很重要时，团队付出很有价值，因为众多的观点通常会提升创造力。当时间紧迫时，最好是由领导者来决策。当决策需要反映宏伟蓝图时，领导者通常也是决策的最佳人选。

3. 当通过与团队成员建立独特的关系来应用领导者-成员交换理论时，减少这种领导力的潜在负面结果很重要。为了提升士气，应避免只同一部分人建立友好关系，而同其他成员之间只是表面的机械关系。

4. 应用权变领导的一种微妙方式就是当你的领导地位需求变化时，必须与时俱进。你必须在面临新情境时微调领导方式。假设医院主管麦吉(Maggie) 已经在位 10 年了。根据她对职位的理解，她的领导重心在于激励员工为病人提供最好的服务。然而现在她的角色已经改变。专注于为病人提供最好的服务仍然是第一位的，然而她必须在感情上接受一个事实——激励团队减少医院运营开支已成为她领导和管理职能的重点。

[讨论题]

1. 假设你正在为寻找一个公司管理职位制作简历。解释你是否要在简历中说明你善于应用权变领导。

2. 描述管理者如何在保持魅力的同时应用权变领导。

3. 指出一个你认为能够帮助领导者更好地应用权变领导的性格特征。同时，指出一种你认为最能阻止管理者发挥权变领导作用的性格特征。

4. 领导者应该怎样改变前往不同工作情境的着装风格来应用权变领导？

5. 管理者如何知道在给定的情境中哪些变量能够影响他选择什么方法？

6. 四种路径-目标风格中哪一种对于管理专业足球队或橄榄球队是最好的？给出你的解释。

7. 你认为战场上的经历能够在哪种程度上帮助一个人在商业情境中成为有效的危机领导者？

8. 为什么变革型领导者在危机中很重要？

9. 你认为大多数领导者会在怎样的程度上使用询证领导或管理？

10. 有效的教师是在哪些方面应用权变领导的？

领导力案例 A

Red Rascal 主管的风格

Red Rascal 是一家全国有几百家连锁店的中等价位餐馆，生意兴隆。杰西卡·佩雷兹（Jessica Perez）是这家餐馆的一名门店经理。她最近参加了地区会议，会议布置了在每个餐馆要招聘几名残障员工的新计划。餐馆将会和当地为残障人士提供职业培训的机构进行合作。在很多社区，这些机构同当地大学在心理和特殊教育方面有紧密合作。

这些残障员工将会被安排到符合他们能力的基本职位，例如沙拉制作师、烘焙师、洗碗机操作工和保管员。对餐馆经理如何提高这些残障员工的工作能力需要进行培训，同时还要学习必要的如何激励和规范这些员工的措施。

在这个项目实施三个月后，杰西卡的门店雇用了三位年轻的残障员工，他们都在厨房工作。她花了一些时间培训厨房主管来管理这些残障员工。她强调对这些残障员工的指令应表述清晰且简单易懂，保持任务的单一性亦很重要。按照地区总部的要求，她也解释了为残障员工提供积极反馈、正向激励的必要性。

在 Red Rascal 雇用残障厨房员工的计划进展顺利。这些新员工准备的食材没有任何问题，食材供应没有延迟，他们的出勤率也令人满意。然而杰西卡也听到了一些餐厅员工，包括服务生和厨房员工在内发出的牢骚。主厨塔米（Tammy）表示了她的担忧："我不太清楚为什么发生这种事情，但是这些天来我的主管对待我的方式就像我是 10 岁的孩子。她看上去很傲慢，要求我把每件事情都做得非常细致。我让主管品尝一下我准备的新款沙拉，她对我说：'塔米你做得很好，我很为你骄傲。'我的意思是，在她眼里我变得很愚蠢。"

酒店业主科特（Kurt）也对杰西卡做了同样的评价。他说："忽然之间你对我的方式好像我很迟钝一样。你因为我的鞋很亮、衬衫有些褶皱就大惊小怪。你难道忘了我不是残障人员？"

明迪开始思考 Red Rascal 在管理风格上存在的问题。

［问题］

1. 以上案例和权变领导有什么关系？

2. 在哪些方面，杰西卡和主管们应该改变他们的领导风格来适应不同智力等级的员工？

3. Red Rascal 的厨房员工和服务生都有什么问题？难道不是所有员工都应该得到明确的指示、反馈和鼓励？

角色扮演

从沙拉厨师新员工开始

一名学生扮演主管角色，他的任务是向残障员工展示如何在一个大碗中准备沙拉，并将食材根据需要切成小块。另一个学生扮演 20 岁从未做过沙拉的年轻员工。观察者应该特别注意主管是否应用了有效的领导风格。

领导力案例 B

关于推特我该怎么办

Builder Electro 公司是一家生产销售电子产品的中等规模公司，目标客户是建筑行业。布莱恩·卡萨（Brian Casey）是这家公司的 CEO。Builder Electro 公司的一些产品也在家庭装修商店出售。最成功的产品是石英加热器，建筑工人在不具备加热条件的地方（车库、建设中的房屋）广泛使用这个产品。另一条成功的生产线是电池电钻和螺丝刀的生产线。

卡萨最近注意到一些社交网络尤其是推特上出现了对公司不利的评价。一些人在推特上发表了有利于公司的言论，例如“又在 Builder Electro 公司度过了美好的一天”。在推特上，一些恶意言论也影响了公司的形象。两个例子是“使用 Builder Electro 公司的加热器会生冻疮”“在 Builder Electro 公司遇到了本年度最差的老板”。大多数侵犯性的言论看起来都像是公司员工发的。

卡萨认为，必须采取措施停止在媒体上发布有关 Builder Electro 公司负面评价的帖子。然而他仍然想创造一个言论自由的环境。卡萨首选的想法是咨询公司的法律顾问，然后制定一项公司政策：员工在互联网上不得发布有损公司形象的帖子。很多公司都有类似的政策，所以可以直接利用一个已有的有效政策。卡萨认为有关公司负面言论的所有问题在几天之内就可以解决。

卡萨接着给人力资源部主任娜欧米·科尔伯特（Naomi Colbert）发了一封邮件，解释他对消除推特上对公司负面言论的决策。娜欧米回复他说，应该在做出如此重要的决定之前等一等。她具体建议：“布莱恩，我认为你应该在制定解决负面言论政策之前和副总经理们开会商讨一下。我们谈论的是一个很复杂的问题。”

布莱恩很困惑。他认为他可以很迅速地制定政策以消除在推特上的负面言论。现在他不知道是否应该召集整个高管团队一起决策这个问题。

［问题］

1. 就布莱恩·卡萨是否应该自己对消除社交网络上公司负面言论的帖子做出决策，给出你的建议。

2. 提出一个能够帮助卡萨决定他应该如何决策的领导理论。

3. 卡萨应该怎样对待员工言论自由的权利？

角色扮演

关于社交媒体政策的团队决策

一个学生扮演布莱恩的角色，他决定向四位副总经理寻求制定一个公司政策以在社交媒体尤其推特上减少公司负面言论的方法。但是他认为通过咨询律师使用一个现成的政策解决问题是可行的。其他四位学生扮演被咨询关于社交媒体政策的副总经理的角色。他们都想为决策提出有价值的建议。观察者为布莱恩采用的决策风格提供反馈。

领导力技能开发练习 9-3

我的领导力文件夹

根据这一章对领导力的介绍，想象两种你亲眼目睹、从书上看到或者在电视、电影中见到的两个不同的领导情境。思考如果你是领导者的话，会用怎样不同的领导方式去适应这两个情境。现在具体解释一下。假设你路过一个摩天大楼的建设工地，发现起重机操作员很有自信也很有能力。你可能会得出结论：“在这样的情况下，我应该使用授权型领导风格，因为她能力很强。在她换班后，我要给她一个嘉奖，因为她的工作较为出色。”

另一个场景是，你刚刚看到了在一场专业的曲棍球比赛中发生的血腥打斗场面。你可能会得出结论：“在这样的情况下，我应该运用指示型领导风格。我会暂停某些人的球员资格，并给予严厉的惩罚，不给他们协商的机会。必须采取果断的行动来平息专业比赛中的暴力事件。”

领导力技能开发练习 9-4

危机领导

在小组作业中，找一家企业或者非营利组织，它近期要解决面对的危机。例子如下：一家制药公司需要召回引起上百名消费者疾病的非处方药品，或者一家投资公司内部几位高管均被指控参与了内部交易。就解决哪种危机达成一致后，列出一些 CEO 如何处理这两种情境的建议。使用本章中的危机领导理论，制定可行的行动方案。

注 释

[1] The first sentence of facts is based on Matthew Dolan, "Crisis Mode Persists For Detroit Schools," *The Wall Street Journal*, February 11, 2011, p. A5. The rest of the information is excerpted and adapted from "Office of the Emergency Financial Manager," http://detroit12.org/azdmin/finance/manager/, p. 17. Accessed March 14, 2011, p. 17.

[2] "Surprising and Effective Cure for Today's Biggest Workplace Crisis," *Executive Focus*, September 2004, p. 21.

[3] Victor H. Vroom and Arthur G. Jago, "The Role of the Situation in Leadership," *American Psychologist*, January 2007, pp. 6–16.

[4] Henry Mintzberg, *Managing* (San Francisco: Berrett-Koehler, 2009), pp. 106–107.

[5] Cited in Karen Barrow, "Mindfulness Lets Leaders See More Possibilities," *Democrat and Chronicle* (Rochester, New York), January 18, 2009, p. 2E.

[6] For a synthesis of contingency theory by one of its key researchers, see Martin M. Chemers, *An Integrative Theory of Leadership* (Mahwah, N.J.: Erlbaum, 1997), pp. 28–38. See also Bernard M. Bass with Ruth Bass, *The Bass Handbook of Leadership: Theory, Research, & Managerial Applications*, 4th edition (New York: The Free Press, 2008), pp. 522–527.

[7] Vroom and Jago, "The Role of the Situation," p. 20.

[8] Robert J. House, "A Path-Goal Theory of Leader Effectiveness," *Administrative Science Quarterly*, September 1971, pp. 321–328; Robert T. Keller, "A Test of the Path-Goal Theory with Need for Clarity as a Moderator in Research and Development Organizations," *Journal of Applied Psychology*, April 1989, pp. 208–212; Robert J. House and Terence R. Mitchell, "Path-Goal Theory of Leadership," *Journal of Contemporary Business*, Autumn 1974, pp. 81–97.

[9] Vroom and Jago, "The Role of the Situation," p. 20.

[10] Robert House, "Path-Goal Theory of Leadership: Lessons, Legacy, and a Reformulated Theory," *Leadership Quarterly*, no. 3, 1996, p. 348.

[11] House and Mitchell, "Path-Goal Theory," p. 84; Bass, *The Bass Handbook of Leadership*, pp. 804–811.

[12] Chemers, *An Integrative Theory of Leadership*, p. 48.

[13] Kenneth H. Blanchard, David Zigarmi, and Robert Nelson, "Situational Leadership After 25 Years: A Retrospective," *Journal of Leadership Studies*, vol. 1, 1993, pp. 22–26; Kenneth Blanchard and Robert Nelson, "Recognition and Reward," *Executive Excellence*, no. 4, 1997, p. 15; "Building Materials Leader Builds Better Leaders," kenblanchard.com/casestudies/certainteed.pdf, accessed November 26, 2004.

[14] Victor H. Vroom, "Leadership and the Decision-Making Process," *Organizational Dynamics*, Spring 2000, pp. 82–93; Vroom, "Educating Managers in Decision Making and Leadership," *Management Decision*, vol. 10, 2003, pp. 968–978.

[15] Richard H. G. Field and Robert J. House, "A Test of the Vroom–Yetton Model Using Manager and Subordinate Reports," *Journal of Applied Psychology*, June 1990, pp. 362–366.

[16] The first two statements are based on Li Ma and Qing Qu, "Differentiation in Leader-Member Exchange: A Hierarchical Linear Modeling Approach," *Leadership Quarterly*, October 2010, pp. 733–744.

[17] The second two statements are based David J. Henderson, Robert C/ Liden, Brian C. Glibkowski, and Anjali Chaudrhy, "LMX Differentiation: A Multilevel Review and Examination of Its Antecedents," *Leadership Quarterly*, August 2009, pp. 517–534.

[18] Kenneth J. Harris, Anthony R. Wheeler, and K. Michele Kacmar, "Leader-Member Exchange and Empowerment: Direct and Interactive Effects on Job Satisfaction, Turnover Intentions, and Performance," *Leadership Quarterly*, June 2009, p. 399.

[19] Research cited in Gary Yukl, *Leadership in Organizations*, 5th ed. (Upper Saddle River, N.J.: Prentice Hall, 2002), p. 344.

[20] Ronald Heifetz, Alexander Grashow, and Marty Linsky, "Leadership in a (Permanent) Crisis," *Harvard Business Review*, July–August 2009, p. 64.

[21] Joann S. Lublin and Jonathan D. Rockoff, "J&J Chief Tends Corporate Wounds," *The Wall Street Journal*, August 30, 2010, p. B3.

[22] Chris Warner and Don Schmincke, *High Altitude Leadership: What the World's Forbidding Techniques Teach Us About Success* (San Francisco: Jossey-Bass, 2009), p. 6.

[23] Observation of Bill George reported in Alan Murray, *The Wall Street Journal Essential Guide to Management* (New York: Harper Business, 2010), p. 18.
[24] Suzanne Koudsi, "How to Cope with Tragedy," *Fortune*, October 1, 2001, p. 34.
[25] Neil Simon, "Crisis Management: Department of Interior, Department of Labor," *Hispanic Business*, October 2010, p. 43.
[26] Barbara Baker Clark, "Leadership During a Crisis," *Executive Leadership*, December 2001, p. 8.
[27] Quoted in Ben Casselman and Guy Chazan, "Disaster Plans Lacking at Deep Rigs." *The Wall Street Journal*, May 18, 2010, p. 1A.
[28] Douglas MacMillan, "Survivor: CEO Edition," *Bloomberg BusinessWeek*, March 1, 2010, p. 36.
[29] Jia Lynn Yang, "A Recipe for Consistency," *Fortune*, October 29, 2007, p. 58.
[30] Erika Hayes James and Lynn Perry Wooten, "How to Display Competence in Times of Crisis," *Organizational Dynamics*, vol. 34, no. 2, 2005, p. 146.
[31] Demis M. Rousseau, "Presidential Address: Is There Such a Thing as 'Evidence-Based Management'?" *The Academy of Management Review*, April 2006, pp. 256–269; Wayne F. Cascio, "Evidence-Based Management and the Marketplace for Ideas," *Academy of Management Journal*, October 2007, pp. 1009–1012.
[32] Quint Studer, "Evidence-Based Leadership," *StuderGroup* (www.studergroup.com), January 14, 2008.
Suggested path for Leadership Skill-Building Exercise 9-2: Applying the Time-Driven Model: H H H L H H L CONSULT GROUP.

第 10 章 领导力：影响力和策略

学习目标

学习完本章并完成各项练习后，你应该能够：

- 描述权力和影响力之间的关系
- 识别诚实、道德的影响策略
- 识别中性的影响策略
- 识别不诚实、不道德的影响策略
- 总结一些影响策略的效能及其排序的实证研究结果
- 描述隐含的领导力理论与领导者影响团队成员的能力之间的相关性

2010年9月，哈佛大学法学教授伊丽莎白·沃伦（Elizabeth Warren）被任命为消费者金融保护局（Consumer Financial Protection Bureau）的特别顾问，以帮助设立这个部门。设立这个部门最初是由沃伦提议的，她认为这可能是避免"骗局和陷阱"的较好方法。她所说的"骗局和陷阱"是指银行陷入信用卡协议和住房抵押贷款的泥潭。

在沃伦早期的职业生涯中，她成为为消费者维权的人士，包括在名为Dr. Phil的电视节目中给年轻家庭提供理财建议。她和女儿合著了一本写给普通大众的书——《双收入陷阱》（*The Two-Income Trap*）。当沃伦成为不良资产救助计划（TARP）审查组的一员时，她向美国财政部提出申请，要求了解更多的信息。同时，她希望对银行的救助能够为借款人提供更好的投资回报，并不断努力为其提供帮助。

沃伦在一次演说中强调了美国商会这一组织的作用，她和商会成员有着共同的重要信念。她说："我和商会并不总是在同一问题上保持一致的看法，我想这并不会使你们感到惊讶。但我不认为自己处于对立方，因为我相信我们有一个共同的准则：充分竞争的市场对消费者和商家都有好处。关键问题是如何确保市场是充分竞争的。"

沃伦还说："出动警察巡逻队来寻找消费者并不会减少市场的自由或有效性；相反，它允许公平竞争蓬勃发展。如果你是唯一一个没有使用类固醇的运动员，当球赛开始时，你将不愿意和那些人竞争。只有规则持续有效，竞争才能繁荣。"

在她这次演说之前，一些国会议员把消费者金融保护局当作多余的部门，并认为它是商业发展的负担——使商业陷入无意义的繁文缛节中。沃伦坚持她的主张，试图影响国会议员和金融界，让他们明白消费者金融保护局的重要性。反对其计划的势力很强大，包括大多数共和党人、一些温和派的民主党人，以及华尔街的代表。2011 年 7 月，沃伦从政府顾问的职位上卸任，被实际操作者的助理取代。[1]

作为领导者时，伊丽莎白·沃伦努力地影响一群抵制她的人。她的表达具有逻辑性，并在该领域具有相当丰富的专业知识。不懂影响策略的领导者就像一个还没有学会踢球的运动员，或者一个不会说话的新闻播音员。领导，就像经常重复的那样，是一个影响的过程。

为了成为一个有效的领导者，你必须了解和掌握影响他人的具体策略。这里我们讨论了一部分具体影响策略，其他方式的领导也会产生影响。如第 4 章所述，领导者本身必须是有魅力的人，这样才能影响很多人。在第 11 章中也描述了领导者可以通过权力和政治影响他人。此外，在第 7 章中也提到了可以通过激励和教练技术以影响他人来实现最终的目标。

影响力和权力这两个词有时可以互换使用，权力能够创造影响力，反之亦然。在本书中，我们区分权力和影响力的方法如下：**影响力**（influence）是在一个特定的方向上影响他人行为的能力[2]，而**权力**（power）是指能够影响他人的潜力和能力。领导者只有在行使权力时才具有影响力。因此，领导者必须获得权力才能够影响他人。

影响策略之所以非常重要，是由于经常有领导者或专业人员没有正式的权力却又必须影响他人。举个例子，谷歌副总裁需要游说不是为他工作的 Gmail 工程师，目的是为潜在的客户修改软件。他把这比作美国和平队的使命：全心全意为企业奋斗，但却缺乏足够的权力落地他的期望。[3]

另一个描述影响策略重要性的因素是员工经常怀疑领导者，尤其是对 CEO 的怀疑会持续较长时间。因此，员工将等待老板下台而不是接受老板不受欢迎的命令。因此，对经理而言最可靠的方法是让员工接受他们。[4]

本章提出了权力和影响力的模型，描述和解释了影响策略（包括符合道德的、不符合道德的），分析了领导者如何施加影响以促进大规模变革，以及总结出影响策略的相对有效性以及排序。我们也回答了这样一个问题：领导者希望影响的群体具有哪些特征。

10.1 权力和影响力的模型

图 10-1 所展示的模型描述了领导者使用影响策略后的最终结果。影响策略也会反过来受领导者的人格特质、领导者行为和所处情境的调节或影响。

从模型的右侧可以看出，三个可能的结果是：承诺、遵守和反抗。**承诺**（commitment）是影响策略最成功的结果：所影响的对象尝试着有热情并全身心投入地实施领导者的要求。承诺对于复杂、困难的项目尤为重要，因为这要求他们有足够的专注度和付出努力。如果试图影响一个技术员为你升级软件操作系统，你就需要他的承诺。**遵守**（compliance）意味着影响策略的尝试只是部分获得成功：目标影

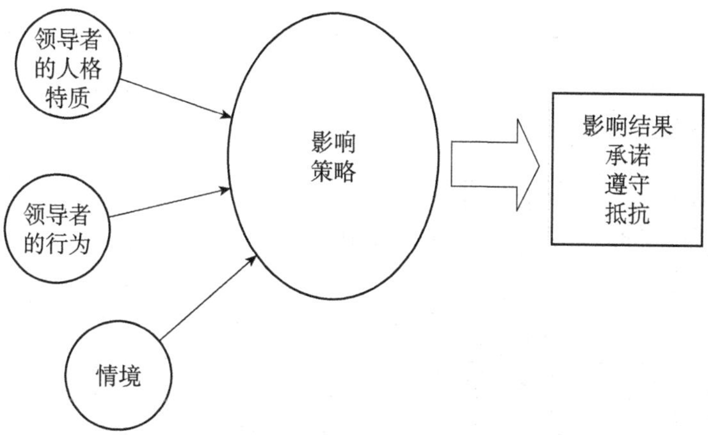

图 10－1 权力和影响力模型

响者对接受实施这一请求是缺乏兴趣（而不是很兴奋）的，并且只付出适当的努力。这一影响改变了人的行为但并没有改变他的态度。长途卡车司机可能会遵守要求——在到达运送点前休息数个小时，但是他内心可能并不愿意浪费行驶的时间。遵守日常任务的要求，例如，在建筑工地上必须头戴安全帽往往使人乐于接受。抵抗则是影响策略失败导致的结果：所影响的对象反对实施领导者的要求；或者采用其他方式不落实要求，实施效果很差。**抵抗**（resistance）包括为未完成工作找借口，拖延，或彻底地拒绝执行任务。[5]

模型的左侧显示，领导者的人格特质会对影响策略的结果形成影响。有魅力的领导者往往是外向、温和的，他们比内向、冷酷的领导者更易实施影响策略。例如，他可以很有感染力地鼓舞员工工作。智力超群的领导者能够影响他人，因为他在某个领域有很高的声誉，是该领域的专家。不管领导者选择哪种影响策略，最终目标都是让团队成员和他们站在一起。

领导者的行为也会以多种方式对影响策略的结果产生影响，尤其是在影响策略是实施的行动或行为时。例如，给一个鼓舞人心的要求设置高标准。此外，以身作则、一贯表现良好的领导者更能领导好团队成员，因为这些领导者就是很好的榜样。

最后，情境在一定程度上决定了哪种影响策略是有效的。组织文化或亚文化就是这样一种关键的情境因素。例如，在高科技环境中，鼓舞人心的要求和情感上的表达并不如理性劝说更有效，也不如成为该方面的专家更有效，因为高科技工作者更容易被事实感染而不是情感。

本章的其余部分识别并描述了影响策略，包括上面提到的一些情境变量。领导者的人格特质和权力已经在前面的章节中描述过。领导力自我评估测试 10－1 将给你一个机会来思考自己适合哪种影响策略。

领导力自我评估测试 10－1

影响策略调查

说明：表明你使用如下影响策略的频繁程度：VI＝从不，I＝不经常，S＝有时，F＝

频繁，VF＝很频繁。

	1 VI	2 I	3 S	4 F	5 VF
1. 我会自己先做出正确的行为来领导团队成员。	□	□	□	□	□
2. 我依靠事实和逻辑说服别人。	□	□	□	□	□
3. 人们常常听我的，因为我非常专业。	□	□	□	□	□
4. 如果别人完成了我的请求，未来我将会回报他。	□	□	□	□	□
5. 我擅长谈判价格和出价。	□	□	□	□	□
6. 我很自信（直接明白地表达我的要求）。	□	□	□	□	□
7. 我会用开玩笑的方式表明我的观点。	□	□	□	□	□
8. 我会利用富有感情的话语表达我的观点。	□	□	□	□	□
9. 我承诺会奖励能够满足要求的人。	□	□	□	□	□
10. 为了让别人认同我的观点，我会试图让别人站在我这边。	□	□	□	□	□
11. 为了影响他人，我会和别人一起合作。	□	□	□	□	□
12. 作为领导者，我在团队工作中参与程度很高。	□	□	□	□	□
13. 我会和其他人结盟。	□	□	□	□	□
14. 我威胁将某人的行为报告给上级。	□	□	□	□	□
15. 我赞美他人。	□	□	□	□	□
16. 为了达到目的，我会尽可能多地利用个人魅力。	□	□	□	□	□
17. 如果一个同事的行为我很喜欢，我会在诸如脸书这样的社交网站上进行积极的点评。	□	□	□	□	□
18. 我会说明我不擅长告诉别人他应该怎么做。	□	□	□	□	□
19. 我会给别人带去一个小礼物，例如他喜欢的饮料或一支漂亮的圆珠笔。	□	□	□	□	□
20. 我认为我做的事情是很重要的，因为它能为整个组织带来好处。	□	□	□	□	□

得分和解释：你使用这些策略越频繁，就越可能更具影响力。经验是一个因素，因为你可能具有潜在的影响力但尚未有机会使用这些策略。

技能开发：影响策略调查可能能够给你一些自我发展的线索。寻找适合自己的影响策略是一个好主意，但你还需要发展影响他人的技能。接下来，借此机会来实践影响策略。以第15条为例，也许当你想影响这些人时，就会忽视赞美他们。使用第11章奉承别人的指南进行练习，当你想要影响他人时，试着通过称赞别人来达到目的。

10.2 影响策略的描述与解释

影响策略往往可以从道德的视角来区分。从这个角度看，我们所描述的影响策略分为三类：（a）本质上符合道德要求的、诚实的；（b）本质上中性的；（c）本质上不符合道德要求且不诚实的。这里给出的分类并不是绝对的。除了极端的情况，大部分策略可以放在三个类别中的任何一个，这取决于如何使用它们。例如，一个人可以使用开玩笑这样一个或者善意或者卑鄙的方式。因此，开玩笑可以划分为本质上道德的、本质上中性的或本质上不诚实、不道德的。

10.2.1 本质上符合道德要求的、诚实的影响策略

这一部分描述了本质上符合道德要求并且诚实的影响策略，如同表 10－1 概括的那样。借助机智、处世之道和善意，这些策略能够让别人按照你的要求来工作，以实现有价值的目标。而且，这些影响策略在复杂程度上和实施这些策略所花的时间上也是不同的。

表 10－1 本质上符合道德要求的、诚实的影响策略

1. 以身作则的领导	7. 合法的请求
2. 理性劝说	8. 提出鼓舞人心并富有情感的要求
3. 明确告知被影响者所能获得的回报	9. 征询建议
4. 个人的请求	10. 结盟
5. 成为某领域的专家	11. 成为团队的一员
6. 互利互惠	12. 实践型领导

■ 以身作则的领导

一个简单而有效的影响策略是**以身作则**（leading by example），即领导者成为一个积极的榜样。最理想的方法是成为一个“按照我所说的和所做的来做”的领导者，即领导者是一个言行一致的人——行动和语言相互确认和支持，彼此印证。以身作则的领导者是受人尊敬的，因为小组成员更有可能效仿他们尊重的领导者。

以身作则的领导者通常被描述为领导者自身工作时间长并且很努力，并期望别人做同样的事情，这通常是雇用员工的企业家的做法。一个典型的例子是史蒂文·A. 科恩（Steven A. Cohen），他建立了非常成功的提供金融服务的对冲基金公司——SAC 资本公司，即使是周末他也依然在交易桌上工作。[6]

■ 理性劝说

理性劝说是影响他人的重要策略。它包含使用富有逻辑性的论证以及事实证据来说服他人，这些中肯的提议或要求是切实可行的，经过努力能够实现。在认真调查、胸有成竹的基础上进行理性劝说是一种有效的策略。这对于聪明和理性的人来讲是最有效的。CEO 们是最具代表性的使用理性劝说策略的人。他们使董事会相信一个行动是必需的，例如增加产品的多样性。理性劝说的主要调节变量是影响源的信誉。信誉从两方面增强了领导者的说服力：第一，它增强了领导者的信服力；第二，它有助于增强人被感知的权力，被感知的权力越高，领导者就越能影响更多人。[7]

以下两个陈述说明了影响过程中理性劝说是如何被下级接受的：

- 解释清楚为什么这一请求或所提出的变革对实现任务目标是必要的。
- 提供信息或证据表明，这一请求或所提出的变革是可能成功实现的。[8]

强调理性决策模型的领导者更支持理性劝说。举个例子，支持这个模型的领导者可能会说：“别告诉我你的感觉，告诉我事实。”回应下属时，领导者说：“我感到员工士气消沉。”谷歌的领导者非常重视这种基于数据的决策过程。一位谷歌的

专家如果说“我认为谷歌网站上有些图片太过随意了”，他的意见可能不会被接受。相反，如果他这样陈述：“我抽取了100张谷歌网站上的图片，其中有8张是随意的图片”，他的意见便很有可能被接受。

■ 明确告知被影响者所能获得的回报

一个非常有效的影响他人的方法是告诉此人，如果他重视你的要求，他将获得什么。**明确告知**（apprising）的含义是影响源向被影响者解释实施请求或提议将使被影响者获得的好处，例如升职。[9]例如，经理可能会告诉下属：“可能两周内做出北极圈石油钻井平台上一个月的工作量是比较困难的任务。但是在高层管理者眼里，你就是一个英雄，也是最合适的人选。”

领导者明确告知被影响者所能获得的回报的两种情况如下：

- 描述你做这项任务或工作的好处（举例：学习到新的技能，结识重要人物，增加你的信誉）；
- 解释做这项工作时领导者希望你怎么做，而且帮助你发展职业生涯。

■ 个人的请求

在影响理论的背景下，个人的请求与在日常生活中其实是一样的。影响源请求被影响者，出于友谊来落实某个请求或建议。[10]另一种形式的个人请求是不说明需要帮忙的具体内容，而是先询问对方是否愿意帮忙，比如“你愿意帮助我做一些重要的事情吗?”在寻求帮助前不言明具体内容，可能会被解读为不是工作场所的帮助。领导者提出个人请求的两种行为如下：

- 在请求别人做事前，强调你们之间的友谊。
- 寻求别人的帮助是私人性质的。

■ 成为某领域的专家

这是一个有效影响他人的策略：在组织某个重要的领域成为**专家**（subject matter expert）。这也被看做理性劝说的一部分。在相关领域掌握专业知识并不断深化这些专业知识的管理者能够影响他人帮助自己完成工作。本书中所讲的大多数领导者都使用专业知识来领导他人。诸如谷歌和Foursquare这些互联网及社交媒体公司的领导者往往是某领域的专家。

中小企业主的影响力更加依赖于在某领域成为专家，因为他们是在掌握产品或专业技术的基础上创办公司的（大多数高科技公司刚开始时规模都比较小）。举个例子，一家软件公司的创始人通常在软件开发方面是行家里手。

■ 互利互惠

如果某人帮你实现了工作目标，你再回报帮助这个人是另一种影响策略。通过互利互惠，你和对方达成协议。这种交换通常可以理解为在未来对滴水之恩涌泉相报。举个例子，如果一个人帮助你分析数据并且准备表格，你可能会承诺将他的名字放在呈送给公司管理层的报告中的显著位置。

一个比较好的寻求别人帮助的方法，是给他人更多灵活的时间。例如，询问别人："你能在这个月底前抽出 10 小时时间来帮助我吗？"并不是要求别人立即提供帮助，这样会降低遭到拒绝的概率。请尽可能多地使用降低遭到拒绝概率的措施。例如，你可能会向另一位管理者借用一位技术员来为你帮一个月的忙；同时，你也可以选择询问这位技术员能不能每周在这个项目上工作 10 小时。[11]为了确保请求能够被对方接受，你可以告知将怎样回报他：你会把这位同事所做的告诉他的上级。

以下是两个具体的互利互惠行为：

- 为了回报你的帮助和支持，之后我会帮你做一项具体的工作。
- 对于你现在所提供的帮助将来我一定会予以回报。

■ 合法的请求

合法是指这一影响是在领导者权力范围内发生的。合法性的另一个方面是，你的请求和组织政策、实践及专业人士的期望具有一致性。合法的请求是一种有效的影响策略，因为大多数员工都愿意遵守规定。

团队领导者可以通过这样一个声明施加影响："最高管理层希望到明年减少25%的客户投诉。因此我要求每个人都尽力解决客户提出的问题。"

合法性有时以组织政策这种微妙的形式存在，员工往往会要求自己接受，因为这和高层管理者的思想和策略保持一致。例如，沃尔玛主席迈克·杜克（Mike Duke）是一个众所周知的环保倡导者。因此，沃尔玛的商店经理会鼓励员工将所有的塑料瓶回收，因为"这是迈克希望我们做的事情"。

以下两种领导行为反映了合法性：

- 说明他的请求符合官方的规则和政策。
- 验证一个请求是否合法可以通过查阅文档，例如工作秩序手册、政策手册、章程、细则或者正式合同来实现。

■ 提出鼓舞人心并富有情感的要求

领导者要具有激励他人的能力，因此向他人提出鼓舞人心的要求是一个重要的影响策略。如同普费弗指出的那样："有效的管理者往往在策略方式上以表达自己的感情在组织内产生影响。"[12]一个鼓舞人心的要求往往要富有情感，凝聚力量。鼓舞人心、调动情绪的激励效能的另一个调节变量是影响源（领导者）**个人的吸引力**（personal magnetism），或者是个人魅力。拥有个人魅力的领导者更容易激励他人。

领导者激励他人时另一个有效的方式是说明这项工作的意义，即表明这项工作对整个组织或外部环境的意义。大部分员工都希望能够参与到重要的项目中，有时领导者必须解释为什么这项工作是重要的。[13]举个例子，经营次级贷款公司的领导者必须向员工解释："如果没有我们的工作，大量收入中等的工作者都无法拥有自己的住房。"

拥有权力的人也是非常有吸引力的，这种吸引力包括魅力以及其他更加复杂的特征。著名投资和咨询公司黑石集团（Blackstone Group）的 CEO 是史蒂芬·A.

施瓦茨曼（Stephen A. Schwarzman）。商业记者指出："施瓦茨曼的个人财富估值超过30亿美元，同时他还控制着华尔街最热门的公司。他的态度总是咄咄逼人，甚至会指挥老板，但是他依然很有个人魅力。"[14]

以下是提出鼓舞人心的请求的两个领导行为：

- 指出所提议的活动或变革能够让我们做出令人振奋、价值不凡的事情。
- 做一个鼓舞人心的演讲或报告来激起员工对所倡议活动及变革的热情。

■ 征询建议

做出决定之前征求他人的意见是一种领导风格，也是一种影响策略。这样，被影响者更愿意接受影响源（领导者）的请求，因为被影响者参与了决策制定的过程。当被影响者和领导者想法一致时，征询建议是一种最有效的影响策略。[15]类似的情况发生在一家大型企业中。公司决定减少供应商的数量，以便和少数高质量的供应商结成更紧密的合作关系。为了使他人接受这一提议，分管生产工作的副总经理告诉员工："我们的战略是减少供应商的数量，以提高质量，降低成本。让我们想想该如何实施这一战略。"副总经理的尝试获得了积极的回应，因为员工也希望更加简化供应商伙伴关系。

以下是反映征询建议策略的两个领导行为：

- 领导者请你做一些力所能及的事情来帮助他实现任务目标或解决某个问题。
- 你受邀提出一个初步的计划或建议。领导者要你帮助支持、落地这个计划或建议。

■ 结盟

有时靠自己的单边行动影响其他人或其他团队作用微乎其微。因此，领导者往往需要和别人结成同盟或联盟，增强影响力。**结盟**（coalition）是指不同的团体共同作战以壮大力量。结盟是一种有效的影响策略，引用一句名言表述就是，"数字产生力量"。商业中的结盟就是数字游戏——越多的人站到你这边，影响的效果越好。然而，领导者权力越大，他们就越不需要和别人结盟。

在社交网络中，认识许多手握重权的人非常有利于促成一个联盟。如果想要完成某件事情，你得得到其他被影响者的认同。例如，设法获得批准在花园旁边建造一栋写字楼。

世界上拥有最强有力的社交网络，同时业务能力最强的人名叫理查德·P. 帕森斯（Richard D. Parsons），他是花旗集团的现任主席。与他建立强连接的人包括前总统巴拉克·奥巴马和乔治·W. 布什；美国财政部长蒂莫西·盖特纳（Timothy Geithner）；时代华纳 CEO 杰夫·比克斯（Jeff Beweks）；罗斯柴尔德公司 CEO 林恩·德·罗斯柴尔德（Lynn de Rothschild）；纽约市前市长迈克尔·布隆伯格（Michael Bloomberg）和其他几个商业信息服务企业的大亨。

与这些拥有权力的人建立强连接帮助帕森斯在解决公司问题方面成了专家。反过来也一样：受益的公司也帮他与拥有权力的人建立联系。帕森斯曾帮助三家公司生存下来：分钱储蓄银行（Dime Savings Bank）、时代华纳和花旗集团。帕森斯被认为是一个凭借人际交往和政治关系为公司解决问题的“经典修复者”。例如，在拯救花旗集团时，帕森斯在华盛顿花了很多时间与银行监管机构和政策制定者周旋。[16]（与华盛顿的政策制定者共同工作就是一个例子，帕森斯的个人社交网络促进了他的公司和外部力量之间的联合。）

以下是反映结盟的两个领导行为：

- 请你帮忙时，告诉你其他人也支持这个建议。
- 与你会面请你提供帮助或建议时，告诉你其他人也提供了同样的帮助。

■ 成为团队的一员

通过强烈的团队精神影响别人是完成任务的一项重要策略。在工作高峰期，领导者投入其中成为团队不可分割的一员。例如，一位信息技术团队的领导者和团队成员一起废寝忘食来对抗攻击公司计算机网络的病毒。

如果一个组织强调团队合作的文化，强调意志坚决、决策果断的文化，那么领导者成为团队的一员将是更加有效的影响策略。一项对收购公司 CEO 领导力的研究表明，团队合作的风格与坚持效率的风格相比，成功的概率相对较低。收购公司的领导者更多地是经济导向的，更关注交易而不是建立关系。[17]

■ 实践型领导

实践型领导者（hands-on leader）直接参与公司运营的细节和过程。这样的领导者具有专业特长，以任务为导向，以身作则，率先垂范。通过直接参与团队合作活动，领导者影响下属以保持共同的信仰，进而共同遵守标准的程序和流程。举个例子，专注于解决客户问题的管理者向其他员工示范他认为这样的问题应当如何处理。

实践型领导者常常是低层管理者，不过许多高层管理者也是实践型领导者。一个很有代表性的例子就是马尔乔内，即第 8 章中描述的克莱斯勒、菲亚特的 CEO。实践型领导者的缺点是如果过度参与工作，可能会成为一个事必躬亲的管理者。

10.2.2 本质上中性的影响策略

本部分所介绍的四种影响策略以及在表 10－2 列出的影响策略被看做中性的。如果实施的意图是好的，那么便是积极的影响策略；如果实施的意图是欺骗他人，便是消极的影响策略。

表 10－2　　本质上中性的影响策略

1. 逢迎示好	3. 借助上级的力量
2. 开玩笑	4. 与对立方合作

■ 逢迎示好

如果逢迎是为了实现正当的目的，就是一种积极的影响策略。然而，如果你并不喜欢别人却让这个人喜欢你，就是一种圆滑的影响策略。

如同组织政治一样，逢迎通常是面对上级的，下级试图让上级喜欢自己。逢迎也会面对下级，即领导者试图让下级喜欢他们。上级对下级比较典型的示好技巧有午餐邀请、赞美、分配下级感兴趣的工作、满足下级的爱好，例如，送给喜欢集邮的下级一张珍贵的邮票。

厌恶逢迎的领导者在一些特定的目的下也会赞同这种影响方式。典型的例子是比尔·盖茨，和员工在一起工作时，盖茨的态度往往是直截了当的，甚至会讽刺他人。但是微软被美国司法部以垄断起诉时，盖茨决定进行一次亲善之旅，包括去旧金山和硅谷观光旅游。在与公众会面期间，盖茨十分温和，有时会自嘲，甚至赞扬竞争。他和公众握手，为他们签名，面带微笑。盖茨表现得非常令人信服。一个在校女生说："他并不只是为了赚钱，而是为了把软件做得更好。"[18]（随后，盖茨和他的妻子成为主要的慈善家，帮助世界各地的贫困儿童，所以，也许这个女生是富有洞察力的!）

根据关于影响策略的研究，逢迎策略包括以下行为：

- 别人指出你拥有实施工作所需的独特技能和知识。
- 要求你做些什么时，别人赞扬你的技能或知识。

领导力自我评估测试10-2提供了一个测量你的逢迎程度以及将来怎样逢迎老板的机会。记住：虽然应当避免不诚实的表现，但是被上级喜欢能够助你升职，获得更多薪酬，并避免被裁掉。

领导力自我评估测试 10-2

组织背景下逢迎行为的测量（MIBOS）

说明：这个测试表明你使用（或将要使用）以下策略取悦上级的频率有多高。N=从不这样做；S=很少这样做；Oc=有时这样做；Of=经常这样做；A=大部分情况下都这样做。1～5分分别对应于N～A。

	1 N	2 S	3 OC	4 OF	5 A
1. 告诉你的上级，只有他才能在某种特定情境下帮助你。这会让他感到高兴。	□	□	□	□	□
2. 向上级表示你对他的新想法很感兴趣，即使实际上你并不喜欢它。	□	□	□	□	□
3. 试着让上级知道，你有好人缘。	□	□	□	□	□
4. 试着让上级了解你的成功事迹。	□	□	□	□	□
5. 在上级没有参加的会议上，高度评价在他的领导下实现的业绩。	□	□	□	□	□
6. 频频微笑以表示你对上级感兴趣的事物也抱有极大的热情和兴趣，即使实际上你并不感兴趣。	□	□	□	□	□
7. 表示与上级一致的工作态度，以及向他表示：你们两个是很相似的。	□	□	□	□	□
8. 告诉上级：你从他的经历中学到了很多。	□	□	□	□	□
9. 夸大上级令人敬佩的优点，使他认为你对他有很高的评价。	□	□	□	□	□
10. 在不重要的问题上可以有不同意见，在他希望你赞成的问题上与他保持一致。	□	□	□	□	□
11. 试着模仿上级的行为，例如加班甚至在周末加班。	□	□	□	□	□
12. 抓住机会让上级了解你的美德和优点。	□	□	□	□	□
13. 在上级认为他很精通的领域询问他的建议，使他感到你很崇拜他的才华。	□	□	□	□	□
14. 为上级做事，使他感到你是一个慷慨无私的人。	□	□	□	□	□

续前表

	1 N	2 S	3 OC	4 OF	5 A
15. 抓住机会赞美上级。	□	□	□	□	□
16. 让上级知道你和他态度相同。	□	□	□	□	□
17. 称赞上级的成就，不管你内心是怎么想的。	□	□	□	□	□
18. 对上级讲的笑话开怀大笑，尽管你并不觉得好笑。	□	□	□	□	□
19. 不辞辛苦地完成上级交代的工作。	□	□	□	□	□
20. 使用个人交际圈来帮助上级。	□	□	□	□	□
21. 试图让上级相信你的能力时，尝试着向上级展示你的品质。	□	□	□	□	□
22. 自愿在个人事务上帮助上级，例如找一间比较好的公寓或一家保险公司等。	□	□	□	□	□
23. 花时间倾听上级的个人问题，即使你对它们并不感兴趣。	□	□	□	□	□
24. 自愿帮助上级完成工作，尽管对你而言是额外工作。	□	□	□	□	□

得分和解释：使用这些逢迎行为比较频繁或者大多数情况下都会使用，你就比较会奉承。得分等于或低于40分意味着你并没有努力去取悦上级，可能需要努力逢迎上级来与他建立和谐的关系。得分在41～99分之间意味着逢迎上级的程度是适当的。得分为100分或更高意味着你经常逢迎上级，可能你的表现会太过政治性或者不真诚。因此有时要表现得诚实一些，以免被看做圆滑的人。

技能开发：领导者或将来的领导者应当记住，适当程度的逢迎是与上级保持适当的距离。示好下属有时也是有用的影响策略。

资料来源：Adapted from Kamalesh Kumar and Michael Beyerlein, "Construction and Validation of an Instrument for Measuring Ingratiatory Behaviors in Organizational Settings," *Journal of Applied Psychology*, October 1991, p. 623. Copyright © by the American Psychological Association. Adapted with permission.

■ 开玩笑

当直接的话语可能会被理解为严厉的批评时，善意的玩笑有时特别有效。开玩笑不但能够传递信息，同时能降低听者对说话者感到生气的风险。开玩笑也可能被看做不诚实或过于圆滑，因为批评者软处理了批评的冲击力。例如，一位中小企业的老板成功地使用开玩笑的策略提醒接待员的着装应更适合她的位置。老板走进办公室，注意到接待员穿着背心，带着非常大的耳环。老板说："梅丽莎（Melissa），你看起来很漂亮，但我认为你弄错了聚会的时间。你的穿着更适合公司聚餐，我们明天就去。"梅丽莎不好意思地笑了笑，此后上班时着装就比较职业了。

■ 借助上级的力量

在**借助上级的力量**（upward appeal）这种方式中，领导者借助组织中职位更高的人更大的正式权力来影响团队成员。一些管理者和研究者将寻求上级的帮助当作道德的和合乎伦理标准的，然而这样做具有很大的操纵性和惯性。例如，"我让这个人去找老板谈话，因为他不听我的。这件事给了他教训。”过多地借助上级的力量会使领导者在组织成员和上级的眼中权威下降，从而降低领导效能。领导者也可以借助其他方式向上级求助。领导者可以告知员工公司高管层已经通过了他的请求，以这样的方式来说服他们。因此，影响事件的目标就是被影响者自然而然地同意影响源（领导者）的建议。或者，领导者可以借助上级的权威来获得他人对其请求的认可，被影响者也会因此感到压力而努力工作。[19]

■ 与对立方合作

这是一个潜在的有效影响策略，也是解决冲突的方法。这个办法是：找出一个更聪明的办法，把某人或者某个团体争取过来。也就是说，将**竞争对手**（co-opt）变成你的团队的一部分，例如分给他们一些股权。[20]假如，在一个企业中，人力资源部主任总是收到来自首席财务官的反对意见。比如，首席财务官反对跨文化培训。为了缓解这种情形，人力资源部主任可能要把首席财务官变成同盟，让他成为人力资源咨询委员会的一员，委员会成员包括公司管理层以及来自社区颇有名气的市民。

10.2.3 本质上不诚实、不符合道德要求的影响策略

本部分所讲的策略是不诚实、不符合道德要求的，不过它们在不诚实方面的程度并不相同。大多数人认为这里所讲的前两个策略是很不道德、不光明正大的。然而，或许也有人将这两个策略看做可接受范围内的，尽管它们并不是完全坦诚的。这些有争议的策略在表10-3中列出。

表10-3　本质上不诚实、不符合道德要求的影响策略

1. 玩弄权谋的马基雅维利主义	3. 过度的压力
2. 温和地操控人员和情境	4. 贬低

■ 玩弄权谋的马基雅维利主义

尼科洛·马基雅维利建议管理者必须是强壮、残忍、冷嘲热讽的领导者。因为人们总是以自我为中心，自私又自利。在职场，无情地操纵他人的人被称作**权谋政治家**（machiavellians）。他们总是发起让别人工作的行动，然后控制与其之间的互动。权谋政治家会使用欺骗、吓唬以及其他操纵员工的手段。[21]现代社会中，一个很明显的马基雅维利主义的例子就是，强迫管理者和雇员为公司加班而又不付加班费。员工被告知如果拒绝为公司免费加班，他们将不能升职或者被看做没有团队精神。即使其他公司也有相同的空闲职位，大多数员工考虑到未来的职业生涯依然会留在这里，因为他们想要保持良好的声誉。

■ 温和地操控人员和情境

想要影响他人的某些人也具有操纵性，但远不是彻底的权谋政治家。他们会通过假话、伪行为来获得他人的遵从。例如，领导者可能会暗示一位同事：如果在团

队的内部斗争中支持自己，这个人就能获得升职的推荐。另一种操纵的方式是向无辜的人暗示，如果不按照自己的要求做将导致悲惨的结局。例如，“虽然你并不愿意帮助我做这件事情，但是你想想，如果我们完不成目标，要养活家人的员工就会被解雇。”

一个广泛使用的操纵方式是**追随潮流**（bandwagon technique），做这件事仅仅是因为其他人也喜欢这样做。例如，一位管理者想要参加近期召开的社交网络研讨会，她希望公司副总经理为她的这次参会增加预算，原因是“所有其他公司都是这样做的”。

追随潮流的策略也可以是借着同事的压力来影响团队中的成员。如果一个人在团队工作中和别人相比做得不够好，管理者就会说：“鲍勃，部门中的每个人都致力于创造一种团队文化，我们希望你也加入其中。”[22]

■ 过度的压力

有效的领导者经常会使用激励技术，例如奖励或温和的惩罚。然而，当奖励变成了贿赂和遵从，惩罚的威胁变得严重起来时，受影响者将会面对过度的压力和强制。例如，经理会这样贿赂员工：“如果这周你能够在这个项目上工作 80 个小时，我将会推荐你获得最高级别的奖金。”另一个施加压力的方式，是管理者大叫或者诅咒以威胁员工。处在压力下的管理者可能会向下属喊道：“这周末前收回这些应收款项目，否则就再找一份工作。”

下面是研究中发现的与压力相关的两个领导行为：

- 在让你做某些事情时，使用恐吓或者警告。
- 在让你按照他的要求做时，给你施加压力。

■ 贬低

另一种微妙的操纵策略是**贬低**（debasement），即通过贬损或者侮辱他人来控制其行为。前面所提到的理查德・帕森斯就用贬低来控制他人。他的一位老朋友说：“理查德具有一种很强的技能，就是让人们低估他。如果你把自己暴露无遗，别人就知道怎么攻击你。想想牛和斗牛士谁获得了最终的胜利?”[23]研究发现，自我贬低的策略包括以下两种：“如果降低自己的姿态，她就会做这项工作。”“如果我表现得很谦虚，她就会做这项工作。”[24]

研究发现，最严重的不道德影响（不道德政治）策略对人是有伤害的，使用这些影响方法能给人们带来痛苦，认识到这一点非常重要。举个例子，使用欺凌和恐吓的策略并不触犯法律，但它们是不道德的。在组织中，应用残酷的策略会造成很多麻烦。正如一位观察者指出的：“残酷的策略是一种公然的不道德策略，赤裸裸地侵犯组织的智商、情商及道德，这些社会恶习会恶化组织行为符合社会道德的良好状态。”[25]残酷的例子包括挖苦组织成员的长相或者贬低他。

领导力技能开发练习 10 - 1 为你提供了一个机会来练习高风险商业情境中的影响策略。

领导力技能开发练习 10 - 2 将会帮助你识别本章提出的一些影响策略。练习中提到的其他策略，例如自信，已经在第3章中介绍过。

领导力技能开发练习 10-1

道德影响策略

一个学生扮演空军采购员，另一个学生扮演航空公司首席财务官。这两个人在午餐时间讨论有关航空公司230亿美元的交易。首席财务官非常希望为航空公司拿到合约，而空军采购员则看出从这个交易中能够为自己谋取一些利益：她的职业生涯将会向前迈一大步，同时还能为她女儿的男朋友在这家航空公司安排一份工作。空军采购员暗示希望从中获得个人利益，但是航空公司的首席财务官却希望使用道德的影响策略赢得合约。这两个角色的会面持续了10分钟。然后，班级同学作为观察员对这两个角色各自使用的影响策略提出反馈意见。

领导力技能开发练习 10-2

识别影响策略

说明：阅读列出的每一条策略后，用以下字母标识出最有可能是哪一种策略：I=逢迎示好；E=互利互惠；R=理性劝说；C=结盟；U=借助上级的力量。

	策略
1. 因为我的要求给别人带来了额外的麻烦，我会同情这个人。	
2. 如果别人做了我要求的事情，我也会为他提供帮助。	
3. 我的提议获得了团队中大多数高层管理者的支持和鼓励。	
4. 我获得了上级的非正式支持。	
5. 我使用逻辑来使他信服。	
6. 我对上级进行了正式的请求，让他们支持我的要求。	
7. 我谋求部门其他成员的合作以支持我的提议。	
8. 如果员工能够按照我的要求完成工作，我可以做出个人牺牲（例如，加班或者更加努力地工作）。	
9. 在提出要求前，我会让他对我印象良好。	
10. 我解释了提出要求的原因。	

答案：

1. I　2. E　3. C　4. U　5. R　6. U　7. C　8. E　9. I　10. R

技能开发：识别影响策略，提高你对"如何影响别人以及别人影响你所使用的策略"的认识。

资料来源：Based on information in Chester A. Schriescheim and Timothy R. Hinkin, "Influence Tactics Used by Subordinates: A Theoretical and Empirical Analysis and Refinement of the Kipnis, Schmidt, and Wilkinson Subscales," *Journal of Applied Psychology*, June 1990, p. 246. Copyright © 1990 American Psychological Association. Adapted with permission.

10.3　领导力对组织变革的影响

目前我们的大多数讨论都是领导者/管理者一次只影响一个人或者一个小团队。高层领导者会在促进整个组织变革、尝试彻底变革整个组织的文化两大方面产生深远的影响。一种变革是试图影响组织的文化，这种文化太讲究合作以至于不能快速、独立地制定决策。另一种变革是创造一种文化，这种文化出于对自身利益的考虑，使领导者更加专注于目标市场和产品，较少专注于创新。还有一种变革是 CEO 会让厌恶风险的员工更加具有创新精神并更愿意承担风险。

在试图全力进行文化变革之前，领导者需要研究原有文化并理解它为何能够推动组织成长繁荣。例如，当李艾科（Leo Apotheker）在 2010 年被任命为惠普公司的 CEO 时，惠普的前任 CEO 赫德卷入了一项财务报销丑闻。在赫德之前，CEO 菲奥莉娜被公司解职。李艾科在倡议变革之前小心翼翼，如履薄冰，稳中有进。部分原因是惠普公司依然是一家有着长期卓越传统的伟大技术公司。李艾科不断在公司四处走动以尽可能地理解企业文化。用他的话说："我在这里只有一个议题：找出什么是不管用的，什么需要改进，以及什么需要真正快速地改进。我对惠普的员工印象极为深刻。"[26]然而，仅在任职的一年之内，李艾科就对惠普做出了一些重大改变。他削减了行政官的职位，这样更多的管理者直接向他汇报工作以期在公司内增加影响力，惠普也越来越多地投向计算机服务商的业务。董事会并没有全部接受李艾科的变革，上任仅 11 个月后李艾科就被解聘。

新 CEO 被任命之后，为谋求效果，通常会做如下公开演讲："我首要的工作是变革文化。"领导者要遵循以下原则开展组织文化变革，同时确保组织健康的文化得以延续。

● 成为期望态度或期望行为的榜样范例。如果希望某种价值观或者行为在组织内部被所有成员模仿、落实，那么领导者的行为需要与提倡的价值观和行为保持一致。如果希望的改变是加强客户服务，领导者必须像对待客户一样对待员工，从而为怎样对待客户树立一个榜样。同时，领导者也必须用积极的话语描述客户服务。例如，可以这样说："我们工作真正的乐趣是帮助客户解决问题。"另外一个经常使用的变革方法是，新任命的领导者树立厉行节约的榜样，从而组织上行下效，提倡节约。例如，提倡节约的 CEO 可能会乘坐商业飞机而不是公司的专机，只配备一名而不是多名行政助理，以及在公司的餐厅吃午餐。

● 通过行政规章推行新的做法。从伊梅尔特担任通用电气的董事会主席和 CEO 开始，就肩负着这样一个使命：将通用电气从一家强调过程导向的公司向重视创新和商业成长的公司转变。除了突出管理运营中的显著效能，伊梅尔特还强调承担风险、精细营销、追求极致、鼓励创新的必要性。[27]

● 建立奖励系统，推进文化建设。例如，给予合理化建议重大奖励，提倡创新文化。在波音公司，CEO 麦克纳尼想要创造一种共同的文化，朝着共同目标努力奋斗。为了限制消极的内部竞争和信息不共享的现象，他将管理者的部分奖金与"管理者是否通畅地与公司其他部门之间共享信息"挂钩。[28]

● 选择在所有层次上其文化价值观均与公司要求吻合的求职者。许多公司只雇用那些工作和学习经历显示具有良好团队精神（一种文化价值观）的员工。

● 发起有助于支持想要的文化价值观的培训和开发项目。在许多例子中，卓越的管理者可能会开展多元化培训以体现多元文化的重要性，或者是开展质量培训以贯彻重视品质的价值观。

一个具有上述所有积极变革行为的领导者可能被认为是变革型领导者。下面“领导者在行动”专栏描述的领导者尝试在咖啡价格方面投入精力从而展开了一系列变革。

◆ 领导者在行动

星巴克 CEO 霍华德·舒尔茨振兴他的咖啡连锁店

星巴克的起源可以追溯到 1971 年，那时位于西雅图和华盛顿的星巴克烘焙和销售咖啡豆及咖啡粉。40 年后，星巴克在全球 50 个国家和地区拥有 17 000 家门店，其中 11 000 家门店在美国。不管公司的运行规模有多大，星巴克的管理者有某个想法时总是会说：“Howie 大叔怎么看？”这个问题中的 Howie 大叔就是霍华德·舒尔茨，他在只有 6 家咖啡连锁店时买下了这家公司，至今依旧专心致志地参与到公司的事务当中，例如频繁地烘焙门店中的咖啡豆，以及设计星巴克商标的外观。

现在，星巴克已经成为世界上最广为人知的品牌之一。星巴克在 2008 年金融危机期间销售收入锐减。外部的分析师认为，消费者已经从消费餐厅咖啡转为消费价格更为低廉的替代品，尤其是唐恩都乐、麦当劳、7—11 便利店、蒂姆·霍顿斯（Tim Hortons）。舒尔茨则坚持认为，许多星巴克的顾客只是在外面买少量的咖啡，不会转到竞争对手那边去。

为了重振星巴克，过去 8 年只担任董事会主席的舒尔茨重新回到 CEO 的位置上。舒尔茨担心星巴克已经迷失方向：它变得太大、太官僚，门店已经丧失活力。舒尔茨想要星巴克恢复本来的形象，并希望顾客再次青睐星巴克。他的第一步是修改工作流程，以确保顾客能够听到咖啡研磨机呼呼的声音，能够闻到咖啡的芳香。舒尔茨担心星巴克转用预先磨好的咖啡使得顾客来星巴克消费全然体会不到原有的浪漫和戏剧效果。他希望星巴克的员工站在顾客的立场上思考问题并提升顾客体验。

尽管舒尔茨并不希望星巴克像其他商业企业一样，为了提升利润，他还是采取措施，关掉了在美国的 800 家门店，解聘了近 8 000 名员工。舒尔茨也重视提升咖啡准备阶段的效率。例如，星巴克发现咖啡师将价值数百万美元未用完的牛奶倒入下水道。为解决这个问题，蒸罐中设置了刻度线，咖啡师可以清楚准确地知道不同的饮品需要多少牛奶。舒尔茨充分利用故事和比喻来激励员工。他说：“星巴克大厅的那条长队就是胜利的象征，我们还能找到多少其他这样的线？”

重振星巴克的另一个重要措施是充分利用社交媒体。舒尔茨将公司在媒体上出镜看做重建公司信誉和传播公司价值观的一种途径和方法。星巴克一度拥有 2 000 万脸书链接和 140 万推特粉丝。

星巴克有效地执行舒尔茨所提倡的变革，成功地从大衰退中复苏，舒尔茨为此感到自豪。他在 2011 年告诉合作伙伴：“今天我们的营业收入、营业利润、股票价格达到了近 5

年的高点，这并非偶然。”

［问题］

1. 舒尔茨试图利用何种影响策略来使星巴克重新恢复活力？

2. 给舒尔茨写一份备忘录，告知他你认为星巴克在更远的未来取得更大成功需要何种变革。

3. 想一想你最近光顾的星巴克咖啡店，你是否体会到了“浪漫和戏剧效果”，如果你没去过星巴克，询问一下光顾过星巴克的人。

10.4 影响策略的效能及排序

前面我们单独讨论了每个影响策略，其实这些策略是相互关联的。比较这些影响策略有两种方法：一是检查这些影响策略的相对有效性；二是研究使用这些策略实现最佳效果的先后顺序。

10.4.1 影响策略的效能

既然影响策略是领导力的重要组成部分，那么关于影响策略相对效用的研究就意义重大。一项由尤科尔（Gary Yukl）和特雷西（J. Bruce Tracey）开展的研究提出了关于影响策略相对效能的深刻见解。[29] 120个管理者参与到研究当中，还包括526名下属、543名同事，以及128名上级。其中一半管理者来自制造公司，另一半来自服务公司。

与管理者一起工作的人，需要完成调查问卷以确定管理者利用了以下9种影响策略中的哪几种：（1）理性劝说；（2）提出鼓舞人心并富有情感的要求；（3）征询建议；（4）逢迎示好；（5）互利互惠；（6）个人的请求；（7）结盟；（8）合法的请求；（9）过度的压力。

另外一个问题是询问评价者，影响源（领导者）使用多少影响策略才能获得其完全的承诺。评价者也需要对管理者实施管理职责的效能进行评级。问卷中有9个回答选项，从“我见过的最低效的管理者”到“最高效的管理者”。

研究结果显示，最有效的策略是理性劝说、提出鼓舞人心并富有情感的要求和征询建议。（有效的策略是能够实现任务承诺，并且被众多评价者认为是最高效的管理者所使用的影响策略。）相反，最无效的影响策略是过度的压力、结盟和合法的请求（诉诸法定权力）。逢迎示好和互利互惠在影响团队成员和同事方面具有适中的效果。然而同样的策略并不适用于影响上级。相关解释是：非强制性影响策略与威胁、操控型的强制性影响策略相比，更能为被影响者的态度转变提供一个理性的、合乎道理的基础性解释，能更有效地赢得被影响者的认同和服从。[30]

提出鼓舞人心并富有情感的要求、逢迎示好和过度的压力主要用于下行方向，是用于影响下属的策略。个人的请求、互利互惠和合法的请求主要用于横向关系中。研究同时发现，结盟通常用于横向和上行关系中，而理性劝说则常见于上行关系中。

研究者得出结论：某些策略比其他策略更为有效。但是他们提醒，这一结论并不意味着这些策略总会得到受影响者的任务承诺。某个特定影响策略的结果同时被其他因素左右，例如，受影响者的动机和组织文化的影响。同样，任何策略都可能遭到受影响者的抵抗，如果没有根据情境恰当运用或者运用技巧不当的话。有效地运用影响策略需要灵活机敏、老到的手段以及深刻的洞见。

领导者认为哪一种影响策略有效并采用它，取决于团队成员之间的信任程度。不相信别人时，我们可能会去控制他们的行为。韦尔斯（Carole V. Wells）和基普尼斯（David Kipnis）做了一个关于信任度的调查，其中涉及275名管理者和267名雇员。管理者回答关于下属的问题，下属回答关于管理者的问题。然而这两个群体并非在描述对方。一个重要的发现是，在不信任对方时，他们都在利用强力的影响策略，不管是管理者还是下属都如此。所研究的强力影响策略包括诉诸更高的权力、自信、构建联盟和制裁。[31]

一个对分销公司地区经理和客服中心经理的研究发现了关于影响策略相对效能的另外一种观点。主要的发现是：与领导者关系的质量（领导者-成员交换）对影响策略的效能产生影响。当团队成员感到他们与领导者之间的关系很糟糕时，领导者使用提出鼓舞人心并富有情感的要求和互利互惠的影响策略会导致成员之间更少的互相帮助行为。然而，领导者使用征询建议的影响策略则能促进成员之间互相帮助的行为。当团队成员认为他们和领导者的关系良好时，领导者的互利互惠策略能促进团队成员之间的互相帮助行为。

对这些互动作用的解释能够启迪领导者。低质量的关系可能促使将诉诸价值观、目标、愿望、激励或互利互惠影响策略视为无聊之物。结果是，团队成员并没有表现出基于提出鼓舞人心并富有情感的要求影响策略的更多互相帮助的行为。但是，在这种情况下，征询建议影响策略更为有效，并可能使成员变得更为乐于助人。[32]

10.4.2 影响策略的排序

在使用影响策略时，另外一个重要的考虑就是策略使用的先后顺序。一般来说，首先要从最积极或者最温和的策略开始。如果没有实现目标，再进阶到更强硬的策略。例如，如果你想加薪，试一下理性说服。如果不管用，再选择互利互惠影响策略。将粗暴策略放到最后使用，例如上行策略借助上级的力量。原因就在于粗暴的策略会招致报复和反击。许多人向政府机关等外部组织抱怨自己在组织内部的发展前景受到制约。尽管这种影响策略是合法的，但在政治上是不明智的。

使用策略的先后顺序还应考虑成本和风险的因素。一个明智的方法是从低成本、低风险的策略开始。如果结果对影响源（领导者）来说非常重要，他可以进阶到成本和风险更高的影响策略。低成本和低风险策略的例子是开玩笑。当团队开支预算令人不满意时，财务经理可能会对老板说："新的预算案是否意味着我们要自己掏腰包为打印墨盒和绿色遮光罩买单?"如果与对预算不满的其他团队形成联盟以寻求扩大预算，那么在时间等待、上行关系等方面风险要大得多。

除了策略的先后顺序，影响源还需要将影响方向（上行方向、下行方向等）作为权变因素加以考虑。一般来说，一个人的组织权力越大，他运用影响策略的顾忌就越小。例如，一个副总裁可以很容易地使用过多的压力策略影响他的主管，反过来则行不通。拥有的权力越大，你运用强力影响策略导致的消极后果就会越小。

领导力技能开发练习 10－3 提供了一个机会让你练习使用多种影响策略。与任何其他技能一样，应用影响策略的技能需要在现实环境中加以训练实践。

领导力技能开发练习 10－3

应用影响策略

将班级同学分为不同的小组。每个小组向每个成员分配一个影响策略。在此后的一周中，每个成员找机会在工作或者私人情境实践所分配的影响策略。实践以后，召开小组会议与成员一起讨论。反馈如下信息：(1) 在什么情况下尝试的影响策略；(2) 受影响者是如何反应的；(3) 积极、消极的结果是什么。

因为领导力的核心是影响他人，所以练习影响策略会直接有助于提升你的领导效能。如果想以非管理者身份运用影响策略的话，你需要尤其精通这些策略，因为你的正式组织权力相当有限。

10.5 隐含的领导力理论和领导力的影响

最后一个有关影响策略的观点是：如果领导者符合人们对领导者的期待，则人们更有可能被领导者影响。**隐含的领导力理论**（implicit leadership theories）是对理想化的组织领导者应有的个人特质和能力的假设。这些假设，包括已陈述的和未陈述的，基于社会化和领导者过去的经历设定。它们存储在团队成员的记忆中，当团队成员和处于领导职位的人互动时，就会被激活。有关领导者的各种假设帮我们弄清楚工作中发生了什么事情。假设雷杰（Reggie）在这样一个家庭和街坊邻里环境中长大：公司领导者在这里受到尊敬，而且被认为是专心致志和智商超群的。当雷杰随后开始一项全职工作时，他更有可能被专心致志和智商超群的主管影响。因为这个人符合雷杰已有的关于一个领导者应该如何表现的先前认知。

根据隐含的领导力理论，作为对领导者特质和行为的假设和期望的一部分，人们提出了正向原型特质和负向原型特质两类领导力的概念。其中，正向原型特质指领导者的积极特质，而负向原型特质则是指人们不希望在领导者身上见到的特质和行为。人们对同一个领导者会有不同的期待。然而，对英国两个样本公司 939 名下属的调查研究显示，在隐含的领导力理论中有一致的地方。研究显示，对于不同的雇员群体，隐含的领导力理论是一致的，是稳定可靠、以领导者特质为基础的理论模型。[33] 另一个在英格兰的研究显示，如果领导者正确地迎合了下属关于他的特征假设，领导者-成员交换关系会更加积极有效。同样，团队成员更容易受到领导者的影响。[34]

表 10－4 列出了团队成员希望在领导者身上见到的六个特质（正向原型特质），也列出了他们不愿意在领导者身上见到的两个特质（负向原型特质）。第 3 章、第 4 章学过的有关领导特质的研究，会增强对这些领导特质的理解。负向原型特质中的

男性化显示，追随者更喜欢一个富有同情心、关系导向的领导者，而不是命令和控制型的领导者。这些数据的背后含义是：正向原型特质的领导者与负向原型特质的领导者相比，更有可能影响成员。

表 10-4　　隐含的领导力理论维度

正向原型特质	负向原型特质
1. 敏感性（富有同情心的、敏感的）	1. 专制（统治的、自私的、操纵的）
2. 智力（机智的、聪明的）	2. 男性化（男性的、男子气概的）
3. 贡献（专注的、积极的）	
4. 领袖魅力（有魅力的、充满活力的）	
5. 力量（强大的、勇敢的）	
6. 吸引人的（良好着装的、优等的）	

资料来源：Gathered from information in Olga Epitropaki and Robin Martin, "Implicit Leadership Theories in Applied Settings: Factor Structure, Generalizability, and Stability over Time," *Journal of Applied Psychology*, April 2004, 297-299.

小　结

要成为一个有效的领导者，必须知道特定的影响策略。影响力是在一个特定的方向上影响他人行为的能力。与之对照，权力则是能够影响他人的潜力和能力。本章描述的模型表明，领导者的影响结果是他所使用的影响策略的函数。反过来，影响策略则受到领导者的人格特质、行为和所处情境的调节或影响。影响策略的可能结果是承诺、遵守或抵抗，所有这些影响策略的结果又会影响最终的后果，如团队的成功或失败。

我们经常从道德的视角来审视影响策略。有些策略明显是符合道德要求的，有些是中性的，有些明显是不道德的。借助机智、处世之道、善意，道德影响策略可以变得相当有效。这里提到的本质上符合道德要求的策略包括：以身作则的领导、理性劝说、明确告知被影响者所能获得的回报、个人的请求、成为某领域的专家、互利互惠、合法的请求、提出鼓舞人心并富有情感的要求、征询建议、结盟、成为团队的一员和实践型领导。

从道德的视角看，本质上中性的影响策略包括：逢迎示好、开玩笑、借助上级的力量、与对立方合作。本章描述的本质上不诚实、不符合道德要求的影响策略包括：玩弄权谋的马基雅维利主义、温和地操控人员和情境、过度的压力和贬低。

一流的领导者运用他们的影响力以在整个组织内进行变革。他们通常彻底审视组织文化，领导者首先要研究原有文化以发现它的优点。领导者推进文化变革的策略包括以身作则、制定行政规章、给予奖励、选择符合文化价值观的求职者、发起培训和开发项目来支持企业文化建设。

一项对影响策略的研究得出结论：最有效的影响策略是理性劝说、提出鼓舞人心并富有情感的要求、征询建议。最无效的影响策略是过度的压力、结盟和合法的请求。领导者-成员交换关系的质量对于影响策略的效能会产生作用，糟糕的关系会降低提出鼓舞人心并富有情感的要求和互利互惠的效能。

某些策略对上行运用影响更为有效，某些策略对下行运用影响更为有效。例如，提出鼓舞人心并富有情感的要求、逢迎示好和互利互惠对于影响下属和同事有一定效果。然而，同样的策略对影响上级则没有多大效果。当不信任别人时，我们倾向于使用诉诸更高的权力这类强力影响策略。

使用影响策略的先后顺序是另外一个重要考虑因素。一般而言，要从最积极或者最温和的策略开始。如果没有实现想要的目标，那就进阶到更强硬的影响策略。同时，从低成本、低风险的影响策略开始。

隐含的领导力理论是对理想化的组织领导者应有的个人特质和能力的假设。正向原型特质是领导者的积极特质，负向原型特质是领导者的消极特质。下属更可能受到这样的领导者影响：领导者符合他们心目中积极的正向原型特质，而不是消极的负向原型特质。

实践与技能开发指南

一项研究提供了下列问题的一些线索：在何种情况下有效的影响策略对下属能起作用。当下属拒绝做与其角色相关的工作或者下属装病时，管理者倾向于采取严厉、强硬的后续策略。（这里的一个例子是，对应收账款催款员说："你已经偷懒很久了，如果不跟踪这些应收账款逾期客户，你明年将不会获得加薪。"）当领导者和成员之间的交换关系质量较差时，更为严厉强硬的策略有可能被更为频繁地使用。当对下属的要求在职责范围之外时，或者要求模糊时，管理者会收回他们的要求。当领导者-成员交换关系质量不佳时，管理者更有可能收回要求。[35]

[讨论题]

1. 解释下面的类比：影响力对于领导力来说，就像鸡蛋对于炒鸡蛋。

2. 你认为本章所描述的哪种影响策略最适合你？为什么？

3. 一个管理者如何利用以身作则的影响策略帮助他所在部门实施符合道德要求的行为？

4. 假设你在一家大公司工作，CEO认为公司需要缩减5%的成本开支。为了宣告这个决定，CEO给每个雇员发了推特信息加以解释。解释你认为这个推特消息会有多大的效果。

5. 举出两个你在工作中见到或者想象的互利互惠的例子。

6. 为什么说成为某领域的专家既是影响策略也是权力来源？

7. 既然如此依赖人际技能，为什么培育业务专家的名声对于一个领导者来说又如此重要？

8. 商业领导者如何利用追随潮流的领导策略使员工形成一种健康的生活方式？

9. 当一流的管理者想在某个特定的方向尝试影响组织以推进变革时，为什么他应该担心现有的组织文化？

10. 从一位经验丰富的领导者那里了解最有效的影响策略。与班级同学分享你的发现。

领导力案例A

在CFI Westgate Resort公司的适用与不适用

中佛罗里达投资公司（Central Florida Investment，CFI）是中佛罗里达地区最大的私人控股企业。公司经营业务覆盖面广，包括酒店、保险、杂志、房地产、运输服务、石油、家畜及互联网。CFI Westgate Resort是其中一家位于奥兰多的房地产公司，这个公司的雇员在保持健康体魄方面动力十足。如果参加公司内部的减肥竞赛并实现目标，他们就能获得现金或者豪华度假奖励。

举办减肥比赛的灵感来自CEO赛格尔（David Siegel），他自己就在几年前减肥超过20磅。公司的首席运营官马克（Mark）说："我们的CEO把减肥竞赛放到了正式日程上。"在第一年的减肥竞赛中，一些雇员减肥达到60磅。

Westgate公司是几年前就对吸烟采取强制措施的首批公司之一。当问及沃顿商学院人力资源中心主任卡朋里（Peter Cappelli）对反吸烟运动的看法时，他说："无论在上班时还是下班后，制裁那些吸烟的雇员只是冰山一角……禁止吸烟、惩罚吸烟者在全社会都已形成共识。关于减肥我们会看到同样的事情吗？时机很可能已经成熟了。"

2002年赛格尔宣布，Westgate公司所有员工必须在一年时间内完全放弃吸烟，否则终止雇用合同。公司提供戒烟课程、尼古丁津贴以及其他支持。根据马克的说法，赛格尔在一个亲密朋友因为肺癌去世并得知佛罗里达州的法律不保护吸烟者之后，才制定了这个政策。制定这个政策的另外一个担忧是，吸烟者推高了公司的医疗保险费。

"如果有人想要吸烟，这是他们个人的权利。

但是当吸烟影响到了他们的雇主或者同事时，坦率地说，我们不会放任不管。”马克说。自从禁烟令在2003年全面正式实施以来，Westgate公司的医疗保险费用平均上涨了5%，远低于其他公司的上涨幅度。

赛格尔告诉佛罗里达电视台关于Westgate公司会采取合法措施确保员工健康时，发现自己正处于争议的中心。“如果你是个酒鬼，我们有权解雇你，我们也会那样做。”他说。博主和网络评论者反对赛格尔的说法，他们的理由是：不公平地歧视肥胖人员并且过分地干涉雇员的私人生活。一个怀孕的妇女说：“上次我怀孕了，体重增加了40磅，在被炒鱿鱼之前我有多少时间来减肥呢？”

Westgate公司在解决肥胖问题时，人力资源部采取的措施远比赛格尔的评论中所说的更为具体、更为谨慎。“体重（意味着过度超重）是非常复杂的，它可能是由疾病引起的。在惩罚肥胖员工之前，我们需要理解肥胖的原因并对惩罚措施达成共识。”马克说，公司当前不会惩罚超重或者肥胖的员工。

[问题]

1. 在解决强制员工戒烟和减肥的问题上，赛格尔使用了哪些影响策略？

2. 你能给赛格尔提供哪些建议帮助他更成功地影响雇员开展减肥活动？

3. 从道德层面，你如何评价一个CEO试图让雇员减肥的影响策略？

角色扮演

一个学生扮演电话预订代理员的角色，这个代理员在Westgate公司工作，他120磅的体重超过了相同的身高平均体重。这个雇员每天都吸一包香烟。另一个学生扮演CEO赛格尔的角色，赛格尔得知这个雇员吸烟后，就通知这个雇员找他开个个人会议，以采取合适的影响策略让他尽快减肥和戒烟。这个电话预订代理员对侵犯他公民自由权利的做法相当敏感。观察者请观察赛格尔使用了哪些影响策略以及这些策略发挥了怎样的效果。

领导力案例 B

操纵者玛雅

玛雅（Maya）是United Events公司的一名销售主管。公司的主营业务是为客户组织贸易展和展览等活动。除了将酒店和会议大厅陈列整齐，United Events公司还负责布置摊位、展览活动的网络通信技术。公司在这几年发展得有声有色，部分原因是在室内组织展览活动过于复杂，而United Events公司这方面的能力独树一帜。

大部分顾客和员工认为玛雅敏捷灵活、富有吸引力。然而，一些销售代表却担心玛雅将如何对待他们。一位领导力教练在和两位销售代表谈话时有如下发现。

新泽西地区的销售代表伊万（Ivan）说：“玛雅说的和做的有不一致的地方。六个月前我遇到一个商机：为公司发展一个新客户，业务的内容是为这个客户组织年度会议。问题是我必须花大量时间来获得这份合同。这家公司希望了解组织年度会议的很多细节。此外，他们想看一下我们之前为其他公司组织年度会议的案例文档。”

“我告诉她这个合同可能在成本上不划算，因为这个合同会花费我大量的时间。我完全可以把这些时间用在其他商机上。玛雅告诉我继续跟进，因为公司CEO对这个合同很感兴趣，我也被告知，在这个项目上可以获得双倍奖金。”

“我最终拿下了这个合同，尽管它占用了我大量的个人时间。而我最终得到的只是常规奖金，而不是双倍奖金。当我问及她关于奖金数额的问题时，得到的答复是：有资格获得双倍奖金，并不是一定能获得。”

柯特娜（Courtney）是芝加哥地区的销售代表，她说，去年是她在公司五年中最好的一年。在与玛雅的一次私人见面中，柯特娜被问到是否愿意将她的最高个人销售额归功于玛雅。玛雅对她说：“你已经有一个收获颇丰的年头，而我的个人账户却略低于今年的平均值。即便我拿走最后这笔大单的全部，你依旧有一个丰收年。不要忘记，作为你的上级，是我的建议帮你拿到了订单。”

当柯特娜对把大订单转给玛雅有些犹豫时，玛雅说：“请你记住我是你的盟友。记住我去年是如何让你从不合规的账单报销中摆脱麻烦的。如果我获得销售业绩积分，我是不会追究你的不合规行为的。”

[问题]

1. 通过哪些具体方法，玛雅成了一个操纵者？
2. 你认为她的行为在多大程度上是合理的？
3. 伊万和柯特娜该如何应对这种局面？
4. 你会给玛雅提供什么样的建议以使其成为更有效的领导者？

领导力技能开发练习 10-4

我的领导力文件夹

影响力对于领导者来说，就像鸡蛋对于炒鸡蛋那样，所以你需要练习影响策略来提升影响力效能。描述你最近使用的影响策略：你运用了什么影响策略，被影响者是如何反应的，下次你打算怎样运用不同的影响策略。同时，在接下来的一周中，描述你计划运用哪个影响策略或策略组合。下面是一个可能的例子：

我在一支名叫西区首领的年轻篮球队中担任教练。孩子们都很了不起，我也非常享受这段经历。然而球队名称中的“首领”困扰着我，因为这个词已经过时，许多人认为“首领”这个词用在体育方面有种族主义的味道。所以我打算说服篮球联盟理事改变我们球队的名称。我说出了关于“首领”这个词对体育团队已经过时的一系列事实。（我的影响策略是理性劝说。）联盟理事认真听取了我的理由，但没有同意更换名称的建议。接下来，我将理性劝说和提出鼓舞人心并富有情感的要求两个策略结合起来。我向联盟理事询问，如果我们的球队叫西区华人或者西区犹太人会有什么样的后果。最后，我的影响策略起作用了，经过讨论决定，下一季我们的球队改名叫西区咆哮者。

领导力技能开发练习 10-5

在这一章你学习了领导力和影响策略，现在该你围绕领导力为题写点东西了。以个人或者小组的形式，以“如何成为一个有权力而且有影响力的领导者”为题写一篇文章，400 字左右。个人或者团队可以在班内交流学习所写文章。注意这些文章的异同。

注 释

[1] This story is created from facts and observations found in the following sources: David Vladek, "About the Bureau of Consumer Protection," *Federal Trade Commission*, *www.ftc.giv/bep/about.shtm* June 16, 2009; Maya Jackson Randall, "Warren Defends Watchdog Agency," *The Wall Street Journal*, March 17, 2011, p. C9; Jennifer Liberto, "Elizabeth Warren's Olive Branch to Big Business," *CNNMoney.com* (http://money.cnn.com), March 30, 2011, pp. 1–2; Edward Wyatt, "Obama Adviser on Consumer Agency to Address Business Leaders," *The New York Times* (www.nytimes.com), March 30, 2011, pp. 1–2; Michael Scherer, "The New Sheriffs of Wall Street,: *Time*, May 24, 2010, pp. 25–26; Carter Doughtery and Robert Schmidt, "Time's Nearly Up for Elizabeth Warren," *Bloomberg Businessweek*, April 18–April 24, 2011. pp. 29–30; Jim Puzzanghera, "Elizabeth Warren to Step Down from Consumer Agency Monday," *Los Angeles Times* (http: latimesblogs.latimes.com/money), July 218, 2011, p. 1.

[2] Allan R. Cohen, Stephen L. Fink, Herman Gadon, and Robin D. Willits, *Effective Behavior in Organizations: Cases, Concepts, and Student Experiences*, 5th ed. (Homewood, Ill.: Irwin, 1992), p. 139.

[3] Cited in Adam Lashinsky, "Where Does Google Go Next?" *Fortune*, May 26, 2008, p. 108.

[4] Geoff Colvin, "Power: A Cooling Trend," *Fortune*, December 10, 2007, p. 114.

[5] Gary Yukl, *Leadership in Organizations*, 5th ed. (Upper Saddle River, NJ: Prentice Hall, 2002),

p. 143.
[6] "Steven Cohen: Speaking Softly but Carrying a Big Hedge Fund," *Time*, May 14, 2007, p. 165.
[7] Mitchell S. Nesler, Herman Aguinis, Brian M. Quigley, and James T. Tedeschi, "The Effect of Credibility on Perceived Power," *Journal of Applied Social Psychology*, 1993, vol. 23, no. 17, pp. 1407–1425.
[8] The sample statements indicating the influence tactic in question here and at the other places in the chapter where they are presented are from Gary Yukl, Charles F. Seifert, and Carolyn Chavez, "Validation of the Extended Influence Behavior Questionnaire,"*The Leadership Quarterly*, October 2008, pp. 618–620 (© Gary Yukl).
[9] Yukl, Seifert, and Chavez, "Validation of the Extended Influence Behavior Questionnaire," p. 610.
[10] Yukl, Seifert, and Chavez, "Validation of the Extended Influence Behavior Questionnaire," p. 610. (For both endnotes 9 and 10 the definitions are credited as Copyright © 2001 by Gary Yukl.
[11] "You Scratch My Back ... Tips on Winning Your Colleague's Cooperation," *Working Smart*, October 1999, p. 1.
[12] Jeffrey Pfeffer, *Managing with Power: Power and Influence in Organizations* (Boston: Harvard Business School Press, 1992), p. 224.
[13] Alan Murray, *The Wall Street Journal Essential Guide to Management* (New York: Harper Business, 2010), p. 90.
[14] Nelson D. Schwartz, "Wall Street's Man of the Moment," *Fortune*, March 5, 2007, p. 76.
[15] Gary Yukl, *Skills for Managers and Leaders: Text, Cases, and Exercises* (Upper Saddle River, NJ: Prentice Hall, 1990), p. 65.
[16] Devon Leonard, "Company on Fire? Light a Cigar," *Bloomberg Businessweek*, March 28–April 3, 2011, pp. 84–90.
[17] George Anders, "Tough CEOs Often Most Successful, a Study Finds," *The Wall Street Journal*, November 19, 2007, p. B3.
[18] Amy Cortese, "I'm Humble, I'm Respectful," *BusinessWeek*, February 9, 1998, p. 40.
[19] Gary Yukl and Cecilia M. Falbe, "Influence Tactics and Objectives in Upward, Downward, and Lateral Influence Attempts," *Journal of Applied Psychology*, April 1990, p. 133.
[20] Jeffrey Pfeffer, "Power Play," *Harvard Business Review*, July-August 2010, p. 90.
[21] Bernhard M. Bass (with Ruth Bass), *The Bass Handbook of Leadership: Theory, Research, & Managerial Applications*, 4th ed. (New York: The Free Press, 2008), p. 160.
[22] "Create an Arsenal of Influence Strategies," *Manager's Edge*, March 2003, p. 1.
[23] Anthony Bianco and Tom Lowry, "Can Dick Parsons Rescue AOL Time Warner?" *Businessweek*, May 19, 2003, p. 89.
[24] David M. Buss, Mary Gomes, Dolly S. Higgins, and Karen Lauterbach, "Tactics of Manipulation," *Journal of Personality and Social Psychology*, December 1987, p. 1222.
[25] Comment contributed anonymously to author by a professor of organizational behavior.
[26] Jordan Robertson, "CEO Interview: New HP CEO on Taking the Helm," Associated Press, March 22, 2011.
[27] Diane Brady, "The Immelt Revolution: He's Turning GE's Culture Upside Down, Demanding Far More Risk and Innovation," *Businessweek*, March 28, 2005, pp. 64–66, 71–73.
[28] Stanley Holmes, "Cleaning Up Boeing," *Businessweek*, March 13, 2006, p. 64.
[29] Gary Yukl and J. Bruce Tracey, "Consequences of Influence Tactics Used with Subordinates, Peers, and the Boss," *Journal of Applied Psychology*, August 1992, pp. 525–535.
[30] Martin M. Chemers, *An Integrative Theory of Leadership* (Mahwah, NJ: Lawrence Erlbaum Associates, 1997), p. 76.
[31] Carole V. Wells and David Kipnis, "Trust, Dependency, and Control in the Contemporary Organization," *Journal of Business and Psychology*, Summer 2001, pp. 593–603.
[32] Raymond T. Sparrowe, Budi W. Soetjipto, and Maria L. Kraimer, "Do Leaders' Influence Tactics Relate to Members' Helping Behavior? It Depends on the Quality of the Relationship," *Academy of Management Journal*, December 2006, pp. 1194–1208.
[33] Olga Epitropaki and Robin Martin, "Implicit Leadership Theories in Applied Settings: Factor Structure, Generalizability, and Stability over Time," *Journal of Applied Psychology*, April 2004, pp. 297–299.
[34] Epitropaki and Martin, "From Real to Ideal: A Longitudinal Study of Implicit Leadership Theories in Leader–Member Exchanges and Employee Outcomes," *Journal of Applied Psychology*, July 2005, pp. 659–676.
[35] Study described in Chester A. Schriesheim and Linda L. Neider, eds., *Power and Influence in Organizations: New Empirical and Theoretical Perspectives* (Greenwich, Conn.: IAP, 2006), Chapter 1.

第11章 领导力：锻造和精进

学习目标

学习完本章并完成各项练习后，你应该能够：

- 识别各种类别的权力
- 学习成为授权型领导者的方法
- 懂得如何运用委派任务来进行授权
- 弄清产生组织政治的因素
- 描述道德和非道德的政治技巧
- 了解领导者如何控制功能失调

桑德伯格（Sheryl Sandberg）的名气虽然没有她的老板——脸书创始人马克·扎克伯格那么大，但也是硅谷最有权力和影响力的领导者之一。桑德伯格出生于1969年，在公司的正式职位是首席运营官，直接负责的职能部门有销售、市场营销、商业开发、人力资源、公共政策和沟通交流。

在加入脸书之前，桑德伯格曾担任的职务有谷歌公司网上销售运营总裁、克林顿政府财政部首席顾问。人们认为桑德伯格离开谷歌公司是该公司的一大损失，原因在于她是一位得到大家高度认可的高管。在为谷歌公司建立两个网上运营项目上她发挥了重要影响力，该项目连续数年都是公司收入的主要来源。她所在的部门在几年内从4人发展到几千人的规模，在谷歌工作期间她成为拥有数百万美元的富翁。在脸书公司工作时，桑德伯格说："帮助一家年轻公司成为全球范围内的领导者是一生中难得的机会。"

桑德伯格在其职业生涯早期曾担任麦肯锡公司管理顾问和世界银行经济师，获得哈佛大学经济学学士学位以及MBA学位，曾经被《财富》杂志评为全球商务领域最具影响力的50名女性之一。

除了拥有睿智和商务决策技能，桑德伯格还拥有出众的交际能力和凝聚力。她和扎克伯格每周见两次面，给他提建议，同时为他提供商务决策和领导技能方面的反馈意见。桑德伯格和世界上某些大型广告商建立了密切的业务关系，从而有助于为脸书公司创造收入，而该公司最初的高效率更多地表现在用户的增长而非收入的增长上。

佩德拉姆·基尼（Pedram Keani）领导的一个团队建立了处理脸书用户的意见和要求的机制，其这样评价桑德伯格："她在每个层面上都发挥作用。她擅长战略规划，深入研究，了解团队合作方式。"脸书雇员对桑德伯格评价很高，她并不像其他雇员那样身着牛仔裤和跑步鞋来上班，而是身着时装，因此保持了特有的个性。[1]

这个伟大而有影响力的互联网主管的故事展示了领导者所拥有权力的几个来源，包括专业知识以及形成高质量人际关系的能力。本章涵盖了权力的本质、领导者获取权力的方法、授权的方式以及对组织政治的使用和控制。

11.1 权力的来源和类型

为了施加影响力，领导者必须拥有**权力**（power），即影响决策和掌控资源的潜力和能力。可以从多种渠道获得组织权力。人们获得权力的方式在很大程度上取决于他们追寻的权力类型。因此，要理解获得权力的机制，人们必须还须理解权力存在的类型和这些权力类型存在的渠道和来源。以下内容描述了七种类型的权力及其子类型。

11.1.1 职位权力

权力常常根据其来源于组织或个人而加以分类。[2]四种权力基础，包括合法权力、奖赏权力、惩罚权力和信息权力，都来源于个人在组织中的职位。

■ 合法权力

所谓**合法权力**（legitimate power），是指合法做出决定且希望他人服从决定的权力。组织机构中职位高的人要比职位低的人拥有更多的权力，不过组织文化有助于设置对个人权力的限制。例如，新任命的行政主管往往对在多长时间内才能真正实现重大的职务变化而感到困惑。有一位为提高电信公司利润而招募的首席财务官就曾经注意到这种情况："公司3年来利润下滑，我们的办公区域和生产能力都超过了需要，可是每当我提及出卖不动产来减少开支的话题时，都得到了冷淡的反应。"

在组织顶层，当领导者拥有首席执行官和董事长这两个头衔时其合法权力得到了加强。例如，伊梅尔特担任美国通用电气公司董事长和首席执行官两个职位。2011年因奥巴马总统任命他为白宫经济顾问委员会主席，他的合法权力得以增加。

与强化合法权力不同的做法是有些组织设立了职位权力两人分享的安排，设置联合首席执行官的做法就是这样。这种权力分享也可能发生在首席执行官以下的职位层次上。几年前，银行界巨头摩根大通公司就提拔了其电信投资银行集团的总裁，目的是让他一起管理公司的技术、媒体和电信团队。被提拔者为库尔特·西蒙（Kurt Simon），后来他与该集团的前总裁詹尼弗·纳森（Jennifer Nason）一起分享了权力。这种权力分享的目的在于为职务增加更多的专业知识含量。[3]

■ 奖赏权力

对雇员因服从决定而给予奖赏的权力即**奖赏权力**（reward power）。假如分管运营的副总裁可以因监管人员完成了产量指标而直接用现金奖励他们，那么这位经理人就拥有相当大的权力。担任正式职务的任何领导者都有一些奖赏权力，即便只是对下属的表现给予积极评估也是一种形式的奖赏。

■ 惩罚权力

即因不服从而惩罚别人的权力，它基于畏惧。一种常见的高压手段是让下属经理人降级，原因是他不遵循领导者的改革计划。惩罚权力的局限性在于惩罚和恐吓作为激励机制产生了混合效果。过度依赖于惩罚权力的领导者始终处于被剥夺权力的威胁之中。虽然如此，惩罚权力还是被广泛使用。美林公司的前首席执行官斯坦利·奥尼尔（Stanley O'Neal）使用了相当多的惩罚权力。他曾负责华尔街最巨大的资产重组工程之一，消减了 23 000 多个就业岗位，关闭了 300 多个办公室，罢免了 19 位高级主管的职务。在这个过程中，他对全部关键岗位的人员进行了清理从而强化自己的权力。几年后，公司在和次级抵押贷款相关的投资上亏损几十亿美元时，奥尼尔立刻被罢黜。[4]

■ 信息权力

即源于掌控人们开展工作所需信息的正式权力。一位能掌控客户询问数据的销售经理握有相当大的权力。正如一家不动产代理公司分部经理所说的那样："自从这些数据直接发给我以后，我得到了代理人极大的合作，而在这之前他们仅把我当成办公室经理看待。"互联网在某种程度上削弱了信息作为权力来源的作用，原因在于更多的人能够获得更多的信息，在不动产领域更是如此。组织机构内的电脑化数据库也降低了信息权力，因为只要具备发现所需信息的必要技能，很多人都能获得所需信息。

11.1.2 个人权力

三种权力渠道源于权力表现者的个性和行为：专家权力、参照权力和威望权力。它们都可以归类为**个人权力**（personal power），因为都产生于个人而非组织。专家权力和参照权力有助于产生感召力。参照权力即通过某人的性格特征去影响别人的能力；专家权力是指通过专业知识、技能或能力去影响别人的能力。沃尔玛首席执行官迈克·杜克就是具有相当大的专家权力领导者的例子。他的专业知识体现的一个方面就是驾驭国际市场。在成为首席执行官之前，杜克率领沃尔玛渡过了国际市场迅速发展时期。杜克的另一个专业领域表现在商品促销上，即理解哪些商品对公司目标人群有最大的吸引力。[5]

另一种重要的个人权力是**威望权力**（prestige power），它产生于某人的身份地位和名声。[6]积累了辉煌的商务业绩的经理人具有威望权力。经理人基于自己的声誉可以获得人们的关注，例如成功减少餐馆和旅馆周转周期的中层经理人就是这样。为人正直是另一个有助于产生威望权力的因素，因为它能够提高领导者的声誉。招聘者可以根据经理人优良的业绩档案（声望）识别出能够安全地安排在高级职位上的经理人。

管理者评估测试11-1提供了与五种权力来源有关的具体行为表现，包括三种职位权力和两种个人权力。

管理者评估测试11-1

评定管理者的权力

说明： 如果你目前有一名主管或者能清晰地回忆起过去某个主管，给那个人打分。在你选择的答案上画圈，使用以下打分刻度表：5=非常同意，4=同意，3=中立，2=不同意；1=非常不同意。（真实的打分表是以随意顺序呈现这些打分项目的，此处根据权力的来源加以分类是为了方便你打分。）

	非常同意				非常不同意
你的经理（或是以前的经理）能够……					
奖赏权力					
1. 提高我的工资标准	5	4	3	2	1
2. 影响我的加薪	5	4	3	2	1
3. 为我提供具体的福利	5	4	3	2	1
4. 影响我的晋级	5	4	3	2	1
惩罚权力					
5. 分配我不喜欢的工作任务	5	4	3	2	1
6. 刁难我的工作	5	4	3	2	1
7. 使事情不愉快	5	4	3	2	1
8. 使工作令人生厌	5	4	3	2	1
合法权力					
9. 让我觉得我需要兑现承诺	5	4	3	2	1
10. 让我觉得我应该满足工作要求	5	4	3	2	1
11. 让我觉得我需要承担责任	5	4	3	2	1
12. 让我认识到我需要完成任务	5	4	3	2	1
专家权力					
13. 给我良好的技术建议	5	4	3	2	1
14. 与我分享很多经验教训	5	4	3	2	1
15. 给我提供合理的工作建议	5	4	3	2	1
16. 给我提供必需的技术知识	5	4	3	2	1
参照权力					
17. 让我觉得自己有价值	5	4	3	2	1
18. 让我感到被赞同	5	4	3	2	1
19. 让我觉得被接受	5	4	3	2	1
20. 让我觉得自己很重要	5	4	3	2	1

得分和解释： 将你画圈的数字加在一起得出总分。你可以尝试着解释自己的得分，具体如下：

- 90分以上，权力很大；

- 70～89 分，中等权力；
- 70 分以下，权力较小。

还有，请注意你是否在某个领域给你的经理打分过高。

技能开发：本测试能帮助你成为领导者，因为这种评分机制指出了你可以用来体现权力大小的具体行为方式。例如，建立参照权力的具体行为就是“让我觉得自己重要”（第 20 题）。

资料来源：Adapted from “Development and Application of New Scales to Measure the French and Raven (1959) Bases of Social Power,” by Timothy R. Hinkin and Chester A. Schriescheim, *Journal of Applied Psychology*, August 1989, p. 567. Copyright © 1989 by the American Psychological Association. Adapted with permission of the American Psychological Association and Timothy R. Hinkin.

11.1.3 源于所有权的权力

正如代理人代表股东行事一样，行政领导者以自己的能力积攒权力。所有权的权威力度取决于领导者和股东以及董事会成员关系密切的程度。领导者所有权的权威还和他在公司里投入的资金有关。[7]作为大股东的行政主管和没有任何参股的员工相比，被董事会解雇的可能性要小得多。高科技公司的 CEO 一般都是公司的创立者，他们通过出售股票使公司成为上市公司。公开发售股票之后，很多 CEO 都拥有价值数亿美元的股票，巩固了自己的地位。脸书公司公开上市之后，公司创立者马克·扎克伯格成为世界上最富有的人之一。新的黄金准则生效了：有钱人统治世界。

11.1.4 源于依赖关系的权力

依赖关系（dependence perspective）的观点认为，当别人有求于你以获得有价值的东西时，你就获得了权力。图 11－1 描述了这种权力来源的基本模式。由于被视为有价值的东西有可能是物质资源或者人际关系，因此依赖权力就可能具有职位和个人属性。理查德·爱默生（Richard M. Emerson）就曾注意到权力隐含地存在于对别人的依赖关系中。[8]一个领导者-成员关系的例子是，需要得到很大程度的认

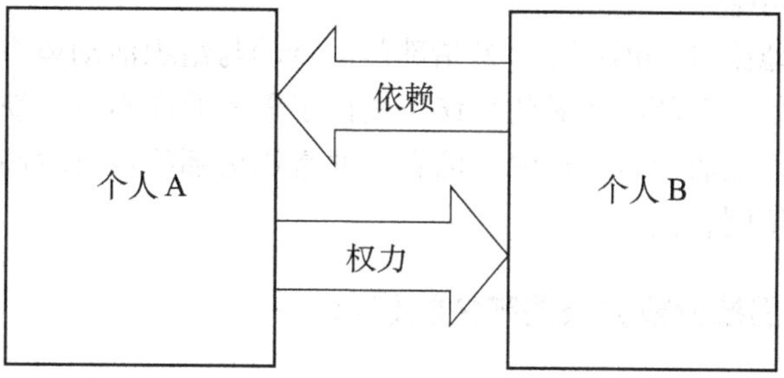

图 11－1 权力与依赖

资料来源：Adapted from Wilf H. Ratsburg, “Power Defined,” www.geocities.com/Athens/Forum/1650/htmlpower.html, accessed January 4, 2008.

可才能生存下来的成员往往依赖于作为常规认可源的领导者。而组织范例是美国的卫生保健体系正变得更多地依赖于信息技术来帮助简化该系统，所以卫生保健信息技术专家拥有更大的权力。

这种依赖理论的扩展版是**资源依靠论**（resource dependence perspective）。这种观点认为组织机构需要不断地流动人力资源、资金、客户、代理商、技术输入和材料才能不停地运行。组织的下属单位或者个人如果能提供这些关键资源就能获得权力。[9]

11.1.5 因利用机会而产生的权力

权力可以因为在合适的时间、地点采取了适当的举措而产生。有相应的举措就能得到相应的回报。例如，多元化经营的公司最好的机会存在于其正在成长的部门。此外，很多小型物资回收公司从原先的废旧物资堆积站发展成为生态环保公司，原因就在于20世纪后期人们对环境可持续发展的关注空前高涨。一个人或者一家公司都需要掌握正确的资源才能利用机会，比如需要具有在更大层面上再循环的能力。

另一个和生态环境相关的利用机会的例子发生在户外服装生产商巴塔哥尼亚上。多年来公司创立者乔伊纳德（Yvon Chouinard）都引领潮流在其生产的服装上使用生态友好的材料和纤维。巴塔哥尼亚品牌服装还率先采用了可持续生产工艺。在2008年金融危机期间，巴塔哥尼亚品牌却享受了有史以来最辉煌的两年时光。公司抓住的机会表现在两个方面：第一，虽然有金融危机的影响，很多高端消费者依然购买生态友好型产品。[10]第二，金融危机期间很多客户想要购买经久耐用且多用途的服装，穿着同一件夹克去徒步旅行、滑雪和购物。

11.1.6 因处理关键问题而获得的权力

权力的**策略性权变理论**（strategic contingency theory）认为，能够最佳处理公司关键问题和不确定性的单位能获得相对多的权力。[11]根据该理论，当一个组织面临众多法律诉讼案时，法律部门就能得到比组织决策部门更多的权力和影响。策略性权变理论的另一个重要方面涉及某个部门通过其中心地位获得权力。回顾一下本章开始讲述的有关桑德伯格的故事。她的某些初始权力就来自利用其极高的知名度来帮助公司赚钱。

中心地位（centrality）是指部门的行动与组织活动体系相关联的程度最高。一个部门在另一个部门所做的工作中发挥了重要的和不可或缺的作用时就获得了较高的地位，因此后者常常依赖于前者。通常销售部门具有较高的地位，而雇员信用合作社的地位则较低。

11.1.7 因接近权力层而产生的权力

一个人越接近权力层，其可行使的权力就越大。同样，在公司的等级制度中部门所处的级别越高，所握有的权力就越大。在实践中，这意味着向CEO汇报的部门领导者要比向副总裁汇报的部门领导者权力更大。寻求更多权力的领导者往往朝着组织中更高汇报地位的职务努力。

历史学家罗伯特·A. 卡洛（Robert A. Caro）提醒我们，单凭获取权力并不能造就伟大的领导力。有抱负的人才能获取权力，而且有时获取权力的方式也许并不符合道德规范，如囤积重要信息或让别人对你产生依赖。能够使用积累的权力来创造并实施有用蓝图的人才能有资格成为优秀领导者。[12]界定谁是优秀领导者可能基于某人的价值观，但是本书中描述的两个领导者有可能都有资格入选：Ariel资本管理有限责任公司的梅乐迪·霍布森和福特汽车公司的穆拉利。

◆ 领导者在行动

亚当·格里格拉克，福特柴油发动机的国王

假如你在电话里与福特汽车公司的柴油机发动机首席工程师亚当·格里格拉克（Adam Gryglak）交谈，你会听到一句问候语“柴油”。他的问候语反映了他对他和他的团队所取得成就的无比热爱，即他们为福特2011款Super Duty皮卡研发的涡轮增压柴油发动机。格里格拉克说：“这种新款柴油发动机的平衡杆提升了高度，团队的活干得非常漂亮，满足了性能和经久耐用的指标要求。”他的团队位于厂区之外，配有工程、设计、制造和采购人员，有助于快速完成工作。格里格拉克积极进取的态度给团队成员和项目的来访者留下了很深的印象。

为了打造团队精神，格里格拉克用他最喜欢的摇滚乐队蝎子乐队来命名他的柴油发动机团队。团队的标识是用发动机部件设计而成的一只机械蝎子图案，印刷在团队内部的报告上。蝎子团队的士气非常高昂，成员之间互相开玩笑，甚至用机器部件来装扮自己建造的真人般大小的雪人，并将雪人放在团队成员的办公桌上。团队曾组织“松木德比”大赛，但却是用铝而非松木来打造汽车，有些微型汽车还配有遥控装置和电动马达。

在设计新型发动机的过程中，格里格拉克曾率先冒险使用能增加燃油效率的轻型材料（风险在于发动机可能无法正常工作）。运用柴油发动机的超级重型卡车就属于首批使用这种技术的车型，符合目前的联邦管理规定。该卡车的燃油经济指标远高于普通水平，只需要在48万千米行程时进行常规保养。

蝎子项目工程师托尼·哈得逊（Tony Hudson）对格里格拉克本人的领导力和团队的努力拼搏赞赏有加。他说，团队取得了起初看来似乎不可能取得的成就，“这给了我们再次尝试的理由”。

［问题］

1. 团队领导者亚当·格里格拉克运用何种权力完成了自己的任务？
2. 为什么团队精神对于完成设计新型卡车发动机的任务至关重要？
3. 为什么研究领导力的人关注了汽车制造商卡车生产分厂中柴油发动机总工程师的活动？

资料来源：Story created from facts presented in “Adam Gryglak：Providing ‘Stinging’ Inspiration for All-New Ford Power Stroke Diesel Engine,” *www.media.ford.com*，August 3，2010，pp. 1-2；“Ford Motor Company Team Organizes a Team Pinewood Derby,” *www.fastpinewoodderbytips.com* (accessed March 25，2011)，pp. 1-4；David Kiley，“Putting Ford on Fast Forward,” *BusinessWeek*，October 26，2009，pp. 056-057；Keith Griffin，“Interesting Profile of the Man Behind the New Ford Power stroke Diesel Engine,” *Hartford Autos Examiner*，August 31，2009，pp. 1-4.

上述专栏概要描述了使用我们所介绍的几类权力来达到自己的目的。

11.2 成为授权型领导者的技巧

领导者与他人分享权力时其权力和影响力都会增加，因此授权是分享或者分散领导力的基本元素。团队成员得到更多的权力，他们就能够取得更多的成就，生产力也就更高。而管理者由于自己取得的成绩而享有盛誉时也会获得更多的权力。真正有权势的领导者会授权给团队成员，让他们独立完成任务。

类似的授权理论认为，在一个高度依赖知识、判断力和信息的竞争环境中，最成功的组织往往是那些有效利用所有团队成员才能的组织。[13]正如史蒂芬·柯维（Stephen Covey）注意到的那样，授权和权力在世界范围内都发生在处于上升态势的公司。公司的文化氛围中信任度越高，员工就越有可能得到授权。[14]

从成本的角度看，授权让员工承担更多的管理职责可以使组织机构减少管理者且正常运行。欧洲的研究表明，一个管理者掌控的范围（直接向他报告的人数）可能超过 30 个员工，部分原因在于其使用了技术手段来沟通和帮助进行监管工作。授权给员工的领导者或管理者可以将注意力较少地放在掌控员工上，而更多地关注帮助他们克服困难或者利用机会，比如跟踪创新思想。[15]

这里先简单了解一下授权的本质，然后讨论一些授权的实践和两个有关注意事项。

11.2.1 授权的本质

授权（empowerment）的本意是指将管理者的决策权和责任传递给集体成员。几乎任何形式的参与式管理、分享式决策和委派任务都可以视为授权。格蕾琴·M. 施普赖策（Gretchen M. Spreitzer）在几种环境里进行了研究，形成了对授权的心理学定义。[16]有四个成分可以确定下来：意义、胜任力、自主性和影响。完整的授权包括上述四个方面，以及第五个因素——内在承诺。

意义是指工作目标的价值，依据个人的理想和标准来评估。当工作角色的要求和个人信仰、价值观和行为之间存在吻合之处时，工作便有了意义。一个做有意义工作的人可能感觉到自己获得了授权。胜任力，或称自我效能，是个人坚信自己能做好某件事情的信念。觉得自己能胜任的人会认为自己有能力满足某个特定环境的要求，正如一位信用分析师所说的那样："我已经被授权能评估信用风险达 10 000 美元的任务，我知道我能做好。"此外，授权的另一种模式还体现了自我效能和胜任力在帮助同组成员获得被授权感方面发挥的关键作用。[17]

自主是指个人感觉到在启动和调控自己的行为方面可以进行自主选择。高水平的自主出现在员工觉得自己能够选择最佳方法来解决特定问题时。自主还包含对工作节奏和工作场所的考虑。得到高度授权的员工也许选择在巡游时而不是在办公室里做需要做的工作。影响是指某人在工作中能影响战略、管理或者经营结果的程度。他也许对公司的未来有发言权，而不是觉得除了循规蹈矩就别无选择。一位中层管理者也许会说："现在有个机会招募我们需要的少数族裔雇员，按照我的计划干吧。”

真正授权的另一种形式是培养集体成员对工作目标的内在承诺。当员工出于个人动机对某个具体项目、个人或者计划做出承诺时，内在承诺就产生了。例如，割草机生产工厂的技术员就认为自己帮助创造了更加美丽的世界。

授权的焦点在于发生在个人内部的变化。然而，群体也可以用这样的方式得到授权，使得群体环境有助于产生这样的态度和感情。例如，“我们机构内的人能及时获得有关组织业绩情况的信息”，这样一句话就能反映授权环境。[18] 成为被授权群体的一员，有助于成员致力于实现共同的目标。

11.2.2 授权实践

培育授权的惯例为参与式管理增补了一些标准方法，例如在做出决策前与团队成员协商。正如图 11-2 所示，这些做法都基于对成功领导者的直接观察以及实验证据。在阅读这些做法之前，建议读者先做领导力自我评估测试 11-1。

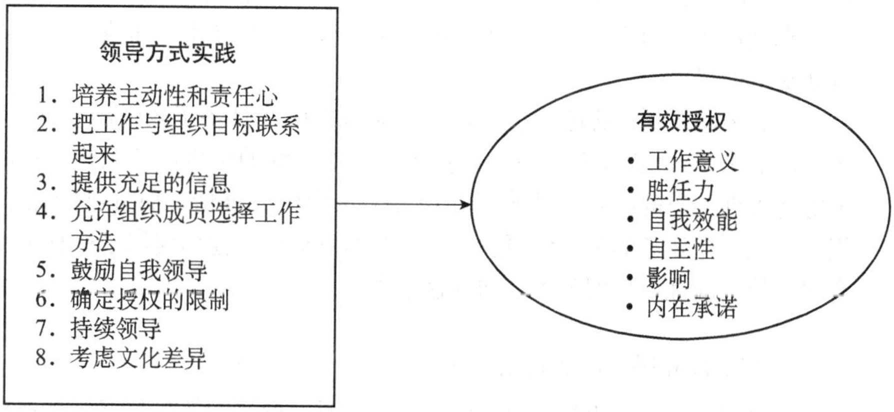

图 11-2　有效授权实践

说明：有些领导和管理实践有助于产生高效授权，进而产生更高的动机和生产力。

领导力自我评估测试 11-1

授权态度和信念

说明：要成功授权给雇员，领导者必须表露合适的态度且具有某些信念。尽量说出你现在具有的态度以及将来需要改进的地方。

授权态度和信念

1. 大多数员工都具有相当多的能够加以充分利用而现在并未有效使用的才能。
2. 领导者不要追求立竿见影的效果，而应当给团队成员时间去获得所需信息和技能。
3. 领导者向团队成员提问可以帮助他们培养对问题的新观点，这对领导者有着积极的作用。
4. 通常有责任心的员工无须老板的过多指导就知道该做什么。
5. 理想的做法是让专业员工找到完成任务的最佳方法。
6. 即使员工得到了授权，领导者给予激励和鼓励也是有用的。

7. 即便员工承担了相当大的工作和项目的责任，反馈信息对他们仍然是有用的。
8. 大多数情况下员工要比老板更了解解决某个特定问题的办法。
9. 我鼓励（将要鼓励）下属把问题看成机会而不是问题。
10. 当员工受到鼓励无须监管就去寻找解决问题的办法时，会产生良好的结果。

技能开发：作为领导者或者管理者，如果已经具备大部分上述态度且已经做到了上述要求中的大部分，你就是善于授权的。你无须改变自己的个性就能养成授权的态度和习惯。

资料来源：Statements 9 and 10 are adapted from Robert P. Vecchio, Joseph E. Justin, and Craig L. Pearse, "Empowering Leadership: An Examination of Mediating Mechanisms within a Hierarchical Structure," *Leadership Quarterly*, June 2010, p. 540.

■ 培养主动性和责任心

领导者只要通过培养团队成员在工作中的主动性和责任感就可以授权。例如，由电池驱动的施工工具生产商可以这样对公司里信息技术的爱好者说："从现在起由你来负责网上销售业务，你既熟悉产品又精通信息技术，而我不行，这项工作今后就交给你了。"

亨利·明茨伯格提醒我们，很多专业员工已经具备了较强的主动性和责任心。用他的话来说："真正获得授权的员工，例如医院的医生，甚至蜂巢里的蜜蜂，无须等待管理上级的授权，就知道在岗位上该做什么事情，而且已经做了。"[19]接受蝎子团队工作任务的员工就研发了卡车柴油发动机，他们就属于这种类型。倘若没有很强的主动性，他们就不会加入这个团队。

■ 把工作和组织目标联系起来

当授权行为和组织战略目标结合在一起时，授权的效果更好。被授权的员工如果有责任采取行动来支持公司的重大目标，就会更加与公司保持一致。同时，他们会渐渐地觉得自己是组织事业的参与者。[20]想象一下这样一个情境：公司的审计员被授权使用大笔旅行费来完成自己的工作。她之所以得到这样的授权是因为最高管理层的战略目标就是让本公司因诚信经营而受人尊敬。

■ 提供充足的信息

为了让授权有效，员工应当充分了解影响其工作的一切信息。尤其重要的是员工应当完全理解自己的行为对公司成本和利润的影响。掌握了这些信息，员工做出的决定就更有可能对公司的根本利益产生积极的影响，他们更有可能利用授权来做出决定去推动公司的经营成功。例如，得到授权的销售代表在获得了有关成本的信息后，就不大可能同意打折而使公司蒙受经济损失。

■ 允许组织成员选择工作方法

在理想的情况下，领导者或者管理者要对个人或者集体解释要做的事情（确定方向），让参与人员选择工作方法。解释要做这件事情的原因也很重要。专业人员所要发挥的真正作用之一就在于选择完成工作的方法，例如税务顾问决定企业主如何纳税。让人们选择最有效的工作方法是授权的核心所在。[21]

■ 鼓励自我领导

鼓励团队成员自己领导自己是授权的核心。**自我领导**（self-leadership）的基本理念是所有组织成员至少都能在某种程度上实现自我领导。完整的自我领导包括让工作者决定该做的工作内容、原因以及实施方式。自我领导的动因就是向少数有能力的员工发布一般性工作指令，如"为什么每周不花几个小时的时间去想一下能让我们赚钱的事情呢?"

当员工践行自我领导时，就会觉得自己被授权了。在生产包括 GORE-TEX 在内的绝缘材料的美国戈尔公司就没有设置老板和经理人，但有很多领导者。每个员工都被看成是知识型员工，他们有能力识别能产生利润的新产品。[22]

■ 确定授权的限制

授权产生的不和谐和机能紊乱的主要表现之一是员工缺乏对授权界限的清晰认知。被授权的集体成员可能觉得可以自行其是，不需要和经理、团队领导者和其他成员商量。[23]对授权的限制也许意味着向员工解释清楚，他们拥有比以前更大的权力，但仍然不能做以下事情：

- 确定自己和高层管理人员的薪酬。
- 做出裁员的决定。
- 大量雇用亲戚朋友。
- 每周工作时间少于 40 小时，却拿着全薪。

很多雇员为自己造成机能紊乱的行为辩护，比如："我已经得到了授权去做想做的事情。"管理层的责任在于引导那些支持组织目标的员工行为。

■ 持续领导

尽管领导者授权给集体成员，他们仍然应该为其提供引导、情感支持和认可。马克·塞缪尔（Mark Samuel）帮助公司组建了团队，目的在于提高承担结果的责任性，但他又同时强调领导者的作用："授权常常变成了对领导权的放弃。换句话说，如果授权于你，我就无须引导你了。人们需要引导，领导者不能放弃提供引导的作用。"[24]因为员工被授权并不意味着领导者应该放弃引导。

迈阿密马奎斯万豪酒店的总经理弗洛伦西亚·塔贝尼（Florencia Tabeni）就提供了一个现实的榜样，她找到了在授权给员工和继续领导之间正确平衡的办法。她是这样说的："我喜欢授权给员工，我现在比以前灵活多了，也更有耐心。我的员工知道他们可以依赖我，他们随时都可以和我联系，但他们喜欢被授权。"[25]

■ 考虑文化差异

所有授权的实践都会受到跨文化因素的影响。组织成员的文化价值观有可能导致要么轻易接受授权，要么不情愿接受授权。美国人在人们心目中的形象是个人主义至上，然而他们非常习惯于在团队中工作（包括体育运动在内），以至于作为被授权团队的成员似乎令他们感到很自然。

但是不是所有文化都支持授权。一项研究收集了一家在美国、墨西哥、波兰和印度都有运营业务的公司的员工提供的数据，用来测试授权、持续改进和民族文化之间的吻合度。该公司从事轻工业制造，研究数据从大约40个地点收集而来。授权在印度的工厂中与职业满意度有消极的关联，但在其他三个地方有积极的关联。根本的文化原因在于印度人（至少那些在印度工作的人）希望领导者或管理者做大部分决策。[26]持续改进和民族文化在四个国家里和职业满意度都有积极的关联。

授权是领导力和管理水平不可分割的一部分，因此有可能促进个人和集体效率的提高。对102家酒店资产公司管理层的研究表明授权是有益的，但其作用是间接的。授予领导权和具有知识和团队效能意识的员工之间有着积极的关联。后者是指对实现目标有自信的员工，可以用这样的感知来测量："我们对实现酒店的入住率目标有信心。"无论是知识分享还是团队效能都和团队的业绩有着积极的关联，正如通过酒店的入住率就可以测量出来一样。[27]对从事咨询项目的MBA学生的研究表明，当团队领导者和群体成员共同分享领导权时，客户往往对咨询团队的评价更高。企业员工顾问也属于团队领导者。与授权有关联的事物是分享领导权就是一种形式的授权。[28]

11.2.3 有效的委派与授权

委派（delegation）是授权的主要表现形式，即将完成具体任务的正式权力和责任分派给另一个人。离开了委派，有效的领导和管理就无法实现。由于需要做的事情越来越多而且越来越复杂，委派的重要性凸显出来。领导的作用就在于激励、说服别人去完成任务，而不是单打独斗去完成所有任务。

委派要比授权的范围狭小，原因就在于它处理某个特定的任务，而授权涵盖广泛的活动以及承担更多的责任。像授权一样，委派具有激发积极性的作用，因为它能给予群体成员机会去发展自己的技能，展示自己的能力。委派不仅是管理者和领导者减轻自己工作负担的办法，还是委派任务的接受者发展自我的机会。

当委派水平较差时，冲突往往就会发生在以为自己可以负责某个任务的个人和委派人之间。这种典型的冲突就发生在威廉·佩雷斯（William Perez）作为耐克CEO的短暂任职期间，当时他是耐克创立者菲尔·奈特（Phil Knight）的下属。佩雷斯认为自己已经从董事长奈特那里获得了相当大的权力，但实际上他获得的委派权很有限。例如，佩雷斯以为自己可以自由修改公司的营销策略。他提出通过网络和耐克直销店直接增加对客户的销售，然而奈特依然支持通过第三方零售商来销售的现有商业模式。佩雷斯在这个位置上只待了14个月。[29]

现在请你来做领导力技能开发练习11-1，以便实践一下现实中的授权情境。做练习时要记住委派的重要性。

领导力技能开发练习 11-1

召开一次授权会议

假如你是个管理者，对于授权的上述描述已经使你获得了有关授权给别人的某些有用的概念。此处介绍的角色扮演练习为你提供了练习授权技能的机会。你扮演领导者，其余六人扮演群体成员。今天你与群体成员见面，启动他们的被授权之旅。你需要和成员对话以便开始授权过程。下面的情境需要由不同组的学生来扮演。

信息技术客户服务中心

你负责信息技术通话中心，主要任务是接听全国各地使用公司软件时遇到问题客户的来电。接听电话的工作人员是全职的专业人员，他们中大多数人是新近毕业的大学生。你的工作主要是授权给这些工作人员，使他们各尽其能满足来电人的要求。你希望员工承担一些个人责任来解决客户的问题。

收债专家

你是一家大型收债服务公司分区部门的经理，你的当事人大多数都是别的公司欠其债务的营业公司。目前这个财务年度还剩五个月时间，你的部门业绩仍然低于公司收债目标的 25%。公司规定的常规收债方法似乎不太管用。今天你召集员工开会，授权他们使用超常规收债手段，比如不停地写信和打电话催缴。

做这个练习能够起作用，原因在于它能帮助你形成正确的领导者思维定式来授权给群体成员。另一个好处是当你意欲授权给群体成员时，它能使你敏感地意识到寻找犹豫不决和矛盾情感症状的重要性。

11.3 产生组织政治的因素

这里使用的**组织政治**（organizational politics）一词指的是通过业绩和运气以外的非正式手段获得权力。组织政治的作用在于直接或间接地获取权力。例如，寻求提升自己合法权力的人也许使用多样的手法以期得到公司顶层决策者的青睐。权力可以通过多种方式获得，例如被提拔，收到大额预算或其他资源，为某个工作团队争取更多资源，或者免予参与不愉快的工作。组织政治的含义越来越倾向于朝积极和建设性的方向偏转。一群研究者得出的结论是："政治技巧是一种人际交往的方式，结合了社会意识和良好的沟通能力。"[30]领导者需要政治技巧来达到诸如建立同盟和为自己的组织获得资源等目的，然而很多研究者依然认为组织政治过于强调自己的利益而牺牲了他人的利益，并在暗地里进行了一些活动，或者拍马屁。

人们出于很多理由希望得到权力，这也正是组织政治行为在组织中广为盛行的原因。组织政治行为按照定义是用来获得权力的。正如下面所描述的那样，很多个人和组织因素都有助于产生组织政治行为。

11.3.1 金字塔形组织结构

大型组织的结构恰恰说明了组织成员产生了动机朝着组织政治行为迈进的最根

本原因。权力一般集中在金字塔的顶部，只有这么多的权力可以供众多需要更多权力的人分配。组织结构图中每个下级可以掌控的权力都要比上级少。组织底层的工作人员除了法定的权利之外，掌握的权力更是有限。此外，在紧张的劳务市场上有一技之长的初级工人也具有某些有用的权力。今天由于大部分组织拥有的权力层级比以前少，因此对权力的竞争更加激烈。尽管授权对很多工作人员有激励作用，但依然无法满足人们对拥有正式权力职位的渴求。工作人员仍为获得一个拐角办公室甚至拐角的办公小隔间而努力奋斗。

11.3.2 工作业绩的主观评价标准

人们常常求助于组织政治，原因在于他们不相信组织具有客观公平地评价自己的业绩和提拔可能性的方法。同样，当管理者无法客观区分高效者和低效者时，他们只好借助个人喜好来判断。“不在于你知道什么而在于你认识谁”这句话就适用于那些缺乏明确业绩考核标准的组织。

11.3.3 环境不确定性和动荡

当人们在不稳定和无法预测的环境中工作时，他们的行为往往表现得政治化。他们依赖组织政治来营造良好的印象，因为不确定性使他们难以决定真正应该做些什么。

企业规模的缩小给人们带来了不确定性和动荡不安，催化了办公室政治现象的出现。很多人凭直觉认为，个人喜好在决定谁能在公司裁员中幸免于难起着很大的作用。在这种观点的影响下，组织成员就设法讨好那些有影响力的人。

11.3.4 不安全感

有些人采用政治手段来讨好上级，因为他们对自己的才能和能力缺乏自信。一位退休基金的主管如果能引导公司的投资并获得年收益15%的回报，就无须表现得过度政治化，因为他对自己的能力有信心。一个人选择了政治策略，这可能显示出他有不安全感。例如，一个缺乏安全感的人也许会对老板说的每句玩笑话大笑不已。

11.3.5 权谋倾向

有些人进行组织政治行为的原因是他们想操纵别人，有时也是为了个人利益。马基雅维利主义这个词可以追溯到意大利政治哲学家和政治家马基雅维利（1469—1527）。他最有名的著作《君主论》描述了一个领导者如何获得并保持权力。马基雅维利理想的君主是个超道德的、操纵人的暴君，他想恢复意大利佛罗伦萨城邦往日的辉煌。360年后，根据测量这两种倾向的调查问卷，杰拉尔德·比伯曼（Gerald Biberman）的研究显示了马基雅维利主义和组织政治行为之间存在的积极关系。[31]

11.3.6 鼓励下属表达赞美之词

大多数组织领导者都表示他们不鼓励拍马屁，希望下属能如实反映意见。然而，无须有意为之，他们就会鼓励阿谀奉承和谄媚吹捧之举。管理者和其他人员都发出了微妙的信号，表明他们希望受到赞赏，例如听到了赞美的话后面露微笑，而得到了消极的反馈意见后紧蹙眉头。此外，赞赏者更有可能得到好的工作安排和较高的业绩评价。职业导师马歇尔·戈德史密斯（Marshall Goldsmith）表示，无须有意为之，很多管理者就营造了一种氛围，身在其中的人们学会了用不是十分恰当的赞美之词去表扬别人。人们一般能在别人身上看到这种倾向，但是看不到自己的问题。[32]

包括社交媒体在内的通信技术方便了对上级的赞美表达。下属也许会觉得当面或者电话里恭维上级不舒服，但可以很容易在网上发出恭维的话。例如，在脸书上或者推特的更新栏里就可以写上："刚收到莎娜（Sana）一些有活力的反馈意见，她为我指明了正确的方向。"

11.4 政治技巧和策略

要想有效地利用组织政治，领导者必须懂得具体的政治技巧和策略。识别和解释大多数政治技巧需要多年的研究和观察。领导者经常需要获得对自己计划的支持，所以去寻找创新型政治行为。此外，由于工作环境的竞争越来越激烈，新的技巧层出不穷。这里我们研究了一组具有代表性的政治技巧，按道德或非道德标准加以分类。（第 10 章中描述的几个影响策略，如逢迎示好，也被认定是政治行为。）

11.4.1 合乎道德的政治技巧和策略

至今我们讨论了组织政治，但没有确定具体的技巧和策略。下面将描述合乎道德的政治行为样例，根据技巧和策略的目的在于获得权力、与上级和同事建立关系还是避免政治错误，将它们分成关联的三组。所有这些政治方法有助于领导者获得并保持权力，运用好这些方法还能帮助领导者应对有压力的工作环境并取得成功。正如一些研究者所定义的那样，政治技巧是一种建设性的力量。它是一种人际交往方式，体现为社交中的机敏表现，且从事了给人以自信、信任和真诚的行为。[33]例如，具有政治技巧的中层管理者也许可以保护自己的团队免遭寻找替罪羊的愤怒 CEO 的惩罚。

领导力自我评估测试 11－2 可以用来测量你对运用合乎道德的政治技巧和策略的态度。

领导力自我评估测试 11－2

积极组织政治调查问卷

即便难以决定哪个选项最恰当地描述了你的个人意见，也请用"基本同意"或者"基本不同意"描述下面的陈述。

	基本同意	基本不同意
1. 取悦老板是我的主要目标。		
2. 我想方设法奉承权贵人物。		
3. 我很可能帮助那些以后能帮助我的人。		
4. 我想或者已经和有权势的人建立了友好关系。		

续前表

	基本同意	基本不同意
5. 即使很难想出某人值得赞许的地方，我也会表扬他。		
6. 如果认为老板需要帮助，而且本人也有这方面的专业知识，我会告诉他如何使用个人生活小电器。		
7. 只要觉得老板的笑话有点可笑，我就会开怀大笑。		
8. 只要穿衣看起来整洁，我就不会太在意公司的着装规定。		
9. 如果有客户通过电子邮件发来表扬信，我会转发给老板和另一个有影响的人。		
10. 我只对工作场所里真正喜欢的人微笑。		
11. 给人留下印象的有效方式就是讲别人喜欢听的话。		
12. 我从不公开纠正老板的错误。		
13. 我愿意动用个人关系以求获得晋升和理想的工作调动。		
14. 我觉得向公司里晋升到行政主管职位上的人表示祝贺是明智的做法。		
15. 我认为办公室政治只适用于那些靠自己的才能无法获得成功的人。		
16. 我已经开始构建有用的个人关系网。		
17. 假如我说的话管用，我十分愿意在社交媒体上发表有关公司的负面言论。		
18. 我不在乎有人将我的不雅照片放在互联网上，因为私人生活和工作是分开的。		
19. 我曾经在互联网上发表对老板的积极评价。		
20. 我曾经在互联网上发表对组织的积极评价。		

得分和解释：给每一个与以下回答吻合的回答加1分。每个得到分数的问题都显示了你有发挥积极组织政治的倾向。

1. 基本同意
2. 基本同意
3. 基本同意
4. 基本同意
5. 基本同意
6. 基本同意
7. 基本同意
8. 基本不同意
9. 基本同意
10. 基本不同意
11. 基本同意
12. 基本同意
13. 基本同意
14. 基本同意
15. 基本不同意
16. 基本同意
17. 基本不同意
18. 基本不同意
19. 基本同意
20. 基本同意

- 1～9 分：玩弄办公室政治的倾向低于平均水平。
- 10～14 分：玩弄办公室政治的倾向达到平均水平。
- 15 分以上：玩弄办公室政治的倾向超出平均水平；权力需求很强。

技能开发：思考你在职场的政治倾向对你的事业来说具有重要意义，原因在于大多数成功的领导者都呈现中性的政治表现。高效且合乎道德规范地运用政治技巧的能力随着行政地位的上升而增加。大多数顶层玩家都是高效的办公室政治家，然而过度露骨的政治行为可能导致信任缺失，因此对你的事业有害。

■ 目标在于获得权力的策略

所有政治手段的目的都在于获取和维护权力，哪怕是避免棘手工作安排的权力也不例外。汤姆·彼得斯（Tom Peters）说，虽然权力常被人滥用，但它也可能使很多人受益。“而且作为事业发展的工具，缓慢且稳步地（而且微妙地）集聚权力是通往成功的最可靠之路。”[34] 以下便是目的在于直接获得权力的 11 个技巧。

1. 培养和有权力者的联系。培养和有权力的组织成员及外界人士的友好合作关系可以使领导者的事业向前迈进。培养和有权力者的联系是构建社交网络的集中体现，这些联系人可以在会议以及其他公开场合支持你的想法，而要培养这样的联系人，办法之一就是多进行社交，例如举办晚会邀请有权力者和他们的客人来参加。然而有些组织和老板不赞成通过社交结交人的方式。此外，掌权者收到的邀请太多，不一定会出席你的晚会。

培养和有权力者的联系的大量社交活动现在可以通过专业化社交网址来实现，例如领英和其他像销售、市场营销和信息技术之类的专业行业的网址都有这样的功能。商务作家丹尼斯·坎贝尔（Denise Campell）指出，社交媒体网址对商务专业人士和企业家而言已经成为像高尔夫球对企业高管一样的东西了，是一个进行战略布局和实施商务交易的机会。此外，社交媒体还能不受时间、地点和社会身份的限制，扩大了交流平台，让更多的人使用。[35]

当网络成员向你提供一个有用的联系人或以某种方式帮助了你时，顺利进行网络社交的重要条件之一就是找到某种互动方式。领导力技能开发练习 11－2 可以让你对网络社交的互动性有所了解。

领导力技能开发练习 11－2

回报关系网成员的帮助

大多数读者都知道善于建立关系者均会找到某种方式来回报关系网中那些曾经帮助自己的人。例如，假如某个商店老板为你介绍了某个对你求职面试有用的联系人，你就会为他介绍某个客户。然而，关系网中的成员要找到有用的方式来回报别人的帮助并非易事。你要做的事情就是发动大家献计献策形成解决问题的可选方案，“当网络成员给予我们帮助时该如何回报他们？”这些成员可能是你在线下发展的，也可能是你在虚拟条件中培养的，如脸书。目标定位于至少 12 个建议。对建议进行初步筛查后，将重复建议排除掉，也许可以将建议缩小到最有效的 6 个。如果可能，每组组长向全班其他人介绍提出的建议。

然后班级成员可以讨论以下问题的答案：（1）哪几个问题是小组里讨论最多的问题？（2）哪几个问题可以在现在或将来用到？

2. 具有动力视野。斯坦福大学著名组织行为学教授杰弗里·普费弗曾写道：动力视野有助于领导者行使权力。这种背景下的动力视野是指社会认可的有价值目标。学校里的领导者会经常建议为优秀教师设立奖项这种提议，因为它最符合学生的利益。在商务组织里，领导者也许会提出兼并另一家公司这样的提议，因为它符合股东的利益。[36]

3. 控制关键信息。正如前面讨论个人权力时所显示的那样，控制重要信息者其权力会增加。很多前政界或军界的官员在离开公职后都会在产业界找到有权力的位置。这些人通常会被公司聘为驻华盛顿代表与政府做生意。他们掌握了重要的信息，知道找谁可以绕开障碍使政府合同获得批准。

尽管“在谷歌上查找”已经成为人们获取信息的首选途径，个人接触对于获得非公开信息仍然很重要。为便于控制重要的信息，做到信息灵通具有重要的政治意义。成功的领导者建立了渠道来帮助自己及时甚至超前了解公司的发展情况。正因为如此，政治嗅觉灵敏的人会与总裁的助手交朋友。没有其他渠道能像行政管理助理那样提供获取更多信息的可能性。

4. 控制沟通渠道。与控制信息有关的是控制沟通渠道，尤其是与关键人物的沟通。行政助理和人事助理一般掌握着高管人员的日程表。内部人和外部人要想见到高级管理层就必须巴结联系人。虽然很多人企图通过电子邮件直接与高管联系，但有些高管将筛选邮件的任务委派给助手。这些助手还对来电进行筛选，有权选择谁可以直接和高管沟通。

5. 做政治环境要求该做的事情。高层次的政治策略在于做政治环境需要做的一切事情以期实现你的目标。这样你可以赢得决策者的支持。拉尔夫·D. 克罗斯比（Ralph D. Corosby）是欧洲航空防务及航天公司北美分公司总裁，该公司的下属公司包括欧洲空中客车公司。几年前，克罗斯比是分公司 CEO，为方便获得美国政府的订单，他的第一批举措中就包含在美国本土建立直升机终极生产工厂。该举措为得克萨斯州、密西西比州和亚拉巴马州带来了 645 个高薪装配线工作职位。克罗斯比还与美国大型承包商合作以便有助于加强和有权做出国防支出决策的议员们之间的联系。[37]

6. 引进外来专家。为了使自己的地位合法化，高管们常常聘用顾问进行研究或提出意见。许多顾问都有意识或者无意识地不太愿意表现出“恩将仇报”，因此顾问一般都支持高管的立场。反过来，高管就会运用顾问的发现或成果来证明自己的正确性。这种手法可以被看成合乎道德的，因为高管认为自己获得了客观的意见。

7. 快速表现自己。展示令人瞩目的成就有助于个人或者群体的努力获得别人的认可。一旦某人解决问题的能力给管理层留下深刻印象，此人便可以期待去解决能够带来更大权力的问题。人力资源专业人士也许会主动美化公司的网页使它看上去更有吸引力，取得这个成绩后，此人也许会被邀请加入公司 E-商务团队。

8. 记住每个人都希望得到回报。根据互惠定律，世上每个人都希望得到回报。[38]倘若你没有找到办法对别人为你做的好事做出回报，别人为你做好事的概率就会变小。因为别人为你做的很多好事，如支持你的倡议，都会给你带来权力。没有别人为你做这些事情，你的权力基础很快就会削弱。作为回报支持你倡议那个人的方式，你可以公开地表示那个人如何为你提供了有关提议技术方面的专家建议。

领导力技能开发练习 11-2 给你提供了机会去研发实用的解决方案，来应对回报关系网中他人给你恩惠的挑战。

9. 做到政治上正确。政治上正确要求做到小心谨慎，不冒犯或轻视任何人，特别有教养且尊重他人。因此政治上正确的人会避免树敌。[39]有效使用政治上正确技巧的人会说："我们部门需要一个梯子，原因是我们的同事身高不一，有些人需要借助梯子来爬高架。"而政治上不正确的人会说："我们需要梯子，原因是我们有些同事个子矮，够不上顶部的架子。"

10. 做第一个接受合理变化的人。大多数人的自然倾向是抵制变化，所以第一个站出来接受合理变化的人会获取某些政治资本。而欢迎变化的团队成员会对对变化持迟疑态度的团队成员施加积极的影响。例如，公司正打算转移到在线业绩评估系统，从而消除纸质文件存档。及早采用新的系统就是政治上的明智之举。

11. 培养积极的心理素养。获取权力和打造人际关系所需的全面策略在于培养**积极的心理素养**（positive psychological capital）。该词语意指个人培养自己积极的心态，包含四个心理资源：自我效能、希望、乐观和恢复能力。（自我效能是指表现出自信心且努力做成有挑战性的事情。）尽管积极心理素养属于行为的复杂方面，但长时间可以养成，如果一次只专注于这四个资源的一个方面时更是如此。具有较积极的心理素养的人往往比较强大。

对79位警察领导者和264位警察的调研表明，领导者的心理素养和团体成员的职业表现有着积极的联系。业绩测量是以为本次研究特设的直截了当的方式进行的，其中的一个问题是"你怎样判断这个人的综合能力?"[40]本次研究和权力的关联性在于下属强劲的职业表现增加了领导者的权力。

■ 目的在于构建人际关系的策略

倘若认为构建人际关系不是职场成功的重要因素之一，你就可能没有仔细研究领导力。为强调这个观点，以下引用了美国萨克斯百货公司总裁及首席执行官斯蒂芬·I. 萨多夫（Stephen I. Sadove）的讲话，也是他作为领导者最大的经验教训：

> 我利用各种机会接触和发展各种人际关系，而不仅限于和我日常打交道的少数人，这样做很有意义。它形成了我对构建人际关系重要性的认识，确实为我如何经营企业打下了理念基础。[41]

大部分组织政治要求与现在或者将来有用的关系成员建立积极的人际关系，包括上级、下属、其他职位低的人、同事、外部客户和供货商。以下是几个有代表性的策略和技巧。

1. 表现忠诚。忠诚的员工受到重视，原因在于组织更加发达是由于有了忠诚的员工而非不忠诚的员工。那种认为组织不可能犯错误的愚忠不值得提倡，因此大多数理性组织欢迎建设性的批评意见。对组织的忠诚直接体现在长期任职上。虽然现在跳槽比过去更为人们所接受，但长期任职仍然有助于职位晋升。相对于高科技公司，在传统行业里（如食品加工）长期任职有助于获得提拔资格。

2. 管理好你给别人留下的印象。印象管理包括采取吸引别人注意力的行为从而提升自己的形象。别人的注意力往往都集中在个人的衣着和修饰等方面。印象管理还需要注意深层次的行为举止方面，例如谈吐优雅、表达连贯。不良的语言习惯被人视为妨碍了在组织里的进步。[42]

印象管理的另一个方面是告诉别人你是成功人士，或者暗示你是"圈内人"。

今天，人们广泛使用电子邮件来传递信息，让别人赞赏你的行为吧！作为印象管理的重要组成部分，展示良好的商业礼仪重新受到人们的重视，因此许多公司纷纷将员工送到礼仪课程班，学习如何给重要人物留下良好的印象。对专业人员和管理者的礼仪培训需求旺盛，因为很多人在早期都忽视了学习礼仪，因此职场文明之风日渐衰退。[43]很多管理学者对印象管理持悲观的态度，然而这个话题还是得到了仔细的研究。[44]

3. 让满意的客户接触你的老板。客户良好的评价受到很大重视的原因在于客户满意度是公司优先考虑的重点。假如某个客户说了好话，其评价的分量要比同事和下属重，原因是同事和下属会出于政治原因表扬某人。客户的目的被认为比较单纯，原因是他们没有必要取悦供货商。

4. 要礼貌、和气、积极向上。礼貌、和气和积极向上的人是首先被录用的人、最后被解雇的人（假定他们还具有其他重要资质）。礼貌的举止具有优势，因为很多人都认为礼貌已经成为宝贵的品质。

5. 征求别人的意见。在和工作有关的事情上征求别人的意见会建立良好的人际关系。征询别人的意见，如果此人的工作无须向别人提供建议，则通常会被视为恭维别人。别人会认为向其征求意见传递了相互之间的信任。

6. 发送感谢信。给人发送感谢短信是最基本的政治技巧之一，这种技巧恰恰有助于构建良好的人际关系。很多成功人士都抽空给员工和客户发送手写便条，从而帮助建立和这些人的联系。手写便条的流行使用是因为它有别于电子交流，给人带来耳目一新的感觉。

7. 理智地表达赞美。用真诚的赞扬来表达恭维可以起到有效构建人际关系的作用。通过明智地表扬别人，你可以减少同事的戒备之心，使他们更容易接受你的观点。对760位企业主管的调查发现，巴结总裁在获得董事会任命方面所起的作用大于上精英课程班或者和精英人士保持社交关系。詹姆斯·D. 韦斯特法尔（James D. Westphal）和斯特恩（Ithai Stern）得出的结论是，获得董事会任命的最有效方法是采取巴结行为（一种政治行为）。这种形式的政治行为专注于奉承巴结别人。经常向CEO提供建议和信息也是有益的。此外，不要密切监视董事会成员的战略决策也可以有效地获得向其他董事会的推荐提名。白人男性似乎在和同等身份的主管搞好关系上要比少数族裔和女性更占优势。[45]

有效、通用的恭维别人的方法之一是告诉别人你对他所取得的成就有深刻的印象。领导力技能开发练习11-3将会有助于提高你在奉承别人方面的技能。

领导力技能开发练习11-3

奉承角色扮演

一个学生扮演团队领导者角色，此人想和公司的重要人物结盟。公司是电子产品重要生产商，产品包括高清电视机和智能手机。某日，团队领导者正在排队登机，估计要等大约10分钟时间。另一个学生扮演公司市场营销副总裁，出人意料地排队时站在团队领导者身后。

市场营销副总裁中年岁数，属于居家男人，已在公司工作25年。那位意欲建立联盟关系的团队领导者估计自己约有 7 分钟时间来和副总裁接触，也许能够建立良好的工作关系。于是团队领导者决定用适当的奉承方式开始交流。至少市场营销副总裁也愿意和团队领导者交谈。当着全班人的面演绎此情景，时间约为 6 分钟。班级里其他人观看并对奉承技巧的效果发表评价。

本练习的潜在作用在于它能够帮助你认识到从事积极政治行为的机会，而认识到赢得政治优势的机会有助于领导者事业的发展。

研究证据表明，政治技巧有助于构建人际关系，这样的证据来自对零售服务组织里 179 名员工进行的研究。政治技巧测试中得分高的员工往往能克服领导者-成员角色转换过程中具有挑战性的方面。早前的研究表明，一般来说属于同一个族裔的上下级具有较高质量的领导者-成员交换关系（或人际关系）。与此相对应的是族裔差异和较低质量的领导者-成员交换关系有联系。研究结果表明，拥有良好的政治技巧的下属能够与不同族裔的上级发展较好的人际关系。[46]

■ 目的在于避免政治错误的策略

保持权力的策略就在于控制自己不犯导致权力被削弱的错误。发生了政治上麻木不仁的行为也可能阻碍你获得权力。以下就描述了这些错误的行为。

1. 在公开场合批评老板。人际关系中一个古老的训诫是“公开表扬人，私下批评人”。然而情绪激动时，我们可能仍然抵挡不住冲动公开地批评老板。此外，很多人丢了工作，因为他们在像脸书这样的社交媒体上发表了对老板的报复性言论。[47]

2. 绕过老板。在等级森严的组织里礼节依然受到人们的高度重视，因此绕过老板去解决问题是个危险的举措。你也许能够绕开老板，但你的事业可能会受到损害，你能获得的资源会受到限制。除非发生了无耻的性骚扰和犯罪行为等严重的过失行为，你老板的老板可能会和你的老板站在一边。

3. 拒绝高级管理层的要求。拒绝高级管理层的要求，尤其是多次拒绝，是在政治上犯错误。因此你得谨慎地平衡，安排好自己的时间，避免犯拒绝高级管理层的要求的错误。今天越来越多的经理人和专业人士拒绝了提升的机会，原因是新工作需要变换工作地点。对这些人而言，家庭和生活喜好要比在工作上获得政治优势更为重要。

4. 讲话不得体（无缘无故地表现得不得体）。为了避免对自己的事业有害，要避免或至少减少公开粗鲁地对待有影响力的人，做到这一点很重要。例如，不能告诉 CEO 应该委派另一个人来演讲，原因是这个人不善演讲。一位纽约猎头公司的老板说：“如果你经常表现得‘不得体’，就无法成为高层人物。”[48] 当你觉得忍不住要批评别人时，推迟做出反应，重新组织语言，稍后再说。运用你的情商！如果你总是无缘无故地表现得不得体，最好的补偿是事后进行真诚的道歉。

讲话不得体的另一种表现形式是，公开场合的讲话让很多人解读为具有消极意义或者透露出冷漠的态度。2010 年深水地平线石油钻塔爆炸，喷射了几亿加仑的石油进入墨西哥湾，导致 11 名工人死亡。当时的 CEO 托尼·海沃德多次在公开场合露面解释公司的补救措施。在一个大众见面会上，海沃德说希望自己的“生命能倒转”，这句话激怒了很多人，原因是他们认为和众多的灾难受害者相比，海沃德并没有遭受太多的痛苦。这番失礼的话语导致他无法获得美国公众的同情，不久之后便遭到解职。[49]

5. 不遵守公司的着装规定。虽然在很多机构里某种程度上的独立个性和自由思考是可以接受的，但违反着装规定有可能阻碍你获取权力。遵守着装规定表明你属于团队的一分子，理解对你的要求。穿衣太随意或太正式，或者穿着带有文化身份标志的衣服，都有可能违反着装规定。[50]

6. 发送尴尬或受牵连的电子邮件。人们经常犯的政治错误是使用公司邮件系统发送信息，但这种信息一旦暴露就会让你难堪或者置你于被解雇的境地。成千上万的人都发送过这样的信息——“老板是个白痴。”结果后来遭遇对证的下场。（几乎任何电子邮件都可以被信息技术专家恢复。）正如前面所说，不适当的互联网帖子有可能在政治上犯错。

11.4.2 不道德的政治技巧和策略

任何获取权力的技巧如果运用到极致都有可能误入歧途。某人希望老板向其提供可能影响公司股票价格的内部信息就是不正当行为。下面描述的某些方法明确属于不道德行为。从长远的角度来看，这些方法因降低了领导者的可信度而削弱了其效率。这些越轨的策略甚至有可能导致对领导者、组织或者两者的法律诉讼。

■ 背后伤人

背后伤人这种伎俩随处可见，比如你假装做好人，同时计划置某人于死地。背后伤人常见的手段是和对手谈论老板的缺点，鼓励对手说老板的坏话，仔细记住对手说过的话。当这些话传到老板那里时，对手就显得不忠诚和十分愚蠢。电子邮件已经成为背后伤人的工具。邮件的发送者记录下另一个人所犯的错误，然后告诉重要人物。经理人发给其对手的短信样本会以下列方式开头：“泰德，您好！很遗憾你不能出席我们重要的会议，我猜想你有其他重要的事情要做。但是我们需要你就下列我们所处理的重要事情发表意见……”

■ 顺我者昌，逆我者亡

“顺我者昌，逆我者亡”这个古老的策略要求你努力将已经受伤的对手从公司清除掉；否则，受伤的对手会在你脆弱的时刻施加报复。这种策略在充满敌意的兼并之后很常见；很多经理人因反对兼并而丢失工作。这种策略的另一种形式是解雇被兼并公司那些拒绝适应新企业文化的经理人。例如，我行我素的经理人反对收购公司中的官僚文化，他们也许会被当成“无法认同我们目标的人”遭到解雇。

■ 设定某人承担失败

这种安排的目的是将某人安置在某个职位上，其下场要么是彻底失败，要么是显得很无能。例如，CEO 不喜欢某位经理人，于是就让他负责市场急剧下滑的有问题部门。新上任的部门经理无法逆转颓势，随后因业绩不佳而遭到解雇。

■ 分而治之

这是一个古老的军事和政治策略，有时也运用到商业中。其目的在于让下属互相争斗，从而使权力的天平向另一个人倾斜。如果团队成员的意见无法一致起来，那么他们和同一个上级保持一致意见的机会就增加。让下属们互相争斗的方法之一就是将他们置于激烈竞争资源的环境中。例如，要求他们列出证明资料，以说明他们的预算要比对手要求的预算更有价值。

■ 进行领地竞赛

领地竞赛（territorial games）也称地盘争夺战，要求保护、囤积给予人们权力的资源，如信息、人际关系和决策权。安内特·西蒙斯（Annette Simmons）认为，领地争夺行为基于某种隐藏力量，以限制人们希望给予充分合作的愿望。人们生性贪婪，希望得到他们认为在企业环境中生存所需要的东西。

领地争夺竞赛的目的是争夺现代企业生存竞赛中的三个**领域**（territory）：信息、人际关系和权力。人际关系的争夺可以通过劝阻别人访问重要的客户，或者阻挠高效工作者获得提拔或调动这样的手段来实现。[51]例如，经理也许会告诉别人他的明星员工表现一般，从而防止此人调到更有价值的岗位上。领地竞赛的其他例子还有垄断客户的时间，安排的会议时间让人无法参加，排挤同事使他们无法和你一起加入重要的工作任务。

对研究和理论的回顾表明，领地划分加强了员工的承诺保证、减少了冲突，有时对组织有利。承诺提高的原因可能在于员工也许有了所有权的感觉，例如在一个个性化装饰的工作隔间里会感觉到像在家里那样自如。冲突减少的原因在于每个人的属地互不干扰。然而，领地划分的主要消极后果是员工更加以自我为中心，这使得他们分心，无法关注整体组织。领地划分可能造成员工之间互不往来，导致组织内相互间的联系减少。[52]正如某个营销部经理所说的那样：“为什么要费力请财务部人员参加我们的会议呢?”

■ 制造并解决虚假的危机形势

管理者所采用的较高明、阴险的手段就是假装灾难出现，然后努力“拯救”别人使他们幸免于难，借此以超级英雄的形象出现。[53]政治玩家会冲进来宣布一切混乱不堪，形势几乎绝望。事后不久，他又解决了问题。例如，新近任命的信息部经理会告诉上级他继承的系统过于陈旧，已经到了严重影响公司运营的境地。一周后，他声称由于订购了新的设备和雇佣了一些新的人员，已经奇迹般地将信息系统彻底整修了一番。

■ 滥用权力

滥用权力可以概念化地表达为不道德的政治手法，因为这种权力滥用常常和正式责任以外的行为有关。（滥用权力的例子可能是 CEO 关闭了其不喜欢的经理人监管的工厂，抑或是使用公司资金为自己建造超豪华的办公室。）政治上滥用权力还包括这样一些行为：对下属大喊大叫或者咒骂下属，对下属进行性骚扰，以及在会议上羞辱下属。例如，维亚康姆娱乐公司的董事长萨姆纳·雷德斯通（Sumner Redstone）就以经常向下属大发脾气而声名狼藉。多项调研表明，大多数粗鲁不当的行为举止，如骂脏话，都源于那些握有正式权力的人。[54]

11.5 控制功能失调的组织政治的手段

组织政治使用过多会伤害组织及其成员。泛滥的政治行为可能浪费时间和努力，因此降低了生产力。一组研究人员对可获得的研究成果进行了元分析，该研究的内容为对组织行为的感知和产生的某些重要后果之间的关系。对政治行为的感知是指意识到组织政治的存在，正如“我无法接受这里所有的政治手段”这句话里所反映的那样。和感知组织政治相关的主要结果如下：（1）过于紧张或压力的不利影响；（2）更多的辞职意愿；（3）职业满意度较低；（4）对老板的情感承诺较低；（5）较低的职业表现；（6）较少的组织成员行为。[55]

总而言之，当人们认识到组织政治行为存在时，它就有可能伤害个人和组织。为避免这些负面影响，建议领导者在组织政治行为泛滥且功能失调时应遏制组织政治行为。表 11-1 展现了办公室里功能失调的组织政治行为泛滥情形。

表 11-1　　办公室里功能失调的组织政治行为泛滥情形

下列 10 种情况是有关职场人际关系的描述。任何一个描述出现的频率越高，则该组织或单位被办公室里功能失调的组织政治行为困扰的可能性就越大。

1. 两人、多人或群体间冲突解决的基础是谁拥有最大的权力，而不是基于情理和哪种解决方法效果更好。
2. 某些人或群体以某种方式报复另一些人或群体。
3. 某些人或群体无法获得工作进展的消息。
4. 某些人或群体故意夸大、曲解甚至造谣诽谤有关另一些人和群体的信息报道。
5. 引导某些人或群体相信似是而非的东西。
6. 同舟共济是某些人或群体与另一些人或群体达成一致意见的唯一目的。
7. 故意破坏别人有价值的努力和倡议。
8. 为获得特别优势，某些人泄露别人的私密和不利的信息。
9. 某些人或群体因意见相左而遭到另一些人或群体的惩罚或禁言。
10. 组织决策基于个人利益而非是否合乎情理和效果如何。

资料来源：From Thomas P. Anderson，“Creating Measures of Dysfunctional Office and Organizational Politics：The DOOP and Short Form DEEP Scales，” *Psychology：A Journal of Human Behavior*，vol. 31，no. 2，1994，34. Reprinted by permission of the author.

在全面控制组织政治行为的策略里，组织领导者必须认识到组织政治行为产生的原因和使用的手段。例如，企业缩减规模时，CEO 可以谨防背后伤人和意图明显的溜须拍马。公开的交流沟通还可以抑制组织政治行为的影响。例如，公开交流可以让所有人知道分配资源的依据，因此减少了玩弄政治手段的机会。假如人们事先知道资源分配的方式，企图讨好上级的效用就会减少。而当交流公开时，人们就难以控制信息，难以传播流言蜚语来攻击别人。

要避免偏袒和任人唯亲。避免把最好的奖励颁发给你最喜欢的群体成员或者老朋友，这是减少工作群体内部组织政治行为最有效的办法。如果团队成员相信，让老板喜欢他们远没有通过良好的工作表现来获奖重要，那么他们就不会经常去奉承巴结老板。要想规避个人好恶，管理者必须嘉奖工作表现良好的员工。

要在组织顶层树立好榜样。这样做可以减少组织政治行为发生的频率和强度。当领导者的行为表现出非政治化特点时，他们就以微妙的方式表明政治手段不受欢迎。领导者在员工会议期间宣布不光明正大的政治手段既不受欢迎也不够专业，这样做可能是有益的。

另一种减少组织政治行为的方法是让个人和组织达成一致的目标，即创建目标一致的环境。如果组织政治行为妨碍了公司和个人实现自己的目标，目标一致的员工就不大可能过分玩弄办公室政治手段。如果项目经理希望公司取得成功，就不会仅仅为了取悦老板而虚假地恭维老板的想法是正确的。

有时在公开场合威胁要讨论有问题的信息能够限制组织政治行为。搞阴谋的人一般希望暗箱操作。他们更愿意暗示、含沙射影、直接贬低别人，但前提是不被人发现或当成始作俑者。阻止损害别人信誉的有效方法之一就是要求公开讨论问题。[56]企图传递有问题信息的人通常会退缩，然后说出接近真相的话。

最后，雇佣正直的人会减少政治玩家的人数。应当仔细审查与应聘者正直和诚实的品行相关的证明资料。[57]可以向证明人询问：“请告诉我××玩弄政治手段的方法。”领导力技能开发练习 11－4 提供了一个机会，让你去尝试阻止在工作中过度使用政治手段。

领导力技能开发练习 11－4

控制办公室政治手段

某个学生扮演公司行政主管，视察某个重要部门。其他六个学生扮演该部门的经理，每个人都想在会议期间给主管留下好印象。主管在会议开始时要求经理轮流讨论自己最近的工作和业绩。每个部门经理都试图给主管留下积极印象。在观察了他们在 9 分钟时间内对自己的奉承之后，主管决定采取行动来反击他们使用的政治手段。在做角色扮演练习之前，回顾一下本章有关政治手段及控制方式的资料。

小　结

权力的来源是多方面的，包括职位权力（合法权力、奖赏权力、惩罚权力和信息权力）以及个人权力（专家权力、参照权力和威望权力）。权力还产生于所有权、依赖关系、利用机会、处理关键问题以及接近权力层。

授权包括意义、自主性、胜任力、影响、内在承诺这几个方面。成为授权型领导者可以采取以下行为：培养主动性和责任心、把工作和组织目标联系起来、提供充足的信息、允许组织成员选择工作方法、鼓励自我领导、确定授权的限制以及持续领导，而且要考虑授权中的文化差异。委派是授权的一个重要组成部分。

领导者必须巧妙运用组织政治以获得并保持权力。组织政治这个词的含义持续朝着积极和建设性的方向偏转。产生组织政治的因素包括金字塔形组织结构、工作业绩的主观评价标准、环境不确定性和动荡、不安全感、权谋倾向以及鼓励下属表达赞美之词。

要想有效地利用组织政治，领导者必须懂得具体的政治技巧和策略。符合道德规范的策略可以分成这样几类：目的在于获得权力的策略，目的在于构建人际关系的策略，以及目的在于避免政治错误的策略。不符合道德规范、阴损的伎俩，如顺我者昌逆我者亡策略，属于另一个范畴的政治行为。

组织政治使用过多会伤害组织及其成员。认识到政治行为产生的原因及类别能够帮助领导者处理问题。树立非政治行为方面良好的榜样是有益的，因为这样做可以取得目标一致性，起到威胁公开曝光阴险的政治手段的作用。此外雇用正直的人也是有益的。

实践与技能开发指南

获得权力的显著优势在于它能帮助你控制所处的环境，因此能减少压力，有利于身心健康，从而延长寿命。反之，如果你没什么权力，无法控制你的工作及所处的环境，就会给你带来压力，导致身心健康较差，常常会缩短寿命。[58] 所以想方设法增加权力是重要的生活技能。

关于构建真实和虚拟的人际关系网，人们表达了众多的口头看法和书面意见，因此给人的感觉似乎是你的联系人越多越好。而通常较好的做法是拥有小范围有用、高质量的联系人群。英国人类学家罗宾·邓巴（Robin Dunbar）宣称一般人只能保持150个较为密切的社会关系。借助信息技术这个数字可以稍微扩大一点，但人的智力和可以获得的时间都限制了有用的人际关系网的大小。[59]

［讨论题］

1. 为通用电气公司和本田公司这样的大公司工作的员工，即便在没有担任具有行政主管头衔的职务的情况下，为什么仍可能具有相当大的权力？

2. 担任顶层主管职务的领导者为什么可能仍然只拥有相对少的权力？

3. 与大众普遍的看法相反，美国大公司的CEO都来自私立或州立大学，而非少数广为人知的MBA课程。这个事实在权力来源和组织政治方面对你有何启示？

4. 本周你打算做些什么来提升权力？

5. 你认为穿衣和佩戴饰品得体在多大程度上确实使你看上去更具权威？

6. 很多商界领导者说过这样的话：“实施授权的原因是不希望员工不动脑子。”领导者这么说是什么意思？

7. 授权受到人们的批评，原因是这样做就没有具体的人承担事情的后果。你怎样看待这种批评意见？

8. 很多人问过这样的问题：“办公室政治难道不是无能之辈才采用的手段吗？”对此你如何回答？

9. 举例说明你或者你的关系网中任何人亲眼目睹的组织政治错误。它给犯错误的人带来了什么后果？

10. 让有经验的人为你举例说明他如何成功运用了组织政治。使用了哪些手段？结果如何？

领导力案例 A

直销公司起伏不定（摇摆不定）的授权

直销公司为其客户设计多样化的直销活动，生意一直兴隆。尽管在线广告十分盛行，直销公司近年来一直呈上升态势。公司提供的服务包含个性化的广告传单，这些传单可以邮寄到家中或办公室，向接收者推荐其感兴趣的产品。例如，在网上或者电话订购了红酒的人可能会收到推介红酒摆放架或者红酒存储柜的广告宣传册。直销公司提供的另一项服务是促销推广活动，比如开在同一页上印有广告的发票。

直销公司的创立者和 CEO 丹尼斯·帕克（Dennis Parker）说他对自己公司的发展感到吃惊。公司创建之初，有人警告他宣传品邮寄是个高风险的行业。然而，近来广告商们终于认识到，人们在收到自己感兴趣的邮寄广告传单后采取行动的概率要大于看到互联网和报纸杂志中刊登的广告。

帕克喜爱自己的企业有很多理由。他喜欢紧跟数字印刷技术，喜欢看到很多新的业务慕名找到直销公司。他还说他很享受去领导和管理不断发展壮大的公司。他说："我特别擅长使用授权来激发员工。"

一次营销部主任奥德瑞·瓦伦丁（Audrey Volentine）和帕克一起共进晚餐，她主动谈起了帕克领导手段中使用的授权方式。瓦伦丁微笑着对帕克说："今晚我跟你说起的事我以前至少暗示过你不下六次。管理团队都知道你是个精明能干的商人、和蔼的管理者，但也是个摇摆不定的授权人。"

帕克问道："你什么意思？我是个摇摆不定的授权人？"

"让我解释一下，丹尼斯。你对我、财务部主任和经营部的那帮伙计采用了同样的手段。还记得你跟我说过这样的话吗：'在家居领域我们没有做出太大业绩，为什么不想想在该领域你们能开创出什么新的业务？'你说出这话后，我和家居经理一起尽最大努力做到了领先的地位。而当我向你汇报进展时，你让我们将此事转交给你，由你来收官达成交易。这里的摇摆不定之处就在于你让我去做某件事情，然后当形势看好时你就收回权力。你委派出去的事情很快又收回到自己的手中。"

帕克听完瓦伦丁讲述的摇摆不定的授权情况之后，平静地解释道："在这个行当里，高层次联系和人际关系至关重要，授权只能到这个程度，大客户一般都愿意直接和 CEO 做生意，这也正是我帮助你的原因。"

［问题］

1. 对于帕克的授权方式，你能提出什么样的建议？

2. 瓦伦丁对老板说他是个摇摆不定的授权者，在多大程度上她犯了组织政治错误？

3. 鉴于 95％以上的人收到直销公司的邮件后可能会立刻扔掉寄来的广告传单，你如何评价直销公司的社会责任？

角色扮演

对于摇摆不定授权方式的抱怨

今天早上 CEO 丹尼斯给营销部主任奥德瑞发了短信："我不喜欢被人称为犹豫不决的授权人。希望在我的办公室见到你。"奥德瑞回复："非常抱歉惹您生气了，何时见面？"快要下班时，丹尼斯和奥德瑞见面商讨对其在关键产品上授权方式不满一事。一个学生扮演丹尼斯，他认为自己有权按照自己喜欢的方式授权。另一个学生扮演奥德瑞，她相信自己的做法是正确的，但仍想和丹尼斯保持良好的工作关系。

旁观者应特别关注奥德瑞在设法赢得对方的认同而又不犯严重组织政治错误的过程中表现出的政治技巧。

领导力案例 B

推特潮人布伦达

布伦达（Brenda）是一家业务流程外包公司的理赔中心主任，该公司专门从事中小型公司工资发放和福利管理业务。她的上级 CEO 曾经跟她说，她的领导技能是令人满意的，但倘若能够对其负责领域的员工施加更大的影响力就更好了。“多关心他们的生活，发挥更大的影响力，”CEO对布伦达说，“至于怎么做到这一切，由你自己决定。”

在考虑可使用的手段时，布伦达想到了向其直接下属和公司里其他成员发送鼓励性短信来向他们施加更大的压力。布伦达回忆道：“使用了推特后，我每晚花约30分钟时间就能建立起积极的人际关系，而以前我得花费数小时与人一起吃饭和喝咖啡。”

两天后布伦达开始了自己在推特上发布信息的活动。使她感到欣慰的是她发现目标人群里大多数都有推特账户。以下是布伦达所发的一些推特短信：

“你干得很出色。为拥有像你这样的人感到很高兴。”（发给公司员工名单里拥有推特账户的所有人。）

“腕管综合征可以自动愈合，多锻炼。”（发给因患有腕管综合征而请病假的数据录入员。）

“您的确是最棒的领导者，向您学习。”（发给公司的CEO。）

“你就是阴霾天里的一缕阳光。”（发给邮件收发室的四名员工。）

“爱你，宝贝，但再快点。”（发给自己的行政助理。）

“没有你我们活不下去，更不想失去你。”（发给某个技术支持员工。）

某个推特短信的接收者对另一个人说：“这些日子里布伦达太酷了！她使用推特来领导别人。”另一个推特短信接收者说：“你有没有看见布伦达使用自己的推特账户所做的一切？她给了我另一个充足的理由无须每天查看推特邮件。”

[问题]

1. 你认为布伦达的推特短信对其领导效能有什么影响？

2. 你如何评价将同样的推特短信发给几个员工的做法？

3. 你能向布伦达提出更加有效地使用推特短信作为领导工具的建议吗？

角色扮演

推特短信危害控制

一个学生扮演布伦达的下属。该员工收到了布伦达的又一封推特短信，短信的内容是“我知道今天对所有人来说都将是有收获的日子”。当时该员工在家中和工作中都遇到了不顺心的事。因此，该员工认为布伦达的推特短信是骚扰短信，于是给几个同事发了电子邮件，内容如下：“布伦达今天发的推特短信难道不让你感到恶心吗？”接着该员工收到了布伦达的推特短信：“我刚听说我最后一次推特短信让你感到恶心，到底出了什么问题？”另一个学生扮演布伦达，她察觉到了对其推特短信的反馈意见，于是决意向该员工表达自己的不满情绪。

领导力技能开发练习 11-5

我的领导力文件夹

为了丰富你的领导力文件夹，请仔细考虑一下你最近获得的运用组织政治手段的所有机会。你怎样应对目前的形势？如何利用机遇？有没有使用道德或非道德手段？有没有犯过组织政治错误？请看下面的事例：

我看到了一份广告传单，上面说商务管理协会将邀请美林证券公司的主管来做特邀演讲。当时尽管我忙于学习、工作和社交应酬，仍决定抽空参加活动。结果这次聚会是个极好的机会，我认识了几个有用的人。寒暄之后，我开始与演讲人交谈并赞赏她的演讲。我们简短地交谈了我正在寻找投资银行界工作的事情，她给了我名片。第二天我给她发了电子邮件，感谢她抽空与我交谈。在那次聚会上我还认识了几个重要的人物，得到了他们的名片。

领导力技能开发练习 11－6

处理政治错误

一个学生扮演微软公司的中层经理，他收到了 CEO 发来的电子邮件，说中层经理所在的单位有几个员工被发现在使用 iPhone。CEO 坚持认为，忠诚的微软员工不应该使用 iPhone，尤其在公司里，原因在于 iPhone 的生产厂家是其强劲的竞争对手苹果公司。那位中层经理知道他的几个员工在情感上喜爱 iPhone 和 iPad，因此不想放弃使用。但是中层经理清楚取悦 CEO 很重要，因为他意志非常坚定且固执己见。另一人扮演喜怒无常的 CEO，他为亲眼目睹微软员工使用 iPhone 和 iPad 的事气愤不已，于是要求和中层经理见面。中层经理在会面时要确保 CEO 的情绪平稳，同时要保持自己在下属面前强有力领导者的身份。

旁观者要集中注意力观察中层经理在应对情况时采用的政治技巧。

注 释

[1] Story created from facts found in the following sources: "Sheryl Sandberg, Chief Operating Officer," www.facebook.com/press/info, accessed March 25, 2011; Marshall Kirkpatrick, "Facebook Exec: All Media Will Be Personalized in 3 to 5 Years," *ReadWriteWeb* (www.readwriteweb), September 29, 2010, pp. 1–3; Brad Stone and Miguel Helft, "Facebook Hires a Google Executive as No. 2," *New York Times* (www.nytimes.com), March 5, 2008, pp. 1–3; Miguel Helft, "Mark Zuckerberg's Most Valuable Friend," *The New York Times* (www.nytimes.com), October 2, 2010, pp. 1–6; Evan Hessel, "The World's Most Powerful Women," *Forbes*, September 7, 2009, pp. 78–83.

[2] John R. French and Bertram Raven, "The Basis of Social Power," in Dorwin Cartwright, ed., *Studies in Social Power* (Ann Arbor, Mich.: Institute for Social Research, 1969); Timothy R. Hinkin and Chester A. Schriescheim, "Power and Influence: The View from Below," *Personnel*, May 1988, pp. 47–50.

[3] Jeffrey McCracken, "J. P. Morgan Taps Simon to C-Lead Tech Team," *The Wall Street Journal*, October 13, 2009, p. C3.

[4] Ann Davis and Randall Smith, "Merrill Switch: Popular Veteran Is In, Not Out," *The Wall Street Journal*, August 13, 2003, p. C1; Landon Thomas Jr., "Dismantling a Wall Street Club," www.nytimes.com, November 2, 2003; George Anders, "Is There a Second Act for O'Neal After Merrill?" *The Wall Street Journal*, October 31, 2007, p. A2.

[5] Brian O'Keefe, "Meet the CEO of the Biggest Company on Earth," *Fortune*, September 27, 2010, pp. 80–94.

[6] Sydney Finkelstein, "Power in Top Management Teams: Dimensions, Measurement, and Validation," *Academy of Management Journal*, August 1992, p. 510.

[7] Finkelstein, "Power in Top Management Teams," p. 510.

[8] Richard M. Emerson, "Power-Dependence Relations," *American Sociological Review*, vol. 27, 1962, p. 32.

[9] Jeffrey Pfeffer, *Managing with Power: Power and Influence in Organizations* (Boston: Harvard Business School Press, 1992), pp. 100–101.

[10] Jennifer Wang, "Patagonia, from the Ground Up," *Entrepreneur*, June 2010, pp. 26–28.

[11] C. R. Hinings, D. J. Hickson, C. A. Lee, R. E. Schenck, and J. W. Pennings, "Strategic Contingencies Theory of Intraorganizational Power," *Administrative Science Quarterly*, 1971, pp. 216–229.

[12] "Lessons in Power: Lyndon Johnson Revealed: A Conversation with Historian Robert A. Caro," *Harvard Business Review*, April 2006, pp. 47–52.

[13] Gregory G. Dess and Joseph Picken, "Changing Roles: Leadership in the 21st Century," *Organizational Dynamics*, Winter 2000, p. 22.

[14] "The Secrets of His Success," *Fortune*, November 29, 2004, p. 158.

[15] George Anders, "Overseeing More Employees—With Fewer Managers," *The Wall Street Journal*, March 24, 2008, p. B6.

[16] Gretchen M. Spreitzer, "Psychological Empowerment in the Workplace: Dimensions, Measurement, and Validation," *Academy of Management Journal*, October 1995, pp. 1442–1465.

[17] Lauren Bennett Cattaneo and Aliya R. Chapman, "The Process of Empowerment: A Model for Use in Research and Practice," *American*

Psychologist, October 2010, pp. 646–659.
[18] Scott E. Seibert, Seth R. Silver, and W. Alan Randolph, "Taking Empowerment to the Next Level: A Multiple-Level Model of Empowerment, Performance, and Satisfaction," *Academy of Management Journal*, June 2004, pp. 332–349.
[19] Henry Mintzberg, *Managing* (San Francisco: Berrett-Koehler, 2009), p. 64.
[20] Barbara Ettorre, "The Empowerment Gap: Hype vs. Reality," *HRfocus*, July 1997, p. 5.
[21] Phillip M. Perry, "Seven Errors to Avoid When Empowering Your Staff," *Success Workshop* (a supplement to *Manager's Edge*), March 1999, p. 3.
[22] Craig L. Pearce and Charles C. Manz, "The New Silver Bullets of Leadership: The Importance of Self- and Shared-Leadership in Knowledge Work," *Organizational Dynamics*, no. 2, 2005, pp. 130–140.
[23] Kyle Dover, "Avoiding Empowerment Traps," *Management Review*, January 1999, p. 52.
[24] Dimitry Elias Léger, "Tell Me Your Problem, and I'll Tell You Mine," *Fortune*, October 6, 2000, p. 408.
[25] Quoted in "Hotel Executive's Mantra: 'You Can Do It'," *The Miami Herald* (www.miamiherald.com), November 1, 2010, p. 2.
[26] Christopher Robert et al., "Empowerment and Continuous Improvement in the United States, Mexico, Poland, and India: Predicting Fit on the Basis of the Dimensions of Power Distance and Individualism," *Journal of Applied Psychology*, October 2000, pp. 751–765.
[27] Abhishek Srivastava, Kathryn M. Bartol, and Edwin A. Locke, "Empowering Leadership in Management Teams: Effects on Knowledge Sharing, Efficacy, and Performance," *Academy of Management Journal*, December 2006, pp. 1239–1251.
[28] Jay B. Carson, Paul E. Telsuk, and Jennifer A. Marrone, "Shared Leadership in Teams: An Investigation of Antecedent Conditions and Performance," *Academy of Management Journal*, October 2007, pp. 1217–1234.
[29] Stanley Holmes, "Inside the Coup at Nike," *Businessweek*, February 6, 2006, pp. 034–037.
[30] Gerald R. Ferris et al., "Political Skill at Work," *Organizational Dynamics*, Spring 2000, p. 25.
[31] Gerald Biberman, "Personality Characteristics and Work Attitudes of Persons with High, Moderate, and Low Political Tendencies," *Psychological Reports*, vol. 57, 1985, p. 1309.
[32] Marshall Goldsmith, "All of Us Are Stuck on Suck-Ups," *Fast Company*, December 2003, p. 117.
[33] Pamela L. Perrewé et al., "Political Skill: An Antidote for Workplace Stressors," *Academy of Management Executive*, August 2000, p. 115.
[34] Tom Peters, "Power," *Success*, November 1994, p. 34.
[35] Denise Campbell, "What's Your Social Media Strategy?" November 2010, p. 75.
[36] Stanley Holmes, "EADS' Unlikely American Ascent," *BusinessWeek*, April 9, 2007, p. 068.
[37] Jeffrey Pfeffer, "Power Play," *Harvard Business Review*, July-August 2010, p. 92.
[38] Michael Warshaw, "The Good Guy's (and Gal's) Guide to Office Politics," *Fast Company*, April 1998, p. 160.
[39] Robin J. Ely, Debra Meyerson, and Martin N. Davidson, "Rethinking Political Correctness," *Harvard Business Review*, September 2006, p. 80.
[40] The definition of psychological capital and the research findings are from Fred O. Walumbwa, Suzanne J. Peterson, Bruce J. Avolio, and "An Investigation of the Relationships Among Leader and Follower Psychological Capital, Service Climate, and Job Performance," *Personnel Psychology*, Winter 2010, pp. 937–963.
[41] Cited in Adam Bryant, "For the Chief of Saks, It's Culture That Drives Results," *The New York Times* (www.nytimes.com), May 28, 2010.
[42] Joann S. Lublin, "To Win Advancement, You Need to Clean Up Any Bad Speech Habits," *The Wall Street Journal*, October 3, 2004, p. B1.
[43] "Etiquette School," *Bloomberg Businessweek*, October 16–Octrober 24, 2010, pp. 89–91.
[44] Much of the scholarly impression management research is reviewed in Andrew J. DuBrin, *Impression Management in the Workplace: Research, Theory, and Practice* (New York and London: Routledge, 2011).
[45] James D. Westphal and Ithai Stern, "Flattery Will Get You Everywhere (Especially If You Are a Male Caucasian): How Ingratiation, Boardroom Behavior, and Demographic Minority Status Affect Additional Board Appointments at U. S. Companies," *Academy of Management Journal*, April 2007, pp. 267–288.
[46] Robyn L. Brouer, Allison Duke, Darren C. Treadway, and Gerald R. Ferris, "The Moderating Effect of Political Skill on the Demographic Dissimilarity—Leader-Member Exchange Quality Relationship," *Leadership Quarterly*, April 2009, pp. 61–69.
[47] "Etiquette School," *Bloomberg Businessweek*, p. 90.
[48] Quoted in Joann S. Lublin, "Did I Just Say That?! How You Can Recover from Foot-in-Mouth," *The Wall Street Journal*, June 18, 2002, p. B1.
[49] Paul Sonne, "Hayward Fell Short of Modern CEO Demands," *The Wall Street Journal*, July 26, 2010, p. A7.
[50] Tracy Minor, "Office Politics: Master the Game by Making Connections," *Monster: Diversity & Inclusion*, October 30, 2002 (monster.com).
[51] Annette Simmons, *Territorial Games: Understanding & Ending Turf Wars at Work* (New York: AMACOM, 1998); Robert J. Herbold, *The Fiefdom Syndrome* (New York:

Currency Doubleday, 2004).
[52] Graham Brown, Thomas B. Lawrence, and Sandra L.Robinson, "Territoriality in Organizations," *Academy of Management Review*, July 2005, pp. 577–594.
[53] Jared Sandberg, "Office Superheroes: Saving the Rest of Us from Unseen Dangers," *The Wall Street Journal*, December 10, 2003, p. B1.
[54] Jonah Lehr, "The Power Trip," *The Wall Street Journal*, August 14–15, 2010, p. W1; Anne Kreamer, "Go Ahead—Cry at Work," *Time*, April 4, 2011, p. 52.
[55] Chu-Hsiang Chang, Christopher C.Rosen, and Paul E. Levy, "The Relationship between Perceptions of Organizational Politics and Employee Attitudes, Strain, and Behavior: A Meta-Analytic Examination," *Academy of Management Journal*, August 2009, pp. 779–801.
[56] Robert P. Vecchio, *Organizational Behavior*, 4th ed. (Fort Worth, Tex.: The Dryden Press, 2000), p. 136.
[57] "Throw Politics Out of Your Office," *Manager's Edge*, July 2001, p. 8.
[58] Research synthesized in Pfeffer, "Power Play, p. 90.
[59] Research cited in Chris Brogan, "The Network Is Everything," *Entrepreneur*, October 2010, p. 56.

第12章 领导力：沟通和冲突

学习目标

学习完本章并完成各项练习后，你应该能够：

- 描述领导者如何使用交流网络来完成任务
- 描述鼓舞性和煽情性沟通的基本要素
- 描述充满力量的语言风格的关键特征
- 描述说服的六个基本原则
- 描述选择性听取意见的挑战和巡回检查的基本要素
- 对克服跨文化交流障碍的重要性保持敏感
- 识别解决冲突和进行谈判的基本方法

2010年初史蒂文·弗雷伯格（Steven Freiberg）成为亿创理财公司（E* Trade）的首席执行官，这是一家主要从事在线股票经纪业务的金融服务公司。弗雷伯格的金融事业始于其获得的银行和金融方向学士学位，以及纽约亨普斯特德镇霍夫斯特拉大学弗兰克·卡铂商学院MBA学位。此后在花旗集团工作了30年，于2009年退休。

他在花旗集团担任的主要管理、领导职务有全球消费者集团联合总裁和CEO、花旗信用卡集团总裁和CEO以及花旗投资集团总裁和CEO。他在花旗集团的最大成就是在20世纪90年代末掌管了处于苦苦挣扎境况的分支店网点并且在两年内使其盈利。弗雷伯格逐渐赢得了业内客户心目中优秀高级金融服务主管的美誉。

作为商业领导者，弗雷伯格的很多成功似乎都得益于他愿意与员工交流，得益于他特别重视倾听别人的意见。由于倾听得过于认真，有时人们会以为他是性格内向的人。同时他享有有效解决问题、提高组织效率的声誉。

在弗雷伯格加入亿创理财公司初期，他说他面临的当务之急是和广泛的员工代表讨论公司令人不安的经营方向和运营情况。有一阵子流言四起，说亿创理财公司在资产抵押证券上损失惨重，公司将要被拍卖。弗雷伯格倾听大家的争论，解释说拍卖是提高公司价值的一个选项，但他的主要目标是改善公司的业务。[1]

上面描述的这位行政领导者正是基于这样一个显而易见但却被很多领导者忽视的真理来行事：公司领导者和群体成员之间公开的交流有助于克服困难、取得成功。高效的管理者和领导者都善于听取员工的意见，公开交流有助于发挥领导效能。约翰·哈姆（John Hamm）认为，有效的交流是领导者实施基本领导职责的最基本手段，意在鼓励集体成员承担责任，共创美好未来。[2]

有效的交流技能有助于培养鼓舞性领导力。第4章描述了有魅力的领导者如何成为高超的口头交流者，本章进一步拓展了这个主题，还涉及非语言、书面和辅助性交流形式的作用。此外，本章描述了领导者运用的交流网络，以及克服跨文化交流障碍的能力如何提高领导效能。最后，由于领导者花费了大量时间来解决冲突，因此本章还讨论了解决冲突和谈判的技能。

为了集中注意力去思考交流效果，请完成领导力自我评估测试12-1。

领导力自我评估测试12-1

交流沟通效果自画像

要求：下面的陈述涉及交流效果的各个方面。什么是最准确的答案在某种程度上取决于实际情况，请你指出每个陈述在多数情况下是正确的还是错误的。邀请另一个熟悉你交流行为特点的人帮你回答问题，将有助于提高回答的准确性。

	多数情况下正确	多数情况下错误
1. 当我开始在人群中说话时，大多数人会停止交谈，转向我，听我说。	□	□
2. 我的电子邮件和社交媒体帖子之类的书面表达质量受到了好评。	□	□
3. 人们对我录音电话上的对外留言反应良好。	□	□
4. 我喜欢在人群面前讲话。	□	□
5. 我已经创作了一些东西，包括写给编辑的信、为学校报纸写的文章以及公司简报上发表的评论。	□	□
6. 我拥有自己的网站，不止一次收到人们对其效用的赞誉。	□	□
7. 我在学校里的大部分书面作业都得了B或者A的成绩。	□	□
8. 我讲笑话或者做出自认为风趣的评论时人们一般会笑。	□	□
9. 我通过看报纸、看电视新闻或浏览新闻网页来保持消息灵通。	□	□
10. 我听到有人用“热心的”“活泼的”“生动的”或“有活力的”这类词语形容我。	□	□
11. 我发出的手机短信的拼写和语法看上去要比我收到的大多数短信好一点。	□	□

得分和解释：如果和你有关的八个或更多陈述是正确的，你极有可能是高效的交流者。如果三个或更少的陈述是正确的，可能需要实质性地改进你的沟通技能。你的得分可能和你的领导魅力高度相关。

技能开发：自我评估测试中所列举的陈述对于领导者来说具有重要意义，因为领导者的影响力在很大程度上是由其交流风格决定的。尽管领导者的交流风格差别迥异，但如果能很好地与人交流，他们通常能营造积极的影响力。注意观察新闻频道或类似频道里出现的某些商业领导者，培养自己对成功商业领导者交流风格的感觉。

12.1 领导者的交流网络

领导者交流的主要特征是依赖真实的社交网络和电子网络。离开了和别人的联系，领导者发现几乎不可能发挥自己的作用。交流研究者布鲁斯·霍普（Bruce Hoppe）和克莱尔·赖内尔特（Claire Reinelt）注意到领导者的交流网络是对快速变化的世界做出的反应，在这个世界里人与人之间的相互联系很重要，因为这种联系有助于人们学习和解决复杂的问题。交流网络为领导者提供了资源和支持。有了交流网络，领导者由于能够影响更多人从而具有更大的影响力。[3]

很多这类联系人都在组织内部，但也有很多在外部。太阳石油公司（Sunoco）的信息技术主管彼得·沃特内尔（Peter Whatnell）令人信服地解释了与业内同事建立交流网络的重要性：

> 很多想法都产生于交流网络，这个网络不一定非得在你的行业内。你可能听到了卫生保健系统内的某人谈论他们如何运用移动设备使医生获得医药信息，于是你认为，“我可以使用同样的办法来帮助那些在炼油厂工作的工程师”。[4]

本章里我们将简要描述组织领导者如何运用面对面（或称当面）以及社交媒体网络的方式来交流沟通。然而必须承认这些交流分类经常重叠。领导者也许会在公司的餐厅里与另一个部门的某个同事交流，然后当晚在推特上联系该成员继续交流。

12.1.1 面对面的交流网络

建立有效的人际关系网络依然是领导者构建人际关系、鼓励激发他人和获得合作关系的基本方法。即便是随身携带了几个移动电话、对黑莓手机情有独钟的行政主管也需要与某些人亲自接触以弥补手机短信沟通的不足。

各种类型的领导者联系网络都已经获得认可，其中的四种类型特别有关联性。第一种是同等身份领导者联系网络，这是一种领导者之间的社会关系系统，这些领导者通过共同的兴趣爱好、共同的约定和共同承担的工作而联系在一起。这个联系网络的成员分享信息，提供建议和支持，互相学习，有时一起合作做事。人们认为领导者联系网络的成员可以提供值得信任的信息资源。[5]（上面提及的太阳石油公司主管似乎就拥有同等身份领导者联系网络。）

任务型联系网络的目标在于更有效地完成分配的工作任务。它需要与网络成员中身份明确的同事建立牢固的人际关系。有时这些人际关系可能是正式结构中的一部分，例如从财务部门成员那里获得有关成本方面的资料。

人际型联系网络动用了组织外的合作人员努力实现自己的发展和进步。这种联系网络或许需要在如何应对挑战方面获得指导，如处理高级经理人的性骚扰问题。（人际型联系网络和同等身份领导者联系网络有很多共同之处，只不过它还包含非同等身份者在内。）

战略目标联系网络专注于直接实现商业目标。在这个层次上，管理者创建的联系网络将有助于确定和利用公司面临的新机遇，例如拓展非洲市场。[6]即便是在管理者凭借自己公司拥有的良好资源可以发现新商业机遇的情况下，和外面的人交流仍然能够提供新的有用视野。

12.1.2　社交媒体网络

社交媒体的重要用途之一是让领导者构建和维持专业性的沟通网络，这非常类似于成为领英的成员。高效的领导者更可能关注联系的关联性和密度，而不在乎聚集成百上千的网络成员。联系网络所用的网址有可能既有外部的（公用的）也有内部的。大多数咨询和管理服务公司，例如埃森哲公司，都有广泛使用的内部社交媒体网址。

关系强度论解释了关系强弱之间的差异。[7]网络中联系的质量对社交媒体网络来说尤其重要，因为太多联系的价值令人怀疑。这个理论的重要观点之一认为，网络的不同区域存在不同的联系密度。高密度联系的网络是由关系密切的朋友或同事联系在一起组成的，例如同一个行业的CEO互相交换信息。相反，低密度联系网络的成员是由熟人联系在一起组成的。

网络不同成员间的关系可以粗略地分成两大类：强与弱、直接与间接。熟人属于弱联系，而亲密朋友属于强联系。联系的强度通常可以用接触的频率来计量，但是有些接触相对表面化，另一些接触则更加情感化和更加亲密。梅利萨（Melissa）也许会要求特雷弗（Trevor）提供有关货币波动现状的报告，而会和西尔维（Sylvie）谈论她的职业和与老板的关系事宜。（如果不愿被别人看到的话，和老板关系有关的交谈仅有可能在社交媒体网络进行。）

直接与间接的区别涉及你是直接与此人关联，还是间接地关联，例如作为朋友的朋友。你的直接联系人也许是迈克（Mike），但迈克和萨莉（Sally）之间有联系，所以萨莉是你的间接联系人。

关于Yammer和Chatter这样内部社交网络需要注意的是：领导者或者其他员工会用经常在公共社交网络上出现的轻率、侮辱人和过分随意的方式交流。造成的后果是领导者或其他员工显得不专业，因此有损自己的形象。美国西北大学行为学教授努希尔·康特拉克特（Noshir Contractor）警告说，人们可能坠入陷阱，觉得可以在非正式内部社交网站上随心所欲。他说："上级考虑晋升时，你在Yammer上说的任何话都会在某些情况下决定你是否够格。"[8]

下面的"领导者在行动"专栏诠释了领导者和公司如何卓有成效地运用社交商业网络（或者内部社交媒体网络）。请注意这种运用方式的目的不是构建个人关系网络，而是通过与更多的人交流来达到提高运行效率的目的。

◆ 领导者在行动

易安信公司领导者使用社交商务网络征求员工的意见

易安信公司（EMC）的社交商务网络名称为EMC/One。该网络运行了大约一年时公司的运营开始不景气。公司的信息技术基础设施产品研发者打算开发脸书似的信息平台供公司内部使用。

由于在2008年开始走下坡路，易安信公司的首席财务官发布号令，禁止员工做某些事情或拥有某些物品，以求公司年度运营费用减少4.5亿美元。由于发牢骚的人越来越多，公司的社交商务网络创建者之一创建了一个论坛供员工分享讨论削减开支的想法，当时易安信公司4万名员工中已有几千人使用了公司的社交商务网络。

当时负责就业品牌和战略参与的易安信公司副总裁波莉·皮尔逊（Polly Pearson）说，员工提出了冬天把空调温度调低两度之类的建议。首席财务官获悉论坛的消息后，查看了网上发布的帖子，决定采纳众多建议。在整个2009年中，论坛成为全球几千名员工合作讨论的场所，达到了理解削减开支政策和助力实现减少开支4.5亿美元的目的。离开了这样的社交商务网络，讨论不可能进行下去。

公司的女发言人说："EMC/One的重要性在于在短期内促使我们的员工快速采纳、广泛理解了削减开支政策。"她说无法量化EMC/One对削减开支努力的贡献大小，但EMC/One对积极应对公司的费用转变政策是有帮助的。

皮尔逊离开公司后成立了自己的企业，现在仍然咨询易安信公司。她认为社交商务网络是最新的、最高效的网络组织变异体。"过去常常是两个人在一起吃饭，然后有了电子邮件，"她说，"现在可以通过网络做成生意，这些内部社交网络是覆盖面最宽、最全面的做生意方式。"

[问题]

1. 这个故事和领导力有什么联系？
2. 首席财务官可能犯了什么样的领导错误，进而促使员工建立了论坛？
3. 你认为在多大程度上社交商务网络的作用真正代替了"两个人在一起吃饭"？

12.2 鼓舞性和高效的交流

有关具有说服力和有效沟通的信息大量存在。本章我们关注的是人们就下列问题提出的建议：如何进行有助于产生有效领导力的高影响力交流。有效的交流沟通能力常常是人们被提拔到领导岗位的原因之一。本章有关成为鼓舞性和使人动之以情的交流者的建议分成以下两类：(1) 口头和书面交流；(2) 非语言类交流。我们还要讨论说服的六个基本原则。

12.2.1 口头和书面交流

想必你已经熟知有效的口头和书面交流的基本要素了。然而这些要素，如清晰地书写和讲话，保持目光接触，以及避免说话含糊不清，都仅仅是开始。大部分高效领导者无论是在日常的交谈中还是在面对一群人讲话时，交流风格中都有一些绝招。同样的能量和激情都反映在他们的口头和书面表达上。以下内容呈现了关于充满活力且具有说服力的口头和书面交流方式的建议，表12-1加以简要归纳。

表 12-1　口头和书面交流的建议

A. 口头和书面交流
1. 做到为人可信。
2. 针对听众调整信息。
3. 向团队成员推销你的建议。
4. 使用感染力大和打动情感的词语。
5. 使用趣闻轶事来传达含义。
6. 用数据支持结论。
7. 尽量减少语言错误、无用词语和语音停顿。
8. 适当使用商务术语。
9. 书写简短、清晰明了的备忘录、信函和含有前置信息的报告。
B. 充满力量的语言风格
包括多种因素，追求确定性，强调直接而非间接的交谈，选择有效的交流框架。

■ 做到为人可信

包括鼓舞性口头和书面表达在内的说服努力都始于信息发送者的为人可信度。如果人们认为说话者高度可信，那么其说服性交流的努力就有可能成功。人们对可信度的感知受到很多因素的影响。为人是否可信严重影响了你在人们心目中的可信度。有撒谎名声的领导者难以说服别人相信新举措的优点，例如开展外包业务。被人认为有智慧和有学识是有助于建立可信度的另一个重要因素。

斯坦福大学两位会计学教授从事的研究表明，商业领导者如果在有关盈利的电话会议上向金融部门的员工撒谎，很有可能会露出马脚。（因为后来需要修改数字。）有关掩盖真相的线索包括很少提及自己和自己所在的公司，即避免使用“我”和“我们”，喜欢使用“团队”和“公司”。歪曲事实的另一个线索是毫不犹豫地作简短的发言，可能的原因是他们事先已经仔细演练过了。这些显示不真实话语的线索的准确性可以达到 50%～65%。[9]

■ 针对听众调整信息

说服性交流的原则在于说话人必须使自己所讲的内容适应听众的兴趣和动机。公司 CEO 参观生产车间时说工作不会外包给其他国家，就会受到员工的特别关注和支持。而当该 CEO 强调削减成本的措施如何能增加每股盈利和扩大红利时，就会赢得股民的支持。听众群体的平均智力水平也是设计说服性讲话内容时需要考虑的因素。高智商的人往往更易受到强有力、以逻辑论点为依据的信息影响，聪明的人更可能拒绝不合乎逻辑的信息。[10]

■ 向团队成员推销你的建议

领导者会受到群体成员是否愿意按照自己的建议和想法去行动的限制。因此，必须向群体成员解释他们如何能从自己的建议中受益。例如，某个工厂经理努力推销使用再生资源的好处时会说：“如果能降低资源供给成本，我们也许能减少一两个岗位。”密歇根莫利纳保健公司（Molina Healthcare）的总裁、董事长兼 CEO 杰西·托马斯（Jesse Thomas）说，推销想法的部分交流技巧“总是和钱有关”。[11]

■ 使用感染力大和打动情感的词语

在适当情况下运用某些词语能给你的讲话增添力量和气势。这些词语如果使用得当、自然且真诚，就会凸显具有领导力或潜力的自信形象。例如，两个影响力较大的句子是“我们将外包那部分业务对任务的完成不是至关重要的知识劳动”和“我们将在产品的研发和商务流程上进行创新”。不过，过多地使用这类语言会使领导者看上去像在模仿迪尔伯特漫画（这是一部讽刺管理者和商人的长篇漫画）里的场景。

和语言感染力紧密相关的是打动情感的词语。专家级的说服技巧是用打动情感当然也是鼓舞性的词语来点缀自己的讲话。打动情感的词语会使人想起令人激动的事情。例如，打动情感和有影响力的词语有“赢得比赛”“和客户绑定在一起”“超越先前的利润”“捕获客户的忠诚”“重振辉煌”等。

交流专家弗兰克·伦特（Frank Lunt）发现有五个词语在商界流行：后果、影响力、可靠度、任务和承诺，因此把这些词语纳入到自己商务用语体系的领导者会更有影响力[12]，而且使用很时髦的词语和短语也会有帮助。现在时尚的词语包括虚拟组织、透明组织和无缝组织等。

词汇量大有助于运用感染力大和打动感情的词语。当你需要当面劝说某人时，即便能用智能手机上网，也难以在字典或词库里找到合适的词语。而且，你需要多次使用某个单词后才能自如地在重要的场合使用。

■ 使用趣闻轶事来传达含义

趣闻轶事是领导者说服和影响策略中强有力的部分之一，已经在关于魅力型领导的第4章中提及。讲故事是门古老的艺术，但作为领导者影响和鼓励别人的方法，现在它比任何时候都更流行。[13]而且精心挑选的趣闻在说服群体成员认识到组织价值观的重要性时非常有用。只要这个趣闻不经常重复使用，它就能传递重要的信息。

Zippo是一家消费品公司，拥有几百个趣闻轶事和众人分享，故事的内容都是关于坚固的钢铁打火机如何挡住了子弹而救了人的性命。这些故事好像都源于第二次世界大战，一直流传至今，例如放在警官口袋里的Zippo打火机挡住了罪犯的子弹，因而保住了警官的性命。Zippo公司的领导者可以用这些宣传Zippo打火机的英雄故事来激励员工。近年来Zippo已经转入生产很多与香烟无关的产品，但这些趣闻依然起着激励即使不吸烟者的作用。

■ 用数据支持结论

如果用确凿的数据来支持自己的口头和书面表达，你将会更具说服力。获得数据的方法之一是亲自去收集，例如对你的客户或团队成员进行在线调查。公开渠道也能提供论点所需的令人信服的数据。大量论点的支持性数据都可以在报纸的商业版面、商务杂志以及互联网上找到。每年出版的《美国统计摘要》对于众多论点来说是个价格不贵但值得信赖的参考资料。

然而，过于依赖研究也有潜在的缺点。过于依赖数据可能表明你对自己的直觉缺乏信心。例如，别人征求你的意见时，如果回答“在没有得到数据前我无法回答”，就会传递出能力不强的印象。领导者一般都果断决策。因此，在表达重要观点时面临的重要问题是在依赖数据和仅凭直觉之间寻找正确的平衡。

■ 尽量减少语言错误、无用词汇和语音停顿

运用生动而有力量的词语会促使人们认为你自信且具有领导素质。此外，要尽量减少使用弱化你的语言影响力的词汇和短语，比如“像”“你知道”“你知道我的意思”“他说”“哦”之类。这类无用的词语和语音停顿传递出的印象是不自信，在职场里更是如此，有损敏捷沟通的形象。

减少这些无关紧要词汇的有效方法就是把你电话交谈的情境录下来，然后回放。很多人直到听了自己讲话的录音后才意识到使用了无关的词语。

优秀的领导者应该始终做到自己的书面和口头表达语法准确，给人以具有较强的表达力和见多识广的印象，从而提高领导威望。这里有两个常见的语言错误：“just between you and I”是错误的，“just between you and me”才是正确的。尽管“him and I”或者“her and I”都频繁使用在社交和商务语言中，但它们都是不正确的短语。只有“he and I”和“she and I”用作句子的主语，“him and me”或“her and me”用作句子的宾语才是正确的表达。例如，“She and I greeted the client”以及“The client greeted her and me”都是正确的。

另一个常见的错误是使用复数代词 they 来指代单数的先行词。例如“系统分析师说他们（they）帮不了我们”是错误的，“系统分析师说她（she）帮不了我们”才是正确的。使用“they”来指代单数先行词在英语中很常见，所以很多人无法区分单数和复数。例如，现在大多数人说，“Everyone placed their order”，实际上“Everyone placed his (or her) order”才是符合语法的正确表达。脸书的使用者普遍混淆单数和复数，以至于这句话会出现“What does Jessica do in their spare time?”这些错误中有些很细小，出现的频率很高以至于很多人没意识到自己出错了，但是避免这样的语法错误能够提高领导者的地位。

也许最常见的语言错误是领导者将数以百计的名词转换成动词。很多名词确实成了合法的动词，例如名词 phone 当动词使用，“I will phone you later”。领导者应该注意，不能使用这样名词到动词转换的对话，如“Facebook me tonight”“Focus-group this problem”和“Skype me a message”。然而时尚的领导者会正确地使用最近转为名词和动词双性词的名词，如“Google some potential customers for this product”。为避免说话愚蠢且显得弱智的情况出现，哪些名词可当动词用需要你自己判断。

当怀疑出现了潜在的语言错误时，请查询字典。对于决心要准确运用英语的领导者（和其他任何人）而言，权威的指导就是由小威廉·斯特伦克（William Strunk Jr.）和 E. B. 怀特（E. B. White）合著的《文体基础》一书。[14]

■ 适当使用商务术语

商务和政府主管以及专业人士经常使用专业术语。术语的使用常常是自发的、未

经仔细考虑的，另外一些时候选择运用这些术语词汇和短语的目的是和接收者建立融洽的关系。目前使用最频繁的术语有“at the end of the day”和位居其次的“buckets”。“at the end of the day”逐渐代替了“in the final analysis”，而“buckets”代替了“categories”。很多商务人员在几句话里就要说两次“at the end of the day”。

少量使用专业术语的作用在于使产品和服务听起来更精细，更具吸引力。现在英格索兰公司（Ingersoll-Rand）把自己描述成“打造安全、舒适和高效率的环境方面的世界领导者”。公司的系列产品包括锁、空调设备以及电池驱动的高尔夫推车。派克汉尼汾公司（Parker Hannifin）的产品包括水泵和阀门，它依然标榜自己是“传动和控制技术方面的全球领导者”。[15]

商务交谈用零星的专业术语来点缀确实有助于建立融洽关系，而且能增添对说话人的好感，但是过多地使用术语会使人觉得当事人的思维僵化，可能不愿意表达本意，因而缺乏说服力。

■ 书写简短、清晰明了的备忘录、信函和含有前置信息的报告

商务领导者习惯在电子邮件和更正式的报告里表达易懂且条理清晰的信息。当中心思想在交谈、电子邮件、段落或者句子的开头就表达出来时，你的书写和讲话会更有说服力。[16]使用前置信息（置于句子开头的那些信息）对于领导者来说尤其重要，因为人们希望领导者是强有力的沟通者。前置且有影响力的信息可能是“削减成本是我们的当务之急”，这就强调了削减成本是主题。显然，这比“我们所有人必须马上削减成本”更加切题。

确保重要信息前置的方法之一就是使用主动语态，保证句子的主语在执行行为，而不是被行为执行的对象。比较一下主动语态（且前置的）信息“忠诚的员工不应该在公司危机期间休假”和被动语态（没有前置的）信息“假期不应该由忠诚的员工在危机期间享用”。当然，也要认识到今天人们对主动语态的重视程度已不及几年前了。

关于高效商务书面表达的建议仍然在发展，很多这类指导意见都值得领导者或者未来领导者关注。行政口语和书面表达公司（Executive Speak/Write）的共同创建人克洛迪娅·科普朗（Claudia Coplon）建议，应跳过商务信函用“因……而感谢你”的套话来开头，而是直接说出你感受较深的地方。[17]向群体表示感谢的话可以这样开头：“毫无疑问，你们将生产率提高了25%，因此为公司盈利做出了应有的贡献。”

■ 使用充满力量的语言风格

做到说话具有说服力在很大程度上取决于能否选择正确的**语言风格**（linguistic style），即有个人特色的说话模式。德博拉·坦嫩（Deborah Tannen）认为，语言风格包含这样几个方面：直接程度、语速和停顿、选词以及笑话、比喻、趣闻轶事、提问和辩解之类的交流手段的运用。[18]

语言风格复杂的原因在于，它包含人们在文化背景下习得的用来交流思想的语言符号，以及人们解释别人的话语和评价别人的方式。语言风格的复杂性使人难以

提供使用充满力量的语言风格的具体对策。充满力量的语言风格的很多要素都包括在本章提出的其他建议中，使用具有高度感染力的词语也在其中。然而，正如德博拉·坦嫩和其他语言专家所观察到的那样，以下几个语言风格/成分在很多情况下都会给信息发布者提供力量和权威。[19]

- 说话声音响亮，至少让具有中等耳力的大多数人能听见。说话声音过低会给人自信心不足的印象。
- 使用代词“我”会增加想法的可信度。（当然，这样做在强调团队合作的组织里效果会适得其反。）
- 尽量少使用自我贬低的短语，如“这听起来可能很愚蠢，但……”不要经常道歉，尤其要少说“对不起”。
- 快速表达自己的观点。你应当知道别人表现出不耐烦或者打断你时，你说话的时间就太长了。
- 强调直接而非间接，例如，“明天中午之前我需要你的报告”，而不是“我想知道明天中午之前你的报告是否能准备好”。
- 消除讲话里软弱无力的词语，理直气壮地说出自己的观点，不要给人任何不确定的感觉。最好给出项目完成的具体日期，不要说“我很快就提交给你”或者“那应该没有问题”，而应该说“我将在感恩节前完成所负责的那部分战略计划。我需要从我的团队收集数据，然后仔细审查收集的资料”。
- 确切地了解你想要的东西。你越能在大脑中理清自己的想法，推销该想法的可能性就越大。在会议开始阶段你的表达越清晰、语气越坚定，就越有说服力，语言也会越有力。
- 讲话详尽，设定日程，说笑话且笑出声来。准备好提出解决问题的办法，准备好提出项目和计划。所有这些要点都更有可能营造出听众的信任感。
- 力求大胆陈述自己的观点。依照我们做事情的经验，思想要大胆但对人应谨慎。如果说出这样的话：“我有个计划，我想它能解决这些问题”，你是在提出一个想法而不是在攻击别人。
- 以听众更易接受的方式构思你的评论意见，这种构思围绕对别人的需求做出反应的最佳语境而设。例如，当在场的他人都知道出了问题但又无法确切地指出问题所在时，就可以使用这样的话：“让我们挖掘得更深入一点吧。”你的目的就是要获得别人的帮助以发现问题的根本所在。

虽然这些建议有助于培养充满力量的语言风格，但坦嫩告诫大家，并不存在最佳的交流方式。你如何表现出你的语言力量和权威常常取决于所涉及的人、组织文化、说话者的相对地位和其他环境因素。充满力量的语言风格应该被看做一般性指导原则。

12.2.2 说服的六个基本原则

说服别人是一种主要的影响形式，正是出于第 10 章描述的理由，即管理者常常必须对他们没有正式管辖权的人施加影响力，因此它在现代组织里占据了重要地位。这种倾向起源于比较薄弱的集团等级制度和职责划分的失灵，而管理者必须在权限不清或不存在权限划分的情况下说服同事。做到具有说服力的途径之一就是利用关于如何说服别人的科学证据。罗伯特·B. 查尔迪尼（Robert B. Cialdini）综合了从实验和社会心理学中获得的有关使人让步、服从或改变的知识。这些原则可以归纳成影响他人的原则，但关注点是说服力。[20]下面描述的六个原则均具有一些相应的手段，这些手段可以用来补充本章描述的其他说服方法。

1. 喜欢：人们喜欢那些喜欢自己的人。作为领导者，你有更好的机会去说服和影响那些喜欢你的群体成员。强调你与他人的相似之处和赞扬别人是让别人喜欢你的两种最可靠技巧，因此领导者应该强调共性，即与群体成员的共同兴趣。赞扬别人是强有力的影响别人的手段，即便是在领导者觉得可以表扬的事情不那么重要的情况下也能有效地加以使用。真诚的赞扬效果最好。

2. 相互作用：人们会以德报德。管理者常常可以通过率先垂范来影响群体成员使其以特定的方式来行动，因此领导者有可能成为信任、良好道德或努力致力于公司目标的楷模。总而言之，付出才能得到回报。

3. 社交证据：人们会效仿类似的人。说服力来自同等身份的人时影响力可能更大。如果作为领导者，你想影响群体使他们转换到新的工作程序上，例如在办公室真正消除纸质文本记录，就该让某个接受者在会上发言或者通过电子邮件让其发送支持这种做法的言论。（不要散发纸质文件。）

4. 一贯性：人们通常与自己明确的承诺保持一致。人们需要觉得自己坚守了你希望他们做的事情。在人们表明态度或者公开表明支持某个立场之后，他们更愿意坚守那份承诺。作为团队领导者，你会希望团队成员更加积极参与集体活动从而为公司塑造良好的形象。如果团队成员讨论自己参与行动的计划并且进行了书面记录，那么他们更有可能将计划贯彻下去。如果参与者互相朗读自己的行动计划，他们的承诺会更加牢靠。

5. 权威性：人们听从专家的意见。这里的行动计划是为了使下属意识到你具有的专业知识，目的在于提高你的计划说服他们的可能性。领导者也许会提及在技术领域具有重要影响力的证明。例如，领导者如果试图说服团队成员运用统计数据来提高质量，就可以说其本人获得了质量标准的六西格玛认证。

6. 稀缺性：人们希望更多地占有自己缺少的东西。该原则的用处之一就是，如果群体成员相信某种正在争论的资源正在快速减少，领导者则能够说服群体成员朝着某个特定的方向行动。例如，如果被告知有关外包知识的课程可能在很长时间内都不再讲授，他们就有可能受到影响去报名参加该课程的学习。这种原则的另一种运用方式是使用他人不易获得的信息来说服别人。领导者也许会说："我有一些初步的销售数据，如果能在本季度最后一个月里将销售额提高10%，我们就有可能成为公司里业绩最好的部门。"

这些原则的创立者解释，为了增加这些原则的使用效果，应该综合运用。例如，在建立自己的专业权威时，你可能同时要表扬别人取得的成就。此外，讲究道德规范也很重要，例如不能使用伪造的数据来影响他人。[21]

12.2.3 包括视频会议和远程呈现在内的非语言交流

高效的领导者既是高超的语言交流者，也是熟练的非语言交流者。非语言交流之所以重要，是因为领导力包含情感，而情感无法仅用语言来准确传递。信息所包含的情感影响力的主要成分需要通过非语言手段来传达。

自信的领导者不仅说话和书面表达充满自信，而且会通过肢体语言、手势和说话方式来展现自信的形象。并非所有人都会以同样的方式来解释同样的肢体语言和其他非语言符号，但是非语言行为的某些方面在很多情况下都能反映出自信领导者的形象。[22]

- 行走、站立和就座时保持笔直的身姿。懒散和萎靡不振都被认为是缺乏自信心的表现。
- 面对别人时保持直立。退缩会被看成自信心不足和领导素质差的表现。
- 微微点头时轻拍别人的后背。
- 站立时脚尖朝外而不要朝内。脚尖朝外通常被视为地位高的象征，而脚尖朝内则被视为地位低下。
- 语速适中，声音洪亮且充满自信。缺乏自信的人往往语速过快或过慢。
- 保持放松自然的微笑。
- 和周围的人保持目光接触。
- 手势放松自然，包括用受人欢迎而不是指责别人的方式来指向别人，例如使用手势来表示“你是对的”或“轮到你发表意见了”。

使用非语言行为来展示自信的一般方法是表现自信和力量。这类自我暗示使得很多行为看起来像是自发的。例如，说出“我将在本次会议上展现领导气质”，你就已经朝自信的形象迈出了重要一步。

你的外在形象在向别人传递信息的过程中也发挥着重要作用。人们给予那些他们认为穿着得体和整洁的人更多的尊重，并准予他们拥有更多的特权。即使在穿便装的日子里，大多数高效的领导者也会选择比其他人略胜一筹的服饰。注意，外表形象并不仅仅包含对衣着的选择。自信可以体现在以下细节上：

- 熨烫整洁和非常干净的服装。
- 擦得锃亮的皮鞋。
- 完美的指甲。
- 完好干净的珠宝。
- 良好的发型。
- 呈白色或古董白色（或米白色）的漂亮牙齿。

构成强有力和自信外部形象的元素常常受到组织文化的影响。例如，在软件开发公司，有权力的人也许要比投资银行里的人穿着更随意。很多法律公司领导者的穿着正在恢复到专业人士正式的商务装。在你的穿着可以接受的情况下，前面讨论过的语言行为和非语言行为要比你的穿着更有助于打造领导者形象。

视频会议对领导者、管理者和其他参与者的非语言交流技能提出了更高的要求。远程呈现是视频会议技术的最新进展，它甚至对非语言交流技能提出了更高的要求，原因在于这种技术几乎更加接近人在现场的感觉。例如，灯光照明凸显坐在远程呈现录像室里人们的脸部表情。有些远程呈现系统就是定制的会议室，装备了一排高清晰度显示屏和摄像机。另一些系统使用在会场外的人形机器人形式。将机器人放在不同的位置上，领导者可以和分散在不同地理位置的员工一起享受虚拟的喝咖啡休息时间。[23]

一家工业不动产投资信托公司的首席执行官杰弗里·施瓦兹（Jeffrey Schwartz）解释，视频会议技术代表了一种强有力的手段，使得距离遥远的经理人可以重返公司总部进而出名。[24]反之亦然：如果你的语言和非语言交流技能很差，就会给人留下糟糕的印象。摄像机会放大你所做的一切，包括挠头、咬嘴唇、用手指掏耳朵和查看手机。视频会议期间非语言表现的注意事项如下（类似于一般意义上的非语言交流建议）：

● 仔细选择服装，记住杂乱（令人眼花缭乱的、繁复的）款型的衣服在录像里看起来效果很差。此外，不要将正式服饰和运动鞋混搭，因为你有可能进入全视角。

● 用简短对话的语调说话，注意力集中。（语调和注意力集中都属于交流非语言方面的特征。）

● 切记摄像机强大的覆盖功能，例如能抓住你不同意下属意见时翻白眼的表情。

● 避免做出文化上无知的姿势，包括使亚洲人感到不快的肢体语言。亚洲人认为，应该在相互认识很久以后才能表露感情。[25]

提高你的视频会议和远程呈现非语言技巧以及其他非语言技巧的有效方法之一是多次录像。调整你不喜欢的内容，重复你喜欢的内容。旁观者对你的行为的反馈意见可能大有裨益。

既然你已经反思了对有效语言和非语言交流的思考，下面请做领导力技能开发练习 12-1。

领导力技能开发练习 12-1

关于语言和非语言行为的反馈

10 名志愿者用一周时间准备和他们选择的课程有关的 3 分钟课堂陈述。这些陈述的题目可以很广泛，涉及诸如“北美自由贸易协定的重要性”或“我的目标和梦想”这样的话题。观看陈述汇报的班级成员要在卡片上准备反馈意见，描述发言人如何做到了高效和鼓舞人心的交流。通常一个发言人一张卡片就够了。还应该为语言和非语言类反馈意见卡片做上记号。

重点应放在积极反馈和建设性建议上。学生将卡片传递给发言人，卡片可以是匿名的以鼓励大家坦诚发表意见，但不应该抱有恶意。

说服和鼓励他人是培养领导力的方法之一，而了解别人怎样评价你有助于完善和提高你的影响力。

12.3 听取别人的意见

听取别人的意见也是一项基本的管理和领导技能。听取意见提供了对话的机会，在这个过程中双方通过理解对方的观点而得以相互理解。领导者若要支持和鼓励下属，就需要积极地听取别人的意见（正如在讨论职业辅导的作用时所描述的那样）。此外，有效的领导者-成员交换关系要求双方相互听取意见。只有双方相互听取意见，他们之间的关系才能上一个层次。更进一步说，领导者如果不能认真听取群体成员的意见就无法发现问题所在。同时处理多项任务是领导者仔细听取下属意见的主要障碍，因为领导者如果此刻正在做另一件事情，例如扫视平板电脑，就无法全神贯注地听人讲话。

理查德·M. 哈里斯（Richard M. Harris）认为，在今天复杂、快节奏的组织中，包括听取意见在内的高效交流是必需的。但常常发生的情况是很多信息被误解、忽视或全部丢失。由此带来的后果是人们的创造力被遏制，信心不足，目标可能无法实现。[26]

对于想成为高效听众的领导者而言，面临两个主要障碍。首先，领导者常常承担包括分析工作在内的太多职责，严重超负荷工作，因此难以抽出时间去认真听取下属的意见。其次是说和听之间的速度差异。人们说话的平均速度是每分钟 110～200 个词，而人们每分钟能够听进去的词是 400～3 000 个，因此领导者和其他人一样也经常走神。

这里我们讨论领导者听取意见的两个方面来补充你对听取意见的一般性认识，而这两个方面极有可能在其他课程里涉及：选择性听取汇报和巡查。

12.3.1　选择性听取汇报

组织领导者经常面对各种诉求和大量信息，因而难以关注所有问题，所以领导者有意或无意地决定只听取某些问题的情况。埃丽卡·H. 詹姆斯（Erika H. James）注意到，不论我们的工作方式如何，成功都取决于我们的大脑对所有进入信息保持开放的程度。[27]公务繁忙的领导者必须避免只听取有限类别的信息，如好消息、坏消息或者财经消息。喜欢只听财务结果的领导者只要在公司盈利的情况下就有可能忽视存在问题的任何消息。

12.3.2　巡查

领导者和管理者所需的强有力的沟通渠道是与直接下属和他人进行面对面交流，重点在于听取意见。**巡查**（making the rounds）是指领导者随机访问员工，听他们述说自己的成绩、所关注的事宜和问题，同时分享信息。查房是卫生保健行业沿用已久的做法，医生在这个过程中和病人及其他卫生保健工作人员交谈，以现场观察存在的问题和工作进度。[28]在查房中，如果医生或管理者认真倾听，就可以获得重要信息。巡查还可以指走动式管理，不过查房似乎更具有针对性，更系统化。

从倾听的角度来说，领导者要对潜在的问题保持警觉态度。如果下属被问到："情况怎么样？"她回答："不算太坏。"这时就需要进一步跟进，例如询问："发生什么事了（遇到了点小麻烦）？"

领导者经常巡查可以提高员工的信心，在公司经历艰难的时期更是如此。经济衰退时期领导者和员工面对面接触的重要性大大增加。代表性的例子就是位于新墨西哥州阿尔伯克基市广告公司合伙人巴特·克利夫兰（Bart Cleveland）的经历。

20世纪30年代的经济大萧条期间，他注意到员工承受了巨大的压力。公司的领导层决定更多地与员工交流，了解他们关心的问题。克利夫兰认识到需要更多地和管理层进行面对面的交流，于是开始四处走动，每天和他们交谈。他的方法好像起到了减压和提振信心的作用。[29]

领导力技能开发练习12-2为你提供了机会去尝试基本的领导交流技能。

领导力技能开发练习 12-2

领导倾听意见

六七个学生聚集在一起召开团队会议，讨论某个重要的运营问题，例如寻找新的办法来缩短完成任务的周期，或者是决定如何说服高层管理者来扩大团队预算。一个人扮演团队负责人，小组其他成员轮流提出有用和明显没用的建议。每当有想法出现时，团队负责人和其他成员一起表现出仔细倾听的态度。没有直接参与角色扮演的学生可以记录他们观察到的倾听技巧，以便提供反馈意见。如果课堂时间允许，另一个团队的六七名学生可以重复群体角色扮演的过程。

12.4 克服跨文化交流障碍

领导者和管理者面临的另一个交流挑战是要克服因与不同文化和亚文化背景下的人打交道而产生的交流障碍。领导者通常和不同国家的人交流，和自己国家不同群体的人交流。正是因为工作场地的多样化，能够管理多文化和跨文化员工的领导者备受欢迎。这里我们提出了一些克服多种跨文化交流障碍的指导原则，身体力行这些指导原则有助于克服和防止交流过程中出现的很多问题。这里有用的起点是做一下领导力自我评估测试12-2，这将有助于认真思考你的跨文化技能和态度。

领导力自我评估测试 12-2

跨文化技能和态度

说明：以下列出的是各种技能和态度，很多老板和跨文化专家都认为它们对于在多元文化的环境中有效地与员工沟通起重要作用。指出每一句话是否符合你。

	目前符合	目前不符合
1. 我已经在另一个国家度过了一段时间。	□	□
2. 我的朋友中至少有一人是聋哑人或使用轮椅。	□	□
3. 我大概知道美元和欧元的比价。	□	□
4. 除了中餐馆和意大利餐馆，我还尝试过与自己的文化有很大差异的食物。	□	□
5. 我可以讲母语之外的另一种语言。	□	□
6. 我可以理解母语之外的另一种语言，并用它写作。	□	□
7. 我可以理解人们用我母语之外的另一种语言讲话。	□	□
8. 我每周至少使用一次第二外语。	□	□

续前表

	目前符合	目前不符合
9. 我的朋友中有来自不同族裔的人。	☐	☐
10. 我的朋友年龄不等。	☐	☐
11. 我对拥有一个性取向不同的朋友感到（或会感到）自在。	☐	☐
12. 我的态度是：即便另一种文化与自己的文化不同，那种文化同样优秀。	☐	☐
13. 我愿意（或者已经）在自己的家中悬挂来自异国他乡的艺术品。	☐	☐
14. 我会（或者已经）接受在另一个国家为期好几个月的工作安排。	☐	☐
15. 我有护照。	☐	☐

得分和解释： 如果对 10 个或 10 个以上问题的回答是“目前符合”，你很可能很适应多元文化工作环境。如果对 10 个或 10 个以上问题的回答是“目前不符合”，你需要培养更充分的跨文化意识和技能以便能在多元文化的工作环境中更有效地工作。你将注意到，会两门语言至少让你在测试中得到 4 分。

资料来源：Several ideas for statements on this quiz are derived from Ruthann Dirks and Janet Buzzard, “What CEOs Expect of Employees Hired for International Work,” *Business Education Forum*, April 1997, pp. 3-7；Gunnar Beeth, “Multicultural Managers Wanted,” *Management Review*, May 1997, pp. 17-21.

1. 敏感地对待跨文化交流障碍存在的事实：意识到这些潜在障碍的存在是应对它们的第一步。和不同文化背景的人打交道时，应征求反馈意见从而最大限度地减少跨文化交流的障碍。例如，调查一下哪类表扬或者其他奖励对某个特定的文化群体可能不起作用。在很多事例中，刚到美国的亚洲人在他人面前受到表扬时会感到不自在，因为在亚洲文化中集体表现比个人表现更加受到重视。

对价值观、态度和礼仪方面的文化差异保持警觉有助于你与不同文化的人更有效地交流。

2. 质疑你的文化假设：我们对文化群体所作的种种假设都可能造成交流障碍。你对另一个群体所做出的假设不一定正确，质疑这些假设会有助于交流。例如，一位美国的领导者会假定独立和自主的标准会受到工作场所所有成员的重视。特鲁迪·米尔本（Trudy Milburn）注意到即便是对平等的概念，也可能有不同的理解，进而使文化群体相互疏远。强生公司座右铭中有一句话是这样的：“应把每个人当作个体来看待。”但是“个体”这个词并不是对所有群体都有积极的含义。在很多拉美文化群体里，“个体”是个贬义词，因为它表达的含义是将一个人与群体其他人分离开。[30]

3. 尊重所有员工：一般来说，促进良好的跨文化交流关系的行为有助于克服交流的障碍。人们广泛使用且暗含不尊重人的评价就是对另一个文化的人说“你的口音很有趣”。如果把你换到那个人的文化里，“你的口音也会同样有趣”。表示最高程度尊重态度的方式是表达你的观点：即使另一个人的文化与你的不同，它也不低于你的文化。尊重另一种文化可能比使用双语去克服交流障碍更为重要。[31]

4. 语言表达直截了当，说话慢而清楚：与不能够流利地说你的母语者一起共事时，说话应让人容易理解。尽量避免使用你的母语中特有的成语和类比。来自印度新德里的一位系统分析师在向她的经理汇报工作业绩后困惑地离开了。那位经理说："我将给你安排更重要的工作，因为我发现你我之间气味相投。"那位分析师并不理解"气味相投"意味着"关系友好"。她也没有要求对方说明，因为她不想显得无知。

慢慢说话同样重要，因为即使能够较熟练地用第二语言去表达和书写，你也难以理解对话中的一些细微差别。直接面对另一个文化背景的人同样有助于提高交流效果，因为你的面部表情和嘴唇张合都有助于理解的加深。此外记住，说话声音别太大。

5. 当你使用的语言不是听者的母语时，注意发现误解的迹象：误解的迹象可能包括与你说话的内容没有直接关联的点头和微笑、没有提问、不合时宜的大笑和茫然的表情。如果出现了这些征兆，努力使用第4点里提及的建议。[32]

6. 情况合适时，说另一个文化的语言：会说另一种语言的美国人在与讲那种语言的商人打交道时占有竞争优势，但是其语言技能应远不止能说出几个基本单词和短语的水平。会说当地语言常常会给人带来更深刻的洞察力，能够防止误解。同样重要的是，会两种语言有助于领导者获得充分被人信任所需的尊重。[33]

令使用另一种语言的英语母语者感到沮丧的情况是，全球很多人都尽可能利用机会去说英语。因此想和别人建立融洽关系而说另一种语言的领导者可能会被别人断然拒绝。虽然有这个问题存在，但在工作场所说另一种语言仍然具有积极的净效应。

由于越来越多的聋哑人加入劳动力队伍，对于聋哑人成为其下属的领导者而言，懂手语也是一大优势。

7. 注意观察礼仪方面的跨文化差异：毫无理由地违反礼仪规则有可能立即导致交流障碍。在很多国家，商务礼仪的重要规则之一是重要交易的参与者应该首先在一起吃顿饭。因此在讨论重大交易的前一天你若被邀请参加某个晚宴，应将宴会看作建立关系的重要机会，而拒赴这个宴会则是严重的失礼。

8. 不要受到说话人的讲话风格、口音、语法或外貌的牵制：虽然这些表面因素和商务成功都有关联，但在判断另一个文化的人时它们很难解释，所以最好是就讲话或行为的长处进行判断。来自另一个文化非常聪明的员工也许仍在学习英语，因此有可能犯一些低级错误。例如，他还没有形成对你的文化里穿衣风格的敏感性。

9. 除非交流时必须，否则避免明确族裔身份：把某人的族裔当形容词或其他描述符来用常常暗示了消极的成见。[34]例如，某个领导者说："我为安德烈感到骄傲，他是个责任心很强的（族裔成员）的客户服务代表。"这句话可能的解释是安德烈那个族裔的大部分客户服务代表都是不太负责任的。或者某个领导者会说："我们非常高兴玛莎加入我们的团队，她是个容易相处（提及族裔）的女士。"这句话暗含的意思是"玛莎那个国家的女人通常不容易相处"。

10. 敏感对待非语言交流差异：另一个文化的人可能会误解非语言信号。为给予积极的暗示，有些管理者会侧面拥抱雇员或者触摸雇员的手臂。有些文化中的人讨厌和同事的身体接触，他们会感觉到被冒犯。韩国人尤其不喜欢在工作场所被人触摸或者触摸别人。

11. 关注个人外表上的差异：跨文化交流中重大侮辱人的表现是混淆人们的身

份，原因是他们是同一个族裔的成员。一位生长在外国、在美国教书的老教授由于记不住学生的名字而难以和他们交流。教授的辩解是“这些美国人在我看来长得相似”。研究表明，人们难以发现另一个族裔的个体差异，原因在于他们首先看到的是所谓的族裔差异。他们也许认为，“他长着中国人的鼻子”。其实，人们可以学会寻找更多的区分特征，例如酒窝或眼睛的颜色，以及表情（严肃的或开朗的）。[35]

12.5　领导者在解决冲突和进行谈判中的作用

领导者和管理者花费大量时间来解决冲突和进行谈判。估计他们投入了自己约20%的时间来处理包括谈判在内的冲突。冲突常常在最高层管理者之间爆发，因而有可能对组织造成巨大影响。这种内耗的例子就是两个商业部门为资源而相互竞争。

部门竞争一向被人看做各类规模公司的软肋，各部门由于私下互相竞争力求掌控地位，往往导致产品交付延迟、成本增加和市场份额萎缩。此外，离线和在线部门也经常发生冲突。[36]群体间的冲突不解决，合作就不可能进行。[37]例如，如果运营部门和人力资源部门发生冲突，两个部门就很难在多样化的培训计划上合作。

领导者有时会和组织外的群体发生冲突，这种冲突也需要解决。例如美国政府开始征收网络商人的销售税，而他们声称自己应免予这类税收。2011 年 4 月，亚马逊关闭了其郊区发货中心，因为得克萨斯州税收办公室要征收 2.69 亿美元未缴纳的销售税。这场争执已进入法律诉讼程序。[38]

广泛地描述冲突解决办法与其说是为了研究领导技能，倒不如说是为了研究管理技能，因为解决冲突更多的是与建立平衡有关，而和帮助公司或组织部门达到新的高度无关。这里我们关注的焦点是理解冲突解决风格和解决两个群体成员间冲突的基本框架，以及有关谈判和讨价还价的一些建议。

12.5.1　冲突管理风格

如图 12－1 所示，肯尼思 · W. 托马斯（Kenneth W. Thomas）发现了五种主要的冲突管理风格：竞争型、调和型、分享型、合作型和规避型。每种风格都基于把自己的关注点（坚持性）和他人的关注点（协作性）结合在一起。[39]

领导力自我评估测试 12－3 为你提供了机会去思考自己的冲突管理风格。

■ 竞争型风格

竞争型风格就是希望通过牺牲其他群体来实现自己的目标，或者希望占据主导地位。有竞争取向的人有可能参与权力斗争。

■ 调和型风格

调和型风格喜欢平息矛盾，或者满足他人的关注点而没有照顾自己的需要。有这种取向的人可能慷慨大度或具有自我牺牲精神以维持一种关系。“仅仅为了让其闭嘴”，发怒的顾客有可能因得到全额退款而平静下来。这种调和的目的还有可能是保持顾客的忠诚。

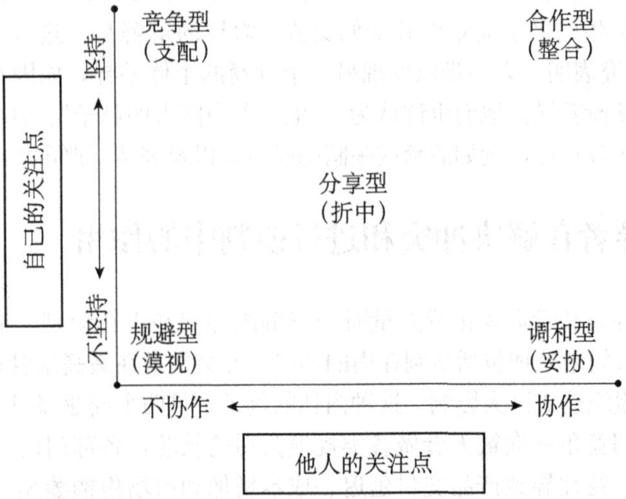

图12-1 冲突管理风格

资料来源：Kenneth W. Thomas，"Organizational Conflict，" in Marvin D. Dunnette，ed.，*Handbook of Industrial and Organizational Psychology*，p. 900（Rand McNally）. Copyright © 1976，Marvin D. Dunnette. Used by permission of Marvin D. Dunnette.

领导力自我评估测试 12-3

我的冲突管理风格

说明：基于你如何应对或将要应对所面临的形势，或者你在多大程度上赞同，请用"基本正确"或"基本错误"描述以下陈述。

	基本正确	基本错误
1. 我自认为是攻击性强、难以招架的谈判者。	□	□
2. 解决冲突的最佳方法是制服对方。	□	□
3. 价格谈判时，我喜欢确保对方最后至少能得到一些利润。	□	□
4. 价格谈判时，我开始时提出极高的要求或报价，最终能得到确实想要的报价。	□	□
5. 成功的谈判之后，一方为赢家，另一方为输家。	□	□
6. 成功的谈判之后，双方都能得到有价值的东西。	□	□
7. 与别人发生冲突时，我尽力认真倾听以求明白对方的观点。	□	□
8. 我面对现实。商场就是战场，发生争执时为什么要做出让步？	□	□
9. 和同事一起解决意见分歧时，我牢记这一点：我们未来将一起工作。	□	□
10. 说到处理争执，友善的人才是最后的赢家。	□	□

得分和解释：凡是和以下回答相吻合，得1分。

1. 基本错误
2. 基本错误
3. 基本错误
4. 基本正确
5. 基本错误
6. 基本正确
7. 基本正确
8. 基本错误
9. 基本正确
10. 基本错误

如果得8～10分，你使用合作型（双赢型）方法解决冲突和进行谈判的可能性很大。如果得 7 分或者 7 分以下，你很可能使用竞争性方法（输赢）解决冲突和进行谈判。从长远的角度来说，合作性方法更有可能提高你的领导效能。

■ 分享型风格

分享型风格介于支配和安抚之间。分享者喜欢适度而不是完全满足双方需求，其结果产生折中。折中这个词就反映了这种取向，经常在购房或买车这类活动中使用。

■ 合作型风格

对照其他风格，合作型风格反映了完全满足当事人双方需求的愿望。它基于**用双赢办法解决冲突**（win-win approach to conflict resolution）的哲学思想，即坚信冲突解决后双方都应该得到有价值的东西。双赢方法的运用者切实关注达成能满足双方需要或者至少不严重损害另一方利益的解决方案。当使用合作办法来解决冲突时，可以和当事人各方建立并改善关系。

冲突管理的合作风格有很多变化，其中之一就是同意批评你的人的意见。当你同意批评者的意见时，表明你在寻求解决办法而不是在寻找证明你是正确的途径。如果你同意批评意见的内容，则表明你已经认清形势，准备采取最佳措施来解决问题。

例如，假如某个群体成员因你的评价意见过于苛刻而批评你，你可能会说："我同意我对你的批评太严厉，但我严厉是有目的的。我想对你直言不讳，这样你才会有动力去进行我认为必要的改进。"你的认同意见可能会引发人们对于群体成员如何改进的进一步讨论。合作型风格是高效领导者最有可能采用的，因为其能提高生产率和人们的满意度。

另一种同意批评意见的形式是领导者确实犯错误时表示道歉。道歉可以减少冲突，因为对方会因此减少敌意，并为合作做好准备。设想一下这样的场景：在公司经营萎缩和裁员期间高层管理者决定给自己发放大笔奖金。如果领导层能对工会或雇员说"对不起大家，我们做错了"，则能缓解痛苦。如能返还一些奖金则更有帮助。总而言之，道歉必须给人以诚恳的感觉，真诚地希望得到别人的原谅。[40]

■ 规避型风格

规避者既缺少合作精神又没有自信。他们漠视双方的关注点，这类人实际上可能会置身于冲突之外或者听天由命。例如，表现为规避者的某个管理者会置身于两个团队成员的冲突之外，让他们自己去解决彼此的分歧。亚马逊决定撤销其得克萨斯发货中心可以看成是规避型事例，因为公司没有试图拿出一个双方都满意的税收冲突解决办法。

致力于解决冲突的人往往会使用上述五种解决方法来达到自己的目的。例如，解决冲突通常行之有效的方法是在对自己重要而对对手而言次要的方面保持竞争性，同时在对自己次要而对对手重要的方面做出让步。[41]

决定使用哪种或者哪几种冲突处理模式取决于多个变量。主要的偶然因素有冲突问题的重要性和冲突各方相对权力的大小。某个问题可能对领导者非常重要，如阻止自己所在的单位被外包出去，这时占据支配地位可能是最有效的方法。其他情况下当对方具有更大的权力时，领导者可能会使用管理冲突的通融解决办法，因为他想保留占据支配地位的解决方式以便用于解决日后更重要的问题。

12.5.2 解决两个群体成员间的冲突

高层次的管理技能主要用于帮助两个或以上的群体成员解决他们之间的冲突。管理者或领导者解决冲突上的大部分精力都用来努力帮助他人解决冲突。通常冲突发生在两个不同部门的领导者之间时，最有效的办法是让冲突双方面对面和谈解决问题。（面对面和谈是指一起讨论问题，解决问题是指找到解决冲突的办法。）管理者和冲突双方坐在一起，鼓励他们互相讨论存在的问题（而不是与管理者讨论）。这种方法要比邀请各方单独和管理者或领导者交流更为可取，因为那样做的话各方都会试图说服管理者自己是正确的。以下便是这种事例的简缩版：

> 领导者：你们两个人中有一人工作负担过重，我把你们请到一起来看看是否能解决共同分担工作负担的问题。
>
> 斯蒂芬妮（Stephanie）：我很高兴你这样做。乔希（Josh）从来就不想帮我，即便是在我快要被顾客的要求淹没的情况下。
>
> 乔希：如果斯蒂芬妮以前同意帮助我，我会很高兴帮助她的。只要有休息时间，她就会跑到休息室用手机聊天。
>
> 斯蒂芬妮：你也好不到哪儿去。我就亲眼看到你一有停工时间就在自己的越野车上打盹。
>
> 领导者：我开始明白发生什么情况了。你们俩相互攻击，相互找茬。如果能互相尊重，我想你们就会更愿意帮助对方渡过难关。
>
> 乔希：实际上，斯蒂芬妮为人并不坏。我知道，如果想干她是能干好的。下次发现她需要帮忙时，我会鼎力相助。
>
> 斯蒂芬妮：其实乔希很热心肠，我乐意我们重新开始。下次需要我帮助时，乔希只要客气地招呼一声就行了。

冲突问题专家帕特里克·S. 纽金特（Patrick S. Nugent）认为，能够介入群体成员的冲突是越来越重要的管理技能，这种技能在正在出现的管理形式中发挥着重要作用，因为它们较少地以传统的等级制度为基础，而更多地以培养自我管理下属或团队的理念为基础。当冲突发生在两个不同群体，比如在线和离线市场营销部门之间时，解决冲突的主要目的就是让双方都关注公司的整体利益。[42]

12.5.3 谈判和协商

正如第1章中提及的那样，谈判是基本的领导能力之一。为支持这个观点，迈克尔·沃特金斯（Michael Watkins）说领导者仅有远见并不够，他们还必须是能干的谈判者。一个原因是年轻人不易接受权力和权威。另一个原因是组织扁平化的倾向和矩阵结构的采用需要领导者不停地与人谈判和交涉。（矩阵结构是设立在职能结构之上的项目团队。）人们往往在谈判之后才会接受指令。[43]

冲突可以视为需要谈判和协商的情形，或者是需要和另一个人协商解决问题的情形。当你为重新安置办公室而协商公平的价格时，就在努力解决冲突了。起初，双方的要求似乎无法相容，但是通过谈判可能会出现双方都满意的价格。我们收集了领导者会觉得有用的一些实用谈判技巧。这里呈现的谈判方法强调整合或合作策略，具有双赢的主导思想。

■ 倾听在先，弄清对方的要求

高超的谈判技巧始于获得别人或者是对方群体的观点。你可以使用这个信息来形成谈判目标，并且思考如何实现目标。[44]例如，某个企业单元的领导者可能会和总部来的行政主管谈论外包生产某个产品的事宜。企业单元领导者应竭力分析总部集团想要外包的真正原因。是想削减运营成本吗？主要关心提高产品质量，还是主要关心提高利润？

倾听技能对于全面了解情况是必备的。鲍比·科威（Bobby Covie）说："谈判者中流行一个说法：谈判中谁说得最多谁就是输家。"做一个倾听的人有助于建立信任感。倾听还包含关注对方说话的内容。[45]某人可能在谈判开始时声称要多得到一点部门预算，然而仔细倾听其话语可能就会发现他是在寻求自己的部门能获得更多人的尊敬和关注，因此问题的关键并不是预算。

正如以上事例所展示的那样，倾听有助于谈判者深挖信息以进一步了解对方的意图。[46]假如对方想要更多预算拨款的目的仅是获得更多的尊重，那么就用比较便宜的方式让他获得尊重，而无须给予更多的预算拨款。也许领导者可以给当事人一个较时髦的职务头衔，重新命名该部门，或者任命其领导某个工作小组。例如，市场营销部经理可以被重新任命为品牌主任，其部门改名为品牌开发部。

■ 以合理的要求和报价开场

大多数人相信妥协和保留谈判的空间需要以极端的要求和报价开场。这种理论认为，最终的妥协结果会比谈判以更现实的方式接近真实的要求和报价。但是合理的要求更为可取，因为它显示了谈判的诚意。此外，如果是由第三方来解决冲突，合理的要求和报价要比无理的要求和报价更受同情。

当谈判似乎需要妥协来达成满意的解决方案时，此时通常需要集思广益和进行利益交换。谈判撞墙和没有中间道路可走时，集思广益大有裨益。谈判研究者娜丁·卡斯洛（Nadine Kaslow）认为，双方考虑多种互惠的解决方案可能有助于问题的解决。各方均应该拿出至少十种选项。[47]例如，双方可能在不损害公司利润或降低股票价格的前提下找出十种方式来提高员工的退休金。

物物交换中，当事人以双方满意的方式互换商品和服务，但是物物交换也许不适用很多形式的谈判。可能存在这样的例子，为换得新办公楼低廉的造价，信息技术服务公司的领导者可能会愿意为建筑公司提供几年的云计算服务。

■ 专注于利益而非立场

不要纠缠于谈判的细节，而应该牢记各方的利益并且努力去满足这些利益。谈判的真正目的在于满足双方的根本利益。正如职业调停人约翰·海斯特尔（John Heister）所说的那样，当你专注于利益及冲突各方都位于同一个平台上时就会说："我们需要解决这个问题，基于我们共同的利益，我们需要找到解决办法来满足所有利益相关者的需求。"[48]

以下是这种策略发挥作用的过程：你的经理要求你提交一份增加销售量的计划书，你将这看成是与另一个批发商联系的机会。当你提交想法时，得知管理层想要更深入进入电子商务领域而不是想要扩大代理商网络。你没有坚持与另一个经销商联系，做到了灵活变通，要求参与开展电子商务活动的决策过程。你的销售量会增加（你真正的利益所在），而且可能因帮助公司扩展了电子商务市场而获得间接收益。

■ 敏感地对待谈判风格上的国际化差异

多元文化领导者面临的挑战是如何与异域文化的人成功地进行谈判。弗兰克·L. 阿卡夫（Frank L. Acuff）注意到，美国人往往运用直截了当的谈判方式，美国谈判方式中重要的一点就是"照直说"。

这种坦率和看似缺乏耐心的方式的问题是，异域文化的人可能把这样的讲话方式理解成很粗鲁，这种反义理解随之会导致谈判失败。阿卡夫就举了这样一个例子："在墨西哥和日本，对方不会对每个问题都回答'是'还是'不是'。"你必须通过说话的语境而不是美国谈判者使用的明确直接的线索来发现问题的答案。[49]

通过对有效谈判风格成分的评估，谈判者可以获得合理的机会，找到合作性解决办法。谈判风格上其他跨文化差异包括以下内容：日本人避免直接对抗，愿意交换信息；俄罗斯人喜欢单打独斗；韩国人擅长团队出击；尼日利亚人倾向于口头表态；印度人喜欢书面记录。[50]（我们再次提醒文化偏见在大部分时间里都存在，但不是始终存在。）

谈判时，重要的是要认识到你可能会在另一天和同一个人达成另一笔交易。因此，你要表现得有尊严，不能力求最大化自己的利益而最小化别人的利益。

正如其他领导和管理技能一样，谈判和协商需要概念化的知识和实践。领导力技能开发练习 12-3 给你提供了机会去实践合作、最全面的谈判和协商形式以及冲突解决方案。寻找双方互赢式方法的实践对领导者大有帮助，因为谈判是其工作中最有影响力的部分。

领导力技能开发练习 12-3

双赢式协商

将班级分成若干6人组，每个组分成两个3人组的谈判团队。谈判团队成员想寻找使双方产生分歧问题的双赢型（合作型）解决办法。团队成员可自由想象自己的当务之急，或者选择下列问题之一：

● 管理层想在来年通过不调整生活费用来控制成本，而员工普遍认为生活费用调整对其福利而言是必不可少的保障。

● 市场营销团队声称如果每个智能手机装饰单元部件的生产成本是 10 美元，他们可以售出 350 000 个单元部件，而生产团队说将每个单元部件的售价控制在 15 美元以下并不可行。

● 塔可钟墨西哥快餐店想在北美某个古老城市邻近历史遗迹的地方开设新店，该城市规划委员会成员想得到塔可钟带来的税收和就业机会，但是不希望塔可钟餐厅（或商店）开设在靠近历史遗迹的地方。

在团队使用高水平谈判技巧达成解决方案后，团队成员可以互相分享具有创意的解决方法。

小　结

领导者和员工之间的坦诚交流有助于组织克服困难并取得成功。高效的交流技能培养鼓舞性领导力，而且非语言交流技能对领导效能也有重要意义。

领导者交流的主要特征是依赖真实的社交网络和电子网络。离开了与别人的联系，领导者几乎不可能履行自己多样化的角色。建立有效的人际关系网络依然是领导者构建人际关系、鼓励激发别人和获得合作关系的必要手段。领导者联系网络包括同等身份、任务型、人际型和战略目标等类型。

社交媒体的重要用途之一是让领导者构建和维持专业性的沟通网络。高效的领导者更可能关注联系的关联性和紧密度，而不在于表面上的接触。关系强度论解释了关系强弱之间的差异。关系网中不同成员间的关系可以粗略地分成两大类：强与弱和直接与间接。

鼓舞性和高效的交流有助于领导者发挥自己的作用。关于鼓舞性和高效的口头和书面交流的建议如下：（1）做到为人可信；（2）针对听众调整信息；（3）向团队成员推销你的建议；（4）使用感染力大和打动情感的词语；（5）使用趣闻轶事来传达含义；（6）用数据支持结论；（7）尽量减少语言错误、无用词汇和语音停顿；（8）适当使用商务术语；（9）书写简短、清晰明了的备忘录、信函和含有前置信息的报告。

使用充满力量的语言风格是另一种进行鼓舞性有效交流的方式。这种风格包括多种交流技巧，如追求确定性、强调直接而非间接的交谈以及选择有效的交流框架。领导者还可以遵循以下六个说服原则来提高自己的交流技能：喜欢、相互作用、社交证据、一贯性、权威性和稀缺性。

交流技能还可以在隐含着权力、掌控、力度和自信的非语言交流过程中加以培养。非语言交流的建议包括保持笔直的身姿；语速适中，声音洪亮清晰；保持放松自然的微笑。个人的外在形象在向别人传达信息的过程中也发挥着重要作用。

包括远程呈现在内的视频会议对非语言交流提出了更高的要求。视频会议技术代表了一种强有力的手段，使得距离遥远的经理人可以重返公司总部进而出名。摄像机会放大包括挠头在内的细小的非语言交流错误。

倾听是一项基本的管理和领导技能。有两个因素妨碍了很想认真倾听的领导者：（1）严重超负荷工作；（2）每分钟能够听进去的词语比别人说的多。领导者应该认真对待选择性地听取汇报。领导人/管理层采用的强有力的交流渠道应该是巡查和直接与下属进行面对面交流，这种巡查是应对信心问题的有效手段。

克服因和不同文化的人打交道而产生的交流障碍是领导者和管理者面临的又一个挑战。克服跨文化交流障碍的原则如下：（1）敏感地对待跨文化交流障碍存在的事实；（2）质疑你的文化假设；（3）尊重所有员工；（4）语言表达直截了当，说话慢而清楚；（5）当你使用的语言不是听者的母语时，注意发现误解的迹象；（6）情况合适时，使用另一种文化的语言；（7）注意观察礼仪方面的跨文化差异；(8) 不要受到说话人的讲话风格、口音、语法或外貌的牵制；(9) 除非交流时必须，否则避免明确族裔身份；(10) 敏感对待非语言交流差异；(11) 关注个人外表上的差异。

领导者和管理者花费大量时间来管理冲突，包括与外来者的冲突。解决冲突有利于合作。冲突管理的五种风格如下：竞争型、调和型、分享型、合作型（双赢型）和规避型。每种风格都以既要注重自己的关注点（体现自信）又要注重他人的关注点（体现合作精神）为基础。冲突管理的合作风格包括同意批评者的意见和道歉。解决冲突时，人们经常会使用五种风格中的几种来达到自己的目的，例如同时使用支配控制和通融调和型风格。使用哪种冲突处理模式取决于很多变量，例如问题的重要性和当事各方之间的相对权力大小。

高层次的管理技能需要用于帮助两个或更多群体成员解决他们之间的冲突，最有效的办法是让冲突各方当面商量问题的解决办法。

冲突可以被视为出现了需要谈判和协商的情况。具体的谈判技巧如下：(1) 倾听在先，弄清对方的要求；(2) 以合理的要求和报价开场；(3) 专注于利益而非立场；(4) 敏感地对待谈判风格上的国际化差异。

实践与技能开发指南

高效交流者的高明之处在于避免使用阻止别人表达自己观点或者让别人闭口不语的语言。有时你可能想堵住下属的嘴，但从长远的角度来说使团队沉默不语会产生事与愿违的效果，因为你会错失有价值的反馈意见。以下便是领导者和管理者经常使用的压制交流的语言：“我已经知道此事了。”“为什么你想换那个东西呢？它还没坏呢。”“好吧，就这么定了，我不同意。”[51]

另一个不利于交流的做法是茫然凝视着别人讲话，不发表自己的意见。这样的举止暗示你要么不关心别人的讲话，要么否认别人所说的事实。

［讨论题］

1. 现在你已经学习了本章的内容，你打算采取什么不同的措施来提高你作为领导者的交流效能？

2. 找到一个领导者表达的强有力的书面或口头信息实例，将此信息带到课堂上与别人一起分享。

3. 你认为使用充满力量的语言风格的潜在负面效应是什么？

4. 为什么说服被认为是领导者的基本技能之一？

5. 如果人们确实听从专家的意见，专家如何才能确立自己的专业权威？

6. 对于克服跨文化交流障碍，领导者应有哪些担忧？领导者难道不掌权吗？

7. 有些经理人避免与直接下属发展友好关系，因为他们不想在解决冲突或者与下属谈判时处于不利地位。这种想法对你来说合理吗？

8. 假如某个经理人认为增加三个员工就可以使产量翻番，然而正赶上目前单位人员招聘冻结。该经理人应使用什么谈判技能使公司高层管理者同意他们作为特例免予人员招聘冻结？

9. 领导者能够采取什么具体措施来彰显其本人尊重另一个文化群体的成员？

10. 假如会议期间，某个下属告诉中层管理者自己不适合担任该职务，应该辞职。你会建议该领导者采取什么措施来化解冲突？

领导力案例 A

跨文化交流者玛戈

玛戈（Margot）是在线零售店销售拓展经理，该店专门以超低价出售高档男女服装。大部分出售的服装都来源于高端零售商的存货抛售，这些零售商都已停业，原因是有的已破产，有的由于急需现金等其他原因而清偿货物。

网店位于洛杉矶，拥有办公室和货物发送仓库。有些销售货物直接从痛苦不堪的零售商那里发出，这些零售商发出货却只收到很少的货款。

玛戈在墨西哥长大，能够说流利的英语和西班牙语，这有利于她在洛杉矶顺利地工作。然而玛戈认为除了能和美国人、拉美人和美籍墨西哥人友好合作，自己还能进行跨文化交流。“无论遇到什么族裔的人，我都能和他热乎起来。”她说。但并非公司所有员工对玛戈的跨文化交流技能效果都十分认同。

公司网站设计师德雷克（Derek）是非洲裔美国人，他是这样谈论玛戈的：“我喜欢那个女人，有时候我想她是在保护我。每当我们开始交谈时，她几乎都要问我有关职业篮球赛的事情。哦，当然了，大多数球员都是黑人，几乎所有的非洲医生、科学家和律师也是黑人。为了使玛戈高兴，我一般性地评价了职业篮球赛，以便让我们的谈话能继续下去。”

订单处理专家露西（Lucie）是在哥斯达黎加长大的拉美人。她说她欣赏玛戈致力于和她建立融洽关系的努力，但对玛戈经常询问哥斯达黎加的烹饪和节假日的做法感到厌倦。“是的，我是在哥斯达黎加长大的，但这并不意味着我每天都想念自己的祖国，我现在生活在这里，在洛杉矶工作。”

巴西尔（Basil）是个采购专员，是公司唯一在职的资深员工，有40年女性服装的商业经验。“对我来说，玛戈就像我的侄女，但我想她没有学会和年纪大的人打交道的要领。玛戈总是和我谈论我的身体健康、退休计划以及为何我喜欢和年轻人一起从事电子商务工作。我不喜欢谈论老年人关心的事情。”

［问题］

1. 关于克服跨文化交流障碍，你能对玛戈提出哪些建议？

2. 哪个或哪几个因素导致玛戈在跨文化交流中出错？

3. 你认为在多大程度上上面提及的三个员工对玛戈设法建立融洽人际关系的评判过于苛刻？

角色扮演

一人扮演玛戈，今天她将和德雷克、露西、巴西尔进行面对面的简短互动，她将采用惯用的手段来和员工建立和谐关系。其余三个学生扮演德雷克、露西和巴西尔，他们都建议玛戈不要把精力过于放在上面提及的文化身份上。（大多数人都具有不止一种文化身份，例如，既是拉美人也是Y世代的一员。）旁观者应对跨文化交流进展的情况保持警觉。

领导力案例B

蓬勃发展的西海岸保健公司

希瑟·怀俄明（Heather Wyoming）感觉棒极了，因为她相信今天是个转折点。作为西海岸保健公司的营销部主任，她将和包括董事长、CEO在内的执行委员会委员见面。希瑟的目的在于获准雇用三个销售和市场代表。讨论其计划的会议在上午8点半举行，会议的部分讨论内容如下：

希瑟：非常感谢今天早上诸位的接见。为表达谢意，你们可以看见我们准备了诸位喜爱的甜点，所有的糕点、油炸饼和面包圈都没有使用反式脂肪，而且所有招待饮料都是鲜榨饮品。

我很高兴看见大家都喜气洋洋，因为我们今天为西海岸保健公司庆贺。西海岸保健公司在蓬勃发展。在过去的几个月内我们和六家新公司和三个新保健组织签署了服务协议。我们还引入了个人会员制使公司有了新的发展。

我需要你们批准我招聘三个销售和市场代表以便能保持公司持续发展的势头。

CEO：聘用这三个人公司需要花费多少？

希瑟：无须任何花费。我们每年大约在每个代表身上投入3万美元，他们主要领取佣金。我估计每个成功的代表将产生约20万美元的净收人，因此确实没有费用发生。

执行委员会委员1：是的，希瑟。我们不能忽视你想邀请三个雇员加入公司的事实，这种情况将会给西海岸保健公司立刻带来财务负担。

希瑟：我理解你的意思。如果三个代表没有产出，我们会损失很大。但是，雇用合适的销售代表，我们会将潜在的负担变成资产。我理解有必要进行谨慎的财务管理，但是我想我是在请求你们谨慎地冒险。

执行委员会委员2：区域经济降温明显，大批人员失业。希瑟，是什么使你乐观地认为我们可以扩大西海岸保健公司服务业务的市场？

希瑟：我同样对经济形势表示关注，但是保持员工身体健康是项绝妙的投资。我们可以向潜在的客户展示：帮助员工保持身体健康就能提高生产率。当员工缺勤时间少了、行动更加迅速时，他们的生产率就提高了。我们拥有的另一个卖点是老板们使用了我们的服务后，医疗保险费都减少了。

执行委员会委员3：希瑟，我们同样热爱西海岸保健公司，否则也不会成为执行委员会委员。但我担心的是我们的服务市场已经饱和了，雇用三个销售和市场代表也许过于乐观了。

希瑟：你说到要点上了，但是人们对西海岸保健公司服务的了解正处于上升趋势。为了让员工保持健康，很多公司给予员工经济上的奖励。过度肥胖受到全民攻击，吸烟者受到的待遇如同犯人。西海岸保健公司会大有作为，我们可以得到更大的市场份额。

CEO：希瑟，我向你和执行委员会建议，你们先雇用一名销售和市场代表。如果此人证明是不错的投资，我们将授权你聘用另一名代表。

希瑟：我同意你的分析。给我一个机会去证明我能增加多大的市场份额。我只想行进在通往成功的路上，我们现在先聘用一个销售和市场代表。

[问题]

1. 希瑟在谈判自己的要求上取得了多大的成功？

2. 希瑟提出问题供讨论了吗？

3. 希瑟展示了什么样的领导特征？

角色扮演

一个学生扮演希瑟的角色，她致力于为自己的健康计划聘用三个销售和市场代表。她打算据理力争自己认为最好的投资项目。其他学生扮演执行委员会委员。旁观者将对谈判的效果加以评论。

领导力技能开发练习12-4

我的领导力文件夹

为了丰富你的领导力文件夹，请仔细考虑一下你在工作经历中所获得的以领导者身份进行沟通交流的所有机会。你有机会去说服某人或某个团体吗？你有机会表明你对别人的支持吗？你有机会在工作或者班级中进行演讲吗？在这些沟通交流的机会中，你作为一个领导者表现得怎么样？请看下面一个餐厅经理助理的具体示例：

我协助管理一家高档餐厅。餐厅里的服务员必须尽职尽责，力争提供最优质的服务。没有一流的服务，即使我们的菜品再好，也没有客人愿意前来就餐。一天下午，里克（Rick）拖拖拉拉的，根本没有心思为客人服务。他看起来十分焦虑，也很沮丧。看到这种情况，我并没有让他直接下班，而是带他来到办公室，请他告诉我到底发生了什么事。坐下后，我冲了一杯咖啡递给他。沉默一段时间，里克敞开了心扉。原来早晨上班的时候，里克开车撞上了停车场半米多高的护栏，挡风玻璃全碎了，估计需要650美元才能修好。我静静地听着，并没有打断他。然后我告诉他，我会和经理商量一下，看这个月能不能多安排一些加班给他，好让他尽快挣够修车的钱。“多谢你听我讲这些。”里克边说边向我告别。经过这次一对一的会议，他看起来感觉好多了，已经可以向客人提供优质服务了。

对于这次成功的支持型领导经历，我给自己授予了一枚金星奖章。哈哈！

领导力技能开发练习 12－5

组织领导者沟通能力测评

本章前面已经讲述了良好的沟通能力对于一个高效领导者的重要作用。你的任务是观察某个组织的领导者，比如一位企业经理。具体方法包括：(1) 观看电视上某位执行官的采访片段；(2) 观看 YouTube 或者 Hulu 上领导者简短的演讲；(3) 参加领导者发表讲话或者接见来访者的活动。重点观察以下内容：说服力、语法、句子结构、与信息接收者建立融洽关系的技巧。

本次观察任务的另一个方面是，学习领导者表达某个想法的沟通技巧，以便帮助你提升沟通效率。

注　释

[1] Story created based on facts and observations found in the following sources: Susanne Craig, "E*Trade Fills Its CEO Post," *The Wall Street Journal*, March 23, 2010, p. C3; "Steven Freiberg, CEO of E*Trade; Colin Goddard, Former CEO of OSI Pharmaceuticals, Appointed to Hofstra Board," *PressZoom* (http://presszoom.com), January 16, 2001; Amit Chowdhry, "Former Citigroup Exec Steven Freiberg Becomes CEO of E*Trade," *Pulse2* (http://Pulse2.com), March 22, 2010, pp. 1–10.

[2] John Hamm, "The Five Messages Leaders Must Manage," *Harvard Business Review*, May 2006, p. 116.

[3] Bruce Hoppe and Claire Reinelt, "Social Network Analysis and the Evaluation of Leadership Networks," *Leadership Quarterly*, August 2010, p. 600.

[4] Quoted in Ben Worthen, "Battle Stations," December 8, 2008, p. R9.

[5] Hoppe and Reinelt, "Social Network Analysis," p. 601.

[6] Herminia Ibarra and Mark Hunter, "How Leaders Create and Use Networks," *Harvard Business Review*, January 2007, pp. 40–47.

[7] Mark Granovetter, "The Strength of Weak Ties: A Network Theory Revisited," *Sociological Theory*, Volume 1, 1983, pp. 201–233.

[8] Quoted in Jim Aley and Brian Bremmer (editors), "Trouble at the Virtual Water Cooler," *Bloomberg Businessweek*, May 2–May 8, 2011, 31.

[9] Research reported in Kyle Stock, "For Lying CEOs, 'Team,' Not 'I.'" *The Wall Street Journal*, August 12, 2010, p. C3.

[10] Stephen P. Robbins and Phillip L. Hunsaker, *Training in Interpersonal Skills: Tips for Managing People at Work* (Upper Saddle River, N.J.: Prentice Hall, 1996), p. 115. (These findings are still valid today.)

[11] Cited in Benice Atufunwa, "The Art of Effective Communication," *Black Enterprise*, November 2009, p. 47.

[12] Frank Luntz, "Words That Pack Power," *Business Week*, November 3, 2008, p. 106.

[13] Stephen Denning, "Stories in the Workplace," *HR Magazine*, September 2008, pp. 129–132.

[14] William Strunk Jr., E. B. White, and Maira Kalman, *The Elements of Style*, 6th ed. (Boston: Allyn and Bacon, 2007).

[15] James R. Hagerty, "Dad. What Do You Do at Work? I'm a Leader in Active Safety," *The Wall Street Journal*, November 26, 2010, p. A1.

[16] Sherry Sweetham, "How to Organize Your Thoughts for Better Communication," *Personnel*, March 1986, p. 39.

[17] Cited in Laura Raines, "Sharpen Your Communication Skills to Stand Out in World of Work," *www.ajc.com*, March 29, 2011, p. 3.

[18] Deborah Tannen, "The Power of Talk: Who Gets Heard and Why?" *Harvard Business Review*, September–October 1995, pp. 138–148.

[19] Tannen, "The Power of Talk," pp. 138–148; "How You Speak Shows Where You Rank," *Fortune*, February 2, 1998, p. 156; "Speak Like You Mean Business," *Working Smart* (www.nibm.net), March 2004; "Weed Out Wimpy Words: Speak Up Without Backpedaling, Qualifying," *Working SMART*, March 2000, p. 2.

[20] Robert B. Cialdini, "Harnessing the Science of Persuasion," *Harvard Business Review*, October 2001, pp. 72–79.

[21] Ibid., p. 79.

[22] Several of the suggestions here are from *Body Language for Business Success* (New York: National Institute for Business Management, 1989), pp. 2–29; "Attention All Monotonous Speakers," *Working SMART*, March 1998, p. 1.

[23] Drake Bennett, "I'll Have My Robots Talk to Your Robots," *Bloomberg Business Week*, pp. 52–61.

[24] Cited in Joann S. Lublin, "Some Dos and Don'ts to Help You Hone Videoconference Skills," *The Wall Street Journal*, February 7, 2006, p. B1.

[25] Ibid.
[26] Richard M. Harris, *The Listening Leader: Powerful New Strategies for Becoming an Influential Communicator* (Westport, Conn.: Praeger, 2006).
[27] Erika H. James, "Selective Hearing Can Lead to a Blind Eye," *The Darden Perspective in First Person*, published in *The Wall Street Journal*, December 4, 2007, p. A16.
[28] Linda Dulye, "Get Out of Your Office," *HR Magazine*, July 2006, pp. 99–100; "'Making Rounds' Like a Physician," *Manager's Edge*, February 2006, p. 8.
[29] Joyce M. Rosenberg, "Talking with Your Workers Lifts Morale," The Associated Press, October 12, 2009.
[30] Trudy Milburn, "Bridging Cultural Gaps," *Management Review*, January 1997, pp. 26–29.
[31] Gunnar Beeth, "Multicultural Managers Wanted," *Management Review*, May 1997, p. 17.
[32] "When English Is Not Their Native Tongue," *Manager's Edge*, April 2003, p. 5.
[33] Kathryn Kranhold, "Lost in Translation," *The Wall Street Journal*, May 18, 2004, p. B1.
[34] "Cross-Cultural Communication: An Essential Dimension of Effective Education," *Northwest Regional Educational Library: CNORSE* (www.nwrel.org/cnorse).
[35] Siri Carpenter, "Why Do'They All Look Alike'?" *Monitor on Psychology*, December 2000, p. 44.
[36] Chris Penttila, "Turf Wars," *Entrepreneur*, March 2007, p. 90.
[37] Jeff Weiss and Jonathan Hughes, "Want Collaboration? Accept—and Actively Manage—Conflict," *Harvard Business Review*, March 2005, pp. 92–101.
[38] April Castro, "Amazon Closing TX Center Amid Dispute," Associated Press, February 10, 2011.
[39] Kenneth Thomas, "Conflict and Conflict Management," in Marvin D. Dunnette, ed., *Handbook of Industrial and Organizational Psychology* (Chicago: Rand McNally, 1976), pp. 900–922.
[40] Barbara Kellerman, "When Should a Leader Apologize and When Not?" *Harvard Business Review*, April 2006, pp. 72–81.
[41] Elizabeth A. Mannix, Leigh L. Thompson, and Max H. Bazerman, "Negotiation in Small Groups," *Journal of Applied Psychology*, June 1989, pp. 508–517.
[42] Patrick S. Nugent, "Managing Conflict: Third-Party Interventions for Managers," *Academy of Management Executive*, February 2002, p. 152.
[43] "Questions for Michael Watkins," *Workforce*, December 11, 2006, p. 11.
[44] Jeff Weiss, Aram Donigian, and Jonathan Hughes, "Extreme Negotiations," *Harvard Business Review*, November 2010, pp. 68–69.
[45] Cited in Brenda Goodman, "The Art of Negotiation," *Psychology Today*, January/February 2007, p. 65.
[46] Deepak Malhotra and Max H. Bazerman, "Investigative Negotiation," *Harvard Business Review*, September 2007, pp. 72–78.
[47] Cited in Tori DeAngelis, "Achieving Win-Win," *Psychology Today*, November 2008, p. 64.
[48] John Heister, "Collaborate to Solve Societal Ills," Rochester, New York, *Democrat and Chronicle*, May 14, 2004, p. 18A.
[49] Frank Acuff, *The World-Class Negotiator: An Indispensable Guide for Anyone Doing Business with Those from a Foreign Culture* (New York: AMACOM, 1992).
[50] Wendi L. Adair, Tetsushi Okumura, and Jeanne M. Brett, "Negotiation Behavior When Cultures Collide: The United States and Japan," *Journal of Applied Psychology*, June 2001, pp. 371–385.
[51] "Avoid Language That Shuts People Up," *Executive Leadership*, January 2008, p. 8.

第13章 领导力：创新和创造

学习目标

学习完本章并完成各项练习后，你应该能够：

- 认识创造过程的步骤
- 认识创造性解决问题者的特点
- 克服传统思维以便更有创造力
- 描述组织和个人的方法，提高创造性解决问题的能力
- 解释领导者和组织如何营造孕育创造力的气氛
- 认识到有助于产生组织创新能力的领导实践

玛丽萨·迈耶（Marissa Mayer）是具有高度创造力人群的领导者，同时她本人也颇具创意。她出生于1975年，多年来一直担任谷歌公司产品搜寻和用户体验部副总裁，最近担任的公司职务是客户产品部副总裁。玛丽萨主要负责管理公司区域性和本地创意服务项目，根据目前所在的地理位置向客户提供信息和广告服务。迈耶亲自参与了谷歌公司提供的所有产品和服务的研究。

1999年获得斯坦福大学计算机专业的硕士学位后，迈耶受雇于初出茅庐的谷歌搜索公司，成为公司第二十位雇员和第一位女工程师。迈耶是自描述文件的奇才，对时尚也有浓厚的兴趣，她每天跑步，以使身体处于最佳状态。

迈耶对于创造力和创新有着很多自己的看法，这些看法都源于其非同寻常的商务经历。她强调创意可以来自任何地方：你需要建立样本原型，琢磨如何抓住客户的想象力和注意力，最终满足他们的需求；每一种产品都必须按照客户希望的方式出厂，人们所提供的产品反馈意见对于提升产品至关重要。

迈耶还认为，为提高创新能力你应该在企业内联网上与人分享你的想法和项目。为保持创新能力可持续，在招聘员工时你需要偏重智慧而不是经验。她还认为创造力需要有约束。“给人设想、实现设想的规则以及截止期限，否则人们就会天马行空。”[1]

上述这位谷歌公司重量级人物关于创新和具有创新领导力的观点与本章的某些

主题不谋而合。具有创造力和创新意识的领导者通常在创新方面身体力行，他们尤其努力致力于孕育创造力和创新能力的领导和管理实践。

通过创造性思维，人们可以成立新企业，或者扩大现有企业以使更多的人从事生产活动。然而，创造性的想法必须加以合理实施才能产生创新。创造力和创新经常可以交换使用。**创新**（innovation）是指产生新的想法以及将这些想法实施和商业化，其主要焦点在于让各种组织讲求效率，通过重新组合组织来追求创造力和发展。[2]创造力还被视为开展新业务的企业精神，以及在企业达到全球规模后保持成功的企业精神。[3]

资深领导力研究权威沃伦·本尼斯认为，创造力是领导者必备的素质。[4]具有创造力的领导者会提出以前不存在或以不同形式存在的思想和事物。领导者不应受到现有问题解决方案的束缚，相反应该寻找其他可能的解决方案。领导者常常可以扩展公司的业务或者创建提供其他服务的新部门。

本章强调了对领导者创造力的培养，解释了创造力和具有创造力的人的本质，考察了领导者在建立有助于集体成员更富有创造力的氛围方面所发挥的作用以及有助于创新的领导实践。

13.1 创造过程的步骤

要变得更有创造力，重要因素在于需要理解**创造**（creativity）过程所包含的步骤。创造力通常被定义为产生新颖有用的设想的能力，现在依然为人们广为接受的创造力模式大约产生于90年前，它可以适用于各种组织。如图13－1所示，该模式将创造过程分成五个阶段。[5]第一步是机遇和问题识别：某人发现存在新的机会，或者某个问题需要解决。1994年的一天，一个名叫杰夫·贝佐斯的金融分析师坐在位于纽约的D. E. Shaw对冲基金的办公桌边上，他突然注意到一个令人吃惊的统计数据：互联网用户的人数每年增加了2 300%。贝佐斯认为肯定存在某种途径去商业化这种发展趋势。他担忧自己和自己的公司没能抓住这个互联网革命性的发展机遇。他探寻到了某种商业机会，但是不知道是什么样的机会。[6]

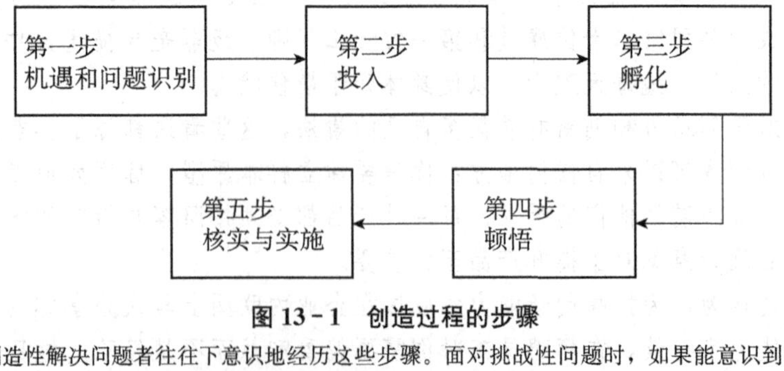

图13－1 创造过程的步骤

说明：创造性解决问题者往往下意识地经历这些步骤。面对挑战性问题时，如果能意识到这些步骤（比如将自己沉浸在意识中），常常会增加发现创造性解决办法的可能性。

第二步是投入。个人专注于问题并投入其中。回忆和收集相关的信息，构想各种可能的选项，无须提炼或评估它们。贝佐斯获取了他能获取的有关电子邮购业务的所有资料，思考着哪些业务通过互联网要比通过电话或书面订单这类传统手段能更有效地开展。

第三步是孵化。个人将收集到的信息存储在大脑里一段时间，表面上看并没有积极处理问题，但潜意识仍然在工作。就在慢慢发酵的过程中，信息逐渐被组合成有意义的新模式。即便是在从事日常工作时，贝佐斯也在思索着使用互联网处理邮购业务的事宜。

第四步是顿悟。解决问题的办法会突如其来地闪现在脑海里，有可能会在快要入睡时、洗澡时或跑步时。顿悟也被称作“啊哈！原来如此”，即突然间来了灵感。贝佐斯突然想到，书籍是没有完整订单目录的商品，因为这种性质的订单目录体积太大，邮寄起来不划算。这种形式的目录理想地适用于互联网，因为超大的数据库能够和无限数量的用户分享。正如第二步投入所显示的那样，这种顿悟往往是在无数小时的思索和研究之后出现的。

第五步是核实与实施。个人开始核实富有创意的解决办法的优点。核实过程包括收集支持证据、运用合乎逻辑的推理和实验新的想法。实施需要坚持，因为大多数新想法开始时都会被认为不切实际而遭到拒绝。贝佐斯在顿悟之后的第二天就飞往洛杉矶去参加美国书商大会，力所能及地了解图书生意的情况。他发现，重要的图书批发商都已经收集了电子版的图书库存目录。贝佐斯推理：潜在的新商业市场只需要一个互联网网址，在那里购买者可以搜寻存货直接订货。

由于自己的老板对互联网图书业务没有兴趣，贝佐斯决定自己从事这项业务，成立了亚马逊。然后他和妻子驾车去往西雅图和华盛顿，为新公司的成立忙碌。他们驾驶着一款 1988 款雪佛兰传播者行驶在高速公路上，一边走一边规划着商业计划。

贝佐斯发现的机会终于发展成为一个大型商业公司，现在出售包括书籍和音乐在内的几千种商品以及云计算等信息技术服务。今天亚马逊已经成为美国最大的在线零售商。贝佐斯创造性思维的终极产品是一种商业可能性而不是一项发明。商务人员一般不用像发明家那样，严格遵循创造过程的五个步骤。因为尽管创造过程通常包含同样的步骤，但它并不是可以打开和关闭的机械过程，大多数创造过程都复杂地内嵌在人们的智力和个性中。

13.2 创造性领导者的特点

创造性领导者像所有其他类型富有创造力的工人一样，在很多方面不同于创造力较低的人。他们献身于自己的领域，乐享智力刺激，挑战现状，这一切导致他们积极寻求进步。谷歌公司的合伙创立者和首席执行官拉里·佩奇（Larry Page）虽然已取得了巨大的成功，但仍然享有爱挑战现状的声誉。最近他表现出浓厚的兴趣，欲将谷歌公司推进到再生能源和无人驾驶汽车业务中去。[7]最重要的是，有创造性的人心智灵活，可以超越传统的看问题的方式。

有创造力的人的具体特点可以归纳为四个方面：知识、认知能力、个性、喜爱任务和巅峰状态的体验，有创造力的领导者也不例外。[8]图 13-2 凸显了这些特点。

此外，我们还提出了关于人类行为的基本公式，它有助于解释这些特点如何导致创造力的产生。在学习这些内容之前，请先完成领导力自我评估测试 13－1，将自己的思想和有创造力的人相比较。

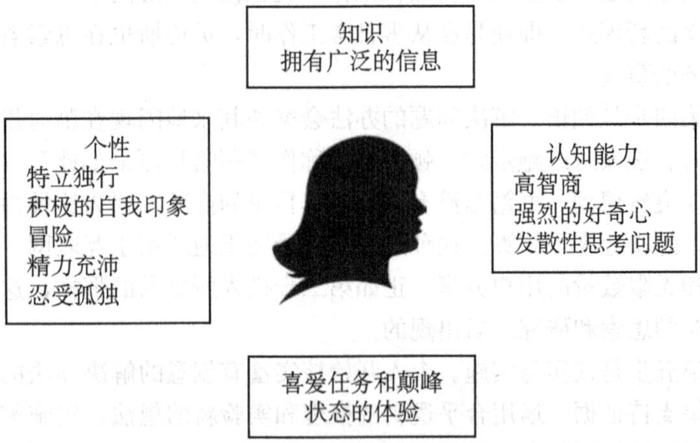

图 13－2　创造性领导者的特征

说明：具有合适的性格的人更有可能成为创造性问题解决者和创造性领导者。

领导力自我评估测试 13－1

创造性个性测试

说明：用“基本正确”或“基本错误”回答下列陈述。

	基本正确	基本错误
1. 阅读自己兴趣领域以外的杂志文章、网络文章和书籍一般来说是在浪费时间。	☐	☐
2. 我经常有种强烈的欲望来改进我使用的产品和服务。	☐	☐
3. 读小说和参观艺术博物馆是在浪费时间。	☐	☐
4. 我是一个具有强烈信念的人。对的就是对的，错的就是错的。	☐	☐
5. 老板给我模糊的指令时，我很高兴。	☐	☐
6. 从混乱中理出头绪确实有趣。	☐	☐
7. 只有在特别的环境下我才会偏离自己要做的事情（或者我当天的其他计划）。	☐	☐
8. 为体验不同的东西，我经常使用谷歌以外的搜索引擎。	☐	☐
9. 对待原则和规定不要过于认真，在非常情况下规则是可以打破的。	☐	☐
10. 尝试新的想法很有意思，即便这样做最终不会给我带来任何好处。	☐	☐
11. 我有些很好的想法是建立在别人的想法基础之上的。	☐	☐
12. 写作时我避免使用不常用的词和词组。	☐	☐
13. 我经常记下未来工作需要改进之处。	☐	☐
14. 我愿意和熟悉的技术设备在一起，不愿意频繁更新自己的设备和软件。	☐	☐
15. 我喜欢给我爱的人写便条或诗歌，不喜欢依赖于问候卡片。	☐	☐
16. 生活中我喜欢猜谜语。	☐	☐
17. 如果你的思路清晰，就能发现解决问题的最佳方法。	☐	☐

续前表

	基本正确	基本错误
18. 和与自己想法一致的人互动最好不过了。	☐	☐
19. 我乐意接受到新产品开发部的工作安排。	☐	☐
20. 严格地控制人和资金是管理好一个成功组织的必要条件。	☐	☐

得分和解释：如果你的回答和下面的回答一致，就给自己加 1 分。

1. 基本错误	8. 基本正确	15. 基本正确
2. 基本正确	9. 基本正确	16. 基本正确
3. 基本错误	10. 基本正确	17. 基本错误
4. 基本错误	11. 基本正确	18. 基本错误
5. 基本正确	12. 基本错误	19. 基本正确
6. 基本正确	13. 基本正确	20 基本错误
7. 基本错误	14. 基本错误	

得分非常高或非常低都很有意义。得到 15 分或更高分表明你的个性和态度和那些具有创造性的人相似，包括创造性领导者。得到 8 分或更低分表明目前你更多地呈现出墨守成规者的特点。不要沮丧，大多数人都可以朝更有创造力的方向发展。

你的得分和你对自己创造力的自我评估相比情况如何？我们还建议征求熟悉你的思维和工作的人对你的创造力的看法。

13.2.1 知识

创造性解决问题需要具有包括事实和观察细节在内的广泛信息。知识为产生和整合思想提供了素材。大多数创造性领导者知识渊博，他们的知识为自己增添了魅力。苹果公司前 CEO 乔布斯就是这样的例子。他为苹果公司的大部分重要产品贡献了设计和市场营销决策，在研发 iPhone 和 iPad 的过程中发挥了重要作用，而对乔布斯的创造力有贡献的是他掌握了计算机硬件和软件方面的全面技术知识。乔布斯曾经在事业的巅峰时说出这样的话：创造力是把很多点连接起来的结果。（这些点就是零星的知识。）

把点连接起来的例子之一就是将苹果数码音乐播放器和耐克跑步鞋相结合。嵌入跑步鞋内的芯片可以将跑步鞋变成计步器，而计步器和数码音乐播放器上的接收器无线相连，这样数码音乐播放器就能显示出跑步里程和消耗掉的热量之类的信息。

13.2.2 认知能力

智力包括一般智慧和抽象推理等。创造性解决问题者，尤其是在商务领域，往往都很聪明，但绝不在智商水平的最顶端。不过，当创造力以高端技术事务为中心时，具有创造力的商务人员往往是绝顶聪明者。本章介绍的两个这样的例子为玛丽萨·迈耶和杰夫．贝佐斯。随后介绍的桑贾伊·杰哈（Sanjay Jha）也很聪明。

富有创造力者不需要具备极高的智商，但是能够在很短的时间内形成创造性解决问题的办法。此外，有创造力的人终其一生都会保持年轻人的好奇心，这种好奇心并非仅仅集中在自己的专业知识领域；相反，他们的兴趣范围涵盖许多知识领域。他们对令人困惑的问题充满热情，这些智力锻炼磨炼了他们的智慧。

有创造力的人表现出易于识别的智力特征：能够发散性地思考问题。他们能够扩展解决问题可选方案的数量，因此能够避免单一的解决办法。不过有创造性思考者也知道应在何时缩小有用的解决问题方案的数量。例如，发散性思考者会想出27种削减成本的办法，但在某些时候不得不努力从几个削减成本的方法中选出最好的一种。

近年来许多商业公司都将设计学校的毕业生纳入自己的产品开发团队，因为设计者一般思维灵活，其思路是寻找全新的，而非已经存在的选项。例如，英特尔公司和设计专业学生一起致力于为日益衰老的"婴儿潮一代"的家庭开发新产品。[9]

正如亚马逊的例子所显示的那样，创造性商务人员的智力特点在于能发现他人忽视的机会。很多有创意的开发商从废弃的工厂里看到了机会，把工厂改造成双层宿舍和唯美环境中的小型企业办公室。

与创造性商业领导者认知风格有关的重要问题是他们究竟是左脑占主导地位（属于逻辑分析型）还是右脑占主导地位（属于创意直觉型）。回答是："两者都是。"作家丹尼尔·平克（Daniel Pink）在综合了心理学研究之后解释道，过去任何白领职业最重要的能力都表现出左脑特征，包括逻辑能力、线性、序列性、分析能力和电子表格处理能力。虽然这些能力现在仍然需要，但已不足也。在当今经济里，最重要的能力是艺术才能、换位思考能力、发明创造能力和大局观。[10]

13.2.3 个性

个性因素或个人非认知特性对创造性解决问题的能力有很大影响。有创造力的人一般都有积极的自我印象，不会盲目自信。正因为他们有着合理的自信，所以能够应对别人对自己想法的批评意见，能够忍受产生思想所必需的孤独。创造性员工的部分自信体现在坚信自己能够用创造性方式解决问题上。与他人交谈是获得创意的有效途径，但是有些时候创造性解决问题者必须专心致志，一人努力。

有创意的人往往不是循规蹈矩者，不需要群体的强力支持。不循规蹈矩可能还意味着特立独行。理查德·E. 谢弗顿（Richard E. Cheverton）观察到："特立独行的人就是公司里那种聚焦创造力的人，很多人视他们为怪物，因为他们不喜欢安分守己。但是正是这些人有着默默无闻做成事情的动力。他们只想做成事情，不在乎办公室政治或组织章程。他们喜欢保持自己的声誉。"[11]如果特立独行的人没能获得开发创意的自由，就有可能加入另一个公司或者自己创业。

和非循规蹈矩者与特立独行的人密切相关之处是，有创造力的人愿意寻找备选方案而不是去力求达成共识。ePrize公司是一家互动推广公司，其创立人和总裁乔希·林克纳（Josh Linkner）认为，群体思维（不惜代价达成共识）有碍创新。[12]

很多创造性问题解决者既是追求刺激者又是喜欢冒险者，他们认为用富有想象力的方式解决问题是刺激的来源。拉里·佩奇本人就是个狂热的冒险家，他曾经说在谷歌工作最大的收益源于冒险的想法和投资。[13]而且有创造力的人坚持不懈，这对创造性思维的验证和应用尤其重要。将创意推销给合适的人需要相当大的不懈努力。最后，有创造力的人乐于处理模糊和混乱的情况，而缺少创造力的人在出现任务描述不明确和混乱情况时很快就会有挫折感。

13.2.4 喜爱任务和巅峰状态的体验

富有创造力者的显著个性特征是对工作十分热情。特丽莎·M. 阿马比尔（Teresa M. Amabile）和同事对工业产业进行了 20 多年的研究，得出了“创造力内在的动机原理”：当人们主要因为兴趣、满足感和挑战性工作本身而不是外部压力受到激励时，他们的创造力会发挥到极致。[14]

对工作的热爱和动力高度内在有助于产生对工作的全身心投入和高度专注，或者**巅峰状态的体验**（experience of flow）。这种体验异常引人入胜和令人享受，所以不论外在结果如何任务本身都值得一做。[15]当你完全沉浸在某个爱好或某项分析工作，或者当你在体育或舞蹈中展现最佳状态时，你可能就有过这样的体验（处于巅峰状态）。高度有创造力的领导者，例如制定全球产品营销计划的企业老板，经常会达到这种巅峰状态。

企图在高压情况下做到有创造力面临的问题之一在于，这种压力干扰了高度创造力所需的全神贯注。阿马比尔根据其对从事创意工作的员工近 12 000 条日志条目的分析，发现时间压力阻止了人们去深度解决问题。人们可能在高强度时间压力下有创意，但只能在专心致志从事工作时才有创造力。[16]

要想完全理解个人性格对创造力的贡献，我们借用一下人类行为的基本公式：$B=f(P\times E)$（行为是人与环境相互作用的函数）。在这种背景下，某些个人性格可能有助于领导者发挥创造力，合适的环境则是引发创造性行为的必要条件。正如随后将要讨论的那样，合适的环境包括领导者鼓励创造性思维的做法。

13.3 把克服传统思维当作发挥创造力的策略

有一个统一的主题贯穿各种形式的创造力培训和提高创造力的建议：创造性地解决问题需要克服传统思维的限制。传统思维的概念是相对的，一般指标准和常用的问题解决方式。因此传统的问题解决办法就是模式化或最常用的解决办法。例如，传统思维建议：要想增加财务收入，零售店应该降价。创造性思维则会提出另外的解决办法。比如，零售店可以采取送货上门但收取少量运费，或者在网上销售店里的产品等方法来增加销售量。

有创造力的人会从新的视角看问题，摆脱传统思维的束缚。历史上十分有影响力的例子就是亨利·福特，他创造性解决问题的能力赫赫有名。一位肉类包装经理邀请福特参观他在芝加哥的工厂，观察员工如何加工牛肉。这位汽车行业的主管注意到在工厂尽头的巨大传送带上摆放着整头被宰杀的公牛。牛肉在工厂传送的过程中，工人将牛肉一块块地切下来，直到整头牛被分切完。福特的脑中突闪灵感：如果把加工的过程倒过来，所有的牛肉又能组合成一头整牛了！福特自问：“为何不能用这样的方式制造汽车呢？”他带着这个想法回到了位于底特律的福特汽车公司，建造了世界上第一条制造装配线。[17]

要变得富有创造力，首要任务是打破阻碍新思想的僵化思维模式。同时，创造性解决问题者必须抛弃传统方法。亨利·福特就抛弃了制造汽车的传统方法，启用了装配线。（现在，人们抛弃装配线，改用量身定制的办法，也被视为创新。）

克服传统思维对创造性思维异常重要，以下几种方式可以表现这个过程的特点。最为人们所熟悉的情况是有创造力的人其思维必须跳出禁区。从这层意义上讲，禁区是指束缚和限制人们思维的范畴。由于被限制在禁区内，你看不到禁区外的机会。例如，如果保险经纪人认为健康险只适用于人，就可能错过家畜健康保险这个日益增长的市场。在下面的专栏里，你会看到几个突破禁区思考的商业案例。

突破禁区思考的现代商业案例

- 传统智慧认为不允许竞争者在你的店里或网站上出售产品和服务。然而，亚马逊多年来一直设立了一种安排，使消费者能够使用自己的网页在别的网店里购物。亚马逊收取少量佣金，客户的体验扩大了，也因此增加了销售额。
- 传统智慧认为人行道必须由水泥或混凝土做成，当树根破坏了人行道时，必须将树移走。林赛·史密斯（Lindsay Smith）注意到在加利福尼亚加迪纳她家附近的26棵树被砍掉，原因是这些树的树根对人行道造成了破坏。在美国橡胶再生协会的指导下，她成立了橡胶人行道公司，为美国和加拿大60个城市安装了由再生轮胎做成的人行道。每一块人行道都可以拆下来维修，因此避免了毁坏人行道旁的树木。此外，橡胶和树根的兼容性要大于混凝土。
- 传统智慧认为要想租用录像带或DVD光碟，你必须到实体影像店。网飞公司运用简单的商业模式从似乎行不通的途径闯出一条路子，在电影租赁行业开辟了新的业务。这种模式允许客户支付月租金在线租用喜爱的DVD光碟，公司快速将影片邮寄给客户。（现在DVD光碟也可以通过数字渠道获得，直接显示在电脑屏幕或电视接收器上。）网飞公司的成功引来了很多竞争对手，但它依然占有相当大的市场份额。
- 传统智慧认为对于客户忘记续配处方药，因此常常带来不良后果和药店收入损失的情况，药店基本无所作为。CVS公司的领导者认为需要采取积极主动的方法，于是建立了管理系统来应对这个问题。如果属于药品福利管理系统内的某个病人停止服药，CVS公司的药剂师就会电话提醒病人续订药物。该系统还被视为用创新的办法减少了因重病需要住院治疗病人的数量。
- 传统智慧认为银行不能提供住房贷款给虔诚的穆斯林，因为《古兰经》教义禁止穆斯林支付或获得利息。因此，一部分潜在的市场客户被排斥在获得住房抵押贷款之外。密歇根州安阿伯大学银行（University Bank of Ann Arbor）针对宗教信仰禁止支付利息的人们创立了独特的无利息贷款项目。银行开发了抵押贷款替代贷款交易项目，用可赎回租赁来替代传统住房贷款。银行以信托形式持有住房，客户按月向信托基金付款。每月的租金包含固定数目的储蓄金，可以最终使你获得不动产的产权。在储蓄账户上的金额等同于房屋的原价之后，客户就可以没有债务或负担地拥有该住房。

资料来源：Heather Green，"How Amazon Aims to Keep You Clicking." *BusinessWeek*，March 2，2009，pp. 034-040；Stacy Perman，"Concrete Decision，" *BusinessWeek SmallBiz*，February/March 2007，p. 034；Christopher Stern，"Netflix Braces for Amazon：DVD Rental Company Cuts Fees to Compete，" *Washington Post*，October 16，2004，p. 1E；Matthew Boyle，"CVS：Dispensing Drugs—and Health Reform，" *BusinessWeek*，February 23，2009，pp. 42-43；Karen Dybis，"Banks Offer No-Interest Options for Muslims，" *Detroit News*，December 21，2004（detnews. com）.

关于突破禁区思考需要注意的事项是：员工仍然需要某些约束来确定他们所获准的突破禁区思考的范围。你可能还记得在本章开篇玛丽萨·迈耶说过，创造力需要有约束。同样，创造力作家肖恩·科因（Shawn Coyne）声称，当人们被要求突破禁区去思考且没有任何限制时，他们很快就会被不着边际的任务压垮。高效的项目领导者会为团队指明具体方向，确立参数，为团队产生创意做好准备。科因还说，最出彩的想法往往产生于“在精心设计的既不太大也不太小的禁区内思考”[18]。例如，团队领导者可能会要求成员思考节约公司能源成本的方法，但是花费太昂贵或导致大批员工怨声载道的建议不会被采纳。

13.4 提升创造力的组织方法

为了提高创造性解决问题的能力，大多数组织都定期进行头脑风暴活动。这里我们主要关注头脑风暴方法的新发展和其他提升创造力的方法。这类性质的方案可以用来解决实际问题，同时提供机会来改进创造性思维。

领导者在使用创造性问题解决技巧时身兼双重角色：促进团队之间的互动并提供对创新结果的公平共享。这里描述的四种提升创新能力和解决问题的技巧是：（1）系统收集新颖想法；（2）头脑风暴；（3）使用抱怨技巧；（4）配备智力厨房。关于提升创造力的方法值得关注的一点是：没有哪一种方法始终比其他方法更有效。基本机制是每种提升创造力的方法都有助于新思想的浮现。可口可乐公司的创新顾问和前首席创新者丹尼·斯特里克兰（Danny Strickland）指出，所有这些创新手段都有一个简单、核心的东西：“它们都注入了有助于你改变观点的新信息。如果改变了看待事物的方式，你的大脑就会产生新想法。”[19]

13.4.1 系统收集新颖想法

创造力常常被指是数字游戏，因为尝试的想法越多，你发现有用想法的可能性就越大。收集新颖想法的有效方法之一是让员工将想法提供给公司的数据库，这样当有人需要新颖的想法时，就可以通过公司的搜索引擎获得。将新颖想法发布在内联网上与提供给数据库相似。

收集想法最直接的途径就是公司的领导者安排更多的员工寻找创意。这方面的代表性例子就是英国家庭清洁和个人护理产品生产商利洁时公司。公司提醒采购、销售和客户关系方面的员工寻找相关的市场新趋势。一个小型内部团队设法鉴定那些报告的趋向并在此基础上进行研究。团队将发现的成果上报给高层管理者，由他们决定哪些产品值得跟踪。公司的一位女发言人说，公司近一年来40%的收入都产生于前三年启动的创新项目。[20]

为了促进新颖想法产生，领导者或管理者可以设定想法配额，例如要求员工每次会议上提出一个新想法。尽管大部分这样的想法不能带来创意，但还是会有一些好的想法出现。想法配额起作用的原因之一是它们本身就是目标。另一个原因是环境需要（这里指想法配额）是最佳的创造力刺激因素。

13.4.2 头脑风暴

最有名的创造力提升方法是头脑风暴，很多人可能已经使用过这个方法。虽然头脑风暴被有些人视为仅做表面工作，但它仍然是最先进的技术公司产生思想的重要手段。著名的例子就是智力投资公司（Intellectual Ventures），由微软公司前首席技术官内森·P. 梅尔沃德（Nathan P. Myhrvold）与别人共同创建，主要目的在于开发发明项目。梅尔沃德将享有高智商盛名的医生、工程师、科学家以及公司内部的发明家和律师聚集在一起进行头脑风暴会议。智力投资公司的员工从群体献计献策会上获取想法并将想法转化成专利。发明者获得最终专利费的相应份额。[21]

智力投资公司运用头脑风暴时强调观察，即注意目标是过程必需的一部分。公司团队重点关注实现现有专利的价值这一目标。罗伯特·C. 利奇菲尔德（Robert C. Litehfiled）创建的理论认为，头脑风暴的以下原则本身就是目标：数量的产生，避免批评意见，综合并改进先前的想法，以及鼓励畅所欲言。[22]

为达到温故而知新的目的，请完成领导力技能开发练习 13－1。由于大部分老板都使用过头脑风暴方式，因此掌握有关这个话题的先进知识要比简单地提出一些想法更有帮助。

领导力技能开发练习 13－1

选择有效域名

分组完成选择有效域名的练习。你的任务是为几种产品或服务开发原创域名。有效域名通常容易被人记住，在搜索网页中能抓住潜在的客户。这项练习的难处在于域名抢注者（或称域名探索者）抢注了他们认为企业老板可能想要但未注册的域名，然后出售给他们。例如，某个域名抢注者注册或购买了域名 www. catfood. com，希望在线猫粮零售商将来想要这个域名。每次网民登录 www. catfood. com 网址购买猫粮就会被连接到 Petsmart 公司的网页上，这样域名的所有者就可以收取 Petsmart 公司的费用。

在团队集思广益产生了几个可能的域名后，到互联网上搜寻一下，看看域名是否已经被人占用。只要输入“www”和域名就可以了，或者访问像 DomainCollection. com 这样的网址。在确定了未被使用的域名后，团队领导者将成果展示给班级其他人。

- 文身和身体穿孔工作室。
- 老爷车和经典车替换零件。
- 儿童阅读和数学学习一条龙培训中心。
- 老年痴呆症治疗中心。
- 低信用等级者私人贷款。
- 为制造商提供再生钢。

头脑风暴的重要特点在于所有想法都有可能成为敲门砖，从而引发更多更有用的想法。任何想法都有可能产生其他联想和联系。因此，在头脑风暴的想法产生阶段，潜在的解决办法根本不会受到人们的批评或评估，从而鼓励人们自发地发表意见。

微软搜索引擎的名称必应（Bing）的产生过程展示了头脑风暴依然对商业中创造力的产生具有重要意义。国际品牌集团（Interbrand）获得了开发产品名称名单的合同，它安排了 8 个员工共同开动脑筋策划和速度、关联性主题有关的名称。6 个星期后产生了 2 000 个选项。在筛选掉难以拼写、含褒渎意义或其他公司已经使用的词语后，向微软提交了 55 个词语。并列排在第二名的是 Kumo 和 Hook 这两个词，Bing 成了最终的胜出者。[23] 如果微软将这项工作布置给一群学生让他们在 1 小时内完成，可以节约大量时间和经费吗？

头脑风暴的另一种变体是鼓励极端思维。可以要求参与者提出可能管用但离谱得出奇以至于群体可能遭到解雇的想法，然后，群体成员琢磨出办法选出可能的解决方案。[24] 以下是有关产品开发的集思广益过程中出现的极端思维的例子：

- 在惠普公司，一部分人建议公司退出台式电脑业务，因为个人电脑的数量在下降，利润空间在萎缩。
- 在 IBM，有人提议公司应利用自身品牌效应进入智能手机、闹钟和铅笔卷笔刀这类消费品市场。

正如其他创新解决问题技能一样，头脑风暴在孕育创新的组织文化中最能发挥作用。它是著名的设计公司 IDEO 不可或缺的一部分，其员工坚信创新的作用。因此，他们能就解决问题的备选方案进行辩论但最终统一意见，产生有效的设计方案。[25]

13.4.3　使用抱怨技术

领导的重要组成部分体现为在组织单位内发现方法去不断改进为外部和内部客户提供的服务。**抱怨技术**（pet-peeve techniquc）是头脑风暴的方法之一，在这个过程中团队发现他人对团队所在的组织单位可能会有的所有意见。[26] 通过头脑风暴，团队成员可以制定出任何与团队有互动关系成员提出的意见列表，来源渠道包括内部客户、外部客户、竞争者和供货商。虽然抱怨技术不太有名，但有潜在价值。

团队成员可以征集不同目标团队对自己的反馈意见来为会议做准备。为遵循抱怨团队非正式、轻松活泼的风格，应采取非正式方式收集反馈意见。团队成员不要使用调查手段来接近目标团队，而是要告诉他们即将召开的抱怨技术会议的内容，然后亲自询问或通过电子邮件询问："你们有什么意见吗？"

在没有任何限制的头脑风暴会议上，团队成员会插入一些有想象力和幽默感的意见。有幽默感的意见很重要，因为幽默需要创造性思维。在所有意见都提出来后，团队可以在随后的会议上处理信息，拟定行动计划，处理最严重的问题。

小型电子设备生产厂人力资源部的牢骚宣泄会提出了很多意见，内容如下：

"很多人都想知道我们究竟干了什么。他们认为我们只不过填写了一些表格，为自己创造工作机会。"

"生产线上的管理人员认为，我们的职责就是找到充足的理由去解释他们为什么不应该雇用最优秀的职位候选人。"

"外面的职位候选人认为，我们的职责就是撕碎求职简历。他们认为，我们扔掉或者删除了90%投递到公司的求职简历。"

正是基于这些虽然有些夸大但是十分尖锐的批评意见，人力资源部形成了有效的行动计划。该部门领导安排了与公司各部门的简短会议，讨论人力资源部的职责所在并回答各方的提问。

抱怨技术对领导者具有潜在的价值，因为它能帮助集体改进工作流程。由于其出发点是善意的，因而不会被认为具有威胁。领导力技能开发练习13-2提供了实践抱怨技术的机会。

领导力技能开发练习13-2

抱怨技术

回顾本章所描述的抱怨技术的内容，每5人一组分成小组。每组均是公司的一个部门。（通过直接接触或间接了解，挑选大家都熟悉的一个部门。例如，你可能扮演会计师事务所中的审计部门、学校财政援助办公室或者汽车销售商的服务部门。）假设一些对你所在群组的批评意见，接受两条最严厉的批评意见，制定行动计划，引领群组再上一个台阶。

13.4.4 配备智力厨房

迈克·万斯（Mike Vance）认为，每个企业都需要一个**智力厨房**（kitchen for the mind），即为培育创造力而设置的专门空间。厨房可能提供常用的物品，包括黑板、活动挂图、咖啡壶、冰箱、铅笔卷笔刀以及装有绘图软件的电脑。富有创造力的厨房有时还配备儿童玩具，如飞镖、飞盘、碰碰球和毛绒玩具，目的是帮助人们在智力上和情感上放松，从而刺激创新思维。

在智力厨房里，比设备更重要的是公共会议场所，人们能够聚集在这里进行思维创新。万斯声称，即便资源有限，人们依然能匠心独具地提出创新观点。[27]

智力厨房的典型例子是耐克公司设立的创新厨房，这是一个设计者的智囊团，在这里各种体育追求、艺术和科学狂想融合在一起，形成创意使得耐克品牌成为运动鞋和运动服装领域的主要生产厂家。该厨房被描述成自由发挥、富有创意的游戏围栏，配备各种工具、材料、机器、玩具、仪器、软件、游戏，现场就可以产生富有灵感的图像。耐克FREE系列跑鞋模拟赤足跑步，它就是在这个厨房里孵化产生的。[28]

13.4.5 提升创造力的道德意义

关于有助于产生创意思想、领导力和管理行动的方法，目的都是提升本章多处描述的创造力，它们都造成了伦理和道德方面的不利后果。创造力作家杰拉尔德·辛德尔（Gerald Sindell）强调富有创意的思考者有必要将其工作置于道德环境内。他注意到创意工作及其结果从来都不是在真空里存在的。相反，每个创意及其产品都或多或少有潜在有害的后果。[29]

相关的例子就是数亿人能够用在商务和个人交流方面的智能手机，但是它也存在巨大的功能失调方面的后果。使用智能手机（包括发短信）开车的危险性几乎等同于酒后开车。此外，由于工人受到智能手机用于和工作无关的通话的干扰，生产率遭受了重大打击。有些科学家甚至担心过度使用智能手机会导致脑癌。成千上万的其他产品和服务也存在伦理方面的隐患。例如，设计精巧的金融产品及其衍生产品已经给很多客户造成了伤害。

辛德尔建议创造性工人应该考虑到创新产品或服务可能存在的误用之处，然后采取措施去减少误用带来的危害。[30]警示标签和通知性广告都在正确的方向上迈出了坚实的一步。

13.5 提高创造性解决问题能力的自我辅助技能

领导者和其他希望用更加创新的方式解决问题的人都能发现几百种可随意使用的方法，所有这些方法的目的都在于增加灵活性。提高创造性解决问题能力的 6 种策略和具体方法将在下面逐一介绍并列举在表 13－1 中。这些策略和方法支持和补充了前面描述的组织方案，它们的潜在作用是促进灵活思考，或者用开放的、新奇的眼光看世界。[31]有了这样的精神准备，几乎任何事物都能激发新的想法产生。作为仓库管理员，你或许注意到年轻人在公园里滑旱冰。如果拥有足够的创造力，你可能会断定如果你的物流配送人员使用旱冰鞋滑行而不是步行，他们的工作效率肯定会提高。

表 13－1 提高创造力的自我辅助技能

1. 进行提升创造力的练习
2. 敏锐地关注机遇
3. 为人乐观，保持热情的态度
4. 建立和使用系统场所来记录想法
5. 扮演探险家、艺术家、法官和律师的角色
6. 进行适当的体育锻炼

13.5.1 进行提升创造力的练习

已经确定的能够激励创造性的思维方法是定期进行鼓励灵活思维的活动。如果你喜爱摄影，给自己布置任务去拍摄一张反映某个主题的照片。例如，你可以拍摄一些照片说明如何正确使用公司的产品。各种智力测验都有助于拓展你的想象力。很多有创造力的人经常做纵横拼字谜游戏。另一种拓展创造力的方法是强迫自己编出某个特定主题的笑话。你能编出有关领导者创造力的笑话吗？

学习第二门语言，包括手语在内，可以提高创造力，因为你将被迫转变思维定式。例如，第二门语言可能要求你记住每个名词的性，并且将每个形容词的拼写与它所修饰名词的性和数（单数对复数）匹配。

领导力技能开发练习 13－3 为你提供了机会去练习创造性思维。做这类练习能够提高你创造性解决问题的能力。

领导力技能开发练习 13-3

多用途技能

培养创造力的标准做法是发现普通物品的多种用途。也就是说，做这个练习的人需要超越常规思维去设想标准物品的潜在用途。本练习的目的在于开发灵活思维技能。常见的例子是汤碗也可以当作花盆或镇尺来用。一个人完成或者集体讨论，发现下列物品大约6种潜在用途。

1. 曲别针。*
2. 砖头。**
3. 购物车。
4. 电子邮件地址。
5. 用旧的或过时的手机。
6. 价值5英镑的参考书。

有益的做法是和同学分享你的解决办法，原因之一是这样做能够帮助你确定所提供的潜在用途是否别人已经提及或鲜有提及。如果你给出的用途鲜有提及，虽然不一定适用，却表明你有很好的想象力。

* 找到曲别针的多种用途可能是有史以来最常见的创造力培养练习。

** 找到砖头的多种用途可能是有史以来第二（并列第一）常见的创造力培养练习。

13.5.2 敏锐地关注机遇

有创造力的领导者的特点在于他们能够发现别人忽视的机会。寻找机遇和企业家精神有关，因为企业家可能会围绕未满足的客户需求创建企业。当霍华德·舒尔茨这位当时被称为星巴克咖啡、茶和香料公司的四家零售店铺的主管，出席意大利米兰的家用器皿会议时，创建星巴克咖啡国际连锁店的想法由此萌发了。舒尔茨注意到了咖啡吧现象。仅米兰一地就有1 500家咖啡吧，都供应浓咖啡这类时尚饮品。由于相信咖啡吧在美国也会兴起，舒尔茨说服星巴克开设了一家。舒尔茨离开公司后创建了自己的小型咖啡吧连锁店，然后收购了两个星巴克创建者的股份，并将星巴克并入自己的公司。[32]（舒尔茨发现了什么未满足的客户需求？）

13.5.3 为人乐观，保持热情的态度

管理者和领导者在成为创造性问题解决者时面临一项重大障碍：必须解决做到公正和具有想象力之间的冲突。在很多工作环境中，做到公正（审视）是必要的。要求公正思考的环境包括审核建议的开支、检查产品质量或安全隐患。做到公正不亚于在创造力上设置了自我强加的限制。

寻找创造性选项时需要想象力。前广告经理和头脑风暴方法的发明者亚历克斯·F. 奥斯本（Alex F. Osburn）就注意到公正判断和想象力之间如何经常发生冲突：

各种情绪大多数情况下无法相容的事实解释了为什么公正判断和想象力经常相互冲突。公正思考在很大程度上是否定性的："这里出了什么问题……不，这样不行。"类似这样的反应在作判断时是正确和合适的。

相反，创造性思维需要积极的态度。我们必须充满希望，十分热情。我们必须鼓励自己自信，谨防完美主义以免创新思维流产。[33]因此，尝试创新时必需的行动步骤是将我们投射到积极的思维模式中。同样的原则也适用于尝试创造性完成公正判断任务的情况。例如，领导者可能面临寻找创造性办法去削减开支的任务。所以，管理者不得不积极思考消极思维的问题。

对创造力有利且和热情密切相关的一点是，具有良好的心情能促进创造力提升。这个发现来源于对日记和日志的分析。日志记录表明，人们提出创意想法时心情一般非常好。如果在前一天他们心情愉快，就更有可能产生突破性的想法。某天的快乐心情往往预示着来日创造性想法的产生。[34]

13.5.4　建立和使用系统场所来记录想法

除非你认真记录了创造性想法，否则难以发挥它们的用处。存储在记忆里的创造性想法在每天的工作压力下可能会被遗忘。保存在每日计划中的重要建议也许会变得模糊。创造性想法能够为你的团队和事业带来突破性进展，因此值得享用单独的笔记本、电脑文档或其他对你有效的保存设备保存。创造性想法的记录工具包括笔记本、日志、智能手机、录音机、语音邮件和电子邮件、活动挂图、袖珍记事本以及诸如索引卡、存储盒之类的创意文档或数据库。[35]建议小心谨慎或者健忘的人保存两份自己的想法：一份放在家中，一份放在办公室。

13.5.5　扮演探险家、艺术家、法官和律师的角色

另一种提高创造力的方法综合了前面提及的很多方法。比如，想提高在工作中的创造力，该方法要求你在思考中扮演四种角色。[36]第一，做一个探险家。与不同领域的人交谈，获得能为你的团队带来创新的想法。例如，如果管理电信团队，就与销售员和制造专家交谈。

第二，做一个拓展想象力的艺术家。每天努力花费约 3%的时间去问"如果……怎样"的问题。例如，电信团队的领导者可能会问："如果一些新的研究表明广泛使用电信设备和癌症的高发率有关，该怎么办?"此外，记住要打破常规。例如，一位计算机服务经理曾询问：为什么客户需要印刷的使用手册？这导致产生了现在已经是标准化的公司业务：将使用手册放在网上。

第三，懂得怎样去做法官。在产生了一些富有想象力的想法后，你得从某些方面去评估它们。不要对自己过于挑剔，否则会阻碍你的创造性思维。但是必须做到有足够的批判性，这样你才不会尝试去实施那些不靠谱的想法。一家有名的律师事务所的管理合伙人制定了开设两家临街分所的计划，打算以低价为大众提供法律服务。律师事务所分所打算在电台、电视台、网络和报纸上做广告宣传。然而在仔细考虑了数周之后，她放弃了这个想法。因为她断定：临街的律师事务所分所非常有可能将客户从母公司拉走，而不是创造新的市场。

第四，扮演律师的角色来实现你的创造性思维。商议并找出在你的领域或工作场所实施想法的方式。创造性思维的探险家、艺术家和法官阶段可能只需要短暂的时间来形成创意，但是你可能需要花费数月甚至数年时间才能将突破性想法付诸实施。例如，现在许多报税公司都根据预计的退税额度及时将退税款发放给客户。大型报税公司的一位经理花费了很长时间才说服高层管理者相信这个想法的优点。

13.5.6 进行适当的体育锻炼

公认的可以激发创造力的方法是进行体育锻炼。罗得岛大学市场营销学教授史蒂芬·瑞马基（Stephen Ramocki）发现，有氧运动足以刺激学生大脑使之高速运转，而且运动带来的益处至少可以持续2小时。国际象棋冠军卡斯帕罗夫是个体育迷，具有超常的智力。他认为体育健身有助于提高自己的棋艺。

创造性见解往往出现在体育锻炼过程中的事实符合创造性过程中包含一个被称为沉浸和孵化的阶段的理论。对于锻炼为什么会促进创造力产生的另一个解释是，锻炼为大脑输送了更多的血液和氧气。锻炼还增强了大脑额叶的运动，即脑部参与抽象推理活动和使注意力更集中。[37]对于体育锻炼能够促进创造性思维的事实不应该孤立地加以解释。离开了其他对领导力培养有利的因素，如知识的储备和对工作的热爱，体育锻炼并不会带来创造性突破。

13.6 营造孕育创造性思维的气氛和文化

领导者需要提出有创造力的想法来提高生产率和满意度。营造有利于创造性解决问题的气氛或文化，是对高效领导者的又一要求。问题的关键在于高级管理层要有意识地采取措施使得整个集体更富有创新意识。几年前宝洁公司的创新浪潮由于任命了首席创新官而得以推波助澜，具体表现在设计经理的人数增加了5倍，成立了创新工场来培训管理人员思考产品的设计。[38]

培养集体创造力的根本步骤在于确立包含创造力的愿景和任务，杜邦公司的做法就是如此："我们的愿景就是要做世界上最具活力的科技公司，为世界各地的人们更美好、更安全和更健康地生活创建必需的可持续解决方案。"确定了愿景、明确了任务，就确定了基调，但是它们必须获得合适的气氛或组织文化的支持以及广泛使用本章介绍的各种技能。

营造具有创造力气氛的信息可以分成：（1）用于提升创造力的领导和管理实践；（2）管理创新型员工的方法。为了保持对上述大量信息的敏感度，请做领导力自我评估测试13-1。它为你提供了机会去认真思考鼓励或阻止创造性解决问题的很多管理和领导实践。

领导力自我评估测试 13-1

评估创造力和创新的氛围

说明：请用"基本是"或"基本不是"来回答下列陈述与你所熟悉组织的匹配度。如果目前不熟悉外部组织，请参照所在学校的情况来作答。

	基本是	基本不是
1. 管理层希望员工有创造力。	□	□
2. 提出新思想和有用想法的人常常得到金钱奖励。	□	□
3. 创造性思维多数情况下是从事创造性工作者的职责，例如研发和市场营销部门的人。	□	□
4. 鼓励员工花费部分时间提出产品或服务的新观点。	□	□
5. 有创意的人很少获得提拔。	□	□
6. 公司投入了大量资源在创新上。	□	□
7. 我们的领导者好像都不是有创新思维的思考者。	□	□
8. 创新性思考者在我们这里得到公开认可。	□	□
9. 提出奇特想法的人往往被人取笑。	□	□
10. 建设性改变在这里受人欢迎。	□	□

得分和解释：显示具有创造力和创新氛围的情形是在第1，2，4，6，8，10题上回答“基本是”（每题1分），在第3，5，7，9题上回答“基本不是”（每题1分）。得到7分或更高表明组织氛围很适合创新，得到4～6分大约为中等，3分或3分以下表明组织氛围限制了创新。

13.6.1 提升创造力的领导实践

正如很多研究者和观察家的研究所发现的那样，9种领导和管理实践特别有助于培养创新思维。[39]先前已经介绍的提升创造力的组织方法也可以视为此类实践。

1. 雇用单位外有创意的人，发现单位内有创新能力的人。提高创造力最有效的领导和管理实践是聘用具有创新天赋或创新记录的人。创造力培训能起到一定作用，但是从有创造力的人着手可以提高培训的收益。此外，雇用有创新意识的人有助于营造创新的氛围。生物科技先驱基因泰克公司（Genentech）的总裁和首席执行官亚瑟·D. 利维森（Arthur D. Levinson）说：“如果你希望拥有创新的氛围，就得雇用有创新能力的人，让他们告诉你想要什么东西，然后设法满足。”[40]

2. 提供智力挑战。给员工分配适当的任务可以提高创造力，原因在于这样做会调动人的专业知识和内在动力。但是要注意适当的度：挑战太小会使人感到厌倦；挑战太大又会使人难以承受，导致失控。领导者和管理者必须充分了解团队成员，使其接受适当的挑战。有时适当的时间压力会带来适当的挑战。

3. 授权给员工，允许他们自由选择工作方法。对于中国信息技术工作人员的研究证实了领导授权方式可以提升员工创造力的观点。员工获得授权后，更有可能遵循创造性解决问题的步骤来工作。产生创造力的部分原因在于被授权的员工感觉到有自我决定权，从而激发了创造性思维。[41]

此外，当工人获得了选择最佳方式来实现目标（例如，我们在第11章讨论的授权）的自由时，他们往往更具有创造力。稳定的目标很重要，因为人们很难富有创意地朝着移动不定的目标努力奋斗。

4. 提供合适充足的资源。时间和资金是提升创造力最重要的资源。决定给一个团队或项目多少时间和多少资金是项艰难的主观判断，其结果要么鼓励要么扼杀了创造力的发挥。某些情况下设定时间限制可以激发创造性思维，因为它带来了积极性的挑战。例如要求在第一时间将新产品投放市场。错误的时间限制或者过于紧张导致无法完成的时间限制会引起不信任和使人筋疲力尽。要发挥创造力，还需要给团队提供充足的资金。

提供合适充足资源的典范就是 eBay 公司称为“花园”的流程，它可以使工程师获得客户对创新的真实反馈意见。工程师运用“花园”来观察客户如何对在竞拍价和定价之间选择机会做出反应，然后重新调整以便让客户获得选择的机会。[42]

5. 有效设计工作团队。工作团队成员互相支持、成员背景多元化且观点百花齐放时，最有可能发挥创造力。类似于跨职能员工团队里不同学科产生了不同的视野，各种性别、族裔的人相互交融被视为最有助于产生创造性思维。各种观点的结合往往形成了创造性解决问题的方案。非多样化的团队一般争论较少，但是创造力较低。用“合适的化学成分”，即合适程度的多样性和支持率，将一个团队组合在一起需要领导者的经验和直觉。

和工作团队设计有关的领导和管理实践是要鼓励面对面的接触从而促进创造性思维。地理上分散的人难以创造性地思考问题。谷歌公司执行董事长埃里克·施密特（Eric Schmidt）认为，最佳的编程团队是两个人在一起编写程序。第二好的编程团队是将所有人安排在一个房间内。所有其他形式的组合都不太有利于创新。[43]

6. 监管激励，将创新和业绩挂钩。领导者为实现创造性解决问题的方案所能采取的最有影响力的措施在于打造鼓励人们自由思考的宽容环境。表扬有创意的人很重要，因为要想让大多数人保持热情，他们必须觉得自己的工作对集体至关重要。有创意的想法必须得到快速的评估，而不是需要经历痛苦缓慢的审核过程。

监管者除了鼓励创新，还要提倡创造性思维能提高工作业绩的观念。对于美国不同行业 4 个公司 238 对工人和监管人员的研究证实了员工期望的重要性。当员工相信创造性思维能够提高工作业绩时，他们用创造性方式解决问题的可能性更大。监管者可以解释创新如何改进了工作业绩。[44]

7. 为创新提供组织支持。要想大幅提升创造力，组织和直接管理者都应该支持致力于提升创造力的努力。公司范围内的奖励体系应该支持创造力，包括对创造力的认可和财务奖励。组织领导者应该鼓励信息共享与合作，从而产生创造力必需的专业知识，为个人内在动机提供更多的机会。反对过度搞办公室政治的行政管理人员可以帮助有创造力的人专心致志地工作，而不是去搞政治斗争。在组织政治氛围浓厚的环境中，员工在提出创造性想法时会抱有顾虑，因为这个想法的结果是政治错误的，例如更换了 CEO 特别喜欢的某个产品。

8. 和有创造力的员工进行有益的交流。正如领导者-成员交换理论所阐述的那样（见第 6 章），鼓励有创造力氛围的另一个观点是，让领导者和群体成员进行有益的交流。和监管评级测量的结果一致，对于 191 个研发专家的研究发现，领导者-成员交换评级和员工的创造力之间存在积极的关系。[45]当群体成员和其管理者之间拥有积极的关系时，他们的精神状态可能更加放松，想象力更加丰富。提高组织内部创造力的有用策略是强调提高对工作的认识的重要性，强调敏锐地关注新机遇的重要性。

9. 为创新提供财务奖励。因为创新本身过于刺激，所以它具有自我奖励功能。然而，对于创新贡献的财务奖励有助于保持创新氛围。巴特尔纪念研究所（Battelle Memorial Institute）是个拥有 23 000 人的智库，专门从事营利性发明，行政长官是杰弗里·沃兹沃思（Jeffrey Wadsworth）。他指出，对于创造力的财务奖励在产业界和大学里广泛存在。“如果你获得了某个专利，你将获得 1 000 美元，或者在框架内获得 1 美元，或者将大大推进某一项行动。”[46]另一个因素是数百年来财务奖励的确刺激了有用的发明诞生。最近的例子是 2010 年，三个团队因首辆成品汽车实现每加仑汽油能效为 100 英里而分享了进步保险汽车奖。[47]

五个被判定为具有高度创新能力的企业如表 13-2 所示。

表 13-2　五个被判定具有高度创新能力的企业

公司名称	被视为具有创新能力的理由
苹果公司	苹果公司不断发明出创造巨大客户需求的数字技术产品，包括平板电脑的先驱 iPad。全世界的商业领导者都对史蒂夫·乔布斯领导下的苹果公司的创造力表示敬仰，现在苹果公司的产品在工作场所经常为人们所用。苹果公司的法律人员一直致力于阻止别人模仿公司的创新技术。
推特	推特的发展具有爆炸性，常常被人认为重新定义了通信的概念。这家社交网站尽管经常出现一些荒谬的、不诚实的帖子，但仍然是商务通信领域的重要成员。
LG 电子	为打入电子产品市场，LG 公司管理层挖来了 IBM 和宝洁公司这类跨国公司中的顶尖人才。
“老乔的店”连锁超市（Trader Joe’s）	这家食品杂货连锁店深受客户喜爱，已经超越美国有机商品超市全食成为美国最受人喜爱的食品店。其创新之处部分在于选择了低价和吸引人的美食产品。
现代汽车	现代公司先前以出售韩国生产的低价汽车而出名，现在已成为竞争力强劲的汽车生产商，享有高品质、价格适中、款型优良的美誉。

资料来源：Based partially on information in Michael Arndt and Bruce Einhorn，“The 50 Most Innovative Companies” *Bloomberg Business Week*，April 25，2010，38-39；Fast Company Staff，“The World’s Most Innovative Companies，” *Fast Company*，March 2011，66-82.

13.6.2　管理创新型员工的方法

与建立有利于创造力发挥的组织条件紧密相关的是，选择有效的方法去管理有创造力的员工。下面的建议补充了一般意义上的有效领导和管理实践。[48]

1. 为有创造力的人提供设备和资源，使他们的工作能够脱颖而出。有创造力的人具有高度的自我激励意识，因此想取得高质量的结果。为达到高质量，他们通常需要充足的资源，例如最先进的设备和足够的差旅费以便进行研究。

2. 赋予有创造力的人灵活性和最低限度的束缚。很多有创造力的员工都认为条条框框是创造力的“丧钟”。对于这些员工而言，条条框框意味着规章制度和管理条例、多层次的审批、严格的着装要求、固定的上班时间、僵硬的工作安排、填写空白电子表格或文案工作。（通常，领导者和管理者必须在组织政策允许的范围内做出可行的让步。例如，固定的上班时间是团队工作安排必须的要求。此外有创造力的人可能需要在会议截止期限方面寻求帮助，因为他们中的很多人都不善于管理时间。）

虽然需要尽量减少条条框框，但某些限制却能培养创造力，例如领导者说明产品成本、服务和创新截止期限等方面的要求。谷歌公司的玛丽萨·迈耶提供了这样的事例：公司研发新的工具栏时，要求它必须用于所有用户，必须下载速度快，甚至能用调制解调器下载。工具栏的研发者被要求在这些限制条件内工作，人们发现这些限制条件加速了研发。此外，时间限制也被证明是有用的，因为人们能够快速发现并放弃失败的想法。[49]

3. 拒绝某个创意时艺术性地给予反馈信息。有创造力的员工都从情感上投入到自己的工作中。因此，他们有可能把别人的批评意见理解成是对自我价值的攻击。（学生常常对自己的学期论文和项目有着同样的感觉。）

4. 雇用有创造力的人来管理和评估有创造力的员工。创造性员工的管理者应该具备一些创造力，这样他们才能够理解创造力，成为可信的领导者。理解创新的过程对于评估他人的创造性贡献至关重要。构成创造性成果的内容有些主观，但是成果可以和客观标准相联系。例如，在贺曼贺卡公司，创造力是以创造性工作销售的业绩和在客户喜爱程度测试中的表现来衡量的。一般来说，管理者对某个创意具备的潜在贡献的直觉在评估时占有很大的分量。

下面的“领导者在行动”专栏描述了一位具有高度创新能力而且懂得构建创造和创新型组织重要性的技术领导者。

◆ 领导者在行动

桑贾伊·杰哈强调摩托罗拉移动公司的创造力和创新文化

摩托罗拉公司在2008年招聘了桑贾伊·杰哈，目的是为公司的移动设计部门重新注入活力。他的成功加入导致该部门拆分成名为摩托罗拉移动公司的新实体，杰哈在几年后被任命为移动公司总裁和CEO。加入摩托罗拉公司前，杰哈是美国高通公司负责研发的首席运营官，这是一家无线芯片生产商。在该公司时，他树立了自己是兼有营销才能同时关注盈利的稀有工程师的声誉。摩托罗拉公司董事会认为，杰哈的资历可以帮助公司移动部门走出市场占有率下降和财务长期亏损的混乱局面。

杰哈出生于印度，拥有苏格兰斯特拉斯克莱德大学电子和电力工程专业博士学位，英格兰利物浦大学工程专业学士学位。

杰哈增加摩托罗拉公司便携式设备市场份额的主要技术策略是生产基于谷歌安卓操作系统的智能手机，包括Droid和DroidX系统在内。杰哈说他扭转部门的关键管理手段是要求提交每个项目的详细分析报告。他非常喜欢别人使用PPT来做报告，但在会议前会仔细研究报告内容。

为帮助公司建立创新文化，杰哈引导人们努力建立工程师的成果与市场需求之间的联系，并布置需要处理的相关问题。杰哈加入摩托罗拉公司后，发现公司没有生产出客户愿意购买的手机，而是仍然依赖Raza手机获得的巨大成功来生存，该款手机已经在市场上失去了昔日的辉煌。

杰哈改进了移动公司的结构以便于创新。摩托罗拉公司一直采用等级体制，每个主管负责某个产品或营业范围，并配备自己的工程和营销团队。公司的指导思想是"出了大错误则人命关天"。杰哈将公司的结构改造成更具有技术公司的设计特点，几个集中的部门承担如工程营销和产品管理等主要职能。此外，成立了专门委员会来协调解决部门之间的分歧。杰哈相信新组织结构中体现的共同责任会产生创新所需的紧迫感。

为协助促进创新思维，杰哈要求会议上的每个讨论都以建议开始。有时建议立刻得到接受，就跳过 PPT 陈述环节。由于自己具有工程知识和这方面的天赋，杰哈在口袋里放了一把卡尺以便能测量任何设备的宽度，因为这样的小细节会影响手提设备的销售潜力。

摩托罗拉移动公司很可能继续面临激烈的竞争，但公司的很多员工认为杰哈有能力带领公司向前迈进。公司的一位财务主管说："桑贾伊的热情赢得了人们的共鸣，你现在会听到人们说，'我想我们已经有了转机。'"该部门在 2011 年出售给了谷歌公司，但杰哈的地位没有变。

［问题］

1. 杰哈采取什么措施促进了公司创新文化的形成？

2. 作为一名能够提升创造力和创新能力的领导者，杰哈的为人可信度有多大？

资料来源：Story created from facts and observations in the following sources："Executive Team：Sanjay Jha," *Media Center*（http：//mediacenter. motorola. com），January 2011，1；Saul Hansell，"How Sanjay Jha Overhauled Motorola's Culture," *The New York Times*（http：//bits. blogs. nytimes. com），October 29，2009，1-3；Jessi Hempel，"Motorola Gets in the Game," *Fortune*，October 12，2009，82-84；Roger Cheng，"Droid Sales Drive Motorola," *The Wall Street Journal*，July 30，2010，B1；Rolfe Winkler，"Moto Must Weigh Greater Scale," *The Wall Street Journal*，April 8，2011，C8.

13.7　其他促进创新的领导实践

组织的创造力引发产品、服务和流程的创新（例如计费系统或安全改进），因此所有提高创造性解决问题方式的领导和管理实践也能提升创新能力。下面我们介绍 8 种促进创新的领导倡议。

1. 如果可能，重视变革型领导。关于领导者在培育创新的过程如何发挥作用，较为宏观的看法就是发挥变革型领导的作用。正如第 4 章中介绍的那样，变革型领导者营造了变化和发展的环境。根据历史案例，管理学教授奥克（Adegoke Oke）等人指出，变革型领导者特别适合启动创新过程。[50]一个重要的原因是变革型领导者很善于提供智力刺激。

2. 不断进行创新。管理咨询公司合益集团为《财富》杂志汇编的"最受尊敬的公司"的主要特点就是不断追求创新。从实践的角度来看，这意味着这些公司的领导者始终敏锐地关注各种创新可能性。创新之所以重要，是因为一项新的技术能够使某个产业过时或者置它于死地。试想（如果）燃料电池占领市场后，炼油厂该怎么办？

3. 冒险并鼓励冒险。"不入虎穴，焉得虎子"同样适用于创新。即便是在经济缓慢增长的情况下，公司如果仅比对手做得好一点点，在市场上就不能大获全胜。

即使是在不安全和不稳定的时期也必须聪明、机敏和有选择性地进行赌博。[51]由于大多数新的想法都会失败，因此冒险的部分要求愿意在黑暗中摸索。

4. 强调员工之间的合作。大多数创新源于互动，即群体成员的共同努力。创新所需的员工一般分散在组织的各个部门。为项目选择正确的领导者可能是合作的关键因素。被选中拓展新思想的员工往往是个人领域的佼佼者，但是他们可能在公司内部缺乏相互联系，而这些联系对完成创新任务起着关键作用。例如，某个杰出的工程师可能被选中领导一个大型项目，但是选择一个在公司多个部门工作过的级别不高的工程师也不失为明智之举，因为此人可以发挥其对公司情况较为熟悉以及具有内部关系的优势。

某公司故意将一些员工置于某个项目中，他们曾在某个商务会议期间建立了友情。产生的结果之一就是定制包装和糖果设计，卖出了比公司以往传统包装和设计更高的价格。[52]

部门众多的单位领导者具有创新的优势，因为不同部门的员工可以分享很多对不同产品有用的想法。例如，假如医药公司的某个部门研发出贴在身体上的膏药，其他部门就有可能从这项技术中获利。鼓励分享想法的话题将在第14章中再次讨论。

实现合作的更直接途径是组织员工形成团队来创新。巴特尔纪念研究所的沃兹沃思注意到，他见过的大多数成功创新来自组合特别复杂的团队。不同领域的人，如会计师、律师、客户服务代表，必须一起顺利合作以使创新得以实现。[53]

5. 避免为了创新而创新。领导者还必须发挥良好的判断力：为了创新而创新并不总是很有价值。很多技术新发明是科学奇迹，但市场需求有限。例如，机器人割草机就引起了很多人的好奇，但对客户没多大吸引力。多数公司都有大量有趣的想法，但是极少数能转化成盈利的产品或服务。对63个国家和地区1 090位主管的调查表明，只有48%的人对于创新投资的回报满意。[54]

6. 运用宽严结合的领导艺术。宽松是指为新思想和探索留有空间，而严厉则意味着最终对备选方案做出选择。此外，当公司里员工能够探寻荒诞的想法，不因做错事情或浪费了一些资源而遭受惩罚时，创新还能得到提升。创新的公理是，很多想法一般须经过尝试然后才形成商业上成功的点子。

7. 整合研发和生产。当提出想法的人不能和负责生产或制造的人密切配合时，创新可能会遭受挫折。多年来，日本公司为节约成本将生产车间搬到低成本国家。然而佳能公司的领导层发现，快速生产出新产品的关键在于让生产团队在靠近产品研发者的地方工作，这样做需要更多的投入和交流。虽然高级数码相机这样的产品成本可能增加了，但高质量产品带来了客户需求的增加。[55]

8. 发现失败中蕴含的机遇。很多产品的创新想法都源于失败，因为有些人具有的感知力足以认识到从挫折中诞生的新的可能性。成功产生于某些产品的灰烬中，而这些产品看上去都是极端的错误。以下是两个有名的例子：

- 1983年苹果公司生产了首台具有图形用户界面特点的商用个人电脑Lisa。由于反应速度慢且定价高，Lisa的销售状况不好。然而，Lisa的图形用户界面激发产生了包括iMac，iPod和iPhone在内的苹果用户友好系列产品。
- 1962年麦当劳公司尝试制作了草裙舞汉堡包，这是一款夹有奶酪和烤菠萝的产品，专门供应给选择在星期五不吃肉（很多基督徒的传统做法）的芝加哥居民。顾客们纷纷回避，公司后来得知不吃肉不一定意味着行为古怪。第二年某家特许经营店的老板为无肉星期五开发出更加可口的替代品——麦香鱼，现已成为麦当劳的经典产品。

并不是所有失败的产品都能产生有盈利的创新。如果遭遇彻底失败，领导者可能需要研究出错的原因，鼓励相关的产品制造者未来加以改进。[56]

小 结

创意付诸实施和商业化才能成为创新。创造力是领导者必备的特征。具有创造力的领导者会提出以前不存在或以不同形式存在的想法或事物。创造过程可以分成五个步骤：机遇和问题识别；投入（个人全身心投入创意）；孵化（酝酿创意）；顿悟（显现解决方案）、核实与实施（个人支持和实施创意）。

识别有创造力的人可以从四个方面着手：知识、认知能力、个性、喜爱任务和巅峰状态的体验。有创造力的人具有渊博的知识、良好的智力、求知欲和广泛的兴趣，其个性特点包括积极的自我印象、忍受孤独、特立独行、能够容忍模糊和混乱。喜爱任务和巅峰状态的体验和强烈的内在动机有关。有创造力者还喜欢和别人互动。合适的个性必须与合适的环境相互作用才能产生创造性解决问题的办法。

变得富有创造力的主要策略是克服传统思维或传统思维定式。此外，还必须打破阻碍新思想的僵化思维，但是员工仍然需要在创造性解决问题方面有所限制。

创造性思维可以通过系统收集新颖想法和头脑风暴得以提升。目标是头脑风暴的重要组成部分。头脑风暴的变体是鼓励极端思维，其派生形式是使用抱怨技术，在这个过程中群体成员思考他人可能对自己提出的意见。有些组织也会为大脑配备智力厨房或是专门为创造力设计空间。

创造性想法的产生多具有道德方面的不利影响。每个创意和产品都或多或少有些有害的后果。

提高创造性解决问题能力的自我辅助技能包括：(1) 进行提升创造力的练习；(2) 敏锐地关注机遇；(3) 为人乐观，保持热情的态度；(4) 建立和使用系统场所来记录想法；(5) 扮演探险家、艺术家、法官和律师的角色；(6) 进行适当的体育锻炼。

营造有利于创造性解决问题的环境是对高效领导者的又一要求。根本步骤是确立包含创造力的愿景和任务。具体地说，领导者应该：(1) 雇用组织外有创意的人，发现组织内有创新能力的人；(2) 提供智力挑战；(3) 授权给员工，允许他们自由选择工作方法；(4) 提供合适充足的资源；(5) 有效设计工作团队；(6) 监管激励，将创新和业绩挂钩；(7) 为创新提供组织支持；(8) 和有创造力的员工进行有益的交流；(9) 为创新提供财务奖励。

应特别关注对创新型员工的管理。应该提供最好的设备和资源，赋予有创造力的人灵活性，温和地拒绝建议，雇用有创造力的人来管理和评估有创造力的员工。

八个提高创新能力的领导倡议如下：重视变革型领导；不断进行创新；冒险并鼓励冒险；强调员工之间的合作；避免为了创新而创新；运用宽严结合的领导艺术；整合研发和生产；发现失败中蕴含的机遇。

实践与技能开发指南

虽然创造力对领导者而言很重要，但最近的研究表明，被别人视为具有高度的创造力也有负面影响。有时有创造力的人被认为性格古怪，这样的观点可能阻碍了人们在领导和管理岗位上的升迁。在对印度的商务群体以及美国大学生的研究中，提出较多创新想法的人被视为具备较少而不是较多的领导才能。[57]

回避这种潜在负面观点影响的办法是，想象力丰富且又想晋升领导职务的人经常巧妙地提醒别人自己是以事业为重的人。如果你是富有创造力的人同时追求职务晋升，不妨随意提及创意想法的投资回报以及你的想法如何有助于突破底线这类概念。

汤姆·弗雷斯顿（Tom Freston）有着长期担任创造性领导者和创造性人员管理者的职业经历，现在是一家名为 Firefly3 的咨询和投资公司负责人。他以前担任过的职务包括维亚康姆娱乐公司分公司 CEO，它是 MTV 和 VH-I 之类有线电视网络以及派拉蒙影业公司的母公司。弗雷斯顿提出了管理有创造力的组织的 5 点建议，进一步强化了本章已经论述的观点。[58]

1. 将有巨大创造力的人置于优先的地位。

2. 确保想法自下而上地流动，尽量减少等级观念。

3. 尽可能了解你的听众。

4. 雇用各类富有热情的人。

5. 开心地生活。

[讨论题]

1. 举例说明和产品或服务的研发或营销没有关联的商务创造力。

2. 假如人们在早期童年阶段最具有创造力，为什么不雇用 8 岁的孩子来担任大公司的产品策划人？

3. 领导者具有创造力和创新能力重要吗？他们应该雇用有创造力和创新能力的下属吗？

4. 很多公司都要求管理和专业人员穿着正装去上班（例如西服和皮鞋）。你认为标准着装对创造力有什么样的影响？

5. 你目前的专业学习在哪些方面有益于你创造性解决问题能力的提高？

6. 人们经常说过分重视团队限制了创造力，你怎么看待这个观点？

7. 为什么很多人认为，如果你强调效率，比如使用六西格玛管理方法来提高质量，创造力和创新就会受损？

8. 有些人认为推特是商务史和世界范围内最有创意的发展。你如何评价将推特作为巨大创意发展产品的看法？

9. 你认为商务领域下一个可以和电子商务和手机在重要性上相媲美且最具创意的突破性进展会是什么？（很多产品策划者和商务领导者都等待着你的答案。）

10. 与你认识的最具创意的人交谈，看看此人是否使用了某些具体的提高创造力的技能。将你的发现成果与班级分享。

领导力案例 A

快速现金商店需要创新性想法

萨姆（Sam）是快速现金商店的 CEO，这是一家拥有 20 个分店的连锁店，主要业务是为那些通常没有银行账号的人提供发薪日贷款和现金支票。发薪日贷款基本上是以即将发放薪水的支票为支撑的贷款，例如某人借了 100 美元，在 10 天之内领到薪水支票时再偿还这笔借款。薪水支票签字后移交给快速现金商店，公司代表在快速现金商店扣除相关费用后将支票转给借款人。兑现的支票一般都是员工的工资支票，他们由于没有银行账号而无法直接将工资存入银行。

对于快速现金商店以及其他发薪日贷款出借人的批评意见认为，如果按全年时间计算，他们的贷款利率将达到 350%。萨姆说："这种批评意见很不合适，因为没有客户的借款时间会达一年之久。我们以合理的收费向那些现金拮据的人提供有用的服务，为什么要看年利率呢？如果你租用旅馆的房间一个晚上花费了 150 美元，难道有人会抱怨旅馆一年收取了那个房间 54 750 美元？"

尽管萨姆捍卫自己公司以及这个行业里其他公司的做法，他仍然担心对自己公司批评意见的增加会导致公司亏损。

对快速现金商店的批评意见还包括有人认为

它剥削了穷人。此外，很多大型折扣零售商也开始涉足发薪日贷款和支票兑现业务。例如，沃尔玛超市的货币中心为客户支票兑现收取的费用要比发薪日贷款出借人收取的费用低得多。

萨姆非常担心对自己生意不利的局面，于是决定和高层管理团队一起来解决这个问题。萨姆说他一直都是随意地和自己的团队谈论这个问题，并没有真正地将其放在议事日程上。他给团队发了封电子邮件，告诉他们有必要为公司发现新的收入渠道，提醒他们参加会议来解决问题。

会上萨姆对大家说："快速现金商店遇到了麻烦。虽然去年我们的收入只减少了 15%，但这是不祥之兆。批评我们商业模式的意见越来越强烈，甚至本地的政治家都和我们作对。大卖场正在对我们步步紧逼。"

"我希望你们作为管理团队能拿出主意，为快速现金商店找到新的收入来源。"

"我没有不敬的意思，"营销主任基姆（Kim）说，"但你是我们的领导者，你应该提出能为快速现金商店奠定坚实未来的突破性观念。我们经常讨论如何拓展业务，但往往都陷入同样的困境。最值得关注的想法是在我们店里设置文身店，因为我们太多的客户身上都有文身。"

"我想最好的想法是在所有店铺里出售彩票，但可能会遇到一些潜在的法律上的问题。"

萨姆接着说："我并不否认作为 CEO 也许我应该为快速现金商店的未来提出一个伟大的设想，但是目前我没能做到，这就是我要求你们拿出创造性建议的原因。"

首席财务官格雷戈（Greg）说："我想我们需要提出更深层次的问题，而不是仅限于从哪里能找到新的收入来源。我们需要探讨朝哪个方向去寻找，跟谁去打听新的业务方向。"

［问题］

1. 你认为在多大程度上萨姆应该个人承担寻找快速现金商店启动新业务的创新性想法的责任？

2. 关于格雷戈的意见，管理团队应该朝什么方向去寻找提高快速现金商店收入的创意？

3. 从道义的角度看，你认为快速现金商店应该继续经营下去吗？说明你的理由。

角色扮演

某个学生扮演萨姆，在会议期间逼迫大家提出至少一个有用的扩大快速现金商店收入的建议，例如，推销更多的现有服务项目，创立新的服务项目等。其他几个学生扮演管理团队的成员，他们很高兴有机会参与决策和创新思维过程，但是依然认为萨姆有责任发挥强有力的领导，为快速现金商店指明正确方向。旁观者应注意观察本次解决问题的会议是否有可能为快速现金商店带来创新。

领导力案例 B

食品公司新产品研发中心

曼彻斯特食品公司是一家大型食品制造加工公司，由 21 个部门组成。很多部门都是近年来收购的小公司。格里·安布罗斯（Gerry Ambrose）领导下的行政办公室最近决定成立一个新产品研发中心，其主要任务是研发新的食物产品。安布罗斯是这样向团队解释的：

"曼彻斯特食品公司模仿几个成功的大型食品公司目前做法的历史已经结束了。今年 9 月 1 日，我们成立了自己的新产品研发中心。仿效很多高科技公司的模式，中心将设立在异地。行政办公室已经选定了玛丽亚·桑切斯（Maria Sanchez）来担任中心经理这个重要的职务。玛丽亚是个成功的企业家，曾经创建了龙卷风玉米饼。她的创业始于其母亲的厨房，并在三年之内将自己的产品在全美国范围内销售。我们看中了龙卷风玉米饼的发展态势和收益率而收购了它。更重要的是，我们收购了玛利亚的智慧。"

龙卷风玉米饼产品将由安德烈斯·莫拉莱斯

（Andres Morales）统领，而玛利亚则要担任新产品研发中心经理。玛利亚将和六个富有想象力的员工一起创业。只要他们看起来是走在研发成功产品的路上，她和她的团队就可以享有所需要的预算费用。”

听到格里·安布罗斯说到这里，虎牌宠物食品部主任加思·莱德劳（Garth Laidlaw）挥手示意发言。“我们需要你仔细说明，格里。你说新的部门只要看起来有可能研发出成功的产品就可以获得预算，但研发新产品是项冒险的业务，大约90%新产品创意都无法上市，剩余10%的创意中大约一半确实可以上市，但在一年内都以失败而告终。”

“我清楚这些令人沮丧的统计数字，”格里说，“不推动新产品研发，曼彻斯特食品公司就注定停滞不前和平庸。让我们一起为新产品研发中心的成功努力吧，一起祝愿玛利亚好运！”

新产品研发中心成立后三个月，玛利亚接待了格里的来访，他说：“玛利亚，我的印象是这里的动作很大，但好像并不是集中朝某个方向努力。你能告诉我最近的情况吗？”

“格里，现在预测结果还为时过早。我们获得了公司分配的办公用房，这样我们可以按照自己的节奏进行下去。这不是应急方案。别忘了我在食品行业干了三年之后才想到了龙卷风玉米饼的创意。”

“确实我们不能期待新产品研发中心立即取得成果，你们资金充足。关于你们研发的新产品情况，能否给我提供一点暗示？”

玛利亚答道：“实际上，有一个想法令我们激动。这是一种名叫 Sudden Seafood 的快餐鱼。忙碌且注重健康的专业人士会喜欢它。你在粉末状的海鲜里加入开水，就会得到像土豆泥那样可口的海鲜食物。我们肯定会成为市场上第一个此类食品的卖家。”

“令人作呕，”格里回答道，“我反对曼彻斯特食品公司投入经费来推销快餐鱼项目。也许你可以让我们的虎牌宠物食品部对你这个想法产生兴趣，带着猫一起旅行时这个食品可能用得上。”

三个月后格里再次到访玛利亚的新产品研发中心。他说：“我只是再次进行非正式检查，这些日子里你的团队在摆弄什么新产品？”

“我想我们已经设计出了真正的赢家，”玛利亚说，“大家都对乏味、软弱、不提神的软饮料深感厌恶，我们试验了一种红莓味的软饮料，其咖啡因和糖的含量是现在市场上任何一种饮料的3～4倍，甚至超过了功能性饮料，暂时命名为 Razzle Razzberry，肯定会成功的。”

“且慢，玛利亚。你是在进行反文化举动呀。除了功能性饮料，全世界都想远离重软饮料，而选择非碳酸饮料，你却在推荐一种具有麻醉作用的饮料，给人的感觉是新产品研发团队可能都失去了理智。”

“格里，太糟糕了，你不看好这个有潜力的想法。也许我可以和你及行政办公室的其他成员见面来讨论新产品研发团队的任务。我觉得事情的进展有问题。”

“听上去你有点小心眼了。”格里说。

［问题］

1. 你怎样看待格里评估新产品研发团队成果的方式？

2. 你认为玛利亚对于批评意见是否有点过于敏感了？

3. 创造力的制约因素怎样影响了本案例？

4. 你如何判断 Sudden Seafood 和 Razzle Razzberry 成功的可能性？

角色扮演

一个学生扮演格里·安布罗斯，他迫不及待地想看到新产品研发团队的成果，认为公司应该能看到投入到新产品研发上的经费和时间带来的成果了。因此，他造访了玛利亚的办公室。另一个学生扮演玛丽亚，她希望为公司做出重要贡献，认为创新不能操之过急。旁观者注意观察格里和玛利亚的会面能否产生建设性解决他们之间意见分歧的办法。

领导力技能开发练习 13-4

我的领导力文件夹

请记录下来你最近获得的与学校以及其他任何组织活动有关的创新或创意想法。记录下来想法后，问问自己究竟是什么让你产生了这样的想法。假如最近你未能提出有创造力的想法，你的任务是在接下来的十天内形成有创意的想法。如果可能，制定计划去实施它，否则就不会有创新产生。以下是营销专业学生亚历克西斯（Alexis）实施的社区创意想法的例子：

在我的住地附近有个十层楼的建筑，几乎所有住户都是依靠有限的养老金为生的老年人，有的人已经 80 多岁甚至 90 多岁。这幢楼比较旧，保暖性不是很好，对血液循环不好的老人来说更是如此。我经常听见朋友和家里人说，我们应该做点事情去帮帮这些住在高楼里的老年人，但是除了表示同情心外似乎没人付诸行动。

于是我召集大家想办法，我想："为什么不能组织一个为老年人献袜子的活动呢?"我和朋友可以一起买上几十双袜子，这些袜子在 Dollar General 这样的打折商场里通常 3 美元一双。我们可以退还有押金的瓶子和罐头来筹集所需要的钱。我的几个朋友打了一通电话，很快为我们的项目筹集到了 175 美元。在一个寒冷的夜晚，我们来到了这幢高楼，按响了几家的门铃，跟住户说明了来意，住户让我们进屋，我们开始发放袜子。老人们的脸上挂满了笑容，对我们表达了热诚的谢意。我的主意好极了，我打算每年都这样做。我的朋友们支持我，我们都觉得如果这个想法发布在网上，可能会在全国范围内推广。

领导力技能开发练习 13-5

多媒体展示手段

以下为你提供了机会来展示商务创造力方面的创意想法。个人或集体努力形成说明创造力在商务领域重要性的多媒体演示稿。这里多媒体是指使用一种以上媒体展示自己。例如，你可以使用项目符号列表、文章、图片、视频片段和网络链接来演示。也可以将你的演示稿上传到社交网络上。此外你的演示稿还可以包括音乐、艺术、诗歌或名人名言。口头表达也可以视为一种表意的媒介。多媒体演示限时 5 分钟，上课时可以让几个学生或几组学生来作陈述发言。

注　释

[1] Story created from facts and observations found in the following sources: Jessica Guynn, "How I Made It: Marissa Mayer, Google's Champion of Innovation and Design," *Los Angeles Times* (www.latimes.com), 1–3; E. B. Boyd, "Google's Marissa Mayer to Take Over Geo and Local Services," *Fact Company.com*, October 12, 2010, 1–2; "Google VP Marissa Mayer's 'Nine Notions of Innovation'," *DaxDesai.com* (www.daxdesai.com), September 30, 2006, 1; Marissa Mayer: V.P. of Search Product and User Experience, Google," *Design Thought Leader*, April 30, 2009, 1; Ujala Shegal, "Marissa Mayer," www.businessinsider.com, October 26, 2010, p. 1.

[2] Jena McGregor, "The World's Most Innovative Companies," *Businessweek*, April 24, 2006, p. 64.

[3] Teresa M. Amabile and Mukti Khaire, "Creativity and the Role of the Leader," *Harvard Business Review*, October 2008, p. 101.

[4] Warren Bennis, "The Challenges of Leadership in the Modern World," *American Psychologist*, January 2007, p. 2.

[5] Graham Wallas, *The Art of Thought* (New York: Harcourt Brace, 1926).

[6] Josh Quittner, "How Jeff Bezos Rules the Retail Space," *Fortune*, May 5, 2008, pp. 126–132; "Jeff Bezos: Founder and CEO, Amazon.com," *Academy of Achievement* www.achievement.org), August 9, 2010, pp. 1–4.

[7] Michael Liedtke, "Google Founder Hopes to Prove He's Ready to Be CEO," Associated Press, April 1, 2011.

[8] Teresa M. Amabile, "How to Kill Creativity," *Harvard Business Review*, September–October 1998, pp. 78–79; Darrell K. Rigby, Kara Gruver,

and James Allen, "Innovation in Turbulent Times," *Harvard Business Review*, June 2009, pp. 79–86.
[9] "The Talent Hunt: Desperate to Innovate, Companies Are Turning to Design Schools for Nimble, Creative Thinkers," *Businessweek*, October 9, 2006, p. 72.
[10] Cited in "The Pink Prescription: Facing Tomorrow's Challenges Calls for Right-brain Thinking," *Knowledge@Wharton* (http://knowledege.wharton.upenn.edu) June 10, 2009.
[11] Cited in Anita Bruzzi, "Seek Out Creative Free Spirit," Gannett News Service, October 31, 2000. See also William C. Taylor and Polly LaBarre, *Mavericks at Work: Why the Most Original Minds in Business Win* (New York: William Morrow, 2006).
[12] Tim Devaney, "ePrize Exec Says Creativity Key to Detroit's Future," *The Detroit News* (www.detnews.com), February 18, 2011, p. 1.
[13] Cited in "Larry Page on How to Change the World," *Fortune*, May 12, 2008, p. 84.
[14] Amabile, "How to Kill Creativity," p. 79.
[15] Mihaly Csikszentmihalyi, "If We Are So Rich, Why Aren't We Happy?" *American Psychologist*, October 1999, p. 824.
[16] Cited in Bill Breen, "The Six Myths of Creativity," *Fast Company*, December 2004, pp. 77–78.
[17] "Putting Creativity into Action," *Success Workshop*, supplement to *The Pryor Report*, April 1996, p. 1.
[18] Cited in Dawn Klingensmith, "Give Your Team Direction," CTW Features, March 8, 2011. Based on information in Shawn Coyne, *Brainsteering: A Better Approach to Breakthrough Ideas* (New York: HarperCollins, 2011).
[19] Quoted in Duane D. Stanford, "Coke's Chief Innovator Brings Together Consumer Need and Business Fit," *The Atlanta Journal-Constitution* (ajc.com), November 11, 2007.
[20] John Bessant, Kathrin Moslein, and Bettina von Stamm, "In Search of Innovation," *The Wall Street Journal*, June 22, 2009, p. R4.
[21] Michael Orey, "Inside Nathan Myhrvold's Mysterious New Idea Machine," *BusinessWeek*, July 3, 2006, pp. 54, 57.
[22] Robert C. Litchfield, "Brainstorming Reconsidered: A Goal-Based View," *Academy of Management Review*, July 2008, pp. 649–668.
[23] Burt Helm, "The Dubbing of 'Bing'," *Business Week*, June 15, 2009, p. 23.
[24] "Hold a Creativity Session," *Manager's Edge* May 2006, p. 6.
[25] Michael Schrage, "Playing around with Brainstorming," *Harvard Business Review*, March 2001, pp. 149–154; "Stock a Room to Improve Brainstorming," *Business Management Daily* (www.businessmanagement daily.com), March 18, 2011, p. 1.
[26] Anne Sagen, "Creativity Tools: Versatile Problem Solvers That Can Double as Fun and Games," *Supervisory Management*, October 1991, pp. 1–2.
[27] Cited in Robert McGarvey, "Turn it On: Creativity Is Crucial to Your Business' Success," *Entrepreneur*, 1996, p. 156.
[28] Ellen McGirt, "Artist. Athlete. CEO." *Fast Company*, September 2010, p. 68.
[29] Gerald Sindell, *The Genius Machine: The 11 Steps That Turn Raw Material into Brilliance* (Novato, Calif.: New World Library, 2009).
[30] Sindell, *The Genius Machine*, p. 40.
[31] Juanita Weaver, "The Mental Picture: Bringing Your Definition of Creativity into Focus," *Entrepreneur*, February 2003, p. 69.
[32] Scott S. Smith, "Grounds for Success," *Entrepreneur*, May 1998, p. 120.
[33] Alex F. Osburn, quoted in "Breakthrough Ideas," *Success*, October 1990, p. 38.
[34] Breen, "The Six Myths of Creativity," p. 78.
[35] Chuck Frey, "Ten Power Tools for Recording Your Best Ideas," *Innovation Tools* (www.innovationtools.com), December 10, 2003.
[36] "Be a Creative Problem Solver," *Executive Strategies*, June 6, 1989, pp. 1–2.
[37] Richard A. Lovett, "Jog Your Brain: Looking for a Creative Spark? Hop to the Gym," *Psychology Today*, May/June 2006, p. 55.
[38] Tim Brown, "Change by Design," *Businessweek*, October 5, 2009, p. 54.
[39] Amabile and Khaire, "Creativity and the Role of the Leader," pp. 100–109; "How to Kill Creativity," pp. 80–81; Teresa M. Amabile, Constance N. Hadley, and Steven J. Kramer, "Creativity Under the Gun," *Harvard Business Review*, August 2002, pp. 52–61; Giles Hirst, Daan van Kippenberg, and Jing Zhou, "A Cross-Level Perspective on Employee Creativity: Goal Orientation, Team Learning Behavior, and Individual Creativity," *Academy of Management Journal*, April 2009, pp. 280–293.
[40] Quoted in Jena McGregor, "25 Most Innovative Companies," *BusinessWeek*, May 14, 2007, p. 52.
[41] Xiaomeng Zhang and Kathryn M. Bartol, "Linking Empowering Leadership and Employee Creativity: The Influence of Psychological Empowerment, Intrinsic Motivation, and Creative Process Engagement," *Academy of Management Journal*, February 2010, pp. 107–128.
[42] Interview with EBay CEO John Donahoe, "How eBay Developed a Culture of Experimentation," *Harvard Business Review*, March 2011, p. 95.
[43] "How Google Fuels Its Idea Factory," *Business Week*, May 19, 2008, p. 58.
[44] Feron Yuan and Richard W. Woodman, "Innovative Behavior in the Workplace: The

Role of Performance and Image Outcome Expectations." *Academy of Management Journal*, April 2010, pp. 323–342.

[45] Pamela Tierney, Steven M. Farmer, and George B. Graen, "An Examination of Leadership and Employee Creativity: The Relevance of Traits and Relationships," *Personnel Psychology*, Autumn 1999, pp. 591–620.

[46] Quoted in "The Profit Motive," *The Wall Street Journal*, September 27, 2010, p. R11.

[47] Eric S. Hintz, "Creative Financing," *The Wall Street Journal*, September 27, 2010, p. R8.

[48] Shari Caudron, "Strategies for Managing Creative Workers," *Personnel Journal*, December 1994, pp. 104–113; Chris Pentila, "An Art in Itself," *Entrepreneur*, December 2003, pp. 96–97.

[49] Marissa Ann Mayer, "Creativity Loves Constraints," *Businessweek*, February 13, 2006, p. 102.

[50] Adegoke Oke, Natasha Munshi, and Fred O. Walumbwa, "The Influence of Leadership Process on Innovational Processes and Activities," *Organizational Dynamics*, January-March 2009, pp. 64–72.

[51] Keith H. Hammonds, "No Risk, No Reward," *Fast Company*, April 2002, pp. 81–93.

[52] Rob Cross, Andrew Hargadon, Salvatore Parise, and Robert J. Thomas, "Together We Innovate," *The Wall Street Journal*, September 15-16, 2007, p. R6.

[53] "The Profit Motive," p. R11.

[54] Survey cited in Richard Evans, "A Cost-Benefit View of Innovation," *Los Angeles Times* (www.latimes.com), March 4, 2007.

[55] Sebastian Moffett, "Separation Anxiety," *The Wall Street Journal*, September 27, 2004, p. R11.

[56] Jena McGregor, "How Failure Breeds Success," *Businessweek*, July 10, 2006, pp. 42–45.

[57] Jennifer Mueller, Jack A. Goncalo, and Dishan Kiamdar, "Recognizing Creative Leadership: Can Creative Idea Expression Negatively Relate to Perceptions of Leadership Potential?" *Journal of Experimental Social Psychology*, March 2011, pp. 494–498; "A Bias against 'Quirky'? Why Creative People Can Lose Out on Leadership Positions," *Knowledge@Wharton* (http://knowledge.wharton.edu), February 16, 2011, pp. 1–3.

[58] Matthew Karnitschnig, "Mr. MTV Moves Up," *The Wall Street Journal*, January 9, 2006, B1.

第14章 领导力：战略思维和知识管理

学习目标

学习完本章并完成各项练习后，你应该能够：

- 描述战略领导的本质
- 解释如何使用 SWOT 分析帮助制定战略计划
- 识别目前正在使用的商业战略
- 描述领导者如何在知识管理和学习型组织中发挥作用

厄休拉·伯恩斯（Ursula Burns）1980 年作为暑期实习生开始了在施乐公司的工作，2009 年成为公司总裁和首席执行官。伯恩斯在纽约市下东区的低收入家庭长大，1980 年获得纽约大学理工学院机械工程专业理学学士学位，后来又获得哥伦比亚大学相同专业硕士学位。早年职业生涯中，伯恩斯将主要精力放在解决高端技术难题，后来逐渐过渡到解决管理和战略方面的问题。

实习期结束后，伯恩斯接受了在产品研发和规划部的工作。1992—2000 年间，伯恩斯成为多个商务团队的成员并且领导了很多商务团队，之后被提升为公司战略服务部高级副总裁。她在产品研发、市场营销以及全球科研方面的宽泛阅历提升了自己的地位和声誉。2007 年，她被任命为施乐公司总裁。成为首席执行官和总裁后，作为首个领导大型商业公司的非洲裔美国女性，伯恩斯受到了全球范围内的广泛关注。

美国运通公司的总裁和首席执行官肯尼思·L. 切诺特（Kenneth L. Chenault）比较了解伯恩斯，对于她的领导才能赞赏有加，因为后者曾经在他领导下的董事会工作。他说："厄休拉清楚自己的领导方向，而且能够清楚地表达出来，这是使她成为一位有号召力的领导者的原因之一。"

伯恩斯率领施乐公司转向服务行业去赚更多的钱，而不是过多地依赖销售复印机、打印机和相关设备的收入。施乐公司准备进入数字时代。2010 年，施乐公司重新调整，更深入地进入服务领域，收购了一家商务流程外包公司——附属计算机服务公司（Affiliated Computer Services）。（附属计算机服务公司处理医疗保险纠纷事宜。）伯恩斯说，施乐公司看见了从附属计算机服务公司中产生大公司的可能性。这家公司多元化经营但缺乏强有力的品牌，此外还需要技术、自动化和开拓国际市场的能力来证明其效率。“而这三个条件我们都具备。”

伯恩斯认为施乐公司的业务本质在于，它能让其客户专注于真正的业务，而施乐公司负责处理文档背后的繁杂程序。施乐公司选择合适的技术做到了这一点，而且在全球范围内加以实施。[1]

厄休拉·伯恩斯的故事说明，领导者必须持续深入地思考自己企业的本质以及前进的方向。领导者的关键作用是形成**战略**（strategy），即公司如何实现目标的完整全面的概念。[2]在本章中，我们通过强调领导者的作用而不是提供企业战略的广泛信息讨论了战略领导。首先，我们调查了战略领导的本质，描述常用的战略形成手段，即 SWOT 分析。然后我们调查了领导者最常用的取得成功的策略，随后描述了领导者在战略、知识管理和发展学习型组织方面发挥的重要推进作用。

14.1 战略领导的本质

战略领导涉及组织或组织单位的主要目标，因此具有有别于一般意义上领导的不同关注点。战略领导强调组织短期需要和长期需要的平衡，从而确保组织的持久成功。当领导者行为、思考和影响别人的方式促进了自己组织的竞争优势时，他们就是在进行战略领导。[3]对我们而言，**战略领导**（strategic leadership）是提供创建或维持组织所必需的方向和激励的过程。网飞的创始人里德·黑斯廷斯（Reed Hastings）就提供了战略领导，因为他形成了组织概念，发展了组织，激励很多人来帮助自己达到目的。此外，在互联网上创建了大公司也是黑斯廷斯提供方向的例证。

战略领导是由个性、思维方式和高效管理构成的复合体，重点在战略思考能力上。完成领导力自我评估测试 14-1，检验自己的战略思考倾向。我们理解战略领导本质的方法是描述图 14-1 中所列举的某些相关特性、行为和实践。第 4 章介绍的关于变革型领导的信息和本章的内容也有关联。

领导力自我评估测试 14-1

你是战略思考者吗?

说明：请标明你对下列陈述的同意程度：SD＝非常不同意，D＝不同意，N＝中立态度，A＝同意，SA＝非常同意。

	SD	D	N	A	SA
1. 工作中我采取的每项措施都应该为消费者、客户和大众增加价值。	1	2	3	4	5
2. 高层管理者负责思考未来，我做好自己的工作就行了。	5	4	3	2	1
3. 战略思考可望而不可即，基层员工做好自己的工作就行了。	5	4	3	2	1
4. 没有令人激动的愿景，公司不可能壮大。	1	2	3	4	5
5. 我每天所做的工作可能影响到公司未来的绩效。	1	2	3	4	5

续前表

	SD	D	N	A	SA
6. 如果学习的技能或者获取的知识对你下个月所做的工作没有帮助，就是毫无意义的事情。	5	4	3	2	1
7. 战略计划应该在一个独立的部门实施，而不要涉及公司的所有员工。	5	4	3	2	1
8. 对高层管理者而言，经常自问“我们究竟在做什么”很有意义。	1	2	3	4	5
9. 如果某家公司出色的工作让消费者很满意，它就没有必要考虑改变其产品或服务结构。	5	4	3	2	1
10. 组织愿景让我想到了白日梦和幻想。	5	4	3	2	1
11. 我喜欢每隔几年就送一批管理者和专业人员参加异地的战略计划会议的想法。	1	2	3	4	5
12. 制定战略是官僚做法，通常对公司没有任何指导意义。	5	4	3	2	1

得分和解释：将每题的得分相加得到你的总分。得分在50～60之间表明你已经在战略性地思考问题，这将有助于你为别人提供战略领导。得分在30～51之间表明你对战略思考持中立和超然的态度。得分在12～29之间表明思维重视眼前、当下和短期，处在这个得分区间的人还没有准备好为集体成员提供战略领导。

技能开发：反思你的战略思考能力很有用，因为各个级别的领导者都应该看到全局的情况，为人们指引正确的方向。

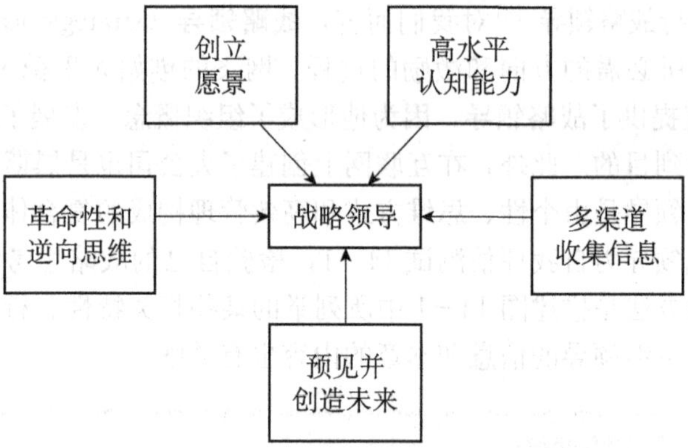

图14-1 战略领导的构成

14.1.1 领导者高水平的认知能力

战略思维需要高水平的认知能力，例如进行概念性思考、把握和理解多种倾向以及将所有信息提炼成简单明了的行动计划。处理信息且理解信息与环境的相互作用过程中给组织带来的后果通常称为系统思考。系统思考意味着从系统的角度考虑问题，过程相当复杂。[4]例如，系统思考的部分作用在于调查系统的组成部分如何相互反应、相互作用，如何对外部因素产生反应和相互作用。假如公司的领导者决定减少研发开支，就必须分析在随后的几年里削减开支会如何影响市场营销。

长远思考是战略的重要组成部分。无论首席执行官是否在同一个公司里干了 25 年，他都有可能具备 25 年的工作视野。

强调领导者的认知能力有助于强调领导者在战略形成过程中发挥的重要作用。领导者必须仔细考虑组织的特点并确立目标。需要具有创造力和眼光才能得出这些深刻的结论。很多大公司在起步时创立者都制定了宏大的目标。这方面优秀的例子是宜家公司，其宗旨是为客户提供广泛的设计精巧且功能齐全的家具产品，而且价格超低，让尽可能多的人买得起。[5]一般来说这样的目标都来自直觉而非深度分析。明茨伯格认为，提前将信息和思考综合起来要比形成有用的企业战略过程中的战略规划更加重要。[6]

随着管理者的职位晋升，需要更多的问题处理能力和想象力来有效地应对作业环境。要进行战略管理和领导，管理者必须具有高超的概括能力。当某个公司领导者的认知能力与其工作特点非常吻合时，这家公司就会兴旺发达。这正是众多说明了解决问题的能力和管理工作的成功存在积极关联关系的原因之一。[7]

创造性地解决问题还很重要的原因是，战略领导者必须制定塑造公司的可供选择的行动方案。此外，提出"如果……怎样"的问题需要有想象力。例如，福特公司的穆拉利就曾经问道："如果卖掉了我们的奢侈品牌，停止 Mercury 生产线，仅专注于生产福特汽车，情况会怎样？我们还会是强大的公司吗？"（他的提问很有道理。）

14.1.2　多渠道收集信息来制定战略

很多战略领导者通过和大量相关当事人进行协商之后才形成了事关组织未来的具体想法，这一过程类似于通过从事研究来创建愿景。杰夫·贝佐斯指出，即便是他提出了亚马逊网站的最初理念，很多其他人也为公司的战略方向做出了贡献。亚马逊有一个名为 S 团队（S 表示高级、年长的意思）的群体，该团队及时了解公司目前正在进行的工作，深入研究战略事宜，通过每周四召开一次约两小时的会议以及每年召开两次两天的会议为亚马逊探索新的发展方向。由于这种集体制定战略的过程，亚马逊可以持续运用新的商业模式，例如让竞争者在亚马逊网站上出售其商品以及提供云计算服务。[8]

此外，多渠道收集信息也具有鼓舞士气的益处。惠普公司通过让志愿者和中层管理者及高级主管一起加入战略团队，获得了生产线上员工的支持。生产线上的员工为各种决定献计献策，进而影响到惠普在美国的工厂。他们和行政主管一起到别的国家参观新厂房，从而帮助高层管理人员更好地了解生产和劳动力问题。[9]因此，惠普的领导者能够就生产和劳动力问题做出果断的战略决策。

14.1.3　预见并创造未来

领导的主要职责之一是确立方向，包括为企业或组织单位预见、有时是创造未来。确立方向也就是告诉组织应该做什么。要设定未来的生产方向，领导者必须能够准确地预测或预见未来。洞察明天可以有多种形式，例如领导者可以精确地预测消费者的喜好、客户的需求以及未来运营组织所需的各种技能。真正有预见力的领导者能够预见到很多人认为并不会出现的未来。经典的例子是早期的静电复印技术，当时的市场研究表明，接受民意调查的大多数人都觉得没有必要开发一种产品来替换复写纸。

创造未来要比预见未来更具力量。领导者借助团队成员的广泛参与，创造出并不存在的条件，自问5～10年后行业的规模，决定如何确保该行业的发展对公司高度有利。此外，如果公司在未来要在该行业占据优势地位，领导者必须认识到现在就要获取的技能和能力。

创造未来已经被概括成重塑某个行业，企业领导者经常从事这类活动。经典的例子随手可得：C.K.普拉哈拉德（C.K.Prahalad）认为制鞋行业就充分说明了重塑的作用。耐克和锐步都从根本上重塑了自己的产业，因此成为成熟行业中快速发展的企业。其中的原因之一是它们改变了行业中价格-性能的关系。两家公司都引进了高技术、新材料、大规模广告宣传和全球品牌，这些因素以前从没在制鞋行业里这样地提出过。[10]创造未来的更新例子是苹果公司已故的史蒂夫·乔布斯和他的产品设计者们研发的iPad。手提电脑以前就存在，但像iPad这样的产品没有出现。这种设备的工业运用迅速扩展，包括用它来展示产品和汽车及越野车的使用手册。

行政领导者应该花多少时间来策划未来？通用电气公司前首席执行官杰克·韦尔奇建议领导者应该将20%～30%的时间用在谋划未来上。[11]面临如此众多的事务性问题，可能很少有领导者能够花费这么多时间来谋划未来，大约5%的工作时间能够用在策划未来上似乎比较现实。

14.1.4 革命性和逆向思维

如果要使用比“企业再造”更有力的词来描述战略，加里·哈默尔（Gary Hamel）选择了“革命”。哈默尔认为，企业现在达到了渐进主义的极限。渐进式改进包括压缩成本、提前几周引进新产品、产品质量提高一个等级以及抓住又一个地区的市场份额。这些持续的进步提高了组织效率，因此对公司的成功起到了关键作用，但它们并不是战略性突破，也不是根本性创新。[12]

渐进主义不能归类为真正的战略，但它可以推动组织前进。几年前，达美乐比萨就曾经处于十字路口。销售额平平导致管理层关闭了美国的108家店铺，顾客的感觉是：比萨饼的味道像纸板一样。公司领导者采取冒险性行动，改变了其有49年历史的比萨饼配方，特色是大蒜调味面饼，表层是融化的意大利干酪和菠萝伏洛干酪，配以红椒调味汁调味。网上销售额得到提升，公司公开承认以前的比萨饼味道不佳，并重新命名。这种渐进式变化的结果是销售额上升11%，重新赢得了市场份额。[13]

要想成为一个行业的领头羊，公司的领导者必须以革命性的角度考虑问题。亚马逊和网飞这类革命性公司创立了别人需要遵循的规则。哈默尔认为，没有严重挑战现状的战略实际上并不是战略。大多数公司采用的战略往往都没有取得什么结果，而且缺乏想象力。

战略研究专家迈克尔·波特（Michael Porter）对于商业战略的革命性特点持有相同的看法，强调战略的重要成分是有意选择与众不同。[14]所谓与众不同，有时是指对某个行业的未来有着扩张性的或者更精确的设想。

选择与众不同的另一种形式是进行逆向思维，即领导者拒绝传统观点，和投资者在冷门股票里寻找潜力股的做法很相似。Ask. com 的前首席执行官吉姆·兰佐内（Jim Lanzone）就拒绝接受需要努力成为行业领头羊的观点。兰佐内说："你可以像我们一样虽然是四流的搜索引擎，但仍然做得很出色。"他的指导原则（或战略）就是专心致志提高搜索结果的精确性，而不是专注于电子邮件服务或博客这类分散注意力的东西。[15]

14.1.5 创立愿景

前面我们已经提及愿景，包括在第 4 章对魅力型领导者的愿景构成元素的描述。此处我们要更深入地探讨愿景的概念，因为它是战略领导不可或缺的部分。高层领导者的重要挑战之一是创立能够激发组织成员奋发向上的共同愿景[16]，而是否为此付出努力也是领导者的行为和个性作用的结果。仔细构思、匿名设计的愿景通过电子邮件发送给员工时，应发挥强烈的促进作用。

愿景的最终表述应比较简洁。愿景规划专家詹姆斯·R. 卢卡斯（James R. Lucas）认为，认真构思、表达清楚的愿景有助于我们了解自己是什么样的人，还能为我们指明成功的方向以及应该从事的活动和规避的行为。[17]有着激励作用且简短表述愿景的范例是 Salesfor. com 的创始人马克·贝尼奥夫（Marc Benioff）的讲话："十年之内我希望公司成为最大、最重要的企业云计算公司。"[18]（关于形成愿景的更多具体要求将会在本章实践与技能开发指南中阐述。）

在公司创建者们寻求风险投资资金时，表达清晰的愿景助力了好几家大公司的创业启动。谢尔盖·布林（Sergey Brin）和拉里·佩奇打算创办一家公司，他们没有商业经验和职业背景，但是有着超强的在线想象力。他们对红杉资本（Sequoia Capital）的投资者说："我们点击一下鼠标就可以提供全球的信息。"投资们喜欢这样的愿景表述，于是投资了这家名为谷歌的公司。[19]谷歌的愿景表述可以归类为处理任务，因为这样的表述和现在有关联，和将来没有关联。不过，在商务领域，人们常常混用"任务"和"愿景"这两个词。

在对愿景和战略目标有强烈信仰的公司里，公司上下的所有活动都必须支持愿景和战略目标。例如，在 Salesfor. com，领导者希望各级员工都能建言献策，以提升为其他公司提供的云计算服务。

大多数高层领导者都具有战略思考能力，下面的"领导者在行动"专栏描述了以战略思考出名的一位领导者。

◆ 领导者在行动

著名的银行家杰米·戴蒙雄心勃勃

杰米·戴蒙（Jamie Dimon）是美国最大的银行摩根大通的总裁和首席执行官。摩根大通是美国最大的信用卡发行者，而且是头号汽车贷款银行。戴蒙坚持认为金融机构不该因为体量大而运转失灵，摩根大通更不该如此。

戴蒙最显著的成就是在 2008 年贝尔斯登公司（Bears Stearns）接近倒闭的时候，与美国政府合作收购该公司。政府担心如果贝尔斯登公司宣布破产，消极的连锁反应会波及整个行业。摩根大通用同样的手段挽救了华盛顿互惠银行（Washington Mutual）。

戴蒙被认为具有智慧和长远视野来帮助他的银行经理抵制极端的贪欲，这种贪欲虽然能使人致富但却会毁灭公司，也会削减太多投资者的资本净值。戴蒙提出的建议包含确保自己的银行拥有足够的资金应对紧急情况。他还避免可调整利率之类的抵押风险贷款(ARM)，在被称为债务抵押证券（C. D. O.'s）的抵押证券包上也只进行了少量投资。

戴蒙喜爱大银行提供一站式购物策略，认为需要办理信用卡的客户也需要住房抵押贷款，需要贷款的小企业也希望得到投资银行家的服务。戴蒙说："规模经济是件好事。如果没有规模经济，我们现在仍然会住在帐篷里吃生牛肉。"

戴蒙承认摩根大通确实出过一些差错，但他领导的摩根大通虽有很多麻烦袭来却避免了遭遇像雷曼兄弟那样的投资大灾难。摩根大通只在信用卡和住房贷款方面遭遇了一些损失。戴蒙赞成某些银行管理条例，对另一些却持不支持态度。戴蒙支持的规章制度改革实践有房贷业务、严厉控制所谓衍生性金融投资商品以及收取支票账户透支费用。然而，他反对助长"束缚我们手脚的官僚主义"做派，这会干扰企业家精神。戴蒙尤其反对设立消费者金融保护局，因为这样做会让联邦政府引入更严格的管理规定。为了防止出现他所认为的过度监管现象，戴蒙来到华盛顿面见两会议员，陈述自己的观点。

在上调信用卡利率这件事情上，戴蒙认为所有企业均可以选择自己的收费标准。例如，餐馆免费提供了桌布和银餐具，但饭菜收费很高。信用卡公司免费提供方便的服务，但必须收取利息来支付相关的费用，包括承担那些无力偿还贷款者造成的损失。

[问题]

1. 找出几个戴蒙展示战略性思考的例子。
2. 作为一名说客，戴蒙在哪些方面表现出战略性思考？

14.1.6 领导效能和战略实施

仔细地勾画战略目标和愿景并不足以实现它们，战略目标和愿景必须由领导者或管理者来实施和执行。高效领导者的部分职责在于实施战略提议，例如，达美乐比萨的全体管理者成功地实施了提高比萨饼质量的战略倡议。

医学领域的研究表明，当人们认为全公司领导者都高效时，战略变化就有可能发生。在这项研究中，战略变化被定义成2年时间内发生的变化，体现在全体病人对医疗机会和服务的满意度上，即并非医疗保健成本而是质量和服务方面的竞争。当大型保健组织试图提供廉价服务时，往往被人视为过于官僚和没有人情味。研究的参与者是8个专业部门的280名医生，分别在6个医疗中心的40个部门工作。大约使用了对5万个病人的调查评估结果来测量满意度。

医生们根据6个反映战略领导的指标来评估自己的领导者，包括CEO、医疗中心领导和部门领导。评估指标里涵盖的对战略领导的测量分析包括对领导者清晰表达战略的评估，以及对领导者创立愿景、提供可测量目标、奖励变革努力进展、应对阻力和激励员工变化的评估。确切地说，当3个层级的领导者都得到了积极的评价时，对战略变化的评估就更有可能是积极的。[20]

14.2 SWOT 分析

战略计划有助于管理者战略性地进行领导。**战略计划**（strategic planning）包括那些能够明确目的和战略选择的行为。一般情况下企业完成了战略计划后就形成了其战略。不过很多行政领导者在战略计划制定前就决定了战略。正如前面所述，制定战略时有时直觉和判断比计划更重要。一旦公司制定了战略，比如结成战略同盟，就要制定计划去实施战略。

通常形成战略计划要使用 **SWOT 分析**（SWOT analysis），这种方法考虑了具体环境中企业内外部的优势、劣势、机遇和威胁。进行 SWOT 分析，意味着努力去检查你所在的组织或单元的特点与外部环境或竞争市场之间的相互作用关系。[21]这个框架或技术在发现公司仍没有开发的商机方面十分有用。SWOT 分析的基本成分如下所述。

14.2.1 内部优势

这个阶段的重点是评估组织内部对实施战略计划有积极影响的因素。（在某些版本的 SWOT 分析中，对于外部环境的分析也包含在这个阶段。）某个特定方案有哪些优点？你有哪些优势？你的特长在哪里？运用你的直觉和判断回答这些问题，同时咨询知识渊博的人。你可能具有有利的地理位置，使你比竞争对手更容易接近客户。也可能你已经在近期才出现的最先进的设备上进行了投资。

由于成功利用了内部优势，惠普公司在销售额上重新超越了戴尔公司。在托德·布拉德雷（Todd Bradley）掌管惠普公司之后的数周内，他断定惠普公司正在错误的战场上和戴尔公司较量。惠普公司动用了资源与戴尔公司在其强势的领域竞争，用直接销售方式对抗戴尔公司的网上和电话销售。布拉德雷决定，惠普公司应该利用自身的优势，即戴尔公司当时没有市场份额的零售店。他致力于改进个人电脑的销售渠道，同时改善与零售商的关系。（高效领导者从来不会忽视关系的作用。）由于利用了零售优势，惠普公司在个人电脑销售方面重新取得了排名第一的位置。[22]

14.2.2 内部劣势

战略制定者要以坦诚的眼光看待公司内部可能对提出的战略计划产生消极影响的因素。考虑一下采取某项行动的风险，如将工作转包给低收入国家（外包）。哪些工作可以改进？哪些事情做得不好？哪些做法应该避免？从公司内部和外部的角度检查不足之处。公司外部的人是不是察觉到了你并没有看到的缺点？（你可能需要聘请好几个外部人帮你找到这些缺点。）你的竞争对手是不是在产品、服务或工作流程上比你做得更好？建议你尽快面对现实，面对那些让你感到不愉快的事情。此外，运用自己的判断，同时向知识渊博的人请教。作为管理者或者企业老板，你可能遇到了资产管理问题，或者你的员工可能不胜任实施新计划或进行商业冒险之类的任务。

14.2.3 外部机遇

这个阶段的目的在于评估社会经济、政治、环境、人口因素等其他因素，从而预计这些因素可能给组织带来的收益。如果选择了某个有前途的战略方案，请考虑一下你所面对的机会，例如创建一个多元文化背景的客户基地。运用你的想象力，设想一下各种可能性，寻找各类趋势。有用的机遇可能由下列变化引发：

- 广义和狭义层面上技术和市场方面出现的变化；
- 和自己领域相关的政府政策的变化；
- 社会模式、人口特征以及生活方式等方面的变化。

14.2.4 外部威胁

本阶段的目的在于评估社会经济、政治、环境、人口因素可能对组织产生的负面影响。每个方案都有不足之处，因此要提前考虑，制定应急预案。向那些曾经尝试你正打算做的事情的人请教，回答下列问题：

- 你面对的障碍是什么？
- 你的竞争对手在做什么？
- 你的职业、产品或服务所需的规范是否发生了变化？
- 技术变革是否改变了你竞争取胜的能力？

仔细分析了各种风险后，不要因反对者、办事拖拉的人和悲观主义者的存在而气馁。引用耐克的一句广告词就是，“想做就做”。

进行 SWOT 分析在指明需要努力的方向和防患于未然方面往往具有启发意义。战略计划给出了更加复杂的方案，这些方案都包括某种程度上对优势、劣势、机会和威胁进行分析的内容。领导力技能开发练习 14-1 为你提供了进行 SWOT 分析的机会。

领导力技能开发练习 14-1

进行 SWOT 分析

以小组为单位，设定 SWOT 分析的情境，例如小组成员创办帕尼尼连锁餐厅、宠物服务中心、电子设备再循环中心。由于你可能只拥有分析所需要的假设资料，因此必须高度依赖你的想象力。小组领导者可以和其他人共享分析结果。进行 SWOT 分析可以强化对某个行动方案的战略思考能力。准备这样假想的 SWOT 分析的关键是区分内部和外部因素。

14.3 领导者制定的企业战略选录

我们一直都主要研究领导者和管理者做出战略决策的过程。令领导者和潜在领导者感兴趣的往往是这类决策的内容。企业战略根据其影响焦点一般分为三个层次：公司层、业务层和职能层。公司层战略关注“我们做什么生意？”业务层战略关注“我们怎样竞争?”职能层战略关注“我们该如何支持业务层战略?”下面列举的某些企业战略涉及不止一个层面的内容，其中前三个战略为迈克尔·波特提出的通用战略。[23]

1. 差异化。差异化战略谋求提供客户认为不同于已有选项的产品或服务。公司会使用广告、鲜明的特征、卓越的服务或新技术来使人感知到其独特性。你喜爱的产品究竟有什么有别于其他产品的地方? 差异化战略的挑战在于如果产品或服务取得成功，竞争者很快就蜂拥而入。Groupon 是大众喜爱的购物网址，它将客户分成不同的群体，专门从事当地购物交易，一经出现，立刻引起了轰动。这种商业模式不需要专门的技术，很快其他网站介入竞争，包括亚马逊支持的某个网站。[24]脸书也开发出让客户群能够进行交易的服务。

2. 成本领先。其基本策略是提供低成本的产品和服务，目的在于降低销售价格、获得市场份额。折扣食品连锁店阿尔迪（Aldi）是世界第八大零售商。它因充分利用爱买便宜货的人而获利，因为这些人接受自有品牌、有限的食品选项以及支付 25 美分使用购物车的条件。较少的品牌选择有助于降低成本。阿尔迪不接受信用卡或支票，鼓励客户自带购物袋。某个城市杂货店的投资者说：“现在自有品牌很有吸引力，上面贴有营养标签的品牌很有吸引力，它们是公司战略的组成部分。”[25]很多仓储商品店，例如 Dollar General 和 Family Dollar，都实施了成本领先战略。

3. 聚焦。在这个战略下，公司会专注于具体的区域性市场或购买人群。为获得市场份额，公司会在目标市场里使用差异化或成本领先方法。这种聚焦战略是自然常识化的方法在商业上的运用，因为难以做到满意地为每个客户服务。聚焦战略基本上等同于在市场上发现商机或自己的位置。差不多每个成功的商业冒险机会的发现都源于定位商机，例如 Enterprise Auto，它从向汽车在修理厂修理的人群提供租车服务开始了通往辉煌之路。精心策划的成功的聚焦型市场营销策略的范例如下：

几家小型的在线竞卖公司没有直接和 eBay 竞争，而是坚守在狭窄的市场，以获得便于销售的身份。例如，StubHub 公司以运动赛事、音乐会和其他观赏性活动门票中间人的身份和 eBay 竞争。[26]

4. 高品质。基本商业策略是提供优于竞争对手的商品或服务。即便和过去相比今天质量控制计划不再明显受到重视，领导人依然重视质量。重要的例外情况是六西格玛管理方案，它强调用统计学的方法来达到质量要求。通用电气公司和明尼苏达矿务及制造业公司就重视六西格玛管理。质量被归类为战略的原因之一在于它有助于产生成本领先和差异化方面的竞争优势。由于大多数顾客现在期待高质量，因此质量战略必须和其他差异化要求一起实施，例如提供客户期望得到的定制产品和服务。思考一下，蒂芙尼和瑞士军刀的质量战略是什么样的?

偏离高品质战略的做法可能会损害组织的声誉和销量。几年前，丰田汽车公司不得不因为多种电子和机械故障召回几百万辆汽车和卡车。总裁丰田章男将某些问题归结于企业过分重视发展。他说公司的迅速扩张得到了“公司外人的盛赞，有些人自以为是，过度重视利润”[27]。言外之意是丰田公司的高品质战略被淡化了。

5. 模仿。如果你缺乏想象力，为什么不模仿最棒的呢？数码相机和智能手机之类的大众数码设备生产商就使用了模仿策略。公司等候适当的时机以低价竞争者的身份进入。标杆学习就是一种观看学习方式。一个公司模仿另一个公司较好的做法，通常不是完全照搬另一个公司的产品或服务理念。汽车行业就盛行一个公司模仿另一个公司的做法。下次当你停在繁忙的停车场或行驶在高速公路上时，数一数有多少汽车的引擎罩和格栅与奔驰车相似。

6. 战略联盟。现代商业战略是与其他公司形成联盟或者分享资源，目的在于开拓市场机遇。战略联盟也称虚拟公司，之所以变得越来越常见是因为高科技产业的领导者都企图利用其他公司的优势。几年前，微软和脸书结成了战略联盟，微软成为脸书唯一的第三方广告平台合伙人，并向脸书投资。一位微软的高管说："进行这项投资和扩展合作关系将使得微软和脸书能更好地利用世界范围内的广告宣传机会。"[28]

有时战略联盟呈现出营销伙伴关系的形式，这样当产品或服务相互匹配的较好时，双方都获利可观，因此产生了棒约翰比萨和六旗主题公园之间的战略联盟。这种伙伴关系要求只准棒约翰比萨饼在六旗主题公园销售，这样做有助于六旗主题公园接触到大约 1 100 家棒约翰比萨饼的消费者，这些餐馆都分布在六旗主题公园方圆 100 英里内。[29]

7. 通过收购来发展。谋求发展的通常战略是某个公司购买其他公司。扩大规模很重要，企业可以收购其他公司来获得新技术或完善生产线。购买新技术往往要比在研发上投入大量的资金更便宜，因为后者也许无法产生有销路的产品。思科公司通过购买小公司获得了巨大的发展，而通用电气多年来的发展也可以归功于并购别的公司。[30]

另一种通过收购来发展的形式是，企业为了实现自己的增长振兴具有良好声誉但现已营养不良的老品牌。贾登公司（Jarden）通过收购像 Coleman（户外产品）、Bicycle（扑克牌）和 Crock-Pot（烹饪）这类小众品牌使自己的雇员达到了 2 万人。[31]

8. 快速和先发制人。支持快速理念的管理者在所有商业活动中都重视速度，包括产品开发、销售反馈和客户服务。他们坚信时间就是金钱，把时间当成竞争资源。快速地将产品投放市场很重要，因为你的竞争对手可能在你之前抢占市场或者以更快的速度提供产品或服务。抢先到达市场也叫做先发制人。星巴克就是全美国第一家咖啡连锁店，它的许多临街门店进行营销活动以求获得更多顾客的青睐。

在某个产品或服务已经成功之后介入有时会优于先发制人。经典的案例是在莲花公司用其 Lotus1-2-3 软件占领了市场后，首个桌面电脑电子表格程序的设计公司 Visicalc 就失利了，不久微软的电子表格一统天下。

9. 产品多样化和全球化。常用的商业战略是提供多样化的产品和服务，且跨国销售，增加市场机遇。可口可乐就是依赖全球化和产品多样化战略发展壮大的典型公司。现在可口可乐 75%的收入和营业利润都来自美国以外的国家。该公司曾经十分依赖可口可乐，近些年来它也收购了很多小型饮料品牌，包括在 2011 年收购有机饮料公司 Honest Tea of Bethesda。收购该公司的主要原因是 Honest Tea 是一家正在蓬勃发展的公司，很多消费者在饮料消费方面已经开始关注健康和保健。[32]

有时因提供一种产品或服务而享有盛誉的公司会扩大业务范围从而充分利用其自身品牌的价值。著名的瑞士军刀生产商维氏公司就因出售载有其商标的手表、行李箱、服饰和香水而获得了相当大的成功。[33]

全球多元化是人们已经广泛认可的战略，商业领导者如果回避全球化，就会自食其果。

10. 坚持核心竞争力。很多规模不等的公司都相信，如果集中力量去做自己最擅长的事——坚持核心竞争力，它们就会取得成功。企业战略家吉姆·柯林斯（Jim Collins）把这种现象称为刺猬理念：在众多公司扩展进入缺乏深入了解的世界时专注于做好一件事情。[34]很多公司通过多元化战略得以发展，后来又都调整了经营方式，回到了它们创建声誉时所依赖的项目上。具有代表性的例子是铝业巨头 Alcoa 公司，它退出了塑料包装和某些汽车业务，重新专门经营铝矿开采和制造业。它给出的部分原因是如果排除掉塑料包装业务的干扰，Alcoa 公司可能更具有竞争力。[35]

有时之所以采取回归核心竞争力的战略，是因为偏离公司的目标和战略产生了事与愿违的结果。沃尔玛美国分公司的负责人威廉·西蒙（William Simon）说，他的部分策略就是回归公司“每天低价”的主题。公司一度脱离了一贯提供低价的做法，而是给某些商品打折，同时提高另一些商品的价格。西蒙调整了战略，重新赢回了一些核心客户，即年收入在3万～5万美元的家庭用户，在这部分客户上沃尔玛一直输给一元店。[36]

11. 品牌领导。似乎显而易见的是，通过塑造品牌声誉来获得成功也可以视为企业战略。与之相反的战略是为别人生产部件，制造出以别人的品牌出售的产品。亚马逊的杰夫·贝佐斯就坚持不懈地实施了品牌领导战略，以至于他的公司几乎成为网上零售店的同义词。其品牌领导的终极目标是使亚马逊成为家喻户晓的互联网上出售任何商品的终极购物点。

根据国际品牌集团的统计，按照品牌号召力的顺序，全球十大主要品牌是：(1) 可口可乐；(2) IBM；(3) 微软；(4) 谷歌；(5) 通用电气；(6) 麦当劳；(7) 英特尔；(8) 诺基亚；(9) 迪士尼；(10) 惠普。[37]通过打造自己的品牌声誉，企业高级管理层（在不计其数的员工的协助下）帮助这些公司取得了经济上的成功。

12. 注重可持续发展。企业的另一个战略是注重绿色，也就是说从事很多有助于保护外部环境的活动。符合绿色战略的多样化活动包括使用太阳能电池板、提供尽可能多的风力发电机、使用再生纸以及鼓励员工合伙用车。（很多绿色倡议都在第5章介绍过。）

下面绿色战略的具体事例由德国大企业西门子公司首席执行官罗旭德（Peter Löscher）演绎而成。在成为首席执行官之后不久，为保障公司的未来他开始注重绿色业务。罗旭德增加了西门子公司向关注可持续发展的客户出售产品的比例，例如灯泡、高速火车和工厂控制系统。西门子公司还从销售风能、太阳能以及节能电网中获得相当大的收益。大约1/4的西门子员工可以归类为绿领工人，因为他们制造或销售资源节约型产品。[38]请注意西门子绿色战略的重点是关注客户而不是公司本身。

13. 雇用有才能的人。获得竞争优势的另一战略是在各个层次上使用有才能且干劲十足的人来打造组织，而建设伟大公司的当务之急是发现和保留住伟大的员工。微软、亚马逊以及其他精英商务咨询公司是这类公司的代表，它们都明确地使用了雇用有才能的人的战略。有才能的人也许需要领导者指导，但他们能够想出新产品和服务，开发出高效的工作程序。

除非使用得当，否则所有这些给人深刻印象的战略影响力都有限，这意味着管理层必须支持战略领导。确切地说，前景必须得到执行才能贯彻到底。根据对多家公司的案例研究，迈克尔·比尔（Micheal Beer）和拉塞尔·A. 艾森施塔特（Russell A. Eisenstat）发现，有时战略没有得到正确的执行，原因是高级管理层没有意识到对企业有威胁的问题。

在很多组织中领导者难以听到下层管理者反映的未经过滤的事实真相。比尔和艾森施塔特想出了一种办法，成立由高效管理者组成的专门工作组来收集战略和组织存在问题方面的资料。专门工作组成员用诚实交谈的形式向高层管理者反映发现的问题，经过这样的交流后，高层管理者可以采取正确的举措来调整战略。[39]例如，专门工作组也许会发现战略没有起到很好作用的真正原因是高层管理团队没有授予业务部门充足的决策权。如果业务部门领导者得到充分授权的话，他们能更好地发挥作用。

14.4 知识管理和学习型组织

领导者的另一个战略推力是帮助员工和组织成为更好的学习者，以此来帮助组织更好地适应环境。要达成此目的，领导者需要管理知识，培养学习型组织。**知识管理**（knowledge management，KM）的目的是通过协调努力来改进知识创立、交付和使用的方式。[40]知识得到了有效的管理后，无论是打印的、以电子形式存储的还是保留在员工大脑里的，都可以按需求分享。管理知识有助于创建**学习型组织**（learning organization），即能够熟练地创建、获取和传递知识的组织，能够熟练地改变行为来反映新知识和新视野的组织。[41]

14.4.1 知识管理

知识管理涉及关注知识共享的文化焦点。管理知识是重要的领导责任，因为很少有组织能够系统使用员工的集体智慧。常见的情况是数据库收集了大量信息，例如在内网上，但这些信息几乎得不到系统的使用。下面我们看看知识管理计划的一般模式。

正如托马斯·H. 达文波特（Thomas H. Davenport）、劳伦斯·普鲁萨克（Laurence Prusak）和布鲁斯·斯特朗（Bruce Strong）的研究和观察所显示的那样，知识管理由三个部分组成。[42]创立知识用来刺激创新。创立知识的计划从多渠道征求点子、领悟和创意，包括普通员工、客户和生意合伙人，而不是单纯地依靠研发员工。例如，宝洁公司 40%以上的产品从外部渠道获得原料，这和 6 年前的 10%相比增加了不少。

使用信息技术来传播知识是知识管理范畴内最常见的活动。可以通过公司的内网、门户网站和数据库共享知识。信息在某个地方汇总后易于潜在客户的使用。比如可以使内网成为一站式信息采集点，以支持重要的岗位和工作流程。例如，英特尔公司将工人们进行采购所需要的所有信息都发布在某个网站上。应用知识是让工人们把自己手中的活干得更漂亮的过程。很多组织都发现，鼓励员工应用知识的最有效方式是采取指导、在职培训和专题讨论会等措施。

■ 知识管理计划的一般形式

有时知识管理系统会以计算机为基础收集和组织潜在有用的信息。很多高效系统也依赖人对人的信息交换方式。例如，通信领域的很多公司，包括谷歌在内，都在办公地点放置了一块白板，以便技术工人能够面对面交换意见。

我们曾经强调领导者使用趣闻轶事来传达意义的重要性。正如托马斯·达文波特在下面这个故事里介绍的那样，趣闻轶事在知识分享的过程发挥了重要作用。

> 作为其知识管理计划的一部分，英国石油公司推广了快速交流想法的某些视频会议技术。之后不久该公司位于阿拉斯加北坡地区的某个气体钻井出现了故障。当时英国石油公司的燃气涡轮首席专家正在北海上作业，若乘飞机去阿拉斯加需要 20 小时。英国石油公司没有安排他坐飞机，而是使用视频会议让他临时“出现”在北坡现场。他和现场的技术员一起工作，确定了问题所在，使钻井恢复了生产。他们在 30 分钟内解决了问题，这个故事很快传遍了英国石油公司。最后，视频会议技术在其他公司里也得到了应用，由于它向现实世界证明了重大技术进步的作用，因而这个故事也成为知识分享传说的一部分。[43]（请注意：人与人之间的沟通有助于推广以技术为基础的知识分享方法。）

知识管理的一项进步是及时提供信息，或者在最需要的时候提供信息。例如，同伴健康保健系统公司（Partners Healthcare System）将知识嵌入医生使用的技术中，这样检索知识就不再是单独的行为。当一名普通医生要求用药或进行化验室检验时，输入系统就会根据大量临床数据和病人自身的病历自动检测其决定的正确性。及时传送知识在商业中也有作用。惠普公司和戴尔公司的客户服务代表使用计算机系统工作，该系统可以使他们即刻获得信息以对客户的问题做出反应[44]，这样客户服务代表就不需要在大脑里存储大量信息了。

无论运用多么先进的技术来实施知识管理，它都是只在崇尚知识和鼓励知识传播的组织文化中发挥最佳作用。对 121 个新产品研发团队和 41 个高科技公司子公司的研究量化了影响知识分享的另一个因素。当组织部门之间的竞争不激烈时，专业员工不大可能去储备知识。[45]

组织机构的亚文化形成了我们对知识的构成成分以及哪些知识值得管理的臆断。[46]盖普公司财务部门的专业员工可能会认为在上班时间看音乐电视或上网是浪费办公时间，而商品部的员工看 MTV 或上网则可能被视为理解服装潮流的有效途径。

请完成领导力自我评估测试14－2，仔细考虑你对知识分享的态度。然后，为补充你对知识管理的理解，请完成领导力技能开发练习14－2。

领导力自我评估测试14－2

我对分享知识的态度

说明：表明你对下列陈述的同意程度：非常不同意（DS），不同意（D），中立（N），同意（A），非常同意（AS）。

	DS	D	N	A	AS
1. 我经常帮助其他学生做家庭作业。	1	2	3	4	5
2. 在头脑风暴会议上，我通常不拿出自己最好的想法，因为我不希望这些想法被别人剽窃。	5	4	3	2	1
3. 我喜欢帮助别人做工作或处理问题。	1	2	3	4	5
4. 我愿意将自己一些最好的想法提供给内网之类的数据库。	1	2	3	4	5
5. 我担心将自己最有创意的想法用在学期论文里，因为它们有可能被剽窃。	5	4	3	2	1
6. 我喜欢加入团队工作并且和别人分享创意。	5	4	3	2	1
7. 当同事或同学企图分享我的智慧时，我变得有点多疑。	1	2	3	4	5
8. 如果我的想法得不到完全认可，我会感到苦恼。	5	4	3	2	1
9. 如果有写剧本或小说的绝妙创意，在酝酿成熟之前我不会告诉任何人。	5	4	3	2	1
10. 我经常告诉别人我琢磨出来的提高工作效率的方法。	1	2	3	4	5

得分和解释：将你画圈或打钩的数字加起来算出得分。

- 40或40分以上：对于分享知识你持宽容态度，可以较好地适应重视知识管理的组织。
- 20～39分：你对分享知识持一般态度，这表明你对分享知识有着热情兼怀疑的复杂情感。
- 1～10分：你对分享知识有着相当谨慎和防范的态度。除非愿意分享你的想法，否则你将无法适应重视知识管理的组织。

提示：你有权与尽可能多的你希望分享的人分享本测试题。

领导力技能开发练习14－2

知识分享调查团队

知识分享的挑战在于知道哪些知识应该和公司成员分享。全班分成几个知识分享调查团队，每个团队联系营利或非营利组织中在支持、技术、销售、专业技术或管理职位上工作的两个人。询问这些联系人哪些知识具有在他们职场分享的价值，使用打电话、发短信或推特这些最简单的方法进行交流。

小组集体讨论你们的发现，也可以加入你自己关于在组织中哪些知识值得分享的个人观点，然后得出应该在组织中分享哪五类具体知识，和班级其他团队分享你们的发现。

14.4.2　学习型组织

在学习型组织中，一群人共同致力于提高自己的能力，以期产生自己重视的结果。[47]但是组织领导者必须主动创造条件以使这种能力提高或学习能够发生。为此，有些公司设置了知识主管或类似的职位。设置这个职位的主要理由是，在很多公司中员工的技能、直觉和智慧都正在替代资本成为最宝贵的资源。知识主管谋求在公司内分享这些资源并且将它们转换成创新发明。他们负责系统地收集信息，并且将人们和其他可能拥有有价值信息的人联系起来。

下面我们看看促进组织学习的多种领导实践和态度。

■ 变革型领导-交易型领导和组织学习

最近对欧洲大型金融服务公司的研究使人们更加关注领导者在组织学习中的作用。一项重要的发现是变革型领导行为明显有助于鼓励员工进行探索和创新，以发现新产品、服务、流程或技术。例如，银行开发了一种崭新的服务提供给大众：为更换工作地点的员工提供搬迁服务。另一个重要发现是交易型领导行为有利于改进和扩展现有知识，和开发性创新有关。[48]开发涉及逐步提高现有产品、服务或流程的学习方式。例如银行开发出一款专门为一人企业设定的信用额度。之前曾经引用的达美乐比萨饼改进口味的例子就是一种开发性创新。

■ 创建和提升学习型组织的领导动议

多样化的领导动议可以创建和提升学习型组织。理解这些动议有助于你把握概念，理解领导为提升组织学习能力所能做的一切。[49]

学习型组织的主要成分是支持学习的环境。几个因素构成了支持学习的环境。雇员在和自己的老板或同事意见不一致，或提出天真的问题时，不应该害怕被贬低或被排斥。相反，他们应该坦然地表达不同的意见或困惑。意见分歧应该得到接受和理解。支持学习还包括对新思想持开放态度，有时间思考和反思。在很多机构里，朝窗外看被视为在做白日梦，而不是在考虑与工作有关的问题。

学习型组织的另一个成分是具体的学习过程和实践。例如，某个公司会举行任务报告会，讨论最近公司将产品广告贴在收费参与者的额头上作为临时文身计划的对与错。

第三个成分是强化学习型领导。例如，当领导者积极提问并听取员工的意见时，就鼓励了对话、辩论和学习。本章剩余部分介绍的大部分行为都符合强化学习型领导的构成元素特点。

高层领导者应该创建学习的战略意图，这样组织学习才能成为获得竞争优势的手段。创立大家共享的愿景可以提高学习动力，因为组织成员形成了让组织不断学习的共同目的和承诺。假如各个层级的员工都相信公司正朝着伟大的目标迈进，他们就会有动力学习以帮助传递这种伟大。

在学习型组织中，雇员获得决策和追求不断改进的授权。其宗旨是形成一个学习群体，群体中的每个员工都相信自己能为组织更智慧、更高效地出力。

系统思考几乎是组织学习的同义词。领导者帮助组织成员把组织看成是一个系统，在这个系统中每个人的工作都会影响其他人。系统思考还意味着首先在每个人的大脑里描绘宏伟的蓝图，敏锐地关注外部环境。除了系统思考的宏大蓝图，领导者还必须鼓励树立个人精通工作的小蓝图。由于团队成员都精通自己的工作，因此有助于团队学习，而团队学习是学习型组织的重要组成部分。团队学习的重点在于集体解决问题，在此过程中成员自由分享信息和意见以推动问题的解决。

行动学习，或称在处理真实问题的过程中学习，是学习型组织的基本组成部分。行动学习的参与者被要求组成团队，一起解决重大的组织问题，例如缩短项目的周期。在解决实际工作问题的过程中，参与者获得并使用了新技能、工具或理念。随着项目的推进，新技能又运用到处理其他问题的过程中。例如，如果团队学会了如何消除工作流程某个方面的重复劳动，它就会寻找消除工作流程其他环节存在的重复做功问题。

从失败中学习对学习型组织意义重大。依据多元化原则进入某个领域经营的某个公司未能获得成功就应分析失败的原因，以避免重蹈覆辙。鼓励不断实验是形成学习型组织的另一个重要举措。领导者应鼓励员工向竞争者、客户、供货商以及组织里的其他组织学习。

要让组织学习得以顺利推进，全体组织员工必须具有政治技能来联系并影响别人。例如，如果某个生产技术员发现了有效降低水耗的办法，必须有能力向有影响力的人推销这个想法。

关于创建学习型组织的最后一点是，领导者必须鼓励组织成员的创造性思维，即要去想象现在还不存在的可能性。野中郁次郎的研究表明，领导者全面提升组织学习能力的方法是“制定、实施和支持这样的计划和系统：它们鼓励和奖励发现新知识并将其推广运用到组织中”[50]。组织不能仅是适应环境，还要进行前面章节里讨论创造力和战略领导时介绍的突破性思考。

小 结

战略领导涉及组织或组织单位的主要目标，提供创建或维持组织所必需的方向和激励。战略领导有五个重要组成部分：(1) 领导者高水平的认知能力；(2) 多渠道收集信息来制定战略；(3) 预见并创造未来；(4) 革命性和逆向思维；(5) 创立愿景。

创立愿景是战略领导不可或缺的部分。愿景的最终表述应简明扼要。形成了愿景之后，领导者应该参与其交流和实施过程。深思熟虑且表达明确的愿景能帮助我们认清自己，还能指出哪些事情我们能做成功，应该采取哪些做法，避免哪些做法。在对愿景和战略目标有强烈信仰的公司里，所有活动都支持愿景和战略目标。

仔细地勾画战略目标和愿景并不足以实现它们。战略目标和愿景必须由领导者或管理者来实施或执行。对一家大型保健公司的研究表明，当人们认为各个层级的领导者都是高效率型时，战略变化才更有可能发生。

形成战略计划通常要使用 SWOT 分析，即考虑特定环境中的内外部优势、劣势、机遇和威胁。SWOT 分析检测组织和环境之间的相互作用关系。

战略领导者使用多种不同类型的企业战略，具体如下：(1) 差异化；(2) 成本领先；(3) 聚焦；(4) 高品质；(5) 模仿；(6) 战略联盟；(7) 通过收购来发展；(8) 快速和先发制人；(9) 产品多样化和全球化；(10) 坚持核心竞争力；(11) 品牌领导；(12) 注重可持续发展；(13) 雇用有才能的人。

领导者的另一个战略推力是帮助员工和组织成为更好的学习者，以此来帮助组织适应环境。要达成此目的，领导者需要管理知识，培养学习型组织。知识管理以系统地分享信息为中心，包括能够及时提供信息。知识管理由创立知识、传播知识和应用知识组成。

领导者在学习型组织中能发挥很多作用。变革型领导者趋向于鼓励探索和创新，而交易型领导者趋向于鼓励开发性（在已有的基础上增长）创新。

创建和提升学习型组织的主要领导动议有创建学习的战略意图、创立共享的愿景以及授权给员工来决策和不断寻求进步。同样重要的还有鼓励系统思考、鼓励个人精通自己的工作以及团队学习。行动学习或称在处理真实问题的过程中学习、从失败中学习以及鼓励不断实验也是学习型组织的组成部分。员工必须具备联系和影响别人的技能。鼓励创造性思维也是学习型组织的一部分。

实践与技能开发指南

为确保所有员工理解公司想要实现的愿景，它应该具有下列关键特点[51]：

1. 简要。愿景应该足够简短，这样员工很容易就能够想起。有人建议愿景应该简要到能放在成年人穿的 T 恤上。

2. 可证实。能够证实的愿景才是大家一致认为公司能够实现的愿景。

3. 重点突出。愿景往往包含太多的想法，因此最好突出反映一个主要目标，例如福特汽车公司的愿景是："员工的参与是我们的生活方式"。（注意，这个愿景和人力资源管理有关，而不是和产品和品牌有关。）

4. 易于理解。愿景的主要目的是让员工知道组织奋斗的目标以及帮助组织实现这一目标的方式，因此易于理解是愿景的重要特点，"世界级的"和"领先优势"这类短语可能有着太过丰富的含义。大多数员工都能理解 H&R Block 公司下面这条愿景："高品质的产品，完美的服务，合理的收费"。

5. 鼓舞人心。为激发员工，愿景应该使员工觉得为组织工作心情舒畅，应该使他们专注于可实现的商业目标。

组织不能仅仅依赖首席知识官来管理知识，整个知识学习流程必须嵌入生产线上管理人员的工作。[52]

[讨论题]

1. 制定组织战略为什么需要创造性思维？为什么领导者不能单纯使用搜索引擎来发现较好的战略？

2. 企业战略如何应对产品和服务以外的话题？

3. 企业战略能够以何种方式动员和激励员工？

4. 如何调整企业战略使它能够指导你作为领导者的事业？

5. 很多高层领导者说他们希望基层管理者能具备战略思考能力。中层和底层管理者如何能从战略角度思考问题？

6. 为什么发现企业商机可能是战略领导者最重要的活动？

7. 你一人或者与几个团队成员一起合作，找出某家公司最近进行革命性思考的例子。

8. 金融危机期间，很多以前在传统超市购物的顾客转到了一元店和折扣店购买必需品。金融危机过后，这些顾客中的部分人仍然忠实于低价店。这里有哪些战略教训可借鉴？

9. 做好知识管理工作可使公司在哪些方面获得竞争优势？

10. 为什么研究人员难以证明知识管理能够给组织带来收益？

领导力案例 A

沃尔玛的迈克·杜克深挖商机

沃尔玛被认为是全球最大的商业零售企业，其年销售额是 4 250 亿美元，全球范围内拥有 8 500家商店。每周在 15 个国家和地区有 2 亿多顾客和会员享受其服务。总裁和首席执行官迈克·杜克是这个巨型企业的头号领导者。如果不包括创立者山姆·沃尔顿在内，他是公司历史上仅有的拥有这样身份的高管。在 2009 年成为首席执行官之前，杜克是公司国际部非常成功的总裁。

在进入国际部工作之前，杜克的职业经历包括职业生涯初期在物流部工作和任美国市场销售部主任。沃尔玛前首席执行官李·斯科特（Lee Scott）说杜克是个比他优秀的管理者：“我想是他处理数据的能力，是他制定计划且跟踪进度表将他想要做的事情都做成的能力成就了他。迈克是个非常自律的人……”百事公司首席执行官卢英德（Indra Nooyi）这样描述他：“他为人非常谦逊，是个具有国际视野的思想家，是个非常务实的人。”

作为首席执行官，杜克关注的事情是商品推销和店内展示布置。在上任首席执行官后不久，他研究了公司所开展的名为“影响力”项目的效果，该项目改变了店铺的面貌，使得店面看上去更干净，不杂乱。顾客喜欢新面貌，但由于货架上备货减少，销量受挫。就在项目大规模推广的前一天杜克果断介入，增加了销售产品的数量。查看门店时，他会注意观察香蕉的标价是否具有竞争力，货架上是否摆放了足够的内衣。（内衣是沃尔玛最畅销的商品之一。）

2010—2011 年，沃尔玛连续 7 个季度销量下降。杜克关注到，部分由于油价和食品价格的上涨，导致很多沃尔玛的顾客在月底之前就花光了工资。大部分沃尔玛的顾客都靠薪水为生，因此他们在月初时大量购物，而在手中的钱变少时则减少采购。由于货物进价上涨，杜克让沃尔玛提高了某些生鲜食品的价格，同时降低了如电子设备等非食品类货物的价格。

杜克十分喜爱沃尔玛的宗旨：“节约开支，让人们过上更美好的日子。”他相信技术将持续对购物产生重大影响，因为通过社交媒体这类方式价格变得更透明。杜克对他的属下说：“什么样的零售商在价格透明的时代是赢家？价格领导者。我们需要真正改变生产周期，在各地按照我们‘每天低价’的商业模式供货。我们将依靠价格领先成为赢家，我们将成为大赢家。”

为了能使顾客节约开支，生活得更美好，杜克在股东大会上宣布：有必要采取四项战略来打造下一代沃尔玛：

1. 成为真正的全球公司。
2. 理解零售商面对的商业挑战，并应对这些挑战。
3. 在对客户有重要意义的社会问题上发挥更大的领导力。
4. 在全球保持文化特色。

[问题]

1. 沃尔玛重视什么样的商业战略？
2. 在多大程度上杜克列举的战略真正构成了商业战略？
3. 作为世界上最大公司的总裁和首席执行官，杜克应该在多大程度上为诸如货架上是否摆放了足够的内衣这类商品销售细节而操心？
4. 如果销量减少的问题再次出现，你能提出什么建议来帮助沃尔玛克服困难？

角色扮演

沃尔玛战略团队

组成由 6 个学生构成的团队，因为迈克·杜克选中了你来为沃尔玛提出新战略以补充其现有的战略。杜克通过电子邮件命令你：“在给我提出战略建议时，尽可能做到大胆。我们是世界上最大的公司，但这并不意味着我们是完美的，竞争者无法超越我们。要大胆，要敢想。我是佐治亚理工学院的毕业生，因此看见好的想法时，我识货。”你有 30 分钟时间来为沃尔玛提出新战略。另一种做法是下课后花点额外的时间来想这个问题。如果你愿意，也可以通过电子邮件或社交媒体集思广益。

领导力案例 B

“布里格斯主管今天正忙于创立愿景”

玛丽·布里格斯（Mary Briggs）是由包括幼儿园、小学、初中和高中在内的 60 多个学校组成的学区的主管。学区每次入学的学生人数大约为 5 万人。大部分学生成绩不错，但学区也受许多问题困扰。高中毕业的学生人数不超过 50%，其中只有大约不到 10%的毕业生能上大学或就业。

当地的新闻媒体、很多家长和市长办公室都对学区学校的不佳表现牢骚满腹。有些人将问题归咎于学校的老师和校长，有些人将问题迁怒于家长和邻居的不良影响，另一些人则认为学区的问题该归咎于布里格斯主管，作为领导者她应该能解决学区面临的大部分问题。

一位校董事会成员最近询问玛丽·布里格斯工作中最重要的职责是什么。布里格斯回答：“我负责创立愿景。作为领导者，我的工作就是为学校、学生和老师创建更美好的未来。我看见了我们的学校具有远大的未来，在未来的日子里大多数学生都能发展自己的技能和智力，为进入现代社会做好准备。无论从事何种职业，他们中的多数人都会成为领导者。”

那位校董事会成员说：“谢谢你，布里格斯博士。但是我认为你可能应该处理没有足够的资金为特困生提供伙食这类问题。”

上班期间学校的校长和副校长经常给布里格斯发电子邮件，询问她处理急迫问题的意见，例如某个学生在教室里对老师或另一个学生进行了人身攻击，通常这类问题在 24 小时内需要给予答复。

有些校长或副校长并没有给布里格斯发电子邮件反映重要的工作问题，而是试图直接和她通话。一般情况下，来电都转入录音电话。有时来电确实能接通布里格斯的行政助理。助理的回答使很多校长和副校长感到气愤：“很抱歉，布里格斯主管今天正忙于创立愿景，因此除非是非常紧急的问题，否则她无法和你通话。”结果，“布里格斯主管今天正忙于创立愿景”这句话成了校长、副校长和老师之间笑谈的妙语。

[问题]

1. 作为战略领导者，玛丽·布里格斯可能犯了什么错误？

2. 学区主管是否应该花更多时间在战略上而不是经营问题上？

3. 你会向布里格斯提出什么建议来提高其在所管辖学区内的形象？

角色扮演

工会领导者会见有远见的学区主管

某个学生扮演上述学区教师工会的领导者。工会领导者坚信玛丽·布里格斯没有花足够的时间来解决经营问题，例如处理老师对课堂上发生的人身攻击事件的不满意见，于是安排了与布里格斯的会面。另一个学生扮演布里格斯，她可能要捍卫自己是学校体制方面有远见卓识者的职责，因而无法花太多的时间在日常的经营问题上。

领导力技能开发练习 14-3

我的领导力文件夹

战略领导者的主要任务是进行战略思考。由于陷入每天必须处理的小事情，领导人容易考虑“小事情”而没有进行战略领导者所需要的“大思维”。小事情思考者可能会出席领导者研讨会，花上5分钟时间要求5美元的折扣，原因是他享用了质量较差的午餐。大事情思考者面对同样的午餐，则把它看成强调员工要注重细节以确保顾客满意度的教训。就这种反映多样化领导力的安排，请记录你在上周或者近期如何利用了或者没有利用战略思考机会的过程。范例如下：

我和朋友星期六上午来到一家大型购物中心。我们注意到大量车辆，包括小轿车和小型卡车，都在购物中心入口处转悠。很显然驾驶员都在寻找靠近入口处的停车位，这样他们就不用步行穿越停车区域。如果停车较远的话就要多走路。

我的朋友是个健身爱好者，他说寻找停车位的人把车停在距离入口处较远的地方其实对他们有好处，因为可以得到一点身体锻炼。突然一个想法闪过我的大脑。假如我，或者是第一夫人发起一场全国范围内远离购物中心入口处停车的运动，就可以在我们社会面临的两个重要问题上取得一些进展。首先，身体缺乏活动已经成为几乎像吸烟一样的杀手。其次，想一想人们浪费的汽油。如果全美范围内人们停止转圈找停车位，我们能节约多少汽油！此外，还有在购物中心入口处排队等候停车消耗的汽油量。我的战略思考灵感可能会使人们身体更健康，同时降低能耗。

领导力技能开发练习 14-4

开发电器修理连锁店的商业战略

假设你和几个同学是一家濒临倒闭的企业——家用电器修理连锁店的管理团队成员。多年来生意一直在走下坡路。重要原因是大多数人仅仅是更换电视机、DVD播放器、电熨斗、加热器、吹风机和电动剃须刀之类的家用电器，而不愿意修理它们。今天你召开企业战略研讨会，重点讨论企业的生存问题。请大胆思考，但记住你们可能动用的现金不多，且借款能力有限。看看在30分钟内是否能形成让电器修理连锁店继续生存下去的思路。

注 释

[1] Story created from facts and observations found in the following sources: Dana Mattioli, “Xerox Touts Its Business-Services Side,” *The Wall Street Journal*, September 2, 2010; Geoff Colvin, “Ursula Burns: Less than a Year into the Job, the Xerox CEO is Already Transforming the Company,” *Fortune*, May 3, 2010, pp. 96–102; Jerome Nathaniel, “Chairman and CEO of Xerox to Speak at Commencement,” *www.campustimes.org*, April 7, 2011, pp. 1–4; Sonia Alleyne, “Most Powerful Women in Business,” *Black Enterprise*, February 2010, pp. 88–89.

[2] Donald C. Hambrick and James W. Fredrickson, “Are You Sure You Have a Strategy?” *Academy of Management Executive*, November 2001, p. 48.

[3] Richard L. Hughes and Katherine C. Beatty, *Becoming a Strategic Leader: Your Role in Your Organization's Enduring Success* (San Francisco: Jossey-Bass, 2005).

[4] J. Brian Atwater, Vijay R. Kannan, and Alan A. Stephens, “Cultivating Systemic Thinking in the Next Generation of Business Leaders,” *Academy of Management Learning & Education*, March 2008, p. 13.

[5] Cynthia Montgomery, “Putting Leadership Back in Strategy,” *Harvard Business Review*, January 2008, pp. 54–80.

[6] Henry Mintzberg, *Managing* (San Francisco: Berrett-Koehler, 2009), p. 162.

[7] Bruce J. Avolio and David A. Waldman, “An Examination of Age and Cognitive Test Performance Across Job Complexity and Occupational Types,” *Journal of Applied*

Psychology, February 1990, pp. 43–50.

[8] Julia Kirby and Thomas A. Stewart, interview with Jeff Bezos, "The Institutional Yes," *Harvard Business Review*, October 2007, p. 76; "Amazon.com Apologizes for Multi-Day Cloud Computing Outage," *Los Angeles Times* (www.latimes.com), April 29, 2011, p. 1.

[9] Samuel Greengard, "Leveraging a Low-Wage Workforce," *Workforce Online*, February, 2004.

[10] Strategy Session with C. K. Prahalad, *Management Review*, April 1995, pp. 50–51.

[11] Cited in "Jack Welch on Doing and on Dreaming," *Executive Leadership*, September 2009, p. 1.

[12] Gary Hamel, "Revolution vs. Evolution: You Need Both," *Harvard Business Review*, May 2001, p. 150.

[13] Jaclyn Trop, "Domino's Delivers on Its Turnaround Plan," *The Detroit News* (www.detnews.com), December 4, 2010, pp. 1–3.

[14] Keith H. Hammonds, "Michael Porter's Big Ideas," *Fast Company*, March 2001, p. 153.

[15] Susanna Hamner and Tom McNichol, "Ripping Up the Rules of Management," *Business 2.0*, May 2007, p. 63.

[16] Adam Bryant, *The Corner Office* (New York: Times Books), 2011.

[17] James R. Lucas, "Anatomy of a Vision Statement," *Management Review*, February 1998, p. 26.

[18] Quoted in Victoria Barret, "The Web's Big Upstart," *Forbes*, December 6, 2010, p. 74.

[19] Carmine Gallo, "Be a Visionary Leader," *The Ladders.com Executive Coach* (TheLadders.com), January 23, 2008.

[20] Charles A. O'Reilly, David F. Caldwell, Jenifer A. Chatman, Margaret Lapiz, and William Self, "How Leadership Matters: The Effect of Leaders' Alignment on Strategy Implementation," *Leadership Quarterly*, February 2010, pp. 104–113.

[21] Several ideas for this version of SWOT are from "SWOT Analysis," *Business Owner's Tool Kit*, November 8, 1999 (www.toolkit.cch.com/text/p02_4341.asp); "Performing a SWOT Analysis," in *Business: The Ultimate Resources* (Cambridge, Mass.: Perseus Publishing, 2002), pp. 226–227.

[22] Christopher Lawton, "How H-P Reclaimed Its PC Lead over Dell: Shifting Battlefield to Stores Was Key; Help from Vera Wang," *The Wall Street Journal*, June 4, 2007.

[23] Michael Porter, *Competitive Strategy* (New York: The Free Press, 1980), pp. 36–46.

[24] Brad Stone and Douglas MacMillan, "Groupon's $6 Billion Snub," *Bloomberg Business Week*, December 13-December 19, 2010, p. 7.

[25] Stephanie Clifford, "Where Wal-Mart Failed, Aldi Succeeds," *The New York Times* (www.nytimes.com), March 20, 2011, pp. 1–4.

[26] Nick Wingfield, "Taking on eBay," *The Wall Street Journal*, September 15, 2004, p. R10.

[27] Norihiko Shirouzu, "Toyoda Rues Excessive Profit Focus," *The Wall Street Journal*, March 2, 2010, p. B3.

[28] "Facebook and Microsoft Expand Strategic Alliance," *Microsoft News Center* (www.microsoft.com), October 7, 2007, p. 1.

[29] Melanie Haiken, "Innovative Partnering: Papa John's and Six Flags," *Time* (*Business 2.0* insert), December 11, 2006, p. 2.

[30] Rolfe Winkler, "Cisco Grapples With Shock to System," *The Wall Street Journal*, July 13, 2011, C16.

[31] www.jordan.com; Telis Demos, "The New King of Name Brands," *Fortune*, July 7, 2008, pp. 86–90.

[32] Danielle Douglas, "Coca-Cola May Be Preparing to Acquire Honest Tea," *Capital Business* (www.washingtonpost.com), February 7, 2011, pp. 1–2

[33] Joe Mandak, "Zippo's Burning Ambition Lies in Retail Expansion," Associated Press, March 23, 2011.

[34] George Anders, "Homespun Strategist," *The Wall Street Journal*, January 6, 2004, p. B1.

[35] Robert Guy Matthews, "Why Firms Are Returning to Their Roots," *The Wall Street Journal*, October 22, 2007, p. A2.

[36] Miguel Bustillo, "With Sales Flabby, Wal-Mart Turns to Its Core," *The Wall Street Journal*, March 21, 2011, p. B1.

[37] "Best Global Brands 2010," *Interbrand* (www.interbrand.com), © 2011.

[38] "How Siemens Got Its *Geist* Back," *Bloomberg Business Week*, January 31 – February 6, 2011, pp. 18–20.

[39] Michael Beer and Russell A. Eisenstat, "How to Have an Honest Conversation about Your Business Strategy," *Harvard Business Review*, February 2004, pp. 82–89.

[40] Thomas H. Davenport, Laurence Prusak, and Bruce Strong, "Putting Ideas to Work: Knowledge Management Can Make a Difference, but It Needs to Be More Pragmatic," *The Wall Street Journal*, March 10, 2008, p. R11.

[41] David A. Garvin, "Building a Learning Organization," *Harvard Business Review*, July–August 1993, p. 80.

[42] Davenport, Prusak, and Strong, "Putting Ideas to Work," p. R11.

[43] Bill Breen, "Hidden Asset," *Fast Company*, March 2004, p. 95.

[44] Thomas H. Davenport and John Glaser, "Just-in-Time Delivery Comes to Knowledge Management," *Harvard Business Review*, July 2002, pp. 107–111.

[45] Morten T. Hansen, Marie Louise Mors, and Bjorn Lovas, "Knowledge Sharing in Organizations: Multiple Networks, Multiple

Phases," *Academy of Management Journal*, October 2005, p. 790.

[46] David W. De Long and Liam Fahey, "Diagnosing Cultural Barriers to Knowledge Management," *Academy of Management Executive*, November 2000, pp. 115–117.

[47] Robert M. Fulmer and J. Bernard Keys, "A Conversation with Peter Senge: New Developments in Organizational Learning," *Organizational Dynamics*, Autumn 1998, p. 35.

[48] Justin J. P. Jansen, Dusya Vera, and Mary Crossan, "Strategic Leadership for Exploration and Exploitation: The Moderating Role of Environmental Dynamism," *Leadership Quarterly*, February 2009, pp. 5–18.

[49] The three building blocks are from David A. Garvin, Amy C. Edmondson, and Francesca Gino, "Is Yours a Learning Organization?" *Harvard Business Review*, March 2008, pp. 110–114. The rest of the list is from the following sources: Robert M. Fulmer and Philip Gibbs, "The Second Generation Learning Organizations: New Tools for Sustainable Competitive Advantage," *Organizational Dynamics*, Autumn 1998, pp. 7–20; Peter M. Senge, *The Fifth Discipline* (New York: Doubleday, 1990); Thomas P. Lawrence, Michael M. Mauws, Bruno Dyck, and Robert F. Kleysen, "The Politics of Organizational Learning: Integrating Power into the 4I Framework," *Academy of Management Review*, January 2005, pp. 180–191; Joe Raelin, "Does Action Learning Promote Collaborative Leadership?" *Academy of Management Learning & Education*, June 2006, pp. 152–168.

[50] Gary Yuyl, "Leading Organizational Learning: Reflections on Theory and Research," *Leadership Quarterly*, February 2009, p. 50.

[51] "Making Vision Statements 'Visionary,'" *Manager's Edge*, December 1998, p. 1.

[52] Neil Gross, "Mining a Company's Mother Lode of Talent," *Business week*, August 28, 2000, p. 137.

第15章 领导力：发展和传承

学习目标

学习完本章并完成各项练习后，你应该能够：

- 解释如何通过自觉意识和自律来培养领导力
- 解释如何通过教育、经验和职业指导来培养领导力
- 总结领导力培养计划的本质
- 描述领导者继任的本质

很多人都听说过那些勇敢而又技艺高超的纽约消防局（New York City Fire Department）消防队员的故事。他们扑灭高楼大厦和地铁里的火灾，拯救身陷交通事故中的人们。现在从他们当中挑选出来的消防队员正致力于培养企业领导者。

参与"一大团队挑战"项目，作为纽约消防局消防队员参加培训，和公司成员一起分享纽约消防局的团队建设和领导技能实践。培训的地点是纽约消防局的训练学院，参与者接受体现最高水平的模拟训练从而强化团队合作和领导技能。

挑战的关键部分在于由四人组成的团队进行竞争，他们接受专门设计的实践训练以提高团队建设能力、领导力、交流和解决问题的能力。该项目的主要目的是让领导者具备更强的处理危机的能力。

在规定的训练日，为提升领导力，来自24个不同公司的管理者和他们的员工一起充当消防队员。四名团队成员穿上消防服，带上面罩，在消防队员的监督下进行应急演练，尤其是要体验冲入燃烧的大楼和将乘客从模拟的地铁事故中救助出来。

由于四人团队要快速在群体内分配任务来处置楼房起火或地铁事故，因此需要领导技能。纽约消防局的项目协调员建议每个团队设立一个队长、几个非管理职位的雇员。

来自大型律师事务所 Well，Gotshall，Manges 的斯科特·帕雷尔（Scott Parel）是这样评价培训项目的："这是一次真正难以置信和奇特的经历，结果是你获得了有价值的团队建设和领导技能，对纽约市的消防队员有了新的自豪感和尊重。"

马林达·罗比（Malinda Robey）如此描述对这次经历的印象："纽约消防局组织安

排的‘一天团队挑战’项目是一生中只有一次机会且必须经历的体验！我现在对纽约市最勇敢的人——消防队员有了新的尊重。”[1]

上面介绍的领导力提高计划说明，公司十分重视提高管理者和其他人员的领导力（不过是另一种形式的异地培训）。本书前面的章节介绍了专门为培养领导者和提高领导力而设计的信息和活动。本章描述了自我发展如何能够提高领导力以及组织培养现在和未来领导者的过程，这样的活动和过程一般称为领导力培养或管理能力培养。培养领导力的重要原因之一在于，除非高层管理者优先考虑领导力培养和继任者计划，否则公司就会经历人才不断消耗的过程。因此，公司难以应对剧变事件，例如并购经营风格不同和组织文化迥异的公司。[2]

设立单独的章节来介绍领导力的培养是基于第1章中表达的观点：领导者既是天生的又是后天造就的。因此领导力才能是可以开发培养的。正如莎伦·达洛兹·帕克斯（Sharon Daloz Parks）所观察到的那样，领导力不仅和具有正确的性格有关，而且涉及行为举止。这些行为可以教会，原因是它们可以转换成可行的任务，例如学会指导别人。[3]此外，正如本章所描述的那样，性格特征在某种程度上也是可以培养的。

本章除描述了领导力培养的各种方法，还介绍了领导者继任的问题。领导者继任问题安排在本章的原因是，领导力培养的重要原因之一是为提升做准备。本章结尾简要介绍了新任领导者面临的挑战。

15.1 通过自觉意识和自律来培养领导力

领导力培养经常从教育、培训、职业经历和辅导等方面着手。不过自助也能对领导力的培养起到很大的作用。自助有多种形式，包括自己努力去提高交流技能、培养个人魅力和模仿高效领导者的行为方式。领导力自我培养的两个主要手段是自觉意识和自律。

15.1.1 运用自觉意识来培养领导力

自我培养包含的重要机制是**自觉意识**（self-awareness），即用深入思考的方式处理对自己的反馈意见从而提高自我效能。商业伦理学家小约瑟夫·L. 巴达拉科（Joseph L. Bodaracco Jr.）指出，领导者如果想成功就应该更多地了解自己。例如，如果想领导别人，首先就需要反思你能在多大程度上管理好自己。[4]

领导力评估的两位专家认为，很多职业和组织方面的较大错误都起因于自觉意识的差异。[5]例如，某个管理层的领导者注意到在六个月的时间内有三个重要的团队成员离开了团队。该领导者也许谨慎地看待这个事实，分析出原因是“我猜我们没能提供优厚的薪水来留住优秀员工”。她初始的分析也许正确，然而在自觉意识的引导下，该领导者会深挖这种不利局面的深层次原因。她也许会自问：“是不是我的领导方法中存在某种东西导致产生了这些不利的问题?”她可能要求查看离职面谈资料以求提高对自己领导方法的认知。

克里斯·阿吉里斯（Chris Argyris）发明了单回路学习和双回路学习这两个术语，以区别不同级别的自我意识。[6]当学习者寻求可能与自己的基本思想或行动具有最低限度的实质性冲突的反馈意见时，**单回路学习**（single-loop learning）就发生了。正如遭遇员工频繁离职的领导案例中所显示的那样，单回路学习者进行防御性思考，一般不根据他们接收到的线索采取行动。阿吉里斯提供了恒温器的例子，当室内温度低于 68 华氏度（20 摄氏度）时它就自动开始加热。

双回路学习（double-loop learning）是深入学习类型，在人们使用反馈意见来质疑目标的正确性或当时的情况下隐含的价值时出现。上面提及的领导者在怀疑自己领导方法的功效时就进行了双回路学习。要实现双回路学习，人们必须将防御性思维降到最低限度。很多人并没有认识到自己的知识盲区，不知道自己的视野被遮挡了。图 15－1 说明了单回路学习和双回路学习的差异。

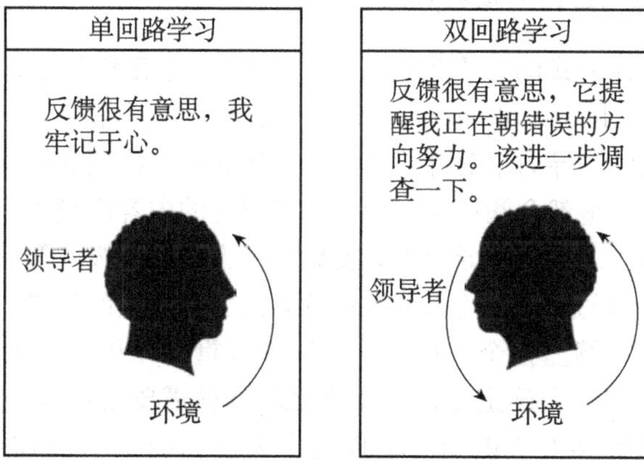

图 15－1　单回路学习和双回路学习

资料来源：© Cengage Learning 2013.

双回路学习的重要贡献是它使得领导者能从挫折中学习并获益。解释挫折发生的原因可以帮助领导者下次做得更好。例如，面临团体危机时，领导者为团队成员确立了明天的美好前景。但是，领导者注意到前景并没能导致产生工作业绩和行为方面的明显变化。也许团队还没有为实现前景做好准备。在未来类似的情境中，领导者在率领团队走出危机之前可能会控制住自己不去制定团队的前景。

自觉意识富有成果的方面是让领导者认识到自己在领导力两个重要方面的立场：强劲型领导与能动型领导、战略型领导与经营型领导。鲍勃·卡普兰（Bob Kaplan）解释道，领导者在每个层面上都不应该走极端，比如太强势或过于能动（授权）。此外，领导者也不应该在战略构思上花太多时间以至于忽视了经营，或者花太多时间在经营上而忽视了战略。这两个层面的自我意识过程与音量控制非常相似，即升高音量和降低音量都是为了获得最佳效果。图 15－2 从极端或不平衡的角度概述了自我意识这方面的特点。领导者可以参照多方面适应性指标来对照自己，这样可以使他们在两个层次的领导力上找到自己的站位。理想情况是刚好站在强劲型领导与能动型领导和战略型领导与经营型领导之间的正确位置。别人的反馈意见有助于让领导者自我意识到自己在这两个层次上的位置。[7]

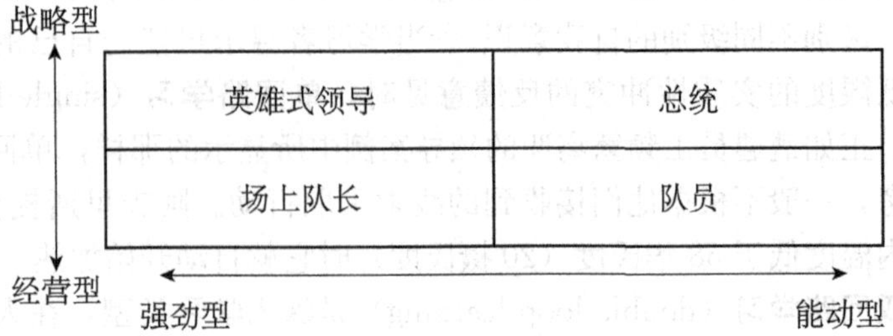

图 15-2　四种不平衡的领导者

资料来源：Based on concepts from Bob Kaplan with Rob Kaiser, *The Versatile Leader: Make the Most of Your Strengths—Without Overdoing It* (San Francisco: Pfeiffer, 2006).

15.1.2　运用自律来培养领导力

正如其他形式的个人发展一样，领导力的培养也需要相当大的自律。在本书中，**自律**（self-discipline）是指动用个人的努力和精力去专注地实现重要的目标。大多数形式的领导力培养都需要自律。例如，一位领导者深信积极听取意见是重要的领导行为。他就会阅读了解积极听取意见的内容而且出席相关的研讨会。在完成了阅读和研讨之后，领导者则需要集中精力以便积极听取意见。自律尤其必要的原因是日常活动的压力会使人分散注意力而忽视个人的发展。

自律在持续监控个人行为方面发挥着重要作用，目的是确保必需的自我发展能够产生。在个人确定了发展需要之后，就需要定期地检查自己是否进行了必要的改进。假如某人认识到为了提高个人魅力要成为更加生动的交流者的发展需要，他就会运用自律来不懈努力地在适当的场合进行更加生动的交流。领导力自我评估测试 15-1 包含人际交往技能清单，有助于你发现和人际关系相关的自己的发展需要。

领导力自我评估测试 15-1

人际交往技能清单

说明：以下是行为的一些具体特征，表明某人需要改善其与领导力和影响力有关的社交技能。查看每个基本上符合你的陈述。可以请一两个熟悉你的人评价你，以此增加此测试的可信度，然后将自我分析和他们对你的分析进行比较。

需要发展和改进的方面	
1. 我非常害羞和矜持。	☐
2. 我常常威胁和恐吓别人。	☐
3. 我跟别人讲他们想听的话，而不强调事实。	☐
4. 我难以表达自己的感情。	☐
5. 我能够对团队成员做出负面评价。	☐
6. 很少有人在会上关注我提出的想法。	☐
7. 我的个性不够活跃。	☐

续前表

需要发展和改进的领域	
8. 人们认为我很无趣。	□
9. 我不太在意团队成员和同事话语的弦外之意。	□
10. 我很难批评别人。	□
11. 大部分时间里我过于严肃。	□
12. 和别人交往时我避免发生争执。	□
13. 我不能很好地让别人理解我的观点。	□
14. 我难以跟别人闲聊。	□
15. 我过于吹嘘自己的成就。	□
16. 我没有努力让团队获得荣誉，而是竭力争取对个人的认可。	□
17. 自信是我的弱点。	□
18. 我的口头表达过于平淡。	□
19. 我的书面表达过于平淡。	□
20. 我不善于和不同文化的人交往。	□
21. 我难以理解别人。	□
22. 和别人一起工作时我的行为举止表现得过于紧张。	□
23. 我当着别人的面讲话的效果很差。	□
24. 我可以同时做几件事情，比如，和别人面对面交谈时接听电话。	□
25. ______（填写你自己的陈述。）	□

你（可能还有一两个其他人）确认了需要改变的具体行为后，请拟定行动计划。依据清单核对每个陈述，简要描述能够实现你所希望取得变化的行动计划。具体想法可能来自个人发展方面的书或者是领导力培养和人际关系研讨会。制定好行动计划后，你需要自律以成功实施该计划。例如，如果认可"人们认为我很无趣"的陈述，你可以通过大量阅读和与有活力的人交谈来扩大自己的知识储备。接着你会需要自律以继续追求思想并且将有些想法运用到你与别人的交谈中。

做这个练习的另一个方法是让每个学生选择一个发展需要，辅以自己愿意和别人分享的行动计划。接着向班上其他学生介绍自己的发展需要。所有学生都介绍完后，就学生们观察到的现象和形成的归纳意见举行班级讨论会。

领导者说明发展需要的具体例子是广告会计经理萨曼莎·里布-威尔逊（Samantha Reeb-Wilson），她承认提高谈判技能会加快自己事业的发展。她说："在我的职位上，我们设法搞清楚解决客户问题的最佳方式，这需要设计论点且加以辩护。"结果，她报名参加了其母校巴纳德学院（Barnard College）女性领导力课程关于有说服力论点的研修班。[8]

使自觉意识和自律成为个人发展手段的关键点在于要对个人发展持健康信念。心理学教授卡罗尔·德韦克（Carol Dweck）认为，有些人对个人发展持有健康信念，因此他们认为在个人生活和工作期间能提高自己的才能。相比之下，其他人持有固定思维，因此他们认为才能是与生俱来的，无须改进就能使他们达到顶峰。[9]

15.2 通过教育、经验和职业指导来培养领导力

大部分领导力培养过程都是通过自觉意识和自律以外的方式实现的。领导力的形成是非常宽泛的过程，几乎生活中的每个活动都有助于人们为领导角色做准备。三个有助于领导力培养的重要生活和工作经历是教育、经验和职业指导。接下来，我们看看这三个因素和领导力之间的联系。

15.2.1 教育

教育一般是指获得知识而无须关注其即刻运用价值。假如某个潜在领导者学习了数学，所获得的逻辑推理能力可能有一天能帮助他解决组织面临的复杂问题，这样领导者的声望就得到了提高。阅读成功人士的传记和自传是获取有关领导艺术与思想的良好渠道。正规教育和取得管理和领导职务有着积极的相互关联关系。此外，正规教育的程度和所获得领导职务的高低之间也有着积极的关系。

然而教育和领导地位之间的相互关联也许不能反映出因果关系。很多人只有在他们接受了特定水平的教育后才有机会担任商业领导者职务。比领导力和正规教育之间统计关系更重要的问题是，教育如何对领导效能发挥了作用。

15.2.2 经验

在职经验是有助于领导效能形成的明显因素。没有经验，知识就不易于转换成技能。例如，你需要经验来实施在第10章中学到的适当影响策略。领导经验还有助于形成个人可能没有正式学到的技能和洞察力。很多公司领导力培养计划都以让参与者获得多样化的经验为中心，例如百胜餐饮集团要求行政领导者必须具有管理商店的经验。

■ 具有挑战性的经验

领导力培养的最佳经验是那些在现实情况下对管理者构成挑战的经验，包括处理有压力的问题。创立培养环境要求组织首先抛弃适者生存的信念。领导力培养的目的在于提供有意义的培养机会，而不是将管理者逼迫到很有可能失败的地步。[10]例如，很多管理者的拓展经验是被安排管理某个生产力和士气都很低下的组织单位。管理者需要运用很多领导技能来改善状况。

备受赞誉的商业领导者詹姆斯·施迈赛克（James Smiseck）是世界上最大的航空运输公司美国联合/大陆航空公司的首席执行官。他艰难地提高了自己领导航空公司的能力，在20世纪90年代中期将大陆航空公司从破产的边缘挽救过来，这是一次极具挑战性的经验。这次逆转成为经典的研究案例。[11]

失败是特殊形式的经验，对发挥领导潜力具有极大的帮助。原因之一在于从未失败的人会避免冒较大的风险。英国维珍航空公司总裁、衣着华丽的理查德·布兰森声称“最佳的领导者培养方式是失败”。有效利用失败的方式是反思你在未来可能有怎样不同的表现。向自己这样提问：“我内心发生了怎样的变化使我会以不同

的方式来做事？”[12]例如，项目失败的原因也许是你没有给予团队足够的指导，没有说明项目的紧迫性。将来你会用更多的掌控和更明确的态度来领导。表15－1列举了一些培养领导力和管理技能的有效学习经验。

表 15－1　培养领导技能的有效学习经验

对管理者的研究表明，15 类有效的学习经验有助于领导者和管理者的自身发展。

1. 不熟悉的职责。新的和以前大不相同的职责，比以前的更宽泛。这样的环境需要付出超出某人目前的能力和技巧。
2. 证明自己。存在向别人展示自己可以做成事情的压力。
3. 新发展方向。领导者有责任开创新局面、实施组织重组或对商业环境的快速变化做出反应。
4. 遗留问题。管理者必须处理前任遗留的问题，或者接手管理问题员工的职责。
5. 紧缩性决策。管理者必须做出有关停止运营或裁减员工的决策。
6. 处理问题员工。团队成员缺乏经验、不称职，或有抵触情绪。
7. 面临高风险。管理者面临紧张的最后期限、高级管理层的压力且高度引人关注，对成败负有主要责任。
8. 管理复杂的业务。工作范围宽，管理者需要负责多项职能：团体、产品、客户和市场。
9. 职责超负荷。工作需要投入大量的时间和精力。例如，如果你突然要处理客户提出的远远超出公司应对能力的要求。
10. 处理外部压力。管理者被迫处理影响业务的外部因素，例如被迫与工会或政府部门谈判，或者处理社区问题。
11. 必须在没有权力的情况下施加影响力。为完成工作必须影响同事、高级管理层、外部当事人以及你不能掌控的其他重要人物。
12. 扭转商务形势。企业单位面临收入下滑或预算急剧缩减。例如，如果有必要获得投资者的资金，你就必须表现得很谦卑，甚至得求人。
13. 缺乏高级管理层的支持。高级管理层不愿为管理者的主要工作活动或新项目提供指导、支持或资源。
14. 缺乏个人支持。管理者被排挤在重要的社交关系网之外，得不到别人对工作活动的鼓励。
15. 难缠的老板。与老板存在个性冲突，或老板并不称职。

资料来源：Adapted from C. McCauley, M. Ruderman, P. Ohlott, and J. Morrow, “Assessing the Developmental Components of Managerial Jobs,” *Journal of Applied Psychology* 79, 4 (1994), pp. 544-560. Copyright © 1994 by the American Psychological Association. Adapted with permission. Point 1 is also derived from Gretchen M. Spreitzer, “Leadership Development Lessons from Positive Organizational Studies,” *Organizational Dynamics*, Issue No. 4, 2006, p. 307. Points 7 and 12 are also derived from “Moments of Truth: Global Executives Talk about the Challenges That Shaped Them as Leaders,” *Harvard Business Review*, January 2007, pp. 16, 17.

利用具有挑战性的经验的关键在于让领导者或管理者在选择解决问题的方式时留有余地。例如，某个团队的领导者可能被要求“提高 10%的生产力，同时降低10%的成本”。这样该团队领导者就会有解决这个挑战的发展机会。

极具挑战性的经验有时被称为**严酷的考验**（crucibles），也就是一般显示失败而不是辉煌、成功的关键事件或经验。严酷的考验要求领导者挺身而出，采取他们以前从未采取过的措施，例如挽救失败的企业或对遭受了飓风袭击的某个重要商务区进行灾后重建。[13]

■ 经验的来源

工作环境中领导经验的两个重要来源是同事和任务本身。[14]同事可以用多种方式来帮助个人发展。直接上级可能成为高效领导的正面或负面典范。你也许已观察到你的上级在员工大会上如何熟练地应对成本超标的问题。你仔细观察，而且打算在面对团体出现的问题时使用相似的技巧。相反，如果上级的应对方法适得其反，团体变得有抵触情绪且拒不服从，你就学会了如何避免引起别人的对抗。高级管理人员、同级别的同事和下级员工也能帮助员工从经验中获益。例如，通过反复试验员工也许学会了哪种类型的表扬最具影响别人的效果。

工作任务也有助于领导力的培养，因为领导者的部分职责在于充当以高效和创新方式解决问题的人。在促进发展方面发挥最大作用的任务一般要比某人以前面临的任务更加复杂、更加模棱两可。开始一项新的公司活动，如建立经销商网络，就是这样一种任务。

培养领导技能的极端方式是被安排负责某个你缺乏相应技能或业务知识的领域。例如，任命业务经理担任营销部主任。Development Dimensions International 公司的马特·帕埃塞（Matt Paese）认为，领导力是在你缺乏专业技术的领域取得成功的最有效方式。具体的领导技能包括向掌握必要专业技能的人咨询、展现自信但不傲慢。[15]

■ 宽泛的经验

领导力的很多方面和环境有关。因此提高领导效能的合理方法是获得不同背景下的管理经验。在行政领导力方面有追求的人得到的良好建议是至少在两个组织部门获得管理经验，例如营销部和运营部。

广泛流行的做法是安排管理人员到跨职能团队，使他们获得与别的部门一起工作的经验。团队的目的越具有紧迫性，有意义的领导力培养就越有可能形成。获得宽泛的经验与当前重视通过学习新技能来发展的理念高度吻合，有别于过度关注纵向流动。例如，如果有机会获得新的技能，更多的专业人士今天要比过去更加愿意进行横向流动而不愿意获得提拔。又如，从事市场研究的经理为了提高自己的综合技能可能会满足于做一名销售经理（差不多在同等级别的岗位上）。

在职业生涯初期特别有效的宽泛经验是从事某人专业领域的技术工作，并且将这种工作和一线的监督管理工作结合起来。具有代表性的例子是贾斯廷·威尔克（Justin Welke），他26岁时开始在雀巢工厂接受操作培训。

> 在伊利诺伊州的工厂里，威尔克提出了几个与自己在密歇根州立大学取得的包装学位有关的削减成本倡议，同时监管了一支由20个生产工人组成的团队。威尔克的做法得到了认可，然后获得了在犹他州工厂的新工作安排，在那里他要管理44个小时工，有些人年纪比他的父母还大。威尔克说："我有机会得到一线领导经验了，这可是我在公司岗位上无法获得的东西。"[16]

正如双回路学习所暗示的那样，当个人从发生的情况中能汲取有价值的东西时，经验的益处最能得到体现。用来表达显示良好潜能就可以获得领导职位的新词语是催化学习能力，原因是他们能从经验中受益。具备这种能力的人具有捕捉新思想的能力和吸收新思想的智力技能，且具有实践智慧可以将新学会的东西为客户和组织转化成生产行动。[17]例如，包装专家和主管贾斯廷·威尔克就注意到有些托盘没有得到充分使用，他决定重新堆放包装盒以便腾出空间使得托盘上可以多放 10 几个盒子，每年估计可为公司节约 6 万美元。

你一直在维持的综合领导力将有助于你利用经验并将它作为领导力培养的渠道之一。

15.2.3 职业指导

另一种基于经验的领导力开发方法是让有经验的、知识丰富的领导者来指导。通常这个人是个**导师**（mentor），是通过辅导、训练、引导和情感支持来培养其学徒能力的阅历丰富的人。指导别人是重要的领导责任。在诸如西夫韦（Safeway）之类的公司里，从首席执行官到下面的每个管理者都必须是一名积极的导师。[18] 导师是值得信赖的顾问和向导，是典型意义上的个人管理者。导师也可以是专业员工或同事。学徒和导师之间存在情感联系。为体现职业指导这个话题的个性化特点，请做完领导力自我评估测试 15-2，测试你对这个过程的态度。

领导力自我评估测试 15-2

我对职业指导的态度

说明：对于下面十个陈述回答“一般同意”还是“一般不同意”。

	一般同意	一般不同意
1. 我一生中有过很多次将有用的技能传授给年轻的家庭成员或朋友。	□	□
2. 如果没有旁人伸出援助之手，很少有人能取得成功。	□	□
3. 我会很高兴（或曾经乐意）充当大哥或大姐。	□	□
4. 有经验的员工应该告诉经验缺乏的员工做事的诀窍。	□	□
5. 我乐意被人视为所在领域的楷模。	□	□
6. 我不太在意如果和经验缺乏的人分享知识，即使此人有可能取代我。	□	□
7. 在我的一生中至少有一位老师曾给予我鼓励。	□	□
8. 我愿意放下手中正在做的事情去帮助另一个人解决工作或学习上的问题。	□	□
9. 即便没有赢得信任，我也愿意与别人分享自己的想法。	□	□
10. 帮助别人能给人留有念想。	□	□

得分和解释：本测试题没有准确的计分答案。不过你对越多的陈述表示同意，就越有可能具备做导师的合适心理。

资料来源：Andrew J. DuBrin，*Coaching and Mentoring Skills*，First Edition，© 2005，p. 161. Adapted with permission of pearson Education，Inc.，Upper Saddle River，N. J.

■ 非正式与正式的职业指导

职业指导传统上被认为是基于两种人格之间的和睦相处或激励而形成的一种非正式关系。现实情况中，雇主常常会为新来的雇员安排一名导师以帮助他更好地适应组织并取得成功。贝尔·罗斯·雷金思（Bell Rose Ragins）和约翰·L. 科顿（John L. Cotton）进行了一项研究，比较对男性和女性实施的正式和非正式职业指导计划的效用。[19]研究了三个职业：工程（男性为主）；社会工作（女性为主）；新闻工作（两性都有）。正式职业指导计划在这三种职业中都得到了运用。

有非正式导师的学徒要比有正式导师的学徒收益更大。非正式导师也被人视为更有效。有非正式导师的学徒报告，和有正式导师的学徒相比，他们的导师提供了更多的职业发展、心理和社会支持。有非正式导师的学徒还获得了更高的收入。对这些发现的可能解释是，能够吸引自己导师的人更具有职业动力，具有那种能帮助自己获得高薪的交际技能。

另一种指导方式是**跟班**（shadowing），即一段时间内跟随导师左右，直接观察导师的工作活动，例如每月一天。学徒可以被邀请参加战略研讨会、访问重要客户、与工会领导人讨论问题之类的活动。学徒观察导师如何处理情况，可以举行研讨会来讨论如何以及为何使用某些策略。

在线或虚拟的指导现在很流行，原因是通过电子邮件和社交媒体有助于克服因地理、时间限制和语音邮件造成的障碍。学徒可以向导师提出职业或工作上的问题，并且在当天就能收到有用的答复。在线指导的主要优势是它提供了广泛的导师群体以及导师和学徒之间更好的匹配。即使你在芝加哥上班，也能上网在旧金山或伦敦找到相符合的管理者。

在线职业指导的创新之一在于，它通过分析软件、模仿交友网站把导师和学徒联系起来。另一项创新是虚拟职业指导，这使得面对面接触很少发生。有了一套系统，寻找职业导师的学徒可以登录内网，选择自己希望发展的几个职业兴趣方向或技能。英特尔公司“依靠人来领导”项目经理凯文·D. 加扎拉（Kevin D. Gazzara）说：“差不多在几秒内就可以得到全球范围内整个公司里可能成为你导师的名单。”[20]

尽管在线职业指导具有效率优势，我们仍建议与导师进行适当的面对面交流以保持人际关系的畅通。你能想象某人仅靠电子邮件和网站和你交流后就建议提拔你吗？

■ 高效的职业指导行为

由于很多导师都是领导者，因此高效职业导师有可能都表现出本书中描述的高效领导者所体现的许多行为。与诸如咨询公司和会计师事务所之类服务公司中专业人士的面谈表明，下列行为都是典型的优秀导师的特点：

- 为人高度可信，诚实的品格在所传递的积极和消极信息里都能显露出来。
- 如有必要，会告诉你不愿意听到的事情，但会听取你的意见。
- 与你互动，目的是让你提高自己的效率。
- 使你有足够的安全感愿意去承担风险。
- 能帮助你提高自信，直到抛开内心的疑虑和恐惧。
- 鼓励你树立发展的目标。
- 为你提供机会，对你以前可能没有经历过的挑战提供指点。[21]

上面列举的行为都代表了职业导师所作的贡献，有助于学徒发展成为领导者。

■ 对领导力的影响

导师在很多方面提升了学徒的事业，例如推荐他们晋升，帮助他们建立有价值的联系。高层领导者有时会将导师作为一种获得有用反馈信息的方式。教练是职业指导的重要组成成分。高度参与的导师往往要辅导学徒如何处理领导者分配的某些任务。在学徒实践领导力时导师一般不亲自到场。学徒扼要重述领导情境，然后征求批评意见。工资服务公司业务经理温迪·洛佩兹（Wendy Lopez）回顾了在接受自己老板指导期间所发生的有关领导力事件：

> 我向马克斯（Max）解释（她的导师和公司副总裁），我遇到了一些困难，难以调动主管们周末加班。我们接受了一大批新客户，原因是很多公司决定缩小工资服务部门的规模。我们的团队难以调整并适应新的工作负担。因此业务进展不顺利，情况有点不妙。尽管我竭力说明完成工作的重要性，主管们依然有点不配合。
>
> 马克斯和我一起回顾了整个事件。他告诉我，我也许能够帮助主管们用更宽广的视野去看待新增加的业务对公司的意义。马克斯认为，我没有说清楚公司未来处于多么危险的境地，还建议我应该更具体地说明参与紧急情况的处理在经济上对主管们有多大的收益。
>
> 有了马克斯在身后的指导，下次出现紧急情况时我就得到了大家较好的配合。

导师进一步培养潜在领导者的方式是帮助他们理解组织的政治意义。很多专业职业人员都在寻找驾驭商界艰苦且富有竞争力领域的方法，如果没有指导这样的驾驭难以成功。[22]

获得强有力导师的挑战在于在某种程度上你终会脱离导师的指导。你的导师也许在很长时间内为你提供了信誉和关系，但在某种程度上你必须脱离被指导的庇护，从而被人视为具有自身力量的领导者。脱离强有力的导师常常可以通过在导师的管辖权之外借助自己的努力而取得成绩来实现。[23]

■ 拥有一个以上导师的重要性

由道恩·E. 钱德勒（Dawn E. Chandler）和莉莲·伊比（Lillian Eby）收集的案例都强调了拥有后备导师的重要性。这种指导关系往往很脆弱，问题可能随时会出现。潜在的问题之一是导师也许把学徒看成竞争对手，因此试图用说坏话的方式损害学徒的事业。更普遍的问题是由于导师全神贯注于自己的职责可能最终忽视了学徒。拥有一个以上导师有时有助于减少这些问题的出现。[24]

15.3 领导力培养计划

长期以来培养和锻炼潜在新领导者的战略是让领导者报名参加领导力培养计划。很多管理培养计划的目的均包括领导力培养。然而，不同之处是管理培养计划提供的课程内容涵盖了几百个课题，包括计划、组织、控制和领导。所有花费在员工训练和培养方面的经费中大约有 20%用于领导力训练和培养。表 15 - 2 列举了领导力培养计划的样本。

表 15-2 大学和培训机构提供的领导力培养计划样本

行政主管培训计划（负责公司战略管理工作的高级行政主管的四周培训计划）
卓越领导者：形成领导力的行动步骤
重塑你的经营战略
职业经理人的商业道德
形成卓越领导力的迪士尼方法
领导变革与创新
改变你的领导战略
构建良好的工作关系
实施成功的组织变革
管理员工以实现最优绩效
投资组合管理
培养示范型领导者：取得效果的关键举措
领导力的表达：领导者如何激励、影响别人并取得结果
大企业中人的因素
利用社交媒体来进行营销和内部交流
开发和管理成功的技术和产品策略

领导力培养已经成为很多大企业和政府部门的重中之重或优先考虑的问题。VF公司的首席执行官埃里克·怀斯曼（Eric Wiseman）就认同这种观点，该公司旗下拥有Wrangler，Lee，Nautica这类品牌。在阐述为公司的发展制定的计划时，他说："我需要坚强的金融杠杆，这一点现在比任何时候都更为重要；我需要在竞争中能够获胜的品牌；我需要人才。如果没有人才，金钱和品牌都没有用处。"[25]

由《财富》杂志进行的分析得出的结论是，任何公司无论从事什么业务，其真正的业务均是培养领导者。公司若没有一批高效核心的现任和未来领导者，将失去竞争优势。其中部分原因在于，领导者要么承担了提供创新思想的责任，要么负责创造条件来孕育创新（见第13章）。驱使公司培养领导者的力量之一是世界经济开始从对金融资本的依赖转向对人力资本的依赖。领导者培养的一般模式是使这种培养成为文化的一部分，包括职业指导和对业绩提供建设性反馈意见。[26]领导力培养的更具体方法将在后面介绍。

培养和训练领导者要远比将有潜力的领导者送去参加为期一周的研讨会复杂得多。领导力培训计划需要以适当的方式发起，加以认真设计且以专业的方式实施。

15.3.1 领导力培养计划的类型

在实践中，各种形式的领导者培养计划经常互相重叠。为便于理解，我们将这些计划分成七类：深度反馈计划、技能学习为主的计划、概念性知识和意识培训计划、个人发展计划、适应社会的计划、行动学习计划、辅导和心理治疗计划。

■ 深度反馈计划

正如本书中很多地方暗示的那样，培养领导者的重要手段是获取对其行为的多种反馈意见。**深度反馈培训计划**（feedback-intensive development program）可以帮助领导者提高的原因是让他们更清楚地看见自己的行为模式、这些行为产生的原因、这种行为和态度对自己工作效用的影响。这种培训计划还有助于领导者或潜在的领导者发现更加有建设性的方法以实现自己的目标。

关于深度反馈培训计划以及几乎所有形式的领导力培养方式，重要的一点是接受培养的人需要不断地跟进。如果仅知悉脸上露出的虚假笑容易于使人疏离，那么你从反馈培训计划中的收益并不大，除非能尝试着消除这些虚假笑容。用培训导师马歇尔·戈德史密斯的话来说就是："如果你去上课而没有做任何课后练习，这无异于在浪费时间。"[27]

■ 技能学习为主的计划

领导力培养过程中的技能训练包括获得可以转化为行动的能力和技术。获取知识优先于获得技能，但是在以技能为主的培训中强调的是学习如何运用知识。典型的例子是管理者要培养指导技能以便能成为更高效的面对面的领导者。总而言之，技能培训包括很大程度的方法成分。

技能为主的领导力培训中经常使用的五种方法为讲座、案例研究、角色扮演、行为角色模型和模拟。由于前三种方法很常见，因此这里只描述后两种。行为角色模型是角色扮演的扩展，以社会学习理论为基础。首先观察适当的行为模型，然后角色扮演再现该行为并且获得反馈意见；或者首先观看提供积极强化的录像，然后角色扮演提供积极强化，最后课堂培训师和其他参与者对你的表现提出反馈意见。

模拟给参与者提供了机会去解决模仿真实组织的问题。在典型的模拟中，参与者收到有关虚拟公司信息的硬盘或文件夹，获得组织结构图、公司财务状况、各部门的介绍以及组织或组织部门面临的重要问题之类的细节资料。接着参与者扮演公司领导者的角色，提出解决问题的办法。在任务结束时，参与者会得到对他们解决问题办法和所使用方法的反馈意见。例如，团队也许被告知"你们形成战略联盟的决定很好，但我乐意看到更多的团队决策。"

模拟领导力培养的开创性方法是运用诸如"星球大战"之类的多功能在线角色扮演魔幻游戏。"星球大战"游戏的组成部分之一是生产有用的产品，然后在游戏星球上出售。玩家依靠保持产品的供应链不中断、满足客户的要求而晋级。引领这些在线虚幻游戏团队的玩家从中磨炼了自己的商务领导技能。这款模拟游戏的开发商认为，计算机游戏有助于培养速度、冒险等领导技能，有助于接受领导角色是临时性的概念。[28]以前获得过这种游戏技能的参与者对这种领导能力的培养方式相当着迷。

■ 概念性知识和意识培训计划

领导力培养的标准学院式方法是让人们获得对领导力的概念性理解。这些概念一般由角色扮演和案例处理这些体验活动来补充。概念性知识之所以重要，原因是它能提醒领导者注意那些对领导力有影响的信息。例如，某人学习了领导者如何实现转变，就可以将这些想法付诸实践。世界商务论坛是为享有盛誉的管理者培养领导力的一个项目，它提供了大量的概念性知识。参与者都是有名的行政主管、商业教授和作家。例如，星巴克的霍华德·舒尔茨就发表了题为"管理视野和文化：全球品牌的形成”的报告。表15-2提供了领导力培养计划中所包含概念性知识类型的例子。

人们对于领导力培养中所运用的以大学为本的概念性知识持续认同，原因之一是这些计划常常说明了与商业直接有关的话题。例如，面对2008年金融危机，好几个管理培训计划都请来了掌握金融危机第一手资料的经济学家。

■ 个人发展计划

专注个人发展的领导力培养计划认为，领导者十分清楚自己的个人梦想和才能，他们会采取行动来实现梦想。因此，如果人们能和自己内心的愿望保持联系并且努力实现这些愿望，他们就会成为领导者。个人发展培训计划中的默认观点是，领导力几乎就是一种欲望。百事可乐公司的行政领导培训计划就专注于个人发展和诸如公司战略和伦理道德之类的商务话题，同时致力于实现变革和创新。领导该培训计划的心理学家吉姆·勒尔（Jim Loehr）给参与者施加压力，让他们反思自己的生活，从中发现自己想要改变的东西，从而使他们获得更充沛的精力和提升的动力技能。[29]

■ 适应社会的计划

从公司的角度来看，领导力培养计划的本质在于强调要社会化，即适应并接受公司的前景和价值观。高级行政主管会在培训过程中发言，他们充当了榜样，充分理解参与者应该接受的公司愿景和价值观。[30]我们介绍的很多其他类型的培训计划也包含部分社会化内容，尤其是在培训开始阶段。常常是由首席执行官来说明公司的愿景和价值观。

迪士尼世界度假村树立了这样的公司典型，即为了公司运营良好重视领导者和其他员工对组织文化的理解。迪士尼前执行副总裁李·科克雷尔（Lee Cockerell）在提及为员工培训所做的努力时这样说：“我把自己当成主要的环保主义者，在艰难时刻保持公司的文化使之具有生命力。任何商业的头号因素均是优质的客户服务。领导质量可以直接转换成更好的利润率。”[31]

■ 行动学习计划

领导力培养的直接实用方法是让领导者和潜在的领导者在一起工作，去集体解决自己常规影响力范围以外的组织问题。正如第14章所描述的那样，行动学习是学习型组织的一部分。领导力培养的大部分内容涉及解决问题和创造力，和公司里的一批新人合作也能够提高人际交往技能。

行动学习也称体验学习，其重要的支持者是波音公司。波音公司长期以来对员工的健康很重视。几年前，作为行动学习项目的一部分，一群员工接受了任务，去研究使波音公司无烟化的方法。[32]在该计划中，成员有着充分的机会去发展团队领导技能。

领导力培养的另一种形式是安排管理者承担不属于公司运营业务而对社会有益的项目。Natural Cosmeticos of Borazil 公司派管理人员经营专职公司，建立了像医院、诊所和社区中心之类的非政府组织。这些责任有助于培养领导技能以及对社会责任的直接了解。[33]

行动学习本身具有提升意识的成分，因为领导者可能慢慢直接地意识到另一个团体面临的挑战。这种情况在福特公司就出现过。职能和部门业务领导者和密歇根州底特律市内城名为“黑人孩子之家”收养中心的董事会成员、管理者和员工交谈。福特公司的领导者和这些非营利组织工作人员一起交流了自己的身世、日常挑战和人生目标之类的话题。[34]当福特公司的行政领导者帮助收养中心的领导者解决了某些问题时，行动学习就发生了。

■ 辅导和心理治疗计划

正如第 7 章中所描述的那样，行政指导显然是领导力培养方法的一种，因为接受指导的管理者获得了和自己领导技能相关的建议和鼓励。例如，教练可能向领导者建议，对于员工良好的表现更多地给予认可会使他本人成为更有动力的领导者。

另一种高度个性化的领导力培养方法是接受可能妨碍领导效能的情感问题治疗。例如，难以认可别人的领导者在接受指导后可能没有改进。当事者也许有着潜在的问题，对他人充满敌意。心理治疗也许有用，但并不是总能产生积极的变化。精神病医生克里·萨尔科维奇（Kerry Sulkowicz）注意到，变化并不总是快速产生，但是管理者已经习惯了快速获得结果，这使得他们成为受到高度激励的病人。[35]一般来说，在情绪稳定性维度得分较低的领导者获得心理治疗后在人际交往方面会表现得更有成效。行政主管表现出来的某些诡异的行为方式，如向下属发誓或贬低下属、性骚扰下属和随意开除员工，都是心理问题的表现。

在线学习补充了领导力培养手段，但与其他领导者的面对面互动以及课程传授很有可能仍将流行。对于 C 级行政主管的领导力培养课程不可能在线进行，因为主管们认为和教授及其他管理者的面对面接触是学习过程的重要组成部分。

很多公司对领导力培养课程进行评估，为的是查看成本效益。例如，在大公司中，会比较上下级对参与课程学习和没有参与课程学习领导者的评估打分。另一种评估领导力培训计划结果的方法是比较参与者和非参与者的财务业绩。

下面的“领导者在行动”专栏展示了德勤的首席执行官如何重视领导力培养过程。

◆ 领导者在行动

德勤的首席执行官重视领导力的培养

巴里·扎尔茨伯格（Barry Salzberg）的职业生涯完全是在一个地方度过的，在 34 年中，其在德勤的地位不断上升。从最初以纽约为基地的服务部门不受人拥护的经理到后来助力他晋升的职业导师，扎尔茨伯格掌握了领导和被领导的艺术。2007 年他成为德勤美国的首席执行官，四年后成为德勤全球的首席执行官。

他给下一代领导者的忠告是旧的领导等级制度已不再有用。“那种旧的命令和掌控环境的时代已经不复存在。那种员工保持沉默，除了有人询问和要求发言时都不太说话的爬楼梯模式已经不复存在，”扎尔茨伯格在沃顿商学院的讲座上对听众说，“已经逝去的还有层次划分稠密的组织等级制度和行动过于迟缓，朝着今天的环境缓慢迈进的组织结构。”

扎尔茨伯格说，今天的领导者需要做到直截了当和透明。要想在不断变化的世界中获得成功，公司必须积极致力于培养各个层次的年轻领导者，鼓励年长领导者传承自己掌握的知识。“领导不再仅仅和公司顶层几个杰出的领导者有关。相反，未来和杰出团队以及这些团队里的领导者有关，他们能够在谋略、管理和创新方面超过自己的竞争者。”

今天的领导者还必须做到透明，扎尔茨伯格说：“在今天的社交媒体环境中，能看见自己所说的话在十秒内传遍公司上下，是件令人着迷的事情。基本上不存在什么隐蔽之处。”

随着扎尔茨伯格在公司里不断发展和地位不断稳固，他承担了很多领导职责，1985年他成为公司的合伙人。“那么，像现在这样，你需要支持者成为合伙人，需要职业导师，”他指出，“虽然职业指导是过程的一部分，但它不是必须遵守的要求。相反，它是如果你有点喜欢就可以做的事情，没有人会真正监控它。我回顾往事时发现，就培养领导者而言，旧模式主要是顺其自然。”

扎尔茨伯格新的培养领导力的方法是利用独立经营的大学实体，其耗资3亿美元，德勤的专业人员可以去那里教学、学习。占地100多英亩的校园坐落在得克萨斯州韦斯特莱克市，该校的理念是：领导者必须向其他领导者学习。“如果你愿意，可以称它为‘学徒制度’，这是个由来已久的能将年轻人转变成有才能、有经验的专业人士和领导者的模式。”

该大学为德勤的专业人员提供了与下一代人分享经验和智慧的机会。“优秀的领导者对于自己的经验和时间都是十分慷慨的，他们理解领导力培养是终身相伴的旅程，和值得信赖的旅伴一起才能圆满完成旅程。如果你已经成为领导者，有可能就是因为某人指导过你，某人帮助过你，某人支持过你的事业。”

[问题]

1. 上面介绍的扎尔茨伯格的哪种领导风格值得提倡？
2. 从扎尔茨伯格的评价中，你可以吸取什么建议以把自己培养成领导者？
3. 由专业化服务部门花费3亿美元打造领导力培养大学，你认为这个投资的可能回报是什么？

资料来源：Excerpted and adapted slightly from “Deloitte CEO Barry Salzberg on Leadership as ‘the Norm, Not the Exception’,” *Knowledge @ Wharton* （http：//knowledge. wharton. upenn. edu），May 11，2011，pp. 1-3.

15.4 领导者继任

在管理有序的组织中，对于辞职、退休或被开除的管理人员的替换是通过**领导者继任**（leadership succession）的方式完成的，这是个发现和准备人员来替换管理者的有序过程。领导者继任计划对于公司的长期健康至关重要，因此也是高级领导者的重要职责。有了领导者继任计划，关键人物离开组织后，组织就不会经历骚动，而是拥有长期有序的计划。领导者继任计划在两个方面和领导力培养有联系。

首先，作为继任者而加以培养是领导力培养的一部分。其次，选择和培养继任者是管理者本身发展过程的一个组成部分。

关于继任计划令人关注的地方是，其执行效果往往很差，所选的领导者不太适合承担新的职责。拉姆·查兰（Ram Charan）的研究表明，5 个首席执行官里就有 2 人在上任后 18 个月内遭遇失败。失败源于多种因素，例如对于新产品做出了不正确的决定、使组织陷入混乱或者从事了非常不道德的行为。成功实施继任计划的重要方法之一是在公司内部培养足够强力的领导者。[36]

我们关于继任者领导力方面的讨论主要集中在 5 个话题上：（1）董事会如何选择继任者；（2）通用电气和宝洁公司的继任计划；（3）领导者继任的情感问题；（4）建立继任者储备库；（5）培养内外兼顾的领导者。理解了这些因素就应该更能成功地进行新领导岗位的任命。

15.4.1　董事会如何选择继任者

董事会的主要责任是选择继任者到高级管理层，通常是首席执行官。一般的方法是遵循人力资源选择的标准原则，比如全面筛选候选人，包括和与这个人曾经一起工作的人谈话。进行背景调查以发现任何可能的丑闻或违法行为也很重要。当继任者是外部人员时，董事会一贯运用行政主管搜寻公司（也称为猎头公司）来确定一个或几个候选人。即使董事会已经考虑了某个外部候选人，也要聘用猎头公司来充当中间人。

乔治·D. 肯尼迪（George D. Kennedy）是个在很多董事会有过工作经验的人，他提供了一些有关选择内部候选人到顶层管理岗位上工作的代表性方法的细节。首先，继任者培养计划的资料应该经过认真审核，包括工作表现记录。其次，董事会必须和所有有希望的候选人保持直接的和经常性的联系。有些联系必须是正式的，例如，候选人应该经常在董事会上陈述发言。非正式联系也很重要。董事会成员应该花时间通过在晚餐或午餐时随意交谈来感觉候选人的个人气质。[37]（因为有些关于继任的决策是根据主观判断做出的，所以首席执行官的候选人必须能够熟练运用组织政治和影响策略。）

15.4.2　通用电气和宝洁公司的继任计划

通用电气以其先进和全面的管理技术而著称，其识别和培养人才的体制被认为具有示范作用。领导力培养对公司异常重要，因此首席执行官伊梅尔特声称自己将 30％的时间都用在了这方面。通用电气培训的管理人员在其他商务公司的需求很大。

公司的大部分活动都和继任计划密切相关。董事会成员密切参与对公司 130 个高层管理者的不间断评估。董事们每年分两次仔细审查其中约 15 人。他们使用的信息来自和这些管理者，他们的经理、前同事和团队成员的长时间交谈。董事们调查这些管理者的优势和弱点，提出领导力培养的建议，讨论未来的工作安排。杰克·韦尔奇担任通用电气首席执行官期间强调，评估管理者的业绩和他们代表的行业时要做到无情的诚实。当必须选出管理者来替代更高层管理者的时刻来临时，董事会就会准备做出独立的决定，而不是机械地批准内部人的推荐意见。[38]

通用电气继任者识别系统的关键优势在于，它基于多方面的意见，纵向跟踪业绩。然而这个系统依然充满政治偏见。例如，董事们难免会给他们最喜欢的人或者是个性与自己相似的人打高分。

另一家有名的公司——宝洁公司也有一套缜密的继任者培养计划。该计划被命名为"从内部构建"，详细跟踪每个管理者的工作表现，以确保此人为晋升做好了准备。50个顶层领导职位中每个位置都有三个替换候选人排队。大多数替换候选人都从内部产生，这有助于减少往往因将外部人员提拔到重要职务上而造成的50%失败率。这种继任者培养计划的关键之处在于给潜力大的管理者提供广泛的阅历，例如先担任喀斯喀特洗涤剂公司的助理经理，然后担任加拿大和亚洲地区的职务。[39]

15.4.3 领导者继任的情感问题

领导者继任不应该被当成孤立、客观的管理过程。每个经济上独立的管理者在被人取代时都有可能经历情感失落：他们有可能留恋自己曾经拥有的权力和地位。在家族企业中由于多种原因领导者继任是非常情感化的过程。家庭成员可能会为谁最有资格掌舵而争斗，或者所有者和创始人觉得任何家庭成员都没有资格掌权。当所有者希望家庭成员成为自己的继承人而没有人愿意时，强烈的情感问题就出现了。公司可能因此被出售或者被抛弃。无论属于哪种情况，公司都会从此衰亡。

无论企业是不是家族企业，公司创始人被另一个领导者取代时，领导者继任的情感问题都表现得很明显。在卖掉自己的公司后，企业创始人通常会继续留在某些岗位上，如有可能担任顾问或总裁。看着新的所有者管理公司对创业者来说可能会很不舒服，因为事情本身已超越了对授权的关注。企业领导者一般在情感上和他们创立的公司有着深刻的联系，因此在别人运营公司时觉得很难做到袖手旁观。

正如最近由加里·A. 巴林杰（Gary A. Ballinger）和戴维·斯库曼（F. David Schoorman）提出的理论所描述的那样，对于领导者继任情感上的反应也发生在工作群体中。例如，当即将离任的领导者深受群体或团队的喜爱时，新上任的领导者就难以行使权力或难以被人接受。另一个问题是，当前任领导者受人爱戴时，群体的营业额可能较高而生产率较低。但是从积极的角度来看，假如前任领导者不受人喜爱，那么团体营业额有可能较低，而生产率则较高。[40]

15.4.4 建立继任者储备库

建立继任者储备库通常比继任计划更重要，因为后者通常只需要为某个特定的职位确定一两个候选人。开发继任者储备库（或继任管理）需要以下步骤[41]：

- 评估某个组织目前领导者缺乏的程度。
- 根据企业未来商业需要、价值和战略，确定所需的管理人才。
- 识别可能进入储备库的高潜能个人，并且评估这些个人，发现他们的优势和培养需要从而决定谁会留在高潜能储备库中。

● 为每个高潜能候选人建立量身定做的培养计划，包含领导力培养计划、工作轮换、特殊任务和职业指导等。每 3～5 年应给予希望之星更换岗位责任的机会。

● 根据表现、经验和潜能，安排人员到高级岗位上工作。在这些岗位上工作期间，这些领导者应该有机会接触董事会成员，包括在董事会上发言。这样，管理者逐渐能意识到董事们所认为重要的事情，董事们也能了解到储备人才的第一手情况。

● 持续监控培养计划并力争使该计划获得高层管理者的支持。

通过开发候选人储备库，把对潜能的评价和给予高潜能个人正确的培养经历结合起来。在这些程序得到执行的情况下，特定公司内领导者短缺的情况不大可能出现。

为了保持未来的工作安排有强大的候选人储备库，金融服务界巨人 Aetna 公司重视对高潜力年轻管理者的职业指导。具体计划是八个高层管理者，包括首席执行官罗纳德·威廉姆斯（Ronald Williams），在一年时间内每个月和八个关键候选人会面一小时。要取得候选人资格，这些人至少必须在公司有十年的工作经验以及获得较高的业绩评估。[42]

15.4.5 培养内外兼顾的领导者

关于继任计划持续存在的争论是，公司应该提拔内部人还是外来者到高层职位上。研究和分析家们认为，提拔具有外部视野的内部人员是最佳的解决办法。约瑟夫·鲍尔（Joseph Bower）在对 1 800 个继任个案的分析中发现，任命内部人员为首席执行官时，公司的运营情况都相当好，其他研究者得出了类似的结论。内部提拔还为内部人员提供了更多的希望，让他们相信在公司内部有着更多的晋升机会。

提拔到高层职位的公司内部人员熟悉公司，熟悉公司的文化以及人员情况，但往往看不到做出根本性变化的需要。此外，内部人员的众多政治关系可能禁止他们做出必要的人事变动。外来者能够认识到有必要采用新举措，但由于不理解公司的文化或本产业而受到限制。鲍尔建议，公司应培养内外兼顾者，即已经具备了外部视野的内部候选人。

内外兼顾者通常是指那些拥有大量偏离公司主流（以及远离总部）工作经验的人、那些拥有丰富应对具有挑战性机会工作经验的人。例如，在被选任宝洁公司的首席执行官之前，A. G. 雷富礼（A. G. Lafley）多年来致力于打造宝洁中国化妆品分公司，而不是从事公司的核心业务。[43]

最近的研究表明，被任命为首席执行官的董事会成员的工作表现优于其他候选人，原因是他们体现了内部人员和外部人员的高度融合。董事会成员比纯粹的外来者更了解公司的情况，与此同时，在事关做出政治上不受欢迎的决策以及实现痛苦的变革事宜上，他们没有纯粹内部人员所面临的种种制约。例如，内部人员往往很难让受人喜爱但工作表现不佳的管理人员下岗。波音公司的詹姆斯·麦克纳尼就是这样一个董事会成员的例子，他接任了首席执行官职务，后来作为公司的新任领导者业绩突出。（前任首席执行官因性丑闻而辞职。）[44]

15.5 新任领导者面临的挑战

参与领导力培养计划的人出于两种目的：(1) 为首次担任领导职务者做准备；(2) 为目前的职务或晋升后承担更多的领导责任提升自己的领导技能。本书中所介绍的以及领导力课程中所讨论的一切内容都和这两个目的相吻合。为首次担任领导职务者做准备的另一种方式是仔细考虑在该职务上不可避免会遭遇的某些挑战。第1章中关于担任领导职务的益处和挫折的信息指出了第一次担任正式领导职务的挑战。此外，考虑下面首次担任领导职务者所面临的其他挑战：

1. 不能确定分别该花多少时间在领导和个人事务上。从入门级员工的最低级主管到董事会主席，领导者作为个体贡献者都需要花费时间，包括准备预算、思考新产品的创意以及进行金融交易等。作为新任领导者，你又必须和管理者以及可能是你的直接上级一起工作，发现领导和个人事务之间的合适平衡点。

2. 消除那些想得到你的职位者的怨恨。如果是从团队里被选中担任新领导者，你需要处理那些希望得到你的职务的下属们的怨恨和嫉妒。公开处理这样的问题可能对你有益，你可以说："我知道其他人同样有资格担任团队领导者，但管理层已经选定了我来担任这个职务，至少目前是这样。我尊重你们的专业知识，也需要你们出力。作为当选的领导者，我也希望你们能尊重我。"

3. 快速构建人际关系和培养团队精神。作为新任领导者，应使用第6章中介绍的多项技能尽快和下属建立建设性的人际关系。和你以前是同事关系的几个下属可能企图操控你，利用以前的友好关系来获得特别待遇。有必要尽快打造专业的、以绩效为基础的团队环境。用职业导师埃纳莉（Aya Fubara Eneli）的话来说就是："友情在同等地位的人之间最管用。如果你曾是某些员工的朋友，预计这种关系会改变。要发号施令并评判别人的表现时，就很难和别人做朋友了。"[45]

4. 对于快速取得成绩有现实的预期。领导者/管理者的角色不同于房屋粉刷者——你通常不能立刻就能看到闪光的效果，要有耐心。很多组织领导者以及当选的官员声称："从第一天起一切都会大不一样。"领导需要构建人际关系，而这个过程需要时间。

5. 打消人人都会喜欢你的念头。任何级别最受人敬佩的领导者都不是人人都喜爱的人。领导的职责本性决定了领导者做出的决定并不是人人都同意。你带来的变化或许伤害了一些人的情感，危及他们的地位。你的职责是确立和实施能够带来最大利益的目标。

领导力技能开发练习 15－1 也许能让你深入了解你想成为的领导者类型以及如何更好地承担新的或者有经验的领导者的角色。

领导力技能开发练习 15－1

为了未来而努力

领导力技能开发练习 15－1 包含本章以及前面 14 章所介绍的领导力的很多方面。班上 10 人围坐成一圈，1 人被选为反馈对象，其余 9 人轮流给予此人支持性反馈意见。假如轮到琳达（Linda）了，圈里的每个人都给她两条反馈意见：(a) 她最佳的领导属性；(b) 未来需要如何发展。每个反馈者大约需要30秒钟时间。在收到圈里所有人的反馈意见后，琳达可以自由评论。接着下一个人成为反馈对象。

不在圈里的班级成员观察发生的动态情况，在循环结束后报告他们观察到的结果。整个过程大约需要用时90分钟。如果时间允许，可以成立新的反馈圈。班级可以分成几个同步进行的反馈圈，也可以只运行一个有10个志愿者的反馈圈。

小 结

领导力培养在很多机构都得到广泛的实施，并且呈现出包括自我发展在内的多种形式。自觉意识要求用深入思考的方式处理对自己的反馈意见从而提高自我效能。单回路学习出现在学习者寻求可能与自己的基本思想或行动具有最低限度的实质性冲突的反馈意见时。当人们使用反馈意见来质疑目标的正确性或当时的情况下隐含的价值时，就发生了双回路学习，它可以使领导者从失败中学习并获益。自觉意识富有成果的方面是让领导者认识到自己在领导力两个重要方面的立场：强劲型领导与能动型领导、战略型领导与经营型领导。

领导力提高需要很大程度的自律。例如，需要用自律来持续监控个人行为以确保产生必要的自我发展。

教育、经验和职业指导是提高领导力的主要因素。大部分高层领导者都是聪明且知识渊博的人，他们在自己的职业生涯中不断积累知识。培养领导力的最佳经验是那些在现实中对管理者具挑战性的经验。利用这种经验的关键在于让领导者或者管理者在解决问题的方式上有回旋余地。领导经验的两个重要方面是同事和任务本身（比如复杂且模糊的任务）。培养领导技能的极端方法是让你负责某个缺乏相应技能或对业务不了解的领域。

正如跨职能团队员工所建议的那样，宽泛的经验对领导力培养很重要。有效的职业生涯初期的宽泛经验是从事自己专业领域的技术工作，并结合一线的监督管理工作。具备催化学习能力的人具有良好的领导潜力，原因是他们能从经验中获益。

另一种基于经验的领导力开发方法是接受职业指导。尽管职业指导属于非正式关系，但也可以指派。研究表明，非正式导师要比正式导师对一个人的职业生涯更有帮助。非正式导师也与更高的收入相关。人力资源部门通常协调正式的职业指导计划。跟班也是一种职业指导形式。导师在很多方面提升了被指导者的事业，例如推荐他们晋升和帮助他们建立有价值的联系。此外，导师可以充当有效（或无效）领导者的榜样。最好拥有一个以上的导师，因为单个指导关系可能会出现问题。

注重反馈的培养计划使领导者更清晰地看到自己的行为模式、这些行为产生的原因和影响以及人们对这种行为的态度，从而帮助领导者发展。领导力培养的技能培训包括获得可以转化为行动的能力和技术，这样的培训包括大量如何运用知识的成分。技能培训的五种方法是讲座、案例研究、角色扮演、行为角色模型和模拟。在模拟中，参与者扮演公司领导者角色，设计问题的解决方案，他们的表现会获得反馈意见。

领导力培养的标准学院式方法是让人们获得对领导力的概念性理解。这些概念可以应用在领导情境中。领导力培养的个人发展计划认为领导者密切关注自己的个人梦想和才能，并且采取行动来实现它们。这些计划的一个重点是学习你需要成为怎样的人。从公司的角度而言，领导力培养的必备要素是社会化，即适应并接受公司的愿景和价值观。行动学习是领导力培养的直接实用方法，可以针对参与者专业技能之外的领域。辅导和心理治疗是两种高度个性化的领导力培养方法，领导者的情感问题降低了其个人效能时则需要心理治疗。

领导者继任和领导力培养有关联性，原因是

作为继任者而加以培养是领导力培养的一部分。董事会成员使用人力资源选择的标准原则来挑选首席执行官。此外，他们寻找正式和非正式与内部人选接触的机会。招聘外部人员时，组织经常动用猎头公司。通用电气和宝洁公司就是使用了严格继任计划的代表。领导者继任对于被替代的领导者来说是强烈的情感问题，尤其当创立者卖掉公司时。家族企业的继任问题往往导致家庭成员的纷争。大型家族企业更有可能发现继任者。处理没有合适的领导者的潜在问题的方法之一是发现一批高潜质的个人并给他们提供发展的经历。研究和分析表明，通过内部候选人和外部候选人的对比，提拔具有外部视野的公司内部人员是领导者继任问题的最佳解决方法。

首次成为领导者需要认真考虑担任这个职务不可回避的某些挑战，具体如下：不能确定分别该花多少时间在领导和个人事务上；消除那些想得到你的职位者的怨恨；快速构建人际关系和培养团队精神；对于快速取得成绩有现实的预期；打消人人都会喜欢你的念头。

实践与技能开发指南

人们是否能在后期发展成为领导者的主要决定因素是领导动机，通常这种动机在人生的早期就产生了。

这种动机会在多种活动中展现出来，如志愿担任领导职务，主动领导运动队、俱乐部和街坊邻里的活动。[46] 因此重要的是尽可能在人生的早期担任工作中和个人生活中的领导角色。

提高人们对领导力发展的认可及其有效性的重要方式是需求分析，即诊断发展需求。进行需求分析的基础是领导者和未来领导者之间存在个体差异。例如，贾丝明（Jasmine）可能掌握了有关领导力精深的概念性知识但团队经验有限。她有可能成为户外拓展训练的优秀候选人。乔丹（Jordan）可能是具备有限概念性知识的优秀团队领导者。他有可能成为集中讲解正式领导艺术的领导力培养计划的优秀候选人。评估领导力培养需求的资料来源如下：

1. 自我感知发展需求，包括本章介绍的多种诊断手段的结果。

2. 上级、下级和同事对发展需求的感知，包括360度调查的结果。

3. 对发展需求的心理评估。

4. 阐明组织的发展需求，例如能够高效处理多样化问题（公司内部、与客户之间和全球范围内）领导者的重要性。

多种资料来源很有用，因为存在感知错误、偏见和偏好。

[讨论题]

1. 假定身体条件允许，你是否愿意参与纽约消防局举办的“一日团队挑战”训练来提高你的领导力和团队合作技能？说明原因。

2. 很多商业行政主管相信，团队活动可以帮助人发展成为领导者。根据你对领导力培养的认识，在这一点上你的立场如何？

3. 人们可以从何处获得对自己领导力水平诚实的反馈意见？

4. 如果你立志成为大公司的高级管理者，快餐厅办公室主管、生产主管和经理的工作如何有助于你达到目标？

5. 为什么人们认为成为跨职能部门的员工对未来领导者而言是有用的经历？

6. 最近开展的领导力提高活动是用幽默的方式培训会计经理，从而帮助他们更好地与下级和客户相处。你认为这种提高领导力的具体方法是否有效？

7. 确定至少一种当前美国总统的领导技能需要提高的方面。指出他所需要的具体行为改进方式。（你的回答要努力做到客观而不带有政治倾向。）

8. 你能做些什么来帮助十岁以下的孩子成为未来的领导者？

9. 向有经验的领导者询问什么是他们心目中提高领导技能的最有效方法？将你的发现与班级同学分享。

10. 你是如何看待这句话的：“领导力不应该是人气竞赛。”

领导力案例 A

马尔科姆瞄准了行政高管的职务

马尔科姆·古普塔（Malcolm Gupta）的家庭成员中有很多成功的商业行政主管，其中就包括其父母。自青少年时期起，马尔科姆就痴迷于未来成为企业的行政主管。除了具有典型的青少年的兴趣，马尔科姆还经常阅读《华尔街日报》和《福布斯》杂志的商业专栏。此外，他还喜爱阅读商业高级主管的自传，例如巴菲特和玛莎·斯图尔特等。

马尔科姆本科时学的是工业工程专业，他认为这个专业能为他理解商业运营提供坚实的基础，取得学士学位后又读了 MBA，并将重点放在研究领导力和组织行为上。马尔科姆经常对自己，对家人和朋友说："我知道需要付出很大的代价才能到达高层位置。"

由于具有一流的社交技巧和与之相匹配的扎实教育背景，马尔科姆受到了一家高科技大公司校园招聘人员的青睐，这是一家计算机设备制造商和服务商。他被选中参加管理培训生项目，在大约一年的时间内要接受到几个商业部门工作的安排。他的第一份工作是作为团队的一员帮助降低台式电脑的生产成本。

在被选派到该团队六周后，马尔科姆告诉团队领导者他正在提高自己的汉语技能，因为他在上大学时学过汉语。正如马尔科姆向其团队领导者解释的那样："汉语会对我有所帮助，因为我们大量的生产业务已经外包到了中国。此外，掌握一门外语会成为未来行政领导者的一笔财富。"

在该团队工作了约 15 个月后，马尔科姆被任命为该生产厂家内部公司配送中心订单履行团队的主管。在接受配送中心的工作安排时，马尔科姆对他的新经理说："我将全力以赴在这里做出出色的业绩，但我想知道把时间花在配送中心是否真的能提升我成为行政高管的资质。"

完成了 18 个月的主管工作后，马尔科姆的业绩得到了评估。他的老板注意到，他的业绩略高于一般水平，但是似乎有点过于注重自己的事业抱负而不太关注公司的利益。马尔科姆的下一个工作是担任跟踪在国外生产的设备动向的物流团队领导者。由于公司大约 80% 的制造都在全球范围内外包，因此物流在公司受到高度重视。

在马尔科姆开始新工作的几星期后，他与公司指派的职业导师、制造业主管杰西卡·梅格伦（Jessica Magnum）见面了。当被问起在公司的工作情况时，马尔科姆回答："也许你能帮我的忙。我很喜欢我的工作，但我认为事业进展缓慢，而此时我本应该大踏步前进。我喜欢被分配到战略团队或者新产品研发团队，这样我会获得所需的经历和视野以便能快速成长为高层主管。"

杰西卡回答说："马尔科姆，我很欣赏你，但你关于事业进展的观念已经过时了。你需要更加重视业绩而不是职务提升。"

[问题]

1. 本案例在哪些方面和领导力培养有关？
2. 你会建议马尔科姆去做什么来帮助其实现通往行政高管职位之路？
3. 你认为杰西卡的话有道理吗？

角色扮演

马尔科姆的强烈愿望

某人扮演马尔科姆，他安排了与公司管理和组织发展部主任彼得的简短会面。马尔科姆希望陈述自己的情况，认为自己有潜力成为公司的行政高管。他想确保自己在公司没有被人轻视。彼得（Peter）听取了他的情况，但没有向马尔科姆做出承诺。同时彼得认为，马尔科姆可能期望太高了。旁观者需要在两人的会面中寻找马尔科姆表现出来的领导潜质。

领导力案例 B

在阿斯彭无拘无束地发表反馈意见

代表十个不同公司的经理人在夏天快要结束时相聚在科罗拉多州度假胜地阿斯彭，目的是举办为期三天的领导力培养研讨会，会议的主持人是维吉尼亚（Virginia）。两天半的时间里他们进行了一系列活动，包括举办战略领导讲座、组成解决问题团队、狩猎、聚餐和徒步旅行。

当这群人集中在一起召开最后的领导力培养研讨会时，维吉尼亚对大家说："现在是盛大的终场演出时间。自两天半前你们到达这里起，所有人一直在一起活动，都互相注意到了对方。现在你们将要体验的东西有可能会改变你们的生活并使你们成为更好的领导者。"

"房间里的每个经理人都会收到研讨会上一起开会的另外九人给出的坦诚反馈意见。我们首先安排你们中的某个人到圈子的中间位置或者叫人难堪的位置，另外九个参与者一一与你对视，给你提出有关个人和作为领导者的反馈意见。在得到了其他九位与会者的意见后，你会有几分钟的时间去应答。"

人群里爆发出紧张的笑声。名叫加里（Gary）的参与者说："这是怎么回事？这个可笑的练习怎么能帮助我为股东获得更好的投资回报呢？"

维吉尼亚答道："加里，你太保守了。我们试一次看看，后面你会看到它的用处。"

接着，维吉尼亚面带微笑询问："谁愿意带头？"一家写字楼建造公司的运营官斯坦（Stan）说："今天我自杀一次吧，我先上。"对斯坦的反馈意见如下：

玛里琳（Marilyn）：斯坦，我认为你是个好人，愿意和你一起喝杯啤酒。但我想你费了很大劲去让别人喜欢你，可以在让别人喜欢你方面稍稍放松点。

巴德（Bud）：斯坦，我觉得你并不像表面看上去的那样友善，有点给人以假象。如果认真起来，你就是只意志坚定的老虎。我认为这种性格组合会使你成为真正高效的领导者。

德里克（Derek）：嘿，斯坦，我注意到有压力时你看起来有点紧张，就像现在这样。如果能控制住自己紧张的情绪，你会成为更好的领导者。瞧，你现在就在挠脸了。

萨拉（Sara）：斯坦，我觉得你确实具备领导者的素质。我注意到你可以和我们中的高手谈论经济问题。同时你是个讨人喜欢且和蔼可亲的人。我会给你最高的评价和拥抱。

格里（Gerry）：斯坦，你没有给我留下太多好的或坏的印象，这可能是个问题。领导者应该引人注目，你需要表现出强烈的存在感。

比尔（Bill）：斯坦，我注意到了你不大愿意批评别人，即便你知道对方是错的时候也是如此。你还记得那天玛里琳提出的我所知道的最奇怪的裁员想法吗？我能看出你非常不同意她的观点，但你却面带微笑。

洛丽（Lori）：斯坦，不要让这些负面意见干扰你。你是个坦白正直的人，具有很大的潜力。我想只需要对人表现得更坚定一点，你就会更加自信。

休（Hugh）：我认为你是很优秀的领导者，但是你能否变一下发型？你的造型看上去很像特朗普。你是否因为自己从事建筑行业而模仿特朗普呢？（人群中发出笑声。）

南希（Nancy）：斯坦，我觉得这是件很有趣的事情，还有一个人如此关心你的发型。我认为你有很强的领导力，但是你需要在如何自在地和女性同行一起工作方面稍加提高。我注意到了你的行为表现，比如在进入会议室时为我拉出座椅。

斯坦：感谢所有人的反馈意见。也许我有充足的理由去自杀，但认真地说我学到了很多对我有帮助的东西。我承认，作为领导者我依然有很多地方需要努力加以提高。

斯坦面带微笑离开了中间位置，随后人们的注意力转移到对其他九个参与者提反馈意见上。

[问题]

1. 你认为这种旨在提高领导力的意见反馈有何价值？

2. 你认为斯坦从这种反馈意见的会议上可以汲取哪些具体的提高领导力的建议？

3. 假如你是研讨会主持人维吉尼亚，你会对休对斯坦发型的反馈意见做出什么反应？

角色扮演

从消极的反馈意见中恢复过来

某人扮演阿斯彭反馈经历的参与者，此人接受了群组里其他九个成员的负面评价。该参与者觉得自己完全崩溃了（这种情况经常出现在某些这类意见反馈群体中。）问题是这个人是否会因为这些反馈意见而在情感上受伤。另一个人扮演维吉尼亚，她示意群里的其他成员走到外面的走廊上以方便他们两人讨论反馈意见。维吉尼亚想修复此人情感上受到的伤害，但仍然坚信此人得到了一些利于自己发展的有用反馈意见。

旁观者需要留意观察此人受到的伤害有多么严重以及维吉尼亚是如何有效地帮助此人的。

领导力技能开发练习 15－2

我的领导力文件夹

你的领导力文件夹的最终目的更多的是应对未来而不是目前。随着在正式或非正式领导岗位上开始了职业生涯，你应该不时地更新自己的日志，也许该每个季度更新一次。回顾你的哪些经历对你作为领导者的发展起到了促进作用。记录的形式可以如下：

- 1 月份公司派我参加关于处理难缠人员的研讨会。会议结束后我获得了很多关于帮助难缠人员转变的有效的想法，比如向他们解释其行为如何损害了生产率和员工士气。此外，我还得知很多难缠人员迫切期望得到人们的关注，因此如果有机会我会更加关注难缠人员。
- 上周我们这里发大水，办公室被淹。必须迅速采取措施，否则就会损失惨重，导致无法为客户服务。主任当时不在镇上，我打通了她的手机，请示她授权我负责组织救援工作。我身先士卒，组织抢救了很多设备和电脑资料。我觉得确实磨炼了自己的危机管理技能。

领导力技能开发练习 15－3

分析本地领导者

作为个人或群体项目，找到一位你所在社区的领导者，从个人强项、弱点和发展需要的角度分析此人。接受分析的领导者可能是商界杰出人物、学校校长或运动队教练。运用本书中获得的信息加上个人的思考去发现此人正反两面的性格特征及其发展需要。

如果是群体项目，注意观察就被选择的领导者个性、行为和发展需要而言，群体内是否存在共识。如果你认为分析是建设性的，可以将分析报告发送给当事者。

注　释

[1] Story created from facts and observations presented in the following sources: "FDNY Firefighter for a Day Team Challenge," *New York City Fire Department* (www.nyc.gov/html/events), 2001; "FDNY Firefighter for a Day Team Challenge," *FDNY Foundation* (www.fdnyfoundation.org), 2011; Garry Kranz, "Special Report: Leadership Development, from Fire Drills to Funny Skills," *Workforce Management*, May 2011, pp. 28–29.

[2] Jeffrey M. Cohn, Rakesh Khurana, and Laura Reeves, "Growing Talent as If Your Business Depended on It," *Harvard Business Review*,

October 2005, p. 64.

[3] Sharon Daloz Parks, *Leadership Can Be Taught: A Bold Approach for a Complex World* (Boston: Harvard Business School Press, 2005).

[4] "Leadership in Literature: A Conversation with Business Ethicist Joseph L. Badaracco Jr." *Harvard Business Review*, March 2006, p. 55.

[5] Robert Hogan and Rodney Warrenfeltz, "Educating the Modern Manager," *Academy of Management Learning and Education*, March 2003, p. 74.

[6] Chris Argyris, "Teaching Smart People How to Learn," *Harvard Business Review*, May–June 1991, pp. 99–109; Argyris, "Double-Loop Learning, Teaching, and Research," *Academy of Management Learning and Education*, December 2002, p. 206.

[7] Bob Kaplan with Rob Kaiser, *The Versatile Leader: Make the Most of Your Strengths—Without Overdoing It* (San Francisco: Pfeiffer, 2006).

[8] Rita Pyrillis, "Programs Help Women Take the Lead," *Workforce Management*, January 2011, p. 3.

[9] Cited in Jared Sandberg, "Cubicle Culture: Why Learn and Grow on the Job? It's Easier to Feign Infallibility," *The Wall Street Journal*, January 22, 2008, p. B1.

[10] Morgan W. McCall, "Leadership Development Through Experience," *Academy of Management Executive*, August 2004, pp. 127–130; Jean Martin and Conrad Schmidt, "How to Keep Your Top Talent," *Harvard Business Review*, May 2010, p. 58.

[11] Geoff Colvin, "Airline King," *Fortune*, May 2, 2011, p. 50.

[12] "How Great Leaders Benefit from Failure," *Manager's Edge*, November 2004, p. 3.

[13] Robert J. Thomas, "Life's Hard Lessons," *HR Magazine*, June 2008, p. 143.

[14] Richard L. Hughes, Robert C. Ginnett, and Gordon J. Curphy, *Leadership: Enhancing the Lessons of Experience* (New York: McGraw-Hill/Irwin, 2006), pp. 58–61.

[15] Joann S. Lublin, "Leadership Skills Ease Stressful Promotion to Uncharted Area," *The Wall Street Journal*, July 3, 2007, p. A7.

[16] Lindsey Gerdes, "The Best Places to Launch a Career," *Business Week*, September 14, 2009, p. 36.

[17] Douglas A. Ready, Jay A. Conger, and Linda A. Hill, "Are You a High Potential?" *Harvard Business Review*, June 2010, p. 82.

[18] Ann Pomeroy, "Cultivating Female Leaders," *HR Magazine*, February 2007, p. 48.

[19] Belle Rose Ragins and John L. Cotton, "Mentor Functions and Outcomes: A Comparison of Men and Women in Formal and Informal Mentoring Relationships," *Journal of Applied Psychology*, August 1999, pp. 529–550. Similar observations are reported by Kathy Kram in Jared Sandberg, "With Bad Mentors, It's Better to Break Up Than to Make Up," *The Wall Street Journal*, March 18, 2008, p. B1.

[20] Donna M. Owens, "Virtual Mentoring," *HR Magazine*, March 2006, p. 106.

[21] Thomas J. DeLong, John J. Gabarro, and Robert J. Lees, "Why Mentoring Matters in a Hypercompetitive World," *Harvard Business Review*, January 2008, p. 117.

[22] Wendy Harris, "Making the Connection: Mentors, Sponsors, and a Network You Can Count On," *Black Enterprise*, February 2007, p. 114.

[23] Lublin, "Protégé Finds Mentor Gave Her a Big Boost, but Shadow Lingers," *The Wall Street Journal*, September 7, 2004, p. B1.

[24] Dawn E. Chandler and Lillian Eby, "When Mentoring Goes Bad," *The Wall Street Journal*, May 24, 2010, p. R3.

[25] Quoted in Fay Hansen, "What the CEO Wants," *Workforce Management*, July 20, 2009, p. 18.

[26] Geoff Colvin, "Leader Machines," *Fortune*, October 1, 2007, pp. 98, 101–102.

[27] Jared Sandberg, "The Sensitive Me," *The Wall Street Journal*, April 11, 2006, p. B1.

[28] Byron Reeves, Thomas W. Malone, and Tony O'Driscoll, "Leadership Online Labs," *Harvard Business Review*, May 2008, pp. 58–66.

[29] Carol Hymowitz, "PepsiCo Chief Executive Asks Future Leaders to Train Like Athletes," *The Wall Street Journal*, September 9, 2003, p. B1.

[30] Jay A. Conger and Beth Benjamin, *Building Leaders: How Successful Companies Develop the Next Generation* (San Francisco: Jossey-Bass, 1999), p. 79; Conger, "Can We Really Train Leadership?" www.strategy+leadership.com, 2006.

[31] Quoted in Emily Shearing, "Speaker Brings Disney Magic to Leadership Talk," *Democrat and Chronicle*, Rochester, New York, May 26, 2010, p. 5B.

[32] Nancy M. Davis, "Leading by Example: How the HR Chief Overseas the Drive to Train Leaders at Boeing Co.," *HR Magazine*, December 2008, p. 44.

[33] "How Four Top Companies Mold Leaders," *Executive Leadership*, June 2010, p. 1.

[34] Philip Mirvis, "Executive Development Through Consciousness-Raising Experiences," *Academy of Management Learning & Education*, June 2008, pp. 173–188.

[35] Cited in Carol Hymowitz, "More CEOs Seek Psychotherapy," *The Wall Street Journal*, June 22, 2004, pp. B1, B3.

[36] Ram Charan, "Ending the Succession Crisis," *Harvard Business Review*, February 2005, pp. 72–81; Charan, *Leaders at All Levels* (San Francisco: Jossey-Bass, 2008).

[37] Jay W. Lorsch and Rakesh Khurana, "Changing

Leaders: The Board's Role in CEO Succession," *Harvard Business Review*, May–June 1999, p. 100.

[38] Linda Grant, "GE: The Envelope, Please," *Fortune*, June 26, 1995, pp. 89–90; George Anders, "When Filling Top Jobs Inside Makes Sense—And When It Doesn't," *The Wall Street* Journal, January 16, 2006, p. B1; Bill Conaty and Ram Charon, *The Talent Masters: Why Smart Leaders Put People Before Numbers* (New York: Crown Business, 2010); Fay Hansen, "Training the Top at GE," *Workforce Management*, June 9, 2008, p. 26.

[39] Mina Kimes, "P&G's Leadership Machine," *Fortune*, April 13, 2009, p. 22.

[40] Gary A. Ballinger and F. David Schoorman, "Individual Reactions to Leadership Succession in Workgroups," *Academy of Management Review*, January 2007, pp. 118–136.

[41] William C. Byham, "Grooming Next-Millennium Leaders," *HR Magazine*, February 1999, pp. 46–50; Joseph Weber, "The Accidental CEO," *BusinessWeek*, April 23, 2007, p. 68.

[42] Victoria Barret, "Talent Search," *Forbes*, March 1, 2010, p. 26.

[43] Joseph L. Bower, "Solve the Succession Problem by Growing Inside-Outside Leaders," *Harvard Business Review*, November 2007, pp. 90–96.

[44] James M. Citrin and Dayton Ogden, "Succeeding at Succession," *Harvard Business Review*, November 2010, pp. 29–31.

[45] Quoted in Sonja D. Brown, "Congratulations, You're a Manager, Now What?" *Black Enterprise*, April 2006, p. 104.

[46] Ronald E. Riggio and Michael D. Mumford, "Introduction to the Special Issue: Longitudinal Studies of Leadership Development," *The Leadership Quarterly*, June 2011, p. 454.

Principles of Leadership, 7e
Andrew J. DuBrin

Cengage Learning Asia Pte. Ltd.
151 Lorong Chuan, #02-08 New Tech Park, Singapore 556741

北京市版权局著作权合同登记号　图字：01-2016-3316

CENGAGE Learning

Supplements Request Form（教辅材料申请表）

<table>
<tr><td colspan="4">Lecturer's Details（教师信息）</td></tr>
<tr><td>Name：
（姓名）</td><td></td><td>Title：
（职务）</td><td></td></tr>
<tr><td>Department：
（系科）</td><td></td><td>School/University：
（学院/大学）</td><td></td></tr>
<tr><td>Official
E-mail：
（学校邮箱）</td><td></td><td rowspan="3">Lecturer's Address / Post Code：
（教师通讯地址/邮编）</td><td rowspan="3"></td></tr>
<tr><td>Tel：
（电话）</td><td></td></tr>
<tr><td>Mobile：
（手机）</td><td></td></tr>
<tr><td colspan="4">Adoption Details（教材信息） 原版□ 翻译版□ 影印版 □</td></tr>
<tr><td>Title：（英文书名）
Edition：（版次）
Author：（作者）</td><td colspan="3"></td></tr>
<tr><td>Local Publisher：
（中国出版社）</td><td colspan="3"></td></tr>
<tr><td>Enrolment：
（学生人数）</td><td></td><td>Semester：
（学期起止时间）</td><td></td></tr>
<tr><td colspan="4">Contact Person & Phone/E-Mail/Subject：
（系科/学院教学负责人电话/邮件/研究方向）
（我公司要求在此处标明系科/学院教学负责人电话/传真号码并在此加盖公章。）

教材购买由 我□ 我作为委员会的一部分□ 其他人□[姓名：]决定。</td></tr>
</table>

Please fax or post the complete form to（请将此表格传真至）：

CENGAGE LEARNING BEIJING
ATTN：Higher Education Division
TEL：(86) 10-82862096/ 95 / 97
FAX：(86) 10 82862089
ADD：北京市海淀区科学院南路 2 号
融科资讯中心 C 座南楼 12 层 1201 室 100080

Note：Thomson Learning has changed its name to CENGAGE Learning

VERIFICATION FORM/CENGAGE LEARNING

中国人民大学出版社　管理分社

教师教学服务说明

中国人民大学出版社管理分社以出版工商管理和公共管理类精品图书为宗旨。为更好地服务一线教师，我们着力建设了一批数字化、立体化的网络教学资源。教师可以通过以下方式获得免费下载教学资源的权限：

★ 在中国人民大学出版社网站 www.crup.com.cn 进行注册，注册后进入“会员中心”，在左侧点击“我的教师认证”，填写相关信息，提交后等待审核。我们将在一个工作日内为您开通相关资源的下载权限。

★ 如您急需教学资源或需要其他帮助，请加入教师 QQ 群或在工作时间与我们联络。

中国人民大学出版社　管理分社

教师 QQ 群：648333426（工商管理）　114970332（财会）　648117133（公共管理）
教师群仅限教师加入，入群请备注（学校 + 姓名）

联系电话：010-62515735，62515987，62515782，82501048，62514760

电子邮箱：glcbfs@crup.com.cn

通讯地址：北京市海淀区中关村大街甲 59 号文化大厦 1501 室（100872）

管理书社　　人大社财会　　公共管理与政治学悦读坊